40 vol. publiés en plus de 109 liv.; 50 c. la liv. de 2 feuilles.

L'ouvrage complet, 37 fr. 50 c.— En payant 75 livr. à la fois ou partiellement, on recevra celles en sus *gratis*.

COURS COMPLET
DE
LANGUE FRANÇAISE

Grammatical, Littéraire, Philosophique, Politique, Moral et Religieux,

THÉORIQUE ET ESSENTIELLEMENT PRATIQUE

ou

MÉTHODE RATIONNELLE, PROGRESSIVE ET ANTI-UNIVERSITAIRE,

l'aide de laquelle on peut, dans un très-court espace de temps, se rendre maître de toutes ses pensées et de la langue française;

PAR **BESCHERELLE** JEUNE,

Professeur de Langues anciennes et modernes.

PARTIE ÉLÉMENTAIRE :

LECTURE, 1 vol. — **GRAMMAIRE**, avec Exercices et Corrigé, 3 vol. — **LOGIQUE**, avec Modèles d'Analyse, 2 vol.

PARTIE LITTÉRAIRE :

SYNONYMES, Exercices et Corrigé, 2 vol. — **POÉSIE**, 1 vol. — **RHÉTORIQUE**, 1 vol.

Tous ceux qui suivront ce Cours seront en état non-seulement de bien *parler* et de bien *écrire*, mais encore de faire un *discours*.

4me Volume.

CORRIGÉ DES EXERCICES DE LA GRAMMAIRE.

PARIS,
L'AUTEUR, RUE DE RIVOLI, 10.
1852

COURS COMPLET

DE

LANGUE FRANÇAISE.

GRAMMAIRE. — CORRIGÉ.

Imprimerie de Léautey, rue Saint-Guillaume, 21.

COURS COMPLET

DE

LANGUE FRANÇAISE,

THÉORIQUE ET ESSENTIELLEMENT PRATIQUE,

Commençant à la **Lecture** et finissant à la **Rhétorique**.

Par **BESCHERELLE** jeune,

Professeur de langues anciennes et modernes,
auteur de la *Grammaire nationale*, etc., et de *l'Orthographe d'usage*
EN 60 LEÇONS.

Felix qui rerum potuit cognoscere causas !

GRAMMAIRE.-CORRIGÉ.

PARIS,

L'AUTEUR, RUE SAINT-HONORÉ, 293.

1850.

COURS COMPLET

DE

LANGUE FRANÇAISE

PAR

GRAMMAIRE-CORRIGÉ

PARIS
1850.

PRÉFACE.

Il y a sur la langue française un nombre infini de Grammaires, de méthodes et de traités ; mais, jusqu'à présent, on n'avait pas su en former un corps complet de doctrines. Nous ne parlerons pas de la *Grammaire* de MM. Noël et Chapsal qui laisse tant à désirer ! ni de la Grammaire des Grammaires qui ne décide rien, encore moins parlerons-nous de MM. Lemare et Boniface. Si leurs ouvrages étaient plus développés et moins systématiques, s'ils faisaient mieux connaître les véritables lois qui régissent notre langue, ils rendraient d'incontestables services à l'enseignement; mais ce ne sont que des aperçus, souvent pleins de profondeur, sur des questions de métaphysique, bons pour ceux qui aiment à se bercer l'intelligence dans de vaporeuses généralités et assez peu utiles à ceux qui veulent apprendre.

Ce fut dans le but de régénérer la Grammaire en lui donnant un nouvel aliment pour l'observation de la nature, et à l'aide d'une étude plus soignée des faits que nous publiâmes la *Grammaire nationale*. Aussi avec quelle ardeur, quel enthousiasme ne fût-elle pas accueillie, non-seulement dans toutes les parties de la France, mais encore à l'étranger! C'est que cet ouvrage, bien différent de tous ceux qui l'avaient précédé, n'établissait pas de règles *à priori*; c'est que, pour la première fois, il montrait le génie de la langue se développant sous la main de nos grands hommes; c'est qu'il était comme l'écho vivant de l'*usage*. Personne ne s'y est trompé, et si nous avions pu douter un seul instant du succès de notre livre, l'éloge qu'en ont fait les organes de l'opinion publique, les suffrages dont l'ont honoré la plupart des sociétés savantes, auraient suffi pour nous convaincre que nous avions réellement atteint le but que nous nous étions proposé. Mais un accueil aussi flatteur ne nous a pas aveuglé sur les imperfections et les lacunes de notre livre.

Le *Cours complet de langue française* que nous publions vient donc combler tout ce qui manquait à notre première œuvre. Depuis la Lecture jusqu'à la Rhétorique il contient tout ce qu'il est utile et indispensable de savoir pour arriver à la connaissance parfaite de notre belle langue. *Théorique et essentiellement pratique*, il forme un faisceau vraiment complet de doctrines où toutes les parties, comme les anneaux d'une chaîne, se ient étroitement les unes aux autres. En un mot, il est disposé de telle sorte qu'un commençant qui ne sait rien puisse, après avoir étudié chaque partie de notre cours, et sans le secours de tout autre livre, être en état de bien parler et de bien écrire. A cet effet, notre ouvrage comprend dans l'ordre suivant :

1° La LECTURE;

2° L'ORTHOGRAPHE D'USAGE et L'ORTHOGRAPHE DE PRINCIPES;

3° Le PARTICIPE PRÉSENT et le PARTICIPE PASSÉ;

4° La PONCTUATION;

5° La PRONONCIATION;

6° L'ANALYSE LOGIQUE et L'ANALYSE GRAMMATICALE;

7° La CONSTRUCTION;

8° Le GENRE DES MOTS;

9° Les SYNONYMES;

10° La POÉSIE suivie d'un DICTIONNAIRE DE RIMES;

12° La RHÉTORIQUE.

Nous ne croirions pas encore notre ouvrage complet si nous ne le faisions suivre :

1° D'une liste de TOUS LES VERBES FRANÇAIS avec leurs PARTICIPES PRÉSENTS et PARTICIPES PASSÉS, déclinables et indéclinables;

2° D'une liste de TOUS LES VERBES PRONOMINAUX, variables ou invariables;

3° D'une liste complète de TOUS LES HOMONYMES;

4° D'une liste complète de TOUS LES MOTS COMPOSÉS avec leur variabilité ou leur invariabilité;

5° Enfin, d'une liste de TOUS LES MOTS en *al* qui prennent *s* au pluriel ou se terminent en *aux*.

Depuis longtemps, l'enseignement sentait la nécessité d'un pareil livre. En effet, de la Lecture à la Rhétorique, quel chemin à parcourir! que de livres, que de méthodes diverses à étudier! et, en cela, le choix n'est pas des moins embarrassants. Vingt professeurs, vingt systèmes. Auquel faut-il accorder la préférence? Aussi entendons-nous demander, tous les jours, quel est le meilleur Traité de lecture? quelle est la meilleure Grammaire? quelle est la meilleure Logique? quelle est la meilleure Rhétorique? A ces questions, nous l'avouerons, nous avons toujours été très embarrassé de répondre. Pour nous, nous ne voudrions pas qu'on apprît la Lecture avec *Boniface*, la Grammaire avec *Chapsal*, la Rhétorique avec *Leclerc*, tel autre science avec tel autre auteur; mais nous voudrions un seul et même livre, une seule et même méthode, un seul et même auteur, un seul et même maître, pour l'enseignement de toutes ces parties. Dans notre conviction intime, rien n'est plus funeste au progrès des études que le changement de méthodes. Changer de méthodes avec un élève, c'est absolument comme changer de nourrices avec un enfant : l'esprit de l'un, comme le corps de l'autre, s'en trouve profondément altéré. C'est dans le but de remédier à un mal trop réel et trop généralement senti que nous nous sommes mis à l'œuvre, et que nous avons entrepris de fondre, en un seul, tous les livres sur la Langue française, afin qu'il servît, désormais, de guide et de régulateur suprême.

L'ouvrage forme six volumes. Le premier contient la *Lecture*; le second, la *Grammaire*, dans toutes ses parties; le troisième, les *Exercices*; le quatrième, le *Corrigé*; le cinquième, les *Synonymes*; le sixième, la *Poésie* et la *Rhétorique*.

Nous avons entrepris ce travail, avec d'autant plus d'empressement et de plaisir, qu'il manquait tout à fait à l'enseignement, et qu'il nous était demandé depuis longtemps, non-seulement de toutes les parties de la France, mais, disons-le sans exagération comme sans vanité, de tous les points du monde civilisé.

Honoré du suffrage d'un grand nombre de chefs d'institution, notre *Cours* s'adresse à toutes les classes de la société, à ceux qui savent, comme à ceux qui ne savent pas, à ceux qui étudient, comme à ceux qui enseignent, aux gens du monde, aux étrangers. Comme la *Grammaire nationale*, il renferme des milliers de phrases puisées aux meilleures sources, et qui, toutes, indépendamment de leur but spécial, ont l'inappréciable avantage de parler au cœur, et de former le goût et l'esprit.

Puisse le public accueillir ce nouvel ouvrage comme il a déjà accueilli tous les autres, nous n'ambitionnons pas d'autre récompense !

COURS COMPLET
DE LANGUE FRANÇAISE.

GRAMMAIRE. — CORRIGÉ.

PARTIE ÉLÉMENTAIRE.

CHAPITRE PREMIER.

CORRIGÉ DES EXERCICES SUR LE SUBSTANTIF.

(Les numéros qui sont en tête de chaque exercice correspondent à ceux de la Grammaire.)

N° 11.

1. Madame la (baillive) marchait devant monsieur.
2. Les (paysannes) mangent moins de viande que les femmes de la ville.
3. L'épouse du chrétien n'est pas une simple (mortelle).
4. N'élevez pas l'échafaud sur la maison du criminel : quelle part ont à son crime sa (veuve) et son orphelin ?
5. L'opinion est la (reine) du monde.
6. Jamais, répond la (jardinière), vous ne fîtes meilleure affaire.
7. Des princesses la désirèrent à l'envi pour (favorite).
8. Eh ! qui donc s'attendrit pour une (infortunée) ?
9. La France était alors (l'amie) nécessaire du Portugal.
10. La fortune est toujours la (bienvenue).

11. Mes enfants, respectez une vieille personne, ne serait-elle qu'une (*paysanne*), sotte et laide.
12. La (*serine*) est d'un jaune plus pâle que le serin.
13. La fortune est toujours (*bienvenue*).
14. On trompe rarement les yeux d'une (*rivale*).
15. Quand (*l'ouvrière*) est épargnée, vainement l'ouvrage est détruit.
16. Mademoiselle est la (*cousine*) germaine du roi.
17. Vous la nommez une (*idiote*), et moi un ange.
18. Moi l'aimer, une (*ingrate*) qui me hait !
19. La (*prisonnière*) le séduisit autant par ses charmes que par son esprit.
20. L'espérance est une (*étourdie*) qui a plus d'imagination que de jugement.

N° 12.

1. La (*tigresse*) produit, comme la lionne, quatre ou cinq petits.
2. (L'*ânesse*) a la voix plus claire et plus perçante que l'âne.
3. Anne la (*prophétesse*) fut une des premières à reconnaître Jésus-Christ pour le messie.
4. L'amour ne règle pas le sort d'une (*princesse*).
5. Il n'y eut aucun asile consacré à la virginité en Asie ; les Chinois et les Japonais seuls ont quelques (*bonzesses*).
6. Nous allons voir la (*prophétesse*) du démon.
7. Les (*druides*) plongeaient des couteaux dans le cœur des prisonniers.
8. Urbain VIII donna aux cardinaux le titre d'*éminence*. Il abolit les (*jésuitesses*).
9. Une femme ne doit être ni une (*philosophe*) ni une théologienne.
10. Nos (*Suissesses*) aiment assez à se rassembler entre elles.
11. Nous donnâmes à la fille de la rue des Moineaux le nom de (*papesse*) Jeanne.
12. Les femmes sont des (*maîtresses*) pour les jeunes gens.
13. C'est là que doit loger madame la (*chanoinesse*).
14. Chez les anciens, les (*prêtresses*) devaient vivre solitaires.
15. Le nègre passe sa vie avec sa (*négresse*) et ses négrillons.
16. La femme d'un charbonnier est plus respectable que la (*maîtresse*) d'un prince.

CORRIGÉ DES EXERCICES DE LA GRAMMAIRE.

N° 13.

1. Nos (*jouvencelles*) au couvent sont plus habiles que leurs mères.
2. Heureuse la (*chrétienne*) qui n'aime ni ce monde ni tout ce qui le compose.
3. Une femme ne doit être ni une philosophe ni une (*théologienne*).
4. Je ne pense pas que Satan en personne puisse être si méchant qu'une telle (*friponne*).
5. Une (*coquette*) peut bien être vertueuse ; mais elle n'est jamais innocente.
6. Il faut donc te peindre ces aimables (*Parisiennes*).
7. Aux bosquets d'aloès, la douce (*tourterelle*) seule paraît gémir encore.
8. Mon jeune ami, il est aisé de tromper une (*Indienne*).
9. La (*pauvrette*) avait compté sans l'autour aux serres cruelles.
10. O! de l'amour adorable (*sujette*), n'oubliez pas votre art.

N°s 14 et 15.

1. La politesse est une (*flatteuse*) qui ne refuse son estime à personne.
2. Pour moi, je ne suis pas une grande (*raisonneuse*).
3. Les femmes sont à Paris les (*législatrices*) du Code moral.
4. (*L'épouse*) du chrétien n'est pas une simple (*mortelle*).
5. Hélas! que de raisons contre une (*malheureuse*)!
6. Vous êtes une (*peureuse*).
7. O mon ange! ma (*protectrice*)! quel horrible emploi je te laisse.
8. On applaudit les cris d'une (*actrice*) à l'Opéra.
9. La première (*fondatrice*) d'une société humaine fut une mère de famille.
10. Jésus absout la (*pécheresse*) qui baigne ses pieds de larmes.

11. L'homme n'a pas de plus cruelle (vengeresse) de son forfait que sa propre conscience.
12. Cette (religieuse) a rompu son vœu.
13. Une (religieuse) de Saint-Benoît, près de quitter la terre, trouvait une couronne d'épines blanches sur le seuil de sa cellule.
14. La trop grande (parleuse) est d'agréable humeur.
15. Les prairies seront votre école, les fleurs votre alphabet, et Flore votre (institutrice).
16. La nature n'est-elle pas également une (bienfaitrice) puissante et sage ?

Nos 16 et 17.

1. Les plus grandes (vérités) sont ordinairement les plus simples.
2. Les (rois) sont des (hommes).
3. On ne donne rien si libéralement que ses (conseils).
4. De quelque part qu'on tourne, on ne voit que des (fous).
5. Tu ne vends pas comme tu veux tes (choux), tes (aulx).
6. Les (coucous) sont capables d'une sorte d'éducation.
7. Les (biens) d'un homme ne sont pas dans ses (coffres).
8. Les (étoiles) fixes sont autant de (soleils).
9. Le saule est agréable aux (génies) des voyageurs.
10. Les (sots), depuis Adam, sont en majorité.
11. Il ne faut pas faire par les (lois) ce qu'on peut faire par les mœurs.
12. Les (pierres) des (chemins) vous brisent les (pieds).
13. Ce sont les (poètes) qui ont divinisé nos campagnes.
14. Les (arbres) en fleurs blanchissent les (vallons).
15. Les (montagnes) sont la source des (fleuves).
16. Les (déserts) sont des (océans) de sable.
17. Des (colibris) étincelant sur le jasmin des Florides.
18. Les (choux) de Strasbourg sont renommés.
19. Les (travaux) nécessaires sont ceux de la campagne.
20. Que la terre est petite à qui la voit des (cieux).
21. Des (carcajous) se suspendent par leurs longues (queues) au bout d'une branche abaissée.
22. Des troupes de (caribous) se baignent dans un lac.
23. Je n'irai plus chercher au bord de la prairie
    Ces éclatants (émaux) que le printemps varie.

25. L'Italie est sous un des plus beaux (*ciels*) de l'Europe.
26. Ses deux (*aïeuls*) ont rempli les deux premières charges.
27. Qui sert bien son pays n'a pas besoin d' (*aïeux*).
28. L'âne n'a jamais de (*poux*).
29. Ce n'est que devant Dieu qu'on doit être à (*genoux*).
30. Tous les (*hiboux*) ont deux aigrettes de plumes en forme d'oreilles.
31. Plusieurs espèces de poissons ont un palais osseux qui leur sert à broyer les (*coraux*).
32. Les (*fleurs*) émaillent ces (*gazons*) et ces (*vergers*).
33. Nos (*moissons*) comblent chaque année nos (*greniers*) et nos (*granges*).
34. Les (*grâces*), les (*vertus*) ont perdu leur empire.

Nos 18, 19 et 20.

1. Le serpent fréquente les (*tombeaux*), habite les (*lieux*) inconnus.
2. Les (*animaux*) éprouvent comme l'homme les (*influences*) du ciel et de la terre.
3. Les (*chacals*) mêlent leurs (*cris*) sinistres au fracas de l'orage.
4. Les (*soupiraux*) des caves sont pratiqués pour donner du jour et de l'air.
5. Le sage doit en tout éviter les (*excès*).
6. Les (*curieux*) ont souvent tort.
7. Les (*jours*) donnés aux (*dieux*) ne sont jamais perdus.
8. Lorsqu'on fait des (*cadeaux*), c'est pour en recevoir.
9. Le ciel est favorable aux (*vœux*) des gens de bien.
10. On voit quelques insectes avec des (*épieux*) noirs comme le fer voltiger dans les (*prairies*).
11. De très-petits (*gouvernails*) font tourner de très-gros (*navires*).
12. Les (*bijoux*) sont plus jolis, plus agréables, plus curieux que les (*joyaux*).
13. Les (*canaux*) de navigation servent à la jonction des mers, à la communication commerciale des (*fleuves*) et des (*rivières*).
14. Les (*arsenaux*) sont des (*magasins*) d'armes.
15. Les monts lusitaniques sont remplis de (*lynx*).
16. Les (*nez*) n'ont pas été faits pour les (*besicles*).

17. L'excessive joie arrache plutôt des pleurs que des (ris).

18. Il existe des (rhinocéros) qui n'ont qu'une corne sur le nez.

19. La plupart des (caracals) de Barbarie ont la croix de mulet sur le garrot.

20. C'est le long de ces fils d'araignée que les petites cochenilles émigrent sur les (nopals) voisins.

21. L'existence des (végétaux) tient à celle des fleuves.

22. Des (cardinaux) de feu grimpent en circulant au haut des (cyprès).

23. La faveur met l'homme au-dessus de ses (égaux).

24. C'est au fond de l'océan que se sont formés les (pierres), les (ardoises), les (marbres), le (gypse), les (grès), les (cailloux) et les (métaux) même.

25. L'amitié d'un grand homme est un bienfait des (dieux).

26. Il faut prendre la fortune aux (cheveux).

27. Un rien suffit pour amuser l'enfance ;
   Mais dans ses (jeux), plus qu'on ne pense,
   S'introduisent déjà les (passions) des (grands).

28. L'atmosphère altère et courbe les premiers (feux) du jour.

29. L'homme fait jaillir les (eaux) au milieu de ses palais, de ses (jardins).

30. C'est sur des (monceaux) de cadavres que l'homme a imaginé de chanter les louanges de l'homme.

31. Quittons les frais (bocages) et les (rives) fleuries des (ruisseaux).

32. A la clarté de ces (flambeaux) Dieu nous apparaît dans toute sa gloire.

33. Tous les (troupeaux) reviennent sous le toit agreste du laboureur.

34. La baie est traversée par d'innombrables petits (bateaux).

35. Les (oiseaux) font retentir les (échos) de leurs amoureux (concerts).

36. On nous servait quelques (pigeonneaux) le dimanche.

37. Les (vaisseaux) sillonnent les ondes.

38. Des (bouleaux) agités par les brises formaient des îles d'ombres flottantes.

39. Plusieurs marins ont observé des (*serpenteaux*) lumineux.

40. On a pour les (*fous*) plus de pitié que de courroux.

41. Sur les (*maux*) du prochain jetons souvent les (*yeux*).

42. Dieu dispense les (*biens*) et les (*maux*).

43. L'or est le plus précieux de tous les (*métaux*).

44. Les (*chevaux*) nous rendent de grands (*services*).

45. L'éléphant est le plus grand des (*animaux*) qui vivent sur la terre.

46. Les (*chiens*) de la Sibérie transportent des (*fardeaux*) à des (*distances*) prodigieuses. On les attelle à des (*traîneaux*).

47. Une espèce de chiens est spécialement vouée à la garde des (*troupeaux*).

48. Les plus brillants (*tableaux*) vont nous frapper d'admiration.

49. Un canal est une rivière artificielle creusée, soit pour porter des (*bateaux*), soit pour amener des (*eaux*) qui font mouvoir des (*machines*), ou à servir à l'arrosement des (*terres*).

50. Les premiers (*canaux*) ne furent que des embranchements de rivières navigables.

51. Dans une armée navale, les (*fanaux*) suspendus à l'arrière ou dans les (*hunes*) sont un signe d'honneur ou de commandement.

52. Je vis avec admiration d'innombrables (*vaisseaux*) entrer dans nos (*ports*), et verser les (*richesses*) des cinq (*parties*) du monde.

53. En Normandie, les (*doigts*) exercés des (*femmes*) attachent des (*fils*) à de légers (*fuseaux*), et jettent mille gracieux (*dessins*) sur les (*mailles*) aériennes de nos (*blondes*).

54. A Nîmes, on fabrique avec la soie des (*étoffes*) qui bruissent et chatoient comme des (*métaux*).

55. Les (*travaux*) du corps et de l'esprit se soulagent mutuellement.

56. On distingue cinq (*universaux*), le genre, la différence, l'espèce, le propre et l'accident.

57. Examinez les Romains : vous ne les trouverez jamais si supérieurs que dans le choix des circonstances dans lesquelles ils firent les (*biens*) et les (*maux*).

EXERCICES GÉNÉRAUX

SUR LE SUBSTANTIF.

Cette poire est (*métisse*.)—Ce n'est pas une (*Parisienne*), c'est une franche (*paysanne*). — Dans les (*affaires*) pressantes, les (*particuliers*) et les (*républiques*) vouaient à Vénus des (*courtisanes*). — C'est une petite (*vieillotte*). — Vous êtes une petite (*sotte*). — Mademoiselle Rachel est une (*juive*). — Dieu est le protecteur des (*veuves*) et des orphelins. — Avec cinquante mille livres de rente on peut être une heureuse (*mortelle*). — C'est une bonne (*vieille*). — Les (*battus*) paient l'amende. — Pour tout blâme, je m'en rapporte aux (*sots*). — Nous avons autant de (*maîtres*) et de (*bourreaux*) que nous avons de (*désirs*) violents. — Le voleur est justiciable des (*tribunaux*) correctionnels, et l'assassin des (*cours*) d' (*assises*). — Les (*dandys*) promènent leur oisiveté dans des (*landaux*). — Les contes de Lafontaine sont des (*fabliaux*). — On prend des (*oiseaux*) avec des (*gluaux*). — Des (*femmes*) abandonnèrent, pour avoir des (*armes*) et des (*munitions*), non seulement leurs (*joyaux*), mais encore le soin de leur vie. — Le kirsch se fait avec des (*noyaux*). — Les (*plateaux*) les plus élevés du continent furent le berceau de l'humanité. — Les (*boiteux*) empêchent les (*autres*) d'avancer. — Le gouvernement ne réunit la majorité des (*vœux*), qu'en favorisant la majorité des (*intérêts*). — Les (*Hébreux*) passèrent la mer Rouge à pied sec. — L'histoire des (*malheurs*) des (*peuples*) n'est autre que celle des (*sottises*) ou des (*crimes*) de leurs (*chefs*). — Les (*oiseaux*) sont friands de la graine d'oseille. — La vie nous paraît courte et les (*heures*) longues ; nous voudrions alonger la chaîne et rétrécir les (*anneaux*). — Il faut prendre les hommes par les (*détails*) pour les bien étudier. — Le bourrelier est le tailleur des (*chevaux*). — Les (*bambous*) du Gange s'élèvent à plus de cent cinquante pieds de hauteur. — Les (*maquereaux*) se salent comme les (*harengs*). — Les (*commencements*) sont toujours difficiles. — Les (chevaux) qui ont mauvais pied ou qui forgent, se déferrent souvent. — De bruyantes (cataractes) se précipitent du haut des (montagnes). — Les (oiseaux) nous charment toujours par leur touchant ramage. — La vapeur des (brouillards) obscurcit les (cieux). — Les (Arabes) ne font qu'un (repas) par jour. — Les (bêtes) fauves font bien des (dégats) dans les terres. — D'Alembert ne se croyait pas malheureux d'avoir fait cent (ingrats) pour acquérir un ami. — Les (sommets) des (montagnes) sont couverts de (frimas) éternels. — Lorsque les (grands) ont beaucoup de (plats) d'or et d'argent, le peuple n'en a pas même de terre. — Il n'y a rien de si pestilentiel pour le jugement que le (fatras) des (connaissances) pédantesques. — Dieu n'a pas donné deux (bras) à l'homme pour rester oisif. — Les (savants) s'enterrent les uns les autres sous les (fatras) éphémères de leurs barbares (nomenclatures). — La guerre a ses (appas) et la paix ses (douceurs). — Il n'y a point de petits (pas) dans les grandes (affaires). — Le (chat) est un domestique infidèle. — On a cru longtemps que la thériaque était propre à guérir de la morsure des (animaux) venimeux. — Le mercure est dans un (état) de liquidité continuelle. — Chaque (climat) a ses (oiseaux) bienfaiteurs. — L'habitude de priser affaiblit l'(odorat) d'une manière notable. — Les (oiseaux-mouches) sont les (bijoux) de la nature. — La mémoire fait faire des (plagiats) involontaires. — La mort met les (empereurs) et les (goujats) au même rang. — Il n'y a guère de véritable amitié qu'entre (égaux). — L'âne est le jouet de tous les (animaux). — La cane pond quelquefois jusqu'à soixante (œufs). — Le bouracan est une espèce d'étoffe qui sert principalement à faire des (manteaux) pour se préserver de la pluie en voyage. — Les anciens (Scythes) et les (Huns) mettaient de la chair crue sous les (selles) de leurs (chevaux), et la mangeaient ensuite. — L'(éclat) continuel de la neige éblouit la vue. — L'art du labourage a nécessité l'emploi des (métaux). — Il y a des (compas) à trois ou quatre (pointes). — Le cerfeuil est une plante que les (bestiaux) et les (lapins) mangent avec avidité. — Le corail sert à la parure des (négresses), aux (yeux) desquelles il est d'un grand prix. — Aucun prétexte ne peut excuser celui qui se trouve dans sa patrie, sous les (drapeaux) des (ennemis) de sa patrie. — Il faut avoir de bonnes (*dents*) pour casser des (*noyaux*) de pêche. — Les (*enfants*) font des bulles de savon avec des (*tuyaux*) de paille. — Il faut saisir l'occasion aux (*cheveux*). — J'admire ces tendres (*tourtereaux*) qui ne pensent qu'à l'amour. — Puisque je suis un beau jouvenceau, je veux trouver une belle (*jouvencelle*). — Voilà ma servante qui fait le diable à quatre, et qui se comporte en vraie (*dragonne*). — C'est moi qui suis la (*cadette*) de la famille. — Quand je rencontre une (*pauvresse*) sur mon chemin, je lui donne l'aumône. — J'aime mieux être née en Europe qu'en Afrique; être (*Parisienne*) que (*négresse*), libre qu'esclave. — Je préfère au rôle d' (*actrice*) celui d' (*observatrice*). — Vous dites que c'est un ange, et moi, une (*diablesse*). — Quand elle a faim, elle mange comme une (*ogresse*). — Les seuls (*travaux*) que je crois vraiment nécessaires, ce sont ceux des (*champs*). — Naples est situé sous un des plus beaux (*ciels*) de l'Italie. — Il ne suffit pas que je me targue des (*vertus*) de mes (*aïeux*), il faut que je me glorifie des miennes propres. — J'aime à me coucher simplement, et je me trouve beaucoup mieux pour la santé de n'avoir ni (*rideaux*), ni (*ciels-de-lit*). — Les (*maux*) que vous souffrez, vous les racontez, et cela vous soulage. — J'habitais une maison qui était éclairée par des (*œils-de-bœuf*). — Détestez les (*cérémonials*), préférez la franchise. — Les (*carnavals*) de Venise sont plus agréables que ceux de Paris. — Les (*piédestaux*) ne font pas les héros. — Voulez-vous une cave saine et aérée? faites-y ouvrir des (*soupiraux*). — Fortifiez-vous l'estomac et prenez des (*cordiaux*). — Les (*négresses*) de Madagascar se parent de (*coraux*). — Si vous voyagez en Asie, vous rencontrerez, de distance en distance des (*caravansérails*). — Jouissez du fruit de vos (*travaux*). — Ce qui nous distingue des (*animaux*) c'est que nous avons l'idée de Dieu. — Dès qu'une femme se sacrifie pour une cause, elle trouve plus d' (*admiratrices*) que d' (*imitatrices*) — Si j'étais (*auteur*, je serais flattée par mes (*amies*). — Si nous avions affaire à une (*enchanteresse*), elle nous ensorcellerait. — Ce n'est pas une (*pécheresse*) endurcie, et elle est prête à se convertir; si on lui donne des (*raisons*) persuasives. — Si j'étais (*demanderesse*) je ferais en sorte d'avoir un meilleur avocat que celui de la (*défenderesse*). — Quand une femme est attaquée, les autres doivent se constituer leurs (*défenseuses*) et leurs (*protectrices*). — Si elle avait une belle voix, elle voudrait entrer comme (*cantatrice*) à l'Opéra. — Madame Stolz était une (*cantatrice*). — Si j'étais (*devineresse*), je dirais la bonne aventure à tout le monde. — Ma femme est un grand (*amateur*) de feuilletons. — Mon (*hôtesse*) était vraiment charmante.

CHAPITRE II.

EXERCICES SUR L'ARTICLE.

N° 23.

1. (*La*) terre à nos (*besoins*) prodigue ses (*largesses*).
2. (*Le*) soleil demeure constamment à la même place.
3. (*La*) culture aux (*humains*) montra l'astronomie.
4. (*Les*) bienfaits peuvent tout sur une âme bien née.
5. (*La*) jeunesse légère est faite pour (*les*) jeux.
6. (*Le*) vent fracasse un chêne ou caresse une fleur.
7. (*La*) mouche éphémère ne voit point deux (*aurores*).
8. (*Les*) yeux de l'amitié se trompent rarement.

N° 24.

1. (*L'*) arbrisseau le plus sain a besoin de culture.
2. (*L'*) honneur aux grands cœurs est plus cher que la vie.

3. (*L'*) amitié dans nos (*cœurs*) verse un bonheur paisible.
4. Toujours (*l'*) humanité plaint ceux qu'il faut détruire.
5. (*L'*) habit change les mœurs ainsi que la figure.
6. (*L'*) âne souffre la faim, un chardon le contente.
7. (*L'*) arbre est de nos jardins le plus bel ornement.
8. (*L'*) homme d'un œil actif veille sur ses (*sujets*).
9. (*L'*) homme devant Dieu seul doit fléchir le (*genou*).
10. (*L'*) expérience nous rend sages.

N° 25.

1. La fleur est la fille (*du*) matin, le charme (*du*) printemps, la source (*des*) parfums, la grâce (*des*) vierges, l'amour (*des*) poètes.
2. Rien n'égale la blancheur (*des*) lis.
3. La bienfaisance est un besoin (*de l'*) âme.
4. La cerise rougit (*aux*) rameaux suspendue.
5. La génisse en lait pur change le suc (*des*) plantes.
6. Sur les rives (*du*) Gange on voit fleurir l'ébène.
7. L'if s'épanouit (*au*) souffle de Borée.
8. Le lapin se soustrait aisément (*aux*) yeux (*de l'*) homme.
9. La moitié (*des*) humains vit (*aux*) dépens de l'autre.
10. Le moment (*du*) péril est celui (*du*) courage.
11. (*Au*) travers (*des*) périls un grand cœur se fait jour.
12. Le Gange prend sa source (*au*) mont Imaüs.

EXERCICES GÉNÉRAUX

SUR L'ARTICLE.

Nous aimons à vivre (*au*) hasard, sans choix et sans réflexion. — Le législateur doit être un Hercule pour combattre (*l'*) hydre de l'égoïsme. — (*L'*) amour entre les rois ne fait pas (*l'*) hyménée. — (*L'*) hyperbole exprime au-delà de (*la*) vérité pour ramener (*l'*) esprit à la mieux connaître. — Il y a bien de la différence entre (l') habileté et (la) finesse. — (L') habit fait (l') homme. — Si Dieu l'eût voulu, tous les habitants (de la) terre auraient suivi sa loi. — (L') habitude de se soumettre à (la) règle ne saurait se prendre trop tôt. — Je n'aime pas (l') orgueil (de l') or, mais j'aime encore moins (l') orgueil (des) haillons. — (L') innocent accusé voit pendant une lente procédure (la) hache suspendue sur sa tête, et la société ne l'indemnise pas. — (Les) sots font (la) haie, et (les) sages passent leur chemin en souriant. — On pardonne (à la) haine et jamais (au) mépris. — Les révolutions avortées amènent toujours (des) gouvernements haineux et vindicatifs. — (L') haleine (de l') homme est mortelle à ses semblables. — Législateurs, laissez (au) peuple (la) liberté (du) hanneton, retenu par un fil. — (Le) hareng est un poisson très-commun. — (L') alphabet français comprend vingt-cinq lettres. — (L') éléphant est le plus grand, le plus gros et le plus intelligent (des) quadrupèdes. — (Les) Samoïèdes et (les) Esquimaux avalent, comme un délice, (l') huile de baleine. — (La) lune semble partager avec (le) soleil (le) soin de nous éclairer. — (La) neige et (la) rosée engraissent (les) campagnes. — (L') acanthe porte un feuillage d'un vert admirable. — (L') arithmétique décimale et les caractères numéraux, dont nous nous servons, ont été, dit-on, inventés par (les) Arabes. — (L') hydrogène s'enflamme dans (les) airs. — (Les) houx servent à faire (des) haies. — (La) houille sert au chauffage. — (L') agaric arrête (les) hémorrhagies. — (L') hippopotame est (le) patriarche (des) fleuves. — (Les) hérons se nourrissent de reptiles. — (L') hirondelle nous annonce (le) retour (des) beaux jours. — (Le) coq matinal éveille (les) hameaux. — (Les) herbes poussent plus vite que (les) arbres. — Pendant (l') hiver (les) plantes sont engourdies. — On ne peut courir vite et longtemps, lorsque (l') haleine est courte. — (Les) haricots entrent, comme aliments, en harmonie avec (les) blés chez tous (les) peuples. — (L') hospitalité est en honneur chez tous (les) peuples (de l') Orient. — Les Européens sont devenus (les) plus hardis (des) navigateurs. — La belette et (l') hermine ne veulent pas manger quand on les regarde. — (Le) homard est indigeste, et (l') huître peu nourrissante. — (Le) hérisson sait se défendre sans combattre. — (L') écureuil est (le) plus agréable (*des*) quadrupèdes. — (*L'*) hyperbole est, comme (*le*) télescope et (*le*) microscope, à égale distance de (*la*) vérité. — (*L'*) hippocentaure est un animal fabuleux, qu'on suppose être moitié homme et moitié cheval. — (*L'*) hippocras est une espèce de liqueur, faite avec du vin, du sucre et (*de la*) cannelle. — Il suffisait d'avoir bu (*de l'*) eau (*de l'*) Hippocrène pour faire d'excellents vers. — (*L'*) hippodrome était un lieu destiné chez (*les*) Grecs (*aux*) courses (*des*) chevaux. — Le hippogriffe est un animal fabuleux, qu'on suppose être un cheval ailé. — (*L'*) hippocrite joue (*la*) dévotion, afin de cacher ses vices. — (*L'*) Iliade offre ce que (*l'*) imagination peut concevoir de plus grand : (*le*) concours (*des*) hommes et (*des*) dieux. — (*Au*) printemps on voit la terre se tapisser de fleurs. — (*L'*) ortie plaît beaucoup (*aux*) poules d'Inde. (*L'*) honnêteté (*des*) mœurs n'est qu'une honnête hypocrisie. — (*L'*) athée le plus endurci est idolâtre de lui-même. — (*L'*) abricotier est originaire d'Arménie. — (*Les*) eaux tombent (*des*) hautes montagnes, où leur réservoir est placé. — (*Les*) armes (*des*) Egyptiens étaient de bronze. — (*L'*) élite (*de la*) noblesse française a été précipitée dans (*le*) tombeau. — (*L'*) huître s'accroche (*aux*) rochers ou (*aux*) racines (*des*) arbres, sur (*le*) bord (*de la*) mer. — (*Les*) vrais héros sont plus rares que (*les*) grands guerriers.

CHAPITRE II.

EXERCICES SUR L'ADJECTIF.

N° 32.

1. La douleur la plus (*profonde*) a, comme la fièvre, ses intermittences.
2. La (*vraie*) dévotion est tolérante comme la (*vraie*) philosophie.

CORRIGÉ DES EXERCICES DE LA GRAMMAIRE.

3. La guerre *(civile)* est le règne du crime.
4. Hélas! aux gens heureux la plainte est *(importune)*.
5. Lève, Jérusalem, lève ta tête *(altière)*.
6. Les *(rêves)* de l'orgueil sont de *(courte)* durée.
7. La biche *(légère)* ne prête point l'oreille au murmure du zéphir.
8. Son *(adroite)* vertu ménage son crédit.
9. Plus l'orgueil est excessif, plus l'humiliation est *(amère)*.
10. La voix des *(femmes)* est ordinairement plus *(claire)* que celle des *(hommes)*.
11. Les *(livres)* saints furent la plus *(chère)* étude de saint Bernard.
12. Le pinson remplit l'air de sa voix *(éclatante)*.
13. La musaraigne a une odeur *(forte)* qui répugne aux *(chats)*.
14. Le feu, fils du soleil, est sa plus *(pure)* essence.
15. La jeunesse *(légère)* est faite pour les *(jeux)*.
16. Un bienfait reçu est la plus *(sacrée)* de toutes les dettes.
17. Une pompe *(étrangère)* a de quoi nous séduire.
18. L'avarice est la *(dernière)* et la plus *(absolue)* de nos passions.
19. Une *(haute)* fortune est toujours dangereuse.
20. Les bluets ont une voix *(aiguë)* et peu *(agréable)*.

N° 33.

1. La liberté est le bonheur *(suprême)*.
2. Femme toujours est *(maîtresse)* au logis.
3. Le salut du peuple est la *(suprême)* loi.
4. La gloire est bien *(traîtresse)*.
5. . . . . . . Il faut avec adresse,
   Corriger, si l'on peut, la fortune *(traîtresse)*.
6. Je veux une vertu qui ne soit pas *(diablesse)*.
7. Que ne sait point ourdir une langue *(traîtresse)*
   Par sa pernicieuse adresse?

8. Cette ville fut autrefois (*maîtresse*) de la terre.
9. Sans l'estime il n'est point de (*solide*) amitié.
10. Conscience (*terrible*), on ne peut t'échapper.

N° 34.

1. La cresserelle est (*diligente*) et (*courageuse*).
2. La paix, l'(*heureuse*) paix, s'enfuit au bruit des (*armes*)
3. La vertu (*malheureuse*) en est plus respectable.
4. L'homme est une pierre (*précieuse*), dont le moindre dé faut diminue beaucoup le prix.
5. La jalousie, quand elle est (*furieuse*), produit plus d crimes que l'intérêt et l'ambition.
6. Celui qui dans le bienfait qu'il a reçu cherche une intention (*vicieuse*), commence par en être indigne.
7. Des droits de ses enfants une femme (*jalouse*)
Pardonne rarement aux fils d'une autre épouse.
8. Il y a une (*fausse*) sagesse qui est prudence.
9. De tout vœu forcé la chaîne est (*odieuse*).
10. Dans le monde, l'homme ne trouve pas de voix plus (*harmonieuse*) que celle qui chante ses louanges.
11. Quelle condition nous paraît la plus (*délicieuse*) et la plus libre, ou du berger ou des brebis ?
12. L'avarice est la plus (*vile*), mais non la plus (*malheureuse*) de nos passions.
13. Une famille (*vertueuse*) est un vaisseau tenu, pendant la tempête, par deux ancres : la religion et les mœurs.

N° 35.

1. Le blé trop tôt semé produit une herbe (*oisive*).
2. Une mémoire (*active*) et (*fidèle*) double la vie.
3. La gloire serait la plus (*vive*) de nos passions sans son incertitude.
4. La vieillesse aime à donner des conseils et n'est pas toujours (*attentive*) à les bien placer.

5. L'affreux poison du crime atteint une âme (*oisive*).
6. Et depuis quand, madame, êtes-vous si (*craintive*)?
7. La (*plaintive*) Progné de douleur en frémit.
8. Le sujet est traité d'une manière (*neuve*).

N° 36.

1. L'apparence est (*trompeuse*), ami; crois que le sage
   Doit porter plus avant son regard scrutateur.
2. J'ai connu des mutins qui disent qu'il n'y a point d'intelligence (*formatrice*).
3. Comme je n'avais alors ni blé, ni fèves, ni argent, la puissance (*législative*) et (*exécutrice*) me fit traîner en prison.
4. Mais en vain dans leur lit un juste effroi les presse,
   Aucun ne laisse encor la plume (*enchanteresse*).
5. Les (*catastrophes*) qui furent la fin d'illustres scélérats prouvent suffisamment une Providence (*vengeresse*).
6. La cavité (*intérieure*) de l'oreille parait être un écho où le son se réfléchit avec la plus grande précision.
8. L'espérance, toute (*trompeuse*) qu'elle est, sert au moins à nous mener à la fin de la vie par un chemin agréable.
8. L'idée du bonheur est souvent plus (*flatteuse*) que le bonheur même.
9. En amour, la colère est toujours (*menteuse*).
10. Cette jeune fille est (*imitatrice*) des vertus de sa mère.
11. Quand les abus sont accueillis par la soumission, bientôt la puissance (*usurpatrice*) les érige en lois.
12. Jésus-Christ pardonne à la femme (*pécheresse*) dont le repentir est sincère.
13. L'erreur de ceux qui n'ont que de la prudence est de la croire (*supérieure*) à tout.

N° 37.

1. L'erreur est (*sujette*) au retour.
2. Tout artiste est jaloux d'une gloire (*immortelle*).

3. La religion (*chrétienne*) qui ne semble avoir pour objet que la félicité de l'autre vie fait encore notre bonheur dans celle-ci.

4. La joie est (*bonne*) à mille choses,
Mais le chagrin n'est bon à rien.

5. Toute belle est un peu (*coquette*).

6. Ne me préparez pas la douleur (*éternelle*).
De l'avoir fait répandre (*votre sang*) à la main (*paternelle*).

7. La (*bonne*) comédie est celle qui fait rire.

8. L'ingratitude la plus (*odieuse*), mais la plus (*ancienne*), est celle des enfants envers leur père.

9. La curiosité (*indiscrète*) marque presque toujours quelque légèreté d'esprit.

10. Quand l'administration est (*secrète*) on en peut conclure qu'il se commet des injustices.

N° 38.

1. L'envie, toujours (*maligne*) et (*haineuse*), n'est jamais (*bonne*) à rien.

2. Favorisé de cette (*bénigne*) influence du ciel, Eudoxe touche bientôt au rivage d'Ostie.

3. Une affliction (*publique*) patiemment supportée remporte le prix qui sert pour orner le diadème de la constance.

4. Les Circassiennes ont le cou et la gorge parfaitement bien faits, la peau (*blanche*) comme neige.

5. Un monarque n'est jamais grand,
Si sa conduite n'est pas (*franche*).

6. La forme (*sèche*) et didactique est ennemie des grands mouvements et des grandes idées.

7. La sordide avarice et la (*folle*) prodigalité, tempérées l'une par l'autre, produisent la sage économie.

8. Travaillez à plaisir, quelque ordre qui vous presse,
Et ne vous piquez point d'une (*folle*) vitesse.

9. La justice est mère de la paix (*publique*) et de l'ordre privé.

10. Sur les lisières des bois, le bouvreuil, caché dans l'épine (*blanche*), charme, par son doux ramage, sa compagne dans son nid.

11. On accompagne la miséricorde de tant de dureté envers les malheureux, qu'un refus serait moins accablant pour eux qu'une charité si (*sèche*) et si farouche.

12. La flatterie est une (*fausse*) monnaie qui n'a de cours que par notre vanité.

13. Et quelque (*longue*) pluie, inondant vos vallons,
A-t-elle fait couler vos vins et vos melons?

14. C'est d'une ronce (*épineuse*) que l'homme a fait éclore, comme par enchantement, la rose (*fraîche*) et parfumée.

15. Il n'est point, nous dit-il, de race (*favorite*).

N° 39.

1. Il y a dans les (*meilleures*) conseils de quoi déplaire.

2. Par d'illustres (*efforts*) les (*grands*) cœurs se connaissent.

3. Les (*grandes*) passions naissent dans un grand cœur.

4. Les (*vraies*) louanges ne sont pas celles qui s'offrent à nous, mais celles que nous arrachons.

5. Pour contenter ses (*frivoles*) désirs,
L'homme insensé vainement se consume.

6. Les (*grandes*) pensées viennent du cœur.

7. La conscience parle aux âmes (*criminelles*).

8. Nous devons suivre les (*bons*) exemples de nos (*pères*).

9. Ne vous enivrez pas des hommages (*flatteurs*).

10. Soyons contents du nécessaire,
Sans jamais souhaiter des trésors (*superflus*).

11. Le Ciel se rit des (*vains*) projets des (*hommes*).

12. Au douzième siècle, les moines (*noirs*) et les (*blancs*) formèrent de (*grandes*) factions.

13. Les lois (*inutiles*) affaiblissent les lois (*nécessaires*).

14. Les (*bons*) esprits sont (*propres*) à tous les (*emplois*).

15. Plus vos fers sont (*dorés*) et plus ils sont (*pesants*).

16. Plus les désirs sont (*vifs*), plus les (*passions*) sont (*violentes*).

17. Je sais bien que la cour, seigneur, a ses (*naufrages*),
Mais ses (*jours*) sont plus (*beaux*); son ciel a moins d'orages

N° 40.

1. Les esprits (*faux*) sont (*insupportables*), et les cœurs (*faux*) sont en horreur.
2. Hélas! aux gens (*heureux*) la plainte est (*importune*).
3. Ménageons l'amitié, même dans nos (*beaux*) jours.
4. Les cœurs (*ambitieux*) ne s'attendrissent pas.
5. La Vérité n'a pas une chapelle,.
    Et le Mensonge a des temples (*nombreux*)
7.   Sous les rois (*vicieux*)
    Les peuples sont (*licencieux*).

N° 41.

1. Les avares appellent prodigues ceux qui sont seulement (*libéraux*).
2. Au plus haut des degrés des êtres (*inégaux*).
    L'homme est né pour régner sur tous les animaux.
3. Le premier grain confié aux (*entrailles*) de la terre a fait germer les liens (*sociaux*).
4. L'oranger passe la mer et borde de ses fruits dorés les rivages (*méridionaux*) de l'Europe.
5. Le pain est le meilleur des aliments (*végétaux*).
6. Fuyez, volez, instants (*fatals*) à nos désirs !
7. Les vents du nord sont (*glacials*).
8. Messieurs, nous ne sommes pas aussi (*matinals*) que vous.
9. Il y a dans beaucoup de villages des fours (*banals*).

N° 42.

1. Avec une gradation lente et ménagée, on rend l'homme et l'enfant (*intrépides*) à tout.

2. J'ai remarqué sur plusieurs personnes qui avaient l'oreille et la voix (*fausses*), qu'elles entendaient mieux d'une oreille que de l'autre.

3. Un esprit raisonnable ne doit chercher, dans une vie frugale et laborieuse, qu'à éviter la honte et l'infamie (*attachées*) à une conduite prodigue et ruineuse.

4. La science qui instruit et la médecine qui guérit sont (*bonnes*) sans doute ; mais la science qui trompe et la médecine qui tue sont (*mauvaises*).

5. Les Arabes ont le visage et le corps (*brûlés*) de l'ardeur du soleil.

6. Le mulet et l'âne s'offrirent (*assistés*) du cheval ainsi que du chameau.

7. La vraie dévotion est tolérante comme la vraie philosophie ; l'hypocrisie et la superstition sont (*seules*) (*fanatiques*) et (*intolérantes*).

8. Néron ne pouvait souffrir Octavie, princesse d'une bonté et d'une vertu (*exemplaires*).

N° 43.

1. Dans la Laponie, la ronce, le genièvre et la mousse font (*seuls*) la verdure de l'été.

2. C'est sur la naissance que sont (*fondés*) les prérogatives et les respects (*accordés*) aux castes nobles et religieuses de l'Asie et de l'Europe.

3. L'ordre et l'utilité (*publiques*) ne peuvent être le fruit du crime.

4. On voyait (*rangés*) dans le plus grand ordre, aux parois de la muraille, des râteaux, des haches et des bêches.

5. Philippe montra partout un courage et une prudence (*supérieurs*) à son âge.

6. Paul et Virginie étaient (*ignorants*) comme des créoles, et ne savaient ni lire ni écrire.

7. Charles XII reçut l'argent et l'escorte (*nécessaires*) pour son retour.

8. Il ne faut pas prendre pour des vertus des actions et des intérêts (*arrangés*) avec industrie.

N° 44.

1. Pars, et d'un vol hardi parcours (*cet*) hémisphère.
2. . . . . (*cet*) admirable don,
   L'instinct, sans doute est loin de l'auguste raison.
3. Voyez (*cet*) églantier dont la fleur vient d'éclore.
4. (*Ce*) héros est favorisé des dieux.
5. (*Cet*) homme croit s'agrandir avec son équipage qu'il augmente.
6. (*Cet*) arbrisseau a besoin de culture.
7. (*Cet*) honneur aux grands cœurs est plus cher que la vie.
8. (*Cet*) artifice m'est suspect.

(*Mettre les phrases suivantes au pluriel.*)

9. (*Ce*) grand prophète nous ouvre le ciel.
10. (*Cette*) méthode suffit pour bannir toutes les difficultés.
11. (*Cet*) homme croit s'agrandir avec son équipage qu'il augmente.
12. (*Ce*) devoir est gravé dans le fond de son cœur.

N° 45.

1. Six forts (*chevaux*) traînaient un coche.
2. Quatre (*chats*) se vont tuer tout bonnement.
3. Deux (*avis*) valent mieux qu'un.
4. Il lui envoya de la part du roi un maître de musique avec douze (*voix*) et vingt-quatre (*violons*).
5. Gaston de Foix fut tué de quatorze (*coups*), à la célèbre bataille de Ravenne.
6. On sait de cent (*auteurs*) l'aventure tragique.
7. Il alla visiter le champ de bataille, qu'il trouva couvert de plus de cinquante mille (*morts*).
8. Godefroi de Bouillon menait soixante-dix mille (*hommes*)

CORRIGÉ DES EXERCICES DE LA GRAMMAIRE.   23

de pied et dix mille (*cavaliers*) couvert d'une armure complète.

9. On a vu à Bristol un nain qui, à l'âge de quinze (*ans*), n'avait que trente et un (*pouces*) anglais.

10. Vingt-quatre (*livres*) de pain blanc valaient un denier d'argent par les capitulaires.

11. Pendant trente et une (*années*) de règne, Mahomet II marcha de conquête en conquête.

12. On a mille (*remèdes*) pour consoler un honnête homme et pour adoucir son malheur.

N° 46.

1. C'est en fait, (*mon*) heure est venue.
2. C'est alors, en effet, que (*mon*) âme éclairée,
   Contre les passions se sentit assurée.
3. Que (*ton*) affection me soit alors sévère,
   Et tienne, comme il faut, la main à ma colère.
4. Mon Dieu, voici (*ton*) heure ; on t'amène ta proie.
5. . . . L'amour est déchu de (*son*) autorité,
   Dès qu'il vient de l'honneur blesser la dignité.
6. Mon Polyeucte touche à (*sa*) dernière heure.
7. Les maîtres des humains cachent-ils (*leurs*) faiblesses ?
8. Les auteurs se peignent dans (*leurs*) ouvrages.
9. Il ne faut jamais faire balancer les hommes entre (*leurs*) intérêts et leur conscience.

N° 47.

1. C'est sur les bords de la rivière que les végétaux se montrent dans (*toute*) leur beauté.
2. Le plus précieux de (*tous*) les dons que nous puissions recevoir du ciel est une vertu pure et sans tache.
3. La coquetterie détruit et étouffe presque (*toutes*) les vertus.

4. Le doge et le sénat doivent visiter dimanche prochain (*cet*) hôpital, et on s'occupe de parer (*tous*) ces lits, de parfumer (*toutes*) ces salles.

5. Les (*geais*) imitent (*tous*) les sons, (*tous*) les bruits, (*tous*) les airs d'animaux qu'ils entendent habituellement.

6. L'homme ne trouve (*nulle*) part son bonheur sur la terre.

7. . . . Quand le cœur brûle d'un noble feu,
On peut, sans (*nul*) doute, en faire un noble aveu.

8. Tenez toujours divisés les méchants ; semez entre eux la guerre, ou vous n'aurez (*nulle*) paix avec eux.

9. (*Nulle*) paix pour l'impie ; il la cherche, elle fuit.

10. Un malheur instruit mieux qu'(*aucune*) remontrance.

11. On méprise (*tous*) ceux qui n'ont aucune vertu.

12. (*Mainte*) pistole se glissait
Dans l'escarcelle de notre homme.

13. Le pasteur était à côté,
Et récitait à l'ordinaire
(*Maintes*) dévotes oraisons.

14. Chacun s'envisage toujours par (*certains*) côtés favorables.

15. Moyennant (*certaine*) somme,
Un fermier vendit son chien.

16. Pour bien peindre de (*telles*) choses, il faut avoir un génie capable de les faire.

17. (*Quelle*) force invisible a soumis l'univers ?

18. (*Quelle*) sérénité se peint sur ton visage !

19. (*Quels*) sons harmonieux, (*quel*) accords ravissants !

20. (*Quelles*) montagnes que celles qui nous apparaissent dix-huit cents fois plus grosses que notre terre !

21. (*Telle*) est l'injustice des hommes : la gloire la plus pure et la mieux acquise les blesse.

CORRIGÉ DES EXERCICES GÉNÉRAUX

Sur les Adjectifs.

Ne t'initie pas dans les affaires (*publiques*), si tu n'as ni la volonté, ni le pouvoir, ni la capacité de bien faire.

— Quelque (*courte*) que soit la vie, nous vivrons longtemps, si nous pensons beaucoup. — Avec une fabrique de lois aussi (*active*) que celle qui fonctionne maintenant, nous pourrions en fournir tout le globe. — Nous nous rendons facilement à une éloquence (*persuasive*).—Quand on ne peut satisfaire à une question, on s'en tire aisément par une réponse (*évasive*). — On peut mourir d'une joie (*excessive*) comme d'une (*excessive*) douleur.— Fusses-tu un cœur de rocher, tu céderais néanmoins aux larmes (*expressives*) d'une femme. — Avances-tu le premier une maxime (*corruptrice*), tu seras proscrit comme le bouc émissaire ; mais chacun la retiendra et la suivra. — Nous n'avons pas de plus (*grande*) (*dupe*) que notre imagination, qui nous a toujours dupés et qui nous dupera toujours. — Si vous étudiez la justice des hommes, vous voyez qu'elle est plus (*vindicative*) que (*vengeresse*). — Les abus sont-ils accueillis par la soumission, bientôt la puissance (*usurpatrice*) les érige en lois. — Pardonne, comme Jésus-Christ, à la femme (*pécheresse*) dont le repentir est sincère. — On n'avilit pas un peuple sans de (*fâcheuses*) conséquences.—Ne blasphêmez pas la Divinité, ou craignez que la foudre (*vengeresse*) n'éclate sur votre tête. — Je sais compatir à la (*muette*) et (*touchante*) jalousie d'un cœur délaissé.—Si tu connais bien l'art de régner, tu ne joueras ton crédit qu'à (*bonnes*) enseignes.—Je pardonnerais la dernière goutte de sang humain, s'il en résultait une paix (*perpétuelle*).—Ne fais pas d'aveux contre toi, l'envie les enregistre en notant ton (*indiscrète*) modestie. — Si le fatalisme était vrai, on ne voudrait pas d'une vérité si (*cruelle*). — Dès que l'administration est (*secrète*), on peut conclure qu'il s'y commet des injustices. — Ne vous enorgueillissez pas de votre beauté, c'est une vanité (*sotte*) et ridicule. — J'aime mieux une ignorance (*complète*) qu'une érudition mal digérée. — En mourant, n'exige pas de tes amis une (*éternelle*) douleur. — Je n'entends rien à la (*nouvelle*) cuisine. — Il me faut de (*nouveaux*) titres, si je veux exercer de (*nouveaux*) pouvoirs. — Comme je n'ai pas un (*fol*) amour-propre, je ne crois pas que tout le monde doive penser comme moi. — En l'absence d'idées (*nouvelles*), on forge force (*nouveaux*) mots. — Pour vivre longtemps, réserve-toi du vin (*vieux*) et un (*vieil*) ami. — Mets ton (*vieil*) habit pour ménager le (*neuf*) ; garde ton (*vieux*) meuble, pour en épargner un (*nouveau*). — En dormirai-je plus tranquille, si je dors sur le (*mol*) édredon? — Les racines de la (*vieille*) barbarie ne sont pas encore extirpées. — La rage de dire des choses *nouvelles*) fait dire des choses (*extravagantes*). — On aime Corneille pour les (*beaux*) sentiments et Racine pour la (*belle*) nature. — Au (*bel*) âge on fait des châteaux en Espagne et l'on ne doute de rien. — Puisque nous devons vivre en société, l'éducation (*publique*) est celle qui convient le mieux. — Une vanité (*franche*) nous déplaît moins qu'une (*fausse*) modestie. — En affaires, on estime plus une personne simple et (*franche*) qu'un homme adroit. — Ne te livre pas à l'excès des plaisirs, si tu ne veux pas avoir une jeunesse (*caduque*). — Le bouvreuil, caché dans l'épine (*blanche*), nous charme par son doux ramage. — Plus on désire, plus on a la bouche (*sèche*) et les mains (*vides*). — Si j'étais Grec, je m'habillerais à la (*grecque*); mais je suis Turc, et je m'habille à la (*turque*). — On fait passer de (*faux*) raisonnements dans des phrases (*sonores*) (*parsemées*) d'épithètes (*brillantes*). — Je me lasse de parler en (*tierce*) personne, et ce malheureux fugitif dont je parle, c'est moi-même. — Nourris-toi de la lecture des anciens, et que ce soit là ta passion (*favorite*). — Lève-toi de bon matin, et tu auras la tête (*fraîche*). — Je me porte bien, et je le dois à la (*bénigne*) influence de la température. — Persévère dans tout ce que tu entreprends, et tu réussiras à la (*longue*). — On aime les (*longs*) jours, parce qu'on aime à deviser au coin du feu. — Détestez la flatterie, et détestez-la comme une (*fausse*) monnaie. — Les hommes sont (*partisans*) de la politique, mais les femmes sont (*partisantes*) des feuilletons. — Ne craignez pas l'esprit malin; mais ayez une peur effroyable de la fièvre (*maligne*). — Nous sommes quelquefois (*matinals*) sans être matineux. — Si nous étions (*juges*), nous nous croirions au-dessous du bourreau si nous étions (*partiaux*). — Pouvons-nous être (*moraux*), si nous sommes (*égoïstes*). — Nous sommes (*vénals*), si l'homme le plus puissant peut nous acheter. — Quand nous marchons, nous faisons des mouvements (*machinaux*). — Il y a à distinguer entre les effets (*théâtrals*) et les effets (*tragiques*). — Ménagez bien votre bourse, si vous ne voulez pas que les évènements vous soient (*fatals*). — J'aime mieux des gens (*brutaux*) et (*bons*) que des gens (*polis*) et (*durs*). — La loi veut que nous soyons (*gardes nationaux*) à vingt ans. — Ne serions-nous pas bien (*originaux*) si nous prenions des airs (*provinciaux*). — C'est moi qui découpe la volaille et qui assaisonne la salade, et je me charge volontiers de (*cet*) office. — Ce fut moi qui lui annonçai (*cette bonne*) nouvelle. — Je veux montrer un homme dans toute la vérité de la nature, et (*cet*) homme ce sera moi. — Je revois toujours avec délices (*ce*) hameau où j'ai été nourri et élevé. — Je n'ai que peu de jours à rester dans (*cette*) ville, et par conséquent je n'ai pas de temps à perdre. — Je ne sais pas ce que c'est que de battre une femme, et ce n'est pas moi qui voudrais jamais m'abandonner à (*cette*) (*coupable*) extrémité. — Si vous tombez dans la moindre disgrâce, tout le monde vous jette la pierre, et vous voyez (*tous vos*) amis s'éclipser. — Si j'avais toujours le nez sur (*mon*) assiette, on me traiterait de gourmand. — Dans (*l'*) enfance, je croyais aux loups-garous, et j'en avais peur. — (*Ma*) haine contre la tyrannie ne s'éteindra qu'avec la vie. — Oh! pourquoi la fortune m'a-t-elle refusé un peu de terre dans (*ma*) terre (*natale*). — C'est l'homme le plus gai du monde quand il se livre à (*son*) humeur joyeuse. — Dès que je perdrai tout (*mon*) bien, je perdrai (*tous mes*) amis. — Il serait à souhaiter que je vinsse à bout de (*mon*) entreprise. — J'ai fait une maladie de (*quinze jours*), et je n'ai plus maintenant que la peau et les os. — Pour les honoraires qui m'étaient dus, on m'apporta chez moi (*douze cents francs*). — Mon ami m'a prêté (*cent francs*) et il est juste que je les lui rende. — Celui qui compte (*dix amis*) n'en a pas un. — J'ai fait aujourd'hui près de (*huit lieues*) à pied. — Si je faisais une religion, je mettrais l'intolérance au rang des (*sept péchés*) (*mortels*). — Point de solitude plus affreuse qu'une (*grande*) ville ; tant de (*milliers d'hommes*) et pas un ami. — Je n'ai pu encore le voir, (*quelqu'*) envie que j'en eusse. — Je ne suis pas changé, et (*mes*) sentiments sont toujours (*les mêmes*). — Lorsque (*l'*) honneur est blessé mortellement, je ne dois pas penser à garder (*aucunes mesures*). — Il faut s'accommoder de (*toutes*) gens. — En mariage, comme en (*tout*) autre chose, contentement passe richesse. — Elle n'a rien à perdre à se montrer (*telle*) qu'elle est. — Je ne me mêlai plus d'(*aucunes*) affaires, et je me retirai dans ma maison de campagne. — Si l'on rêvait (*toutes*) les nuits que l'on est poursuivi par des ennemis, on appréhenderait de dormir comme on appréhende le réveil, quand on craint réellement d'entrer dans de (tels) malheurs.

CHAPITRE VI.

CORRIGÉ DES EXERCICES SUR LES PRONOMS.

N° 53.

1. (J') avais encor tes vœux, (j') avais encor ton cœur.
2. Ne (m') ôtez pas ce bien dont je suis si jaloux.
3. (T') attendre aux yeux d'autrui, quand tu dors, est erreur.
4. (S') étonner est du peuple, admirer est du sage.
5. (L') a-t-on vu (le coursier), paissant l'herbe fleurie, Contemplant les tableaux de la terre embellie?
6. Sans l'art de bien jouir, que (m') importe un trésor?
7. Ne prends jamais un fardeau qui (t') assomme.
8. Contre un ennemi c'est peu de (s') emporter.
9. Le vieillard humblement (l') aborde et le salue.
10. Tout ce qui environne cette princesse (l') accable.
11. Un héros (qu') on opprime attendrit tous les cœurs.

Nos 54, 55 et 56.

1. On voit les maux d'autrui d'un autre œil que (les siens).
2. O mon père, ce sont là tes magnifiques ouvrages, tes trophées que tu contemples comme n'étant pas (les tiens).

3. La race des nègres est une espèce différente de (*la nôtre*).

4. Il n'y a que l'étude de la nature qui puisse nous éclairer sur les droits du genre humain et sur (*les nôtres*).

5. Avec (*quelle*) application n'étudiait-il pas les volontés de ce monarque pour y former (*les siennes*).

6. Les Grecs ne prirent point les lettres égyptiennes (*auxquelles*) les leurs ne ressemblent point du tout.

7. Les défauts de l'esprit augmentent en vieillissant comme (*ceux*) du visage.

8. La leçon des exemples instruit beaucoup plus que (*celle*) des préceptes.

9. On répare difficilement les fautes contre la liberté; jamais (*celles*) contre l'honneur.

10. Les organes des insectes sont bien plus composés que (*ceux*) des autres animaux.

CORRIGÉ DES EXERCICES GÉNÉRAUX

Sur les Pronoms.

Éviteras-tu le gouffre des révolutions en rentrant dans le chemin qui (*t'y*) fait tomber? — Tel que (*j'*) admire de loin, de près n'est pas grand'chose. — Si (*j'*) avais la facilité de livrer un blanc-seing, je ne (*m'en*) prendrais qu'à moi-même, si l'on en abusait. — Si tu es en société, (*comporte t'y*) bien. — Si tu veux (*t'*) asseoir ici, asseois (*t'y*). — (*T'*) a-t-on fait une insulte, ne (*t'*) en venge pas. — Si tu ne veux pas qu'on te reproche un bienfait, souviens (*t'*) en. — S'il veut te donner un cadeau, laisse-(*t'*) en donner un. — (*J'*) aime à deviner les autres; mais je (*n'*) aime pas à être deviné. — Dès que je placerai ma félicité dans un objet, je serai prêt à exterminer (*ceux*) qui me le disputeront. — Nous ne voudrions pas tremper dans une affaire qui tendrait à notre ruine et à (*celle*) de notre famille. — Mes succès présents me répondent de (*ceux*) à venir. — Si je bois à sa santé, qu'il boive à (*la mienne*). — Ne heurtons les idées de personne, mais ne souffrons pas qu'on heurte (*les nôtres*). — Je ne dis ni bien ni mal des gens en place, pourvu que je conserve (*la mienne*). — Tu n'as pas de moyen plus sûr de gagner l'affection des autres, que de leur donner (*la tienne*). — Si (*j'*) ai quelques raisons à alléguer contre ce qu'il me dit, (*quelles*) sont-elles? — (*Quelle*) est donc cette faculté appelée raison, que (*j'*) emploie à observer la nature? — (*Quelle*) est ma résolution? — (*Laquelle*) préférons-nous d'Athènes ou de Rome? — On ne doit jamais (*s'*) emporter. — Si tu veux qu'on (*t'*) épargne, épargne aussi les autres. — Quand on pense en esclave, on mérite de (*l'*) être. — Les femmes ne sont pas (*toutes*) reconnaissantes. — La grâce en (*s'*) exprimant vaut mieux que ce qu'on dit. — (*S'*) avouer ignorant, selon moi, (*c'*) est science. — Aux intérêts d'autrui nous préférons (*les nôtres*). — La jeunesse aisément (*s'*) irrite. — Sur le point de jouir, tout (*s'*) enfuit de nos mains. — A l'immortalité le juste doit (*s'*) attendre. — Quelquefois la justice (*s'*) abuse. — Un loup est toujours un loup; il faut toujours qu'on (*s'*) en méfie. — Quand on suit les méchants, on périt avec (*eux*). — Ma véritable mère est (*celle*) qui (*m'*) allaite. — Le mérite se cache, il faut (*l'*) aller trouver. — Le faible est fort quand on (*l'*) opprime. — Je ne connais de biens que (*ceux*) que l'on partage. — Il n'est pas, on (*l'*) a dit, de roses sans épines.

CHAPITRE V.

CORRIGÉ DES EXERCICES SUR LES VERBES.

N°s 62 et 63.

1. Les cœurs pour aimer (*ont*) leur maturité.
2. Les amants (*sont*) flatteurs; il faut qu'on s'en défie.
3. Les cœurs ambitieux ne (*s'attendrissent*) pas.
4. L'ambition souvent (*égare*) des sujets.

5. Les arts (*sont*) un besoin de l'esprit et du cœur.
6. Les auteurs (*se peignent*) dans leurs ouvrages.
7. Les voyages sur mer (*sont*) remplis d'aventures.
8. Tous les vices chéris (*s'accueillent*) avec soin !
9. Réflexion et jeunesse
Ne (*s'unissent*) pas aisément.
10. Bonheur et malheur (*partagent*) notre vie.
11. La vertu seule et la science
(*Font*) de tous les mortels entre eux
L'essentielle différence.
12. La pitié, la valeur (*sont*) fidèles compagnes.
13. La tristesse et l'ennui
(*Sont*) des pauvres reclus l'ordinaire apanage.
14. Les tyrans (*ont*) toujours un misérable sort.
15. Les sots ne (*doutent*) de rien.
16. Fais le bonheur d'autrui, tu (*seras*) satisfait.
17. L'étude et le travail nous (*donnent*) la sagesse.
18. Le repos et la liberté
(*Sont*) préférables aux richesses.
19. La raison et le temps (*vont*) toujours de niveau.
20. Le pouvoir et la grandeur,
Sans l'amitié ne (*font*) pas le bonheur.
21. Plaisir et liberté
(*Valent*) bien sotte vanité.
22. Les biens et les plaisirs (*sont*) fragiles et courts.
23. Les lois (*veillent*) sur les crimes publics.
24. L'hirondelle et le rossignol nous (*annoncent*) le retour des beaux jours.

PREMIÈRE CONJUGAISON.

1. Les planètes (*forment*) toutes autour de toi un chœur de danse.
2. Les évènements nous (*élèvent*) et nous (*abaissent*).
3. Les hommes puissants (*s'abandonnent*) souvent à l'ambition et à l'orgueil.
4. Les yeux de l'amitié (*se trompent*) rarement.
5. .... Les coupables mortels
(*Se baignent*) dans le sang et (*tremblent*) aux autels.
6. Des hommes la plupart voilà le faible affreux :
Ils (*blâment*) dans chacun ce qui domine en eux.
7. Souvent des dehors froids (*cachent*) des cœurs sensibles.

8. Quelques crimes (*précèdent*) toujours les grands crimes.
9. Les arrêts du destin (*trompent*) souvent notre âme.

1. Les agneaux bêlent.
2. Les chiens aboient.
3. Les loups hurlent.
4. Les taureaux beuglent.
5. Les cochons grognent.
6. Les hirondelles gazouillent.
7. Les paons braillent.
8. Les chats miaulent.
9. Les colombes roucoulent.
10. Les oiseaux volent.
11. Les poissons nagent.
12. Les reptiles rampent.
13. Les dindons glougloutent.
14. Les cigales chantent.
15. Les grenouilles coassent.
16. Les flammes pétillent.
17. Les paresseux bâillent.
18. Les essieux crient.
19. Les écureuils grimpent.
20. Les vers rampent.
21. Les orgueilleux se louent.
22. Les religieux prient.
23. Les curieux écoutent.
24. Les milans planent.
25. Les ruisseaux gazouillent.
26. Les abcès crèvent.
27. Les ambitieux se tourmentent.
28. Les bambous plient.
29. Les perdrix se sauvent.
30. Les vaisseaux voguent.
31. Les hiboux huent.
32. Les coqs chantent.
33. Les cigognes craquettent.
34. Les poules gloussent.
35. Les aigles trompettent.
36. Les cerfs brament.
37. Les cygnes sifflent.
38. Les corbeaux croassent.
39. Les insectes bourdonnent.

Verbes en *cer*

(*Conjuguer les suivants.*)

1. Acquiescer à une demande.
2. Tracer une figure.
3. Effacer une faute.
4. Annoncer une bonne nouvelle.
5. Commencer à savoir.
6. Dénoncer une conspiration.
7. Se courroucer d'une injure.
8. S'efforcer de bien travailler.
9. Exaucer une prière.
10. Influencer quelqu'un.
11. Remplacer un soldat.
12. Retracer des évènements malheureux.
13. Recommencer à chanter.
14. Forcer quelqu'un à agir.
15. Saucer un plat.
16. Lacer une dame.
17. Se placer aux côtés du roi.
18. Lancer une balle.
19. Se balancer sur une chaise.
20. Dépecer une volaille.

Verbes en *ger*.

(Conjuguer les suivants.)

1. Changer d'avis.
2. Dégager sa parole.
3. Déranger la bibliothèque.
4. Arranger ses affaires.
5. Égorger son ami.
6. Déménager les meubles.
7. Ménager ses ressources.
8. Protéger l'innocence.
9. Obliger tout le monde.
10. Transiger par nécessité.
11. Nager dans l'opulence.
12. Encourager les élèves.
13. Assiéger la ville.
14. Venger une injure.
15. Vendanger un clos.
16. Juger équitablement.
17. Gager sa tête.
18. Voyager à pied.

Verbes en *eler*, *eter*.

(Conjuguer les suivants.)

1. *Appeler* les choses par leur nom.
2. *Jeter* son bonnet par-dessus les moulins.
3. *Atteler* les chevaux à la voiture.
4. *Amonceler* les gerbes dans un pré.
5. *Chanceler* dans les moindres efforts que l'on fait.
6. *Trompeter* comme l'aigle.
7. *Carreler* une chambre de petits carreaux.
8. *Se becqueter* comme font les coqs.
9. *Cacheter* une lettre avec de la cire d'Espagne.
10. *Interjeter* appel d'un jugement.
11. *Étinceler* de colère.
12. *Grommeler* contre les valets.

Verbes qui ont un *é* fermé au présent de l'infinitif.

(Mettre les phrases suivantes aux temps du verbe qui exigent le changement de l'é aigu en è grave.)

1. *Inquiéter* les assiégeants par de continuelles sorties.
2. *Compléter* la ruine de ses parents.
3. *Végéter* dans une obscure condition.
4. *Célébrer* l'anniversaire d'une victoire.
5. *Interpréter* une action en mauvaise part.

6. *Révéler* les complices de son crime.
7. *Répéter* sa leçon tous les jours.
8. *Aliéner* les esprits par un ton de fierté.
9. *Sécher* les larmes des malheureux.
10. *Dégénérer* de ses ancêtres.

Verbes en *ayer*.

(*Conjuguer les verbes suivants.*)

1. *Payer* le tribut à la faiblesse humaine.
2. *Aiguayer* un cheval ; *aiguayer* du linge.
3. *Balayer* les pirates qui infestent la mer.
4. *Bayer* après les richesses.
5. *Bégayer* quelquefois par embarras.
6. *Déblayer* une maison, une rue.
7. *Délayer* de la farine avec du lait.
8. *S'effrayer* de peu de chose.
9. *Etayer* une vieille maison.
10. *Enrayer* le char de la raison.
11. *Se frayer* le chemin des honneurs.
12. *Rayer* du papier avec le crayon.
13. *Relayer* les ouvriers qui travaillent.

Verbes en *oyer* et en *uyer*.

(*Conjuguer les verbes suivants.*)

1. *Appuyer* son opinion sur de bonnes raisons.
2. *Aboyer* à la lune.
3. *S'apitoyer* sur le sort de quelqu'un.
4. *Broyer* des couleurs, des aliments.
5. *Choyer* trop ses enfants.
6. *Côtoyer* le rivage.
7. *Nettoyer* les habits de quelqu'un.
8. *Tutoyer* son père et sa mère.
9. *S'ennuyer* d'être séparé de quelqu'un.
10. *Essuyer* de grandes fatigues.

Verbes qui se terminent en *iant* ou en *yant* au participe présent.

1. Je *nettoyais*, tandis que tu *balayais*.
2. Je *broyais* les couleurs pendant que tu les *délayais*.
3. Je *renvoyais* mon domestique au moment où tu m'*envoyais* ta lettre.
4. Je m'*ennuyais* pendant que tu *voyageais*.
5. J'*essuyais* les pleurs que tu *faisais* couler.
6. Je *riais* pendant que tu *pleurais*.
7. Je *bégayais*, et tu *balbutiais*.
8. Quand tu me *calomniais*, je te *justifiais*.
9. Je *défiais* la fortune quand tu *ployais* sous le malheur.
10. Je *voyais* mes enfants et j'*oubliais* mes chagrins.
11. Je *prévoyais* ces malheurs, mais je *pourvoyais* à tout.
12. Je *revoyais* la France au moment où tu t'*expatriais*.
13. Il faut que je *paie* mon écot.
14. Il est juste que je *prie* Dieu.
15. Il est bon que je me *réconcilie* avec mon ennemi.
16. Il convient que je *renvoie* mon domestique.
17. Il veut que je l'*appuie* de mon crédit.
18. On exige que je vous *justifie*.

DEUXIÈME CONJUGAISON.

1. Les dépenses appauvrissent.
2. Les économies enrichissent.
3. Les malheureux gémissent.
4. Les élèves obéissent.
5. Les cerises rougissent.
6. Les chevaux hennissent.
7. Les taureaux gémissent.
8. Les lions rugissent.
9. Les renards glapissent.
10. Les vagues mugissent.
11. Les tourterelles gémissent.
12. Les agneaux bondissent.
13. Les vœux s'accomplissent.
14. Les maux se guérissent.
15. Les succès réjouissent.
16. Les cieux s'éclaircissent.
17. Les enfants grandissent.
18. Les cors retentissent.
19. Les abcès aboutissent.
20. Les malades s'affaiblissent.
21. Les soldats s'aguerrissent.
22. Les cloches avertissent.

23. Les tonneaux s'emplissent.
24. Les pêches mûrissent.
25. Les pruneaux rafraîchissent.
26. Les roses s'épanouissent.
27. Les sapajous s'accroupissent.
28. Les miroirs se ternissent.
29. Les blés jaunissent.
30. Les chairs se raffermissent.
31. Les vieillards rajeunissent.
32. Les eaux rejaillissent.
33. Les trous s'agrandissent.
34. Mes aïeux vieillissent.
35. Les prés verdissent.
36. Les canaux s'élargissent.
37. Les diamants se polissent.
38. Les fromages se moisissent.

TROISIÈME CONJUGAISON.

1. Les aveugles ne (*s'aperçoivent*) pas qu'ils sont en péril.
2. Les chagrins (*s'asseoient*) à côté des souverains.
3. Ils (*conçoivent*) nos raisons mieux que nous ne pensons.
4. Tous les hommes (*doivent*) mourir.
5. Deux onces d'or (*équivalent*) à trente onces d'argent.
6. Ce sont eux qui (*perçoivent*) les revenus de cette propriété.
7. Les grands princes ne se (*prévalent*) pas des louanges qu'on leur donne.
8. Les miroirs (*reçoivent*) les images des objets.
9. Les soldats (*revoient*) leurs foyers.
10. Les habiles politiques (*prévoient* les événements.
11. Les cours (*surseoient*) à leurs délibérations.
12. Ces étoffes (*valent*) dix francs l'aune.
13. Les ressorts (*meuvent*) toute la machine.
14. Les rois (*peuvent*) tout ce qu'ils veulent.
15. Les hommes (*déchoient*) de jour en jour.
16. Les stoïciens ne (*s'émeuvent*) de rien.

QUATRIÈME CONJUGAISON.

1. Ce sont des hommes qui (*tendent*) à leurs fins.
2. Ces bois se (*fendent*) aisément.
3. Les acacias (*répandent*) une odeur agréable.
4. Les chiens qui aboient ne *mordent* pas.
5. Les généraux *attendent* en suspens le jugement du sénat.
6. Les mères ne *perdent* point leurs filles de vue.
7. De grands sabres *pendent* à leur ceinture.

8. Les hommes *tondent* les brebis.
9. Les échos seuls *répondent* à leurs cris.
10. Ces dépositions *confondent* l'accusé.
11. Les milans *fondent* sur les poulets.

N° 85.

1. (*Il abaissera*) son chapeau sur les yeux.
2. (*Il se familiarisera*) avec une langue étrangère.
3. (*Il prendra*) un ton familier.
4. (*Il croupira*) dans la fange des vices.
5. (*Il s'alliera*) à une famille honnête.
6. (*Il succombera*) sous le faix des affaires.
7. (*Il prendra*) quelqu'un sur le fait.
8. (*Il ménagera*) la faiblesse de son adversaire.
9. (*Il protégera*) le faible contre le fort.
10. (*Il remplira*) ses devoirs avec exactitude.
11. (*Il examinera*) à fond une affaire.
12. (*Il entendra*) bien ses intérêts.
13. (*Il agira*) par conviction.
14. (*Il se frayera*) un chemin dans les airs.
15. (*Il s'assujettira*) aux devoirs de son état.
16. (*Il connaîtra*) le monde.
17. (*Il se repentira*) de ses fautes.
18. (*Il poursuivra*) une entreprise folle.

(*Mettre au conditionnel les verbes suivants.*)

19. (*Il se plaindra*) de mauvais procédés.
20. (*Il devinera*) les mauvaises intentions.
21. (*Il se défendra*) courageusement.
22. (*Il se rira*) des menaces.
23. (*Il se nourrira*) de légumes.
24. (*Il haïra*) les hommes orgueilleux.
25. (*Il se soumettra*) à la Providence.
26. (*Il se distraira*) des affaires sérieuses.
27. (*Il altérera*) le sens d'un passage.
28. (*Il accusera*) un homme de vol.

29. (*Il accoutumera*) les enfants au travail.
30. (*Il abandonnera*) sa femme et ses enfants.
31. (*Il creusera*) des trous profonds.
32. (*Il rendra*) à Dieu ce qui est à Dieu.
33. (*Il prédira*) d'affreux malheurs.
34. (*Il s'élancera*) sur l'ennemi.
35. (*Il se corrigera*) de ses défauts.
36. (*Il vivra*) dans l'espérance.

(*Mettre aux trois personnes plurielles du présent de l'indicatif les participes présents entre parenthèses.*)

37. (*Abordant*) un vaisseau ennemi.
38. (*Aboyant*) à la lune.
39. (*Se défiant*) de soi-même.
40. (*Déférant*) quelqu'un à la justice.
41. (*Prenant*) une résolution définitive.
42. (*Donnant*) sur les doigts à quelqu'un.
43. (*Enterrant*) beaucoup d'argent en quelque endroit.
44. (*Se brouillant*) avec tous ses amis.
45. (*Servant*) utilement ses amis.
46. (*Accompagnant*) ses amis jusqu'au tombeau.

(*Mettre à l'imparfait de l'indicatif les mots entre parenthèses.*)

47. (*Se dispensant*) de remplir ses devoirs.
48. (*Domptant*) l'orgueil des enfants.
49. (*Dormant*) dans le sommeil de la paix.
50. (*Heurtant*) doucement à la porte.
51. (*Satisfaisant*) les désirs de ses amis.
52. (*Demandant*) le paiement d'une dette.
53. (*Couvrant*) ses injustices d'un prétexte spécieux.
54. (*Remettant*) la chose aux soins d'un autre.
55. (*Choisissant*) des amis dignes de ses bontés.
56. (*Chérissant*) les vrais biens.

57. Que (*je porte*) mes désirs jusqu'aux plus grandes choses.
58. Que (*je me batte*) à coups de pistolet.
59. Que (*je trame*) la perte d'un ami.
60. Que (*j'aiguise*) le tranchant d'une épée.
61. Que (*je me garde*) des surprises des chicaneurs.
62. Que (*je rende*) à son père l'honneur qu'on lui a ravi.
63. Que (*je rencontre*) la disette au sein de l'abondance.
64. Que (*je remercie*) Dieu de ses bienfaits.
65. Que (*j'apporte*) du remède à tous les inconvénients.
66. Que (*j'agisse*) toujours sans réflexion.
67. Que (*j'admirasse*) les belles qualités de son ame.
68. Que (*je recueillisse*) une grande quantité de blé.
69. Que (*je flattasse*) ses secrètes douleurs.
70. Que (*je présentasse*) au grand-prêtre ou l'encens ou le sel.
71. Que (*je prisse*) et que (*je baignasse*) mes enfants de pleurs.
72. Que (*j'étouffasse*) les querelles dès leur naissance.
73. Que (*je fisse*) quereller les sciences et la raison.
74. Que (*je quittasse*) tout pour me donner à Dieu.
75. Que (*je rabaissasse*) le mérite de tout le monde.
76. Que (*je me servisse*) des vaincus pour punir les vainqueurs.
77. Que (*je vous racontasse*) la suite trop fortunée de ses entreprises.
78. Que (*je soufflasse*) sur la table pour en ôter la poussière.
79. Que (*je reçusse*) beaucoup de chagrins en cette occasion.
80. Que (*je te rendisse*), avec la tranquillité, la joie et l'abondance.
81. Que (*je changeasse*) toute ma maison.
82. Conservez votre haine, et changez de victime.
83. Brisez les fers honteux dont vous chargez un frère.
84. N'abaisse pas ton ame à ces molles délices.
85. Abandonne pour lui le soin de l'univers.
86. Au nom de cet amour, ne m'abandonnez pas.
87. Rends-moi chrétienne et libre : à tout je me soumets.
88. Lève-toi, Alcyone, ceins tes habits de deuil.
89. Dépouillons-nous aussi d'une vaine fierté.
90. Allez, conduisez-la dans la chambre prochaine.
91. Ne me parlez donc plus de ces sociétés.
92. Demande-toi le soir, avant de te coucher, le bien que tu auras fait dans la journée.

EXERCICES GÉNÉRAUX SUR LES VERBES.

(Chanté-je), il chante. — (Chantais-je), il chantait. — A peine (chantai-je) qu'il chanta. — (Chanterai-je), il chantera. — (Chanterais-je), il chanterait. — Lui (demandais-je) du vin, il me versait de l'eau ; lui (demandais-je) de l'eau, il me versait du vin. — (Dussé-je) en tomber malade, il faut que je passe la nuit à travailler. — (Pussé-je) avoir une fortune indépendante ! je quitterais le fracas de Paris, et j'irais me fixer dans un endroit où je vivrais heureux. — On lui (annonça) une bonne nouvelle. — Il faudrait qu'on nous (annonçât) de bonnes nouvelles. — Il serait plus sain qu'on (voyageât) à pied. — (Jugeât-on) toujours équitablement, il ne serait pas juste qu'on (jugeât) avec passion. — Il faudrait qu'on (protégeât) l'innocence. — Il ne serait pas bon que tout le monde (nageât) dans l'opulence. — Dès qu'il (commença) à savoir, il (parla). — Il aurait fallu qu'on (dénonçât) la conspiration. — (Eussé-je) toujours le nez sur mon assiette, on me traiterait de gourmand. — Si tu es en société, (comporte-) t'y bien. — As-tu des défauts ? (reproche-) les-toi. — Le sang (appelle) le sang. — N'(appelle) pas grand celui qui n'est pas maître de lui-même. — L'uniformité (abrège) la vie ; les changements la (renouvellent). — La mode et le commerce du luxe s'(alimentent) du nouveau et du (renouvelé). — Les dominateurs des mers (renouvellent) leur marine en (renouvelant) périodiquement la guerre. — Il est difficile d'(amonceler) les tempêtes sur le ciel de sa patrie et de n'en être pas frappé. — Le bonheur (chancelle) lorsqu'il s'appuie sur la fortune. — Il y a des étoiles qui (étincellent) plus que d'autres. — La conscience (bourrelle) le méchant. — Le vent (amoncelle) les sables. — Une âme corrompue se (décèle) par ses actions. — Les feuilles de lierre terrestre sont (crénelées). — Les lapins, durant la neige, (pèlent) les jeunes arbres. — Le retour du printemps (renouvelle) toutes choses. — On (préfère) les égards, monnaie de l'amitié, à un dévouement éventuel. — Les hommes qui (composent) la race hyperboréenne sont remarquables par l'exiguité de leur taille. — — Les plaisirs (abrègent) les jours. — Les successeurs (*abolissent*) souvent les actes de leurs prédécesseurs.—Les grands noms (*abaissent*) ceux qui ne (*savent*) pas les porter.— Les Barbares (*saccagent*) une ville prise d'assaut. — Les fleurs de l'hortensia (*conservent*) longtemps leur éclat et leur fraîcheur.—Les caves fraîches (*abonnissent*) le vin.—Nos peines s'(*accumulent*) sans cesse.—Il y a des gens qui, lorsqu'on les presse, se (*raccrochent*) à mille prétextes.—Les mariages entre proches parents (*abâtardissent*) les enfants.—Les lois absurdes s'(*abolissent*) d'elles-mêmes.—Il y a souvent dans les soupirs des mourants des accents de vérité dont les survivants, s'ils sont justes, (*savent*) faire leur profit. — Les critiques et les chiffonniers (*cherchent*) leur vie dans les ordures.—Les soldats (*construisent*) des baraques pour se mettre à couvert. — Les bras des athlètes (*étaient*) armés de cestes dans l'exercice du pugilat. — Les épigrammes (*irritent*) et ne (*corrigent*) pas. — Les lois inutiles (*affaiblissent*) les lois nécessaires. — Les grenouilles (*coassent*) et les corbeaux (*croassent*).—Il y a des personnes qui ne (*sauraient*) s'empêcher de grimacer. — Dieu (*agrée*) nos offrandes, nos prières. — Les colonnades (*supposent*) un haut degré de perfection dans les arts et dans le goût. — La lecture (*agrandit*) l'âme.—Les hommes droits et simples (*agissent*) sans déguisement. — Les Moscovites s'(*aguerrissaient*) tous les jours contre les troupes que Charles XII avait laissées en Pologne. — Les anciens Scandinaves (*abandonnaient*) les enfants que la stérilité de leur sol ne leur (*permettait*) pas de nourrir. — Les anciens Scythes (*mettaient*) de la chair crue sous les selles de leurs chevaux et la (*mangeaient*) ensuite.—Il est indigne que des hommes destinés à une vie sérieuse et noble s'(*amusent*) à inventer des parures affectées.—Les Espagnols (*mangent*) beaucoup d'ail.—Les rivières (*serpentent*) dans les campagnes pour les mieux arroser. — En (*dormirai-je*) plus tranquille si je dors sur le mol édredon ? — En vain lui (*disais-je*) de ne point tant parler, il allait toujours son train. — Quand (*serai-je*) en Allemagne) et (*boirai-je*) de la bière à tire-larigot ? — Quand (*mettrai-je*) fin à mes folles dépenses et (*mènerai-je*) la vie d'un homme rangé ? —(*Serais-je*) assez sot pour m'arroger un titre que je n'ai pas ? — *Sortirai-je* aujourd'hui ou ne (*sortirai-je*) pas ? —(*Pourrais-je*) jamais souffrir qu'on vînt me rire au nez ?

— (*Serais-je*) baron, marquis, vicomte, est-ce que cela me rendrait la jambe mieux faite? — (*Chercherais-je*) la récompense de la vertu hors d'elle-même, je n'en aurais qu'une idée bien superficielle. — Ne (*serais-je*) pas bientôt convaincu d'être coupable, s'il suffisait pour cela que je fusse accusé? — Je ne goûte pas du vin qui bouillonne, pourquoi (*jugerais-je*) d'un homme qui est en colère? — (*Achète*) le superflu; tu seras bientôt obligé de vendre le nécessaire. — (*Désires-*)tu te faire faire un habillement à la mode? fais-le-toi faire par un bon tailleur, et (*recommande-*)le-lui. — (*Méprise*) les calomniateurs et la calomnie: tu ne peux être sali que par la boue. — (*As-*) tu envie de te reposer? (*assieds-*)toi. — (*Aie*) un mérite réel, et tu ne te (*vanteras*) pas de ton origine. — (*Désires-*) tu ardemment une couronne? tu ne sais ce que tu (*souhaites*). — Veux-tu empêcher un chien de te mordre? (*jette-lui*) des os à ronger. — En vain (*cherché-je*) le bonheur, il me fuit. — A peine (*serai-je*) mort que l'on ne parlera plus de moi. — Combien (*fais-je*) de pas pour acquérir des biens ou de la gloire! — En vain lui (*disais-je*) de ne point tant parler, il allait toujours son train. — Je vais m'en aller; au moins (*n'empêcherai-je*) pas les autres de parler à leur aise. — Je ne parle jamais des autres, encore moins (*parlé-je*) de moi. — Si je parle en bien des autres, à plus forte raison (*voudrais-je*) qu'on ne dît pas de mal de moi. — Il faudrait qu'il se (*levât*) demain de bonne heure, et qu'il (*allât*) faire une course. — Veux-tu du vin? (*demandes-en*). — (*Désires-tu*) une montre? (*achètes-en*) une. — (*Achète*) le superflu; tu (*seras*) bientôt obligé de vendre le nécessaire. — Si l'on te (*propose*) de faire une mauvaise action, ne la (*fais*) pas. — Si tu (*veux*) des huîtres, (*envoies-en*) chercher pour toi. — (*Aie*) un mérite réel, et tu ne te (*vanteras*) pas de ton origine. — Si tu (*vas*) en société, (*conduis-t'y*) avec prudence et circonspection. — (*Méprise*) les calomniateurs et la calomnie: tu ne (*peux*) être sali que par la boue. — Si tu (*as*) une envie, (*passe-la-toi*), et que ce soit une affaire faite. — (*Veux-*)tu empêcher un chien de te mordre? (*jette-lui*) des os à ronger. — (*Va-t'en*), et ne (*sois*) pas planté devant moi comme un piquet. — Si tu (*as*) de bonnes nouvelles (*réjouis-t'en*). — (*Veux-tu*) un journal? (*demandes-en*) un. — En toute chose, (*fais*) ce que tu (*dois*), et quelle que soit l'opinion du vulgaire, ne t'en (*inquiète*) pas. — (*Applique-toi*) à n'offenser personne. — Si tu (*veux*) t'en aller, (*va-t'en*); si tu ne (*veux*) pas t'en aller, ne t'en (*va*) pas. — (*Pense*) ce que tu (*dis*), mais ne (*dis*) pas toujours ce que tu (*penses*). — (*As-tu*) des défauts? (*reproche-les-toi*). — Si tu (*veux*) t'asseoir ici, (*asseois-t'y*). — Comme il ne lit pas ce journal, (*demande-le-lui*). — Si tu ne (*veux*) pas qu'on te (*reproche*) un bienfait, (*souviens-t'en*). — (*Veux-tu*) de l'eau? (*demande-lui-en*). — Un homme te (*flatte-t-il*)? ne (*t'y fie*) pas. — (*As-tu*) quelques reproches à faire à tes domestiques? (*fais-les-leur*) avec douceur. — S'il (*veut*) te donner un cadeau, (*laisse-t'en*) donner un. — (*Méfie-toi*) d'une dévotion affichée. — (*Admires-tu*) de bonne foi le mérite d'autrui? tu n'en (*manques*) pas toi-même. — Ne (*prends*) pas le bizarre pour le grand. — (*Conduis*) le peuple comme un enfant: berce-le), et tu (*l'endormiras*). — (*Prends*) les esprits de biais; car, si tu les (*heurtes*) de front, tu ne les (*gagneras*) jamais. — (*Évite*) la calomnie, car elle vole à tire d'ailes. — Plût à Dieu qu'il (*n'abusât*) pas des plaisirs! il les trouverait trop amers. — *Parlasses-tu*) des antipodes à l'égoïste, il te (*ramènerait*) à son (*moi*). — (*Espères-tu*) trouver en moi un applaudisseur? tu me (*cajoles*); si un critique? tu me (*querelles*) et me (*repousses*). — (*Appuie-toi*) sur le cœur du peuple et non sur le bras du soldat. — (*Désires-tu*) ardemment une couronne? tu ne (*sais*) ce que tu (*souhaites*). — (*Puis-je*) discerner le mérite dans les autres, si je n'en ai pas? — (*Veux-je*) convaincre? il suffit que je parle à l'esprit; si je (*veux*) persuader, il faut que j'aille jusqu'au cœur. — (*As-tu*) envie d'aller te promener au jardin? (*vas-y*), d'y fumer? (*fumes-y*); d'y boire, d'y manger et d'y dormir? (*manges-y*), (*bois-y*) et (*dors-y*). — (*As-tu*) commis quelques peccadilles, (*pardonne-les-toi*) comme tu les (*pardonnerais*) aux autres. — (*Garde-toi*), tant que tu (*vivras*), de juger les gens sur la mine. — Me (*laisserai-je*) éternellement ballotter par les sophismes des rhéteurs? — Si tu es en société, (*comporte-t'y*) bien. — (*Parles-tu*) avec trop de magnificence? tu (*fais*) rire de toi. — (*Propose-toi*) de grands exemples à imiter plutôt que de vains systèmes à suivre. — Tu (*cours*) après le bonheur, qui ne (*t'offre*) que des dehors trompeurs. — (*Voudrais-je*) arriver au trône sur une route jonchée de cadavres? — Considère-toi toi-même, tu ne (*verras*) qu'un triste et infortuné mortel. — (*Chasse-moi*) tous ces anciens et ces nouveaux amis qui ne (*voient*) en toi que ta position et ta fortune. — (*Rends*) grâces à ceux qui font tout pour t'adoucir le regret de la vie. — (*T'ennuies-tu*) dans l'oisiveté? (*cherches-en*) le remède dans le travail. — (*Guéris-toi*) de l'intérêt et de la vanité, et les cours seront désertes, et les rois presque seuls. — (*Respecte*) les lieux où les débiles humains (*invoquent*) le Tout-Puissant. — Ne (*prête*) jamais d'argent à tes amis, si tu ne (*veux*) pas les changer un jour en traîtres. — (*Aie*) une déférence respectueuse pour les vieillards, les femmes vertueuses, les hommes qui ont du mérite, de la puissance. — (*Avances-tu*) le premier une maxime corruptrice? tu (*seras*) proscrit comme le bouc émissaire; mais chacun la retiendra et la suivra. — Ne (*blasphème*) pas la divinité, ou (*crains*) que la foudre vengeresse n'éclate sur ta tête. — Ne te (*livre*) pas à l'excès des plaisirs, si tu ne (*veux*) pas avoir une jeunesse caduque. — (*Assure*) le bonheur public, et tu (*seras*) au-dessus du conquérant. — (*Nourris-toi*) de la lecture des anciens, et que ce soit là ta passion favorite. — (*Lève-toi*) de bon matin, et tu (*auras*) la tête fraîche. — (*Persévère*) dans tout ce que tu (*entreprends*), et tu (*réussiras*) à la longue. — (*Pratique*) les vertus civiles et chrétiennes, et tu (*seras*) homme de bien. — (*Etudie*) l'histoire, et tu (*verras*) que les puissances temporelle et spirituelle se sont en tout temps disputé le gouvernement des sociétés. — (*Défie-toi*) d'une femme qui a l'air coquette. — Comment (*prétendrai-je*) qu'un autre garde mon secret, si je ne puis le garder moi-même? — Que (*gagné-je*) à médire? La haine et la défiance. — (*Dussé-je*) ne tenir à nulle autre chose, je tiendrais au moins à la terre où je me serais fixé. — Que (*pourrais-je*) faire contre des assassins? Laquelle (*préfères-tu*) d'Athènes ou de Rome? — Ne (*pourrai-je*) pas me moquer des Tartufes, des Escobars, sans que pour cela je sois accusé de rire de la religion? — (*Fussé-je*) au-delà des colonnes d'Hercule, je me croirais encore trop près d'une femme acariâtre! — A peine (*serais-je*) monté sur le trône que j'aspirerais à en descendre. — (*M'accorderai-je*), avec quelques philosophes, à croire que tout soit matériel en moi? — Ne (*serais-je*) pas bientôt convaincu d'être coupable ; s'il suffisait pour cela que je fusse accusé ? — Tu (*n'oserais*) répondre de ton cœur, si tu (*n'as*) jamais été dans le péril. — Il vaudrait mieux que (*j'étouffasse*) un bon mot qui est près de m'échapper que de chagriner qui que ce fût. — Il serait triste que je (*n'eusse*) la volonté de rendre service que jusqu'à ce que j'en (*eusse*) le pouvoir. — Il faut que tu (*apprécies*) les systèmes d'après leur influence sur les peuples. — Pour conserver un ami, il faudrait que je (*devinsse*) moi-même capable de l'être. — Pour que (*j'acquisse*) la perfection de l'éloquence, il faudrait que (*j'eusse*) un fonds de bon sens et de bon esprit, une imagination vive et la mémoire fidèle. — Si (*j'avais*) une femme, je ne (*voudrais*) pas qu'elle (*s'imaginât*) que (*j'eusse*) d'autre objet que celui de lui plaire. — Si je voulais qu'on me (*louât*), ne serait-il pas convenable que je (*louasse*) aussi les autres ? — Il faudrait que je (*fusse*) bien fort ou bien fou pour être intolérant. — S'il fallait que je (*racontasse*) comment on a empoisonné mon cœur dès ma plus tendre enfance, j'en dirais de belles. — Quand (*j'étais*) au catéchisme, on (*m'interrogeait*) rarement, de crainte que je ne (*susse*) pas ma leçon. — Il ne s'en serait pas fallu de beaucoup que je ne (*restasse*) couché. — Si j'étais roi, la philosophie et le sceptre (*n'empêcheraient*) pas que je ne (*fusse*) homme. — Si (*j'avais*) un procès, je (*voudrais*) avoir affaire au plus honnête et au plus consciencieux avocat que je (*pusse*) rencontrer. — Si (*j'étais*) seigneur d'un endroit, il n'y a pas d'infortune que je ne (*voulusse*) soulager par des bienfaits. — Il vaut mieux que (*j'excelle*) dans le médiocre que de vouloir (*atteindre*) au grand, au sublime. — En hiver, il faut qu'on se (*vête*) bien. — Si (*j'étais*) sage et que je (*suivisse*) les lumières de la raison, je (*m'épargnerais*) bien des chagrins. — Il serait injuste que l'on (*exigeât*) de moi que je fasse par déférence pour des conseils ce que je ne (*voudrais*) pas faire pour moi-même. — S'il arrivait que l'on (*m'intentât*) quelque procès, ce serait à moi de plaider pour moi. — Il aurait fallu qu'il (*m'attendît*) jusqu'à ce que je (*fusse*) revenu. — Quand j'avais tué quelque oiseau, il fallait que (*j'allasse*) moi-même le ramasser. — On doit savoir se (*contraindre*) quand l'occasion l'exige. — Un enfant veut déranger tout ce qu'il voit ; il casse, il brise tout ce qu'il peut (*atteindre*). — Avant de se jeter dans le péril, il faut le prévoir et le (*craindre*). — Prévenir tous ses désirs n'est pas l'art de les contenter, mais de les (*éteindre*). — Il n'est pas (*permis*) à l'homme (*d'enfreindre*) les lois de la nature. — Que notre sort est à (*plaindre*)! — Il faut (*peindre*) les choses dans toute leur vérité. — Il faut (*craindre*) moins la justice des hommes que la justice de Dieu. — Il faut savoir se (*restreindre*) selon les circonstances. — Nous aimons mieux tout risquer que de nous (*contraindre*). — Ceux qui (*emploient*) mal leur temps sont les premiers à se (*plaindre*) de sa brièveté.

CHAPITRE IV.

EXERCICES SUR LES PARTICIPES.

N° 94.

1. Il n'y a que les ames (*aimantes*) qui soient propres à l'étude de la nature.
2. On vient d'y construire deux pompes (*foulantes*) et (*aspirantes*) qui donnent abondamment l'eau dont on a besoin.
3. Quand l'œil ne peut juger l'objet de sa terreur,
   Alors tout s'exagère à notre ame (*tremblante*).
4. Les eaux (*dormantes*) sont meilleures pour les chevaux que les eaux vives.
5. Les peuples (*errants*) doivent être les derniers qui aient écrit.
6. Soyons bien (*buvants*), bien (*mangeants*).
   Nous devons à la mort de trois l'un en dix ans.
7. J'ai passé plus avant; les arbres et les plantes
   Sont devenus chez moi créatures (*parlantes*).
8. Toutes sont donc de même trempe,
   Mais (*agissant*) diversement.
9. Ces deux infortunés, après s'être liés l'un à l'autre, se précipitèrent dans le Rhône, (*aimant*) mieux mourir ensemble que de vivre séparés.
10. Combien de pères, (*tremblant*) de déplaire à leurs enfants, sont faibles et se croient tendres!
11. Je connais des personnes (*dormant*) d'un sommeil si profond, que le bruit de la foudre ne les réveillerait pas.
12. Personne assurément ne s'aviserait aujourd'hui de représenter dans un poëme une troupe d'anges et de saints (*buvant*) et (*riant*) à table.
13. Mais, pour mieux réussir, il est bon, ce me semble,
    Qu'on ne vous trouve point tous deux (*parlant*) en-
    [semble!
14. J'ai toujours vu ceux qui voyageaient dans de bonnes voitures bien douces rêveurs, tristes, (*grondants*) ou (*souffrants*).

1. Quel œil n'est pas sensible au riant appareil
   De l'herbe (*rajeunie*) et du bouton vermeil?
2. Dieu! avec quel plaisir, dans tes sentiers (*fleuris*)
   J'aperçus, ô Meudon! ce ravissant ofris.
3. Eh! que vois-je partout? La terre n'est couverte
   Que de palais (*détruits*), de trônes (*renversés*),
   Que de lauriers (*flétris*), que de sceptres (*brisés*)!
4. (*Touchés*) de mes accords, les chênes applaudissent.
5. (*Nourris*) à la campagne, dans toute la rusticité champêtre, vos enfants y prendront une voix plus sonore.
6. Là, cette jeune plante, en vase (*disposée*),
   Dans sa coupe élégante accueille la rosée.
7. J'applaudis l'orateur dont les nobles pensées
   Roulent pompeusement avec soin (*cadencées*).
8. . . . . Et la vue (*abusée*)
   Croit, au lieu d'un jardin, parcourir un musée.
9. Leurs superbes sommets, (*ébranlés*) par le fer,
   Tombent.
10. Le génie des airs secouait sa chevelure bleue, (*embaumée*) de la senteur des pins.
11. Des yeux (*fatigués*) par les larmes cherchent naturellement à se fermer.
12. Quand Lucullus vainqueur triomphait de l'Asie,
    L'airain, le marbre et l'or frappaient Rome (*éblouie*).
13. Du fruit de leurs exploits leurs troupes (*échauffées*)
    Rapportaient en chantant ces précieux trophées.
14. L'Indien parcourait leurs tribus (*réunies*).
15. Ces bananiers (*chargés*) et de fruits et d'ombrage.
15. Réservez toutefois aux lieux moins (*soignés*)
    Ce luxe de verdure et ces gazons (*soignés*).
17. Que leur font des réduits richement (*décorés*)?
18. . . . . Déployer à la vue
    D'un sol (*favorisé*) la richesse (*imprévue*).
19. C'est l'anguille (*argentée*) errant à longs anneaux.
20. Les parfums (*négligés*) se perdent dans les airs.

EXERCICES GÉNÉRAUX SUR LES PARTICIPES.

Une fois que j'ai une opinion (*arrêtée*), rien ne peut me faire changer de sentiment. — Serais-je baron, marquis, vicomte, est-ce que cela me rendrait la jambe mieux (*faite*)? — Je ne doute pas que le ciel, (*touché*) de mes malheurs, ne m'en retire un jour. — Comme mes bottes sont (*usées*), il faut que je m'en fasse faire d'autres. — J'ai toujours préféré la pauvreté à la fortune *acquise*) par des bassesses. — Le mariage a bien des peines, mais le célibat est (*dépourvu*) de plaisirs. — La censure doit être (*accompagnée*) de quelques louanges qui en (*corrigent*) l'amertume. — Les plaisanteries ne sont bonnes que quand elles sont (*servies*) toutes chaudes. — L'expérience a prouvé que moins la multitude a de chefs, mieux elle est (*gouvernée*). — Les coalitions les plus intimes sont promptement (*divisées*) par les intérêts particuliers. — Tous les êtres ont été (*combinés*) pour former un ensemble d'où naît la beauté de l'univers. — Une chose est (*avilie*) auprès de bien des gens, dès qu'elle est facile à concevoir. — La solide et durable réputation ne peut être (*fondée*) que par un consentement universel. — Tout privilége qui n'est pas (*consenti*) par le corps social est une usurpation. — Alexandre, après avoir tué Clitus, ne voulait plus vivre : sa grande amie était (*consternée*) d'un emportement aussi funeste. — L'honneur et la justice sont entièrement (*bannis*) de ce monde. — L'innocence et la vertu sont souvent (*opprimées*). — Si la vertu et la vérité (*étaient*) (*bannies*) de la terre, (*elles*) (*devraient*) toujours se trouver dans la bouche des rois. — Il semble que la vie et la beauté ne nous (*aient*) été (*données*) que pour aimer. — L'or et le fer sont (*tirés*) des entrailles de la terre. — Les fleurs et les fruits sont (*multipliés*) à l'infini. — L'équité et la droiture sont (*produites*) par l'amour de la justice et de la vérité. — Tant que l'intérêt ou la vanité ne sont point (*offensés*), les divisions peuvent se rajuster. — Dès qu'un enfant a un penchant ou une répugnance bien (*marqués*), c'est la voix du destin : il faut lui obéir. — La liberté de publier ses pensées, ou la liberté de la presse, doit être (*réglée*) sur la liberté même d'agir. — Bien (*comprises*), la mort et l'immortalité (*suffisent*) pour occuper et diviser toute l'existence. — Les méchants ont bien de la peine à demeurer (*unis*). — (*Touchés*) de mes accords, les chênes (*applaudissent*). — L'expérience apprend qu'il meurt encore plus d'enfants (*élevés*) délicatement que d'autres. — (*Nourris*) à la campagne, dans toute la rusticité champêtre, vos enfants y prendront une voix sonore. — (*Répandues*) avec bienséance, les larmes ne (*déshonorent*) jamais. — (*Bourrelés*) de remords, des coupables ont imaginé l'athéisme. — (*Tolérées*) dans un enfant, de petites bagatelles peuvent le faire aller à l'échafaud pour de plus grandes. — (*Unie*) à la douceur, la fermeté est une barre de fer (*entourée*) de velours. — (*Creusés*) par le fanatisme et l'ignorance sous l'édifice social, les abîmes ne furent (*comblés*) que par des ruines et des cadavres. — (*Canalisée*), la France rivalisera avec l'Angleterre. — (*Traduite*) en prose, la poésie n'est plus qu'un canevas dont on ôte la broderie. — La Justice et la Charité, (*assises*) près du trône de l'Eternel, sont les rapporteurs de nos œuvres. — La morale et le bon sens, (*découpés*) et (*répandus*) en proverbes, en maximes, peuvent améliorer les mœurs d'une nation. — Je fais plus de cas d'une lieue (*carrée*) (*défrichée*) que d'une plaine (*jonchée*) de morts. — Le vrai, l'utile et l'agréable (*réunis*), ne se (*discernent*) plus du beau : c'est le beau lui-même. — L'estime et l'amour (*perdus*) ne se (*rendent*) jamais entièrement. — Pour opérer le bien public, il faut que la sagesse et la puissance (*soient*) (*réunies*). — Les fables ne doivent pas être (*présentées*) au public judicieux, éclairé de notre siècle. — Les usages sont plus fidèlement (*observés*) chez une nation simple que les lois les plus sévères chez une nation (*policée*). — Sur cent favoris de rois, quatre-vingt-quinze ont été (*pendus*). — Les pays ne sont pas (*cultivés*) en raison de leur fertilité, mais en raison de leur liberté. — Les sots en (*entraînent*) d'autres, et de sots en sots, l'innocence et la vérité (*restent*) (*opprimées*). — Les terreurs religieuses (*dorment*) (*ensevelies*) au fond de l'ame; le bruit de la mort qui s'approche les (*réveille*). — Les serpents (*paraissent*) (*privés*) de tout moyen de se mouvoir, et uniquement (*destinés*) à vivre sur la place où le destin les a fait naître. — La bonté, la méchanceté, la petitesse ou la grandeur, la fermeté ou la mobilité de l'ame, sa droiture ou sa fausseté, sont (*peintes*) sur la figure. — En révolution, les (*vrais*) citoyens sont (*froissés*) entre l'aristocratie et la démocratie. — Une Spartiate parait en public à visage découvert jusqu'à ce qu'elle soit (*mariée*); après son mariage, comme elle ne doit plaire qu'à son mari, elle sort (*voilée*). — Dire que les nations sont (*faites*) pour les rois, c'est dire que les vaisseaux sont (*faits*) pour le gouvernail. — Les menuisiers et les ébénistes se (*servent*) de la gélatine ou de la colle-forte pour tenir (*rapprochées*) les pièces de bois.—La crainte hait ceux qu'elle est (*obligée*) de louer.—Stockholm se trouve (*située*) presque au milieu de la mer Baltique. — Dieu et les rois sont mal (*loués*) et mal (*servis*) par les ignorants.—L'histoire du fanatisme n'est (*écrite*) qu'avec des larmes de sang : chaque page en est (*imbibée*) ou (*séchée*) par les flammes des bûchers.—Tant qu'une faute est (*cachée*), on ne la (*croit*) qu'à demi (*commise*). — Ce sont toujours les imprudents qui sont les plus furieux de se voir (*trompés*). — Le gueux qui nous (*admire*), le riche qui nous (*critique*), nous paraissent (*déplacés*).—(*Porté*) sur les ailes de la Fortune, on a beau monter, la félicité se trouve toujours (*placée*) plus haut. — Il n'y a malheureusement que les fripons qui (*fassent*) des ligues : les honnêtes gens se (*tiennent*)(*isolés*).—L'avenir découvrira sans doute des vérités dont l'éclat éclipsera les fausses lueurs dont nous nous croyons (*éclairés*). — Presque tous les égoïstes célibataires (*meurent*)(*abandonnés*) à d'avides mercenaires.—Il y a bien des gens que l'on (*croit*) fort (*occupés*) dans leur cabinet, où ils attrapent plus de mouches que de vérités. — Tous les globes (*obéissent*) aux lois éternelles de la gravitation, (*roulent*) d'un cours régulier dans les vastes champs de l'air. — Ne soyez pas (*battants*), de peur d'être (*battus*). — J'explique le combat des opinions d'une nation en la divisant en (*payants*) et en (*payés*).—Il y a des gens assez (*extravagants*) pour se mettre dans la tête de vouloir faire les beaux-esprits et les hommes de condition. — Tantôt il me prend envie de rire, et tantôt je suis d'une humeur (*massacrante*).—Il y a des hommes (*agissants*) et pleins de zèle. — On aime à avoir affaire à une personne (*obligeante*). — Il y a des personnes (*souffrant*) cruellement. — Il y a des personnes d'un caractère très-doux, jamais ne (*grondant*), ne (*contredisant*), ne (*désobligeant*).—Je connais bien des personnes (*souffrantes*) et (*résignées*).—Avec une âme (*aimante*), on est propre à l'étude de la nature. — On connaît des personnes (*dormant*) d'un sommeil si profond, que le bruit de la foudre ne les (*réveillerait*) pas.

CHAPITRE VII.

EXERCICES SUR LES ADVERBES.

N° 96.

1. Le vin est bon, mais il faut en user (*modérément*).
2. On censure (*aisément*) quand on est sans faiblesse.
3. Certes, il n'est (*vraiment*) pire eau que l'eau qui dort.
4. Outrageons (*hardiment*) qui ose nous outrager.
5. Cléopâtre crut régner plus (*absolument*) sous ses enfants que sous son mari.
6. La libéralité de Dieu est (*infiniment*) au-dessus de toute l'industrie des hommes.
7. Cet enfant dit tout (*ingénument*).

1. Les premières amours tiennent (*terriblement*).
2. (*Rarement*) un valet dit du bien de son maître.
3. Un bien qu'on n'attend plus (*facilement*) s'oublie.
4. On ne saurait manquer de louer (*largement*) Les dieux.
5. L'erreur nous fait trop (*favorablement*) juger de nos amis.
6. Un médecin est toujours prêt à raisonner (*admirablement*) de la maladie après la mort.
7. Notre intérêt est un merveilleux instrument pour nous crever (*agréablement*) les yeux.

CORRIGÉ DES EXERCICES DE LA GRAMMAIRE.   53

8. Ne lui demandez point cette grâce : il vous la refuserait (*inexorablement*).

1. Un financier jamais ne dort (*profondément*).
2. Protéger (*hautement*) les vertus malheureuses,
C'est le moindre devoir des ames généreuses.
3. (*Fortement*) appuyé sur des oracles vains,
Un pontife est souvent terrible aux souverains.
4. Nous nous plaignons quelquefois (*légèrement*) de nos amis pour justifier par avance notre légèreté.
5. Cette histoire est écrite (*fabuleusement*).
6. Ce grand homme se communiquait (*familièrement*) avec tout le monde.
7. Il soutient (*faussement*) une telle chose.
8. Elle s'en est vantée assez (*publiquement*).
9. Réparez (*promptement*) votre force abattue.
10. On peut considérer (*abstractivement*) les qualités des corps.
11. La blancheur, la rondeur ne sont qu'(*accidentellement*) dans tous les objets où elles se trouvent.
12. Il parle fort (*affectueusement*).
13. Il lui déclare (*affirmativement*) que ses forces sont suffisantes pour faire son voyage.

1. Un savant philosophe a dit (*élégamment*) :
Dans tout ce que tu fais hâte-toi lentement.
2. Alors qu'il veut entrer, l'ami frappe à la porte,
Le prince (*apparemment*) prend d'assaut la maison.
3. Une femme doit plutôt juger sainement les livres qu'en parler (*savamment*).
4. A la ruse on peut bien se prêter (*décemment*).
5. Ce prince est en état de secourir (*puissamment*) ses alliés.
6. Dieu a ses serviteurs choisis à qui il communique plus (*abondamment*) sa sagesse et sa puissance.

7. Cet homme se conduit (*prudemment*).

8. Il parle (*éloquemment*).

9. On ne souhaite jamais (*ardemment*) ce qu'on ne souhaite que par raison.

10. Un zèle trop ardent pour la liberté n'en arrête que trop (*fréquemment*) les progrès.

11. La louange est une flatterie délicate qui satisfait (*différemment*) celui qui la donne et celui qui la reçoit.

12. La solitude tente (*puissamment*) la charité.

EXERCICES GÉNÉRAUX SUR LES ADVERBES.

Si je ne me contente pas d'être (*médiocrement*) heureux, il est probable que je ne serai pas (*médiocrement*) malheureux. — Si j'emploie ma vie (*utilement*) et (*sagement*), j'aurai une vieillesse agréable et douce. — Si j'étais capable de flatter, je serais (*vraisemblablement*) aussi capable de calomnier. — Si j'avertis (*charitablement*) les autres de leurs défauts, c'est que j'ai un plaisir secret à les humilier. — Tout ce que je dis (*honnêtement*) n'est pas (*honnêtement*) pensé. — Si je veux vaincre (*promptement*), il faut que je prépare lentement la guerre. — Si je ne chéris pas les défauts de celle que j'aime, je ne pourrai pas dire que je suis (*vraiment*) amoureux. — J'aurai beau avoir du génie, je ne pourrai pas insulter (*impunément*) aux préjugés de mon siècle. — Je ne serai (*véritablement*) grand que si je le suis pour l'avantage de mes semblables. — Si je refuse (*durement*) l'aumône aux pauvres, suis-je sûr de n'avoir jamais rien à demander à personne? — Dans tout ce que je fais, il faut que je me hâte (*lentement*). — Si j'étais femme, je voudrais plutôt juger (*sainement*) les livres que d'en parler (*savamment*). — Je suis (*légitimement*) puni lorsque ma crédule avidité me fait dupe. — Si je jugeais des hommes par leurs discours, je me tromperais (*lourdement*). — Si je pouvais faire tout ce que je veux, je ferais (*rarement*) tout ce qu'il faut que je fasse. — Il ne faut pas que je parle à Dieu plus (*lestement*) que je n'oserais le faire aux dieux de la terre. — Je n'ai qu'à changer d'état tous les jours, et je ne tiendrai pas si (*fortement*) à mes opinions. — Si je veux parler (*éloquemment*), il faut que je parle à propos. — Si j'étais (*entièrement*) privé de bonnes qualités, je ne pourrais ni les apercevoir ni les comprendre. — Si j'étais né envieux et méchant, je serais (*naturellement*) triste. — Je suis moins (*vivement*) touché des biens que des maux. — Si je m'élève (*rapidement*), je tomberai souvent de même. — Il est naturel que je me trompe ; mais, si je persistais (*opiniâtrement*) dans mon erreur, je serais alors un sot ou un fou. — Je suis (*ordinairement*) content de ceux qui semblent l'être de moi. — Dès que je réfléchis (*attentivement*) sur les devoirs d'un monarque, je tremble à la vue d'une couronne. — Je loue (*hautement*) les qualités que je crois avoir, et j'admire en silence celles dont je suis privé. — Il ne faut pas que je me plaigne de la fortune si elle reprend (*aveuglément*) ce qu'elle m'a donné. — Si j'avais un ami qui m'avertît (*judicieusement*) de mes fautes, je le considérerais comme un bien inestimable. — Au milieu des cris et de la fureur des partis, j'y distingue (*difficilement*) la vérité. — Si je pense (*solidement*), je pourrai fonder quoi que ce soit. — Si je juge (*sévèrement*) les autres, je serai jugé de même. — Je désirerais peu de choses avec ardeur, si je savais (*parfaitement*) ce que je désire. — Si j'avais à me faire une douce idée du paradis, j'imaginerais que je dois y vivre (*éternellement*) avec ceux que j'aime. — Dès que je suis vertueux et utile, je suis (*suffisamment*) noble. — Si je fréquentais (*assidûment*) les églises, je voudrais du moins être digne d'y entrer. — Je préfère l'habitude de parler aussi (*posément*) que j'écris à celle d'écrire aussi vite que je parle. — Ce n'est que par l'éducation que je pourrai jouir (*pleinement*) des avantages de la richesse. — Le faux ami n'aime que (*relativement*) à son propre intérêt, et si la cupidité le lui conseille, il deviendra ingrat et parjure. — Je pense à vous, ma chère fille, (*préférablement*) à toutes choses. — (*Indépendamment*) des grâces de son âge et de sa gaieté vive et caressante, elle a dans le caractère un fonds de douceur et d'égalité. — Polyeucte parle comme il doit parler, (*conformément*) aux préjugés. — Il faut que je vive (*conformément*) à mon état. — Si j'étais homme d'État, il faudrait que je parlasse et que j'agisse toujours (*conséquemment*) à mes principes. — Je serai considéré comme fou si je ne vois pas comme les autres hommes : ainsi, si j'ai du génie, je suis fou (*relativement*) *aux* autres qui n'en ont pas. — Il faut qu'à l'exemple de Régulus, j'aime ma patrie (*exclusivement*) à moi. — Si je travaille pour la société, je serai récompensé (*proportionnellement*) à mon mérite. — Si je parle sérieusement dans une affaire, il ne faut pas que je fasse de coq-à-l'âne; mais il faut que je parle (*convenablement*) au sujet. — Si je n'avais pas de principes, j'agirais et je parlerais (*différemment*) de ce que je faisais la veille. — (*Antérieurement*) à ma naissance, je ne sais pas ce que j'étais; (*postérieurement*) à ma mort, je ne sais pas ce que je deviendrai. — Dans toute affaire épineuse, il faut que je me résolve (*indépendamment*) de tout conseil. — Il faut que j'aime Dieu (*préférablement*) à toutes choses.

PARTIE SYNTAXIQUE.

CHAPITRE PREMIER.

EXERCICES SYNTAXIQUES SUR LE SUBSTANTIF.

Nos 105 à 128.

1. L'aigle (*seul*) a le droit de fixer le soleil.
2. Il est permis de n'être pas (*un*) aigle; mais il faut avoir du bon sens.
3. Germanicus porta les aigles (*romaines*) aux rives de l'Elbe.
4. On donne à une espèce de raie le nom d'aigle (*marine*).
5. L'aigle (*française*) plane sur la Vistule.
6. Les peintres et les poëtes représentent la Renommée embouchant (*la*) trompette.
7. Cet homme est (*une vraie*) trompette.
8. On envoya (*un*) trompette sommer la place.
9. (*Couronné*) d'épis, l'automne (*joyeux*) descend sur nos campagnes jaunissantes.
10. L'amour (*divin*) est la source de toutes les vertus.
11. L'amour (*maternel*) est de (*tous*) les amours (*le seul*) qui soit réel.
12. Qui peut oublier ses (*premières*) amours?

13. S'il se casse quelque chose, je (le) rabattrai sur vos gages.
14. L'exemple qu'il a (fait) est mal (écrit).
15. Personne ne sait s'(il) est digne d'amour ou de haine.
16. Les personnes incapables d'oublier les bienfaits sont ordinairement (généreuses).
17. Les délices du cœur sont plus (touchantes) que (celles) de l'esprit.
18. Oui, je vous unirai, couple (ingrat) et perfide.
19. Que (la) foudre en éclats ne tombe que sur moi!
20. Les paratonnerres préservent les édifices de (la) foudre.
21. Mânes des grands Bourbons, (brillants) foudres de guerre.
22. L'orgue de cette église est (excellent).
23. Il y a de (bonnes) orgues en cet endroit.
24. Les gens (heureux) ne se corrigent guère.
25. Il faut savoir s'accommoder de (toutes) gens.
26. Les (bonnes) gens sont (tous bavards).
27. Parler et offenser, pour de (certaines) gens, est précisément la même chose.
28. Que dis-tu d'un pays où l'on tolère de (pareilles) gens?
29. Pygmalion n'avait jamais vu de gens de bien, car de (telles) gens ne vont jamais chercher un roi si corrompu.
30. Je voyais (diverses) gens qui venaient m'avertir que ces deux étrangers étaient fort à craindre.
31. Il eut bientôt fait connaissance avec (tous les) honnêtes gens de la ville.
32. (Tous) ces gens-là regardent toujours à mille choses étrangères.

N° 129.

1. Nos (e) muets, qui nous sont reprochés par un Italien, sont précisément ce qui forme la plus délicieuse harmonie de notre langue.

2. De toute l'écriture, elle ne voulut d'abord faire que des (o).

3. Plusieurs (peu) font beaucoup.

4. Trois (un) de suite font cent onze en chiffres arabes.

5. Strabon dit que les Perses épousaient leurs mères; mais quels sont ses garants? des (ouï-dire).

6. Les Italiens ont supprimé tous leurs (h).

7. Il pleut des monosyllabes : on m'a envoyé les (que); on m'a promis les (oui), les (non), les (pour), les (qui), les (quoi), les (si).

8. Que le diable t'emporte avec tes (si), tes (mais)!

9. *Immolée à mon père* n'écorche point mon oreille, parce que les deux (e) font une syllabe longue.

N° 134.

1. Philippe II ne permettait à ses sujets l'air d'allégresse qu'au spectacle des (auto-da-fé).

2. Le clergé chante de beaux (*Te Deum*) dans de belles églises.

3. L'auteur d'*Une Heure de Mariage* n'a voulu que faire rire le vulgaire par des (quiproquos), des (lazzis).

4. Les (lazzaroni) ne font pas de classe à part.

5. Il met tous les matins six (impromptus) au net.

6. Il y a de l'abus à multiplier les (alinéa).

7. L'abbé Cahusac mettait le *Cantique des Cantiques* au rang des meilleurs (opéras) de l'antiquité.

8. Il y a plusieurs (déficits) dans cet inventaire.

9. Les (échos) répondaient à sa voix.

10. Il croit dire de bons mots, mais il ne dit que des (quolibets).

Nos 135 à 137.

1. Les vrais gens de lettres et les vrais philosophes ont beaucoup plus mérité du genre humain que les (*Orphée*), les (*Hercule*) et les (*Thésée*).

2. Les trois (*Horaces*) combattent pour Rome, les trois (*Curiaces*) pour Albe.

3. Les deux (*Orloff*), en attendant la première escadre russe, avaient tout préparé.

4. L'Espagne s'honore d'avoir produit les deux (*Sénèque*).

5. Les (*Montausier*) ont rendu leur nom célèbre dans le siècle des beaux-arts.

6. Lorsque Auguste eut conquis l'Égypte, il apporta à Rome le trésor des (*Ptolémées*).

7. Les pyramides de l'Égypte s'en vont en poudre, et les graminées du temps des (*Pharaons*) subsistent encore.

8. Les (*Elzévirs*) sont aujourd'hui très-recherchés.

No 144.

1. Les pigeons polonais sont plus gras que les (*pigeons-paons*).

2. Les (*orangs-outangs*) ont l'instinct de s'asseoir à table.

3. Le (*bec-figues*) n'est pas aussi beau qu'il est bon.

4. Les (*martins-pêcheurs*) et une foule d'autres oiseaux riverains embellissent les bords des fleuves de l'Asie et de l'Afrique.

5. Les (*chauves-souris*) sont de vrais quadrupèdes.

6. Les sables de l'Afrique, où nous n'avons pas de (*gardes-*

chasse), nous envoient des nuées de cailles et d'oiseaux de passage.

7. On ne peut permettre que les (secrétaires généraux) soient en même temps députés.

8. Les (arcs-en-ciel) n'ont lieu que lorsque le soleil est peu élevé sur l'horizon.

9. Les (demi-philosophes) ne louaient l'erreur que pour faire les honneurs de la vérité.

10. A toutes les (demi-heures) du jour et de la nuit, il part de Rotterdam des barques qui vont en cent endroits différents.

11. Enfants, hâtez-vous de rassembler vos ballons, vos volants et vos (cerfs-volants).

12. J'ai passé ma journée avec des (aides-de-camp) et de jeunes militaires.

13. On dit que plusieurs (sages-femmes), en pétrissant la tête des (nouveau-nés), lui donnaient une forme plus convenable. Et on le souffre!

14. Louis XII revendiquait le duché de Milan, parce qu'il comptait parmi ses (grand'mères) une sœur d'un Visconti.

15. L'on a appelé les mauvais loups (loups-garous), c'est-à-dire loups dont il faut se garer.

16. Contre mes (vice-rois) sa haine se déclare.

17. Méditeriez-vous de ces tours de (passe-passe) que vous savez si bien faire?

18. Faites donc mettre au moins des (garde-fous) là-haut.

19. Vous pourriez me blesser, je crains les (contre-coups).

20. J'imaginais sous les arbres de voluptueux (tête-à-tête).

21. La plupart des gens font des (coq-à-l'âne) comme M. Jourdain faisait de la prose.

22. Les (belles-de-nuit) du Pérou, l'arbre triste des Moluques, ne fleurissent que la nuit.

23. Les (casse-noisettes) vivent en petites troupes.

24. Pour les (après-dîners), je les livrais à mon humeur oiseuse et nonchalante.

25. La neige couvre le pont et le tour de notre navire, et forme nos observatoires et nos (garde-manger).

Nos 145 à 147.

1. Télémaque et Mentor le suivirent, environnés d'une grande foule de (*peuple*).

2. Les productions du palmier servent aux besoins journaliers d'une multitude de (*peuples*).

3. M. Dodard croit que le sirop d'(*abricot*) vous est fort bon.

4. On voit dans Paris des multitudes de (*femmes*) porter d'énormes paquets de (*linge*) sur le dos.

5. Les métiers qui appartiennent aux femmes sont ceux d'accoucheuses, de couturières, de marchandes de (*linges*) et de (*modes*).

6. Il est des chagrins qui n'ont ni (*plaintes*) ni (*larmes*).

7. La nature ne fait ni (*princes*), ni (*riches*), ni (*grands seigneurs*).

8. D'immenses roches pendaient en (*ruines*) au-dessus de ma tête.

9. Lorsque les blés sont en (*fleur*), c'est alors qu'ils sont revêtus de toute leur magnificence.

10. La vigne en (*fleur*) exhale au loin de doux parfums.

11. On ne monte à la fortune que par (*degrés*).

12. (*Courtisans*) contre (*courtisans*), (*femmes*) contre (*maris*), (*parents*) contre (*parents*), c'est une guerre éternelle.

13. Les dieux du paganisme se changeaient très-souvent en (*hommes*).

14. Le bon n'est que le beau mis en (*action*).

15. En toute chose, vos leçons doivent être plus en (*actions*) qu'en discours.

16. La différence qui se trouve d'(*homme à homme*) se fait encore plus sentir de (*peuple à peuple*).

17. Le souvenir des bonnes actions embellit et parfume la vie comme un bouquet de (roses).
18. Le couguar fait ses petits dans des troncs d'(arbres) creux.
19. La plupart étaient habillés de peaux de (bêtes sauvages).
20. Des troncs d'(arbres) à peine (dépouillés) de leurs écorces servent de poutres.
21. Jusqu'ici j'ai vu beaucoup de masques: quand verrai-je des visages d'(homme)?
22. On me servit une copieuse fricassée de pieds de (mouton).
23. Les flancs de la colline sont tapissés de (groupes) d'(arbrisseaux) à (fruits) ou à (fleurs).
24. Le goût du fruit de l'arbre à (pain) se retrouve dans celui du cul d'artichaut.
25. Les hommes à (cheveux noirs) commencent à être rares en Angleterre.
26. Paris est une ville de (plaisirs) où cependant les sept huitièmes des habitants meurent de (chagrin).
27. La saricovienne vit de (crabes) et de (poissons).
28. La paresse est une source inépuisable d'(ennuis).
29. Je préfère une branche de lilas à un pot de (giroflée).
30. De l'urne sortent des touffes de (giroflées jaunes).
31. Si vous parlez, dites peu de (chose).
32. On dit peu de (choses solides) lorsqu'on cherche à en dire d'(extraordinaires).
33. La simplicité n'est ni ignorance ni bêtise, et elle peut s'allier à beaucoup de (connaissances) et à beaucoup d'(esprit).
34. Ce qui décrie la piété parmi les gens du monde, c'est que beaucoup d'(esprits) mal (faits) la réduisent à des pratiques basses et superflues.
35. La loutre est un animal vorace, plus avide de (poisson) que de (chair).
36. Mon père est errant de (désert) en (désert) en Ecosse.
37. Quels yeux peuvent errer toujours de (beautés) en (beautés) sans jamais se fixer sur aucune?

38. Le faux est susceptible d'une infinité de (combinaisons); mais la vérité n'a qu'une manière d'être.

39. Il faut beaucoup d'(art) et de (prudence) pour punir utilement.

40. La vertu a beaucoup de (prédicateurs) et peu de (martyrs).

EXERCICES GÉNÉRAUX SUR LES SUBSTANTIFS.

L'écriture est la (gardienne) de l'histoire.—La mort du maréchal Ney fut (un) assassinat juridique.—(Toute) affectation est ridicule, même celle par laquelle on prétend s'éloigner de l'affectation.—Catinat avait dans l'esprit (une) application et (une) agilité qui le rendaient capable de tout.—Plusieurs (peu) font beaucoup.—Les mausolées et les tombeaux des (Aristide) et des (Caton) ne sont plus, et leurs actions se perpétuent dans les écrits du philosophe de Chéronée.—Il ne se trouve plus de ces âmes vigoureuses de l'antiquité, des (Aristides), des (Phocions), des (Périclès), ni enfin des (Socrates). — Le latanier donne chaque mois (une) feuille (nouvelle).—L'aérostat est (un) appareil à l'aide (duquel) on peut s'élever dans l'air.—Plus l'orgueil est (excessif), plus l'humiliation est (amère).—La gloire a de (puissantes) amorces pour les (grandes) âmes.—Du côté de l'Asie était Vénus, c'est-à-dire les (folles) amours et la mollesse; du côté de la Grèce était Junon, c'est-à-dire la gravité avec l'amour (conjugal).—Les (Montausiers) ont rendu leur nom célèbre dans le siècle des beaux-arts.—Les (lazzis) et les (quolibets) des bateleurs excitent les (bravos) des (dilettanti) des boulevards.—Les civettes cherchent, comme les renards, à entrer dans les (basses-cours) pour emporter les volailles.—Le Cid, Athalie, Alzire, sont des (chefs-d'œuvre) dramatiques.—Les fossoyeurs chantent des airs à boire en jouant avec des (têtes de mort).—Muses, soyez toujours mes plus (chères délices).—L'aigle (privée) de ses aiglons déchire l'air de ses cris.—L'aigle (impériale) conduisait nos soldats à la victoire.—Il faut (un grand) attirail pour le service de l'artillerie.—Le ver, ce destructeur-né de nos (*garde-robes*), est tué par l'odeur (*seule*) de la térébenthine. — L'ancien gouvernement de Venise était (*une*) aristocratie. — Les lois sont comme des (*toiles d'araignée*) : les (*petits*) insectes s'y prennent, les (*gros*) passent à travers. — L'intérêt ou la malignité suggère presque toutes les (*arrière-pensées*). — Le milieu du cirque était (*une*) arène (*préparée*) pour les combattants. — Les (*nouvelles*) hymnes d'église ont plus de dignité que les (*anciennes*). — Un premier amour qui nous enflamme dans notre jeunesse, un dernier amour que nous éprouvons dans l'automne de notre vie, sont deux (*amours*) bien (*différents*). — Les trois (*Horaces*) combattent pour Rome, les trois (*Curiaces*) pour Albe. — Lorsque Auguste eut conquis l'Egypte, il apporta à Rome le trésor des (*Ptolémées*). — Catherine de Médicis nourrit la haine des (*Condés*) contre les (*Guises*). — Les deux premiers (*Gordiens*) périrent en Afrique. — Le même roi qui sut employer les (*Condé*), les (*Turenne*), les (*Luxembourg*), les (*Créqui*), les (*Catinat*) et les (*Villars*) dans ses armées; les (*Colbert*) et les (*Louvois*) dans son cabinet, choisit les (*Racine*) et les (*Boileau*) pour écrire son histoire; les (*Bossuet*) et les (*Féñelon*) pour instruire ses enfants; les (*Fléchier*), les (*Bourdaloue*) et les (*Massillon*) pour l'instruire lui-même. — Il n'y a d'incontestable que ce qui est sanctionné par l'assentiment (*universel*). — La miséricorde est (*un*) attribut de Dieu. — On fait (*un grand*) usage de l'alun dans la peinture. — (*Le*) laiton s'obtient en combinant (*le*) cuivre rouge avec (*le*) zinc. — Les obstacles (*naturels*) révoltent moins un despote que la plus faible résistance. — La canne est (*un*) appui dans la promenade ou dans le voyage. — Les (*maux de tête*) se guérissent avec de la tisane de tilleul. — La mer, attentive à payer le tribut qu'elle doit à ses maîtres, enrichit nos tables de (*poissons délicats*). — Les injures s'écrivent sur l'airain, et les bienfaits sur (*le*) sable. — Le couguar fait ses petits dans des (*troncs d'arbres*) creux. — Le sirop d'(*abricot*) est fort bon. — Le souvenir des bonnes actions embellit et parfume la vie comme un (*bouquet de roses*). — Il y a dans tout ouvrage de poésie deux (*sortes d'intérêt*) : celui du sujet et celui de la composition. — La vérité n'est qu'un rapport aperçu entre deux idées, et il y a deux (*sortes de vérités*). — (*La*) (*jolie*) couleur des fruits de (*la*) tomate produit (*un*) effet agréable dans les jardins. — Les aromates sont surtout (*usités*) par les habitants des pays méridionaux. — Les (*meilleures*) dattes sont (*celles*) qui nous viennent de Tunis. — La révolution de février est (*un*) évènement de (*fraiche*) date. — On reconnaît l'agate (*orientale*) à la netteté, à la transparence et à la beauté du poli. — (*Certaines*) gens, démocrates à la cour, redeviennent aristocrates à la ville. — Le rétablissement de la monarchie, avec (*tous*) ses priviléges, serait aujourd'hui (*un*) anachronisme. — Le sang est (*le*) stigmate du meurtrier. — L'Autriche est (*un*) empire. — L'arithmétique (*décimale*) et les caractères (*numéraux*) dont nous nous servons ont été, dit-on, (*inventés*) par les Arabes. — On ne peut courir vite et longtemps lorsque l'haleine est (*courte*). — (*Un*) embonpoint (*excessif*) défigure tous les traits. — (*Un*) air (*effaré*) bien souvent nous fait rire. — L'âge (*viril*), plus (*mûr*), inspire (*un*) air plus sage. — On va à la cour avec (*un*) frac. — La gloire du monde passe comme (*un*) éclair. — La chaleur fait éclore les (*vers à soie*). — On découvre dans l'éloignement les points d'(*un*) édifice. — On ajoute souvent à sa signature (*un*) parafe. — On met aux petits enfants des souliers à (*agrafes*) pour leur maintenir le pied. — L'adoption des nouvelles orthographes est (*un*) à-compte donné à la future barbarie. — (*Quel*) intérêt ne doit pas nous inspirer un auguste vieillard ! — On met (*une*) apostrophe, dans l'écriture, à la place de la voyelle qu'on élide. — Il y a des gens qui sont naturellement (*éloquents*). — L'esturgeon est (*d'un*) aspect (*effrayant*). — (*Un*) esprit médiocre ne doit pas prendre (*un*) trop (*grand*) essor. — L'orge est pour les volailles et pour les bestiaux (*un*) aliment salutaire, et qui les engraisse facilement. — L'ouvrage (*le*) plus (*vétilleux*) n'est pas toujours (*le*) mieux (*payé*). — La mortification est (*un*) essai, (*un*) apprentissage de la mort. — Dieu est de (*toute*) éternité. — Les étendards (*français*) ont été de (*toutes*) les couleurs. — Les chasseurs et les guerriers ont pris de tout temps des (*fourrures de bête*) pour marques de leur valeur autant que pour se couvrir. — Lorsque les blés sont (*en fleur*), c'est alors qu'ils sont revêtus de toute leur magnificence. — L'alumine est (*employée*) à faire toutes les poteries. — Au milieu des ruines de Palmyre, on entendait par (*intervalles*) le cri de quelque chacal. — La vie des courtisans est (*une*) hypocrisie (*continuelle). — L'hippocras est (une) espèce de liqueur (faite) avec du vin, du sucre et de la cannelle. — C'est (un) enfer que de vivre avec des femmes désespérées de vieillir et d'enlaidir. — Il faut avouer qu'il y a des (mines d'homme et de femme) pour qui l'art ne peut rien. — La (gelée de pomme) est rafraîchissante. — Le (sucre de betterave) est plus léger que celui (de canne). — Les sauvages nous présentèrent des (peaux de tigres) qu'ils avaient pris dans des pièges. — Les (peaux de tigre) se vendent cher. — Les jeunes chats seraient propres à amuser les enfants, si les (coups de patte) n'étaient pas à craindre. — Le (sirop de mûre) est bon pour le (mal de gorge). — Dans toutes les (peaux de léopard), les taches sont chacune à peu près de la même grandeur et de la même figure. — Cicéron avait toutes les (sortes d'esprit) et (toutes) les (sortes de style). — On fait des (nattes d'herbe) et des (paniers de bambou). — Les (voix d'homme) sont moins agréables que celles (de femme). — Paris est une ville (de plaisirs) où les sept huitièmes des habitants meurent (de chagrin). — La saricovienne vit (de crabes) et (de poissons). — La paresse est une source inépuisable (d'ennuis). — Les singes sont tout au plus des gens (à talents) que nous prenons pour des (gens d'esprit). — L'homme flotte (de sentiment en sentiment), (de pensée en pensée). — Les animaux sauvages vivent constamment de la même façon; on ne les voit pas errer (de climats en climats). — De rien ne faisons parade, car, (en toute chose), on se défie de la montre. — L'esprit s'use comme (toutes choses). — L'aigle (impérieux) plane au haut du ciel. — L'inaptitude exclut (tout talent). — Toute la nature montre l'art (infini) de son auteur. — On ne fait jamais le mal (sans témoins). — Dans l'océan des airs (l'affreux) orage gronde. — (Un) épervier voit d'en haut et de vingt fois plus loin (une) alouette sur une motte de terre, qu'un homme ou un chien ne peuvent l'apercevoir. — (Un) arrosoir en fer-blanc se corrode par la rouille. — (Le) ratissoir sert à couper et à détruire les mauvaises herbes dans les allées. — Le linge se met dans (une) armoire. — Ceux qui sont échappés du naufrage disent (un) (éternel) adieu à la mer et aux vaisseaux. — Napoléon conduisait ses soldats (de victoires en victoires). — Les harengs vont (par troupes). — La vanité, qui nous défend de rien admirer, nous prive de (*beaucoup de jouissances*). — Charles IX tira sur les protestants, d'une des fenêtres du Louvre, avec (*une*) arquebuse. — Paris était partagé (*en districts*). — Les aigles (*romaines*) n'étaient point des aigles (*peintes*) sur des drapeaux : c'étaient des aigles d'argent ou d'or au haut d'une pique. — Les cantiques de David sont des hymnes (*religieuses*), et les chansons de Béranger des hymnes (*nationaux*). — Les philosophistes, en voulant analyser la société, ont imité les enfants qui démontent (*une*) pendule pour en voir le grand ressort. — Le vent fracasse (*un*) chêne ou caresse (*une*) fleur. — Une puce peut traîner (*une*) chaîne une fois plus lourde qu'elle. — Après la révolution de février, les Tuileries ont été (*converties*) en hospice (*civil*). — (*La*) poix est tirée des arbres, et les pois croissent en terre. — La fameuse statue équestre de Philippe IV, à Madrid, représente le roi à cheval au moment où son cheval se cabre, de sorte que les deux pieds de derrière de l'animal soutiennent (*le*) poids énorme de dix-huit mille livres. — La justice gémit sous (*un*) amas (*de liens*) et (*de formalités*). — L'ambition est (*un*) appétit (*désordonné*) des charges et des grandeurs. — Le temple est (*un*) asile pour le malheureux. — C'est (*un*) étrange assortiment qu'une jeune fille de quinze ans avec un vieillard de quatre-vingts. — La vie est (*une*) épigramme dont la mort est la pointe. — La philosophie a éteint les (*auto-da-fé*). — Bossuet et Voltaire ont écrit l'histoire comme on fait (*un*) opéra : tout y est ordonné pour un point de vue. — Il y a de l'abus à multiplier les (*alinéa*). — Le mercure est dans (*un*) état de liquidité continuelle. — (*Une*) épitaphe indestructible est un bon livre. — Parmi les courtisans, je découvre beaucoup d'(*intrigants*) et peu d'(*amis*). — Les emplois éclatants ne sont (*qu'un*) esclavage illustre. — Il faut avoir de bonnes dents pour casser des (*noyaux de pêche*). — Les enfants s'amusent à faire des (*bulles de savon*) avec des (*tuyaux de paille*). — Les (*commis-voyageurs*) vous obsèdent de leurs (*offres de services*). — Les (*arcs-en-ciel*) n'ont lieu que lorsque le soleil est peu élevé sur l'horizon. — La clémence est (*le*) plus (*bel*) usage de l'autorité. — Plus on a d'expérience, plus on se détrompe de cette idée, que le peuple est (*une*) hydre redoutable qu'il faut enchaîner. — Le corps meurt peu à peu, (*par parties*); son mouvement diminue (*par degrés*)

— Que (*de peines*) pour (*quelques plaisirs*)! — Les complaisants, les politiques et les courtisans, rient souvent (*de toutes leurs forces*), rarement (*de tout leur cœur*). — On éprouve toujours (*quelque plaisir*) à s'entendre louer. — La parfaite valeur est de faire (*sans témoins*) ce qu'on serait capable de faire devant tout le monde. — Pyrrhon faisait profession de douter (*de toutes choses*). — Le monde est économe d'(*éloges*) et prodigue de (*critiques*). — L'intérêt parle (*toutes sortes de langues*) et joue (*toutes sortes de personnages*), même celui de désintéressé. — L'intérêt met en œuvre (*toutes sortes de vertus et de vices*). — Le second et le sixième (*livre*) de l'*Énéide* abondent (*en beautés*) du premier ordre. — Il y a des gens qui prennent (*de toutes mains*). — Rien n'est impossible : il y a des voies qui conduisent (*à toutes choses*); et si nous avions (*assez de volonté*), nous aurions toujours (*assez de moyens*). — En carême, les catholiques fidèles à (*leurs principes*) ne vivent que (*de fruits*), (*de laitage*), (*de poisson*) et (*de légumes*). — Les (*gardes nationales*) sont (*organisées*) par toute la France. — Les (*gardes nationaux*) se dévouent pour le maintien de l'ordre. — Les (*vieilles*) gens sont (*prudents*). — (*Toutes*) les œuvres de Dieu sont l'équité et la justice mêmes. — On appelle orge (*mondé*) des grains d'orge qu'on a bien nettoyés et bien préparés, et orge (*perlé*) de l'orge (*réduite*) en petits grains dépouillés de leur son. — Constantin-Michel envoya (*un*) orgue à Charlemagne. — Les (*premières*) orgues qu'on ait (*vues*) en France furent (*apportées*) par des ambassadeurs de l'empereur Constantin Copronime au roi Pepin. — Démosthène et Cicéron ont porté l'éloquence à (*son*) plus (*haut*) période. — L'histoire se divise en (*différentes*) périodes. — Personne n'est aussi (*content*) de son sort que de soi. — La fièvre quarte et toutes les autres fièvres intermittentes ont leurs périodes (*réglées*). — Les œuvres de nos grands écrivains seront toujours (*recherchées*). — L'œuvre de la création fut (*achevée*) en six jours. — Le passé n'a point vu d'(*éternelles*) amours. — (*La*) foudre sillonne les airs et frappe les arbres les plus élevés. — Les délices du cœur sont plus (*touchantes*) que (*celles*) de l'esprit. — L'humilité n'est souvent (*qu'un*) artifice de l'orgueil, qui ne s'abaisse que pour s'élever. — La nature n'approvisionne le monde que (*par assortiment*) : il faut recevoir mille (*Cotins*) pour un Boileau et cent erreurs pour une vérité.—Autrefois, les plus grands génies avaient des opinions religieuses; aujourd'hui, les (*esprits-forts*) les rejettent.— Il n'y a point d'(*avantages*) qui ne soient (*contrebalancés*) par des désavantages. — L'honneur des femmes est mal gardé lorsque la religion n'est pas aux (*avant-postes*). — Il n'y a pas de gens plus méprisables que les petits (*beaux-esprits*) et les grands sans probité. — Dans les (*contre-révolutions*), des partis se sont vengés même des crimes qu'ils avaient fait commettre. — Ne communiquez pas avec les (*esprits-forts*) : ils vous affaibliraient contre le malheur. — La (*demi-confidence*) exempte du secret. — Notre langue et nos (*belles-lettres*) ont fait plus de (*conquêtes*) que Charlemagne.—Les constitutionnels sont des (*gobe-mouches*). — Les préjugés d'(*opinions*) sont plus contagieux que ceux d'(*intérêts*). — Les tableaux éclairés à contre-jour ne sont que des (*chefs-d'œuvre*) à contre-sens. — On a presque toujours la vérité en prenant le (*contre-pied*) de ce que publient les partis. — La crainte de Dieu est un (*contre-poids*) aux vices.— L'attrait de la vie domestique est le meilleur (*contre-poison*) des mauvaises mœurs. — Les (*contre-révolutions*) conduisent à de nouvelles révolutions, lorsqu'elles tendent à ramener au point d'où l'on était parti.—Il est glorieux de vaincre des (*contre-temps*) réitérés. — Nous sommes des instruments à (*cordes*) que la nature met à tel ou tel ton, selon qu'elle tend plus ou moins nos nerfs. — Il répugne à l'idée de la justice de Dieu de croire qu'il ait créé des millions d'(*hommes*) pour les livrer au bon plaisir d'un seul.—La rose n'a d'(*épines*) que pour celui qui veut la cueillir.—L'intérêt ou la malignité suggère presque toutes les (*arrière-pensées*).— Voltaire, dont on vante l'influence, n'eut pas le crédit de faire substituer le mot *impasse* à celui de (*cul-de-sac*), et plusieurs (*culs-de-sac*) portent son nom. — Ménagez tout pour la vieillesse, (*amis*), (*santé*), (*fortune*) : la débilité ne trouve jamais assez d'(*appuis*). — C'est une des meilleures (*sauvegardes*) de la décence que de l'avoir rendue de bon goût. — Il faut redoubler d'(*efforts*) pour ne pas déchoir. — L'esprit humain conçoit bien plus de (*degrés*) de perfection entre Dieu et l'homme qu'entre l'homme et l'insecte. — Les (*délices*) de la création (*en tout genre*) sont les plus (*enivrantes*).— Le vice est entouré de (*trompeuses*) délices. — Les grands ne se croiraient pas des (demi-dieux) si les petits ne les adoraient pas.—Les temps de crise universelle n'admettent pas de (demi-mesures).—Les (demi-savants) n'ont que le masque de la science.— Les phrases et les (lieux communs) dénotent une disette de (sentiments) et de (pensées). — Ce que vous dépensez follement se change (en repentirs); ce que vous donnez sagement se change (en jouissances). — Si vous êtes jaloux de l'indépendance, ne faites pas de (dettes).— Les pas des dévastateurs de la terre y sont marqués par des monceaux de (ruines) et d'(ossements). — Le divertissement le plus facile est celui qui donne le changement d'(occupations).— La sensibilité double la vie, mais plus (en douleurs) qu'(en plaisirs).— Le jeu d'(échecs) est une heureuse allégorie des cours. — La philosophie, loin d'enfanter des (chefs-d'œuvre), semble avoir tari les sources de l'invention. — On n'ira pas chercher (une) épaulette sur un champ de bataille lorsqu'on peut l'avoir dans (une) antichambre. — Par l'épigraphe (seul) on juge d'un livre. — Que vos épisodes soient (intéressants). — On peut tuer un homme avec (une) épithète. — L'esprit humain est (une) éponge. — Pour bien corriger (une) épreuve, il faut s'obstiner à y trouver des fautes.—La crainte est (un) esclavage.—Ne pas aimer est (une) espèce de néant. — Une première édition n'est jamais qu'(un) essai. — Faute d'(aliments), l'esprit, ainsi que l'estomac, meurt d'inanition.—(Aucun) exemple ne peut justifier ce qui est absurde.—La véritable éloquence est (une) expression de l'ame.— Beaucoup de (têtes) sont comme ces salons où la lumière, venant de trop de (côtés), forme de (faux jours). — On ferait mille énormes (in-folio) des erreurs, un petit (in-trente-deux) des vérités. — (Un) hôpital est plus spécialement (destiné) aux malades, (un) hospice aux vieillards et aux infirmes. — Notre bonheur est (une) hypothèse, notre malheur une réalité.—Les (petites-maîtresses) sont de (grands-maîtres) en coquetterie.— Les (malentendus) ont fait plus de mal au monde que les tremblements de terre.—Ceux qui ont beaucoup de laquais sont comme des (mille-pieds), et n'en courent que moins vite. — En révolution, une foule de (pieds-plats) se trouvent sur un grand pied. — En révolution, la force des bras change les (porte-faix) en (souverains).—Les conquérants sont des (remue-ménage). — Les hommes faux ont toujours

4.

quelques (*sous-ententes*) qu'ils opposent plus tard. — Les (*si*), les (*mais*), les (*car*), les (*donc*) abondent dans les plaidoyers. — Plusieurs (*il*) mal construits rendent une phrase équivoque. — Un coup d'œil de Louis enfantait des (*Corneilles*). — Les (*Villani*) ne sont pas à l'abri du reproche de suspicion dans l'histoire qu'ils ont écrite. — Les deux (*Gracques*) commencèrent les divisions qui ne finirent qu'avec la république. — On ne trouve guère les (*chats-huants*) ailleurs que dans les bois. — Les (*loups-cerviers*) du Canada sont plus petits et plus blancs que ceux d'Europe. — Les gens de mauvaise foi sont des (*pieds-bots*) en affaires. — Redoutez les (*monts-de-piété*). — Vainement l'homme élève des palais et des (*arcs-de-triomphe*) : le temps les use en silence. — L'inconduite et la paresse, plus que l'infortune, peuplent les (*Hôtels-Dieu*). — L'amour et la jalousie sont d'excellents (*réveille-matin*). — Il y a des (*gobe-mouches*) de toutes les classes et de tous les âges. — A Coïmbre, la grande occupation des étudiants est de faire des (*cure-dents*) de buis. — A Rome, on se servait de (*peaux d'anguille*) pour châtier les enfants des citoyens. — Que les enfants apprennent (*peu de choses*) à la fois! — Il faut (*beaucoup d'exemples*) aux enfants, et (*peu de règles*), où ils comprennent (*peu de chose*). — Il y a (*plus d'avantage*) à se taire qu'à parler. — L'homme tire souvent (*plus d'avantages*) de ses passions que de sa raison. — (*Quelles*) gens fréquentez-vous? — La saricovienne mange (*beaucoup de poisson*). — La loutre tue (*beaucoup plus de poissons*) qu'elle ne peut en manger. — On ne connaît plus les mystères de Zoroastre; on sait (*peu de chose*) de ceux d'Isis. — Il faut (*beaucoup d'honnêteté*) dans les affaires. — Quand on vient vous voir, il faut faire (*beaucoup d'honnêtetés*). — Les rameaux portés par les disciples de Jésus-Christ étaient des rameaux d'(*olivier*) et de (*saule*). — L'homme se nourrit de (*pain*). — L'écureuil se nourrit de (*noisettes*). — Aux siècles de Midas je ne vois plus (*d'Orphées*). — Sois un Auguste, et tu feras aisément des (*Virgiles*). — J'admire les (*Lycurgues*), les (*Solons*); mais j'ai pitié des (*Tom Pouces*) politiques. — Si j'avais besoin d'argent, et que je fusse obligé de passer par toutes les conditions des (*fesse-mathieu*), je serais bien malheureux. — Les contes de (*revenants*) et de (*loups-garous*) ne me font pas peur, et je dors toutes les nuits sur mes deux oreilles. — La mort de mon père serait pour moi une source intarissable de (*pleurs*). — Je flottais de (*sentiment en sentiment*), de (*pensée en pensée*). — Je n'attribue aucun des (*chefs-d'œuvre*) au hasard; pourrai-je jamais croire que moi-même en sois l'enfant? — Il s'en faut beaucoup que nous soyons de (*méchantes*) gens et des gens (*paresseux*). — Je suis reconnaissant quand on me rend (*un bon office*). — J'aime de (*bonnes et dignes*) gens. — Si je fais bien les quatre règles, que je puisse conjuguer le verbe *avoir*, je serai (*un aigle*) en finances. — Il faut que je sache m'accommoder de (*toutes*) gens. — Ce sont d'(*excellentes*) gens, mais (*curieux et bavards*). — L'exemple que j'ai (*fait*) est mal (*écrit*). — Je ne veux pas me déshonorer par des amours (*crapuleuses*). — La musique est (*un*) de mes plus (*grands*) délices. — C'est (*un grand*) délice pour moi de contribuer au bonheur des autres. — Quand j'étais jeune, la lecture faisait mes plus (*chères*) délices. — J'aimerais mieux être (*un foudre*) d'éloquence qu'(*un foudre*) de guerre. — Je travaillerais sans succès (*au grand œuvre*) de la félicité publique, si je ne prenais pour base l'amour de la patrie. — Si je renonce aux plaisirs, ce sera folie; si je les règle, ce sera (*le grand œuvre*) de la sagesse. — Si je savais quelque chose qui me fût utile et qui fût préjudiciable à ma famille, je (*le*) rejetterais de mon esprit. — Quelque chose qu'il m'ait (*dite*), je n'ai pu (*la*) croire. — Personne n'est aussi (*content*) de son sort que moi. — Si j'étais gourmand, j'aurais (*une*) office (*spacieuse*) et bien (*meublée*). — L'orgue de Saint-Eustache était (*un*) des plus (*beaux*) orgues que je connusse. — Quand j'aurai atteint (*la*) période de la jeunesse, j'entrerai dans l'âge mûr. — J'aime les (*grandes*) et (*belles*) périodes. — Si je prends des points vagues de comparaison, je ferai des parallèles plus (*ingénieux*) que solides. — Le soleil fait (*sa*) période en trois cent soixante-cinq jours et près de six heures. — Si j'attachais mon bonheur au char de la renommée, je le mettrais dans le bruit d'(*une*) trompette. — Loin des personnes qui me sont (*chères*), toute demeure est pour moi un désert. — Je coupe mes orges quand (*elles*) sont bien (*mûres*). — Quand je tousse, je préfère (*le*) jujube (*au*) réglisse. — Si j'étais en Languedoc ou en Italie, je mangerais des jujubes (*fraîches*). — Comme nous ne sommes pas de (*faux honnêtes*) gens, nous ne déguisons nos défauts ni aux autres ni à nous-mêmes. — Je déteste les gens (*vains et désœuvrés*). — Il ne faut pas que je sois un grand mangeur pour manger (*une*) couple de pigeons. — J'ai vu l'aigle (*française*); je vois maintenant le coq gaulois. — Dès que je serai marié, je désire que ma femme et moi fassions (*un*) couple fidèle. — Puisque (*la*) foudre tombe partout, pourquoi changerais-je de place? — Si je me représente Jupiter armé (*du*) foudre, cette idée m'inspire la frayeur de la divinité. — Je ne redoute pas les (*vains*) foudres de Rome. — Préférez-vous les hymnes (*nationaux*) de Béranger aux hymnes (*sacrées*) de l'Eglise? — Toutes les fois que je donne aux pauvres, je fais (*une bonne*) œuvre. — Achetez les œuvres (*complètes*) de Voltaire. — Je ne puis assigner (*de limites*) à l'art. — Si je n'ai pas (*d'ordre*), je déjeunerai dans l'abondance, je dînerai dans la pauvreté, je souperai dans la misère, et je me coucherai dans les bras de la mort. — Je ne reconnais pas (*de maîtres*) : je ne reconnais que des égaux. — Je ne fais pas (*de châteaux*) en Espagne, et je ne me repais pas de chimères. — Je ne ferai jamais (*de*) bien à Dieu en faisant du mal aux hommes. — Je n'admets pas (*d'idées innées*). — Si je n'avais pas (*de pain*) à manger, personne ne m'en donnerait. — Si je n'avais pas eu (*d'esprit*), je ne me serais jamais tiré d'affaire. — Si je ne voulais pas (*d'impostures*), il n'y aurait pas d'imposteurs. — Ne vous contentez pas de lire (*un*) abrégé de l'histoire. — Montmartre possède (*un*) abreuvoir. — L'absinthe est (*amère*). — On pousse les hommes faibles où l'on veut en leur montrant de l'autre côté (*un*) abîme. — Les enfants sont comme les fruits : ils sont de (*bon*) ou de (*mauvais*) acabit. — On a servi (*une*) accolade de lapereaux. — (*Un*) acre de terre est un arpent et demi. — Les après-dînées sont (*consacrées*) au repos, au plaisir ou à la promenade. — Certains discours ne sont que de (*vrais*) amphigouris. — L'amidon est très-(*commun*). — La monarchie sera bientôt (*un*) anachronisme. — (*Une*) épée de (*pur*) acier. — Faites des acrostiches (*spirituels*). — L'apothéose a été (*décernée*) non seulement aux morts, mais aux vivants. — Il y a des monuments ornés de (*jolis*) arabesques. — Tenez-vous bien en société, et ne prenez pas (*toutes*) vos aises. — La plupart des ponts de la Seine ont de (*belles*) arches. — Les paroles sont l'archet avec (*lequel*) nous jouons sur l'instrument sensitif intellectuel : le cerveau. — Dans les chambres à coucher, les uns veulent (*une*) alcôve, les autres n'en veulent pas. — La France possède de (*grandes*) archives. — L'arche de Noé a été (*préservée*) du déluge. — L'arcade Saint-Jean a été (*démolie*). — Les anchois sont (*apéritifs*). — Les entr'actes sont généralement trop (*longs*). — Mon père est mort d'(*un*) anévrisme. — Le travail est (*un*) antidote contre l'ennui. — L'anniversaire des journées de février sera (*célébré*) le 4 mai. — On dévore difficilement (*un*) affront. — Les bêtes fauves se retirent dans les antres les plus (*cachés*). — On ne doute de rien (*au bel*) âge. — L'amadou est (*bon*) pour étancher le sang. — La vie est (*un*) amalgame de plaisirs et de peines, de biens et de maux. — Les derniers moments d'un condamné ont (*un*) appareil (*imposant*). — Cent mètres carrés font (*un*) are. — Le pape a accordé (*une*) amnistie à tous ses sujets rebelles. — Après un combat acharné, les deux partis consentent à (*un*) armistice pour enterrer leurs morts. — Les domestiques se tiennent dans (*une*) antichambre. — (*Une*) armoire à glace est un meuble très-joli. — Il faut élargir les rues qui forment les (*grandes*) artères de Paris. — (*Un*) arrosoir en fer-blanc se corrode par la rouille. — Quand je vais au spectacle, je prends (*une*) avant-scène. — Les gens qui vous chantent toujours (*la*) même antienne sont bien ennuyeux. — Les services du méchant sont (*un*) appât (*dangereux*). — Il n'y a pas d'avantages qui ne soient (*contrebalancés*) par des désavantages. — Les modes sont (*un*) article considérable à Paris. — L'humilité n'est souvent qu'(*un*) artifice de l'orgueil, qui ne s'abaisse que pour s'élever. — L'asperge, à peine (*coupée*), repousse plus vigoureusement. — La maison de Dieu est (*un*) asile pour tous ceux qui souffrent. — A la mort, tout change, tout prend (*un*) autre aspect. — La mort du maréchal Ney fut (*un*) assassinat juridique. — Dieu n'a confié sa volonté à (*aucune*) assemblée d'(*hommes*). — Il n'y a d'incontestable que ce qui est sanctionné par l'assentiment (*universel*). — Rien n'est plus dangereux que (*cet*) axiome (*reçu*) : « Il faut consulter l'esprit de la loi. » — Partout où vous trouverez (*un*) autel, là se trouve la civilisation. — (*Un*) centime est la centième partie du franc. — Quand les décombres ne sont pas (*enlevés*), on vous met à l'amende. — La politesse est (*un*) échange de bons procédés. —

L'homme vertueux est (un) échantillon de la divinité. — (Un) échec rend plus expérimenté. — La douleur est un siècle, le plaisir (un) éclair. — Nous devons avoir la liberté de la presse comme nous avons la liberté d'(une) écritoire. — Quand une maison est à louer, on met (un) écriteau. — Nous avons beau faire, nous tournons dans notre cage comme (un) écureuil. — Lorsqu'une révolution a renversé l'édifice (social), on ne peut le réédifier d'une manière stable qu'en lui donnant pour base l'intérêt (général). — (Un) éloge libre est plus flatteur. — Le fanatisme et l'enthousiasme ne sont jamais bons qu'à faire (une) émeute. — (Quel) empire vous avez si vous vous commandez à vous-même! — L'expérience acquise par (un) (long) exercice dans (un) emploi est une propriété. — Les hommes sont comme les monnaies : il faut les prendre pour leur valeur, (quelle) que soit leur empreinte. — On est perdu dès qu'il faut recourir à des emprunts (ruineux). — L'histoire n'est qu'(un) enchaînement de crimes et de vengeances. — Les hommes sont souvent estimés par les endroits par (lesquels) ils sont (le) plus blâmables. — Celui qui a le cœur sec ne considère les pleurs que comme (un) enfantillage. — Si tous les désirs de l'homme étaient satisfaits, la terre serait (un) enfer. — Sans la religion, l'univers est (une) énigme. — On met (un) entourage à chaque tombe. — L'oreille est faite comme (un) entonnoir. — Tous les hommes civilisés sont recouverts d'(une) enveloppe (artificielle) qui cache la nature. — Un bon livre est (une) épitaphe indestructible. — On peut tuer un homme avec (une) épithète. — (Une) éponge trop fortement (pressée) ne se gonfle plus : telle est la bourse de l'industrie. — (Une) véritable épopée doit être l'encyclopédie de l'époque. — L'instruction est (un) épouvantail pour les tyrans. — L'équilibre de l'Europe fut (détruit) par la révolution. — Jésus-Christ est né dans (une) étable. — (Une) étoffe mince montre bientôt la corde. — (Quelle) aigle quitte ses petits? — L'amour (maternel) est (le) plus (puissant) de (tous) les amours. — L'automne sera-t-(il) (beau) cette année? — Contentez-vous d'(une) couple d'amis. — Damon et Pythias étaient (un) couple d'amis. — (Quel) délice que de pouvoir contribuer au bonheur des autres! — La lecture des feuilletons est (un) des plus (grands) délices des femmes. — Cent foudres d'airain sont (braqués) sur les remparts. — (*Tous*) les habiles gens se tirent d'affaire. — (*Toutes*) les (*vieilles*) gens sont maussades. — (*Quelles*) gens fréquentez-vous? — (*Quels*) sont les gens qui nous gouvernent aujourd'hui? — (*Telles*) gens, tels patrons. — (*Quels*) braves gens! — (*Quelles*) gens intègres! — C'étaient (*tous*) jeunes gens. — C'étaient (*toutes vieilles*) gens. — Ce sont des gens (*désœuvrés*). — (*Toutes*) gens ne sont pas à fréquenter. — Celui qui a de petits moyens ne peut vivre comme les (*grandes*) gens. — Les gens très-riches ne sont pas toujours (*ceux*) qui sont les plus (*estimés*). — (*Quelles*) gens ennuyeux que (*ceux*) qui vous accablent de questions! — Sachez vous faire estimer de (*toutes*) gens. — (*Tous*) les gens de la cour étaient (*attachés*) au roi. — C'étaient (*tous*) gens d'esprit. — La société est composée de (*toutes*) gens. — (*Quelles*) hymnes chante-t-on à l'église? — (*Quelles*) sont les (*meilleures*) jujubes? — (*Quel*) (*bel*) œuvre que le *Prophète*! — (*Quel*) (*grand*) œuvre que le travail de la civilisation! — (*Quel*) office lisez-vous? — Il faut que l'office soit bien (*éclairée*). — Les orges sont (*coupées*) dans l'arrière-saison. — De (*quel*) orgue jouez-vous? — Les orgues de Barbarie ne sont pas (*chères*). — L'orgue de Saint-Eustache a été (*incendié*). — Ses pâques ont été (*retardées*). — Pâques est très-(*reculé*). — (*Quel*) parallèle ferez-vous entre Corneille et Racine? — (*Quelle*) parallèle avez-vous vu tirer à ces officiers du génie? — (*Quelle*) pendule avez-vous (*achetée*)? — (*Quelle*) période de gloire, le dix-huitième siècle! — A (*quel*) période de gloire s'est élevé Racine! — (*Seul*), personne n'a de courage. — Quelque chose que vous avez (*avancée*), ne vous en désistez pas. — Les marchands sont contents dès qu'ils ont quelque chose de (*vendu*). — (*Quelle*) réglisse a-t-il (*employée*) dans cette tisane? — Les enfants se régalent de réglisse (*anisé*). — (*Quelle*) sentinelle a-t-on (*posée*)? — (*Une*) sentinelle (*perdue*). — (*Quel*) trompette a sonné le déjeuner? — (*Quelle*) trompette nous fend les oreilles? — (*Quelle*) vase nous avons (*trouvée*) dans le canal! — De (*quel*) vase vous a-t-on fait cadeau? — (*Quel*) vague dans les discours de nos hommes d'État! — (*Quelle*) vague révolutionnaire a emporté le trône de juillet! — (*Quel*) voile mettra-t-elle aujourd'hui? — (*Quelle*) voile le vent a-t-il (*déchirée*)? — (*Quel*) somme on fait quand on est fatigué! — (*Quelle*) somme le soldat reçoit-il par jour? — (*Quel*) tour un fils fait à son père en le trompant! — (*Quelles*) tours que les tours de Notre-Dame! — (*Quelle*) mémoire il faut pour apprendre! — (*Quel*) mémoire d'apothicaire les hommes d'affaires vous font! — (*Quel*) coche vous a transporté dans cet endroit? — (*Quelle*) cornette avez-vous là sur la tête? — (*Quel*) (*joli*) crêpe des Indes il y a-en étalage! — (*Quelles*) crêpes on fait le mardi-gras! — A (*quel*) enseigne avez-vous parlé? — (*Quelles*) drôles d'enseignes il y a dans les villages! — (*Quelles*) espaces emploiera-t-on pour cet ouvrage? — Du berceau au tombeau, (*quel*) espace mal (*rempli*)! — (*Quelle*) forêt que la forêt de Bondy! — Les princes ont (*une*) garde d'honneur. — Après la révolution de 1830, Lafayette fut nommé commandant des gardes (*nationales*). — (*Quelles*) manœuvres on fait faire à ces pauvres soldats! — (*Quels*) manœuvres que les gens de bureau! — (*Quel*) mode de procéder en justice! — (*Quelle*) mode suit-on maintenant à Paris?

※

CHAPITRE II.

EXERCICES SYNTAXIQUES SUR L'ARTICLE.

Nos 148 à 150.

1. Plus d'un homme d'(*église*) estime le violet la plus belle des couleurs, parce que c'est celle de son évêque.
2. Plus d'un cardinal préférerait d'être revêtu de la couleur blanche, parce que c'est celle du chef de l'(*Eglise*).
3. Qu'il est sincère! On voit qu'il est homme de (*cour*).
4. Les dames de la (*cour*) sont bien mieux votre affaire.
5. Un cerf s'étant sauvé dans une étable à (*bœufs*).....
6. L'homme au (*pot*) fut plaisant; l'homme au (*fer*) fut habile.
7. Voilà de vos arrêts, messieurs les gens de (*goût*)!
8. Tous les vrais modèles du (*goût*) sont dans la nature.
9. Le sentiment de l'(*homme*) est le besoin de l'(*estime*) des (*hommes*) avec qui l'on vit.
10. A Madrid, on a des salons superbes, mais point de fenêtres qui ferment, et l'on couche dans des nids à (*rats*).
11. Vous avez dû trouver dans le couvercle de la boîte aux (*bonbons*) trois ou quatre écus.

No. 151.

1. Comment Constantinople, cette ville que l'on disait encore si puissante, est-elle tombée au pouvoir des Turcs? N'aviez-vous pas des (*richesses*)?

2. Nous nous faisons de cela des (*idées*) fausses.

3. Le destin n'a point mis de (*sentiments*) égaux dans l'ame de l'esclave et celle du héros.

4. On ne fait jamais de (*bien*) à Dieu en faisant du (*mal*) aux hommes.

5. Quand on a de l'(*esprit*), on se tire d'affaire.

6. On ne dit jamais que l'on n'a point d'(*esprit*).

7. Ils n'ont point de (*pain*) à leur donner.

8. La religion veut que nous fassions du (*bien*) à ceux qui nous font du (*mal*).

N° 152.

1. Nous vous traiterons comme des (*bêtes*) farouches.

2. Partout la charrue avait laissé de (*creux sillons*).

3. Le peuple reçut ces propositions avec de (*grands applaudissements*).

4. De (*savants théologiens*) croient que Job a écrit avant Moïse.

5. Il est important, pour la santé des enfants, de choisir de (*bonnes nourrices*).

6. Le mensonge a des (*temples nombreux*).

N° 153.

1. Un bon souper et de (*bon vin*) le disposent à me raconter le sujet de son voyage.

2. Un malade du peuple n'a guère besoin que de (*bon bouillon*).

3. Du (*mauvais foin*), des feuilles, sont la nourriture ordinaire de nos bœufs pendant l'hiver.

4. Il y a de la vérité, du naturel et du (*bon comique*) dans les comédies de l'Arioste.

5. On voit qu'il se travaille à dire de (*bons mots*).

6. Il faut que la vache qui a mis bas soit chaudement et sur de la (*bonne litière*).

7. Nos jeunes dames parisiennes se régalèrent de (gros pain), de lait et même de sucre.

8. Je veux la campagne, du (petit-lait), de (bon potage).

N° 154.

1. Le monde est plein de (gens) qui ne sont pas plus sages.
2. Ce rassemblement était composé des (hommes) les plus violents.
3. Comme le ciel se rit des (vains projets) des (hommes)!
4. La gloire couvre toute la terre de (fleurs) et de (fruits).
5. La terre est couverte des (hommes) que Télémaque renverse.
6. Les chevaux arabes viennent des (chevaux sauvages) des (déserts) de l'(Arabie).
7. On parle souvent de (courses) de (chevaux) en Angleterre.
8. Il est vrai que le monde est plein de (médisants).

N° 155.

1. Les sauvages du (Brésil) sont à peu près de la taille des Européens.
2. L'ennemi était repoussé de la (Champagne) et de la (Flandre).
3. Les prétendus sauvages d'(Amérique) sont des souverains qui reçoivent des ambassadeurs.
4. Autant il y a d'uniformité dans la couleur et dans la forme des habitants naturels de l'(Amérique), autant on trouve de variété dans les peuples de l'(Afrique).
5. Que puis-je penser des femmes d'(Europe)?
6. Les hommes vivent ordinairement, en Suède, plus longtemps que dans la plupart des autres royaumes de l'(Europe).
7. L'air de (Moscovie) est si bon, qu'il n'y a jamais eu de peste.
8. Les peuples qui habitent les provinces septentrionales de la (Moscovie) sont des hommes vigoureux.

9. Les chiens du (*Kamstschatka*) sont grossiers, rudes et demi-sauvages comme leurs maîtres.

10. La plupart des chiens du (*Groënland*) sont blancs.

N° 156.

1. Il n'est qu'un petit nombre de (*justes*) qui opère à l'écart son salut.

2. Nombre d'(*historiens*) l'ont raconté.

3. Le pauvre a peu d'(*amis*); le malheureux n'en a pas.

4. Je veux moins de (*valeur*) et plus d'(*obéissance*).

5. Il lui reste peu d'(*amis*) que lui a faits sa fortune.

6. Le contentement que vous devez avoir en vous-même d'avoir obligé tant de (*personnes*) qui vous estiment est un plaisir d'autant plus agréable, qu'il ne procède que de la vertu.

7. On fait sur ce sujet bien des (*récits*) bizarres!

8. La plupart des (*femmes*) n'ont guère de principes : elles se conduisent par le cœur.

N° 157.

1. Ils croient que les sorciers et les (*sorcières*) ont le pouvoir d'attirer les esprits.

2. Le tracas des enfants, que l'on croit importun, devient agréable; il rend le père et la (*mère*) plus chers l'un à l'autre.

3. Il serait bon qu'on obéît aux lois et (*coutumes*).

4. Après bien des marches et (*contre-marches*), les Français arrivent dans Pamphilie.

5. Un beau matin, le fils s'engage; le père et la (*mère*) sont au désespoir.

6. Le nombre des bœufs (*vaches, veaux*), que possèdent les Hottentots, peut être évalué à trois mille.

7. Le torrent entraîne, par sa rapidité, les grands chênes avec leurs profondes racines, les moissons, les (*granges*), les (*étables*) et les (*troupeaux*).

8. L'union des pères et (*mères*) aux enfants est naturelle, puisqu'elle est nécessaire.

CORRIGÉ DES EXERCICES DE LA GRAMMAIRE. 83

Nos 158 à 160.

1. A ces mots, il lui tend le doux et (*tendre*) ouvrage.
2. On distinguait parmi les nobles les palatins ou (*gouverneurs*) des provinces.
3. Un concile, à Toulouse, commença par défendre l'Ancien et le (*Nouveau*) Testament.
4. Les Grecs donnaient le nom de tyrans aux bons et aux (*mauvais*) princes dont l'autorité n'était pas légitime.
5. Vous n'avez faim que des bêtes (*innocentes*) et (*douces*).
6. Le corps politique ou (*souverain*) ne peut aliéner quelque portion de lui-même.
7. Son neveu Loth est établi dans la ville ou (*bourg*) de Sodome.
8. Au douzième siècle, les moines noirs et les (*blancs*) formaient de grandes factions.
9. Les formes les plus laides ont été données aux animaux nuisibles ou (*incommodes*).
10. Les bons et les (*mauvais*) procédés sont les indices du cœur.
11. La Providence permit que la gloire de la conversion ne fût pas douteuse aux yeux du bon et du (*mauvais*) parti.

No 161.

1. Je vois revivre le siècle d'Auguste et les temps les plus polis et les (*plus cultivés*) de la Grèce.
2. Une des plus essentielles et des (*plus nobles*) fonctions des souverains, c'est de rendre la justice aux peuples.
3. La plus grande et la (*plus importante*) chose du monde a pour fondement la faiblesse.
4. Le moyen le plus court et le (*plus sûr*) de faire passer la loi serait de s'en rapporter absolument à la décision du sénat.
5. C'est un des plus braves et des (*plus sages*) officiers que vous ayez.
6. Cette politique me parut pleine de la plus horrible inhumanité et de la (*plus noire trahison*).

N° 162.

1. Il y a un tour à donner à tout, même aux choses qui en paraissent (le) moins susceptibles.
2. Les sujets qui parlent (le) plus à l'imagination ne sont pas (les) plus faciles à peindre.
3. Les arts du premier besoin ne sont pas (les) plus considérés.
4. Les gens qui aiment par modération la paix sont (les) plus redoutables dans la guerre.
5. Alexis se maria comme son père, et choisit, parmi les filles qu'on lui amena, celle qui lui parut (la) plus belle.
6. Simonide est, de tous les poëtes élégiaques, celui dont la célébrité a été (la) plus grande.
7. C'était le temps de la journée où nous étions (le) plus tranquilles.
8. C'est dans le moyen âge que les hommes sont (le) plus sujets à ces langueurs de l'âme.
9. C'est en Angleterre et en Hollande, où le cultivateur paie très-peu de chose, que la terre est (le) mieux cultivée.
10. Nos pièces (les) mieux faites sont aussi (les) plus éloquentes.

N°s 163 à 166.

1. (Vieillards, femmes, enfants,) accouraient vers le temple.
2. Je te trouve bien hardi de te moquer du dompteur des monstres ! Je n'ai jamais entendu (raillerie).
3. Il n'y a que les bons esprits et les bons cœurs qui entendent la (raillerie).
4. Tout se vendait à Ninive : (honneurs, charges, justice,) étaient au plus offrant.
5. C'était un homme qui n'entendait nullement (raillerie).
6. Je les fis mettre dans du (lait), au lieu de les laisser dans l'(eau).
7. Il faut lui donner, pendant dix ou douze jours, de la farine de fèves, de blé ou d'avoine, délayée avec de l'(eau salée).
8. (Grandes maisons) ne font pas (petite cuisine).
9. (Athéniens, Spartiates, Thébains, Corinthiens, Macédoniens, Sybarites,) passèrent en revue sous vos yeux.
10. Il ne suffit pas d'avoir (raison) : c'est la gâter, c'est la

déshonorer, que de la soutenir d'une manière brusque et hautaine.
11. S'il m'a offensé, je lui en demanderai (*raison*).
12. Je vous demande (*raison*) de l'insolence de vos gens.
13. Le sot fait grand bruit en des (*jours*) d'abondance.
14. (*Tombeaux, trônes, palais,*) tout périt, tout s'écroule.
15. Il y a une sorte de politesse qui est nécessaire dans le commerce des honnêtes gens; elle leur fait entendre (*raillerie*), et elle les empêche d'être choqués et de choquer les autres par certaines façons de parler.

EXERCICES GÉNÉRAUX SUR L'ARTICLE.

Les pèlerins portent (*la*) haire.—Il y a dans le monde (*de*) pauvres hères. — (*L'*)humanité est la première des vertus. — (*L'*)hospitalité est en honneur chez tous les peuples de (*l'*)Orient.—(*L'*)insecte dépose un ver rongeur dans le sein de la fleur. — (*L'*)hippogriffe est un animal fabuleux qu'on suppose être un cheval ailé.—(*L'*)Évangile commande d'aimer son prochain.—La plupart (*des*) grandes découvertes ont été faites accidentellement.— Le lait caillé est le mets commun (*des*) Tartares.—L'âge éteint le feu (*des*) passions. — Les armes (*des*) Égyptiens étaient de bronze. — (*L'*)arsenic est corrosif. — (*L'*)acide du citron se corrige par le sucre.—(*L'*)orgeat rafraîchit. — (*L'*)œillet est faible et délicat. — (*L'*)esprit humain conçoit bien plus (*de*) degrés de perfection entre Dieu et (*l'*)homme qu'entre (*l'*)homme et (*l'*)insecte. — (*La*) véritable et seule richesse des peuples est la sobriété, comme le luxe est la pauvreté (*des*) grands. — (*Les*) abus (*du*) langage scientifique changent en une science (*de*) mots ce qui devrait être une science (*de*) faits. —(*Les*) politiques et (*les*) guerriers ne sont que les marionnettes de la Providence.—(*La*) paresse et (*l'*)oisiveté sont les seuls dédommagements de la servitude.—Du changement (*d'*)humeur se forme bien souvent celui (*de l'*)opinion.— La santé déjà ruinée par l'intempérance succombe par la multiplicité (*des*) remèdes. — Une haute naissance est une succession (*de l'*)honneur et (*du*) mérite; mais elle manque et s'éteint en nous dès que nous héritons du nom sans hériter (*des*) vertus qui l'ont rendu illustre. — Les noms (*des*) aromates n'ont (*de*) pluriel dans aucune langue. — Le jeu a (*de*) grands appas pour les jeunes gens. — La modération (des) désirs enrichit. — Là où il y a (de) gras pâturages, il y a (d')excellent beurre. — Les offrandes (des) fruits de la terre sont celles que nous trouvons (le) plus anciennement établies chez tous les peuples. — Les plateaux (les) plus élevés du continent furent le berceau de l'humanité. — La danse est, pour la plupart (des) nègres, une passion irrésistible. — (Les) plantes, (les) arbres, (la) végétation, purifient (l')atmosphère. — Au printemps, on voit la terre se tapisser (de) fleurs. — (De) brillantes illuminations ont souvent éclairé les malheurs et l'abaissement d'un peuple. — L'imagination se nourrit (d')hyperboles. — (L')espérance vit (d')hypothèses. — Un homme bien élevé ne peut entendre le langage (des) halles. — La forme et la grandeur des fourneaux varient selon leur destination. — L'étoile (du) matin annonce le retour (du) soleil. — Les poissons (d') eaux douces fournissent une nourriture aussi délicate qu'abondante. — (La) neige et (la) rosée engraissent les campagnes. — Le mois d'avril est le temps (des) semailles. — Le génie de notre langue est (la) clarté et (l')élégance. — (Le) tigre, (le) singe, (le) chat, sont des animaux très-agiles. — (Les) anciens Scythes et (les) Huns mettaient de la chair crue sous les selles de leurs chevaux, et la mangeaient ensuite. — Il est difficile de se défaire (des) marchandises défectueuses. — Les anciens ne connaissaient pas (l')harmonie, et n'avaient par conséquent pas (de) concerts. — Pendant (l')hiver, les plantes sont engourdies. — Ce sont (les) Grecs et (les) Romains qui nous ont enseigné l'art de bâtir (des) palais, (des) temples, (des) maisons commodes. — La minéralogie remonte au berceau (des) sociétés humaines. — Le voleur est justiciable (des) tribunaux correctionnels, et l'assassin (des) cours d'assises. — Les Alpes sont les barrières naturelles entre (la) France et (l')Italie. — Rome et Londres n'ont pas (de) quais. — Plusieurs villes (d')Allemagne s'attribuent l'invention de l'imprimerie. — (Les) parvenus et (les) sots mettent ordinairement beaucoup (d')apparat dans leurs actions. — Les talents applicables à tout sont (les) plus utiles. — Les peuples nomades n'ont pas (d')annales. — Partout où se trouvent (d')habiles charlatans, les dupes fourmillent. — Toute personne qui pense et parle fortement est de droit le scandale (des) petits esprits. — La contre-

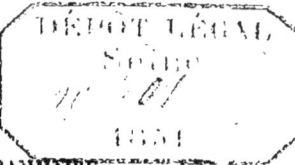

bande tend à ruiner les fabriques nationales en inondant nos marchés (*de*) produits étrangers. — Les Espagnols mangent beaucoup (*d'*) ail. — Nul de nous n'a (*de*) bail avec la mort. — (*L'*) argent et (*le*) cuivre servent d'alliage à l'or. — Nous aimons à vivre (*au*) hasard, sans choix et sans réflexion. — Nous n'avons pas (*de*) plus cruel ennemi que nous-mêmes. — Quand je n'ai pas (*de*) livres à lire, je suis le plus malheureux des hommes. — On a (*de la*) faiblesse dans le cœur parce qu'on est sensible ; et (*de la*) force dans l'esprit, parce qu'on est insensible. — Si je n'avais pas (*de*) volonté, je serais un homme nul. — Ayez pour principes de ne jamais faire (*de*) lettres de change. — Malheureux ! tu veux te suicider ! n'as-tu pas (*des*) enfants dont tu es le seul appui ? — Tu veux du pain ! n'as-tu pas (*de l'*) argent pour en acheter ? — Nous pouvons nous acquitter des devoirs (*de la*) reconnaissance, et n'être pas reconnaissants pour cela. — Si l'on attente à notre liberté, et qu'on refuse de nous confronter avec nos délateurs, on viole en nous la première loi (*de l'*) Etat. — La liberté (*de*) conscience est un droit qu'on a reçu de la nature avec la vie. — Moins j'aurai (*de*) désirs, moins je porterai (*de*) chaînes. — Plus j'aurai (*d'*) argent, plus j'aurai (*de*) pouvoir ; et moins j'userai de l'un, plus j'abuserai de l'autre. — Qu'il y a (*d'*) horizons au delà de celui qui borne notre vue ! — Je n'aurais guère (*de*) plaisirs, si je ne me flattais jamais. — Lorsque la civilisation aura atteint sa perfection, nous ne verrons plus (*de*) bourreaux. — Moins j'aurai (*de*) force d'âme, moins je pourrai braver la mort. — Que (*de*) livres on amincirait, si l'on en ôtait le remplissage ! — Je ne me flatte pas d'avoir donné une idée juste de la multiplicité (*des*) maux que j'ai soufferts. — Dès qu'on renonce à une grande autorité, on se délivre en un moment de bien (*des*) peines, de bien (*des*) veilles et quelquefois de bien (*des*) crimes. — Que (*de*) favoris de la fortune on voit maintenant aux premières places, qui sont sortis du néant ! — Plus on voit (*de*) jours de fête, plus on en voit perdre dans les cabarets. — Plus tu mettras (*de*) magnificence à parler, plus tu feras rire de toi. — Si nous ouvrons notre bourse aux malheureux, nous y renfermerons (*d'*) agréables souvenirs. — Propose-toi (*de*) grands exemples à imiter plutôt que (*de*) vains systèmes à suivre. — Quand je voyage, j'aime à voir (*de*) magnifiques poteaux et (*des*) plaines immenses. — On cherche (*de*) nouveaux amis, lorsqu'on est trop bien connu des anciens. — Si l'on nous prive (*des*) avantages de la société, nous ne devons pas non plus en avoir les charges. — Depuis notre enfance, nous sommes entourés (*de*) liens imperceptibles, et nous nous y laissons entraîner. — J'aime un style naturel ; je trouve pédant un style hérissé (*de*) mots barbares. — Je fuis ces sortes de gens qui ont la tête farcie (*des*) idées des autres, et qui me les débitent comme les leurs propres. — Fais bien, pense bien et conduis-toi bien : tu n'auras jamais l'esprit bourrelé (*de*) remords. — Je me plais fort à écouter des discours semés (*de*) pensées profanes et pétillants (*de*) traits d'esprit. — Je vis (*de*) bonne soupe et non (*de*) beau langage. — Je ne fais pas (*de*) châteaux en Espagne, et je ne me repais pas (*de*) chimères. — Es-tu avide (*d'*) émotions? cours de l'un à l'autre hémisphère, gravis la cime des monts, descends au fond des abîmes, visite (*les*) temples, (*les*) palais, (*les*) cachots. — On trouve le bonheur dans (*le*) doux et paisible acquiescement à la condition où l'on se trouve. — Le plus riche trésor est une collection (*de*) belles et bonnes pensées humaines. — L'âge (*de la*) première et (*de la*) seconde enfance ne présente qu'un état de misère. — (*La*) bonne ou (*la*) mauvaise fortune dépend de (*la*) bonne ou de (*la*) mauvaise conduite. — Considère-toi toi-même ; tu ne verras qu'(*un*) triste et infortuné mortel. — Si l'on disait du bien de tout le monde, ce serait (*une*) petite et mauvaise politique. — En récompense (*de tes*) bons et utiles offices, que Dieu éloigne de toi tout chagrin domestique! — On ne doit pas juger (*du*) bon et (*du*) mauvais naturel d'une personne par les traits de son visage. — Nous serons jugés selon (*nos*) bonnes ou (*nos*) mauvaises œuvres. — Nous n'avons pas l'humeur toujours égale, et nous avons (*nos*) bons et (*nos*) mauvais moments. — Chasse-moi (*les*) anciens et (*les*) nouveaux amis qui ne voient en toi que la position et la fortune. — Si nous voyageons, (*les*) belles et fertiles plaines nous ennuient. — L'égalité est de toutes nos idées la chose (*la*) plus chimérique. — Si d'on te fait du mal, que (*ta*) plus noble et (*ta*) plus douce vengeance soit un bienfait. — Le plus petit accident renverse les sublimes projets (*du*) plus grand et (*du*) plus rusé diplomate. — On commet une des lâchetés (*les*) plus grandes et (les) plus ordinaires si, pour plaire aux autres, on donne tout aux absents. — Nous aurions trouvé le moyen (le) plus court et (le) plus sûr d'être heureux si nous croyons l'être. — C'est dans les affections du cœur que vous trouverez (les) plus vives et (les) plus pures jouissances. — Plût à Dieu que nous vissions revivre les siècles (les) plus polis et (les) plus cultivés de la Grèce! — Il faut travailler : c'est là (la) plus grande et (la) plus importante chose pour nous. — C'est dans les livres (les) mieux écrits et (les) mieux pensés que tu apprendras l'art de penser et d'écrire. — Si vous croyez que tout le monde sent, voit et pense comme vous, c'est là une (des) plus grandes et (des) plus folles erreurs. — Si tu ne fais pas cas de ta vie, tu seras maître de celle des autres. — Rends grâces à ceux qui font tout pour t'adoucir le regret de la vie. — Il faut avoir pitié de l'extravagance humaine. — Ne prends jamais plaisir à voir l'embarras des autres. — Tires-tu vanité de ton rang? tu fais voir par là que tu es au-dessous. — Ne me vantez pas ce bon vieux temps où l'on se faisait gloire d'une crasse ignorance. — C'est à moi seul à prendre soin de mon honneur et de mes intérêts. — T'ennuies-tu dans l'oisiveté? cherches-en (le) remède dans le travail. — Avec de l'habileté et de l'économie, je saurai tirer parti de tout. — Ne joue pas avec l'amour-propre de l'homme : sur ce sujet il n'entend pas raillerie. — Dans les affaires (de) commerce, les nègres acquièrent vite des connaissances. — Ce sont les femmes (les) mieux parées du bal qui ont été (le) plus souvent invitées. — Ce ne sont pas (les) plus instruits qui sont toujours (le) mieux récompensés. — Les chevaux (d') Espagne ont l'encolure longue. — Dans quelques États (d') Amérique, le parricide est déclaré folie. — Depuis la dévastation (de l') Amérique, les Espagnols, qui ont pris la place de ses anciens habitants, n'ont pu la remplir. — On a vu le nommé Maillard figurer à la tête des femmes soulevées dans les fameuses journées (des) 5 et 6 octobre. — Il faut, pour l'honneur de la Révolution, distinguer entre la bravoure civique, qui a bravé le despotisme au 10 août, et la cruauté servant, (aux) 2 et 3 septembre, une tyrannie muette et cachée. — Es-tu curieux de connaître les chefs-d'œuvre de l'antiquité? apprends (la) langue grecque et (la) langue latine.—Dans (*l'*) Eglise grecque et dans (*l'*) Eglise latine Dieu est peint avec une grande barbe. — Etudiez l'histoire et vous verrez que (*les*) puissances temporelle et spirituelle se sont en tout temps disputé le gouvernement des sociétés. — En quelque partie du globe que l'on voyage, on entend parler (*la*) langue française et (*la*) langue anglaise. — Lis (*les*) écrivains anciens et nouveaux, et tu verras que la différence n'est pas en faveur des derniers. — Puisqu'on sert dans ce café (*des*) déjeûners chauds et froids, je puis bien prendre ce qui me fera plaisir. — J'aime (*la*) poésie française, anglaise, italienne, allemande. — Veux tu lire Homère et Virgile? il faut que tu sois bien au fait (*des*) inversions latines et grecques. — J'aime (*les*) vins blancs et rouges. — Etudie l'histoire (*des*) républiques grecque et romaine, et tu verras que tout y fut Etats Généraux. — Hommes, femmes, enfants, tout périt. — Pauvreté n'est pas vice. — Charité bien ordonnée commence par soi-même. — Tombeaux, trônes, palais, tout périt, tout s'écroule. — Vieillards, hommes, enfants, tous voulaient me voir. — Centurions et soldats, chacun murmurait contre les ordres du général. — Méfiance est toujours mère de sûreté. — Témérité n'est pas prudence. — Les enfants luttent quelquefois à qui mangera (*le*) plus ; il faut qu'ils luttent à qui travaillera (*le*) mieux. — (*Les*) Chaldéens, (*les*) Indiens, (*les*) Chinois, paraissent les nations (*le*) plus anciennement policées. — (*Le*) culte, (*les*) superstitions, (*les*) lois bonnes ou mauvaises, (*les*) usages bizarres, furent partout différents. — De tous les peuples (*de l'*) Europe, ceux du Nord sont ceux qui mangent (*le*) plus. — Les Indiens sont peut-être les hommes (*le*) plus anciennement rassemblés en corps de peuple. — Les peuples (*le*) plus anciennement connus, (*les*) Persans, (*les*) Phéniciens, (*les*) Arabes, (*les*) Egyptiens, allèrent de temps immémorial trafiquer dans l'Inde. — (*La*) belle architecture, (*la*) sculpture perfectionnée, (*la*) peinture, (*la*) bonne musique, (*la*) vraie poésie, (*la*) vraie éloquence, (*la*) manière de bien écrire l'histoire, enfin (*la*) philosophie même, quoique informe et obscure, tout cela ne parvint aux nations que par les Grecs. — La fonction (*la*) plus brillante des oracles fut d'assurer la victoire dans la guerre. — Les mystères d'Eleusine devinrent (*les*) plus célèbres. — Les pays (*les*) plus peuplés furent sans doute les climats chauds, où l'homme trouva une nourriture facile et abondante. — Les peuples (*les*) plus policés de l'Asie, en deçà de l'Euphrate, adorèrent les astres.

CHAPITRE III.

EXERCICES SYNTAXIQUES SUR LES ADJECTIFS

QUALIFICATIFS.

N° 167.

1. Un ton poli rend les (*bonnes*) raisons (*meilleures*) et fait passer les (*mauvaises*).
2. Vous aurez des vertus (*publiques*) en donnant tous leurs droits aux talents, aux services, aux (*belles*) qualités.
3. Une vérité (*nouvelle*) est comme un coin qu'on ne peut faire entrer que par le gros bout.
4. Les (*grands*) noms abaissent au lieu d'élever ceux qui ne les savent pas soutenir.
5. La mort donne les plus (*grandes*) leçons pour désabuser de tout ce que le monde croit merveilleux.
6. La (*grande*) naissance est un présent de la fortune.
7. De la félicité l'apparence est (*trompeuse*).
8. La malédiction suit les enfants (*rebelles*).
9. Des esprits (*médisants*) la malice est extrême.
10. La vengeance facile est (*honteuse*) et blâmable.

Nos 168 à 171.

1. Auguste gouverna Rome avec un tempérament, une douceur (*soutenue*).

2. Si l'on dépouillait les lois et l'autorité (*publique*) de ces dehors imposants qui frappent l'imagination des peuples, qu'en résulterait-il?

3. Les (*grands*) emplois et les (*grandes*) dignités sont bien (*nommés*) de (*grandes*) charges.

4. Néron ne pouvait souffrir Octavie, princesse d'une bonté et d'une vertu (*exemplaires*).

5. Métellus était d'une vertu et d'une probité (*reconnues*).

6. J'y trouvai mon père et ma mère (*morts*).

7. On ne parlait que de l'esprit et des grâces (*françaises*).

8. L'ordre et l'utilité (*publique*) ne peuvent être le fruit du crime.

9. La faim, la soif et la chaleur (*brûlante*) pressent tous les instants qui lui restent entre le désespoir et la mort.

10. Marius donna dans la suite à Sylla un corps de troupes (*séparé*).

11. Dans la Laponie, la ronce, le genièvre et la mousse font (*seuls*) la verdure de l'été.

12. L'orgueil aveugle se suppose une grandeur et un mérite (*démesurés*).

13. Voici des êtres dont la taille et l'air (*sinistre*) inspirent la terreur.

14. Les habitants du détroit de Davis mangent leur poisson et leur viande (*crus*).

15. Philippe montra partout un courage et une prudence (*supérieurs*) à son âge.

16. La vraie modestie a un naturel et une bonhomie (*inimitables*).

17. C'est comme une espèce d'enthousiasme et de fureur (*noble*) qui anime l'oraison et qui lui donne un feu et une vigueur (*toute divine*).

18. Rica jouit d'une santé parfaite : la force de sa constitu-

tion, sa jeunesse et sa gaieté (*naturelle*) le mettent au-dessus de toutes les épreuves.

19. Mes sens étaient liés et suspendus ; je goûtais une paix et une joie (*profonde*) qui enivraient mon cœur.

20. On peut définir l'esprit de politesse ; l'on ne peut en fixer la pratique : elle suit l'usage et les coutumes (*reçues*).

N° 172.

1. La perception ou l'impression (*occasionnée*) dans l'âme par l'action des sens est la première opération de l'entendement.

2. Dès qu'un enfant a un penchant ou une répugnance bien (*marquée*), c'est la voix du destin : il faut lui obéir.

3. Nous ne savons ce que c'est que bonheur ou malheur (*absolu*).

4. Votre fils a la fièvre, ou jambe ou bras (*cassé*).

5. Il n'y a point d'ancien château ou de tour (*abandonnée*) que ne fréquente et n'habite la crécerelle.

6. Une feuille est attachée à son rameau par une queue ou pédicule fort (*court, sillonné*) en gouttière.

7. Lorsque la surface de la mer est calme, il y a toujours une houle ou mouvement (*onduleux*) qui provient de l'agitation précédente de ses flots ou plutôt de ses courants.

8. Les sauvages de la baie d'Hudson vivent fort longtemps, quoiqu'ils ne se nourrissent que de chair ou de poissons (*crus*).

9. C'est une aire ou plancher tout (*plat*) comme celui du grand aigle.

10. Ce duvet ou ces soies sont très-(*serrées*), très-(*fournies*) et très-(*douces*) au toucher.

N°s 173 et 174.

1. Une troupe de singes (*vêtus*) à l'espagnole.

2. La frugalité est une source de délices (*merveilleuse*) pour la santé.

3. Il a trouvé une partie de ses amis (*ruinés*).

4. Quelle foule de sentiments (*aimables répandus*) dans ses écrits!

5. Nous ne trouvâmes que quelques grignons de pain d'orge fort (*durs*).

6. On couvre les victimes de bandelettes de pourpre (*brodées*) d'or.

7. La vérité, comme la lumière, (*est inaltérable, immortelle*).

8. La candeur du juge, ainsi que son mérite, (*furent suspects*) au prince.

9. Le goût, comme le talent, (*est fils*) de la nature.

10. Mon âme, aussi bien que la tienne, (*est prête*) à s'envoler.

11. La chair du lynx, comme celle de tous les animaux de proie, (*n'est pas bonne*) à manger.

12. Un capitaine, avec cinquante hommes qui étaient venus pour sauver Élie, (*furent consumés*) par le feu du ciel.

13. Le caractère primitif d'une nation, ainsi que celui d'un homme, (*est*) souvent (*altéré*) par le commerce de ses voisins.

Nos 175, 176 et 177.

1. Nous allâmes le lendemain voir les miens, qui étaient éloignés d'une bonne (*demi*)-lieue de notre cabane.

2. En politique, comme en littérature, il n'y a rien de pire que les (*demi*)-connaissances.

3. Opimius paie la tête de Caïus Gracchus dix-sept livres et (*demie*) d'or.

4. Un homme mou n'est pas un homme : c'est une (*demi*)-femme.

5. Adieu, mon cher ami; (*feu*) ma muse salue très-humblement la vôtre, qui se porte bien.

6. Nous sommes obligés de marcher l'hiver (*nu*)-pieds.

7. Les murailles de Babylone avaient douze toises et (*demie*) d'épaisseur.

CORRIGÉ DES EXERCICES DE LA GRAMMAIRE.

8. L'ouverture d'un volcan a souvent plus d'une (*demi*)-lieue.

9. Diogène marchait (*nu*)-pieds et couchait dans un tonneau.

10. Armons toujours l'homme contre les accidents imprévus. Qu'Emile coure les matins pieds (*nus*) en toute saison.

11. Le grenadier Jacques, tête (*nue*), sans habit, les reins serrés d'une forte ceinture, paraît.

12. Le duc de *** doit à la bienveillance dont l'honorait la (*feue*) reine, les bonnes grâces de l'empereur.

Nos 178 et 179.

1. Le *Contrat social* est imprimé, et vous en recevrez douze exemplaires (*francs de port*).

2. J'ai reçu (*franc de port*) une lettre anonyme.

3. Les esprits profonds se croient bien plus (*proche*) de la vérité que le reste des hommes.

4. Les maisons (*proches*) de la rivière sont sujettes aux inondations.

5. Faisons d'abord respecter notre malheur, car, de toutes les calamités (*possibles*), la plus insoutenable est le malheur méprisé.

6. Vous trouverez (*ci-joint*) ou (*ci-inclus*) copie de ma lettre.

7. Je crois, monsieur, devoir vous envoyer la lettre (*ci-jointe*).

8. Les missionnaires pensaient que leur propre intérêt était d'avoir le moins de rapports (*possible*) avec le gouvernement du Cap.

9. Il faut de bons laboureurs et de bons soldats, de bons manufacturiers et le moins de théologiens (*possible*).

10. Je voudrais qu'en grandissant on s'accoutumât peu à peu à se baigner dans les eaux chaudes et dans les eaux fraîches, à tous les degrés (*possibles*).

11. Les peines (*passées*) ne sont plus rien pour ceux qui touchent à leur félicité.

12. J'ai vu quelques vrais amants, je n'ai guère vu de vrais amis, (*passé*) trente ans.

Nos 180, 181 et 182.

1. Les couleurs du grand casque sont (*aurore*).

2. Les sous-bergers et sous-bergères, en longues robes blanches, ceintes de garnitures (*aurore*), lui servirent dans cent corbeilles de simple porcelaine cent mets délicieux.

3. Un homme vêtu d'une robe (*violette*) vint nous féliciter sur notre arrivée.

4. La bergeronnette de printemps est la première à reparaître dans les prairies et dans les champs, où elle niche au milieu des blés (*verts*).

5. La gorge et tout le dessous du corps étaient d'un blanc sale, varié de taches (*marron*).

6. Les cheveux de cette petite fille étaient (*châtain-brun*) et (*fins*).

7. Quand on se couche, on a des pensées qui ne sont que (*gris-brun*).

8. L'azuron est originaire du Canada; il a le dessus de la tête d'un roux obscur, le bec et les pieds (*gris-brun*).

9. Le bananiste a la gorge (*gris-cendré*), le bec noir et les pieds (*gris-ardoise*).

10. Le pape Urbain créa Roger et ses successeurs (*légats-nés*) du saint-siége.

11. Des ingrats (*tout-puissants*) sont bientôt oppresseurs.

12. Les jeunes guerriers, (*demi-nus*) et (*armés*) de raquettes, se pressaient pêle-mêle sur les pas de leurs pères.

13. Il y eut à Grenoble et à Bordeaux des chambres (*mi-parties*) catholiques et calvinistes.

14. Le généreux Freine paya la dot des deux mariés; il plaça bien tous ses (*nouveaux-convertis*).

No 183.

1. Je ne suis point d'avis qu'on vous peigne en amazone : vous avez l'air trop (*doux*).

2. Cette proposition n'a pas l'air (*sérieuse*).

3. Cette maladie a l'air d'être (*sérieuse*).

4. Celles-ci cependant m'ont l'air d'être (*efficaces*).

5. Elles ont l'air (*hautain*), mais l'accueil familier.

6. Les barbares n'ont de respect et de vénération que pour ceux qui ont l'air (*grand*) et (*majestueux*).

7. Quelqu'un disait que les partisans de César avaient l'air (*inquiet*) et (*chagrin*).

8. Eh bien! Sylvia, vous avez l'air toute (*embarrassée*.)

N° 184.

1. Les oreilles du rhinocéros se tiennent toujours (*droites*).

2. Je voyais l'attaque fort à mon aise, d'un peu loin à la vérité; mais j'avais de fort bonnes lunettes que je ne pouvais presque tenir (*fermes*) tant le cœur me battait de voir tant de si braves gens dans le péril.

3. (*Droit*) aux ondes du Styx elle mena sa sœur.

4. De ma vie je n'ai entendu des voix de femmes monter si (*haut*).

5. Le tyran de Sicile allongeait de force les jambes de ceux qui les avaient plus (*courtes*) que son lit.

6. Dans la saison de l'été, les cerfs marchent la tête (*basse*), crainte de la froisser contre les arbres.

7. Ils dirent que l'armée, investie de tous côtés et comme assiégée, serait obligée de mettre les armes (*bas*), si on ne lui donnait un prompt secours.

8. Les manchons de genette étaient à la mode il y a quelques années, et se vendaient fort (*cher*).

9. Les chevaux dressent les oreilles et paraissent se tenir (*fiers*) et (*fermes*) au son de la trompette.

10. On entend par talent un certain mouvement impétueux et heureux qui nous porte vers certains objets et les sait saisir (*juste*) sans avoir aucun besoin du secours de la réflexion.

11. Toutes les fois qu'il entendait la messe, le chevalier tirait son épée à l'Évangile et la tenait (*haute*).

N° 185.

1. (*Grands*) et (*petits*), nul n'aime à prendre une peine inutile.

2. (*Accablé*) de tracas et de chagrins de toute espèce, mon mal est le moindre de mes maux.

3. (*Né*) de l'oisiveté comme le vice, l'ennui donne souvent la main à son frère.

4. (*Egaux*) par la nature, (*égaux*) par le malheur,
Tout mortel est chargé de sa propre douleur.

5. (*Attiré*) par la nouveauté, mais (*esclave*) de l'habitude, l'homme passe sa vie à désirer le changement et à soupirer après le repos.

6. (*Forcé*) de combattre la nature ou les institutions sociales, il faut opter entre faire un homme et un citoyen.

N° 186.

1. Les (*grands hommes*) souvent furent de grands fléaux.

2. Pour sauver l'Etat, il suffit d'un (*grand homme*).

3. Il ne fréquente que d'(*honnêtes gens*); cela n'est pas d'un (*honnête homme*).

4. L'argent en (*honnête homme*) érige un scélérat.

5. C'est un homme fort (*honnête*).

6. Il faut bien des qualités pour faire un (*honnête homme*).

7. Annibal l'a prédit; croyons-en ce (*grand homme*).

8. C'est un (*méchant métier*) que celui de médire.

9. Il y a peu de différence entre un (*juge méchant*) et un juge ignorant.

10. (*Pauvre princesse*)! auquel des deux dois-tu prêter obéissance?

11. Un homme qui, importuné d'un (*ami pauvre*), lui donne enfin quelques secours, l'on dit de lui qu'il achète son repos, et nullement qu'il est libéral.

CORRIGÉ DES EXERCICES DE LA GRAMMAIRE.   99

Nos 187 à 191.

1. Croyez un homme qui doit être agréable (*aux*) dieux, puisqu'il souffre pour la vertu.

2. (*De*) quel crime un enfant peut-il être capable?

3. Les biens de ce monde ne sont pas comparables (*à*) ceux de l'éternité.

4. L'esprit n'est pas comparable (*à*) la matière.

5. Tous les grands divertissements sont dangereux (*à*) la vie chrétienne.

6. Aman trouva la puissance et la religion des Juifs dangereuses (*à*) l'empire.

7. Il est si facile et si commode de douter de tout!

8. La religion est nécessaire et naturelle (*à*) l'homme.

9. Grégoire VII mourut à Salerne, laissant une mémoire chère et respectable (*au*) clergé romain.

10. Tout ce qui est utile (*aux*) hommes est digne, en un sens, (*de*) la reconnaissance des hommes.

11. Ces fleurs ne seront bonnes qu'(*à*) sécher sur votre tombeau.

12. Cet avis serait bon (*pour*) quelque âme commune.

Nos 192 et 193.

1. L'amour, dans un jeune homme, est toujours (*romanesque*).

2. Il n'y a ni classique ni (*romantique*) en littérature : il y a du vrai et du faux, du bon et du mauvais.

3. La question de l'idée innée d'un Dieu est (*oiseuse*) : les cieux publient sa gloire.

4. Le malheur corrige de toutes ces petites passions qui agitent les gens (*oisifs*) et corrompus.

5. La jeunesse est une ivresse (*continuelle*) : c'est la fièvre de la raison.

6. La conservation des créatures est une création (*continue*).

7. Turgot fut un ministre (*patriote*).

8. Les coqs, lui disait-il, ont beau chanter matin,
Je suis plus (*matineux*) encore.

9. L'esprit (*philosophique*) a paru devenir l'esprit général des nations de l'Europe.

10. Certaines gens, (*démocrates*) à la cour, redeviennent (*aristocrates*) à la ville.

11. Le peuple est fatigué du pouvoir (*despotique*).

12. Plus un prince sera faible, plus il sera (*despote*).

13. Le scorpion est (*venimeux*).

14. La plume est souvent une flèche (*vénéneuse*).

15. Il faut avoir de bien (*éminentes*) qualités pour se soutenir sans la politesse.

16. La chute du duc d'Aiguillon paraissait aussi (*imminente*) que juste.

17. En matière de religion, peu d'hommes sont (*conséquents*).

18. Rome ne fut détruite que par le mélange des formes royales, (*démocratiques*) et (*aristocratiques*).

N° 194.

1. Les plus (*sublimes*) esprits ont eux-mêmes des endroits faibles.

2. Le bon sens est la faculté la plus (*excellente*) de l'homme.

3. Le salut du peuple est la (*suprême*) loi.

4. Le courage de l'esprit, infiniment plus rare que la valeur, suppose des vertus bien plus (*éminentes*).

5. Ne gardez point de haines (*immortelles*).

6. Le plus (*parfait*) d'entre les hommes est celui qui a le moins de défauts.

7. Sans la langue, en un mot, l'auteur le plus (*divin*)
Est toujours, quoi qu'il fasse, un méchant écrivain.

EXERCICES GÉNÉRAUX SUR LES ADJECTIFS QUALIFICATIFS.

Pratique les vertus (*civiles* et *chrétiennes*), et tu seras homme de bien. — Es-tu curieux de connaître les (*chefs-d'œuvre*) de l'antiquité? apprends la langue (*grecque*) et la langue (*latine*). — Dans l'Eglise (*grecque*) et dans l'Eglise (*latine*,) Dieu est peint avec une grande barbe. — Les puissances (*temporelle et spirituelle*) se sont en tout temps disputé le gouvernement des sociétés. — En quelque partie du globe que l'on voyage, on entend parler la langue (*française*) et la langue (*anglaise*). — Lis les écrivains (*anciens* et *nouveaux*), et tu verras que la différence n'est pas en faveur des derniers. — Puisqu'on sert dans dans ce café des déjeuners (*chauds* et *froids*), je puis bien prendre ce qui me fera plaisir. — J'aime la poésie (*française, anglaise, italienne* et *allemande*). — Veux-tu lire Homère et Virgile? il faut que tu sois bien au fait des inversions (*latines* et *grecques*). — Qu'on m'apporte du vin, n'importe quelle couleur : j'aime les vins (*blancs* et *rouges*). — Etudie l'histoire des républiques (*grecque* et *romaine*), et tu verras que tout y fut Etats-Généraux. — Pouvons-nous être (*moraux*), si nous sommes (*égoïstes*)? — Des fonctionnaires ne doivent pas être (*vénals*), et ils ne doivent jamais se laisser corrompre. — Quand nous marchons, nous faisons des mouvements (*machinals*). — Il faut bien distinguer les effets (*théâtrals*) des effets tragiques. — Le séjour de Paris vous fait bien vite perdre vos airs (*provinciaux*) — Ménagez bien votre bourse, si vous ne voulez pas que les événements vous soient (*fatals*). — Soyons plutôt (*brutaux* et *bons*) que (*polis* et *durs*). — La loi veut que nous soyons (*gardes nationaux*) à vingt ans. — Nous serions bien (*originaux*) si nous prenions un ton doctoral. — Du temps de Louis XIV, ceux qui avaient connu Anne d'Autriche et Thérèse d'Autriche, quand ils disaient : « La (*feue*) reine, » entendaient parler de la femme et non pas de la mère de ce grand roi. — Des juges (*partiaux*) sont au-dessous du bourreau. — Il faut habituer les enfants à être (*matinals*). — Diogène marchait (*nu-pieds*) et couchait dans un tonneau. — Je suis épouvanté tous les jours de voir des villageois (*pieds nus* ou *ensabotés*), qui font des révérences comme s'ils avaient appris à danser toute leur vie. — L'ouverture d'un volcan a souvent plus d'une (*demi-lieue*). — Les murailles de Babylone avaient douze toises et (*demie*) d'épaisseur. — Henri IV, dans sa jeunesse, allait toujours (*nu-tête*). — Je me lasse de parler en (*tierce*) personne, et ce malheureux fugitif dont je parle, c'est moi-même. — Nourris-toi de la lecture des anciens, et que ce soit là ta passion (*favorite*). — Lève-toi de bon matin, et tu auras la tête (*fraîche*). — Je me porte bien, et je le dois à la (*bénigne*) influence de la température. — Persévère dans tout ce que tu entreprends, et tu réussiras à la (*longue*). — Une barbe (*noire*) plaît aux yeux; une barbe (*rouge*) ne fait pas le même effet. — Les hommes sont (*partisans*) de la politique; mais les femmes sont (*partisanes*) des feuilletons. — Les lions de petite taille ont environ cinq pieds et (*demi*) de longueur sur trois pieds et (*demi*) de hauteur. — Si les (*demi-lumières*) éloignent de la religion, les lumières (*complètes*) y ramènent. — Un ministre doit éviter presque autant que le mal les (*demi-remèdes*) dans les (*grands maux*.) — Quand on n'a pas un (*fol*) amour-propre, on ne croit pas que tout le monde doive penser comme soi. — En l'absence d'idées (*nouvelles*), on forge force (*nouveaux*) mots. — Pour vivre longtemps, réserve-toi du vin vieux et un (*viel*) ami. — En dormirons-nous plus (*tranquilles*) si nous dormons sur le (*mol*) édredon? — Les racines de la (*vieille*) barbarie ne sont pas encore (*extirpées*). — La rage de dire des choses (*nouvelles*) fait dire des choses (*extravagantes*). — Au (*bel*) âge, on fait des châteaux en Espagne, et l'on ne doute de rien. — Puisque nous devons vivre en société, l'éducation (*publique*) est celle qui nous convient (*le*) mieux. — Une vanité (*franche*) nous déplaît moins qu'une (*fausse*) modestie. — En (*affaires*), on estime plus une personne simple et (*franche*) qu'un homme adroit. — Ne te livre pas à l'excès des plaisirs, si tu ne veux pas avoir une jeunesse (*caduque*). — Le bouvreuil caché dans l'épine (*blanche*) nous charme par son doux ramage. — Plus on désire, plus on a la bouche (*sèche*) et les mains (*vides*). — Etes-vous Grec? habillez-vous à la (*grecque*); mais si vous êtes Turc, habillez-vous à la (*turque*). — Les oreilles du rhinocéros se tiennent toujours (*droites*). — Je sais compatir à la (*muette*) et (*touchante*) jalousie d'un cœur délaissé. — Les plaisirs coûtent (*cher*). — Les bienfaits sont trop (*chers*), s'il faut les mendier. — Ce livre coûte six francs (*net*). — Quand nous avons quelque chose sur le cœur, nous devons nous expliquer (*franc et net*). — Buvons (*chaud*) en hiver et (*frais*) en été. — Vos comparaisons doivent être (*le*) plus (*courtes possible*). — Quand on fait un affront au peuple, il ne sent que son malheur, et il y ajoute l'idée de tous les maux (*possible*). — Quand nous étions (*enfants*), nous chantions bien (*haut*) dans la rue, parce que nous avions peur. — Vous trouverez (*ci-joint*) copie de ma lettre. — Si nous haïssions (*fort*), nous aurions la vengeance (*patiente*). — Il y a des beautés (*clair-semées*) dans les ouvrages de Shakespeare. — Nous avons (*belle*) de draper les gens en leur absence. — Si, à force de boire et de manger, nous ne crevions pas, nous l'échapperions (*belle*). — Quand tout le monde fut sorti de table, nous nous mîmes à rire de plus (*belle*). — Quand nous avons entrepris quelque chose, tenons (*bon*) ; allons jusqu'au bout. — Nous aurons (*beau*) nous élever, nous ne nous élèverons jamais si (*haut*) que les coups du sort ne puissent nous atteindre. — On a porté beaucoup d'habits (*bleu-barbeau*). — Les couleurs (*rose et bleu tendre*) sont, dit-on, des déjeuners de soleil. — Les folies que nous ferons la veille, nous les paierons (*cher*) le lendemain. — Les demoiselles sont (*distinguées*) les unes par des ceintures (*orange*), les autres par des (*bleues*), et d'autres par des (*ponceau*) ou (*cramoisies*). — Si nous débitions un discours publiquement, il serait honteux pour nous de rester (*court*). — La tour de Babel avait été (*élevée*) fort (*haut*), mais non pas autant que le souhaitait la vanité (*humaine*). — Si nous pensons et que nous raisonnions toujours (*juste*), il faut conséquemment que nous avisions toujours bien. — Rarement nous raisonnons (*juste*), si nous raisonnons d'après notre intérêt. — Tant que nous ne voyons pas (*clair*) dans une affaire, ne l'entreprenons pas. — Les mères exhortent leurs filles à se conduire avec sagesse; mais elles insistent beaucoup plus sur la nécessité de se tenir (*droites*). — On dit que les verres frottés de persil se cassent (*net*). — Les navigateurs s'attendent à être assaillis de toutes les calamités (*possibles*). — Les contribuables cherchent à payer de moins d'impôts (*possible*). — Ces assemblées, ainsi que les repas et les exercices (*publics*), sont toujours (*honorés*) de la présence des vieillards. — On pardonnerait la dernière goutte de sang humain, s'il en résultait une paix (*perpétuelle*). — Ceux qui gouvernèrent Sicyone et Corinthe obtinrent l'estime ou la confiance (*publique*). — Ne faites pas d'aveux contre vous : l'envie les enregistre en notant votre (*indiscrète*) modestie. — Si le fanatisme était vrai, nous ne voudrions pas d'une vérité si (*cruelle*). — Les Samoïèdes se nourrissent de chair ou de poisson (*crus*). — Dès que l'administration est (*secrète*), nous pourrons conclure qu'il s'y commet des injustices. — Ne vous enorgueillissez pas de votre beauté : c'est une vanité (*sotte*) et ridicule. — On aime mieux une ignorance (*complète*) qu'une érudition mal (*digérée*). — Accusera-t-on les femmes de Paris d'avoir l'air (*gauches*) et (*embarrassées*) ? — La tuile a l'air plus propre et plus (*gai*) que le chaume. — Les oiseaux construisent leurs nids avec un art, une industrie (*merveilleuse*). — La (*vraie*) modestie a un naturel et une bonhomie (*inimitables*). — Le grand Condé était d'une bonté, d'une affabilité ((*charmante*). — C'est au mérite et à la vertu (*seuls*) que devraient être (*réservés*) les dignités et les honneurs. — En mourant, n'exige pas de tes amis une (*éternelle*) douleur. — Avances-tu le premier une maxime (*corruptrice*) ? tu seras proscrit comme le bouc émissaire ; mais chacun la retiendra et la suivra. — Le barbet a les oreilles (*longues*) et (*pendantes*), la queue, de même que le corps, (*couverte*) de (*longs*) poils. — Nous n'avons pas de plus (*grande dupeuse*) que notre imagination. — Étudie la justice des hommes, et tu verras qu'elle est plus (*vindicative*) que (*vengeresse*). — Il y a des contrats de vente (*simulés*). — Pardonne, comme Jésus-Christ, à la femme (*pécheresse*) dont le repentir est sincère. — Les abus sont-ils accueillis par la soumission ? bientôt la puissance (*usurpatrice*) les érige en lois. — Que de contrats de mariage (*annulés*) ! — La frugalité est une source de (*délices merveilleuse*) pour la santé. — Tu n'aviliras pas un peuple sans de (*fâcheuses*) conséquences. — Ne blasphémez pas la divinité, ou craignez que la foudre (*vengeresse*) n'éclate sur votre tête. — Les enfants de chœur ont des bas de soie (*rouge*). — Les dames portent aujourd'hui des capotes de percale (*lustrée, doublées*) de florence rose. — Avec une fabrique de lois aussi (*active*) que celle qui fonctionne maintenant, nous pourrions en fournir tout le globe. — La mode des étoffes de soie (*brochées*) est (*revenue*) ; on vend aussi beaucoup d'étoffes de soie (*mêlée*) de laine. — On se rend facilement à une éloquence (*persuasive*). — Quand nous ne pouvons satisfaire à une question, nous nous en tirons aisément par une réponse (*évasive*). — Les dames portaient, l'hiver dernier, des brodequins de velours (*noir*) (*lacés*) sur le côté. — On peut mourir d'une joie (*excessive*) comme d'une (*excessive*) douleur. — Les bonnets de tulle (*brodé*), (*garnis*) de rubans de gaze (*brochés*), sont de mode. — Les dames portent des robes de satin (*noir*) tout (*unies*). — Eusses-tu un cœur de rocher, tu céderais néanmoins aux larmes (*expressives*) d'une femme. — Le temps des croisades (*religieuses*) est loin ; mais nous avons vu les croisades politiques des rois contre les peuples. — Ayez une déférence (*respectueuse*) pour les vieillards. — Nous découvrirons notre caractère, si nous interprétons une action (*douteuse*). — Vous obtiendrez une vieillesse (*heureuse*) en échange d'une (*vertueuse*) jeunesse. — Ne nous abandonnons pas à cette douleur (*envieuse*) qui s'irrite du bonheur d'autrui. — Partout où nous voyons de brillants équipages, beaucoup de gens marchent (*nu-pieds*). — La soupe nous tente quand elle a l'air (*bonne*). — Ne commandez pas d'huîtres quand elles ne vous ont pas l'air (*fraîches*). — Quand une proposition n'a pas l'air (*sérieuse*), ne la discutez pas. — Les jeunes demoiselles ne doivent pas s'habiller de façon qu'elles aient l'air (*vieilles*). — Quand une jeune fille n'a pas l'air (*content*), elle rend sa mère toute chagrine. — Qu'une demoiselle ait l'air (*doux*) et modeste. — Quelques femmes n'ont pas l'air (*spirituel*), mais elles le sont en effet. — Défiez-vous d'une femme qui a l'air (*coquette*). — Je ne touche pas à une volaille qui n'a pas l'air (*cuite*), et je ne me sens pas de goût pour la viande qui n'a pas l'air (*fraîche*). — Celles qui arrivent à Paris, et qui ont l'air (*provinciales*), ont, après quelque séjour, tout à fait l'air (*parisiennes*). — Nous délibérâmes d'une (*commune*) voix qu'il avait une voix (*commune*). — Il y a de (*cruelles*) gens et des gens (*cruels*). — Qu'une femme n'ait pas l'air (*mauvais*), et que surtout elle cherche à ne pas avoir (*mauvais*) air. — Evite de faire des vers (*méchants*), de peur qu'on ne t'accuse de faire de (*méchants*) vers. — Soyez d'(*honnêtes*) gens, et soyez aussi des gens (*honnêtes*). — Soyez de (*braves*) gens, et, dans l'occasion, soyez des gens (*braves*). — Soyez des gens (*galants*) si vous voulez ; mais, avant tout, soyez de (*galantes*) gens. — Les (*sages-femmes*) ne sont pas quelquefois des femmes (*sages*). — Nous avons pitié de gens (*pauvres*) ; mais nous plaignons de (*pauvres*) gens. — Tant mieux, si tu as un (*furieux*) esprit ; tant pis, si tu as un esprit (*furieux*). — Soyez des gens (*drôles*), mais ne soyez pas de (*drôles*) de gens. — De (*petits*) hommes sont souvent de (*grands*) hommes, et des hommes (*grands*), sont souvent des hommes (*petits*). — Tels sont (*démocrates*) à la cour qui sont (*aristocrates*) à la ville. — Préférez-vous l'état (*démocratique*) à l'état monarchique ? — Es-tu (*économe*) ? tu admireras tous les préceptes (*économiques*). — Es-tu (*démagogue*) ? tu dois avoir des principes (*démagogiques*), et n'en pas dévier. — Plus tu seras faible, plus tu seras (*despote*). — Haïssez les (*despotes*) et redoutez les corps (*despotiques*). — Sommes-nous naturellement vertueux ? nous n'avons que faire des doctrines (*philosophiques*). — Nous pouvons être (*héros*) sans ravager la terre. — Si nous nous faisons une très-haute idée de Dieu et de notre nation, nous serons (*théistes*) et (*patriotes*). — Nous avons des opinions (*patriotiques*), et nous voulons des libertés (*publiques*). — Le mélange des formes royales, (*démocratiques*) et (*aristocratiques*), ne peut former un État. — Sois (*philanthrope*), et tu auras des principes (*philanthropiques*).

Je suis si *facile* à croire que je n'exige rien de personne. — Il ne faut pas que nous négligions rien de ce qui est *favorable* à nos intérêts. — Si j'étais ministre, je serais *favorable* à ceux qui mériteraient ma protection, et seulement *civil* à ceux à qui je ne pourrais être favorable. — Il faut que tu sois plus *glorieux* de te vaincre toi-même que de vaincre les autres. — Si j'étais pauvre, ce ne serait pas à moi à être *honteux* de mon état, mais à ceux qui en seraient cause. — *Il est rare que* je ne fasse pas un bon marché, si j'achète des plaisirs par des privations. — Il est moins *dangereux que* je prenne un mauvais parti *que de* n'en prendre aucun. — Si je suis *sensible au* plaisir, je ne puis être *insensible à* la douleur. — Que je sois *résigné à* tout, et je serai *invulnérable aux* coups de la fortune. — Si je soutenais que le mérite n'est pas *nuisible aux* hommes, ce serait une grande preuve que ce que je dirais ne serait pas la vérité. — Je friserais un peu le ridicule si j'étais *amoureux de* ma personne. — Comme je ne suis pas *capable de* faire le moindre mal à la plus petite créature, il s'ensuit de là que je ne suis *capable d'*aucun crime. — Si j'étais roi, je serais *accessible* et *affable à* tout le monde. — Si j'étais *accoutumé au* travail, *à la* peine et *au* mépris de la vie, je supporterais plus facilement le sort que si j'étais *accoutumé au* luxe et nourri *dans* l'abondance. — Ce qui est *contraire à* ce que je crains ou *à* ce que j'espère arrive le plus communément. — Si j'étais trop *enclin à* la douceur, je me ferais manger la laine de dessus le dos. — Je suis très-*difficile à* me lier par serment; mais une fois que j'ai donné ma parole, je suis *exact à* la tenir. — *Il est risible que* je veuille apprivoiser les bêtes féroces, et *que* je ne sache pas m'apprivoiser moi-même. — Le plus grand bien auquel j'aspire, c'est de mener une vie *conforme à* mon état et *à* mon goût. — Si je sais adopter les moyens les plus propres *à* la fin que je me propose, je prouverai par là que je suis un être intelligent. — Si je souffrais pour la vertu, je serais *agréable aux* dieux. — Qu'*est-il nécessaire que* je porte perruque, puisque je puis porter des cheveux de mon crû? — *Il n'est pas nécessaire que* je vive, mais *que* je fasse mon devoir. — Les maux que j'endure dans le présent sont plus *aisés à* supporter que ceux qui me menacent dans l'avenir. — Je ne serais pas méchant pour être *âpre aux* méchants. — C'est parce que j'aspire à la perfection que je suis toujours *mécontent de* ce que je fais. — Plus j'approfondirai les choses, plus je serai *vide de* préjugés. — Si j'étais *plein de moi-même*, je montrerais par là qu'il y a peu de consistance en moi. — Si je soutenais l'esclavage, je serais *indigne d'*être libre. — Tant que je chercherai le bonheur, je serai *incapable de* le trouver et d'en jouir. — Si je gouvernais une nation et que je fusse *ivre* et *altéré de* sang, je serais un véritable Néron. — J'estime peu quiconque est *âpre au gain*. — Plus je suis *ardent à* combattre les principes que je n'ai pas, plus je serais *ardent à* les défendre si j'en avais. — Si j'étais *las de la vie*, je le serais encore plus *de* moi-même. — Lorsque je serai *las d'aimer*, je serai bien aise que l'on me devienne infidèle pour être dégagé de ma fidélité. — Non seulement je suis *différent* d'un autre homme, mais souvent je suis encore différent de moi-même. — Si j'étais *digne de* conduire une armée, je voudrais triompher de tout l'univers. — Il arrive souvent que je suis *envieux d'un homme* qui est plus malheureux que moi. — Du moment que je fais partie d'une société, je ne dois pas être *rebelle à* la loi. — Il faut que je me tienne *préparé* à la guerre, si je veux être *redoutable à* mes voisins. — Si j'étais exclusivement sensible, je serais *sujet à* mille chagrins, à mille maux. — Un être *semblable à moi* n'est pas plus que moi. — Le bon usage que je ferai d'une mauvaise loi serait *préférable à* l'abus que je ferais d'une bonne. — *Il est* plus *glorieux de* se vaincre soi-même que *de* vaincre les autres. — Si je voulais un bien *propice à* mes paisibles travaux, j'irais habiter la campagne. — Les plus *prompts à* me donner des conseils sont ordinairement ceux qui ont besoin que je leur en donne. — Si je n'étais *soigneux de* me corriger, je ferais preuve par là de peu de jugement. — Si je faisais dépendre ma conduite de l'opinion, je ne serais jamais *sûr de* moi-même. — *Il me serait difficile de* recouvrer l'estime dès que j'aurais perdue. — Si j'étais meurtrier, *il serait juste que je* périsse. — *Il me serait doux de* revoir les murs de ma patrie. — De ce que je n'observe pas du tout les principes de ma religion, il ne s'ensuit pas que je ne serais pas des plus *ardents à* combattre pour elle. — Il ne suffit pas que je sois *assidu aux* cérémonies de l'Église, mais il faut que je sois digne d'entrer dans le temple de Dieu. — Je me croirais bien à plaindre si j'étais *tributaire de* la mode et *esclave de* mille préjugés sociaux. — Faible, je suis et je serai toujours *victime du* plus fort. — Il n'y aurait rien à espérer en moi si j'étais *vide d'idées*. — Il n'y a rien de plus *agréable pour* moi *de* flâner de boutique en boutique. *Il est bon* quelquefois *que je* fasse semblant de ne pas entendre les choses que je n'entends que trop bien. — Sans la bonté, je serais un être inquiet, misérable, *funeste* à la terre et à moi-même. — Je deviendrai *importun* au riche du moment que je deviendrai pauvre. — Que je sois *attentif* aux devoirs du monarque, et je tremblerai à la vue d'une couronne. — Je méprise ordinairement tout ce qui me semble plus *bon à rien*. — Si j'étais présomptueux, je me croirais propre à tout, et je ne serais *bon à rien*. — Si je ne veux pas être, en quelque sorte *complice* d'une impertinence, il ne faut pas que j'en rie. — Si je veux être *content* de ma situation, il faut que je la compare à une plus mauvaise. — J'aurai beau mépriser les hommes en détail, je serai cependant *désireux* de les conduire en masse. — Ce qui est *impénétrable* à nos yeux ne l'est pas *aux* yeux de Dieu. — C'est parce que la science des mots est *indispensable* à l'art de parler qu'il faut bien que j'apprenne cette science. — Je ne serai jamais sûr de ma conduite ni de mon bonheur tant que je le ferai dépendre du jugement des hommes. — Plus je serai ignorant, plus je serai *tributaire des* charlatans de toute espèce. — Si j'étais tyran, je serais le premier *esclave* de la tyrannie. — Que je sois *exempt* de douleur pendant un temps, et ce sera pour moi un plaisir. — Quand je suis *fatigué* de travailler, je vais me promener. — Si j'étais fier *de* mon esprit, je montrerais par là que j'ai un petit esprit; mais si j'avais une âme fière, je prouverais par là que j'ai une grande âme. — Plus je serais fou d'idolâtrer l'argent, plus je serais misérable. — Dans les bals, les jeunes gens invitent particulièrement les demoiselles qui dansent et qui valsent (*le*) mieux.

Vos lettres doivent être adressées (*franches*) de port. — C'est un abus des plus grands que de hauts fonctionnaires reçoivent (*franc*) de port toutes les lettres qui leur sont adressées. — (*Passé*) la canicule, les chaleurs sont moins intenses. — Le destin est une chose incalculable, (*attendu*) l'immense quantité de données qui nous manquent. — A la chute de l'empire romain, les grands chemins disparurent dans les Gaules, (*excepté*) quelques chaussées que la malheureuse Brunéhaut fit réparer. — Il y a certains théâtres où tout le monde peut entrer au parterre, les femmes, (*exceptées*). — Tous les biens sont périssables, (*excepté*) les grands talents et les vertus. — Il y a des gens qui aiment à faire toutes sortes de bonnes actions, (*excepté*) précisément celles auxquelles leur devoir les oblige. — Sur les ponts à péage, le voyageur paie cinq centimes, sa valise y (*comprise*). — (*Unie*) à la douceur, la fermeté est une barre de fer (*entourée*) de velours. — (*Bourrelés*) de remords, des coupables ont imaginé l'athéisme. — (*Répandues*) avec bienséance, les larmes ne deshonorent jamais. — (*Vu*) la pluie, les parties de campagne n'ont pas lieu le dimanche. — (*Canalisée*), la France rivalisera avec l'Angleterre. — (*Supposé*) de nouvelles révolutions, tous les riches s'éloigneront. — (*Creusés*) par le fanatisme et l'ignorance sous l'édifice social, les abîmes ne furent (*comblés*) que par des ruines et des cadavres. — Une fois (*morts*), notre bien passe à nos enfants. — Une fois (*nés*), la douleur est notre partage. — Recommandez vos lettres et les pièces y (*incluses*). — (*Sonnées*) neuf heures, le déjeuner est servi. — (*Tolérées*) dans un enfant, de petites bagatelles peuvent le faire aller à l'échafaud pour de plus grandes. — Des roses (*fraîche-cueillies*) sont un bel hommage à faire aux dames. — Des pêches (*fraîche-cueillies*) se mangent avec délices. — Des oranges (*aigre-douces*) plaisent à beaucoup de personnes. — Les œufs à la coque ne sont bons que quand ils sont tout (*nouveau pondus*). — De (*nouveaux-mariés*) se croient dans le meilleur des mondes (*possible*). — Ne faites jamais de billets, et si vous en faites, faites-les aux plus longues échéances (*possible*). — Tous ceux qui sont (*proche*) de Saint-Roch entendent l'heure sonner. — Il y a des maisons bâties tout (*proche*) du Vésuve. — Les rubans (*bleus*) font fureur. — Certaines demoiselles préfèrent les rubans (*paille*). — Les gendarmes portent des gants (*soufre*). — Les étoffes (*bleues claires*) sont charmantes. — Nous avons remarqué aux étalages des écharpes (*ponceau*), des gazes (*cerise*), des robes (*noisette*), des rubans (*bleus*), des taffetas (*jonquille*), des chapeaux (*roses*), des souliers (*mordorés*), des souliers (*pistache*), des gazes (*blanches*), des ceintures (*orange*), des papiers (*vélin*), des draps (*bruns*) et des velours (*puce*). — Nous nous sommes arrêtés chez un marchand d'oiseaux, et nous avons observé des perroquets qui avaient des plumes (*bleues foncées*), des plumes (*rouge-cramoisi*), des plumes (*vert-foncé*). — Nous sommes allés voir la course au Champ de Mars, et nous avons vu engager des chevaux (*rouge bai*) et (*bai-clair*), et d'autres (*brun-foncé*).

CHAPITRE IV.

EXERCICES SYNTAXIQUES SUR LES ADJECTIFS NUMÉRAUX.

Nos 195 et 196.

1. L'autorité royale n'avait pas d'ennemis plus dangereux que les (*Seize*).
2. (*Vingt-quatre*) livres de pain blanc valaient un denier d'argent par les Capitulaires.
3. La commission des (*Neuf*) n'en continuait pas moins ses travaux.
4. Le monarque se fortifia sous les murs de Dieppe, résolu d'y soutenir le (*premier*) effort de l'ennemi.
5. Il lui envoya, de la part du roi, un maître de musique avec (*douze*) voix et vingt-quatre violons.
6. Si les hommes ne se flattaient point les (*uns*) les autres, il n'y aurait guère de sociétés.
7. La traduction des (*Septante*) est estimée.
8. Le nombre moyen des morts, pendant ces (*cinq*) années, est de (*soixante-quinze*) et trois (*cinquièmes*).

Nos 197 et 198.

1. Je ne me chargerais pas d'un enfant maladif et cacochyme, dût-il vivre (*quatre-vingts*) ans.

2. André Doria vécut, jusqu'à (*quatre-vingt*)-quatorze ans, l'homme le plus considéré de l'Europe.

3. L'Allemagne était, dès l'an (*quinze cent*), divisée en dix cercles.

4. A la bataille navale de Salamine, la flotte des Grecs était composée de trois (*cent quatre-vingts*) voiles, et celle de Xerxès de plus de treize (*cents*). Hérodote dit que le total des personnes qui composaient l'armée des Perses était de cinq (*millions*) deux (*cent quatre-vingt*)-trois mille deux (*cent vingt*).

5. Vers l'an (*douze cent*) de notre ère, Alexis fit crever les yeux à son frère Isaac l'Ange, et s'empara du trône de Constantinople.

6. Mercier a fait un ouvrage qui a pour titre : *l'An deux mille quatre* (cent) *quarante*.

7. On m'apporta chez moi douze (*cents*) francs.

8. Nous avons une époque certaine de la science des Chaldéens : elle se trouve dans les dix-neuf (*cent*) trois ans d'observations célestes envoyées de Babylone par Callisthène au précepteur d'Alexandre.

9. La mort termine ordinairement avant l'âge de (*quatre-vingt*)-dix ou (*cent*) ans la vieillesse et la vie.

10. Le soleil est un million trois (*cent*) quatre-vingt-quatre mille quatre (*cent*) soixante-deux fois plus gros que la terre.

N° 199.

1. En l'an du Christ (*mil*) sept cent (*quatre-vingt*).

2. Fait le septième janvier (*mil*) cinq cent quatre-vingt-neuf, et scellé du sceau public de la ville.

3. Les (*milles*) d'Angleterre sont un peu plus longs que les *milles*) d'Italie.

4. La nature est comme ces grands princes qui comptent pour rien la perte de quatre cent (*mille*) hommes.

5. Jacob arrive en Egypte l'an deux (*mille*) deux cent (*quatre-vingt*) ou environ.

6. (*Mille*) gens se ruinent au jeu, et vous disent froidement qu'ils ne sauraient se passer de jouer.

7. Godefroi de Bouillon menait soixante et dix (*mille*) hommes de pied et dix (*mille*) cavaliers couverts d'une armure complète.

8. La première guerre que les Gaulois eurent contre les Romains fut vers l'an du monde trois (*mille*) six cent seize.

N° 200.

1. Tel, avec deux (*millions*) de rente, peut être pauvre chaque année de cinq cent mille livres.

2. Diodore dit que l'Egypte était si peuplée, qu'elle avait jusqu'à sept (*millions*) d'habitants.

3. Il paraît difficile qu'il y ait moins de cent cinquante (*millions*) d'habitants à la Chine.

4. Les premiers biens, la religion et la liberté, coûtent au genre humain des (*milliards*) de victimes.

5. C'est donc pour une douzaine d'hommes de génie de l'antiquité, ou deux (*douzaines*) au plus, que sont fondées nos universités.

6. La dette de cet État est de plusieurs (*milliards*).

N° 201.

1. Ce fut la nuit du (*vingt-trois*) au (*vingt-quatre*) août, fête de saint Barthélemy, en 1572, que s'exécuta cette sanglante tragédie.

2. Le feu des guerres civiles, dont François (*Deux*) vit les premières étincelles, avait embrasé la France sous la minorité de Charles (*Neuf*).

3. Henri (*Quatre*), roi de Navarre, avait été solennellement excommunié par le pape (*Sixte-Quint*).

4. François de Guise est fameux par la défense de Metz contre (*Charles-Quint*).

5. L'ouverture des Etats-Généraux eut lieu le (*cinq*) mai 1789.

6. La mort de Grégoire (*Sept*) n'éteignit pas l'incendie qu'il avait allumé.

7. C'est le (*premier*) du mois, de la semaine.

N° 202.

1. C'était à l'âge de (*vingt et un*) ans qu'on était reçu chevalier.

2. A (*vingt-un*) ans, vous m'écriviez du Valais des descriptions graves et judicieuses.

3. L'évêque de Rome et son consistoire réduisirent le tout à (*cent et un*) anathèmes.

4. Assurément, la petite personne avait lu les aventures des (*Mille et une*) Nuits.

5. On a des exemples de nains qui n'avaient que deux pieds, (*vingt-un*) et dix-huit pouces, et même d'un qui, à l'âge de (*trente-sept*) ans, n'avait que seize pouces.

6. Magellan vit le premier, en 1520, la terre antarctique à (*cinquante et un*) degrés vers le pôle austral.

7. Marius, à la tête de (*quatre-vingt-cinq*) cohortes, présenta la bataille à Sylla.

8. L'homme qui est trente ans à croître vit (*quatre-vingt-dix*) ou cent ans.

Nos 203 à 205.

1. Vous reconnaîtrez (*un Italien, un Français, un Anglais, un Espagnol*), à son style comme aux traits de son visage.

2. Un duc et (*pair*) honore l'Académie française, qui ne veut point de Boileau, refuse La Bruyère, fait attendre Voltaire, mais reçoit tout d'abord Chapelain et Conrart.

3. Ce personnage, qui vous paraissait si simple, était pourtant un duc et (*pair*).

4. Le tribunal est une magistrature particulière qui fait une liaison ou (*un moyen terme*) entre le prince et le peuple.

5. Sitôt qu'il s'agit d'un fait ou d'un (*droit*) particulier sur un point qui n'a pas été réglé, l'affaire devient contentieuse.

6. Il se trouve au-dessous de ses poils, qui sont longs et fermes, un duvet ou (*feutre*) très-doux.

7. Qu'un père et (*une mère*) chérissent une fille unique, il n'y a pas de quoi s'en fort étonner.

N° 206.

1. Platon admit sans difficulté un bon et un (*mauvais*) génie pour chaque mortel.

2. La mort du sage est une grande et (*consolante*) leçon.

3. Qu'est-ce qu'une ancienne et une (*nouvelle*) noblesse conservée?

4. Les anciens admettaient pour chaque homme un bon et un (*mauvais*) ange.

5. Sous un injuste ou (*tyrannique*) gouvernement, l'État dépérit.

6. Le caractère général de l'homme est un amour-propre (*bon ou mauvais*).

N° 207.

1. C'est (*plaisir*) de vaincre sans danger.
2. . . . . A tromper (*un trompeur*)
   Il faut que le faible travaille.
3. Mieux vaut (*goujat*) debout qu'(*empereur*) enterré.
4. Le théâtre instruit mieux que ne fait (*un gros livre*).
5. Que sert, à qui n'est plus, (*un vain titre*) de gloire?
6. . . . . La sagesse
   Est (*un trésor*) qui n'embarrasse point.
7. (*Grand remède*) à (*grands maux*), c'est la règle ordinaire.
8. La prévoyance est (*vertu*) fort utile.

EXERCICES GÉNÉRAUX SUR LES ADJECTIFS NUMÉRAUX.

Point de solitude plus affreuse qu'une grande ville : tant de (*milliers*) d'hommes et pas un ami! — La traduction des (*Septante*) est estimée. — La commission des (*Neuf*) n'en continuait pas moins ses travaux. — L'autorité royale n'avait pas d'ennemis plus dangereux que ces bourgeois de Paris nommés les (*Seize*). — Il n'y a que deux sortes de guerres justes : les (*unes*) qui se font pour repousser un ennemi qui attaque, les (*autres*) pour secourir un ennemi qui est attaqué. — J'ai affaire à un juif, à un arabe qui ne veut me prêter qu'à (*vingt*) pour (*cent*). — A la bataille navale de Salamine, la flotte des Grecs était composée de (*trois cent quatre-vingts*) voiles, et celle de Xerxès de plus de (*treize cents*). — Hérodote dit que le total des personnes qui composaient l'armée des Perses était de (*cinq millions*) (*deux cent*) (*quatre-vingt*)-(*trois mille*) (*deux cent*) (*vingt*). — La livre de Charles V ne fut qu'environ deux (*treizièmes*) de l'ancienne livre. — Vers l'an douze (*cent*) de notre ère, Alexis fit crever les yeux à son frère Isaac l'Ange, et s'empara du trône de Constantinople. — Dentatus représenta qu'il y avait (*quarante*) ans qu'il portait les armes, et qu'il s'était trouvé dans (*six vingts*) combats. — On accoutumait les soldats romains à aller le pas militaire, c'est-à-dire à faire en cinq heures (*vingt milles*) et quelquefois (*vingt-quatre*). — L'alphabet français comprend (*vingt-cinq*) lettres. — On sait de (*cent*) auteurs l'aventure tragique. — Gaston de Foix fut tué de (*quatorze*) coups à la célèbre bataille de Ravenne. — On a (*mille*) remèdes pour consoler un honnête homme et pour adoucir son malheur. — Godefroi de Bouillon menait (*soixante-dix mille*) hommes de pied et (*dix mille*) cavaliers couverts d'une armure complète. — L'armée de Sésostris, composée de (*six cent mille*) hommes de pied, de (*vingt-quatre mille*) chevaux et de (*vingt-sept mille*) chars, était commandée par (*dix-sept cents*) officiers choisis parmi les plus braves et les plus estimés des compagnons de son enfance. — Une chose arrive sous nos yeux : (*cent*) personnes, qui l'ont vue, la racontent en (*cent*) façons différentes. — On dit vulgairement d'un homme riche qu'il en a des (*cents*) et des (*mille*). — En (*mil*) cinq (*cent*) (*quatre-vingt*), Philippe II fut déclaré tyran et solennellement déchu de son autorité dans les Pays-Bas. — Je fais cet exercice en (*mil*) huit (*cent*) cinquante. — Les lois prohibitives promulguées à Rome sous les empereurs fixèrent à cinq (*cents*) arpents le terme de la plus grande propriété individuelle. — La première irruption des Gaulois arriva sous le règne de Tarquin, environ l'an du monde trois (*mille*) quatre cent seize. — Après la mort d'Alfred, arrivée en neuf (*cent*), l'Angleterre retomba dans la confusion et la barbarie. — Mercier a fait un ouvrage qui a pour titre : *l'An deux* (mille) *quatre* (cent) *quarante*. — On prétend que le territoire de Rome ne comprenait au plus que cinq ou six (*milles*) d'étendue. — Il faut un peu plus de deux (*milles*) pour faire une de nos lieues de poste. — Les historiens font monter l'armée de Xerxès à deux (*millions*) six (*cent*) quarante et un (*mille*) combattants. — L'Egypte était si peuplée, qu'elle avait eu jusqu'à sept (*millions*) d'habitants. — Par chacune des portes de Thèbes il sortait deux (*cents*) chariots armés en guerre et dix (*mille*) combattants ; cela fait (*vingt*) (*mille*) chariots et un million de soldats. — Chaque poule peut faire éclore environ deux (*douzaines*) d'œufs de perdrix. — La première guerre que les Gaulois eurent contre les Romains fut vers l'an du monde trois (*mille*) six (*cent*) seize. — Louis (*Onze*) avait trente-huit ans quand il monta sur le trône. — Six personnes peuvent s'arranger autour d'une table de sept (*cent*) (*vingt*) façons différentes ; sept, de cinq (*mille*) quarante ; huit, de quarante (*mille*) trois (*cent*) (*vingt*) ; neuf, de trois (*cent*) soixante-deux (*mille*) huit (*cent*) (*quatre-vingts*) ; et dix, de trois (*millions*) six (*cent*) (*vingt*)-huit (*mille*) huit (*cents*) manières, sans que la même figure soit jamais répétée. — La mort de Grégoire (*Sept*) n'éteignit pas l'incendie qu'il avait allumé. — Les débris du colosse de Rhodes furent vendus à un marchand juif qui en eut la charge de neuf (*cents*) chameaux ; l'airain de ce colosse montait encore, près de huit (*cent*) (*quatre-vingts*) ans après sa chute, à sept (*cent*) vingt (*mille*) livres, ou à sept (*mille*) deux (*cents*) quintaux. — Les Etats s'ouvrirent, le (*cinq*) mai, par une procession solennelle. — Louis (*Seize*) fut condamné à mort à la majorité de trois (*cent*) soixante-six voix sur sept (*cent*) (*vingt-et-une*). — Il meurt plus d'hommes que de femmes dans la proportion de trente-trois à (*trente-et-un*). — Le roi lombard Astolfe s'empara de tout l'exarchat de Ravenne en sept (*cent*) (*cinquante-et-un*). — Comment (*un*) homme du peuple peut-il s'emparer d'un territoire immense et en priver tout le genre humain autrement que par une usurpation ? — Fernand Cortez débarqua au Mexique l'an (*mil*) cinq (*cent*) dix-(*neuf*). — Il faut faire aux méchants (*guerre, une guerre*) continuelle. — Nous n'avons pas (*de*) plus cruel ennemi que nous-même. — Fernand Cortez avait sous ses ordres neuf (*cents*) matelots et cinq (*cent*) huit soldats. — Ce fut vers l'an (*mille*) six (*cent*) cinquante-cinq du monde qu'arriva le déluge universel. — Dire également du bien de tout le monde est (*une*) petite et mauvaise politique. — Toute la vie d'un chrétien ne doit être qu' (*un*) pieux et long souvenir. — En (*mil*) sept (*cent*) (*quatre-vingt*), l'Amérique était en guerre pour la conquête de son indépendance. — Piron appelait les gazons du Louvre le pré des (*Quarante*). — On ne doit prendre un parti quelconque qu'après (*mûr, un mûr*) examen. — La caille se trouve partout, et partout on la regarde comme un fort bon gibier dont la chair est (*de, d'un*) bon goût. — Saint Louis partit à la tête de trois (*cent*) (*mille*) hommes, et dix-huit (*cents*) vaisseaux débarquèrent en Egypte. — En (*mil*) huit (*cent*) trente-huit, il s'éleva près de Pouzzole une montagne de près de trois (*milles*) de circuit et de deux (*mille*) quatre (*cents*) pieds de haut ; elle fut appelée Montagne-Neuve. — Tel avec deux (*millions*) de rente peut être pauvre chaque année de (*cent*) (*mille*) livres. — Si nous n'avions pas (*de*) volonté, nous serions des gens nuls. — L'éléphant ne fait jamais (*abus*) de sa force. — Il n'y a pas (*de*) temps plus purement perdu que celui que l'on perd à lire des abrégés. — Catinat avait dans l'esprit (*une*) application et (*une*) agilité qui le rendaient capable de tout. — L'année est composée de trois (*cent*) soixante-cinq jours. — Les trois (*quarts*) de l'Afrique n'eurent jamais d'annales. — Il n'y a guère (*de*) véritable amitié qu'entre égaux. — Les plaisirs sont des amusements qui ne laissent qu' (*un*) long et funeste repentir. — Il n'y a jamais (*de*) sûreté à s'associer avec quelqu'un de plus puissant que soi. — Abraham sortit d'Aran âgé de (*soixante-quinze, et quinze*) ans. — Marius, à la tête de (*quatre-vingt*)-cinq cohortes, présenta la bataille à Sylla. — Marius, âgé de (*soixante-dix, et dix*) ans, se vit réduit à se sauver de Rome à pied. — On n'a pas (*de*) bail avec la mort. — Une année se compose de (*douze*) mois. — (*Un*) enfant, (*un*) esclave, (*un*) mauvais sujet, a besoin de correction lorsqu'il a fait une faute contre l'éducation, le travail ou la morale. — L'assa-fœtida est une espèce de résine (*d'une*) odeur désagréable. — La mortification est (*un*) essai, (*un*) apprentissage de la mort. — Partout où l'on trouvera (*un*) cheval, (*un*) homme, (*une*) vache et (*une*) laiterie, on trouvera la vaccine. — Il y aura toujours une grande inégalité entre (*un homme*) lettré et (*un homme*) illettré. — Le lait d'ânesse n'est en réputation en France que depuis François

(*Premier*). — Là où il y a (*de*) gras pâturages, il y a (*d'*) excellent beurre. — La marquise de Pompadour était la maîtresse de Louis (*Quinze*). — Charles (*Neuf*) tira sur les protestants d'une des fenêtres du Louvre, avec une arquebuse. — La guerre civile, sous Louis (*Onze*), fut appelée la guerre du *bien public*. — Ce fut à la quinzième session du concile tenu à Constance, en (*mil*) quatre (*cent*) quatorze, que le malheureux Jean Hus et ses sectateurs furent brûlés. — Les trois (*cents*) Spartiates qui périrent en combattant pour leur patrie, au passage des Thermopyles, se sont acquis une gloire immortelle. — Les noms des aromates n'ont (*de*) pluriel dans aucune langue. — (*Bonne*) renommée vaut mieux (*que ceinture*) dorée. — L'année solaire est composée de trois (*cent*) soixante-cinq jours, (*cinq*) heures et quarante-(*neuf*) minutes; l'année lunaire n'est composée que de trois (*cent*) (*cinquante*) jours. — La vie de l'homme ne s'étend guère au delà de (*cent*) ans. — La foi est (*un*) don et (*une*) illumination de l'Esprit-Saint. — (*Un*) Français, (*un*) Anglais, (*un*) Espagnol, (*un*) Italien, (*un*) Russe, sont tous à peu près les mêmes hommes. — La Grèce et l'Asie-Mineure étaient remplies de la mémoire de ce fameux siége de Troie, (*une*) des premières époques des temps fabuleux. — Si (*un*) de vos amis a besoin de faire toucher de l'argent à Smyrne, la poste sera son affaire. — L'Enfant-Jésus, entre les bras d'une mère charmante et modeste, est en même temps (*un*) des plus touchants et des plus agréables spectacles que la dévotion chrétienne puisse offrir aux yeux des fidèles. — La Motte, (*un*) des esprits les plus anti-poétiques qui aient jamais existé, s'est épuisé en frivoles sophismes. — (*L'un*) de ces bandits, qui se disaient Maures, me prit en affection. — Madame Dupin était (*une*) des trois ou quatre jolies femmes de Paris dont le vieux abbé de Saint-Pierre avait été l'enfant gâté. — Arnaud de Brescia, (*un*) de ces hommes à enthousiasme, dangereux aux autres et à lui-même, prêchait de ville en ville contre les richesses immenses des ecclésiastiques. — Ducis, (*l'un*) des quarante de l'Académie française, vient d'obtenir un nouveau triomphe sur la scène. — Cinna et Carbon, (*un*) de ses lieutenants, se campèrent sur les bords du Tibre. — Une abbaye est un monastère gouverné par (*un*) abbé ou (*une*) abbesse. — C'est un étrange assortiment qu'une fille de (*quinze*) ans avec un vieillard de (*quatre-vingts*). — Louis XV fut sacré à Reims le vingt-cinq octobre (*mil*) sept cent vingt-deux. — (*Une*) bonne ou (*une*) mauvaise conversation nous forme ou nous gâte. — (*Un*) bon ou (*un*) mauvais conseil nous sauve ou nous perd. — Il y a (*un*) bon et (*un*) mauvais goût. — Quelle différence entre un bon et (*un*) mauvais règne ! — L'hymen offre un grand sac qui contient (*quatre-vingt*)-dix-neuf vipères et une anguille. — Le secret pour qu'on nous aime, c'est d'aimer les (*premiers*). — L'Opinion aux (*cent*) yeux, aux (*cent*) oreilles, aux (*mille*) langues, est assise au milieu de l'océan de l'éternité sur un roc entouré de débris. — La nature n'approvisionne ce monde que par assortiment. Il faut recevoir (*mille*) Cotins pour un Boileau, et (*cent*) erreurs pour une vérité. — Un roi qui peut s'assurer (*cent*) (*mille*) bras, ne peut s'assurer un cœur. — Dans tous les colléges, il faut établir (*un*) gymnase ou lieu (*d'exercices corporels*) pour les enfants. — Affranchir les peuples de Pologne est (*une*) grande et belle opération, mais hardie, périlleuse, et qu'il ne faut pas tenter inconsidérément. — Le bien que vous faites pour le mal est (*une*) noble et douce vengeance.

CHAPITRE V.

EXERCICES SYNTAXIQUES SUR LES ADJECTIFS POSSESSIFS.

Nos 208 à 210.

1. C'était un Hottentot de race mêlée, de même que (*son*) père et (*sa*) mère.

2. Souvent (*nos*) malheurs et (*nos*) torts sont la faute de nos mentors.

3. Le peuple n'arrête (*son*) attention et (*ses*) respects que sur des projets immuables ou qu'il croit tels, et qui lui imposent par (*leur*) grandeur ou (*leur*) éloignement.

4. Les Indiens et les Juifs, si attachés à (*leurs*) castes ou tribus, ont méprisé les autres peuples au point de ne jamais s'allier avec eux par des mariages.

5. Tous ces messieurs avaient (*leurs*) femmes ou (*leurs*) amies ou (*leurs*) maîtresses.

6. Avant que d'aller plus loin, je dois au lecteur (*mon*) excuse ou (*ma*) justification.

7. Ressemblez à (*vos*) pères et mères, et soyez comme eux la bénédiction du pays.

8. Ces deux jeunes animaux ne se ressemblaient pas plus que (*leurs*) père et mère par leur naturel.

Nos 211 et 212.

1. Ils voulaient partager avec leur capitaine (*sa*) bonne ou (*sa*) mauvaise fortune.

2. Chacun sera jugé selon (*ses*) bonnes ou (*ses*) mauvaises œuvres.

3. (*Nos*) sages et doctes aïeux ont brûlé religieusement des gens dont le crime était d'avoir eu des illusions et de le dire.

4. J'avais à cœur la publication de (*mon*) dernier et meilleur ouvrage.

5. Pour me bien connaître, il faut me connaître dans tous (*mes*) rapports, bons ou mauvais.

6. Sur ce plan, gradué dans son exécution par une marche successive qu'on pourrait précipiter, ralentir ou même arrêter

selon (*son*) bon ou (*son*) mauvais succès, on n'avancerait qu'à volonté.

7. Une parfaite égalité d'humeur est si rare, que le sage même a (*ses*) bons ou (*ses*) mauvais moments.

Nos 213 et 214.

1. Une grande voile de pourpre flottait dans l'air au-dessus du char; elle était à demi enflée par le souffle d'une multitude de petits zéphirs qui s'efforçaient de le pousser par (*leurs haleines*).

2. Voilà, dit saint Ambroise, la merveille de la mort des chrétiens; elle ne finit pas (*leur vie*) : elle ne finit que (*leurs péchés*).

3. L'orgueil et la vanité ne pardonnent pas à l'amitié la connaissance qu'elle acquiert de (*leurs faiblesses*).

4. Les Romains pouvaient ôter la vie à (*leurs enfants*), mais non la liberté.

5. Les hommes ont toujours (*leur intérêt*) pour base.

6. Il ne faut jamais faire balancer les hommes entre (*leurs intérêts*) et (*leur conscience*).

7. En tâchant d'usurper vos avantages, elles abandonnent les (*leurs*).

8. En (*leur*) peignant les hommes, peignez-les-(*leur*) tels qu'ils sont.

Nos 215, 216 et 217.

1. M. Purgon m'a défendu de découvrir (*ma*) tête.

2. Le commandant phénicien, arrêtant (*les*) yeux sur Télémaque, croyait se souvenir de l'avoir vu.

3. Je me suis blessé à (*la*) jambe, dira quelqu'un dont la jambe est ordinairement malade.

4. Elle avait une épée plongée dans (*le*) sein, et rendait les derniers soupirs.

5. Le cyclope, assis sur un rocher au bord des mers de Sicile, chante ainsi ses déplaisirs en promenant (*ses*) yeux sur les flots.

6. Lorsque Charles XII reçut le coup qui termina dans un instant ses exploits et sa vie, il porta (*la*) main sur son épée.

7. Le bain m'a renforcé (*la*) jambe et fortifié (*la*) poitrine.

8. Cassius lui porta en même temps un coup dans le visage, et Brutus lui perça (*le*) sein.

9. Ils massacrent impitoyablement tout ce qui tombe entre (*leurs*) mains.

N° 248.

1. La condition naturelle à l'homme est de cultiver la terre et de vivre de (*ses fruits*).

2. En moissonnant les roses du bel âge,
   On n'en recueille pas (*les fruits*).

3. . . . Il faut peu compter sur la faveur des rois :
   Un instant détermine ou renverse (*leur choix*).

4. La joie du cœur est la vie de l'homme; la joie de l'homme rend (*sa vie*) plus longue.

5. Pourquoi craindre la mort, si l'on a assez vécu pour ne pas (*en*) craindre (*les suites*).

6. Quand on est dans le pays des fictions, il est difficile de ne pas (*en*) emprunter (*le langage*).

7. L'auteur d'un bienfait est celui qui (*en*) recueille (*le fruit*) le plus doux.

8. Toute l'assemblée jeta les yeux sur Mentor... Je racontais... les malheurs qui étaient venus fondre sur moi, dès que j'avais cessé de suivre (*ses conseils*).

EXERCICES GÉNÉRAUX SUR LES ADJECTIFS POSSESSIFS.

Les avantages acquis par le mérite des aïeux se perpétuent par le mérite de (*leurs descendants*). — Dans les discussions, ne prétendez pas donner (*votre rang, votre âge, votre sexe*) pour des démonstrations. — Quand on est dans un pays, il faut (*en étudier les*) mœurs et (*les*) coutumes pour pouvoir s'y conformer. — Partagez avec votre ami (*sa bonne ou sa mauvaise*) fortune. — (*Notre bonne ou notre mauvaise*) fortune dépend de notre conduite. — Lorsque les rois ont éloigné l'opinion publique de (*leurs trônes*), elle s'est assise sur (*leurs cercueils*). — Le bonheur est la seule chaîne qui puisse attacher les sujets à (*leurs gouvernements*). — Les riches sont ceux qui savent borner (*leurs désirs*) à (*leurs facultés*). — Le fleuve du temps a (*ses*) cascades et (*ses*) chutes : ce sont les révolutions. — La censure doit être accompagnée de (*quelques louanges*) qui (*en corrigent l'*) amertume. — Toutes les vertus trouvent sans cesse en elles-mêmes (*leurs délices*) et (*leur*) bonheur. — Il en est du gouvernement comme du Temps : il est rare (*qu'on n'en désire pas le*) changement. — Peste soit des gens qui viennent (*nous hurler aux*) oreilles ! — Chaque soir, le sommeil vient nous ôter notre fardeau pour nous faire voltiger dans le pays des Songes ; chaque matin, l'impitoyable nécessité (*le recharge sur nos*) épaules. — On avertit charitablement les autres de (*leurs torts*), de (*leurs défauts*), pour le plaisir secret de les humilier. — L'histoire nomme bien peu de chefs absolus de nations qui aient été (*leurs bienfaiteurs*). — Si la religion était purement l'ouvrage de l'homme, (*elle serait son*) chef-d'œuvre. — Je (*me percerais le*) cœur de mille coups, si j'avais la pensée de trahir un ami ! — Comme l'honneur nous est infiniment plus précieux que (*la*) vie, nous ne sommes pas redevables de la vie à qui nous a ôté (*l'*) honneur. — Je serais coupable (*si je ne meublais pas ma*) mémoire de bons principes. — Nous sommes l'œuvre de la nature ; mais auteurs et responsables de (*nos fautes et de nos folies*). — L'une des injustices les plus communes est de vouloir que nos inférieurs se conforment à (*nos goûts et à nos opinions*). — Le comble du crime est de vouloir (*en ôter les*) remords. — L'homme fier est comme un cheval qui porte (*la*) tête fort (*haute*), et qui communément a (*les*) reins faibles. — Ne croyez pas que le pardon du tort le plus léger d'un ami (*compense tous ses*) services. — Si vous ôtez aux hommes toutes les chimères, quel plaisir (*leur*) restera-t-il? — La science militaire calcule les masses, (*leur vitesse, leurs chocs et leur résistance*). — Le ciseau n'est pas le sculpteur; le corps n'est pas l'âme : (*il n'en est que l'*) instrument. — L'instruction est un trésor; le travail (*en est la*) clef. — Les peuples éviteraient souvent le fléau de la guerre, si les souverains vidaient en champ clos (*leurs différends*). — Le sage a (*la*) bouche dans (*le*) cœur. — Les jeux politiques sont l'inverse du colin-maillard : quelques-uns seulement y voient clair; tous les autres ont le bandeau sur (*les*) yeux. — Laisser le crime en paix, c'est (*s'en rendre*) complice. — (*En observant ses*) lois, adorez l'immortel; son temple est l'univers, (*la terre est son*) autel. — Les rois de France ont l'heureuse impuissance de ne pouvoir rien faire contre les lois de (*leur pays*). — L'usage nous condamne à bien des folies; la plus grande est de (*s'en faire les*) esclaves. — Se je moissonne trop tôt les roses du bel âge, (*je n'en recueillerai pas les*) fruits. — Plus on étudie la nature, plus (*on reconnaît son*) auteur. — Il m'est venu une fluxion à (*la*) joue, et je me suis mis des cataplasmes pour la faire passer. — Chaque soir, le sommeil vient nous retirer notre fardeau pour nous faire voltiger dans le pays des Songes; chaque matin, l'impitoyable nécessité nous le recharge sur (*les*) épaules. — Tout éloge d'autrui nous blesse (*les*) oreilles. — Tout peuple a (*ses*) usages, (*ses*) mœurs, (*son*) génie et (*ses*) lois. — Mettons tout le monde à (*sa*) place, et tout ira pour le mieux. — Plus un poison se dissimule, (*plus le coup en*) est dangereux. — Il n'est pas rare de voir des chiens mourir de regret de la mort de (*leurs maîtres*). — (*Nos biens et nos maux*) découlent de nos principes. — Un homme qui abuse de sa force contre des enfants peut craindre qu'ils ne rendent (*ces*) violences à sa décrépitude. — L'austérité des mœurs est un ajustement que les femmes ajoutent à (*leur beauté*). — L'esprit s'use comme toutes choses; les sciences (*en sont l'*) aliment, elles le nourrissent et le consument. — C'est un fonds de jalousie vaniteuse qui fait que la critique (*allèche notre*) esprit. — Rendez à l'orgueilleux tous (*ses*) dédains, il s'ennuiera dans sa solitude. — On demande quatre choses à une femme : que la vertu habite dans son cœur ; que la modestie brille sur son front ; que la douceur découle de (*ses*) lèvres, et que le travail occupe (*ses*) mains. — Tous les hommes ont (*leur part*) des misères humaines : la raison seule (*en allége le*) poids. — La vue continuelle du sang, même en peinture, peut (*en allumer la*) soif. — La contradiction la plus étrange dans l'homme est celle qui s'établit entre (*ses opinions et ses intérêts*). — La correspondance des amis double (*leur existence*), et (*sa*) cessation est une première mort. — Songez que les couleuvres que vous faites avaler à quelqu'un (*ne meurent pas dans son*) cœur. — Les hommes ont le droit d'adorer Dieu comme il (*leur*) plaît. — La monarchie est incontestablement le meilleur des gouvernements, lorsque l'affection (*en est le*) principe et (*l'*) effet. — A l'instant où l'homme s'affuble du costume d'un état, il (*en prend le*) masque. — Pratiquez la vertu : la paix de l'âme (*en est la*) récompense. — J'aurais honte de passer (*ma*) vie dans l'oisiveté et dans l'ignorance. — Quelle que soit (*notre*) fortune ou (*notre*) mérite, nous ne réussissons pas toujours dans nos entreprises. — Il n'y a pas d'accident si malheureux que les habiles gens ne tournent à (*leur avantage*). — Je ne crains nullement qu'on vienne chez moi me couper (*la*) gorge, dans la pensée que je suis cousu de pistoles. — Je n'ai jamais assisté à une soirée où j'aie tant bâillé, où je me sois tant frotté (*les*) yeux et où j'aie tant de fois demandé l'heure qu'il est. — On a le temps d'avoir (*les*) dents longues, quand on attend le trépas de son oncle. — Je veux bien me charger d'une affaire délicate ; mais si je fais quelque bévue, je m'en lave (*les*) mains. — Ceux qui veulent toujours analyser ressemblent au chimiste qui, pour connaître les fleurs, (*détruit leur*) éclat et (*leur*) parfum. — La gloire est l'appât de la sottise, et la noblesse (*en est le*) masque. — Les esclaves baisent (*leurs fers*). — Que nous servirait l'argent, si nous ne le dépensions pour (*nos besoins et nos plaisirs*)? — Les bêtes brutes meurent de chagrin de la perte de (*leurs petits*). — Dans le système des cabalistes, les paroles mystérieuses ou magiques perdent (*leur vertu*) par la traduction. — Les cahiers de la noblesse de l'Agénois exigeaient des militaires le serment de ne jamais s'armer contre (*leurs concitoyens*). — L'âge change (*nos goûts*), (*nos*) mœurs et (*nos*) penchants. — Chaque royaume a (*ses*) cérémonies. — Chacun a (*son*) défaut où toujours il revient. — Plus nous donnerons aux autres occasion de plaire, et plus nous (*leur*) plairons. — J'aime à railler les railleurs, et je (*leur*) donne quelquefois sur (*les*) doigts. — Ne jugez pas des hommes par (*leurs*) discours : vous vous tromperiez lourdement. — (*Notre*) honneur, (*notre*) vie, (*notre*) repos, (*nos*) biens sont à la merci du hasard. — Gardez vos opinions, et laissez aux autres les (*leurs*). — Si les autres tiennent à (*leurs*) opinions, laissez-(*les-leur*). — Fuyez ces sortes de gens qui ont la tête farcie des idées des autres, et qui vous les débitent comme (*les leurs*) propres. — Avez-vous quelques reproches à faire à vos domestiques? faites-(*les-leur*) avec douceur. — Si vous tenez à vos idées, il est juste que les autres tiennent (*aux leurs*). — Les offenses que les autres vous font, (*passez-les-leur*). — Tous les étrangers étudient notre langue; nous négligeons trop (*les leurs*). — Les Romains n'imposaient pas (*leurs usages*) aux nations qu'ils avaient vaincues : ils prenaient au contraire (*les leurs*). — A Dieu ne plaise que l'on donne à mes paroles un autre sens que celui que je (*leur*) donne! — Remplissez vos devoirs, et laissez aux autres le soin de remplir (*les leurs*). — Il y a des gens qui veulent connaître vos secrets; mais (*cachez-les-leur*) bien. — Que les Anglais boivent à notre santé, et nous boirons (*à la leur*). — Les gens que l'on plaisante, on les voit rire du bout (*des*) dents. — Les étrangers trouvent notre langue difficile auprès de (*la leur*). — Que ceux-là ne heurtent les idées de personne qui ne veulent pas qu'on heurte (*les leurs*). — Quand mes enfants me demandent (*leurs*) sous, je (*les leur*) donne. — Je ne trouve pas mon compte avec les babillards : ces gens-là m'étourdissent de (*leur caquet*). — Ceux-là ne disent pas de mal des gens en place, pourvu qu'ils conservent (*la leur*). — Si quelque voleur entrait chez moi, je suis sur (*mes gardes*), et je suis armé de pied en cap. — Si nous allons dans la prairie, nous pouvons admirer à la fois mille (*arcs-en-ciel*) peints sur chaque goutte de rosée, et qui mêlent (*leurs riches couleurs*) à la parure des champs. — Si vous avez les défauts des autres, ne (*les leur*) reprochez pas. — Enseignez aux enfants les bonnes actions et (*recommandez-les-leur*). — Lisez constamment les bons écrivains (*pour vous perfectionner le*) goût. — Que ceux-là tolèrent les défauts des autres qui désirent que l'on tolère (*les leurs*). — Ceux qui vont sur les terres de (*leurs*) voisins doivent craindre que (*leurs*) voisins n'aillent à (*leur tour*) sur (*les leurs*). — Ceux-là seuls arrivent à l'accomplissement de (*leurs desseins*), pour peu qu'ils y persévèrent. — Ceux qui ne viendraient pas à mon secours n'auraient pas le droit de se plaindre que je ne vinsse pas (*au leur*). — Je ne puis aller bien loin en amitié, si je ne suis pas disposé à pardonner aux autres (*leurs défauts*). — Quand on est jeune, il faut travailler (*à purifier son*) cœur, et (*à polir son*) esprit. — Les services que je puis rendre aux autres, je (*les leur*) rends. — Les riches sont ceux qui savent borner (*leurs désirs*) à (*leurs facultés*). — Les rois sont les illustres esclaves de (*leurs peuples*). — Nos bons aïeux avaient une si haute opinion de l'esprit humain, qu'ils (*en attribuaient les*) écarts à l'impulsion des démons. — Lorsque les gouvernements se succèdent avec trop de rapidité, les nations payent (*cher leur*) apprentissage et (*leurs*) écoles. — Une révolution, (*ses*) causes et (*leurs*) suites ne sont qu'un long combat (*d'égoïsmes*). — Je trouvai une couronne dans un égout, j'(*en ôtai les*) ordures, et me la (*mis*) sur (*la*) tête. — Tantôt la peur (*nous met des ailes aux talons*), tantôt elle (*nous cloue les pieds*) au sol et les entrave. — Que de gens s'enveloppent du manteau de la religion pour couvrir (*leurs défauts*) ou faire oublier (*leurs crimes*)! — Éloignez les étourneaux de (*vos*) vignes et (*de vos*) assemblées politiques. — L'expansion est la loi de l'univers, l'application des êtres et de (*leurs rapports*). — Que pourront dire avec justice les blancs, si les nègres libres d'Haïti les font esclaves, les chargent de (*leurs anciens fers*), les déchirent avec les fouets de (*leurs commandeurs*). — Si les familles s'honorent des vertus de (*leurs membres*), peuvent-elles éviter d'être flétries par (*leurs vices*). — Les opinions ont (*leur*) flux et reflux. — Nul ne peut naître gentilhomme, mais il doit le devenir par (*ses*) talents et (*ses*) vertus. — C'est au jugement des hommes que l'on connaît (*leurs*) principes et (*leur cœur*). — Combien peu des dynasties furent légitimes dans (*leur principe*). — Nous serons jugés selon (*nos*) bonnes et (*nos*) mauvaises œuvres. — Certaines gens auraient volontiers éteint le soleil pour vendre plus cher (*leurs luminaires*). — L'habitude est (*notre*) plus sûre et (*notre*) plus commode maîtresse pour nous rendre tout facile. — Il y a des hommes tellement maltraités par la nature, la fortune et (*leurs semblables*), que le cœur et la raison répugnent à ne pas espérer pour eux, de la justice divine, un état meilleur. — Si les députés d'une nation font des lois manifestement contraires à ses vœux, ils violent (*leur mandat*) et deviennent ses tyrans. — Nous sommes comme des médailles que l'on peut regarder de (*leur*) bon ou (*de leur*) mauvais côté. — On ne suppose dans les princes rien de médiocre ; et l'on ne parle jamais de (*leurs vertus ou de leurs vices*) sans les exagérer à l'excès. — (*Notre*) bonne et (*notre*) mauvaise fortune (*mélangées*) nous (*donnent*) de la douceur. — Beaucoup de gens doivent la régularité de (*leur conduite*) à la dureté de (*leurs mœurs*).

CHAPITRE VI.

EXERCICES SYNTAXIQUES SUR LES ADJECTIFS DÉMONSTRATIFS.

N° 249.

1. Vous croyez qu'avec ces moyens et (*ces mesures*) les déclarations des propriétaires seront fidèles.

2. Ces questions et (*ces propositions*) sont la plupart extraites du traité du *Contrat social*.

3. Tous ces aventuriers ne devaient pas regarder ces arts et (*métiers*) comme au-dessous d'eux.

4. On ne doit jamais charger aucun comité particulier d'expédier ou refuser ces certificats ou (*approbations*).

5. Pour savoir comment tous ces cultes ou (*ces superstitions*) s'établirent, il me semble qu'il faut suivre la marche de l'esprit humain.

6. Il y a toujours eu du mouvement et de l'intelligence dans le monde; ce mouvement et (*cette intelligence*) se sont distribués de tout temps suivant les lois de la nature.

N° 220.

1. Grotius lui-même a répété que Mahomet, ce grand et (*faux*) prophète, avait instruit une colombe à voler auprès de son oreille.

2. Ces bons et (*ces mauvais*) conseils que nous recevons dans le monde jettent notre esprit dans le plus grand embarras, et nous empêchent souvent de prendre un parti.

3. Chassez-moi tous ces anciens et (*ces nouveaux*) amis qui ne voient en vous que votre position et votre fortune.

4. Je vous sais un gré infini d'avoir dépouillé notre langue de ce sot et (*précieux*) jargon qui ôte toute vérité aux images et toute vie aux sentiments.

5. Les matelots ajoutent à ces bonnes et à (*ces mauvaises*) qualités les vices de leur éducation.

6. Malheur au siècle qui produit de ces hommes rares et (*merveilleux*)!

7. Cette immense et (*tumultueuse*) république avait pour chefs le pape et l'empereur.

EXERCICES GÉNÉRAUX SUR LES ADJECTIFS DÉMONSTRATIFS.

Dieu donna les premiers noms aux êtres ; ceux des hommes sonts écrits au ciel ; (*ces*) noms et (*ces*) êtres ont des rapports efficaces. — Les gouvernants ne devraient pas oublier (*cette*) grande et sainte maxime : Les rois doivent aux peuples. — (*Ces*) chants, (*ces*) cérémonies, (*ce*) culte intérieur, ne sont que l'écorce de la religion, dont le (*fond*) est la vertu. — Je fais plus de cas d'un cordonnier que de tous (*ces*) écornifleurs du Parnasse. — (*Cette*) fausse gloire et (*cette*) fausse modestie sont les deux écueils de ceux qui écrivent leur propre vie. — (*Cette*) première et (*cette*) meilleure éducation possible est la religion. — (*Cette*) superstition et (*ce*) fanatisme sont la honte et l'effroi de l'humanité. — (*Tous*) les devoirs de l'homme social envers (*ses*) concitoyens sont fondés sur (*ce*) fait et (*ce*) principe de l'égalité (*naturelle*). — Ne pas parler de (*ses*) amis avec éloge, c'est ne pas faire le sien. — La plus grande difficulté peut-être en politique, c'est de faire élire au peuple (*ses*) représentants. — Ce sont les journalistes, (*ces*) espèces de fonctionnaires publics, ou magistrats de l'opinion, qui la dirigent. — C'est le consentement unanime du peuple ou de (*cette*) plus grande et de (*cette*) plus forte partie qui fait le fondement de (*toutes sortes de gouvernements*). — Notre renommée ne dépend pas toujours de nous-mêmes, mais de (*ces*) bonnes ou de (*ces*) mauvaises idées que la bêtise des autres se forme de nous. — Après (*cette*) longue et douloureuse agonie, il rendit le dernier soupir. — (*Ce*) bonheur ou (*ce*) malheur de l'homme ne dépend pas moins de son humeur que de sa fortune. — (*Cette*) première et (*cette*) plus grande ignorance est de nous ignorer. — Que (*cette*) heureuse ou (*cette*) malheureuse existence dépende des idées que nous nous en faisons, c'est ce qu'il y a de par trop évident. — La curiosité folliculaire se repaît du récit de (*ces*) désastres et de (*ces*) calamités du globe. — (*Ce*) fanatisme et (*cet*) enthousiasme ne sont jamais bons qu'à faire une émeute. — Ces langueurs de l'ennui énervent l'âme plus promptement que (*ces*) fatigues de l'esprit et (*ces*) tourments du cœur. — (*Toutes ces*) révolutions et (*ces*) réactions sont formées des abus et des excès. — (*Ces*) grandes et (*ces*) petites âmes ne peuvent jamais s'entendre. — Faites, par (*ces*) belles et bonnes actions, que le jour le plus brillant de votre existence ne soit pas celui de votre enterrement. — Le sage n'entre pas dans (*ces*) affections et (*ces*) haines de partis. — L'avantage de l'exactitude à payer (*toutes ses*) dettes, est de posséder réellement ce qui reste. — De (*tous ces*) récits, (*ces*) peintures, (*ces*) critiques, (*ces*) éloges, ôtez la part de l'exagération. — Il est de (*ces*) noms, de (*ces*) faits et de (*ces*) erreurs qui ne devraient jamais s'exhumer de l'oubli, pour l'honneur et le repos de l'humanité. — Avec (*cet*) ordre et (*cette*) économie dans les finances on vient à bout de tout. — (*Ces*) éphores ou magistrats rendaient la justice à Athènes. — (*Ce*) gouvernement ou suprême administration est l'exercice légitime de la puissance exécutive; (*ce*) prince ou magistrat, l'homme ou le corps chargé de cette administration. — Tu trouveras le bonheur dans (*ce*) doux et paisible acquiescement à la condition où tu te trouves. — (*Cette*) première et (*cette*) seconde enfance ne nous présentent qu'un état de misère. — (*Cette*) mollesse ou (*cette*) indulgence pour soi, et (*cette*) dureté pour les autres, ne sont (*qu'un*) seul et même vice. — (*Ces*) diverses espèces ou formes de gouvernement se distinguent par le nombre des membres qui les composent. — En récompense (*de ces*) bons et utiles offices, que Dieu éloigne de toi tout chagrin domestique. — (*Ces*) pronoms, *mon, ma, mes,* (*donnent*) une grande importance à toutes les choses auxquelles nous pouvons (*les*) attacher. — (*Ces*) tribuns ou magistrats du peuple étaient les gardiens des lois et du pouvoir législatif. — Que l'on nous connaîtrait mal, si l'on nous jugeait par (*ces*) titres, (*ces*) inscriptions louangeuses et (*ces*) épitaphes! — (*Ces*) plus vives et (*ces*) plus pures jouissances, tu les trouveras dans les affections du cœur. — (*Cette*) résignation, (*cette*) patience, (*cette*) sobriété, sont d'habiles médecins. — (*Ces*) provinces ou palatinats contenaient un peu plus de huit mille habitants. — (*Ces*) temples, (*ces*) cérémonies, (*ces*) costumes, (*ces*) idoles (*même*), tout ce qui a rapport à Dieu doit être respecté. — (*Ces*) palatinats, (*ces*) castellanies et (*ces*) starosties étaient à la nomination du roi. — (*Ce*) meilleur ou (*ce*) plus méchant des animaux, c'est l'homme. — (*Ces*) heures, (*ces*) jours, (*ces*) semaines, (*ces*) mois, (*ces*) années, coulent comme (*les*) minutes et (*les*) secondes.

CHAPITRE VII.

EXERCICES SYNTAXIQUES SUR LES ADJECTIFS INDÉFINIS.

N° 221.

1. Le temps nous trompe (*tous*).
2. Dans la solitude éternelle, (*toutes*) nos attaches sont rompues.
3. C'est sur les bords des rivières que les végétaux se montrent dans (*toute*) leur beauté.
4. (*Tout*) le devoir de l'homme, (*tout*) son objet, (*toute*) sa nature, c'est de craindre Dieu.
5. La coquetterie détruit et étouffe (*toutes*) les vertus.
6. Pour être heureux avec les passions, il faut que (*toutes*) celles que l'on a s'accommodent les unes avec les autres.
7. (*Toute*) la doctrine des mœurs tend uniquement à nous rendre heureux.
8. Presque (*toutes*) les opinions des hommes sont des passions.
9. (*Tous*) les raisonnements des hommes ne valent pas un sentiment d'une femme.

N° 222.

1. La loi est la reine de (*tous*) les mortels et immortels.
2. J'ose défier (*tous*) les moralistes et (*tous les*) législateurs, et je

leur demande à tous s'ils ont dit rien de plus beau et de plus utile que l'exorde des lois de Zaleucus.

3. Toutes les religions ont emprunté (*tous*) leurs dogmes et leurs rites les unes des autres.

4. (*Tout*) rang, (*tout*) sens, (*tout*) âge, doit aspirer au bonheur.

5. Les oiseaux ont réuni autour de leurs petits (*toute*) l'intelligence et (*toute*) la bienveillance dont ils étaient capables.

6. Les premiers chrétiens étaient (*tous*) égaux et obscurs.

7. Presque (*tous*) les petits États, républiques et monarchies indifféremment, prospèrent par cela seul qu'ils sont petits.

8. L'athéisme est une opinion dénaturée et monstrueuse difficile à établir dans l'esprit humain, (*tout*) insolent et déréglé qu'il puisse être.

N° 223.

1. En vérité, je suis (*toute*) honteuse.

2. Ces lois qu'il a protégées l'ont rétabli presque (*toutes*) seules.

3. Vénus paraît (*toute*) hérissée de montagnes.

4. Son amant la voyait (*tout*) en pleurs.

5. En temps de pluie et de dégel, les maisons, les pierres, les vitres deviennent (*tout*) humides.

6. Le chien est (*tout*) fidélité.

7. Ce diable était (*tout*) yeux et (*tout*) oreilles.

8. Le mari va, vient, se donne mille peines; il voudrait être (*tout*) attention.

9. Eucharis, rougissant et baissant les yeux, demeurait derrière, (*tout*) interdite, sans oser se montrer.

10. Sa face était de pleurs (*toute*) baignée.

11. Les vaisseaux sont (*tout*) prêts et le vent nous appelle.

12. Autour d'elle volaient les vengeances (*toutes*) dégouttantes de sang.

Nos 224 et 225.

1. Un abus d'une (*tout*) autre importance est qu'on se presse trop de faire parler les enfants.
2. Vous méritez, sans doute, une (*tout*) autre destinée.
3. Pour vous, vous méritez (*tout*) une autre fortune.
4. Alamir? il paraît d'une (*tout*) autre espèce
   Que monsieur le baron.
5. Je n'aime pas prôner des dehors de piété qui souvent trompent les yeux, et ont de (*tout*) autres motifs que ceux qui se montrent en apparence.
6. J'ai grand'peur que toutes ces petites saintes ne passent leur jeunesse à (*tout*) autre chose qu'à prier Dieu.
7. Aux aventures des croisades succèdent des aventures d'outre-mer d'une (*tout*) autre importance.
8. (*Toute*) autre aurait pour moi pris les mêmes ombrages.
9. Cléopâtre aima mieux mourir avec le titre de reine que de vivre dans (*toute*) autre dignité.
10. Un homme qui a vécu dans l'intrigue un certain temps ne peut plus s'en passer; (*toute*) autre vie pour lui est languissante.

Nos 226 et 227.

1. Par (*toute*) l'Europe, l'espèce humaine est si misérable, qu'on ne sait qu'en faire.
2. (*Tout*) Rome est consterné.
3. (*Toute*) l'Italie avait les yeux tournés sur les Romains et les Volsques.
4. (*Tout*) Lisbonne vit partir avec indignation et avec larmes ces aventuriers.
5. La prospérité d'une terre dépend, avant (*toute chose*), de celle de ses habitants.

CORRIGE DES EXERCICES DE LA GRAMMAIRE. 137

6. Les sots sont un peuple nombreux,
Trouvant (*toutes choses faciles*).
7. Le seul Horace en (*tous genres*) excelle.
8. Les premiers rudiments sont, en (*tout genre*), plus lents chez les hommes que les grands progrès.
9. La confession de ses fautes a été autorisée de (*tout temps*) chez presque toutes les nations.
10. Des chimistes habiles prétendent qu'en (*tous temps*) on pourrait faire de la glace dans la machine pneumatique.

N°s 228 et 229.

1. (*Chaque*) état, (*chaque*) âge a ses devoirs.
2. (*Chaque*) gentilhomme ou chanoine aura, pour sa part, mille arpents.
3. (*Chaque*) pays, (*chaque*) degré de température, a ses plantes particulières.
4. (*Chaque*) vers, (*chaque*) mot, court à l'événement.
5. (*Chaque*) mot, (*chaque*) regard, est un trait plein de flamme.
6. (*Chaque*) nation, (*chaque*) cour, (*chaque*) prince, a besoin de se choisir un patron pour l'admirer ou pour l'imiter.
7. (*Chaque*) nation, (*chaque*) âge, (*chaque*) sexe ; a ses goûts particuliers.
8. (*Chaque*) âge, (*chaque*) état de la vie, a sa perfection convenable.

N° 230.

1. Il y avait dans Ancyre sept vierges chrétiennes d'environ soixante-douze ans (*chacune*).
2. Il y a dans ce volet de ma chambre cinq trous de plus d'un demi-pouce de diamètre (*chacun*).
3. Nous attendions qu'il fît clair, quand nous entendîmes passer quatre chariots avec deux bœufs (*chacun*).

4. A l'instant même, nous vîmes arriver aux deux bouts de la terrasse une multitude de chars attelés (*chacun*) de quatre chevaux.

5. En 1825, l'Angleterre a tiré de l'Indoustan 59,350 balles de coton de 340 livres (*chaque*).

6. L'importation en Angleterre du coton d'Egypte s'est élevée, en 1825, à 103,400 balles, qui, à la vérité, ne sont pas très-fortes, puisque leur poids commun ne va pas à 150 livres (*chaque*).

7. Je doute fort, repartit le roi, qu'avec ces trois cents licornes, il soit en état de percer tant d'armées de trois cent mille hommes (*chacune*).

N°s 231 et 232.

1. Lorsque l'homme est blessé mortellement, on ne doit pas songer à garder (*aucunes mesures*).

2. (*Aucune loi*) n'est bonne, si elle ne repose sur les lois de la nature.

3. Je veux, sans (*nul témoin*), rire à présent de moi.

4. (*Nul bien*) sans mal, (*nul plaisir*) sans alarmes.

5. La pauvreté vaut mieux qu'une (*telle*) richesse.

6. Aux jeux inhumains il faut substituer ceux qui exercent le corps et l'âme : (*tels*) sont la lutte, la course, la natation, l'exercice des armes à feu, la danse et surtout la musique.

7. (*Telle*) était la fidélité des domestiques et la vigilance de M. et Madame Lorenzi, que rien ne se trouva de manque sur l'inventaire.

8. (*Telle*) fut la reine dans tout le cours de sa vie.

N° 233.

1. Tel serait sage dans une condition médiocre (*qui*) devient insensé quand il est le maître du monde.

CORRIGÉ DES EXERCICES DE LA GRAMMAIRE.   139

2. Tel (*qui*) cachait son âge à quarante ans l'augmente à quatre-vingts.

3. Tel (*dont*) en tous lieux chacun vante l'esprit,
Voudrait pour son repos, n'avoir jamais écrit.

4. Tels (*que*) l'on croit d'inutiles amis,
Dans le besoin rendent de bons services.

5. Tel brille au second rang (*qui*) s'éclipse au premier.

6. Tel abbé (*qui*) s'intitule *frère* se fait appeler *monseigneur* par ses moines.

7. Tel brave les tourments (*qu'*)un bienfait peut séduire.

8. Tel vous semble applaudir (*qui*) vous raille et vous joue.

Nos 234 à 237.

1. (*Quelle*) est donc, s'il vous plaît, cette façon de peindre?

2. Bientôt vous connaîtrez ce qu'était Léonore,
(*Quelle*) était sa conduite et son nouveau devoir.

3. (*Quelles*) furent alors sa fermeté et sa sagesse.

4. (*Quels*) que soient les humains, il faut vivre avec eux.

5. A la Chine, on rend ceux qui gouvernent responsables des troubles, (*quelle*) qu'en soit la cause ou le prétexte.

6. (*Quel*) que soit le but ou l'avantage d'une chose, lorsqu'elle porte un cachet d'infamie, on ne saurait la faire sans en recevoir l'empreinte.

7. L'étude de l'histoire est la plus nécessaire aux hommes, (*quels*) que soient leur âge et la carrière à laquelle ils se destinent.

8. (*Quels*) que soient ton culte et ta patrie,
Dors sous ma tente avec sécurité.

N° 238.

1. Ce grand choix, tel qu'il (*soit*), peut n'offenser que moi.
2. Nous laissons, en mourant, le monde tel qu'il (*est*).

3. Des enfants, quels qu'ils (*soient*), doivent toujours respecter un homme.

4. Une jeune fille, telle innocente qu'elle (*soit*), a toujours un grain de coquetterie.

5. Un trône, quel qu'il (*soit*), n'est pas à dédaigner.

6. Une femme, quelle qu'elle (*puisse*) être, est une déesse pour des prisonniers.

7. Le plus fin, tel qu'il (*soit*), en est toujours la dupe.

8. Voilà, mon père, un point de foi bien étrange, qu'une doctrine est hérétique, quelle qu'elle (*puisse*) être.

N°s 239, 240 et 241.

1. (*Quelques*) rayons de miel sans maître se trouvèrent.

2. (*Quelques*) crimes toujours précèdent de grands crimes.

3. (*Quelque*) prompte que soit la pensée, il faut un petit temps pour qu'elle soit suivie d'une autre pensée.

4. Une femme, (*quelques*) grands biens qu'elle apporte dans une maison, la ruine bientôt si elle y introduit le luxe.

5. De (*quelques*) superbes distinctions que se flattent les hommes, ils ont tous même origine.

6. Esope naquit vers la cinquante-septième olympiade, (*quelque*) deux cents ans après la fondation de Rome.

7. (*Quelque*) heureusement doués que nous soyons, nous ne devons pas en tirer vanité.

8. Il est fâcheux que les hommes, (*quelques*) talents qu'ils aient, ne puissent produire quelque chose de bon tout d'un coup.

9. Et quel âge avez-vous? — Oh! (*quelque*) soixante ans.

N° 242.

1. Les louanges que nous donnons se rapportent toujours par quelque chose à nous-(*mêmes*).

2. Les lois absurdes s'abolissent d'elles-(*mêmes*).

3. Rien n'est plus rare que la véritable bonté; ceux-(*mêmes*) qui croient en avoir n'ont d'ordinaire que de la complaisance et de la faiblesse.

4. Quel caprice vous rend ennemi de vous-(*même*)?

5. Gentilshommes français, irez-vous périr pour la défense des abus dont vous vous êtes plaints vous-(*mêmes*) tant de fois?

6. Les Juifs (*mêmes*) ont aussi leurs métamorphoses.

7. Le caractère de l'enfance paraît unique; les mœurs de cet âge sont assez les (*mêmes*).

8. La bienveillance plaît à tous, (*même*) aux rois.

9. Frappez, Tyriens, et (*même*) Israélites.

10. Le peuple et les grands n'ont ni (*mêmes*) vertus ni (*mêmes*) vices.

11. Les goûts sont différents, souvent (*même*) opposés.

12. Les cultivateurs, les bourgeois (*mêmes*), restèrent longtemps attachés à la glèbe.

13. Les Grecs, si amoureux de leur liberté, se mettaient aux gages (*même*) des rois de Perse.

14. Vous retombez dans les (*mêmes*) alarmes.

EXERCICES GÉNÉRAUX SUR LES ADJECTIFS
INDÉFINIS.

Il n'y a pas de talent, (*quelque*) grand qu'il (*soit*), qui puisse expier, aux yeux des hommes, le crime d'avoir violé les lois de la nature. — (*Telle*) nation est forte de sa liberté qui, par cela même, veut l'esclavage de ses voisins. — Du malheur, (*quelle*) qu'en (*soit*) la cause, supportons les décrets d'un destin rigoureux. — Il n'est (*tel*) que les malheureux pour se plaindre les uns aux autres. — Le mensonge et les vers sont amis de (*tous*) temps. — Soyez modeste, (*quels que*) soient vos talents. — En (*toute chose*), fais ce que tu dois, et, (*quelle que*) soit l'opinion du vulgaire, ne t'en inquiète pas. — La jalousie égare plus que (*toute*) autre passion. — Ce qui cause nos sensations est (*toute*) autre chose que ce que nous croyons. — La nature a pour (*tous*) les yeux des charmes (*tout*) puissants, lorsqu'ils se trouvent réunis : c'est la jeunesse et la beauté. — Si le hasard a pu conglomérer (*quelques parties*) de la matière, certes il n'a pu coordonner les parties de l'univers. — L'universalité des connaissances est nécessaire pour être supérieur dans une partie (*quelconque*). — Tout était épuisé, et il ne restait plus à l'équipage (*aucuns vivres*). — Je ne me mêlai plus d'(*aucunes affaires*), et je me retirai dans une maison de campagne. — Nous ne prévoyons (*aucun*) des dangers et des malheurs qui nous attendent. — L'instruction est gratuite en France, et l'on peut tout apprendre sans (*aucuns frais*). — Cherchez à connaître les hommes, éprouvez-les peu à peu, et ne vous livrez à (*aucun*). — Celui qui est possédé de la passion du jeu jouera jusqu'à ce qu'il n'ait plus (*aucunes nippes*). — (*Chaque*) science et (*chaque*) art a ses termes propres et inconnus au commun des hommes. — Lorsque notre honneur est blessé mortellement, nous ne devons plus penser à garder (*aucunes mesures*). — Il n'y a (*aucune gloire*) à se battre avec une personne plus faible que soi. — La police doit veiller à ce qu'on ne laisse (*aucuns décombres*) dans la rue. — Ne jouez à (*aucun jeu*), si vous ne voulez pas courir des chances aléatoires. — Le sage s'en va à petit bruit, et il ne veut (*aucunes funérailles mondaines*). — Quel âge ai-je maintenant? (*quelque*) quarante ans. — Si vous voyagez dans les forêts du Nord, vous y trouverez des loups (*tout*) blancs et (*tout*) noirs. — Les hommes sont comme les monnaies : il faut les prendre pour leur valeur, (*quelque*) soit leur empreinte. — Cicéron préféra à (*toute*) autre gloire celle d'être appelé le père de la maîtresse du monde; Catilina avait une (*tout*) autre ambition. — (*Toute*) amitié qui n'est pas fondée sur la vertu n'est pas durable. — La femme est (*tout*) amitié, (*tout*) âme. — La puissance exécutrice était (*tout*) entière entre les mains des Éphores. — A peine Lulli trouva-t-il des hommes qui pussent exécuter ses symphonies (*toutes*) simples qu'elles étaient. — La volupté n'est point dans la bonté des aliments exquis : elle est (*tout*) en nous. — Une société (*tout*) aplanie et (*toute*) nivelée n'est pas plus capable de se défendre contre les révolutions qu'un pays plat contre les invasions. — (*Toute*) précieuse, (*tout*) honorable qu'est la science, elle ne doit pas être acquise aux dépens de la vertu. — La vertu est le souverain bien : (*toute*) autre richesse est illusoire. — A quinze ans, on est (*tout*) innocence. — Comme Caïus Gracchus était près de sortir de sa maison, sa femme (*tout*) en pleurs, accourut pour l'en empêcher. — Dans la comédie des *Visionnaires*, il n'y a (*nul mérite*), (*nulles mœurs*), (*nulle intrigue*), ce sont les Petites-Maisons où l'on se promène de loge en loge. — (*Aucune visite*) à faire (*aucun devoir*) à remplir, on a tout son temps à soi. — (*Quelque*) rivaux que soient les avocats, ils ne s'en estiment pas moins. — Un honnête homme honore son rang, (*quel qu'*) il soit. — (*Quels que*) soient nos efforts, l'argent décide toute chose. — (*Quelles que*) soient les lois, il faut toujours les suivre. — (*Nulle*) route, (*nulle*) communication, (*nul*) vestige d'intelligence dans les lieux sauvages. — Les Romains, dans leurs traités avec les rois, leur défendirent de faire (*aucune*) levée chez leurs alliés. — La mort de l'avare n'excite (*nul regret*), on ne lui rend (*aucun devoir*), on ne lui fait (*aucunes funérailles*). — Sans (*provisions*), sans prendre (*aucune précaution*), Cambyse part pour l'Éthiopie et s'enfonce dans les déserts sablonneux qui l'environnent. — (*Chaque*) mot, (*chaque*) articulation, (*chaque*) son, produisant différents mouvements dans les lèvres, (*quelque*) variés et (*quelque*) rapides que soient ces mouvements, on pourrait les distinguer tous les uns des autres. — On peut marcher à sa ruine par une route (*toute*) couverte (*d'arcs de triomphe*). — Les plus anciennes institutions, les conventions sociales (*les*) mieux cimentées, deviennent (*nulles*) dès que l'opinion générale leur refuse sa sanction. — Berlin est à (*quelques*) centaines de lieues de Paris. — La vie de l'homme est de (*quelque*) cent ans. — Les vers alexandrins sont de douze pieds (*chaque*). — Dans la ligne, les hommes doivent avoir (*quelque*) cinq pieds (*chacun*). — La république romaine a été (*quelque*) cinq cents ans sans historiens. — Un négociant s'établit et apporte 24,000 fr. dans son commerce ; huit mois après, il s'associe une autre personne qui apporte 20,000 fr.; au bout d'un an, ils se séparent avec un bénéfice de 6,000 fr.: on demande la part de (*chacun*). — Les appartements sont composés de cinq, six ou sept pièces (*chaque*). — Un individu avait, pour sa part, la moitié d'un héritage ; il partage également cette moitié entre ses trois enfants : que leur revient-il à (*chacun*)? — Un marchand qui achète sept cents pièces de vin à raison de 239 francs la pièce ne peut faire de mauvaises affaires s'il les vend ensuite à raison de 268 francs (*chaque, chacune*). — On partage une somme de 3,074,568 francs entre neuf cent quarante-huit personnes : combien leur revient-il à (*chacune*)? — On veut partager entre dix personnes une somme de 367 francs 80 centimes : que leur reviendra-t-il à *chacune*)? — S'il y a (*quelques selles*) à tous chevaux, il y a beaucoup de chevaux à (*toutes selles*). — Dans nos semblables, (*quels*) qu'ils (*soient*) nous ne voyons que des hommes comme nous. — Que faut-il payer pour cinq mille bouteilles de vin à raison de 50 centimes (*chaque, chacune*)? — Un capitaine avait à distribuer 4,738 francs à cinquante-quatre soldats ; c'était 87 francs qui revenaient à (*chacun*). — Partagez 94,568 francs entre huit personnes, il reviendra 11,821 francs à (*chacune*). — Trois mille sept cents aunes de siamoise qui ont coûté 14,800 francs reviennent à 4 francs (*chaque, chacune*). — Si on partage 3,476 francs entre dix personnes, combien auront-elles (*chacune*)? — Du temps de François 1ᵉʳ, (*quelques épigrammes et quelques contes libres*) composaient toute notre poésie. — Louis XIV soutint une guerre difficile contre presque (*toute*) l'Europe. — Les plus anciennes institutions, les conventions sociales (*les*) mieux cimentées, deviennent (*nulles*) dès que l'opinion générale (*leur*) refuse sa sanction. — C'est au fond de l'Océan que se sont formés les pierres, les ardoises, les marbres, les gypses, les grès, les cailloux et les métaux (*même*). — Parce qu'il se trouve des fous, des furieux dans une nation, faut-il la mettre (*tout*) entière au régime de Charenton ? — L'opinion, reine du monde, n'est pas soumise au pouvoir des rois ; ils sont (*eux-mêmes*) ses premiers esclaves. — (*Tel était né pour faire un grand homme, que*) la fortune, jalouse de la nature, a rejeté dans un coin. — Nous avons voulu républicaniser l'Europe, et nous n'avons pas pu nous républicaniser (*nous-mêmes*). — (*Tel prétend mériter notre reconnaissance qui*) ne travaille que pour lui. — (*Tel qu'on veut mépriser s'estime autant qu'un autre, tel s'égaie aux dé-*

pens d'autrui qui) ne s'aperçoit pas qu'on le berne. — (Tel rit et plaisante de la mort qui) tremble et frémit à son aspect. — (Tel sort de chez soi qui) n'est pas sûr d'y rentrer. — (Tel rampait, qui) s'élève et nous étonne. — (Tel) voudrait se faire soldat (à qui) le soldat porte envie. — Nous avons tous dans la tête (quelques cordes fausses), et nous ne raisonnons plus lorsqu'elles résonnent. — (Nulle) puissance humaine ni surhumaine ne peut justifier l'effet rétroactif d'(aucune loi). — (Quelles obsèques magnifiques) on a (faites) aux rois de France ! — Celui qui gagne son procès n'est condamné à (aucuns dépens). — Ne soyez d'(aucun parti), mais marchez sous la bannière à laquelle se rallient les cœurs honnêtes et sensibles. — On cherche le bonheur dans ce monde, on ne le trouve (nulle part). — En mariage, comme en (toute) autre chose, contentement passe richesse. — Aujourd'hui nous sommes gais, demain nous serons tristes, et après-demain nous serons (tout) autres. — Il se répand autour des trônes de (certaines terreurs) qui (empêchent) qu'on ne parle aux rois avec liberté. — Dussé-je ne tenir à (nulle) autre chose, je tiendrais au moins à la terre où je me serais fixé. — Dans (toute) affaire épineuse, il faut se résoudre indépendamment de (tous conseils). — Aimez Dieu préférablement à (toute chose). — Les peuples nomades n'eurent (aucunes annales). — Les hommes insensibles ne sont touchés d'(aucune plainte), d'(aucune doléance), ils n'ont (aucunes entrailles). — Ne laissez (aucuns matériaux) sur la voie publique, ou vous serez condamné à l'amende. — Dans (quelques ténèbres) que les autres nations soient plongées, elles finiront par s'éclairer. — (Quelque) pauvre que vous me montriez le pouvoir, je vous le montrerai essentiellement protecteur. — (Quelques lumières, quelques traits d'esprit) que l'on ait, rien n'est si aisé que de se tromper. — Lille fut prise, au grand étonnement de (toute) l'Europe. — (Toute) l'Europe croyait que l'archiduc Charles régnerait sans concurrent en Espagne. — Malgré la fidélité de beaucoup de grands et de (toute) la Castille, il y avait contre Philippe V un grand parti en Espagne. — Par (quels secrets et faibles ressorts) les grandes affaires de ce monde sont souvent dirigées ! — Dans presque (tous) les livres d'(anecdotes), dans les (ana), on attribue toujours à ceux qu'on fait parler des choses dites un siècle et même plusieurs siècles auparavant. — On commença, dès 1666, à faire d'aussi belles glaces qu'à Venise, qui en avait toujours fourni (*toute*) l'Europe. — S'il n'y a rien aujourd'hui dans le monde tel que l'ancienne Rome et qu'Auguste, cependant (*toute*) l'Europe ensemble est très-supérieure à tout l'empire romain. — (*Tout*) Venise murmura. — (*Tout*) Berlin, (*toute*) l'Allemagne criaient contre une conduite si odieuse. — (*Toute*) l'Europe savante applaudit à la manière dont la Société royale de Londres se comporta dans la fameuse dispute entre Newton et Leibnitz. — (*Quelle que*) soit notre fortune ou notre mérite, nous ne réussissons pas dans toutes nos entreprises. — (*Toute*) pensée coupable, (*toute*) action criminelle entraîne après elle du désordre et des malheurs. — Créature, (*quelle que*) tu sois, (*quelque*) parfaite que tu te croies, songe que tu as été tirée du néant, et que de toi-même tu n'es rien. — La mémoire est le dépôt universel des pensées et des paroles : (*quelques trésors*) qu'on amasse, si l'on manque de mémoire pour (*les*) conserver, (*ils*) (*sont*) (*perdus*). — Des ouvrages en vers, (*quelque*) beaux qu'ils soient d'ailleurs, seront nécessairement ennuyeux, si tous les vers ne sont point pleins de force et d'harmonie. — (*Toute*) affectation est ridicule, même celle par laquelle on prétend s'éloigner de l'affectation. — (*Certaines*) gens, démocrates à la cour, redeviennent aristocrates à la ville. — Le rétablissement de la monarchie, avec (*tous ses*) priviléges, serait aujourd'hui un anachronisme. — Dieu est de (*toute*) éternité. — Les étendards français ont été de (*toutes*) les couleurs. — L'esprit s'use comme (*toute chose*). — L'inaptitude exclut (*tous*) talents. — (*Toute*) la nature montre l'art infini de son auteur. — Que de peines pour (*quelques plaisirs*) ! — On éprouve toujours (*quelque plaisir*) à s'entendre louer. — (*Quelque*) génie que je reconnaisse dans l'invention d'une arme meurtrière, j'exciterais une juste indignation si je disais que (*tel*) homme ou (*telle*) nation eut la gloire de l'avoir inventée. — (*Quel*) doigt a marqué à la mer la borne immobile qu'elle doit respecter dans la suite de tous les siècles ? — (*Quelle*) main a pu suspendre sur nos têtes ces grands réservoirs d'eaux ? (*Quelle*) main prend soin de ne les jamais laisser tomber que par des pluies modérées ? — (*Quel que*) soit le désordre de nos sociétés, l'instinct céleste se plaît toujours avec les enfants des hommes. — (*Quels*) préjugés, (*quel*) aveuglement ne faut-il point avoir pour oser comparer le fils de Sophronique au fils de Marie ! (*Quelle*) distance de l'un à l'autre ! — (*Toute*) une nation s'accoutume à regarder comme des nécessités de la vie les choses superflues. — Ceux (*mêmes*) qui n'ont pas de bien veulent paraître en avoir. — (*Quelles*) sont en matière de religion, les bornes où doit se renfermer l'esprit philosophique ? — (*Quelle*) réponse tiens-tu prête au Juge suprême, qui te demandera compte de ton temps ? — (*Quelque*) puissants, (*quelque*) redoutables que soient les monarques, tout manque à leur gloire s'ils n'ont pas l'esprit éminent. — (*Quelques*) grandes capacités que vous ayez, tout dépend des circonstances. — (*Quel*) trompette a sonné le déjeuner ? — (*Quelle*) trompette nous fend les oreilles ? — (*Quelle*) vase nous avons trouvée dans le canal ! — De (*quel*) vase vous a-t-on fait cadeau ? — (*Quel*) vague dans les discours de nos hommes d'État ! — (*Quelle*) vague révolutionnaire a emporté le trône de juillet ! — (*Quel*) voile mettra-t-elle aujourd'hui — (*Quelle*) voile le vent a-t-il déchirée ? — (*Quel*) somme on fait quand on est fatigué ! — (*Quelle*) somme le soldat reçoit-il par jour ? — (*Quel*) tour un fils fait à son père en le trompant ! — (*Quelles*) tours que les tours de Notre-Dame ! — (*Quelle*) mémoire il faut pour apprendre ! — (*Quels mémoires*) d'apothicaire vous font les hommes d'affaires ! — (*Quel*) coche vous a transporté dans cet endroit ? — (*Quelle*) coche a-t-on (*tuée*) ? — (*Quel*) cornette a manqué dans les rangs ? — (*Quelle*) cornette avez-vous là sur la tête ? — (*Quels jolis crêpes*) des Indes il y a aux étalages ! — (*Quelles*) crêpes on fait le mardi-gras ! — A (*quel*) enseigne avez-vous parlé ? — (*Quelles*) drôles d'enseignes il y a dans les villages ! — (*Quelles*) espaces emploiera-t-on dans cet ouvrage ? — Du berceau au tombeau, (*quel*) espace mal (*rempli*) ! — L'intérêt met en jeu (*toutes sortes*) de vertus et de vices. — (*Toutes*) les œuvres de Dieu sont l'équité et la justice (*mêmes*). — (*Quelles*) gens fréquentez-vous ? — Tenez-vous bien en société, et ne prenez pas (*toutes*) vos aises. — (*Quelle*) aigle quitte ses petits ? — (*Tous*) les habiles gens se tirent d'affaire. — (*Toutes*) les vieilles gens sont maussades. — (*Quels*) sont les gens qui nous gouvernent ? — (*Telles*) gens, tels patrons. — (*Quels*) braves gens ! — (*Quels*) gens intègres ! — C'étaient (*tous*) jeunes gens. — C'étaient (*toutes*) vieilles gens. — (*Toutes*) gens ne sont pas à fréquenter. — (*Quels*) gens ennuyeux que ceux qui vous accablent de questions! — Sachez vous faire estimer de (*toutes*) gens. — (*Quelles belles*) hymnes on chante à l'église! — (*Quelles*) sont les (*meilleures*) jujubes? — (*Quel bel*) œuvre d'architecture que le Louvre! — (*Quel grand*) œuvre que le travail de la civilisation! — (*Quel*) office lisez-vous? — (*Quel*) parallèle ferez-vous entre Corneille et Racine? — (*Quelle*) parallèle avez-vous vu tirer à ces officiers du génie? — (*Quelle*) pendule avez-vous achetée? — Le dix-huitième siècle, (*quelle*) période de gloire! — A (*quel*) période de gloire s'est élevé Racine! — (*Quel*) réglisse a-t-il (*acheté*)? — (*Quelle*) sentinelle a-t-on (*posée*)? — (*Quelle*) forêt que la forêt de Bondy! — (*Quel*) foret (*épointé*) nous avons (*acheté*)! — (*Quelles*) manœuvres on fait faire à ces pauvres soldats! — (*Quels*) manœuvres que les gens de bureau! — (*Quel*) mode de procéder en justice! — (*Quelles*) modes suit-on maintenant à Paris? — (*Quelque*) brillantes que soient les couleurs qu'emploie un auteur, (*quelques*) beautés qu'il sème dans les détails, son ouvrage sera mal construit, si l'ensemble choque. — La poésie, l'histoire, la philosophie, ont (*toutes*) le même objet, et un très-grand objet : l'homme et la nature. — (*Quelle*) ressource dans un État, lorsqu'on y égorge l'innocence au nom des lois qui doivent la défendre! — Au printemps, les vallées sont (*tout*) émaillées de fleurs. — (*Quelque*) puissants que soient les rois, ils doivent (*eux-mêmes*) obéir à la loi. — (*Chaque science, chaque art*) a ses termes inconnus des hommes. — (*Quelles que*) soient les préventions et la haine d'Aristophane contre Euripide, sa décision, en assignant le premier rang à Eschyle, le second à Sophocle, et le troisième à Euripide, était alors conforme à l'opinion de la plupart des Athéniens. — (*Quelle*) plus grande tendresse que celle qui est répandue dans tout le *Cid*, dans *Polyeucte* et dans *les Horaces*! — Un peuple gangrené de superstition est incurable, et devient la proie des charlatans de (*tout genre*). — Celui qui a l'esprit géométrique surpasse, dans (*quelque genre*) que ce soit, ceux auxquels cette faculté manque. — Les vices les plus détestables sont toujours accompagnés de (*quelques vertus*) — L'absence de toute vertu fait plus mépriser que la présence de (*quelques*) vices. — Le fanatisme, dans (*tous*) les genres, fait dire bien des absurdités. —

Parmi les lecteurs, les uns se plaisent à achever les livres ; les autres les veulent (*tout*) faits. — Pendant le cours entier de mon administration, dit Périclès, je n'ai fait entrer le deuil dans (*aucune*) famille. — La vertu est adorable dans nos ennemis (*mêmes*). — L'égoïsme qui n'éprouve (*aucun*) sentiment affectueux, n'en inspire (*aucun*). — Il n'y a ni âge ni situation qui ne laisse (*quelques moyens*) et la liberté de pratiquer (*quelques vertus*). — (*Toutes*) les agitations des hommes tendent, commes celles des ondes, au repos. — (*Aucune*) agrégation d'hommes ne peut subsister en paix, si elle n'est cimentée avec l'idée d'un Dieu vengeur et rémunérateur. — (*Nulle*) vertu ne s'aide de la fausseté. — (*Quelques torts*) que des personnes aient envers vous, ne vous plaignez pas trop amèrement pour ne point les aigrir. — Quand on s'engage à prédire l'avenir, on fait provision, sur (*toutes choses*), d'un front d'airain et d'un magasin inépuisable d'équivoques. — L'esprit s'use comme (*toutes choses*) ; les sciences sont son aliment : elles le nourrissent et le consument. — L'amour immodéré de la vérité n'est pas moins dangereux que (*tous*) les autres amours. — De (*quelque côté*) qu'on se tourne, ce monde est rempli d'anicroches. — La collection de (*toutes*) les pensées de l'homme est un aperçu de la divinité. — Celui qui met (*toute*) son application à s'amuser toujours s'expose à s'ennuyer longtemps. — La bienveillance apprivoise les tigres (*mêmes*). — Il faut apprécier les systèmes d'après leur influence sur les peuples : (*quelle*) nation moderne peut se dire au-dessus des Grecs et des Romains ? — Chez (*certaines personnes*), l'esprit aime plus ardemment que le cœur. — Avant d'examiner les êtres, il faut les examiner sous (*tous leurs aspects*). — L'examen des controverses est propre à précipiter l'homme dans (*toutes sortes*) d'illusions. — Le droit naturel doit l'emporter sur (*toutes*) les conventions qui lui sont contraires. — Celui qui fait un bon livre se met en correspondance avec (*tous*) les hommes instruits de (*tous*) les pays, de (*tous*) les siècles. — (*Quelque*) courte que soit la vie, on vit longtemps quand on pense beaucoup. — L'espérance rend (*nulle*) la leçon des déceptions journalières. — Il y a moins de grandeur et de véritable gloire à battre des (*millions d'hommes*) qu'à en mettre (*quelques mille*) en sûreté. — L'homme ne peut savoir (*quelle pensée*) occupera son esprit dans (*quelques minutes*). — A moins que les choses soient évidemment mal, laissez-les (*telles*) qu'elles sont. — La nation dont le territoire se couvre chaque année de riches moissons peut être plus puissante que celle qui fait sillonner (*toutes*) les mers par ses flottes. — (*Tous*) les arts et (*toutes*) les sciences sont nés parmi les nations libres. — Ceux-là ne sont pas sages qui ne savent pas s'assister (*eux-mêmes*). — Il n'y a point de secte qui, (*toutes choses égales*), soit plus dangereuse que celle des athées. — Il n'y a (*nulle*) apparence que Dieu veuille anéantir les âmes, lui qui n'anéantit pas le moindre atôme. — Les objets (*même*) qui n'attachent point inspirent de la tristesse lorsqu'on se dit : Je ne les verrai plus. — On méprise tous ceux qui n'ont (*aucune vertu*). — Les fripons malheureux ont un parti ; les honnêtes gens n'en ont (*aucun*). — Croyez que la présomption ne tient lieu (d'*aucun talent*), ni l'orgueil ou la vanité (d'*aucune vertu*). — Nous nous trompons sur le compte des autres, parce que notre imagination nous les peint (*tout autres*) qu'ils ne sont. — La morale a deux buts : les autres et (*nous-mêmes*). — Pourquoi tenir si fortement à vos opinions ? Changez d'état, et vous penserez (*tout*) autrement. — Que de gens resteraient muets, s'il leur était défendu de dire du bien d'(*eux-mêmes*) et du mal d'autrui ! — Ne faites à autrui ce que vous ne voudriez pas qu'on vous fît à (*vous-même*). — (*Quelque*) heureux que nous soyons, nous sommes encore à (*quelques*) pas du bonheur, car nous désirons avancer. — Nous jugerions souvent plus avantageusement des autres, si nous jugions mieux de (*nous-mêmes*). — Pour avoir le véritable repos, soyez en paix avec Dieu, avec les autres et avec (*vous-même*). — Si vos pensées se succèdent lentement et ne se joignent qu'à la faveur des mots, (*quelque*) élégants qu'ils soient, le style sera diffus, lâche et traînant. — Les Romains n'ont vaincu les Grecs que par les Grecs (*mêmes*). — On rirait souvent de l'homme le plus actif, si l'on savait pour (*quelles bagatelles*) il s'agit. — (*Tout pays*) où il n'est pas permis de penser et d'écrire ses pensées doit tomber dans la stupidité, l'ignorance et la barbarie. — Les révolutions font voir de (*quelle*) bassesse la fortune peut élever à la (*toute*) puissance et de (*quelle*) hauteur elle peut précipiter les potentats ! — (*Chaque*) soldat a dans son havresac le bâton de maréchal de France. —

Aimez le bon et le beau pour (*eux-mêmes*). — Le oui et le *non*, le blanc et le noir, (*tous*) les contrastes, (*toutes*) les oppositions, se trouvent entre deux partis ennemis. — (*Toutes*) les agitations de ce monde n'ont de cause et de but que la recherche du bonheur. — Il y a des méchants qui seraient moins dangereux s'ils n'avaient (*aucune bonté*). — Le sage écoute la justice, la raison et la vérité, par (*quelque bouche*) qu'elles s'expriment. — Les dieux ont donné deux bras à l'homme pour n'en être pas importunés à (*tout moment*). — Sans la vraie philosophie, le fanatisme religieux brûlerait encore ses victimes (*toutes*) vives, comme au dernier siècle. — Sans la religion, la nature subsiste (*toute*) vive, (*toute*) brute, sous le manteau social ; elle le rejette souvent, fût-il de pourpre ou d'or, et se montre à nu. — Presque (*tous*) les enfants étourdis, bruyants, légers, deviennent des hommes médiocres. — (*Quelques buissons*) sont (*tout*) hérissés d'épines. — Les sectes, (*quelque*) philosophiques qu'elles soient, ne le sont jamais dans (*leurs moyens*). — Le premier intérêt du cabinet de Londres est d'étouffer chez (*toutes*) les nations de l'Europe la velléité de se rendre véritablement libres. — Vous ne pouvez vous cacher à (*vous-même*). — Le cachet de la médiocrité en (*tout genre*) est de ne pas savoir se décider. — Les princes ne se sont élevés que relativement au peuple ; ils s'abaissent (*eux-mêmes*) en l'appelant *canaille*. — L'une des plus grandes inconséquences de l'esprit humain est de vouloir captiver l'admiration de (*ceux mêmes*) qu'il méprise. — (*Nuls hommes*) ne sont moins chrétiens que la plupart des catholiques. — Les cendres de (*tous*) les bois et de (*tous les*) hommes se ressemblent. — Je ne connais (*aucune*) personne, (*aucun*) ouvrage, (*aucune*) action, ni même (*aucune*) vertu, qui n'ait un censeur. — Les emprunts (*quelconques*) sont la ruine des champs. — Pour éviter les châtiments, châtiez-vous (*vous-même*). — C'est toujours aux dépens des jouissances que l'on voit les choses (*telles*) qu'elles sont. — Dans (*quelques circonstances*) que l'on se trouve, on est toujours utile à la société quand on y fait bien ce qu'on a à faire. — Rien n'est plus désagréable qu'un homme qui se cite lui-même à (*tous propos*). — Peut-il y avoir d'(*autres guerres*) que les guerres civiles, puisque tous les hommes sont frères ? — La vanité, la peur, la domination portent de larges cocardes de (*toutes couleurs*). — Des colonies, (*quelque*) riches qu'elles soient, ne valent pas le sacrifice d'un principe de l'Evangile et d'un principe d'humanité. — Dieu est le commencement et la fin de (*toutes choses*). — Dans (*toute société*) l'utilité commune est la base de (*tous*) les principes.— Un vice ne peut être compensé par (*quelques bonnes qualités*). — Nous croyons satisfaire la raison, la vérité et la vertu, en (*leur*) faisant des concessions verbales. — Pour devenir habile en (*quelque profession*) que ce soit, il faut le concours de la nature, de l'étude et de l'exercice. — (*Toute*) éloquence le cède à celle de l'or.— (*Quelque*) état que l'homme embrasse, le travail fait son occupation dans la jeunesse, son soutien dans l'âge mûr, sa consolation dans la vieillesse. — L'émigration hostile est un crime anti-social, odieux à (*ceux mêmes*) qui en profitent. — Il en est de (*certaines bonnes qualités*) comme des sens : ceux qui en sont entièrement privés ne peuvent ni les apercevoir ni les comprendre. — Le caractère entreprenant est presque une caution sûre du succès, dans (*quelque*) entreprise que ce soit. — On vit (*toute*) une nation renoncer spontanément à (*ses*) opinions, (*ses*) habitudes, (*ses*) affections, (*ses*) plaisirs, (*son*) costume, (*son*) langage; se rendre étrangère à elle-même, dans l'espoir d'un état meilleur. — Il n'est pas (*de*) parole, (*si, quelque*) innocente qu'elle (*soit*), que l'envie ne puisse envenimer. — De (*quelque*) côté que l'homme se tourne, il ne rencontre que des épines. — On peut, dans le style épistolaire, employer (*tous*) les mots, (*toutes*) les expressions, (*toutes*) les locutions imaginables, pourvu que l'on se fasse entendre sans choquer l'oreille, le goût, le bon sens.— Notre félicité dépend plus de nos principes et de leur application que de (*toute*) autre cause. — (*Tel événement vous désespère qui*) peut vous conduire au bonheur. — On trouve l'intérêt presque partout, et le désintéressement presque (*nulle*) part. — (*Quelque*) esprit, (*quelque*) génie que l'on (*ait*), on n'est jamais dispensé d'avoir des principes. — (*Quelques*) personnes ont le don du conseil; bien peu en ont le courage. — La duperie de (*certaines personnes*) vient de l'élévation et de la pureté de leur âme. — Les hommes sensés, (*quelque*) riches qu'ils (*soient*), ont de l'économie. — Ne confondit-on pas la franchise avec l'effronterie, lorsque l'on dit à (*toute*) une nation : « Je veux l'arbitraire, tout l'arbitraire, rien que l'arbitraire. » — La véritable égalité des citoyens consiste en ce qu'ils soient (*tous*) également soumis aux lois. — (*Les*) amants et (*les*) complices, de (*quelque*) rang qu'ils (*soient*), s'égalisent entre eux. — (*Si, quelque*) (*élevés*) que nous (*puissions*) être, la loi est au-dessus de nous. — Il ne faut jamais se fier à ceux qui manquent de probité, (*quels que*) soient leurs talents. — Le fil de la vie se relâcherait s'il n'était mouillé de (*quelques larmes*). — La flamme du génie consume celui qui la possède, éclaire (*quelques esprits*) et éblouit les autres. — (*Nulles personnes*) n'engagent leur foi avec plus d'ostentation que celles qui la violent davantage. — (*Quelle que*) soit la pompe qui entoure les rois, leur vie se compose des (*mêmes fonctions*) que celle des autres hommes. — Un peuple est libre, (*quelle que*) soit la forme du gouvernement, lorsque, dans celui qui le gouverne, il ne voit pas l'homme, mais l'organe de la loi. — Ceux qui se font (*forts*) de trop de (*choses*) ne viennent à bout d'(*aucune*). — La frayeur, venue à (*certain point*), produit les mêmes effets que la témérité. — Faire marcher de front (*les*) intérêts personnels et (*l'*)intérêt général serait le chef-d'œuvre de la politique. — (*Quelles pompeuses funérailles*) que (*celles*) d'un roi! — (*Aucunes funérailles*) ne (*furent*) plus (*tristes*) que (*celles*) des victimes du pont d'Angers. — Une éponge trop fortement pressée ne se gonfle plus : (*telle*) est la bourse de l'industrie. — L'esprit humain est une éponge : (*pénétrée*) de (*telle*) ou (*telle*) couleur, une autre ne peut y entrer. — Dans (*toute*) entreprise légitime, l'essentiel est de réussir par des moyens honnêtes. — (*Tous*) les principes de l'Evangile sont les principes de la nature. — Dans (*tous*) les temps, comme chez (*tous*) les hommes, la force de l'opinion a décidé les plus grands évènements. — Il est affreux de survivre à tout avec une excellente mémoire, un cœur sensible : c'est recommencer une vie (*toute*) de regrets. — Une joie excessive a les (*mêmes*) symptômes qu'une excessive douleur. — Celui qui a l'esprit géométrique surpasse, dans (*quelque*) genre que ce soit, ceux auxquels cette faculté manque. — L'homme superstitieux, (*quelle que*) soit sa religion, est idolâtre. — Nous imaginons toujours les êtres (*tout autres*) qu'ils ne sont. — Il n'y a que Dieu qui doive être immuable : (*toute autre*) immuabilité est une imperfection. — (*En tous temps, en tous lieux*) les charlatanismes divers ont mis des impôts sur l'ignorance, la peur et la crédulité. — L'imprimerie doit finir par acclimater (*en tous lieux*) la liberté. — Qui veut la fin veut aussi les moyens, et ces moyens sont inséparables de (*quelques risques*), de (*quelques pertes*). — Il n'y a plus aujourd'hui (*de*) Français, (*d'*)Allemands, (*d'*)Espagnols, (*d'*)Anglais (*même*) : il n'y a que des Européens. — (*Quelles que*) soient les lumières et l'intégrité des juges, (*leurs arrêts*) tiennent souvent à ceux du sort. — (*Quelque, si*) laborieuse que soit la vie des gens de bien, elle l'est moins que celle des méchants. — Le grec et le latin forment l'homme de (*tous*) les temps; les voyages forment l'homme de (*tous*) les pays. — (*Toute*) l'Europe éclairée veut la religion sans intolérance, l'égalité sans avilissement, la liberté sans licence, la monarchie sans despotisme. — Lorsque le malheur nous enlève notre patrie, nous la retrouvons presque (*tout*) entière dans sa littérature. — (*Quelle*) plus détestable et (*quelle*) plus folle maxime que de nourrir les factions pour gouverner avec plus d'autorité! — (*Quelles folies*) pourront imaginer nos neveux pour être aussi fous que nous, sans être singes? — La noblesse étant vertu, (*toute*) autre noblesse n'est pas noblesse. — Nous arrivons (*tout*) nouveaux aux différents âges de la vie, et nous y manquons d'expérience, malgré les années. — Il ne faut jamais que les enfants tuent (*eux-mêmes*) les animaux nuisibles. — (*Aucuns*) des nobles n'avaient eu l'occasion de recommander leurs aïeux, et c'étaient d'illustres obscurs que (*tous*) les grands seigneurs de France. — Ceux-là sont pauvres, (*si, quelque*) opulents qu'ils paraissent, qui désirent avoir plus qu'ils ne possèdent. — Lorsqu'on a écrit (*quelques pages*) réellement (*belles*), on se permet de barbouiller des volumes. — Les talents, les facultés, les vertus (*même*), se perdent, faute (*d'exercices*). — Les hommes ne parviendront jamais à la perfection, en (*quelque*) genre que ce soit. — Il y a sur chaque sujet des phrases (*toutes*) faites. — (*Quels que*) soient vos talents, votre mérite et vos richesses, loin de vous en prévaloir, vous devez être (*modeste*). — Les lumières, (*quelles*) qu'elles soient, ne sont pas toujours un sûr préservatif contre l'erreur. — Excepté (*quelques propositions incontestables et incontestées*), toutes les autres sont des sujets de (*disputes*). — Dans (*quelques pays*), une police vigilante, (*scrutatrice*), tient lieu de religion. — Sans (*quelques chagrins*), sans (*quelques douleurs*), on ne se sentirait pas vivre.— (*Quelle que soit*) l'origine des bienfaits, il ne sied pas à la reconnaissance d'en scruter les motifs. — (*Telles*) que l'on voit s'enfuir les biches à l'approche des chasseurs, (*tels*) on voyait les Troyens se sauver devant les Grecs.— (*Tels*) que deux coqs qui se battent, (*tels*) étaient ces hommes aux prises l'un avec l'autre. — Les critiques minutieux sont comme ces éplucheurs qui trouvent (*quelques grains altérés*) dans un setier de beau blé. — (*Quel que soit le*) mode (*de*) gouvernement chez une (*vieille*) nation corrompue, elle sera toujours le jouet d'un tas d'(*intrigants*) ambitieux qui la duperont avec (*de*) grands mots. — (*Telles*) gens, (*telles*) actions. — Il faut prendre les hommes (*tels qu'ils sont*), le temps comme il vient et les choses pour ce qu'elles valent.— Pour chacun, les femmes, les fleurs les plus (*belles*) sont celles qui lui paraissent (*tel*). — Rarement les jeunes gens sortent d'une capitale (*tels*) qu'ils y étaient entrés. — (*Telle*) que l'araignée sur sa toile, l'agitation nous vient de (*tous côtés*) par des causes d'abord imperceptibles. — (*Toute*) grande mutation dans un Etat froisse des intérêts, déplace des fortunes, irrite des passions. — Les usuriers, (*quelque, si*) riches qu'ils (*soient*) ne vivent ni estimés ni heureux. — (*Quelles que soient*) les institutions, jamais la liberté ne peut s'établir pour les faibles chez un peuple vain et vexateur : ils sont écrasés au nom de la loi. — Une nature sombre s'harmonie avec la douleur ; mais une nature (*tout*) étincelante des rayons colorés du soleil semble une (*cruelle*) ironie du ciel dans les temps de calamités (*publiques*). — Il y a pour chaque homme (*une certaine*) somme de bonheur peu (*dépendante*) de (*la*) bonne ou de (*la*) mauvaise fortune. — Il y a des folies que l'on paie du bonheur de toute sa vie, (*entre autres*) un sot mariage. — (*Quelles*) que (*soient*) les apparences, les véritables amants ne se soupçonnent jamais d'infidélité. — (*Quelque, si*) heureux que nous soyons, nous ne pouvons regarder en arrière sans jeter un soupir. — (*Quelle que soit*) notre destinée, remercions Dieu de nous avoir montré le magnifique spectacle de l'univers. — (*Quels*) que (*soient*) les changements politiques chez un peuple ignorant, ses maux pourront bien changer; mais ils se succéderont toujours.—

Il n'y a de sûr dans l'histoire que (*quelques faits*) : tout le reste est conjecture ou fiction.— Jolies femmes, défiez-vous de tout le monde, si vous voulez que votre vertu soit en sûreté ; mais surtout défiez-vous de (*vous-mêmes*). — Le trésor de (*chacun*) est un tabernacle dont il écarte les profanes, même ses amis.— Les talents, (*quels*) qu'ils (*soient*), ne valent pas une vertu.— (*Quelques précautions*) que l'on prenne, la politique revient toujours sur le tapis.— (*Quelles*) gens que les (*Socrate*) et les (*Platon*), que leur vertu a immortalisés à l'égal des plus grands princes ! — (*Quelque pures*) que (*soient*) leurs intentions, (*quelques lumières*) qu'ils aient (*acquises*), (*quelle*) que soit leur expérience, les hommes peuvent se laisser égarer ; les plus habiles, les plus sages (*même*) sont faillibles. — (*Quelle que*) soit la beauté des vers de Virgile, la poésie chrétienne nous offre encore (*quelque chose*) de très-(*supérieur*).

CHAPITRE VIII.

EXERCICES SYNTAXIQUES SUR LES PRONOMS PERSONNELS.

Nos 245 et 246.

1. Que ne (*permettra-t-il*) à son ressentiment?

2. (*Aimé-je*) les plantes? j'en cueille sur les grèves.

3. (*Veillé-je*), et n'est-ce pas un songe que je vois?

4. (*Dussé-je*) ne tenir à nulle autre chose, je tiendrais au moins à la terre où je me serais fixé.

5. Dieu (*a-t-il*) promis à l'homme d'obéir à tous ses désirs?

6. Eh bien! sage Panthée, Pergame (*existe-t-elle? m'écriai-je*).

7. O puissant Dieu ! (*s'écriait-il*), toi qui tiens l'empire des ondes, daigne écouter un malheureux.

8. Mon père! mon cher père! je vous revois. Ainsi (*puissé-je*) revoir Ulysse.

9. Ne vous (*criai-je*) pas : Prenez garde, ne touchez rien?

10. (*Régné-je*), juste ciel! et (*respiré-je*) encore?

11. A qui (*demanderai-je*) un crime que j'ignore?

12. Vous (*dirai-je*) les noms de ces grands personnages?

Nos 247 à 250.

1. A peine (*j'ai*) goûté l'aurore de la vie.

2. Je suis si oublié, qu'à peine (*crois-je*) moi-même d'être encore en vie.

3. En vain (*cherchons-nous*) de longs jours.

4. En vain (*vous étalez*) une scène savante.

5. Combien (*j'ai*) déjà vu tomber de nobles et dignes créatures!

6. Oh! que les rois sont à plaindre! oh! que ceux qui les servent sont dignes de compassion! S'ils sont méchants, combien (*font-ils*) souffrir les hommes?

7. Les honneurs sont institués pour récompenser le mérite, pour exercer la sagesse et pour être des occasions de faire du bien : aussi (*ils n'appartiennent*) de droit qu'à des âmes modérées, justes, charitables.

8. Nous faisions autant de provisions dans notre carrosse, pour faire quatre lieues, que d'autres en auraient fait en s'embarquant pour les Indes : aussi (*aurait-il*) été difficile de ne nous pas trouver consommant nos provisions.

Nos 251 à 256.

1. Mettez les questions à la portée de votre élève, et laissez-(*les*)-lui résoudre.

2. Tout le monde dit d'un fat qu'il est un fat; personne n'ose (*le*) lui dire à lui-même.

3. Le plus sûr appui de l'homme est Dieu ; vous voulez (*le*) lui ravir !

4. Et puisque Jean Lapin vous demande la vie,
Donnez-(*la*)-lui, de grâce, ou l'ôtez à tous deux.

5. N'allez pas vous perdre en beaux raisonnements pour prouver à l'adolescent qu'il est homme comme les autres et sujet aux mêmes faiblesses : faites-(*le*)-lui sentir, ou jamais il ne le saura.

6. Se venger d'une offense, c'est se mettre au niveau de son ennemi ; (*la*) lui pardonner, c'est s'élever fort au-dessus de lui.

7. La liberté est un aliment de bon suc, mais de difficile digestion. Il faut donc y préparer longtemps les hommes avant que de (*la*) leur donner.

8. Las de la vie, nous l'offrons à la mort. Veut-elle la prendre ? nous invoquons l'art pour (*la*) lui disputer.

N° 257.

1. Jouis, et souviens-(*toi*) qu'on ne vit qu'une fois.

2. Finissons auparavant notre affaire, et (*me*) dites qui est celle que vous aimez.

3. Je vous le dis sérieusement, comptez sur vous ou (*me*) chassez, c'est-à-dire ôtez-(*moi*) la vie.

4. Allez de ma part chez le septième juge, et dites-(*lui*) que je lui recommande Socrate.

5. Mariez-vous, madame, et faites-(*nous*) partir.

6. Monsieur Lysidas, prenez un siége vous-même, et (*vous*) mettez là.

7. Eh ! de grâce, mon père, défaites-vous de ces noms étranges, et (*nous*) appelez autrement.

N° 258.

1. Il faut (*se*) résoudre à payer toute sa vie quelque tribut à la calomnie.

2. Il ne (se) faut jamais moquer des misérables.
3. En manquant de mémoire, on peut (se) parjurer.
4. Il y a des faiblesses, si on (l')ose dire, inséparables de notre nature.
5. Les inclinations ne sauraient (se) contraindre.
6. La jeunesse est si aimable, qu'il faudrait (l')adorer.
7. Quel profane en ces lieux (s')ose avancer vers moi?
8. Je (te le) veux donner; hélas! c'est tout mon bien.

N° 259.

1. (J')ai trompé les mortels et ne puis me tromper.
2. . . . . (J')ignore tout le reste,
Et venais vous conter ce désordre funeste.
3. (Je) crains Dieu, cher Abner, et n'ai point d'autre crainte.
4. (Vous) n'êtes pas méchant, et ne pouvez l'être.
5. (Je) vois, (je) sais, (je) crois, (je) suis désabusée.
6. (Je) sais quel est mon crime, et (je) connais mon père.
7. (Je) ne crains que la honte, et (je) sais mon devoir.

N° 260.

1. C'est une chose digne de remarque que ce qui fait la réputation est l'intérêt que d'autres trouvent à (vous) louer ou (vous) blâmer.
2. Il (me) mena à merveille, (me) tira de tous les embarras et (me) sauva adroitement des carrosses et des voitures.
3. Les princes gâtés par la flatterie deviennent si délicats, que tout ce qui n'est pas flatteur (les) blesse et (les) irrite.
4. L'esprit s'use comme toutes choses; les sciences sont son aliment : elles (le) nourrissent et (le) consument.
5. Je veux (le) voir et (le) confondre.
6. Je ne veux que (la) voir, (l')entendre et (la) punir.
7. Un fils ne s'arme point contre un coupable père;
Il détourne les yeux, (le) plaint et (le) révère.

N° 261.

1. Justes, ne craignez point le vain pouvoir des hommes ;
Quelque élevés qu'ils soient, ils sont ce que nous sommes.
Si vous êtes (*mortels*), ils le sont comme vous.
2. Mais entrons dans ce camp, voyons tout par nous-(*même*).
3. L'amour du bon et la haine du mauvais nous sont aussi naturels que l'amour de nous-(*mêmes*).
4. Eh ! qui vous a (*chargé*) du soin de ma famille ?
5. Nous avons été une fois (*spectateur*) d'un naufrage.
6. Nous ne nous sommes pas (*cru*) dans l'obligation de commencer par examiner si l'on doit instruire le peuple.
7. N'allons pas nous appliquer à nous-(*même*) les traits d'une censure générale.
8. Nous, (*père*) Pancrace, (*inquisiteur*) pour la foi, avons lu la diatribe de monseigneur Akakia, médecin ordinaire du pape.

N° 262.

1. Thésée, Hercule et moi, (*nous*) vous avons montré
Le chemin de la gloire où vous êtes entré.
2. Rica et moi sommes peut-être les premiers, parmi les Persans, que l'envie de savoir ait fait sortir de leur pays.
3. Vous et les miens avez mérité pis.
4. Albert et moi sommes tombés d'accord.
5. Montrez-moi, dit Amasis, les habitants d'Argos, Céphas et moi (*nous*) voulons aller visiter la patrie du grand Agamemnon.
6. Après avoir fait nos adieux, Céphas et moi (*nous nous*) embarquâmes à Canope sur un vaisseau phénicien.
7. Puisque vous et les dieux voulez cette victime,
Vous l'avez commencé, finissez votre crime.
8. Les tiens et toi pouvez vaquer
Sans nulle crainte à vos affaires.

N° 263.

1. Les oiseaux de proie étant moins puissants, moins forts et beaucoup moins nombreux que les quadrupèdes carnassiers, (*ils*) font aussi moins de dégâts sur la terre.

2. La terre étant partout en friche, et couverte, dans toute son étendue, d'herbes grossières, épaisses et touffues, (*elle*) ne s'échauffe et ne se sèche jamais.

3. Les oies, les sarcelles, les canards, étant de race domestique, (*ils*) habitent partout où il peut y avoir des hommes.

4. Les écrits de Port-Royal et de l'Oratoire étant ceux que je lisais le plus fréquemment, m'avaient rendu demi-janséniste.

5. Le ciel, en divisant la France et l'Angleterre,
   Sauve la liberté du reste de la terre.

6. Notre hémisphère ayant plus de terre que l'hémisphère austral, et étant par conséquent plus pesant, (*il*) doit s'incliner plus longtemps vers le soleil.

7. Lycurgue étant donc parti de son pays pour fuir les calomnies qui étaient les récompenses de sa vertu, (*il*) dressa premièrement son voyage en Candie.

8. Hazaël, me regardant avec un visage doux et humain, me tendit la main et me releva.

N° 264.

1. Hypéride a imité Démosthène en tout ce que (*celui-ci*) a de beau.

2. Racine s'est rencontré avec Corneille quand (*il*) fait dire à Roxane :
   Ecoutez, Bajazet, je sens que je vous aime.

3. Samuel offrit son holocauste, et Dieu le trouva si agréable, qu'(*il*) lança au même instant la foudre contre les Philistins.

4. Moïse, Homère, Platon, Virgile et Horace ne sont au-dessus des autres écrivains que parce qu'(ils) ont écrit naturellement, fortement, délicatement; en un mot, parce qu'ils ont exprimé le vrai.

5. Sans vouloir diminuer la gloire de Newton, on peut remarquer qu'il doit beaucoup à Galilée; car (celui-ci) lui a donné la théorie de la pesanteur.

6. L'histoire montre bien plus les actions que les hommes, parce qu'elle ne saisit (ceux-ci) que dans certains moments choisis, dans leurs vêtements de parade.

7. La témérité des charlatans et leurs tristes succès, qui en sont les suites, font valoir la médecine et les médecins: si (ceux-ci) laissent mourir, les autres tuent.

N° 266.

1. Depuis trente ans et plus n'êtes-vous pas ma femme? — Oui, je (la) suis.

2. Les harmonies de la nature, si merveilleuses dans les grands objets, (le) sont encore davantage dans les petits.

3. Est-ce que nous sommes la cause qu'ils s'en éloignent?— Oui, nous (le) sommes.

4. Si c'est effacer les sujets de haine que vous avez contre moi que de vous recevoir pour ma fille, je veux que vous (la) soyez.

5. Êtes-vous les prisonniers que l'on a amenés d'Allemagne? — Oui, nous (les) sommes.

6. Pourquoi les riches sont-ils si durs envers les pauvres? — C'est qu'ils n'ont pas peur de (le) devenir.

7. Je veux être mère, parce que je (le) puis, et c'est en vain que je ne (le) voudrais pas être.

8. Mais je naquis sujette, et je (le) suis encore.

N° 267.

1. J'estime d'un guerrier la noble impatience
Qui sait, quand il (le) faut, céder à la prudence.

2. Si le public a eu quelque indulgence pour moi, je (*le*) dois à votre protection.

3. L'occasion de faire des heureux est plus rare qu'on ne (*le*) pense.

4. Avouons-(*le*), messieurs, et ne dissimulons pas cette faute.

5. Avouons-(*le*), sa présence fut quelquefois plus efficace que nos paroles.

6. D'un et d'autre côté l'action est si noire
Que, n'en pouvant douter, je n'ose encore (*le*) croire.

7. Mais je vous (*l'*)ai mandé, seigneur, j'ai des amis
Qui sous le nouveau joug sont à regret soumis.

N° 269.

1. Il est difficile d'estimer quelqu'un comme il veut (*l'*)être.

2. On aime à deviner les autres, mais on n'aime pas à être (*deviné*).

3. Les hommes n'aiment point à admirer, ils veulent (*l'*)être.

4. Je ne l'aimerais pas, si je ne croyais (*l'*)être.

5. Instruisez-le comme vous voudriez que fût (*instruit*) l'ami d'un monarque.

6. On ne loue d'ordinaire que pour être (*loué*).

7. Laissez-moi pleurer mon frère. Vous savez mieux que moi combien il mérite d'être (*pleuré*).

8. Il est difficile d'embellir ce qui ne doit (*l'*)être que jusqu'à un certain degré.

9. Le bœuf remplit ses premiers estomacs tout autant qu'ils peuvent (*l'*)être.

N° 270.

1. Ceux qui réussissent et font fortune, (*la*) font presque tous par les voies déshonnêtes qui y mènent.

2. Combien d'opprimés, qu'on n'eût jamais écoutés, obtiendront justice, quand il (*la*) demandera pour eux avec cette intrépide fermeté que donne l'exercice de la vertu.

3. Je suis en bonne santé, je (*la*) dois à l'exercice et à la tempérance.

4. On a raison d'appeler son bien fortune, car un moment (*la*) donne, un moment l'ôte.

5. Il ne suffit pas d'avoir raison : c'est (*la*) gâter, c'est (*la*) déshonorer, que de (*la*) soutenir d'une manière brusque et hautaine.

6. Tandis que nous voguions à pleines voiles, tout à coup le vent tombe, et nous (*les*) voyons s'abaisser.

7. Etrange mépris de tous les principes ! On achetait le droit de justice ; on (*la*) faisait rendre ou vendre par son valet affublé d'une robe.

8. L'aumône est une action d'homme qui connaît la valeur de ce qu'(*il*) donne et le besoin que son semblable en a.

N° 271.

1. Un roi qui s'avilit est indigne de l'être.
2. Le ridicule se montre à le chercher en toutes choses.
3. Quiconque est soupçonneux invite à le trahir.
4. Le roi qui sait l'être chasse les hommes vils et funestes.
5. Un médecin ne le serait plus, si ses habits étaient moins lugubres et s'il tuait ses malades en badinant.
6. Une belle action est celle qui a de la bonté et qui demande de la force pour la faire.
7. Le temps passerait sans le compter.
8. Les fourbes croient aisément que les autres le sont.

N° 272.

1. Est-ce là le seigneur Trufaldin ? — Oui, c'est (*lui*).
2. Mais vois-je pas Orphise ! — Oui, c'est (*elle*) qui vient.

3. Hélas! à voir le bracelet, c'est ma fille que je perdis à l'âge que vous dites. — Votre fille? oui, c'est (elle).

4. Au premier son de cette voix Emile est rendu; c'est Sophie, il n'en doute plus. Ce ne serait pas (elle) qu'il serait trop tard pour l'enlever.

5. Il faut donc que mon mal m'ait ôté la mémoire,
Et c'est ma léthargie. Oui, c'est (elle) en effet.

6. Le carrosse parut être celui de mon fils, ce (l')était en effet.

7. Je crois que voilà mon aimable invisible dont je te parlais. C'est (elle).

8. Eh! sont-ce là vos gants? Est-ce là votre épée. — Oui, ce (les) sont.

N° 273.

1. Le frère d'Amélie revenant à (lui), et rougissant de son trouble, pria son père de lui pardonner.

2. Celui qui n'a point senti la faiblesse et la violence de ses passions n'est point sage, car il ne se connaît point encore, et ne sait point se défier de (soi).

3. Chacun ne songe plus qu'à (soi).

4. L'Anglais porte partout la patrie avec (lui).

5. Quiconque a enfreint les règles cherche à entraîner les faibles avec (soi) et à se couvrir de la multitude.

6. Vous verrez que Perrin tire l'argent à (lui).

7. Chacun pour (soi)-même est toujours indulgent.

8. Celui qui hait le travail n'a assez ni de (soi) ni des autres.

9. Quiconque rapporte tout à (soi) n'a pas beaucoup d'amis.

Nos 275 et 276.

1. Hélas! s'écriait Télémaque, voilà donc les maux que la guerre entraîne après (elle).

2. Toute tromperie porte avec (*elle*) sa punition.

3. Donnez à une fille la crainte des richesses qui entraînent après (*elle*) tant de corruption.

4. La sagesse après (*soi*) laisse un long souvenir.

5. Un malheur toujours traîne un malheur après (*soi*).

6. Il n'y a point de superstition qui ne porte son excuse avec (*elle*).

7. La libéralité précipitée mène toujours le repentir après (*elle*).

8. Quand l'âme prie, elle emporte avec (*soi*) tout l'homme.

9. Celui qui est dans la prospérité doit craindre (*d'en*) abuser.

10. Numa avait de longues conversations avec la nymphe Egérie; on ne voit pas que César en eût avec Vénus, quoiqu'il descendît d'(*elle*) en droite ligne.

11. Je reçois votre lettre, ma chère enfant, et j'(*y*) fais réponse avec précipitation.

12. Les passions des hommes sont autant de chemins ouverts pour aller à (*elles*).

EXERCICES GÉNÉRAUX SUR LES PRONOMS PERSONNELS.

Le peuple, dans la détresse, est toujours injuste : (*ne l'y*) faites pas tomber. — Les larmes sont sympathiquement contagieuses; (*ne vous y fiez pas*) : on a vu pleurer des égorgeurs. — Nous entrons en aveugles dans la carrière de la vie : heureux si quelqu'un veut (*nous y guider*)! — La gloire peut fasciner les yeux de l'homme au point de (*lui*) faire méconnaître (*ses*) parents, (*ses*) amis, (*sa*) patrie, tout, jusqu'à son propre intérêt. — En comparant la littérature nationale à une autre, il faut défalquer (*de la valeur de celle-ci*) le mérite de l'étrangeté. — Un pays libre, à côté d'un pays esclave, (*sert à celui-ci*) de miroir pour voir ses difformités. — L'homme a de plus que les animaux le sentiment de la dignité, de l'immortalité de son âme : y (*renoncera-t-il*) pour se ravaler à leur rang? — L'homme ne diffère pas beaucoup de l'homme; mais (*celui-là*) doit l'emporter qui a reçu de son éducation le courage de lutter contre la nécessité même.—Vol-

CORRIGÉ DES EXERCICES DE LA GRAMMAIRE. 167

taire donne l'estrapade à Corneille : (*il*) l'élève aux nues, puis le fait retomber sur les épines grammaticales. — On a combattu la religion sous le prétexte d'établir la vraie philosophie ; on (*combat celle-ci*) sous le prétexte de rétablir la religion. — La jactance annonce plus de (*fonds*) que le dédain : (*celui-ci*) se dispense de rien montrer. — Il y a cette différence entre les grands et les statues, (*qu'elles*) grandissent lorsqu'on les approche, et que les grands se rapetissent. — Tout gouvernement imposé à plusieurs est illégitime, (*si ceux-ci*) ne l'acceptent. — La malice ne nomme pas, mais (*elle dénote*). — Les hommes habiles ne commandent pas au hasard, mais (*ils l'attirent*), le préparent et semblent presque le déterminer. — L'ambition s'assoupit, mais (*elle ne dort*) jamais. — L'abondance des biens ne nuit pas, mais (*elle embarrasse*). — Nous embrassons tout, mais (*nous n'étreignons*) que du vent. — Nous faisons le mal aujourd'hui, et (*remettons*) le bien à la huitaine. — L'orgueil empêche d'aimer et (*d'être aimé*). — (*Estime-toi*) si tu veux (*être estimé*). — On souffre d'autant plus impatiemment (*d'être trompé*), que l'on est moins capable de tromper les autres. — On se trompe infailliblement lorsqu'on croit ne pouvoir jamais (*être trompé*). — Il faut prendre les hommes par les détails pour (*les bien, bien les*) étudier. — Les idées de la justice, de l'ordre et de la toute-puissance, (*ne se peuvent, ne peuvent se*) disjoindre. — C'est par cela même que l'autorité émane de Dieu que (*l'on doit en user, l'on en doit user*) avec justice. — Les pensées morales sont des clous d'airain qui s'enfoncent dans l'âme, et qu'on ne (*peut en arracher, n'en peut arracher*). — (*Les*) grandes et (*les*) petites âmes (*ne se peuvent jamais entendre, ne peuvent jamais s'entendre*). — Tout ce qui n'est qu'erreur (*doit se pardonner, se doit pardonner*). — S'il (*vous fallait*) choisir, préférez l'aristocratie à la démocratie : un coup d'escarpin fait bien moins de mal qu'un coup de sabot. — (*Il faut se taire, il se faut taire*), en tout genre, quand on n'a rien de nouveau à dire. — Pour plaire dans le monde, (*il faut se résoudre, il se faut résoudre*) à se laisser apprendre beaucoup de choses que l'on sait par des gens qui les ignorent. — Un pas hors du devoir

8.

(*nous peut, peut nous*) mener bien loin. — Un homme de mérite est un soleil dont les rayons échauffent, brillent, éblouissent à mesure qu'on (*s'en approche*). — Laissez l'orgueil tracer (*lui-même*) la ligne de démarcation qui (*vous en sépare et vous en délivre*). — Parlez peu de vous au superlatif, afin qu'on (*n'en parle pas*) beaucoup au diminutif.—Celui qui peut offrir aux hommes une masse d'espérances suffisante (*dispose d'eux*) à volonté. — La science des faits est bien futile lorsqu'on ne peut (*en tirer*) une conséquence morale importante. —Un gouvernement qui marche vers le despotisme marche à sa ruine, car, s'isolant de tous, tous (*s'isolent de lui*). — L'amour de l'argent et l'amour (*de soi*) excluent tous les amours. — Le luxe amène toujours avec (*lui, soi*) l'esprit fiscal dans un grand Etat.— Les gens gais dehors sont ordinairement tristes chez (*eux*). — Prenez soin des sous, et les guinées prendront soin (*d'elles-mêmes*). — Celui-là est haïssable qui parle toujours (*de lui, de soi*). — Même sous le harnais, le soldat doit avant tout rester citoyen, ou je ne vois plus (*en lui*) qu'un mercenaire. — Le parasite s'invite (*lui-même*) et se croit bien invité. — Il y a moins d'ingrats (*qu'on ne croit, qu'on ne le croit*), car il y a bien moins de généreux (*qu'on ne pense, qu'on ne le pense*). — Nous imaginons toujours les êtres tout autres qu'ils (*ne sont, ne le sont*). — Comment une nation trop vive pour entendre patiemment discourir (*attache-t-elle*) tant de prix aux discours ? — Peut-être notre éternité (*se passera-t-elle*) à savourer délicieusement les ravissantes harmonies des cieux. — L'entrée de la vie est comme (*la*) vaste et riante embouchure d'un fleuve : à mesure qu'on le remonte, il s'étrécit, (*s'embarrasse, il s'embarrasse, s'enlaidit, il s'enlaidit*), et (*se termine, il se termine*) à une source inconnue. — (*Il*) naquit, (*souffrit, il souffrit, mourut, il mourut*) : voilà l'histoire de l'homme. — Tout le monde (*cherche*) à faire fortune, et peu (*la*) font. — Une âme noble rend justice même à ceux qui (*la lui*) refusent. — On a raison d'appeler son bien fortune, car un moment (*la*) donne, un moment l'ôte. — Si je suis en bonne santé, je (*la*) dois à l'exercice et à la tempérance. — Ceux qui demandent justice, ne (*la leur*) refusez pas. — Celui à qui on demande raison d'une offense ne doit pas (*la*) refuser. — Si l'erreur n'est pas un crime, l'entêtement peut (*en devenir un*). — Il ne peut exister un être assez méchant pour (*en créer d'autres*) destinés uniquement à souffrir. — Une perte ignorée (*n'en est pas une*). — Bien des choses ne sont impossibles que parce qu'on s'est accoutumé à croire qu'elles (*le*) sont. — L'enthousiasme et l'amour sont enfants de l'espérance; le mépris et la haine (*le*) sont de la déception. — Les fous (*les*) plus dangereux et (*les plus*) communs sont ceux qui ne (*le*) sont qu'à demi. — Ceux qui se disent amis de tout le monde ne (*le*) sont de personne. — Les Français ne furent longtemps divisés que sur la religion; à présent, ils (*le*) sont de plus sur la politique. — La nature ne crée pas (*d'*)hommes égaux en (*facultés*), quoiqu'ils (*le*) soient en (*droits*). — Les peuples sont toujours mal gouvernés lorsque les rois (*le*) sont par des favoris. — L'extrême gaieté des heureux augmente la tristesse de ceux qui ne (*le*) sont pas. — Nos sages aïeux ont brûlé religieusement des gens dont le crime était d'avoir eu des illusions et de (*le*) dire. — Comme les hommes ne se dégoûtent pas du vice, il ne faut pas se lasser de (*le leur*) reprocher. — Si le sage connaissait quelqu'un qui voulût endosser sa renommée avec ce qu'elle lui coûte, il (*la lui*) abandonnerait très-volontiers. — Dès que les hommes ont placé leur félicité dans la possession d'un objet, la gloire, la liberté, même un brillant esclavage, ils sont prêts à exterminer tous ceux qui (*le leur*) disputent. — Attaquer durement les opinions de quelqu'un, c'est (*les*) lui inculquer et (*les*) graver dans son cœur. — Tous les hommes, même enfants, ont le sentiment inné du juste et de l'injuste : ce n'est pas la matière, c'est Dieu qui (*le leur*) donne. — Sans la religion, l'homme ne dépassant pas ce qu'il voit, (*est-ce qu'il aurait, aurait-il*) atteint le beau idéal ? — L'esprit de cupidité, de haine, de vengeance, étant le seul guide du parti dominateur, (*il n'y a plus*) de magistrats : (*il n'y a plus*) que des tyrans et leurs complices. — Le désir d'être heureux, étant le seul invincible, (*étouffe*) tous les autres. — Le vice se punit (*de lui-même, de soi-même*), lors même que la loi ne décerne aucune peine (*contre lui*). — On a toujours tort avec sa conscience quand on est réduit à disputer (*contre elle*). — Un ecclésiastique n'a plus rien à faire avec le monde que pour (*l'*)instruire et (*l'*)édifier. — Les hommes des révolutions s'évanouissent (*avec elles*). — Il y a des crimes qui (*ne peuvent s'expier, ne se peuvent expier*), (*entre autres*) celui de trahir sa patrie, de s'armer (*contre elle*). — Quand on ne sait pas vivre avec les loups, il ne faut pas vivre (*avec eux*). — Otez les passions du monde, il reste immobile; (*déchaînez-les*), il est bouleversé; (*réglez-les*), il marche à la gloire, au bonheur. — (*Dis-moi*) qui tu hantes, je te dirai qui tu es. — Du contraste des goûts et des caractères (*résulte*) l'harmonie sociale. — Dans la carrière de l'éducation, (*hâtez-vous*) lentement. — (*Ne vous hâtez*) pas de vous enrichir pour n'être pas bientôt pauvre. — (*Hâtez-vous*) lentement, et vous avancerez. — Les jugements sur les apparences sont si souvent trompés, que je m'étonne que l'on ne (*s'en désaccoutume pas*). — Certains hommes sont comme ces animaux qui, dès qu'ils ont goûté du sang humain, ne peuvent (*s'en désaltérer*). — Pour juger quelqu'un, (*faites-lui*) lire l'*Esprit* ou les *Maximes*, et (*méfiez-vous de lui*), si leur auteur est son homme. — Les limites des sciences sont comme l'horizon : plus on (*en approche*), et plus elles reculent. — Les hommes qu'il importe le plus aux rois de connaître sont ceux qui (*sont le plus loin d'eux*). — Une dignité déshonore celui qui (*en est indigne*). — Les instigateurs d'un crime doivent (*en profiter*). — L'excellence des sens vient de la nature ; mais l'art et l'habitude peuvent (*y*) ajouter un plus grand degré de perfection. — La vraie façon de se venger d'un ennemi, c'est de ne pas (*lui*) ressembler. — La justice est le fondement des empires : tout ce qui ne (*s'y lie pas*), les fait tôt ou tard écrouler. — Quiconque fonde sa réputation sur les vices de son siècle, (*n'est pas*) digne (*de lui*) survivre. — Dès qu'on écarte une illusion, il faut (*lui*) substituer une qualité réelle. — L'impôt n'est juste que lorsque la nation consent à (*s'y soumettre*). — Les partis s'affaiblissent en déplaçant les capables pour (*leur*) substituer des incapables. — Le silence est le parti le plus sûr pour celui qui se défie (*de lui-même, de soi-même*). — A la voix de la mode, les femmes, si jalouses de leur beauté, se déforment (*elles-mêmes*). — Le gouvernement despotique porte (*en lui, en soi*) le germe de sa destruction. — Heureux qui a par devers (*soi, lui*) une action grande, noble, héroïque! c'est la seule dont on se souvienne. — Chaque homme diffère d'un autre, et diffère tous les jours (*de lui-même*). — La fourberie porte avec (*elle, soi*) sa marque distinctive. — La jeunesse, en acquérant des talents, (*se dote elle-même*). — La santé des femmes est trop variable pour (*qu'elles puissent*) avoir l'humeur égale. — Il semble qu'aimer quelqu'un, c'est l'égaler (*à soi*). — L'orateur émeut difficilement les autres, s'il ne s'est ému (*lui-même*). — L'empire sur (*soi-même*) améliore ou fait paraître meilleur. — L'homme n'a d'empire sur (*lui-même*) que par la réflexion. — On vit (*toute*) une nation renoncer spontanément à (*ses*) opinions, (*ses*) habitudes, (*ses*) affections, (*ses*) plaisirs, (*son*) costume, (*son*) langage; se rendre à (*elle-même*), dans l'espoir d'un état meilleur. — Quiconque s'accoutume à être dur et féroce envers (*lui-même, soi-même*) le devient envers les autres. — Épanchez votre colère dans une lettre, puis (*jetez-la*) au feu : vous vous serez noblement soulagé. — Chaque plante est une machine, un système complet : l'effeuiller, (*la*) tailler, (*la*) mutiler, c'est la désorganiser. — L'être le plus féroce peut (*s'attendrir et s'apitoyer*), tant l'homme est inexplicable! — On flatte les princes pour (*les*) tromper et (*les*) corrompre. — Le vice empoisonne les plaisirs, la passion (*les*) frelate, la modération (*les*) aiguise, l'innocence (*les*) épure, la bienfaisance (*les*) multiplie, l'amitié (*les*) double. — Le froissement des intérêts particuliers flétrit, use (*les*) âmes, et (*les*) rend insensibles à l'intérêt général. — Une honnête femme doit être contente de son mari quand il ne (*la*) bat pas, ne (*la*) gronde pas et ne (*la*) laisse manquer de rien. — La société ressemble aux tourbillons de Descartes, où des sphères élastiques (*se*) heurtent, (*se*) compriment, (*se*) dilatent, (*se*) repoussent, (*s'*)écrasent. — On trouve des idées libérales chez les écrivains (*les*) plus illibéraux, lorsque leur intérêt ne (*les*) aveugle pas ou ne (*les*) éclaire pas. — Nul homme ne peut être le témoin impassible d'un forfait : il voudra (*l'empêcher*), (*le*) punir ou (*l'*)imiter.— L'homme supérieur est impassible de sa nature ; (*on le*) loue, on (*le*) blâme, peu lui importe : c'est sa conscience qu'il écoute. — Une religion nouvelle (*se*) crée et (*se*) propage d'inspiration et par enthousiasme : c'est une fièvre sacrée qui embrase les âmes, (*les*) exalte et (*les*) lance loin de leur sphère, dans un monde de félicité idéale. — Ne hantez pas les méchants : (*ils vous nuiraient*) comme aux autres.— On me prend pour la maîtresse du logis, mais je ne (*la*) suis pas.—Les Russes ne sont pas libres et ne (*le*) seront de longtemps. — Je ne suis pas maîtresse céans, et je ne (*le*) serai jamais. — Si nous sommes durs envers les pauvres, c'est que nous n'avons pas peur de (*le*) devenir.— Les rois sont jaloux de leur autorité, et (*le*) doivent être. — Sommes-nous libres? Nous (*le*) sommes. — On me traite de veuve sans savoir que je (*le*) suis. — N'êtes-vous pas les innocents qu'on veut persécuter? Nous (*les*) sommes. — N'êtes-vous pas encore demoiselle? Je (*le*) suis.— N'êtes-vous pas la demoiselle que l'on veut marier ? Je (*la*) suis. — Ne reconnaissez-vous pas que c'est votre signature? Je (*le*) reconnais.— Ne reconnaissez-vous pas vos paquets? Je (*les*) reconnais. — Nous aimons à plaisanter les autres, mais nous n'aimons pas (*à l'être, à être plaisantés*).—Si nous haïssions les autres, nous mériterions (*d'être haïs*) à notre tour.— Si nous flattons, c'est pour (*être flattés*) à notre tour. — Je ne louerai jamais quelqu'un qui (*ne le mérite pas, ne mérite pas d'être loué, de l'être*).— Si nous aimons, c'est (*pour être aimés*).— Nous avons été reçus comme (*nous le méritions, méritions d'être reçus, de l'être*). — Si tu veux t'en aller, (*va-t'en*). — Si tu fais mal, tu trouves mal, (*mets-le-toi*) bien dans l'esprit. — Veux-tu du vin? (*demandes-en*).— (*Désires-tu*) une montre? (*achètes-en*) une. — Combien (*nous faisons, faisons-nous*) de pas pour acquérir des biens ou de la gloire! — A peine (*on est, est-on*) levé, qu'on déjeune, et l'on va ensuite se promener. — Vous ne désirez rien : aussi (*vous n'êtes pas, n'êtes-vous pas*) malheureux. — Puisqu'il faut travailler, autant (*vaut-il*) que nous nous acquittions de notre tâche. — En notre absence, peut-être (*on parle, parle-t-on*) mal de nous. — Si l'on ne dit pas (*de*) bien de nous, toujours (*est-il*) qu'il ne faut pas que nous disions du mal des autres. — Si l'espérance nous trompe, du moins (*elle nous conduit, nous conduit-elle*) à la fin de la vie par un chemin agréable. — Je ne parle jamais des autres, encore moins (*je parle, parlè-je*) de moi. — Un homme qui vous offense, rebiffez-vous, si grand (*qu'il fût, fût-il*). — Si nous parlons en bien des autres, à plus forte raison (*nous voudrions, voudrions-nous*) qu'on ne dît pas (*de*) mal de nous. — Ton père et moi (*avons été, nous avons été*) longtemps ennemis l'un de l'autre. — (*Il me parut*) à moi et à mes compagnons, que notre arrivée avait jeté une grande terreur dans le pays. — Une nourrice qui se charge d'un enfant doit (*lui*) donner ses soins. — Vous (*confie-t-on*) une affaire? consacrez-(*y*) tous vos soins. — Boileau nous apprit à chercher le mot propre, à (*lui*) donner sa place dans le vers. — Un homme peut parler avantageusement (*de lui*) lorsqu'il est calomnié. — Sont-ce bien là vos livres? Je vous assure que (*ce les sont*). — Sera-ce le fils du roi qui montera sur le trône? J'espère que (*ce sera lui*). — Le carrosse me parut être celui de mon fils : (*ce l'était*) en effet. — Sont-ce les Allemands qui ont inventé l'imprimerie? (*Ce sont eux-mêmes*). — Ceux qui se disent les envoyés du prince (*le*) sont en effet. — Etes-vous les envoyés du prince? Nous (*les*) sommes. — Nous nous tourmentons moins pour devenir heureux que pour faire croire que nous (*le*) sommes. — Si Pompée (*nous*) eût attaqués et (*nous*) eût livré bataille au moment favorable, disait César, nous étions perdus. — Chaque mauvaise action entraîne avec (*soi, elle*) son infortune. — Pour bien corriger une épreuve, il faut s'obstiner à (*y*) trouver des fautes. — Les dieux sont une bonne escorte pour ceux qui (*se confient à eux*). — Il ne se forme jamais (*de*) partis dangereux chez une nation, lorsque (*ses*) chefs (*s'y tiennent étroitement unis*). — L'évidence est le signe caractéristique de la vérité : toute chose sur laquelle on peut disputer (*n'est plus elle*). — Il se peut que nous devenions quelque chose après notre mort : une chenille se (*doute-t-elle*) qu'elle deviendra papillon! — On ne trouve dans les hommes ni les talents ni les vertus (*qu'on cherche en eux*). — Dès qu'un homme est à craindre, on ne cherche plus qu'à (*l'adoucir, le flatter ou le tromper*). — La richesse ne consiste pas dans la possession des trésors, mais dans l'usage qu'on (*en sait, sait en*) faire. — Qui n'a point (*d'opinions à lui, à soi*) contredit toujours (*celles*) des autres. — Le droit naturel doit l'emporter sur toutes les conventions qui (*lui*) sont contraires. — Talma a porté à la perfection l'art de (*se bien, bien se*) costumer. — Le souverain n'a rien à craindre du peuple, lorsque le peuple n'a rien à (*craindre de lui*). — Les grandes prospérités (*nous*) aveuglent, (*nous*) transportent, (*nous*) égarent. — Quand un homme est innocent, la pensée qu'on le croit coupable (*le*) poursuit, (*le*) tourmente, (*l'*)accable. — Molière a surpassé Plaute dans ce que (*celui-ci*) a fait de meilleur. — Télémaque et moi (*combattrons, nous combattrons*) pour la bonne cause. — J'ai trompé les mortels et (*ne puis*) me tromper. — Les grands ont des domestiques qui les gouvernent, et (*ceux-ci*) sont gouvernés par (*leurs valets*). — Si quelqu'un vous prête de l'argent, il est juste que vous (*le lui*) rendiez. — Si quelqu'un vous donne (*de*) bons conseils, (*soyez-lui-en*) reconnaissant. — Quand de pauvres gens vous demandent l'aumône, il faut bien que vous (*la leur*) donniez. — Mettez à vos affaires plus d'ordre que vous (*n'en avez, n'y en avez*) mis jusqu'à présent. — Il vaut mieux que vous sachiez peu de (*chose*), pourvu que vous (*le*) sachiez à (*fond*) et pour toujours. — Avez-vous de bonnes nouvelles? (*dites-les-nous*). — La charité nous oblige à faire plaisir aux personnes toutes les fois que nous (*le pourrons*). — Si tu veux t'asseoir dans un fauteuil, (*assieds, assois-t'y*). — Si tu fais mal, tu trouves mal, (*mets-le-toi*) bien dans l'esprit. — Si tu ne veux pas qu'on te reproche un bienfait, (*souviens-t'en*). — (*Es-tu*) fatigué? (*assieds, assois-toi*) sur ce banc et (*repose-t'y*). — Quelqu'un te veut-il du bien? (*laisse-t'en*) faire. — Quand vous aurez lu le journal, (*rendez-le-moi*). — (*Quand je serais, fussè-je*) au-delà des colonnes d'Hercule, je me croirais encore trop près d'une femme acariâtre. — Moi pour qui tout renaît, (*serais-je*) le seul qui meure pour ne jamais revivre? — A peine (*serais-je*) monté sur le trône que j'aspirerais à en descendre. — Moi qui aime la vie mondaine, (*pourrais-je*) jamais me condamner à vivre en anachorète? — (*M'accorderai-je*) avec (*quelques philosophes*) à croire que tout soit matériel en moi? — Ne (*serais-je*) pas bientôt convaincu d'être coupable, s'il suffisait pour cela que je fusse accusé?— Quand ne me (*mêlerai-je*) plus (*d'aucunes affaires*), et me (*retirerai-je*) à la campagne? — Le mal que l'on dit de nous fait sur notre âme ce que le soc fait sur la terre : il (*la*) déchire et (*la*) féconde. — Celui qui sera le maître de (*soi-même, lui-même*) le sera bientôt des autres. — Qui ne vit que pour (*soi, lui*) est indigne de vivre. — Si le matin ne nous éveillait pas pour de nouvelles joies, si le soir ne nous laissait aucune espérance, serait-ce la peine de (*nous*) habiller et de (*nous*) déshabiller? — Les souffrances d'autrui ne peuvent et ne doivent jamais être compensées par les avantages que nous (*retirons, en retirons*). — Combien de fois le contraste entre les beautés de la nature et les souffrances imposées par les hommes ne se (*renouvelle-t-il*) pas! — Si l'on veut te conter une aventure, (*laisse-la-toi*) conter. — Veut-on te donner un cadeau? (*laisse-t'en*) donner un. — Les habits que je fais faire au tailleur, je (*les lui paie*) comptant. — L'activité est aussi nécessaire au bonheur que l'agitation (*lui*) est contraire. — Socrate disait adieu tous les soirs à ses amis, ne sachant pas si la mort (*le lui*) permettrait le lendemain. — La grande affaire de presque tous les hommes, c'est le bonheur, et c'est précisément ce qui (*le leur*) fait manquer. — Otez de la vie le temps donné au sommeil, aux besoins, aux afflictions, que (*reste-t-il*)? le fruit du travail. — Pardonnez-nous les torts dont nous sommes coupables, (*et nous rendez, et rendez-nous*) votre amitié.— O mon Dieu! faites que la vertu dirige toutes nos actions, ou (*nous arrachez, arrachez-nous*) le jour. — Notre innocence est le seul bien qui nous reste : (*laissez-la-nous*). — Catilina, se voyant environné d'ennemis, et n'ayant ni retraite en Italie ni secours à espérer de Rome, (*fut*) réduit à tenter le sort d'une bataille. — Les Romains, se destinant à la guerre et la regardant comme le seul art, (*mirent tout leur*) esprit et (*toutes leurs*) pensées à la perfectionner. — Un homme vain trouve toujours son compte à dire du bien ou du mal de (*lui*). — (*As-tu*) une envie? (*passe-la-toi*). — Avons-nous des défauts?

(*reprochons-les-nous*). — Si tu veux l'asseoir dans un fauteuil, (*assieds, asseois-l'y*). — Si tu ne veux pas qu'on te reproche un bienfait, (*souviens-t'en*). — Si tu veux un journal, (*demandes-en*) un. — Veux-tu faire l'aumône aux pauvres? (*fais-la-leur*). — (*As-tu*) envie de te promener dans le jardin? (*vas-y*). — Es-tu fatigué? (*asseois-toi, assieds-toi*) sur ce banc, et (*reposes-t'y*). — (*Désires-tu*) une serviette? (*demandes-en*) une. — Un pauvre te (*demande-t-il*) l'aumône? ne (*la lui*) refuse pas. — Avez-vous commis quelques péchés? (*pardonnez-les-vous*) comme vous les pardonneriez aux autres. — Si l'on te propose de faire une mauvaise action, (*ne la fais*) pas. — (*As-tu*) quelques reproches à faire à tes domestiques? (*fais-les-leur*) avec douceur. — Les offenses que les autres vous font, (*pardonnez-les-leur*). — Quand tu auras lu le journal, (*rends-le-moi*). — Un homme te (*flatte-t-il*)? ne (*t'y fie*) pas : il veut te tromper. — S'il veut te conter son aventure, (*laisse-la-toi*) conter. — Si on veut te donner un cadeau, (*laisse-t'en*) donner un. — Mon frère et moi (*sommes, nous sommes*) les seuls de la famille qui (*ayons*) le goût de l'étude. — Le roi et moi (*sommes, nous sommes*) égaux. — Pourquoi la fortune nous (*a-t-elle*) refusé un peu de terre dans notre terre natale? — (*Est-ce que les animaux ont, les animaux ont-ils*) une âme? — (*Est-ce que les songes ont, les songes ont-ils*) un sens? — A peine (*nous serons, serons-nous*) morts, que l'on ne parlera plus de nous. — En vain (*je cherche, cherché-je*) le bonheur, il me fuit. — Quand (*verrai-je*) revivre le siècle d'Auguste et les temps les plus fortunés de la Grèce? — En vous peignant les hommes, (*peignez-les-vous*) tels qu'ils sont. — N'(*insulte*) jamais la vieillesse : ne te (*semble-t-elle*) pas respectable à toi comme à tout le monde? — Ne voyageons pas de nuit : on pourrait (*nous détrousser*), nous et nos compagnons. — Suis-je la patronne de céans? oui, je (*la*) suis. — Suis-je la cause qu'il s'est fait du mal? non, je ne (*le*) suis pas. — Je n'aime à tromper personne ni à (*être trompé, l'être*). — Il ne faut pas louer ceux qui ne méritent pas d'(*être loués, de l'être*). — Si je suis en bonne santé, je (*le*) dois à l'exercice et à la tempérance. — (*Dussè-je*) ne tenir à nulle autre chose, je tiendrais au moins à la terre où je me serais fixé. — (*Veillé-je*), et n'est-ce pas un songe que je vois? — On ne réussira jamais à faire fortune, si l'on ne veut (*la*) faire par les voies déshonnêtes qui y mènent. — Sont-ce vos gants? oui, (*ce les sont*). — Est-ce mon chapeau? oui, (*ce l'est*). — Est-ce le roi qui vient? (*c'est lui*). — Est-ce le garçon que vous appelez? (*c'est lui*). — Est-ce bien là celle que nous attendons? (*c'est elle*). — Si l'on rapporte tout (*à soi*), on n'aura pas beaucoup d'amis. — Il ne dépend que (*de soi*) d'agir toujours honorablement. — On n'est pas prophète chez (*soi*). — Ma femme est (*un*) autre moi-même. — J'ai été reçu comme (*il convenait que je le fusse*). — Dès qu'on est éloigné de son pays, on sent aussitôt l'instinct qui vous (*y attache*). — Quand on a connu le malheur, (*on y sait, on sait y*) compatir. — Quand (*je le voudrais*), je ne saurais ni tromper, ni feindre, ni mentir. — Quand vous vous chargez d'une affaire, (*donnez-y*) tous vos soins. — Plus on approfondit l'homme, plus on (*y*) découvre de faiblesse et de grandeur. — Quand on est dans la prospérité, il faut craindre (*d'en abuser*). — J'aime à deviner les autres, mais je n'aime pas (*à être deviné*). — L'argent que votre ami vous a prêté, il est juste que vous (*le lui*) rendiez. — A peine (*nous sommes, sommes-nous*) échappés d'un péril que nous nous voyons retomber dans un autre. — Mon ami et moi, (*nous aimons, nous nous aimons*) à qui mieux mieux. — Ni lui ni moi (*n'y pouvons, nous n'y pouvons*) rien comprendre. — Si tu as de bonnes nouvelles, (*réjouis-t'en*). — Toutes les fois que tu peux faire du bien, (*fais-en*). — Dès que tu peux te fier à quelqu'un, (*fie-t'y*). — (*Prêté-je*) une légère somme, je fais un débiteur; si je prête une forte somme, je fais un ennemi. — (*T'ennuies-tu*) dans l'oisiveté? (*cherches-en*) le remède dans le travail. — (*Tires-tu*) vanité de ton rang, (*tu fais*) voir par là que tu es au-dessous. — Si (*j'avais, eussé-je*) un cœur de rocher, je céderais néanmoins aux larmes expressives d'une femme. — Que (*gagnerais-je*) à médire? la haine et la défiance. — (*Veux-tu*) des huîtres? (*envoies-en*) chercher pour toi. — Si (*tu vas*) en société, (*conduis-t'y*) avec prudence et circonspection. — Es-tu dans l'embarras, (*retire-t'en*) comme tu pourras. — Vous n'êtes pas heureux, et (*vous avez*) sauvé Rome. — Nous ne pouvons (*nous commander*), et (*nous voulons*) commander aux autres. — Narbal et moi (*admirâmes, nous admirâmes*) la bonté des dieux. — J'aime les gens de cœur, (*et je ne puis, et ne puis*) souffrir les lâches. — Après la bataille de Leuctres, Epaminondas, ayant rendu la liberté à la Messénie, que les Spartiates tenaient asservie depuis longtemps, (*leur ôta*) les moyens de se recruter dans cette province. — Adieu, mon cher enfant; offrez bien au bon Dieu tout le mal que vous souffrez, et (*vous remettez, remettez-vous*) entièrement à sa sainte volonté. — Un homme de bien, (*quelque*) modeste (*qu'il soit*), ne saurait empêcher qu'on ne dise (*de lui*) ce qu'un malhonnête homme sait dire (*de soi*). — Les passions, qui ont (*en elles, en soi*) tant de force, cèdent (*toutes*) à l'ambition. — Chacun trouve à redire en autrui ce qu'on retrouve à redire (*en lui*). — Personne n'est aussi content de son sort que (*de soi*). — Un homme qui a su vaincre ses passions et (*y*) mettre un frein a remporté la plus belle des victoires. — Si nous n'avons pas démérité de votre amitié, (*rendez-la-nous*). — Nous ne sommes pas (*cru capable*), dit un auteur dans sa préface, de donner plus de développement au sujet que nous traitons. — Nous, (*soussigné*), brigadier de la gendarmerie, déclarons que le nommé Mathurin a été arrêté en flagrant délit. — Moïse disait aux (*Hébreux*) : Bénissez le Seigneur qui (*vous*) a conduits et (*vous*) a donné la manne dans le désert. — Si je vous ai assemblés et demandé vos conseils, dit Henri IV au corps des notables de Rouen, ce n'est pas (*pour que vous approuviez*) toutes mes volontés. — Un homme de bien a de la pudeur, quand même il n'a que (*soi, lui*) pour témoin. — La terre, naturellement fertile, (*le*) serait bien davantage si elle était mieux cultivée. — Vous n'êtes pas ma fille; mais lors même que vous (*la*) seriez, je ne prendrais pas un intérêt plus vif à votre bonheur. — Que de grands monuments (*s'en sont allés*) en poussière! — Catherine de Médicis était jalouse de son autorité et (*le*) devait être. — Ne me (*trompè-je*) pas en vous croyant ma mère? Oui, monsieur, je (*la*) suis. — Bien des choses ne sont impossibles que parce qu'on s'est accoutumé à croire qu'elles (*le*) sont. — Ne (*préférè-je*) pas une chaumière et du pain bis à tous les honneurs dont on décore la dépendance? — Nous avons beau monter sur des échasses, encore (*faut-il*) nous servir de nos jambes. — Combien de personnes et de choses (*nous n'estimons, n'estimons-nous*) pas, faute d'(*attention*), qui ne (*peuvent trop s'estimer, se peuvent trop estimer*)! — Si (*je pouvais, pussé-je*) me faire craindre, j'aimerais mieux me faire aimer. — Si je réfléchis à toutes les chances du hasard, (*oserai-je*) me fier à la fortune? — (*Trouverai-je*) beaucoup de bons chrétiens, si, comme (*le dit*) Jésus-Christ, on les reconnaît à (*leurs fruits*)? — (*Désiré-je*) une couronne, je ne sais ce que je désire. — (*Bravais-je*) un péril, quelquefois je ne me l'imaginais pas. — Ne (*dépeuplerais-je*) pas le Parnasse, si j'en chassais tous les imitateurs? — Que (*ferais-je*) de l'immortalité sur la terre? — Quelles raisons (*aurais-je*) de croire en vous, plaisirs du monde, vous qui êtes faits pour tromper? — A peine la saison d'aimer (*est, est-elle*) passée, que les oiseaux se dépouillent de leurs couleurs. — M'(*interrogé-je*) sur mes propres mérites, je n'ose plus répondre. — (*Dussé-je*) en tomber malade, il faut que je passe la nuit à travailler. — N'(*allais-je*) pas à la promenade, elle n'y allait pas non plus. — M'(*adressai-je*) à eux, ils me reçurent avec beaucoup de courtoisie. — (*Parlé-je*), je prends un air posé. — Lui (*parlais-je*) blanc, il me parlait noir. — En vain lui (*parlai-je*), il ne me répondit pas. — (*Eussé-je*) la facilité de livrer un blanc-seing, je ne m'en prendrais qu'à moi-même si l'on en abusait. — Je n'attribue aucun des chefs-d'œuvre de l'homme au hasard : (*pourrais-je*) jamais croire que lui-même en soit l'enfant? — Me (*laisserai-je*) éternellement ballotter par les sophismes des rhéteurs? — A peine (*serai-je*) mort que l'on ne parlera plus de moi. — En vain (*chercherais-je*) le bonheur, il me fuirait. — N'(*eussé-je*) pas de pain à manger, je n'en demanderais pas. — (*Achéterai-je*) à crédit, je paierai tout fort cher. — (*Interrogé-je*) la nature, je vois que tout se montre sensible à l'harmonie — (*Veillais-je*), et n'était-ce pas un songe que je voyais? — (*Dussé-je*) ne tenir à nulle autre chose, je tiendrais au moins à la terre où je me serais fixé. — Que (*deviendrais-je*) si, abandonné à moi-même, je n'avais pas de bons parents pour m'en seigner les leçons de l'expérience? — Comment (*prétendrai-je*) qu'un autre garde mon secret, si je ne puis le garder moi-même? — (*Crois-je, est-ce que je crois*) m'acquitter envers les pauvres en les appelant fainéants? — (*Quand j'entends*) un chanteur rouler dans sa gorge des syllabes anglaises, je me représente un médisant condamné à se gargariser avec des clous. — (*Si je cours*) après le plaisir, je n'attrape que la douleur. — (*Si je dors*) sur la dure, je dors aussi bien que sur le mol édredon. — (*Ne sais-je pas, si je ne sais pas*) me servir de la fortune quand elle vient, je ne dois pas me plaindre quand elle s'en va. — (*Si je sers bien*) mon pays, je n'ai pas besoin d'aïeux. — (*Si je rends*) service, je veux qu'on l'ignore. — (*Si je mens*) une fois, je donne aux autres le droit de ne plus me croire. — (*Puis-je*) répondre de mon courage, si je n'ai jamais été dans le péril? — (*Me crois-je, est-ce que je me crois*) dispensé d'être un homme de bien par cela seul que je suis un homme agréable? — (*Suis-je, si je suis*) au bal, j'aime à demeurer spectateur et à voir tout le monde se trémousser. — Où (*est-ce que je cours*)? je ne sais quelle folie me prend. — (*Veux-je, si je veux*) convaincre, il suffit que je parle à l'esprit; si je veux persuader, il faut que j'aille jusqu'au cœur. — (*Prête-je*) une légère somme, je fais un débiteur; si je prête une forte somme, je fais un ennemi. — Tel vous paraît d'une amabilité séduisante: observez-le, livrez-vous (*à lui*), vous trouverez le loup sous la peau de l'agneau. — Quand on est le maître (*de soi*), on est le plus souvent le maître des autres. — La faculté de s'énoncer avec assurance suppose que l'on maîtrise ses pensées, et non que l'on (*est maîtrisé par elles*). — La monarchie pure fut reçue dans l'enfance de la société; les nations, devenues majeures, croient (*avoir moins besoin d'elle*). — Accordez grâce à celui qui vous (*la*) demande. — Ce qu'on fait malgré (*soi*) est toujours difficile. — Pour empêcher un chien de mordre, jetez-(*lui*) des os à ronger. — Fais du bien et (*le jette, jette-le*) dans la mer; si les poissons l'engloutissent, Dieu s'en souviendra. — Qu'importe à Dieu la population de la terre? n'aurait-il créé les hommes que pour (*les y*) voir éternellement se reproduire et mourir? — Les portes des palais sont moins hautes qu'on (ne, ne le) pense : on n'y passe qu'en se baissant. — Les hommes célèbres, même les grands hommes, sont les poupées de l'imagination, qui les habille ou (les dépouille, les caresse ou les bat), et enfin les oublie. — Qui n'impose plus aux hommes n'a plus rien à (prétendre d'eux).

Si tu vas, s'il va, si nous allons, si vous allez, s'ils vont en société, (conduis-t-y), qu'il s'y (conduise), (conduisons-nous-y), (conduisez-vous-y), qu'ils s'y (conduisent) avec prudence et circonspection.

Que (gagné-je), que (gagnes-tu), que (gagne-t-il), que (gagnons-nous), que (gagnez-vous), que (gagnent-ils) à médire? la haine et la défiance.

As-tu, a-t-il, avons-nous, avez-vous, ont-ils des défauts, (reproche-les-toi), (qu'il se les reproche), (reprochons-les-nous), (reprochez-les-vous), (qu'ils se les reprochent).

Veux-tu t'asseoir, veut-il s'asseoir, voulons-nous nous asseoir, voulez-vous vous asseoir, veulent-ils s'asseoir dans un fauteuil, (assieds-t'y), (qu'il s'y assieie), (asseyons-nous-y), (asseyez-vous-y), (qu'ils s'y asseient).

S'il veut te conter son aventure, (laisse-la-toi) conter. — S'il veut lui conter son aventure, (qu'il se la laisse) conter. — S'il veut nous conter son aventure, (laisse-la-nous) conter. — S'il veut vous conter son aventure, (laissez-la-vous) conter. — S'il veut leur conter son aventure, (qu'ils se la laissent) conter.

(Achété-je), (Achètes-tu), (Achète-t-il), (Achetons-nous), (Achetez-vous), (Achètent-ils) à crédit? je paie, tu paies, il paie, nous payons, vous payez, ils paient tout comptant.

Si tu as, s'il a, si nous avons, si vous avez, s'ils ont de bonnes nouvelles, (réjouis-t'en), qu'il s'en (réjouisse), (réjouissons-nous-en), (réjouissez-vous-en), qu'ils s'en (réjouissent).

Dès que tu peux te fier, dès qu'il peut se fier, dès que nous pouvons nous fier, dès que vous pouvez vous fier, dès qu'ils peuvent se fier à quelqu'un, (fie-t'y), qu'il s'y (fie), (fions-nous-y), (fiez-vous-y), qu'ils s'y (fient).

Le bien que tu auras, qu'il aura, que nous aurons, que vous aurez, qu'ils auront fait dans la journée, (dis-le-toi) le soir en te couchant, qu'il se (le dise) le soir en se couchant, (disons-le-nous) le soir en nous couchant, (dites-le-vous) le soir en vous couchant, qu'ils se (le disent) le soir en se couchant.

Désires-tu, désire-t-il, désirons-nous, désirez-vous, désirent-ils faire l'aumône aux pauvres? (fais-la-leur), qu'il la leur (fasse), (faisons-la-leur), (faites-la-leur), qu'ils la leur (fassent).

Désires-tu, désire-t-il, désirons-nous, désirez-vous, désirent-ils une serviette? (demande-s-en), qu'il en (demande), (demandons-en), (demandez-en), qu'ils en (demandent) une.

Quand tu auras, quand il aura, quand nous aurons, quand vous aurez, quand ils auront lu le journal, (rends-le-moi), qu'il me le (rende), (rendons-le-lui), (rendez-le-lui), qu'ils me le (rendent).

Si l'on te, si on lui, si on nous, si on vous, si on leur propose de faire une mauvaise action, ne (la fais) pas, qu'il ne la (fasse) pas, ne la (faisons) pas, ne la (faites) pas, qu'ils ne la (fassent) pas.

Si tu veux (t'en aller) (va-t-en) — S'il veut (s'en aller) qu'il s'en (aille). — Si nous voulons nous (en aller) (allons-nous-en). — Si vous voulez vous (en aller) (allez-vous-en). — S'ils veulent (s'en aller) qu'ils s'en (aillent).

Si tu ne veux pas (t'en aller), ne (t'en va) pas. — S'il ne veut pas (s'en aller) qu'il ne s'en (aille) pas. — Si nous ne voulons pas nous en (aller), ne nous en (allons) pas. — Si vous ne voulez pas vous en (aller), ne vous en (allez) pas. — S'ils ne veulent pas (s'en aller) qu'ils ne s'en (aillent) pas.

Es-tu, est-il, sommes-nous, êtes-vous, sont-ils dans l'embarras? (*retire-t'en* comme tu pourras, qu'il s'en (*retire*) comme il pourra, (*retirons-nous en*) comme nous pourrons, (*retirez-vous-en*) comme vous pourrez, qu'ils s'en (*retirent*) comme ils pourront.

As-tu, a-t-il, avons-nous, avez-vous, ont-ils commis quelques peccadilles? (*pardonne-les-toi* comme tu les pardonnerais aux autres, qu'il se les (*pardonne*) comme il les pardonnerait aux autres, (*pardonnons-les-nous*) comme nous les pardonnerions aux autres, (*pardonnez-les-vous*) comme vous les pardonneriez aux autres, qu'ils se les (*pardonnent*) comme ils les pardonneraient aux autres.

Ton enfant veut-il, son enfant veut-il, notre enfant veut-il, votre enfant veut-il, leur enfant veut-il aller à la promenade? (*mène-l'y*), qu'il l'y (*mène*), (*menons-l'y*), (*menez-l'y*), qu'ils l'y (*mènent*) souvent.

CHAPITRE IX.

EXERCICES SYNTAXIQUES SUR LES PRONOMS
DÉMONSTRATIFS.

Nos 277 et 278.

1. Vous l'abrutiriez, si vous alliez toujours le dirigeant, toujours lui disant : Va, viens, reste, fais (*ceci*), ne fais pas (*cela*).

2. Soyez dans une position médiocre, sans (*cela*) le bonheur et la vertu sont en péril.

3. Tout ce que je puis me dire à ce sujet peut se réduire à (*ceci*), qu'un cœur pénétré d'amitié voit les objets d'une autre manière qu'un cœur insensible et indifférent.

4. Son ami le voyant en mauvais équipage
Lui dit : D'où vient (*cela*)? — De la fortune, hélas!

5. (*C'*)est (*ceci*), (*cela*) qui le blesse.

6. Mon Dieu! ne le maltraitez pas; je vois à sa mine que (*c'*)est un honnête homme.

7. Bien loin d'être des demi-dieux, (*ce*) ne sont pas même des hommes.

8. Aujourd'hui (*c'*)est dimanche.

9. Depuis qu'il est entré céans, (*il*) est le favori.

10. (*Il*) est beau de mourir pour conserver sa foi.

11. (*C'*)est beaucoup que de savoir commander.

12. (*Il*) est aussi ordinaire de voir changer les goûts, qu'(*il*) est extraordinaire de voir changer les inclinations.

13. Vous déclarez que vous m'avez payé, (*c'*)est juste.

Nos 279 à 282.

1. C'est un grand tort à un écrivain (d')être ennuyeux.
2. C'est un des grands secrets de la vie (que de) savoir adoucir nos ennuis.
3. C'est le dernier degré de l'opprobre (de) perdre avec l'innocence le sentiment qui la fait aimer.
4. C'est perdre les bienfaits (que de) les mal répandre.
5. C'est enhardir et absoudre le crime (que de) condamner l'innocence.
6. C'est mériter la mort (que) l'attendre d'autrui.
7. C'est un second crime (que de) tenir un serment criminel.
8. C'est une erreur (de) regarder la naissance et le rang comme un privilége.
9. C'est mal juger, dans bien des cas, (que de) juger seulement d'après soi.
10. Ce n'est point assez (de) pardonner les offenses : il faut aussi les oublier.

Nos 283 à 288.

1. Ce qui nous donne tant d'aigreur contre ceux qui nous font des finesses, (c'est) qu'ils croient être plus habiles que nous.
2. Ce qui paraît générosité (n'est) souvent qu'une ambition déguisée qui méprise de petits intérêts pour aller à de plus grands.
3. Ce qu'on appelle honneur (est) une chose trop négligée parmi les hommes.
4. Ce que je sais le mieux, (c')est mon commencement.
5. Ce qu'on souffre avec le moins de patience, (ce) sont les perfidies, les trahisons, les noirceurs.
6. Ce qui m'étonne le plus, (c')est de voir que tout le monde n'est pas étonné de sa faiblesse.
7. Après les bonnes leçons, ce qu'il y a de plus instructif (sont) les ridicules.

184   COURS COMPLET DE LANGUE FRANÇAISE.

8. Ce qui paraît le plus choquer l'orgueil, (c')est l'égalité.

9. Ce qui fait qu'on goûte médiocrement les philosophes, (c')est qu'ils ne nous parlent pas assez des choses que nous savons.

10. Végéter, (c')est mourir ; beaucoup penser, (c')est vivre.

11. Épargner les plaisirs, (c')est les multiplier.

12. S'accommoder à tout (est) chose nécessaire.

13. Faire des heureux, (c')est le moyen de l'être.

14. Se faire aimer, (c')est là le premier bien du cœur.

15. La plus grande de toutes les faiblesses (est) de craindre de paraître faible.

16. Le moindre défaut des femmes qui se sont abandonnées à faire l'amour, (c')est de faire l'amour.

17. Le plus noble prix de la science (est) le plaisir d'éclairer l'ignorance.

18. Le meilleur de tous les biens, s'il y a des biens, (c')est le repos, la retraite et un endroit qui soit son domaine.

N° 289.

1. Les défauts de l'esprit augmentent en vieillissant comme (ceux) du visage.

2. La leçon des exemples instruit beaucoup plus que (celle) des préceptes.

3. Il manque toujours aux lois des hommes ce qui appartient à (celles) de la nature : l'inflexibilité.

4. Les femmes ont entre autres avantages sur les hommes (celui) d'avoir la peau plus belle et le toucher plus délicat.

5. Toutes les espèces nuisibles, comme (celle) du lion, paraissent être reléguées à un petit nombre.

6. Vous serez seul de votre parti, peut-être ; mais vous porterez en vous-même un témoignage qui vous dispensera de (celui) des hommes.

N° 290.

1. L'action que vous avez faite n'est pas d'un gentilhomme.

CORRIGÉ DES EXERCICES DE LA GRAMMAIRE.   185

2. Allez, ces lettres sont d'un faussaire.
3. Le conseil que vous me donnez est d'une femme qui pourrait bien souhaiter charitablement d'être mon héritière universelle.
4. Cette excuse louable est d'un cœur fraternel.
5. Qui vit aimé de tous à jamais devrait vivre.
6. Qui pardonne aisément invite à l'offenser.
7. Qui observera les commandements de Dieu sera sauvé.
8. Je nommerai à cette place (*qui*) je voudrai.
9. Dites-moi en quoi je puis vous servir.
10. Voilà de quoi je voulais vous parler.

N° 291.

1. Le caprice de notre honneur est encore plus bizarre que (*celui*) de la fortune.
2. Les animaux carnassiers ont le cou plus court que (*les*) animaux frugivores.
3. L'amour de la réputation est quelquefois plus puissant que (*celui*) de la vie.
4. La chair du renard est moins mauvaise que (*celle*) du loup.
5. Le renard a les sens aussi bons que (*le*) loup.
6. L'espèce du tigre a toujours été plus rare et beaucoup moins répandue en Europe que (*celle*) du lion.
7. La fécondité du lapin est encore plus grande que (*celle*) du lièvre.
8. Les organes des insectes sont bien plus composés que (*ceux*) des autres animaux.

N° 292.

1. Tu crains que l'on invente quelque autre manière de distractions que celle (*en usage*).
2. On répare difficilement les fautes contre la liberté, jamais celles (*contre*) l'honneur.

3. Nulle religion n'a pris soin des mœurs des hommes plus que la religion chrétienne et celles (*dressées*) sur son modèle.

4. Vos succès présents me répondent de ceux (*à venir*).

5. Les Athéniens ont de trois espèces de monnaies ; celles (*en argent*) sont les plus communes.

6. Les actions qui échappent de la main de l'ouvrier ont bien plus de grâce que celles (*qui sont*) étudiées.

7. L'union des grands arbres avec les herbes, surtout avec celles (*appelées*) parasites, est une harmonie maternelle.

8. Le goût de la philosophie n'était pas alors celui (*dominant*).

N° 293.

1. La constitution de Rome et (*celle*) d'Athènes étaient très-sages.

2. Nous nous mîmes à examiner les cavaliers qui entraient et (*ceux*) qui sortaient.

3. On voyait à la cour d'Attila les ambassadeurs des Romains d'Orient et (*ceux*) d'Occident, qui venaient recevoir ses lois ou implorer sa clémence.

4. Le territoire d'Athènes était plus propre aux arts que (*ceux*) de Thèbes et (*de*) Lacédémone.

5. Comment hasarda-t-il de se trouver pressé entre l'empire d'Orient et (*celui*) d'Occident ?

6. Nous sommes plus sûrs de l'ancienne grandeur des Romains et (*des Grecs*) que de celle de Sésostris.

N°ˢ 294 à 299.

1. Les flatteurs trouvent leur compte avec les grands, comme les médecins auprès des malades imaginaires. (*Ceux-ci*) paient pour des maux qu'ils n'ont pas ; (*ceux-là*) pour des vertus qu'ils devraient avoir.

2. Le vulgaire recherche les grands, non pour leurs per-

sonnes, mais pour leur pouvoir; et (ceux-là) l'accueillent par vanité ou par besoin.

3. Je me suis proposé de mettre en évidence plusieurs grandes vérités, entre autres (celle-ci) : que notre bonheur consiste à vivre suivant la nature et la vertu.

4. Nous ne trouvons que trop de mangeurs ici-bas :
(Ceux-ci) sont courtisans, (ceux-là) sont magistrats.

5. Par combien de motifs n'est-on pas porté à jouir? Aussi n'y a-t-il pas de passion plus commune que (celle-là).

6. Le sentiment persuade mieux que la raison : (celle-ci) trouve des juges; l'autre se fait des complices.

7. Les chrétiens se précipitent de leurs cavales ou de leurs chameaux : (ceux-ci) se prosternent trois fois; (ceux-là) se frappent le sein en poussant des sanglots.

8. La comédie qu'on a eu dessein d'attaquer n'est point du tout la comédie que nous voulons défendre : il faut se bien garder de confondre (celle-ci) avec (celle-là).

EXERCICES GÉNÉRAUX SUR LES PRONOMS DÉMONSTRATIFS.

C'est toujours une extrémité fatale pour un gouvernement (que d'être) obligé de faire répandre du sang pour se maintenir. — C'est une manie commune aux philosophes de tous les âges (que de nier) ce qui est et (d'expliquer) ce qui n'est pas. — C'est outrager une nation (que de violer) sa représentation. — L'orgueilleux ne devrait pas oublier (ceci) : que Dieu créa l'homme à son image. — Ce qui me révolte, (c'est) de voir les riches s'enorgueillir de (leurs richesses), comme si un lit doré soulageait un malade, et qu'une fortune brillante rendît un sot plus estimable. — Tout le monde dit d'un fat (qu'il est) un fat; personne n'ose le lui dire à lui-même. — L'agriculture et le commerce sont également utiles dans un Etat : (celle-là) nourrit les habitants; (celui-ci) les enrichit. — La parole est à celui qui parle et (à celui qui) écoute. — Il y a quelque chose d'aérien dans la gloire : elle forme, pour ainsi dire, la nuance entre les pensées du ciel et (celles) de la) terre. — Il n'y a pas (d')occupation plus douce, plus béatifiante, que (*celle de*) faire le bonheur d'autrui. — L'or est le sang du corps social : le citoyen qui n'en a pas, comme (*celui qui*) en a trop, sont des membres malades. — (*Celui-là est mon ami qui*) ferait pour moi ce que je ferais pour lui. — (*Celui-là*) est pauvre, quelque opulent qu'il paraisse, qui désire avoir plus qu'il ne possède. — (*Celui-là seul est véritablement libre qui*) se commande à soi-même. — Ce qui plaît dans les anciens, c'est (*qu'ils*) ont peint la nature avec une noble simplicité. — Le plaisir le plus agréable (*est, c'est*) celui qui est partagé avec des amis. — Ce qui manque aujourd'hui, (*c'est*) un levier pour soulever l'égoïsme. — Ce qu'il y a d'absurde dans la métempsycose, (*c'est*) que l'on y serait puni ou récompensé sans en connaître la cause. — Il n'y a pas au monde (*de*) plus pénible métier que (*de, celui de*) se faire un nom. — Ne portez pas votre obligeance pour l'étranger jusqu'à le préférer à vos compatriotes : (*ce n'est*) qu'un oiseau de passage. — L'opulence et le repos sont à une si grande distance l'un de l'autre, que plus on approche de (*celle-là*), plus on s'éloigne de (*celui-ci*). — La base des vertus (*est, c'est*) l'amour filial. — Le plus habile médecin (*est, c'est*) celui qui n'emploie pas la médecine. — Dieu, l'homme, la nature, (*sont, ce sont là*) les trois grands objets de l'étude de la philosophie. — Outrepasser la liberté, (*c'est*) encourir l'esclavage. — J'ai fait un peu de bien : (*c'est*) mon meilleur ouvrage. — Pour beaucoup de participants au pouvoir, vexer (*c'est*) administrer. — Faire du bien et entendre dire du mal de soi, (*c'est*) la vertu des rois. — Faute de richesses, une nation n'est que pauvre; faute de patriotisme, (*c'est*) une pauvre nation. — (*Est-ce*) un péché de sourire en voyant l'ambition désappointée, la vanité ridiculisée, l'orgueil humilié, la méchanceté punie? — Que l'on commence, avant tout, par abjurer ce principe destructeur qui fait séparer l'intérêt personnel (*de l'intérêt*) général. — (*Il est*) facile de communiquer ce que l'on sent; persuader ce que l'on pense, (*c'est*) plus difficile. — Le premier hommage que reçoit l'homme d'un mérite supérieur, (*c'est*) la haine des sots. — Travailler (*est, c'est*) le lot et l'honneur d'un mortel. — Mettre une négative partout où se trouvait une affirmative, et réciproquement, (*est, c'est*) tout le secret de ceux qui écrivent pour ou contre une révolution. — Vouloir s'attribuer l'empire des mers, (*c'est*) se déclarer l'oppresseur universel. — Tel est l'avantage qu'ont les talents sur la beauté : (*celle-ci*) n'a qu'un temps pour plaire; (*ceux-là*) plaisent dans tous les temps. — Nous devons préférer des amis trop sévères à des amis trop complaisants : (*ceux-là*) disent la vérité, tandis que (*ceux ci*) la dissimulent presque toujours. — Aimer (*est, c'est*) un bonheur; haïr (*est, c'est*) un tourment. — Le vrai moyen d'être trompé (*est, c'est*) de se croire plus fin que les autres. — Le sort de la multitude (*est, c'est*) d'être gouvernée par un petit nombre. — Choisir (*est, c'est*) le talent du style. — Ce n'est pas un acte de religion (*de, que de*) contraindre à la religion. — C'est le propre de la vraie piété, non (*de contraindre*), mais (*de persuader*). — Alexandre disait souvent : Je ne suis pas plus redevable à Philippe, mon père, qu'à Aristote, mon précepteur; si je dois à (*celui-là*) la vie, je dois à (*celui-ci*) la vertu. — Vendre des esclaves comme on vend des animaux, c'est (*à quoi*) l'intérêt seul a pu forcer les hommes. — Les maladies de l'âme sont les plus dangereuses; nous devrions travailler à les guérir : c'est (*à quoi*), cependant, nous ne travaillons guère. — La perfection de l'homme (*est, c'est*) le bonheur. — La France, après avoir atteint (*le*) période de sa gloire militaire, marche d'un pas assuré vers (*celui*) de sa gloire civile : elle a pour (*guides*) l'amour de la patrie et l'horreur du despotisme. — (*C'est*) une chose permise, (*ce*) semble, (*de, que de*) se défier du cœur de ceux que les beaux-arts, et surtout la musique, ne peuvent émouvoir. — Supposer un chef perpétuel qui ne s'emparera pas de la plénitude de la toute-puissance, (*c'est*) supposer la chose impossible. — Le triomphe de l'éducation particulière (*est, c'est*) de former des perroquets ou des singes; celui de l'éducation (*publique est, c'est*) de former des hommes. — Persécuter (*n'est, ce n'est*) pas administrer. — (*Celui-là*) seul mérite le nom de bienfaisant qui fait le bien avec persévérance. — Le laurier adoucit bien des amertumes, même (*celles*) de la tyrannie. — (*Celui-là a le mieux profité de sa leçon qui*) la pratique et non qui la retient. — (*Il est*) impossible de prévoir l'effet d'un livre sur l'esprit du lecteur. — (*Qui, celui qui*) juge légèrement se trompe lourdement. — L'ombre de la terre sur la lune, quand (*celle-ci*) est éclipsée, se présente toujours sous une forme circulaire; ce qui prouve que notre globe est rond. — La meilleure manière de se venger (*est, c'est*) de ne point ressembler à celui qui nous fait injure. — Le tigre est plus à craindre que le lion : (*celui-ci*) oublie souvent qu'il est le roi, c'est-à-dire le plus fort des animaux. — Un magistrat intègre et un brave officier servent également la patrie : (*celui-là*) en faisant la guerre aux ennemis intérieurs; (*celui-ci*) en nous protégeant contre les ennemis extérieurs. — La loi est un legs onéreux pour (*qui, celui qui*) ne peut la soutenir. — Heureux (*celui qui*) n'a pas d'enfants, lorsqu'il ne pourrait leur léguer que la servitude, l'ignorance et l'abrutissement! — Le plus libre des hommes est (*celui qui*) n'est soumis qu'à Dieu et à la raison. — On ne plaint pas longtemps (*ceux qu'*)on n'estime pas. — Malheur à (*celui par qui*) le scandale arrive! — Malheur à (*qui, celui qui*) fait le mal! — Il ne faut pas tant regarder ce qu'on mange (*qu'avec qui, que celui avec qui*) on mange. — (*Celui-là*) ne peut avoir ni repos ni bonheur qui a violé le pacte social. — (*Qui, celui qui*) ne vit que de pain trouve ses repas également bons. — Ce n'est pas acheter trop cher la paix que (*de la*) payer au prix du silence. — Après les yeux, les parties du visage qui contribuent le plus à marquer la physionomie (*sont, ce sont*) les sourcils. — La nourriture des écureuils (*sont, ce sont*) les noisettes. — Justice, lois et besoins à part, (*ce m'est, c'est pour moi*) toujours une chose nouvelle que la férocité des hommes envers les hommes. — Une âme généreuse ne saurait être cruelle : (*c'est*) le partage de la lâcheté. — Seconder un coupable, (*c'est*) l'être deux fois. — Acheter à crédit, (*est, c'est*) payer deux fois. — La meilleure chose, pour apaiser la crise des disputes ardentes, (*c'est*) le rire. — La rose n'a (*d'épines*) que pour (*qui, celui qui, celui-là qui*) veut la cueillir. — Deux grandes factions divisent le monde : (*celle*) des heureux et (*celle*) des malheureux. — Une louange fade ne fait honneur ni (*à celui qui*) la donne, ni (*à celui à qui*) elle s'adresse.—Juger, (*c'est*) sentir ; comparer, (*c'est*) comparer. — (*C'est*) le caractère d'un esprit libre (*de juger, que de juger*) ce qu'il honore. — (*C'est*) mal juger, dans bien des cas, (*que juger, de juger, que de juger*) d'après soi. — Juger (*n'est pas, ce n'est pas*) médire. — (*S'il est mieux*) pour nous d'être que de n'être pas, (*c'en*) est assez pour justifier notre existence.— Nous admirons souvent dans un homme ses moindres qualités, tandis que nous ne faisons pas attention à (*celles*) qui sont vraiment (*dignes*) de notre estime. — Tirer vanité de quelque chose, (*c'est*) prouver qu'on n'y est pas encore accoutumé.— Savoir céder à la nécessité, (*c'est*) avoir été admis au conseil des dieux.— Celui-là n'est point propre à l'administration publique (*qui*) ne saurait administrer sa maison. — Il ne faut ni (*préjugés*) ni (*passions*) dans les affaires ; la seule permise est (*celle*) du bien public. — Ce n'est point une bonne qualité pour une femme d'être savante, et (*c'en*) est une très-mauvaise d'affecter de paraître (*tel*). — Le plus grand fléau qui puisse affliger un peuple, (*c'est*) d'avoir de mauvaises lois, de mauvais principes, une mauvaise constitution.—Agir sans (*principes fixes, c'est*) consulter sa montre après avoir placé l'aiguille au hasard.— Imposer des conditions trop dures, (*c'est*) dispenser de les remplir. — Conservez le souvenir de vos peines : (*celui-là*) ne sait pas qu'il est bien qui n'a pas été mal.—C'est une pauvre manière de considérer l'histoire (*de, que de*) l'attribuer à des hasards. — Contempler (*est, c'est*) la vie de l'Éternel. — Une des marques de la médiocrité d'esprit (*est, c'est*) de toujours conter. — Un excellent moyen d'être content de sa situation (*est, c'est*) de la comparer à une plus mauvaise.—Les protestations de bouche furent encore plus fortes que (*celles par écrit*). — Les pays protestants doivent être et sont réellement plus peuplés que (*les pays*) catholiques.— La cavalerie carthaginoise valait mieux que (*la cavalerie*) romaine. — Il n'y a peut-être pas (*de*) plaisir plus vif que (*celui de, que de faire*) un livre. — Il n'y a de louanges désirables que (*celles des hommes*) louables. — Il n'y a pas de lunettes plus fausses que (*les lunettes*) d'or. — Il ne peut y avoir de gouvernement libre que (*celui qui est*) mixte.—Le système monarchique préfère les intérêts de famille (*aux intérêts*) nationaux. — Les naturalistes substituent souvent la science des mots à (*la science, celle*) des êtres.—L'opinion qui rencontre le moins d'obstacles est (*l'opinion, celle*) des baïonnettes. — Le plus grand poëte, et peut-être le plus profond moraliste de l'antiquité, (*est, c'est*) Homère, dont le génie est vaste et sublime comme la nature. — L'égoïsme ôte toute espèce de sensibilité : (*c'est*) une lèpre morale. — Le succès du *Cid*, tragédie de Corneille, fut tel que, pour louer en ce temps-là une belle chose, (*il était*) passé en proverbe de dire : (*c'est*) beau comme *le Cid.* — (*Il est beau*) de se vaincre soi-même.—L'étendue de la mer est aussi grande que (*celle de la terre ; ce n'est pas*) un élément froid et stérile : (*c'est*) un nouvel empire aussi riche, aussi peuplé que le premier.—Fuyez tout homme curieux : (*c'est*) un indiscret. — (*Il est*) un courage littéraire qui exige plus de force d'âme que le courage militaire : il expose à plus de dangers et obtient moins de récompenses. — (*Il est, c'est*) d'un malhonnête homme de louer et de blâmer une même chose. — Tout citoyen est obligé de se soumettre aux lois sanctionnées par la majorité : (*c'est*) le pacte social. — (*Il est*) très-malaisé de parler beaucoup et de dire quelque chose de bon. — (*Il est*) aisé de critiquer, malaisé de mieux faire. — Si l'on rencontrait son ménechme, (*ce*) ne serait pas la personne que l'on aimerait (*le*) mieux. — Je suis malheureux dans mon bonheur : (*c'est*) fort ordinaire à nous autres hommes. — (*Il n'est*) pas ordinaire que celui qui fait rire les autres s'en fasse estimer. — (*Il est*) plus aisé d'être outré que d'être simple. — La vie de l'oiseau aquatique est plus paisible et moins pénible que (*celle de la plupart*) des autres oiseaux. — L'étude de la langue grecque, ainsi que (*de la langue*) latine, est reconnue nécessaire dans nos colléges. — La voix du phoque est plus expressive et plus modulée que (*celle des autres*) animaux. — Les gouvernements font quelquefois des sottises plus lourdes que (*les particuliers*) : ils n'ont pas l'instinct individuel.— Celui qui ne craint pas pour sa vie ne ménage pas (*celle des*) autres. — La morsure des bêtes la plus dangereuse est (*celle du*) calomniateur entre les bêtes féroces, et du flatteur entre les bêtes privées. — Ce qui fait que les riches ne sont presque jamais heureux, (*c'est*) que les uns n'usent pas de (*leurs richesses*), et que les autres (*en abusent*). — (*Qui*) rampe est écrasé; (*qui*) marche la tête haute se la brise; (*qui*) prend des détours se fourvoie : marchez droit, sans orgueil ni bassesse. — Quand la beauté plaide pour la vertu, le vice honteux déserte ses propres bannières, et se range sous (*celles*) de son ennemie. — S'attacher à la légèreté, (*c'est*) confier son bonheur à un papillon. — Se louer soi-même, (*c'est*) en dispenser les autres. — Lutter contre l'opinion, (*c'est*) combattre des moulins à vent. — Mourir, (*c'est*) dormir. — Savoir rendre, (*c'est*) multiplier les bienfaits. — Être privé de sa chambre natale, du jardin que l'on a parcouru dans l'enfance; n'avoir pas l'habitation paternelle, (*c'est*) n'avoir pas de patrie. — Donner à ceux qui le méritent, (*c'est*) obliger tout le monde. — Les flatteurs trouvent leur compte avec les grands, comme les médecins auprès des malades imaginaires : (*ceux-ci*) payent pour les maux qu'ils n'ont pas; (*ceux-là*) pour des vertus qu'ils devraient avoir. — Le machiavéliste tend à ses avantages particuliers par quelques voies odieuses que (*ce*) soit. — L'imagination nous trompe toujours en nous montrant tout meilleur ou pire (*que ce*) n'est. — Lorsque plusieurs hommes se sont donné le mot pour en tromper un seul, (*cela*) arrive infailliblement. — (*Ceux-là*) nient les révélations de la physionomie qui ne savent point y lire ou qu'elle trahit. — S'estimer grand par le rang et les richesses, (*c'est*) imaginer que le piédestal fait le héros. — Le diamant seul, parmi les pierreries, reçoit et réfléchit tous les rayons de la lumière : (*c'est*) l'image de l'intelligence humaine. — Ce qui soutient l'homme au milieu des plus grands revers, (*c'est*) l'espérance. — Nous tâchons de rapetisser tout (*ce à quoi*) nous ne pouvons atteindre. — Les grandes assemblées se réduisent à de petites, et (*celles-ci*) souvent à un seul homme. — De deux peuples limitrophes, (*celui qui*) a du bon sens l'emporte tôt ou tard sur (*celui qui*) n'a que de l'esprit. — Il y a deux classes bien distinctes d'hommes : (*ceux*) qui réfléchissent, et (*ceux*) qui vivent machinalement. — Il faut ôter le masque des choses aussi bien que (*celui des*) personnes. — L'art de la guerre en grand est (*de, celui de*) faire mouvoir des masses. — Le voyage de la vie est comme (*ceux*) que l'on fait en bateau : la monotonie paraît bientôt plus insupportable que les contrariétés. — Un bon cœur n'a pas de plus doux plaisir que de s'occuper de (*ceux*) d'autrui. — La marque d'une expression propre, (*c'est*) qu'on ne puisse (*lui*) donner qu'un sens. — Corneille assujettit à ses caractères et à ses idées; Racine se conforme aux nôtres : (*celui-là*) peint les hommes comme ils devraient être ; (*celui-ci*) les peint tels qu'ils sont. — Les lions sont moins les esclaves de ceux qui les nourrissent que (*ceux-ci*) ne sont les valets des lions. — Ce qu'on admire avec justice dans Racine, (ce *sont*) les caractères toujours soutenus et toujours dans la nature. — Je voudrais pouvoir essuyer les larmes de (*celui-ci*), pourvoir aux besoins de (*celui-là*). — Affable et civil à tous, prévenez (*ceux-ci*); répondez à (*ceux-là*). — Nos succès présents répondront de (*ceux*) à venir. — La philosophie triomphe aisément des maux passés et à venir; mais (*les maux*) présents (*triomphent souvent d'elle*). — Prescrire aux autres des règles de bonheur, (*c'est*) absurde; vouloir (*les leur*) faire adopter, (*c'est*) tyrannique. — Toutes les querelles se réduisent à (*ceci*) : C'est votre opinion, ce n'est pas la mienne. — Sentiment, à-propos, manières, ces trois choses - (*là*) fixent la valeur d'un présent. — Après joli temps, triste pluie ; après (*celle-ci*) le beau temps. — Sans l'éducation prolongée au delà de la maturité, (*celle-ci*) n'est qu'un endurcissement dans l'erreur et les préjugés. — (*Ce sur quoi*) l'on compte le plus n'arrive presque jamais. — Si nous n'avions pas (*de*) prétentions, (*celles*) des autres ne nous (*choqueraient*) pas. — C'est prévariquer, même en jugeant bien, (*de mettre, que de mettre*) son esprit à la place de celui de la loi. — C'est folie (*de, que de s'inquiéter*) d'événements qui ne peuvent se prévenir. — Les prières contrastent comme les intérêts : (*celui-ci*) veut le beau temps, (*celui-là*) la pluie. — Il n'y a maintenant que deux classes en Europe : celle qui demande des priviléges, et (*celle qui les*) repousse. — Le problème qu'un législateur doit résoudre est (*celui-ci*) : une multitude d'hommes étant rassemblée, lui procurer la plus grande somme de bonheur. — Dans les révolutions, il y a deux sortes de gens : ceux qui les font et (*ceux qui en profitent*). — C'est avoir fait de grands progrès dans la science de la vie, (*de, que de savoir*) supporter l'ennui. — De toutes les armées la plus avide est (*celle*) des prôneurs. — Tout ce qui nuit doit se proscrire, (*cela*) fût-il ancien comme le monde. — Il n'y a pas (*de*) têtes plus vides que (*les têtes, celles qui sont*) pleines (*d'elles-mêmes*). — Plier (*n'est pas, ce n'est pas*) rompre. — Bâtir un système sur un seul fait, une seule idée, (*c'est*) dresser une pyramide sur sa pointe. — La bonne politique (*est, c'est*) la franchise et la probité. — Le pire des Etats (*est, c'est*) l'Etat populaire. — Jamais le despotisme d'un seul ne fut aussi dur que (*le despotisme*) populaire. — L'or ouvre toutes les portes, même celles du ciel et (*de l'enfer*). — Posséder (*n'est pas, ce n'est pas*) jouir. — Il y a dans le monde deux morales : celle des livres et (*celle des faits*) ; celle qui s'enseigne et (*celle qui*) se pratique. — Le précepte de l'Evangile le plus mal observé est (*celui-ci*) : « Ne jugez pas, et vous ne serez pas jugé. » — C'est une grande méprise (*de, que de prendre*) des formules de politesse pour des sentiments réels. — La gloire nous fait vivre, (*il est*) vrai, dans l'imagination des autres, mais sous la forme de spectres tout différents de nous. — Il faut examiner longtemps (*ce sur quoi*) on ne peut statuer qu'une fois. — Tant que l'exemple ne sanctionnera pas la leçon, (*celle-ci*) restera toujours sans effet. — Ce sont les actions de l'âme qui déterminent celles du corps, et, d'après (*celles-ci*) qu'on voit, on juge de (*celles-là*) qu'on ne voit pas. — Un homme esclave de (*ses*) passions est bien plus à plaindre que ne l'est celui qui gémit sous la plus dure servitude : (*celui-ci*) n'a pour l'ordinaire qu'un seul maître à contenter ; (*celui-là*) a autant de (*tyrans*) qu'il a de (*désirs*). — Celui qui n'a (*aucune vertu*) envie toujours (*celles*) des autres. — Broutez dans la jeunesse pour avoir de quoi ruminer dans la vieillesse :

sans (*cela*), votre esprit mourra d'inanition. — Les fonctions des conseillers de Bonaparte, comme (*celles des sapeurs*), se bornaient à déblayer, élargir la route que le despotisme se frayait sur le sol conquis de la liberté. — Les bons rois sont les représentants de Dieu; les mauvais, (*ceux de Satan*). — Une longue maladie semble être placée entre la vie et la mort, afin que la mort même devienne un soulagement et à ceux qui meurent et (*à ceux qui restent*). — Le soulier doit être fait pour le pied, et non le pied pour le soulier : c'est (*en quoi*) le nouveau régime l'emporte sur l'ancien. — Tout ce qui nuit aux autres est répréhensible, quelque admirable que (*cela*) puisse paraître. — Les Français boivent-ils plus de vin que de bière? Ils boivent plus de (*celui-là*) que de (*celle-ci*). — Les Irlandais mangent-ils plus de viande que de pommes de terre? Ils mangent moins de (*celle-là*) que de (*celles-ci*). — Les Allemands boivent-ils plus de cidre que de bière? Ils boivent plus de (*celle-ci*) que de (*celui-là*). — La raison, la philosophie, la connaissance du véritable intérêt, tout (*cela*) est incapable de résister aux passions. — Un rapport clandestin n'est pas (*d'un*) honnête homme. — L'histoire d'un homme et (*celle d'une*) nation se réduisent à ces mots : Recherche vaine du bonheur. — Les grandes assemblées se réduisent à de petites, et (*celles-ci*) souvent à un seul homme. — La vie de l'homme est partagée entre deux règnes : (*celui*) *de* l'espérance et (*celui*) de la crainte. — Est-ce une intelligence ou le hasard qui partagea la matière entre deux règnes : (*celui*) de l'organisation et (*celui*) de l'inertie? — Il faut avoir une bien bonne tête pour la mettre à la place et au-dessus de (*celle*) de trente (*millions d'hommes*). — Nulle trêve durable entre (*ceux*) qui nient le paradis et (*ceux qui*) menacent de l'enfer. — La philosophie triomphe aisément des maux passés et (*à venir, de ceux à venir*). — Tout gouvernement qui n'a point et ne peut avoir la confiance publique, par (*cela*) seul est un gouvernement vacillant. — Il est plus nécessaire de connaître la valeur des mots que (*celle des monnaies*). — Les disciples d'Odin et de (*Mahomet, ceux de Mahomet*), dans l'espoir de posséder les valkiries et les houris, ont été avides de la mort. — Je vous souhaite une vie tolérable, car, pour une vie heureuse, (*cela*) est trop fort. — Quand un homme est capable de flatter, (*il est*) assez vraisemblable qu'il est capable de calomnier. — C'est abréger avec (*certaines*) gens que (*de penser*) (*qu'ils*) sont incapables de parler (*juste*). — (*Il est*) rare qu'un livre dicté par la bienveillance soit absolument mauvais. — Le rire sur les mots est plus facile et moins gai que le rire sur les choses : (*celui-ci*) constitue le vrai comique. — Les grands malheurs ont (*ceci, cela*) d'avantageux, qu'ils font paraître la mort délicieuse.

CHAPITRE X.

EXERCICES SYNTAXIQUES SUR LES PRONOMS POSSESSIFS.

N° 300.

1. La musique des Grecs était très-différente de (*la nôtre*).
2. On voit les maux d'autrui d'un autre œil que (*les siens*).
3. La race des nègres est une espèce différente de (*la nôtre*).
4. Les Grecs ne prisent point les lettres égyptiennes, auxquelles (*les leurs*) ne ressemblent point du tout.
5. Le temps des vengeances publiques est arrivé. Je pouvais y associer (*les miennes*) ; mais je fus fidèle à ma devise.
6. Céleste Julie, vous vous contentez de charmer nos sens, et n'êtes point en guerre avec (*les vôtres*).

N° 301.

1. Un (*des miens*) le poursuit.
2. Je ramène (*les miens*) sous votre obéissance.

3. Ceux d'entre (*les nôtres*) qui furent ainsi renvoyés par les Barbares revinrent dans le camp.

4.   Ne point mentir, être content (*du sien*),
      C'est le plus sûr.

5.   Si ce n'est toi, c'est donc ton frère?
— Je n'en ai point. — C'est donc quelqu'un (*des tiens*)?

6. Dès que vous avez établi (*le tien*) et (*le mien*), il vous est impossible de ne pas regarder le vol comme injuste.

7. C'est à nous à payer pour les crimes (*des nôtres*).

8.   (*Les tiens*) et toi pouvez vaquer
    Sans nulle crainte à vos affaires.

EXERCICES GÉNÉRAUX SUR LES PRONOMS POSSESSIFS.

Sans haïr les autres nations, on peut aimer et respecter (*la sienne*). — Aux lois de la nature, amis, soumettons-nous : toujours sa volonté l'emporta sur (*la nôtre*). — Les rois ont (*leurs défauts*), comme chacun a (*les siens*). — Soit mal, soit bien, tiens-toi (*aux tiens*) — Un : (*Tiens*) vaut mieux que dix : Tu l'auras. — A mille promesses, (*préfère*) un : (*Tiens s*). — Une fois qu'on a adopté des enfants, ils deviennent (*vôtres*). — L'homme modeste craint d'humilier l'amour-propre des autres, et l'homme timide craint que les autres n'humilient (*le sien*). — Ce qu'un auteur a pris aux autres, il le croit (*sien*). — (*Considères-tu*) ce que j'ai comme (*tien*), tu me (*donnes*) le droit de regarder ce que tu (*as*) comme (*mien*). — Ne jetons pas la pierre aux gens; excusons (*leurs défauts*) : n'avons-nous pas (*les nôtres*)? — Vous supporterez patiemment les défauts d'autrui en songeant (*aux vôtres*). — Dieu prodigue ses biens à ceux qui font vœu d'être (*siens*). — Regarde bien les disgrâces des autres, et tu te plaindras moins des (*tiennes*). — Les biens sont partagés, et chacun (*le sien*). — Les injustices des pervers servent souvent d'excuse (*aux nôtres*). — Nous n'écoutons d'(*instincts*) que (*ceux*) qui (*sont*) (*les nôtres*). — Aux (*intérêts*) d'autrui nous préférons (*les nôtres*). — Le mal d'autrui souvent nous console (*du nôtre*). — Dans les malheurs d'autrui souvent nous trouvons la source (*des nôtres*). — Toutes les bonnes opinions, je les adopte comme (*miennes*). — La lecture des journaux nous attache à la patrie, nous identifie avec elle, la rend (*nôtre*). — On ne peut régler les désirs d'autrui, et les (*siens*) moins encore. — Le propre de la folie est de voir les défauts des autres, et de ne pas se rappeler les (*siens*). — Sans la raison, que fait-on de l'esprit? Le malheur des autres et le (*sien*). — L'homme grandit ou rapetisse la suprême intelligence, suivant le plus ou moins d'étendue de la (*sienne*). — Chacun (*le sien*). — Gardez vos opinions, et laissez à tout le monde (*les siennes*). — Tout homme qui embrasse les intérêts d'autrui sans violence y est poussé par (*les siens*). — J'aime ma liberté, et je laisse à autrui (*la sienne*). — Quand chacun fait son devoir, tout le monde fait (*le sien*). — Si vous ne heurtez les idées de personne, personne ne heurtera (*les vôtres*). — Voulons-nous qu'on excuse nos défauts? excusons dans autrui (*les siens*). — Il n'y a pas de moyen plus sûr de gagner l'affection des autres que de leur donner (*la sienne*). — Les plus cruels ennemis de la liberté d'autrui sont les amis les plus ardents de (*la leur*). — Trop souvent on croit voir l'opinion publique dans (*la sienne*). — N'oubliez pas que celui qui a une bonne bibliothèque a toujours une meilleure compagnie que (*la vôtre*). — Un homme est maître de la vie des autres quand il compte pour rien (*la sienne*). — Nous ménagerions davantage la bourse d'autrui si nous la comptions comme (*nôtre*). — Avant de vouloir forcer quelqu'un à suivre vos conseils, vous devez lui prouver que votre tête est plus forte que (*la sienne*).

CHAPITRE XI.

EXERCICES SYNTAXIQUES SUR LES PRONOMS RELATIFS.

Nos 302 à 305.

1. O rochers escarpés! c'est à vous que je me plains, car je n'ai que vous (*à qui*) je puisse me plaindre.
2. Notre vie est un pèlerinage (*auquel*) nous condamne le sort.
3. Il le montra s'entourant de satellites à la violence (*desquels*) il livrait ses contradicteurs.
4. Les personnes (*dont*) les oreilles sont inégales ou insensibles se trompent souvent sur le côté d'où vient le son.
5. Le papillon a six pattes armées de griffes avec (*lesquelles*) il résiste au vent dans le repos.
6. Le sénat attachait à Rome des rois (*dont*) elle avait peu à craindre.
7. Nous sommes très-contents de la manière naturelle (*dont*) vous écrivez.
8. Les sujets d'Aceste, animés par l'exemple et par les ordres de Mentor, eurent une vigueur (*dont*) ils ne se croyaient pas capables.

Nos 306 à 308.

1. C'est un mal (*auquel*) mes amis ne peuvent porter de remède.
2. Aussitôt il conduisit Télémaque vers la porte d'ivoire (*par où, par laquelle*) l'on peut sortir du ténébreux empire de Pluton.

3. Rappeler aux anciennes formes de son origine un peuple éclairé, puissant, immense, c'est vouloir renfermer un chêne dans le gland (*d'où*) il est sorti.

4. L'hymen vous lie encore aux dieux (*dont*) vous sortez.

5. Misérable! et je vis! et je soutiens la vue
De ce sacré soleil (*dont*) je suis descendue!

6. Le zèle et l'exactitude avec (*lesquels*) je me suis acquitté de l'emploi que son excellence m'avait confié n'ont pas dû m'inspirer plus de défiance.

7. Il montra un courage ou une prudence (*à laquelle*) on prodigua des éloges.

Nos 309 à 313.

1. La médisance est une pente secrète de l'âme à penser mal de tous les hommes, (*laquelle*) se manifeste par les paroles.

2. Ce qui m'intéresse, moi et tous mes semblables, c'est que chacun sache qu'il existe un arbitre du sort des humains (*duquel*) nous sommes tous les enfants.

3. C'est une pédanterie insupportable et un soin des plus superflus de s'attacher à corriger dans les enfants toutes ces petites fautes contre l'usage (*desquelles*) ils ne manquent jamais de se corriger d'eux-mêmes avec le temps.

4. Un homme restait seul (*qui*) avait été employé pour le ministère des étrangers.

5. Quelques-uns ajoutent même des détails (*dont la vérité*) serait à souhaiter.

6. La pluralité des dieux est une chose qu'on ne peut s'imaginer (*avoir*) été adoptée par des hommes de bon sens.

7. (*Qui*) peut faire un complot lui-même en est coupable.

8. (*Qui*) se fait brebis, toujours le loup le mange.

N° 314.

1. Vous avez plusieurs raisons à alléguer contre ce que je dis : (*quelles*) sont-elles?

2. (*Quelle*) est donc cette faculté, appelée *raison*, que j'emploie à observer la nature?

3. On jugea qu'il importait de vérifier (*qui, lequel*) était le fripon des deux.

4. Après cela, tu jugeras toi-même (*lequel*) vaut le mieux, de ce que tu dis ou de ce que tu fais.

5. (*Laquelle*) préfères-tu, d'Athènes ou de Rome?

6. (*Quel*) est donc votre mal?

7. (*Qui, quel*) est le sot qui l'a dit?

8. (*Lequel*) vaut mieux, de cultiver un art funeste ou de le rendre inutile?

Nos 315 et 316.

1. (*Ce qui*) me plaît le plus dans votre histoire, c'est qu'il n'y a pas un mot qui soit vrai.

2. Croyez-en (*ce qui, ce qu'il*) vous plaira, et pleurez encore sur moi, si vous avez des larmes de reste.

3. Si l'on cousait ensemble toutes les heures que l'on passe avec (*ce qui*) plaît, l'on ferait à peine, d'un grand nombre d'années, une vie de quelques mois.

4. Qui peut (*ce qui*) lui plaît commande alors qu'il prie.

5. Avec moi, on ne porte jamais ce qui sied, on ne va jamais où l'on doit, on ne fait jamais (*ce qui, ce qu'il*) plaît.

6. C'est à tes magots d'enfants (*que*) je veux m'en prendre.

7. Vous savez, messieurs, que c'est de Louis XI (*que*) je parle?

8. C'est à moi (*que*) l'on en veut.

Nos 317 à 321.

1. Eh! bon Dieu! (*qui est-ce qui*) vaut mieux que vous?

2. (*Qu'est-ce qui*) vous trouble? Pourquoi voulez-vous mourir?

3. Où courez-vous? ce n'est pas là (*que*) sont les ennemis.

4. C'est par là (*qu'*)il doit commencer à se rapprocher du reste des hommes.

5. (*Que, combien*) la religion est terrible et puissante!

6. (*Que, combien*) il est doux de vivre dans un pays où les lois nous mettent à couvert de la volonté des hommes!

7. Le temps approche (*que, où*) la vie d'Antoine aura pour le jeune homme une instruction plus prochaine que celle d'Auguste.

8. (*Que, à quoi*) sert à qui n'a rien un vain titre de gloire?

EXERCICES GÉNÉRAUX SUR LES PRONOMS RELATIFS.

Les maires forment le point de contact entre le peuple et l'autorité : (*c'est là que*) son action se fait sentir. — La religion et le gouvernement politique sont les deux points sur (*quoi, lesquels*) roulent les choses humaines. — Regnard a entrepris le voyage de la Laponie, (*dont*) il a donné une fort bonne description. — Il y a bien peu de sages qui s'avisent de sonder le terrain (*sur lequel*) ils vont marcher. — C'est dans le caractère, les mœurs, les opinions des peuples, (*qu'*) il faut chercher la cause des monstrueuses atrocités qui souillent leur histoire. — Les circonstances développent dans les hommes des qualités (*dont*) on ne les aurait point soupçonnés. — Les hommes pour (*lesquels*) la guerre n'est qu'un métier se battent indifféremment sous tous les drapeaux. — Nous chérissons les lieux (*où*) nous avons vécu comme des souvenirs de notre existence. — Dans un pays (*où*) la mode est souveraine, elle devient la redoutable complice de l'erreur et du crime. — Tel eût passé toute sa vie pour un agneau, (*dont*) la révolution a fait un tigre. — Ceux qui tiennent le timon de l'État (*sont*) très-sujets aux vertiges. — Pourquoi disputer sur le mérite des sexes? Les femmes ont le cœur, les hommes ont la tête : (*lequel*) vaut le mieux? — Il sied mal de se tourmenter l'esprit pour des choses (*auxquelles*) on ne prétend plus rien. — (*Que, combien*) d'accidents sinistres en apparence ont été des causes de prospérité ! — Il y a beaucoup de gens (*à qui, auxquels*) il manque un sixième sens : celui du bon et du beau. — C'est par les temps (*que*) l'on commence à vieillir. — Les supplices n'étant que d'atroces vengeances, s'ils ne sont infligés que pour l'exemple, (*que, à quoi*) serviraient ceux du Ténare sans la descente d'Enée pour les redire ? — Nous sommes tous des écoliers qui (*nous efforçons*) de faire du mieux possible notre thème de (*bonheur*). — Nos ignorants aïeux soutenaient des thèses sur tout ce (*qu'il*) est possible de savoir; nous en avons soutenu sur tout ce (*qu'il*) était permis et sage d'ignorer. — Qui ne sait être ni père, ni mari, ni fils, ni ami, (*n'est pas*) homme de bien. — C'est au (*fond*) du cœur des méchants (*qu'*) est dressé leur échafaud. — C'est de l'animal appelé civette (*que*) l'on tire le musc. — Les Egyptiens et les Assyriens sont les premiers qu'on dit (*avoir*) cultivé l'astronomie. — Il faudrait des prodiges d'éloquence pour nous faire regretter ces temps heureux (*où*) les Français étaient taillables et corvéables à merci et miséricorde. — Les chefs de parti ont des mots talismaniques avec (*lesquels*) ils soulèvent la masse de leurs partisans. — L'esprit prend, malgré qu'il en ait, la teinture des choses (*auxquelles*) il s'applique. — Détruire les villes, c'est là (*que*) gît la gloire : elle aime le remue-ménage. — C'est sur un roc (*qu'*) il est doux d'avoir des amis. — Le sentiment intérieur de l'égalité naturelle est la source (*d'où*) provient la véritable politesse. — Tout a sa fin, et il vient un temps (*que, où*) l'on remercie Dieu s'il reste seulement un coin pour s'y tenir. — Une révolution est l'un des plus grands maux (*dont*) le ciel puisse affliger la terre. — Le premier trône fut un tertre sur (*lequel*) s'asseyait le juste qui conciliait les (*différends*). — C'est la soif de la domination qui s'éteint dans le cœur de l'homme, (*il*) la satisfait en testant. — Il y a des personnes (*dont*) tous les sentiments sont dans la tête, et (*qui ne descendent*) pas jusqu'au cœur. — Heureux celui (*dont*) la conscience est assez pure pour (*qu'il puisse*) soutenir le tête-à-tête (*avec elle*) ! — Le meilleur régime est celui (*dans lequel*) tous jouissent tranquillement de la plus grande latitude de liberté possible. — Philippe ne voulut plus prendre conseil que d'Aratus, comme du seul homme (*de qui*) venaient (*toute*) sa grandeur et toute sa gloire. — C'est sur les imperfections des hommes (*qu'*) il faut attacher sa critique. — C'est en Sicile (*que*) l'on doit chercher l'origine de la poésie pastorale. — C'est de nos affections, bien plus que de nos mœurs, (*que*) naît le trouble de notre vie. — C'est là, (*où*) se montrait le plus grand péril, (*que*) s'était portée l'élite des guerriers de l'armée d'Annibal. — La chose (*à quoi, à laquelle*) on pense le moins, c'est à secourir les pauvres. — (*Que, à quoi*) sert le silence, quand le remords crie? — C'est des vastes forêts de la Pologne et de la Moscovie (*que*) nous avons tiré les abeilles. — Ce fut d'une retraite de voleurs (*que*) sortirent les conquérants du monde. — Ce n'est point dans les noms (*que*) réside l'honneur. — C'est à la nécessité (*que*) l'architecture doit sa naissance; mais c'est du luxe (*qu'*) elle a reçu ses embellissements. — Quintius abdiqua la dictature le seizième jour (*que, où*) il en avait été revêtu. — Les livres (*dont*) le mérite est la nouveauté sont comme les petits pâtés tout chauds, (*dont*) on se dégoûte dès qu'ils sont refroidis. — Le ciel se charge de punir ceux sur (*qui, lesquels*) les dents du remords n'ont pas (*de*) prise. — Le plus riche des hommes est celui (*dont*) l'âme est (*le*) mieux remplie de bons sentiments, et l'esprit de bonnes pensées. — A Athènes et à Rome, on vit la politesse et le goût retomber dans cette même barbarie (*d'où*) tant de (*chefs-d'œuvre*) fameux les avaient tirés. — C'est dans la nature (*qu'*) il faut chercher la substance d'un peuple, et dans sa liberté le canal par (*où*) elle doit couler. — Un temps viendra (*que, où*) tous les hommes, soumis à la seule pensée, se conduiront par les clartés de l'esprit. — Le temps approche (*que, où*) la vie d'Antoine aura pour le jeune homme une instruction plus prochaine que celle d'Auguste. — C'est Fontenelle qui a introduit dans les sciences cette philosophie (*à laquelle*) elles doivent les progrès rapides qu'elles ont faits en France. — C'est pourtant dans la presqu'île en deçà du Gange (*que*) s'est conservée la coutume barbare qui porte les femmes à se brûler sur le corps de (*leurs maris*). — Après les dieux, (*de qui*) les bonnes lois viennent, rien ne doit être aussi sacré, ni plus digne du respect des hommes, que les lois destinées à les rendre bons, sages et heureux. — Qu'étaient les sacrifices faits spontanément par des nations pour conquérir la liberté comparés à ceux (*auxquels*) des peuples furent réduits pour retomber dans l'esclavage ! — Les monceaux d'or stérilisent le sol (*sur lequel*) on les entasse. — La bonté du Seigneur, (*de laquelle*) nous ressentons tous les jours les effets, devrait bien nous engager à pratiquer ses commandements. — Il arrive quelquefois dans la vie des accidents (*d'où*) il faut être un peu fou pour se bien tirer. — (*Qui*) convient de ses torts, (*commence*) à en avoir moins. — Ceux (*à qui*) tout le monde convient conviennent rarement à tout le monde. — (*Qui, celui qui*) ne sait pas bien écouter et répondre ne sait pas converser. — (*Qui, celui qui*) veut penser, veut écrire, (*ne doit*) consulter que la conviction solitaire d'une raison méditative. — (*Ceux qui*) prêchent la parole de Dieu, sont comme les coqs : pendant les ténèbres de la vie, ils annoncent la lumière future. — (*Qui, celui qui, celui-là qui*) n'aime personne (*est*) un corps sans âme. — (*Ceux qui, ceux-là qui*) gouvernent (*sont*) comme les corps célestes : ils ont beaucoup d'éclat et peu de repos. — Craignez (*qui, celui qui*) vous craint. — C'est augmenter les maux de la patrie que de crier trop haut contre ceux (*à laquelle*) on ne peut remédier. — (*Qui, celui qui, celui-là qui*) profite du crime l'a commis. — C'est être hypocrite (*de, que de pratiquer*) le culte d'une religion (*à laquelle*) on ne croit pas. — L'existence de l'Amérique est une chose qu'on croit (*avoir été*) connue par les anciens. — Il n'est pas de difficultés que l'orgueilleux ne croie (*ne pouvoir*) surmonter. — C'est un oiseau fabuleux que le phénix, qu'on dit (*renaître*) de sa cendre. — Le soleil est un astre que les anciens ont cru longtemps (*tourner*) autour de la terre. — Le sommeil est une lanterne magique (*où*) on voit, les yeux fermés, tout ce que le romantisme a de plus merveilleux. — C'est des climats excessifs (*qu'*)on tire les drogues, les parfums, les poisons et toutes les plantes dont les qualités sont excessives. — Il n'y a pas (*de*) service (*auquel*) l'homme se porte avec plus de satisfaction que (*de donner, celui de donner*) son conseil. — Nos pensées sont trop souvent comme ces brillantes bulles de savon qui voltigent dans le vague (*où*) elles se perdent. — Malheur à celui (*par*) qui le scandale arrive! — La France est un pays que bien des gens disent (*devoir*) être envahi un jour par les barbares. — (*Que, qui*) demandez-vous? — (*Qui est-ce qui, qu'est-ce qui*) vous tourmente? — (*Qui est-ce qui, qu'est ce qui*) vous afflige? — (*Qui est-ce, qu'est-ce*) qui sonne? — (*Qui, que*) souhaitez-vous? — Comme un rocher contre (*lequel*) les flots viennent se briser vainement, de même le sage voit les passions se presser autour de lui sans pouvoir (*lui effleurer le, effleurer son*) cœur. — Corneille s'est élevé, dans (*le genre*) tragique et (*le genre*) comique, à des beautés que n'ont pas connues les anciens, et (*auxquelles*) n'ont pas atteint les modernes. — Ne laissez pas faire aux enfants tout ce (*qui, qu'il*) leur plaît. — Nous avons beau être libres, nous ne pouvons pas faire tout ce (*qui, qu'il*) nous convient. — Homère est un poëte qu'on dit (*avoir*) mendié de ville en ville. — Les factions sont comme les nues, où chacun se figure ce (*qui, qu'il*) lui plaît. — Pour instruire les enfants, il faut une patience, une persévérance sans (*laquelle*) il n'est point de véritable succès. — Qui connaîtrait le poids d'un sceptre (*ne voudrait*) pas le ramasser. — Des préjugés, des erreurs, que l'on croyait ensevelis sous les monceaux de volumes (*dans lesquels*) on les a réfutés, en sortent brillants comme le serpent de dessous les rochers. — (*Que, combien*) peut un seul homme quand il commande aux peuples par la force de son génie! — Les (*tire-moelle*) littéraires sont très-utiles; (*ils*) donnent en (*quelques lignes*) toute la substance d'un livre. — (*Que, à quoi*) servent les lois sans les mœurs? — L'espèce humaine peut-elle espérer un état meilleur tant que chacun dira : « Je suis vieux, je ne me réformerai pas? » (*A quoi, que*) sert-il de vieillir? — L'homme entièrement seul est celui (*auquel, à qui*) le ciel n'a point accordé (*d'*)amis. — C'est par la vertu (*qu'*)on chérit ses devoirs, et (*qu'*)on y tient sans (*efforts*). — (*A quoi, que*) servent toutes les peines des sacriléges pour gagner les dieux? Les dieux n'entendent que la vertu. — C'est des contraires (*que*) résulte l'harmonie de l'univers. — Au milieu du champ est un vaste cirque environné de nombreux gradins : c'est là (*que*) l'auguste reine, habile dans cet art si doux de gagner les cœurs de son peuple en s'occupant de (*ses*) plaisirs, invite souvent (*ses*) guerriers au spectacle le plus chéri des Espagnols. — Elle n'est point (*effacée*) de notre mémoire, cette époque désastreuse et terrible, cette année la plus funeste des dernières années de Louis XIV, (*où*) il semblait que le ciel voulût faire expier à la France (*ses*) prospérités orgueilleuses, et obscurcir l'éclat du plus beau règne qui eût encore illustré (*ses*) annales ! — Les nobles perdirent le respect et l'amour que le peuple avait pour eux, du moment (*que, où*) ils cessèrent d'être redresseurs de torts pour en devenir auteurs. — Le bonheur et le papillon s'envolent au moment (*que, où*) l'on croit les saisir. — L'âme des gens de bien est un sanctuaire (*d'où*) les méchants sont repoussés. — Le temps n'est plus (*que, où*) l'autorité était sans (*devoirs*) et l'obéissance sans (*droits*). — La souveraineté perdit tout son prestige au moment (*que, où*) l'on vit les potentats aux pieds d'un sans-culotte. — (*Qui, quel*) que tu sois, (*rends*) compte à la patrie de tes actions. — En 1348, la peste infecta (*toute*) l'Italie, à la réserve de Milan et de (*quelques cantons*) au pied des Alpes, (*où*) elle fut à peine sentie. — C'est au mont Ossa (*que*) l'on prétend que se donna le combat des Titans contre les dieux ; c'est là (*qu'*)un torrent impétueux se précipite sur un lit de rochers, qu'il ébranle par la violence de (*ses*) chutes. — C'est aux Arabes (*que*) nous devons l'algèbre, la chimie et (*quelques nouvelles connaissances*) en astronomie. — C'est au mérite seul (*que*) devraient être réservés les récompenses et les honneurs. — Qui parle (*sème*) ; qui se tait (*récolte*). — Au jour du jugement, tous les corps des victimes (*auxquels*) des chrétiens refusèrent la sépulture les accuseront devant Dieu. — Il est souverainement injuste de punir des excès (*auxquels*) on a poussé par des abus. — Il n'y a que les biens réels qui doivent se regretter, et (*que, combien*) ils sont rares! — (*Combien*) est malheureux celui dont la tête est tout entière remplie d'un objet regretté! — (*Que, combien*) d'hommes ne pensent pas ou ne disent que ce que les autres ont pensé! — (*Que, combien*) il est doux de jouir du fruit de ses travaux après (*un*) long et pénible travail! — (*Que, combien*) la beauté a (*de*) charmes, lorsqu'elle est unie à la sagesse! — Tous les êtres (*auxquels*) vous donnerez vos soins vous rendront des plaisirs. — La différence des principes politiques ou religieux est un écueil (*contre lequel*) l'amitié la plus solide en apparence vient échouer. — Il n'y a que ceux qui pensent solidement qui puissent fonder de même (*quoi que*) ce soit. — Le meilleur gouvernement est celui (*de qui*) un plus grand nombre reçoit une plus grande somme de bonheur. — L'esprit et le cœur sont les deux portes (*par où, par lesquelles*) les vérités sont reçues dans l'âme. — Il y a dans la vertu une noblesse, une élévation (*à laquelle*) les cœurs vils et rampants ne sauraient atteindre. — La sagesse n'a rien d'austère ni d'affecté : c'est à elle (*que*) sont dus les vrais plaisirs. — C'est dans les bois de la Floride et de la Virginie, c'est dans les forêts (*mêmes*) du Canada, (*qu'*)on peut aimer toute sa vie ce qu'on aima pour la première fois : l'innocence et la vertu. — (*Qui est-ce qui*) peut reconnaître dans une rose sèche la reine des fleurs? — Le fleuve Bétis coule dans un pays fertile et sous un ciel doux, (*qui*) est toujours serein. — C'est surtout dans les déserts brûlants de l'Afrique (*qu'*)exerçant une domination moins troublée, le serpent devin parvient à une longueur plus considérable. — C'est le destin des choses humaines de tomber dans l'oubli (*d'où*) elles étaient sorties. — Ne vous engouez pas, à l'avenir, de tout ce (*dont*) on fait de merveilleux récits; mais voyez et jugez. — Dans toutes ses entreprises, Henri IV montra une constance, une persévérance, sans (*laquelle*) il n'eût pu prendre possession du trône. — La liberté, la hardiesse avec (*laquelle*) on dit sa façon de penser, offense quelquefois. — L'hyène se défend du lion, ne craint pas la panthère, attaque l'once, (*qui, laquelle*) ne peut lui résister. —

Philippe fut assassiné par Pausanias, (*à qui, auquel*) il n'avait pas rendu justice. — Les femmes ont sur nous un empire naturel : celui de la beauté, (*auquel, à laquelle*) rien ne résiste. — Le tigre est peut-être le seul animal (*dont*) on ne puisse fléchir le naturel. — Dieu appela d'en haut son serviteur Abraham, dans la famille (*de qui, duquel*) il voulait établir son culte. — Il y a du plaisir à rencontrer les yeux de celui (*auquel, à qui*) l'on vient de donner. — Les lapons danois ont un gros chat noir (*auquel*) ils confient (*tous leurs secrets*), et qu'ils consultent dans leurs affaires. — Les peuples (*les*) moins civilisés sont ceux chez (*lesquels*) il se commet le plus de crimes. — C'est à ceux qui se meurent (*qu'il faut*) demander comment on doit vivre. — Il y a dans Plutarque des considérations attachées aux personnes, (*lesquelles*) font grand plaisir. — C'est à l'imitation (*que*) nous sommes redevables de plus de la moitié de ce que nous sommes. — C'est des Grecs et des Romains (*que*) nous sont venues les lumières. — Le mancenillier des Indes produit un poison si actif, que c'est dans la sève de cet arbre (*que*) les sauvages trempent leurs flèches pour les empoisonner. — On ne sait précisément ni quel est l'auteur de la boussole, ni en quel temps on a commencé de s'en servir. Quelques historiens (*en attribuent l'*)invention à Jean Goya, Napolitain, qui vivait vers l'an treize (*cent*) ; d'autres disent que la boussole fut connue par les Chinois avant cette époque, et que c'est à eux (*qu'*)on en doit la découverte. — La fortune ne paraît aveugle qu'à ceux (*à qui*) elle ne fait pas (*de*) bien. — Alexandre, voulant montrer combien il estimait Porus, (*le replaça*) sur un trône (*d'où*) la fortune des armes l'avait fait descendre. — C'est dans l'organisation et dans le caractère de l'homme (*que*) se trouvent les principes du bonheur. — Justice envers les peuples, charité à l'égard des misérables, sévérité envers les méchants, tendresse à l'égard des bons : voilà les bases sur (*quoi, lesquelles*) sont fondées la gloire et la sainteté de saint Louis. — Les Japonais de distinction ont des domestiques de confiance chargés spécialement d'avertir (*leurs maîtres*) des fautes (*dans lesquelles*) ils les ont vus tomber. — Le baobab du Sénégal est le plus grand arbre que l'on connaisse : Adanson en a vu (*dont*) le tronc avait plus de (*quatre-vingts*) pieds de circonférence, et (*dont*) les fleurs avaient une (*demi-toise*) de pourtour. — Un des écueils contre (*lesquels*) la raison fait souvent naufrage c'est la prévention. — C'est de notre prudence (*que*) dépend (*notre*) bonne ou (*notre*) mauvaise fortune. — Quand le travail nous a fatigués, l'amusement (*auquel*) nous avons recours n'est souvent qu'un changement (*d'occupations*). — Le plus ingénieux de tous les maîtres est celui (*dont*) les leçons sont (*le*) plus goûtées. — C'est dans les royaumes de Golconde, de Visapour et de Bengale, (*que*) se trouvent les plus riches mines de (*diamants*). — Nous sommes entourés de préjugés sur (*lesquels*) nous nous reposons avec une entière confiance. — Le gouvernement représentatif est, sans contredit, celui avec (*lequel*) on obtient le plus d'argent. — L'homme bon et sensible souffre plus des reproches qu'il fait que ceux (*auxquels*) il est obligé de les adresser. — Ce n'est guère que dans les républiques (*que*) les caractères courageux, vertueux, généreux, peuvent se former. — On fait toujours mal les choses (*auxquelles*) on a de la répugnance. — Parménion et Clitus étaient deux capitaines d'Alexandre, (*desquels*) la postérité admire le génie et la valeur. — Un tribunal ne doit pas être comme le mont Phicée, du haut (*duquel*) le Sphinx donnait aux discours une interprétation homicide. — C'est à leur naissance (*que*) les passions doivent se surveiller. — La sympathie est l'un de ces mots avec (*lesquels*) on explique tout sans rien comprendre. — Qui cherche à plaire à tous (*ne doit*) plaire à personne. — Qui convient de ses torts (*commence*) à en avoir moins. — Le sage n'est pas celui qui fait beaucoup, mais ce (*qui, qu'il*) convient. — Il y a beaucoup de gens (*auxquels*) il manque un sixième sens : celui du bon et du beau. — Réfléchissez mûrement sur les conseils aux suites (*desquels*) les conseilleurs sont intéressés. — Il ne peut y avoir (*de*) conspiration dangereuse dans un pays (*où, dont*) le peuple est heureux. — La république existe de fait chez toutes les nations (*dont*) les chefs consultent et suivent l'opinion. — Il y a des personnes (*dont*) la vie n'est qu'une distraction (*continuelle*). — Ce peuple était bien digne de ses fers (*que ne révoltaient pas les dérisions effrontées de ses tyrans*). — Les fainéants savent toujours (*l'heure qu'il est, quelle heure il est*). — Les heureux n'imaginent pas (*ce que c'est*) que les profondes douleurs. — Le roi a reçu de Dieu son royaume, non pour l'exposer à l'invasion des ennemis ou pour en faire tout ce (*qui, qu'il*) lui plaît, mais pour le gouverner en père. — Tous les sages conviennent qu'il faut une religion : ils ne disputent que pour savoir (*laquelle*). — (*Qui*) était le plus détaché des vanités humaines, ou d'Ésaü, vendant son droit d'aînesse pour un plat de lentilles ; ou de Jacob, spéculant sur la faim de son frère pour l'en dépouiller ? — Détruire les villes, c'est là, (*que*) gît la gloire : elle aime le remue-ménage. — Il est impossible que la liberté se maintienne dans un pays (*où*) il y a une armée en permanence. — Il y a dans certains auteurs un air d'affectation (*qui*) gâte leurs écrits. — Que de reconnaissance mérite la bonté de Dieu, (*qui*) a gravé dans nos cœurs l'amour de la vertu et la haine du vice ! — Les plus hautes montagnes sont les réservoirs (*d'où*) sortent les plus grands fleuves. — Le Tasse naquit à Sorrento ; la maison (*dont*) il sortait était une des plus illustres de l'Italie. — Les Japonais supportent avec une constance admirable toutes les incommodités de la vie, (*dont*) ils ne font pas grand cas. — Notre salut naît quelquefois des causes (*mêmes*) (*d'où*) devait venir notre perte. — L'espèce de canne (*d'où*) (*l'on*) tire le sucre est originaire de la Chine et des Indes, et fut transportée en Amérique vers l'an (*mil*) cinq (*cent*). — L'homme de génie fait sortir un fleuve de la même source (*d'où*) le talent ne tirerait qu'un ruisseau. — Rome accrut beaucoup ses forces par son union avec les Sabins, peuples durs et belliqueux comme les Lacédémoniens, (*dont*) ils étaient descendus. — Notre élévation ne doit pas nous faire oublier le premier état (*d'où*) nous sommes sortis — La Grèce possède deux lacs dans l'histoire fabuleuse : le Stymphale, fameux par ses Harpies ; et le Pénée, (*d'où*) sort le

Styx, fleuve qui tournait neuf fois autour des enfers. — Les Arabes, défendus par leur désert et par leur courage, étaient des peuples qu'on croyait (*ne pouvoir*) subir le joug étranger. — C'est du sein inépuisable de la terre (*que*) sort tout ce qu'il y a de plus précieux. — C'est aux esprits bien faits (*qu'*)il faut tâcher de plaire. — Il y a des volcans (*d'où*) l'on a vu sortir des torrents d'eau bouillante, des poissons, des coquilles et d'autres corps marins. — Il est un livre ouvert à tous les yeux : c'est celui de la nature. C'est dans (*ce grand et sublime*) livre (*qu'*) on apprend à connaître son divin auteur, et nul n'est excusable de n'y pas lire, parce qu'il parle à tous les hommes un langage intelligible à tous les esprits. — Quiconque s'écarte de la sagesse s'éloigne du seul bonheur (*auquel*) l'homme puisse prétendre sur la terre. — De ces deux mots : Monarchie constitutionnelle, (*quel*) est le sacramentel, (*quel*) est le figuré? — Ne regardez pas (*qui*) est le plus, mais le mieux savant. — C'est dans les climats où le froid exerce un long empire, où réside l'hiver accompagné de glaces perpétuelles et accumulées, (*que*) la découverte du feu a été une faveur du ciel, un bienfait pour l'humanité. — (*Qui est-ce qui*) a suspendu le globe de la terre, (*qui*) est immobile? (*qui est-ce qui*) en a posé les fondements? — Nous respectons les lois qui ne nous gênent pas et (*qui*) gênent les autres. — Le monde est une roue qui tourne et (*ramène*) les mêmes points. — Il y a dans les productions de la nature une grandeur (*à laquelle*) l'art ne saurait atteindre. — C'est à la crainte de l'injustice (*que*) l'on doit les lois. — L'Amérique est un nouveau monde qu'on sait (*avoir été*) découvert par Christophe Colomb. — La médisance est un feu dévorant qui flétrit tout ce qu'il touche, (*qui exerce*) sa fureur sur le bon grain comme sur la paille, sur le profane comme sur le sacré; (*qui ne laisse*), partout où il a passé, que la ruine et la désolation ; (*qui creuse*) jusque dans les entrailles de la terre, et va s'attacher aux choses les plus cachées; (*qui change*) en de viles cendres ce qui nous a paru, il n'y a qu'un moment, si précieux et si brillant; (*qui, dans le temps même*) qu'il paraît couvert et presque éteint, agit avec plus de violence et de danger que jamais; (*qui noircit*) ce qu'il ne peut consumer, et (*qui sait*) plaire et briller quelquefois avant que de nuire. — Quoi (*de plus*) méprisable que le pouvoir de faire du mal? — Il n'y a rien contre (*quoi*) l'honneur et la vertu puissent se troquer avantageusement. — Qui prétend recouvrer ses droits par la violence (*doit*) s'attendre à la résistance. — Il ne coûte rien aux hommes ambitieux, avides, de faire volte-face au moment même (*où*) ils couraient (*le*) plus (*fort*). — Dans les temps de révolutions, beaucoup de gens, comme les guêpes, voltigent vers tous les côtés (*où*) passe le butin. — Les honnêtes gens sont le voluptueux coussin sur (*lequel*) les fripons s'endorment et s'engraissent. — Les hommes disent des femmes tout ce (*qui, qu'il*) leur plaît, et les femmes font des hommes tout ce qu'elles veulent. — Ne faites pas aux autres ce que vous ne voudriez pas (*qu'on vous fît*). — La meilleure constitution, pour un peuple, est celle (*à laquelle*) il est accoutumé. — L'humanité s'afflige en voyant une grande nation redescendre lentement dans les principes (*d'où*) une violente secousse l'avait un moment retirée. — A l'instant (*où*) l'homme s'affuble du costume d'un état, il en prend l'esprit. — L'analogie et l'expérience sont les deux béquilles avec (*lesquelles*) nous nous traînons dans la carrière du raisonnement. — Il y a beaucoup de gentilshommes (*dont*) la noblesse est ensevelie dans la tombe de leurs (*aïeux*). — Les monuments du luxe et de la gloire sont (*de*) vastes tombeaux sous (*lesquels*) sont ensevelies les générations qu'ils ont coûtées. — Celui qui aime à réparer ses torts (*ne mérite pas*) qu'on (*les lui*) reproche. — C'est au moment (*où*) l'homme croit être le plus heureux (*qu'*)il touche à l'infortune. — Parménion et Clitus étaient deux capitaines d'Alexandre, (*desquels*) la postérité admire le génie et la valeur. — Les inférieurs en (*quoi*) que ce soit se vengent par la médisance et la calomnie. — (*Quel*) serait le pire, d'un despotisme franc, mais sensé, ou d'un régime nominalement libre vicié par le machiavélisme et la corruption? — Ceux qui s'appliquent trop aux petites choses (*deviennent*) ordinairement incapables des grandes. — L'opinion publique ne retourne jamais en arrière qu'au moment (*où*) elle a atteint les extrêmes du point (*d'où*) elle est partie. — Les temples sont des asiles qu'on dirait (*n'être*) faits que pour les malheureux. — Le plus grand bonheur (*auquel*) on puisse aspirer, c'est de n'être pas malheureux. — Une république est le meilleur gouvernement et le plus grand bien politique (*auquel*) les hommes puissent aspirer. — L'amour-propre est un ballon gonflé de vent (*d'où*) il sort des tempêtes quand on y fait une piqûre. — Tout pays (*où*) il n'est pas permis de penser et d'écrire ses pensées doit tomber dans la stupidité, la superstition et la barbarie. — Il ne faut pas toujours montrer aux hommes tout ce (*dont*) ils ont été capables. — Un temps viendra (*où*) les partisans de Newton n'auront pas plus de vogue que les sectateurs du cartésianisme. — L'imagination grossit tous les moyens de succès ; à l'examen, la raison se dit : N'est-ce que (*cela*) ? — Ceux (*à qui*) tout le monde convient ne conviennent ordinairement à personne. — Ceux (*que*) nous calomnions ou (*dont*) nous médisons valent souvent mieux que nous. — Les ténèbres de l'antique ignorance se mêlent aux lumières du siècle, et forment un clair-obscur (*qui*) charme beaucoup (*d'yeux*). — On préfère follement ce (*qui*) plaît à ce qui est utile. — Il y a deux espèces d'hommes avec (*lesquels*) il ne faut avoir rien de commun : les méchants et les sots. — (*Qu'est-ce*) qu'Alexandre, César, Pompée, en comparaison de Socrate ? — Il y a des hommes fameux (*dont*) on ne peut expliquer la conduite qu'en admettant qu'ils firent le mal pour le seul plaisir de le faire. — Il y a des conduites qui paraissent blâmables, et (*dont*) les raisons cachées sont très-sages. — Qui veut penser, qui veut écrire (*ne doit*) consulter que la conviction solitaire d'une raison méditative. — Les créatures retourneraient dans le néant (*d'où*) elles sortent, si la main toute-puissante du Créateur ne les conservait. — C'est augmenter les maux de la patrie que de crier trop haut contre ceux (*auxquels*) on ne peut remédier. — C'est une cruauté de vouloir élever l'homme à une perfection (*dont*) il n'est pas capable. — Qui promet trop (*inspire*) la défiance.

— Notre impatience nous cause souvent plus de mal que ce (*dont*) nous avons à nous plaindre. — On ferait un volume de tous les traits célèbres (*dont*) il faut douter.

CHAPITRE XII.

EXERCICES SYNTAXIQUES SUR LES PRONOMS INDÉFINIS.

Nos 322 à 327.

1. *On* peut être (*étourdi, léger, inconséquent et brave*) en même temps.

2. Le commencement et le déclin de l'amour se font sentir par l'embarras où *l'on* est de se trouver (*seuls*).

3. *On* gagne les esprits par beaucoup de douceur.

4. *On* accourut, *on* enfonça la porte, *on* dégagea Philoclès des mains de ces trois hommes, qui, étant troublés, l'avaient attaqué faiblement.

5. Quand on sent que *l'on* est aimé, on en est plus aimable.

6. Quand *on* vous a aimé avec emportement, il faut qu'*on* vous haïsse avec fureur.

7. *On* souffre, *on* jouit, non par ce qui existe, mais par ce qui *nous* paraît exister.

8. Il y a autant de vices qui viennent de ce *qu'on* ne s'estime pas assez que de ce que *l'on* s'estime trop.

9. C'est pour ne pas exclure les vices qu'*on* les revêt d'un nom honnête.

10. Ceux qui veulent achalander une foire y apportent des animaux étrangers, et la partie où *on* les montre en est la partie la plus fréquentée.

11. On trouve peu de livres qui soient utiles aux femmes, même parmi ceux que *l'on* croit bons.

12. On se marie pour être (*père et mère*), et non pour être (*amants*).

13. Le cœur se gagne : on tente, on est (*tentée*).

14. L'amour n'est que plus doux après ces démêlés ;
L'on s'en aime mieux de s'être un peu (*brouillés*).

15. Quand *on* est ami tendre, *on* est mari parfait.

N°s 328 à 332.

1. Personne a-t-(*il*) jamais raconté plus naïvement que La Fontaine?

2. Les personnes qui sont incapables d'oublier les bienfaits sont ordinairement (*généreuses*).

3. Les personnes qui sont (*consommées*) dans la vertu, et qui ont en toute chose une droiture d'esprit et une attention judicieuse, ne sont pas (*médisantes*).

4. Les personnes de mérite ont une politesse qui leur est particulière : leur but est moins d'être (*applaudies*) que de faire naître chez les autres des impressions agréables.

5. Deux sortes de personnes connaissent Dieu : (*ceux*) qui ont le cœur humilié, et qui aiment le mépris et l'abaissement, quelque degré d'esprit (*qu'ils*) aient, bas ou relevé ; ou (*ceux*) qui ont assez d'esprit pour voir la vérité, quelque opposition qu'ils y aient.

6. Les personnes (*éclairées*) se gardent bien de décider toute chose, par cela même (*qu'ils*) sont (*instruits*).

N°s 333 à 337.

1. Il y a des anecdotes littéraires sur lesquelles il est toujours bon d'instruire le public, afin de rendre à chacun ce qui (*lui*) appartient.

2. Les citoyens, chacun selon (*ses*) facultés, tenaient table ouverte.

3. Étéocle et Polynice conviennent ensemble de tenir, cha-

cun à (son) tour, les rênes du gouvernement pendant une année entière.

4. Chacun suit dans le monde une route incertaine,
Selon que (son) humeur le joue et le promène.

5. Athènes, Lacédémone, Milet, ont (chacune) leur dialecte.

6. Les comtes, dont l'origine me paraît du temps de Théodose, commandaient sous les ducs, et assemblaient les troupes, chacun dans (son) canton.

7. Tous les ordres de l'Etat, tous les artisans, passèrent en revue, chacun avec des marques de (sa) profession.

8. Voulez-vous savoir ce que c'est que l'ode? contentez-vous d'en lire de belles; vous en verrez d'excellentes, chacune dans (son) genre.

9. Les langues ont chacune (leurs) bizarreries.

10. La nature semble avoir partagé des talents divers aux hommes pour leur donner à chacun (leur) emploi, sans égard à la condition dans laquelle ils sont nés.

N°s 338 à 343.

1. L'ignorance et le mépris des devoirs produisent le même effet : (l'un) vient du défaut absolu d'éducation; (l'autre) part d'une éducation fausse.

2. On doit se consoler de n'avoir pas de grands talents, comme on se console de n'avoir pas les grandes places : on peut être au-dessus (de l'un et de l'autre) par le cœur.

3. Tout le monde se confiait (l'un à l'autre) cette nouvelle.

4. Tout le monde suivit Virginie, (les uns) par curiosité, (les autres) par considération pour Icilius.

5. Les hommes ne sont-ils pas assez mortels, sans se donner encore (les uns aux autres) une mort précipitée?

6. L'amour et l'amitié s'excluent (l'un l'autre).

7. Le physicien et le poëte sont dignes d'être comparés : (l'un et l'autre) remontent au-delà de toutes les traditions.

8. La forme de convoquer l'une et l'autre (assemblée) était égale.

9. L'un et l'autre (*consul*) vous avaient prévenus.

10. Dans la guerre, la distinction entre le héros et le grand homme est délicate : toutes les vertus militaires font (*l'un et l'autre*).

11. Quand il eut cessé de chanter, les Phéniciens se regardaient (*les uns les autres*).

12. Les hommes ne sont faits que pour se consoler (*les uns les autres*).

EXERCICES GÉNÉRAUX SUR LES PRONOMS INDÉFINIS.

On (*n'est*) pas plus le maître des impressions (*qu'on, que l'on*) reçoit, des sentiments (*qu'on, que l'on*) a, que de tousser ou d'éternuer. — Une mère disait à sa fille : On (*n'est*) vraiment (*chérie*) de son mari et de ses enfants qu'autant qu'on remplit (*ses*) devoirs d'épouse et de mère. — Quand on (*n'aime*) pas trop, on (*n'aime*) pas assez. — La liberté, la justice, n'existent qu'en s'unissant (*l'une à l'autre*). — (*Quel*) que (*soit*) le mérite ou l'esprit, (*on*) déplaît sans l'usage, comme les mets mal assaisonnés. — Les gens qui sont continuellement dans le tourbillon du monde sont sujets à d'étranges distractions, et quoiqu'on s'y soit (*connus*) longtemps, on est presque (*étonnés*), après une courte absence, de se reconnaître. — C'est n'être bon à rien de n'être bon qu'à (*soi*). — Il y a dans les hommes une humeur maligne qui les porte à se contredire (*les uns les autres*). — Le mérite de la convenance est dans ce qu'on dit (*et dans ce qu'on ne dit pas*). — La conversation doit être comme les jeux où nous jetons notre carte chacun à (*notre*) tour. — (*On n'obtient*) jamais (*de*) considération dans le monde, si (*l'on n'y*) débute par acquérir de l'estime. — N'est-il pas à craindre que l'ennui ne succède à des sentiment trop vifs, lorsqu'on commence à se voir réciproquement (*tels*) qu'on est ? — La joie (*qu'on, que l'on*) a de l'élévation d'un ami est balancée par le chagrin de le voir au-dessus de (*soi*). — Entre les personnes (*éclairées*), il n'y a pas lieu de contester. — On veut beaucoup quand on (*n'est*) contraint sur rien. — Quiconque viole un contrat (*dégage*) celui qui l'avait souscrit avec lui. — Il y aurait peu de guerres si (*l'on*) prenait, de bonne foi, l'avis des contribuables. — (*On*) augmente son crédit quand (*on*) l'emploie pour la justice et pour l'amitié. — Longtemps (*on*) cacha les crevasses de l'édifice social en le placardant de proclamations. — Il faut croire à Dieu, à la conscience, au libre arbitre, parce (*qu'on*) les sent. — Nous portons chacun (*notre*) croix. — En voulant raffiner sur la langue, (*on*) la décharne. — La nature semble avoir départi des talents divers aux hommes pour leur donner à chacun (*leur*) emploi. — Nous avons chacun (*notre*) manière de voir. — Les passions, ennemies les unes (*des autres*), sont dans un état perpétuel de guerre. — Il faut avoir un grand (*fonds*) de vertu pour bien apprécier celle (*d'autrui, des autres*). — Les chartes ne sont bonnes que quand (*on*) les fait marcher; il ne faut pas que le chef de l'Etat soit chef de parti. — De quinze (*cents*) chartes, il y en a mille (*fausses, de fausses*), et (*l'on*) ne peut garantir les autres. — Le monde est une pipée où (*l'on*) est tour à tour chasseur et gibier. — Quiconque n'a pas (*de*) caractère (*n'est*) pas (*homme, un homme*) : (*c'est*) une chose. — Convenir que l'on eut tort, c'est être plus sage (*qu'on était, que l'on était*). — Être instruit produit deux grands avantages : on décide moins, et (*l'on*) décide mieux. — Toutes les dignités qui distinguent les hommes disparaissent avec la vie, et (*l'on*) pourrait mettre cette inscription sur la porte d'un cimetière : « Ici (*l'on*) est (*égaux*). » — L'homme avide d'émotions court de l'un à l'autre (*hémisphère*), gravit à la cime des monts, descend au (*fond*) des abîmes, visite les temples, les palais, les cachots. — Ce ne serait que demi-mal d'être dupe, (*si l'on n'était*) pas de plus calomnié par le dupeur. — Il y a trois vertus théologales : pratiquez (*l'une et l'autre, les unes et les autres*). — Quiconque, n'étant pas d'une caste supérieure, prend parti pour elle, (*se fait*) volontairement dupe. — Rien (*de plus*) cérémonieux, en général, que la fausseté. — Il en est du gouvernement comme du temps : il est rare que l'on (*n'en*) désire pas le changement. — (*On*) a défini l'ancienne France une monarchie tempérée par des chansons. —

(*On*) avertit charitablement (*les autres*) de (*leurs*) défauts, de (*leurs*) torts, pour le plaisir secret de (*les*) humilier. — Pour être heureux avec les passions, il faut que toutes celles que l'on a s'accommodent (*l'une avec l'autre*). — Il y a deux morales : (*l'une*), passive, qui défend de faire le mal; (*l'autre*), active, qui commande de faire le bien. — Il est des esprits qui ne peuvent rien attraper qu'à la volée, (*d'autres*) à la piste, (*d'autres*) à l'affût. — L'homme avide d'émotions court de l'un à l'autre (*hémisphère*), gravit à la cime des monts, descend au fond des abîmes, visite les temples, les palais, les cachots. — Les défauts les moins corrigibles sont ceux dont (*on*) se fait gloire. — Des milliers de personnes lisent annuellement des (*in-quarto*), des (*in-folio*), et n'en sont pas plus (*instruits*). — Les hommes vains se lassent promptement (*les uns des autres*). — Les deux (*Rousseau*) se sont illustrés, chacun dans (*son*) genre. — Quiconque a reçu du ciel la toute-puissance (*ne doit*) pas se conduire comme s'il la tenait des enfers. — (*Toute sensée*) qu'on est, on est (*charmée*) d'être riche et belle. — Quiconque réfléchit attentivement sur les devoirs du monarque (*tremble*) à la vue d'une couronne. — Pardonnez tout (*aux autres, à autrui*), ne vous pardonnez rien. — Il y a trois unités théâtrales; Corneille, Racine et Voltaire les ont respectées (*l'une et l'autre, les unes et les autres*). — Il faut beaucoup réfléchir sur (*soi-même*) avant de penser à réformer (*les autres; autrui*). — (*On*) mène les hommes où (*l'on*) veut en combinant avec art la crainte et l'espérance. — Sans la vraie philosophie, (*on*) commence par le doute et (*l'on finit*) par l'incrédulité. — Comment deux personnes n'auraient-(*elles*) qu'une volonté ? (*chacune d'elles*) en a plusieurs. — Nous avons, chacun (*en nous*), une cause qui nous détruit. — Quand on ne peut se résoudre, la vie se passe à ne pas faire ce (*qu'on, que l'on*) veut. — La meilleure de toutes les raisons, pour se résoudre à la mort, c'est (*qu'on, que l'on*) ne peut l'éviter. — (*On*) ne peut répondre de son courage quand (*on*) n'a jamais été dans le péril. — (*On*) commence à pratiquer la vertu par amour-propre; (*on*) continue par honneur; (*on*) persévère par habitude. — (*Que l'on*) commence, avant tout, par abjurer ce principe destructeur qui fait séparer l'intérêt personnel de l'intérêt général. — Il est plus facile de communiquer ce (*que l'on*, *qu'on*) sent que de persuader ce (*que l'on*, *qu'on*) pense. — Les pensées sont comme les oiseaux de passage; si (*on*) ne les saisit aussitôt, il se peut (*qu'on*) ne les rattrape jamais. — La nécessité ravit ce (*qu'on*) lui refuse. — Le faiseur d'esprit regarde bien si (*on*) l'écoute; il recommence jusqu'à ce (*qu'on*) l'ait entendu. — Quiconque déclame contre la liberté (*trouve*) son profit dans l'esclavage. — Les ambitieux se servent de marchepied (*les uns aux autres*). — Les hommes ordinaires se modèlent (*les uns sur les autres*); l'homme fort se modèle sur les grands hommes. — La vie est une optique : on met un instant l'œil au verre; (*on*) admire ou (*l'on*) critique, (*on*) rit ou (*l'on*) pleure; le temps vous pousse, et (*l'on*) s'en va. — Sous l'ancien régime, les hameaux avaient chacun (*leurs*) vautours. — Tel homme est propre à toute place la veille du jour (*où*, *que*) (*on*) l'y nomme. — Le grand Frédéric et Napoléon eurent la velléité de se suicider : (*le premier*) en fut détourné par ses succès; (*le second*) par sa gloire. — Ce (*que l'on*) conçoit bien s'énonce clairement. — Cent témoins d'un même événement le racontent chacun à (*leur*) manière. — Quand on a de grands talents et des vertus, on (*est appelé*) aux grands emplois; mais on ne les possède pas longtemps. — Les hommes ont, plus ou moins, chacun les vices de (*leur*) profession. — Si (*l'on*) manque le moment décisif, surtout en révolution, (*on*) (*court*) fortune de ne jamais le retrouver. — Le désir de trouver des coupables fait que l'on met les accusés à la torture de l'isolement; (*on*) les macère, (*on*) les affaiblit, (*on*) leur refuse l'asile de la tombe. — On (*essaie*) vainement de rendre des prestiges à ce que la raison a désenchanté. — (*On*) ne doit pas toucher au gouvernail d'un vaisseau sur lequel on (*n'est*) que passager. — Quiconque, nation ou particulier, emprunte et ne fait pas valoir, (*se ruine*). — Ce qu'on vante trop, (*trop souvent est déprécié*). — Quiconque jouit de la santé et ne manque pas du nécessaire, s'il arrache de son cœur les biens de l'opinion (*est*) assez riche. — Il n'y a jamais (*de sûreté*) à s'associer avec quelqu'un (*de plus*) puissant que (*soi*). — (*On*) veut le passé meilleur qu'il n'a été; (*on, l'on*) trouve le présent pire qu'il n'est; (*on, l'on*) espère l'avenir plus heureux qu'il ne sera. — Plus on approfondit l'homme, plus (*on*) y (*découvre*) (*de*) faiblesse et (*de*) grandeur. — Nous portons chacun en (*nous*) un démon qui (*nous*) tourmente. — (*Amants*), on s'adorait; époux, (*on*) se déplaît, lorsque le mérite et la vertu n'ont pas été de la noce. — Madame de Montespan et madame de Maintenon convinrent de faire, chacune de (*son*) côté, des mémoires de tout ce qui se passait à la cour. — Pour bien juger de la conduite d'autrui, il faut entrer dans (*sa*) situation et se mettre comme à sa place. — Quelquefois on aime les conseils, rarement (*on aime, aime-t-on*) les conseillers. — La liberté est vraiment le seul bien; si (*on*) le perd, tout est perdu (*avec lui*); si (*on*) le conserve, tout est sauvé. — Entre les personnes (*éclairées*), il n'y a pas lieu de contester. — Le contraire de ce (*qu'on, que l'on*) craint ou de ce (*que l'on, qu'on*) espère arrive presque toujours. — Il y a dans les hommes une humeur (*maligne*) qui les porte à se contredire (*les uns les autres*). — Est-il personne qui puisse se flatter d'être toujours (*aimé*)? — La mémoire des hommes n'est point assez vaste pour retenir toutes les maximes dont ils auraient besoin, chacun, pour se guider à tous les instants de (*leur*) vie; mais leur étude (*leur*) donne la rectitude du cœur et du jugement qui y suppléent. — (*On*) a vu des orgueilleux cracher sur le peuple dans leurs prospérités, et s'avilir à ses pieds dans leurs infortunes. — Le déclin de l'amour se reconnaît à l'embarras où (*l'on*) est de se trouver (*seuls*). — (*Amants*), on s'adorait; (*mariés*), on se déplaît, lorsque le mérite et la vertu n'ont pas été de la noce. — Les hommes, réunis par l'intérêt, se vicient (*les uns les autres*). — Nous sommes en tout, et presque constamment victimes, chacun, de (*notre*) imagination. — Faire grand bruit d'une victoire, c'est avouer que l'on (*n'y*) était pas accoutumé. — La vanité porte les divers états à se mépriser (*les uns les autres*), et ce mépris détruit toute confraternité nationale. — Prenez pour vous les conseils que vous donnez (*aux autres, à autrui*). — Quelquefois on aime les conseils, rarement (*on aime, aime-t-on*) les conseillers. — La liberté est vraiment le seul bien ; si (*on*) le perd, tout est perdu avec lui ; si (*on*) le conserve, tout est sauvé. — Nos actions sont comme les (*bouts-rimés*), que chacun fait rapporter à ce qui (*lui*) plaît. — (*Quelque*) (*attachés*) qu'on soit (*les uns aux*) autres, (*on*) est bientôt (*ennemis*), quand (*on*) est (*divisés*) par l'intérêt. — Les personnes si avides de réputation la perdent souvent par l'avidité même avec laquelle (*elles*) la recherchent. — Dans une révolution, les hommes ne s'entendent plus, chacun parlant la langue de (*son*) intérêt. — Les hommes ont beau demander conseil, ils se conduisent toujours chacun selon (*leur*) fantaisie. — Quoique (*destinés*) par la nature à vivre (*unis*), on se persécute, dans les temps de révolution, comme (*si l'on*) était (*nés ennemis*). — Étéocle et Polynice convinrent ensemble de tenir chacun à (*son*) tour les rênes du gouvernement pendant une année. — Les hommes souffrent avec peine (*qu'on*) leur ôte ce qu'ils se sont en quelque sorte approprié par l'espérance. — Les méchants s'appuient (*les uns sur les autres*) plus souvent que les bons. — (*On*) (*n'est*) pas (*méchant*), pour être (*âpre*) aux méchants. — On s'autorise de sa franchise pour ne pas épargner (*autrui, les autres*). — (*On*) se sert de plusieurs noms pour exprimer la même chose ; cependant, si (*l'on*) examine tous ces noms les uns après les autres, on trouvera qu'ils ont chacun (*leur*) signification particulière. — Il faut avoir vogué (*soi-même*) sur la mer agitée du monde pour savoir consulter la boussole et manier le gouvernail. — Le cabaret est un lieu où (*l'on*) vend la folie par (*bouteilles*). — La France est une vieille machine délabrée qui va encore de l'ancien branle (*qu'on*) lui a donné, et qui achèvera de se briser au premier choc. — On sculpte, (*on dore*) l'idole, pour n'avoir pas à rougir d'adorer une bûche. — (*On*) (*n'éclaire*) pas les esprits à la lueur des bûchers. — Ronsard et Balzac avaient, chacun dans (*son*) genre, assez de mérite pour former après eux un grand écrivain en vers et en prose. — Avant de (*se*) plaindre de (*son*) sort, il faut voir comment (*on*) a mérité qu'il ne soit pas plus rigoureux. — Bacon a commenté la fable; Bossuet et Newton ont commenté l'Apocalypse : (*l'un et l'autre*, *les uns et les autres*) étaient cependant des génies. — Les nations liées par une religion sont compactes : (*on*) les écrase, mais (*on ne les divise*) pas. — Les hommes ne se comprennent pas (*les uns les autres*). — Qu'elle est cruelle et absurde, cette gloire qui porte les hommes à (*se détruire*) les uns les autres! — Quiconque fait, dans le vin, de mauvaises actions, (*couve*) à jeun de mauvais projets. — (*On*) traverse l'enfance, la jeunesse, l'âge viril et la vieillesse pour redevenir enfant. — Trois pouvoirs égaux se nuisent (*l'un à l'autre*, *les uns aux autres*). — Partout où (*l'on*) peut vivre, (*on*) peut bien vivre. — Les excès volent, avec la victoire, de l'un à l'autre (*parti*). — On (*n'est*) jamais vraiment heureux aux dépens (*des autres*, *d'autrui*). — Si (*l'on*) avait l'histoire du zèle depuis Caïn jusqu'à nous, on (*n'y*) trouverait que (*meurtres*) et (*massacres*). — Le désir d'expliquer ce (*qu'on*) ne comprend pas fait tomber dans des absurdités. — Personne n'a jamais été (*comparé*) à La Fontaine pour la naïveté, ni à Racine pour l'élégance. — Quand on est estimable, on (*est estimé*). — Quand on est riche, on (*est flatté*). — Quiconque n'a pas éprouvé de traverses (*ne sait*) pas encore ce que c'est que la vie. — Le bonheur le plus facile à faire est celui (*d'autrui*, *des autres*). — Plus une personne est (*bornée*), plus (*elle*) est (*portée*) à contrarier (*les autres*). — (*On*) rougit de paraître à la porte d'un jeu de hasard, et (*l'on*) bâtit des temples pour la bourse! — A force de regratter, (*on*) use et (*l'on*) déforme. — Rarement (*on aime*, *aime-t-on*) quelqu'un assez vivement pour lui sacrifier ses opinions. — Il n'est personne qui ne soit (*exposé*) à avoir des ennemis. — Le trône efface promptement de la mémoire ce que l'on fut et (*ce que l'on promit*). — Quel tribut d'admiration ne devons-nous pas aux (*Bossuet*), aux (*Racine*) et aux (*Boileau*), qui ont contribué à la gloire de la France, chacun par (*ses*) ouvrages immortels! — On ne monte jamais si haut, en révolution, que lorsqu'on ne sait où (*l'on*) va. — Il y a dans le cœur humain deux mesures : (*l'une*) pour le plaisir, (*l'autre*) pour la douleur, qui (*se*) vident et (*se*) remplissent alternativement. — On est (*chérie*), surtout si (*l'on*) est belle. — Peu de personnes s'aperçoivent du vieillissement de leur corps, encore moins de celui de leur raison, surtout (*lorsqu'elles*) n'en avaient guère. — Avec de vieux édits de Chilpéric ou de Pharamond, déterrés au besoin, il n'est personne qui ne puisse se dire (*exempt*) d'être duement et légalement (*pendu*). — Quand (*on*) ne finit pas de désirer de l'or, (*on*) ne finit pas d'en amasser, et (*l'on n'en*) jouit jamais. — Ainsi va le monde : aujourd'hui (*l'on*) est (*amis*), et demain (*rivaux*). — Le grand Cyrus disait qu'on (*n'est*) pas digne de commander aux autres, à moins qu'on ne soit meilleur que ceux à qui (*l'on*) donne la loi. — (*On*) est heureux dans le ménage lorsqu'on est bien (*unis*). — Les langues ont chacune (*leurs*) irrégularités. — On rirait souvent de l'homme le plus actif, si (*l'on*) savait pour quelles bagatelles il s'agite. — Il n'y a jamais rien à gagner à confondre les genres, puisque le talent est le maître de les traiter tous en les laissant chacun à (*leur*) place. — On ne se trouvera jamais (*riche*) s'il faut accumuler l'or au niveau de (*ses*) fantaisies. — Le vrai moyen d'adoucir ses peines est de soulager (*celles*) (*des autres, d'autrui*). — Quand on aime, on (*est aimé*). — Les hommes ont chacun (*leur*) part des misères humaines : la raison seule en allège le poids. — Tant qu'on peut se parer de son propre mérite, on (*n'emploie*) point celui de ses ancêtres. — Quiconque désire toujours (*passe*) sa vie à attendre. — Il paraît des hommes au moment (*où*) l'on s'y attend le moins. — La vie est biviale ; craignez de vous tromper de route : (*l'une*) conduit au bien, (*l'autre*) conduit au mal. — César et Pompée avaient chacun (*leur*) mérite ; mais c'étaient des mérites différents. — Dans quelques circonstances que (*l'on*) se trouve, (*on*) (*est*) toujours (*utile*) à la société, quand (*on*) y (*fait*) bien ce qu'(*on a*) à faire. — (*On*) s'excuse mal en citant pire que (*soi*). — Il est impossible de persuader aux (*clairvoyants*) qu'ils sont aveugles ; cependant, ce qu'on (*n'oserait*) pas demander aux yeux du corps, (*on*) l'exige de ceux de l'esprit. — Il semble que l'espèce a deux classes : (*l'une*) qui vient du ciel, (*l'autre*) de l'enfer.— La clef de l'homme est, (*dit-on*), l'intérêt : elle n'explique que les âmes vulgaires. — Celui (*qu'on, que l'on*) révère encore dans sa décadence fait voir que (*l'on n'a*) pas eu tort de l'estimer dans sa bonne fortune. — Les partis se dépriment, parce qu'ils se jugent (*l'un l'autre*) par eux-mêmes. — (*On*) ne sait plus que devenir lorsque l'on (*n'a*) su qu'être belle. — On est presque toujours mené par les événements, et rarement (*on*) les dirige. — Ce qui dégoûte les bons esprits des discussions métaphysiques, c'est (*qu'on, que l'on*) commence par ne pas s'entendre, et (*qu'on, que l'on*) finit par se quereller. — On ne peut aller loin en amitié si (*l'on*) (*n'est*) pas (*disposés*) à se pardonner (*les uns aux autres*) de petits défauts. — On commence par disputer parce que (*l'on ne s'entend pas*), et (*l'on*) finit par s'entendre parce (*l'on a*) disputé. — Nous viendrions à bout de gouverner chacun (*notre*) district, si nous savions nous y renfermer. — On est doublement malheureux quand (*on*) l'est par sa propre faute.

CHAPITRE XIII.

EXERCICES SYNTAXIQUES SUR LE VERBE.

N° 344.

1. La colombe (*attendrit*) les échos des forêts.
2. Les cœurs ambitieux ne s'(*attendrissent*) pas.
3. L'huile (*coule*) à flots d'or aux bords de la Durance.

4. Mes vers comme un torrent (*coulent*) sur le papier.
5. La plante (*a*) son hymen, la plante (*a*) ses amours.
6. Les arbres (*ont*) leur vie et les bois leurs prodiges.
7. La religion (*veille*) sur les crimes secrets.
8. Les lois (*veillent*) sur les crimes publics.
9. L'hysope (*croît*) dans les plus profondes vallées.
10. Les marées (*croissent*) dans l'équinoxe.
11. Le hibou (*fait*) son nid dans l'if du cimetière.
12. Là (*rougit*) la cerise, ici (*noircit*) la mûre.
13. Me (*préservent*) les cieux d'une nouvelle guerre!
14. Dans leurs yeux entr'ouverts (*brillent*) d'humides **flammes**.
15. Rome, c'est sur toi qu'(*appellent*) nos transports.

N° 345.

1. La sordide avarice et la folle prodigalité, (*tempérées*) l'une par l'autre, (*produisent*) la sage économie.

2. La noblesse et l'oisiveté (*corrompent*) les plus beaux naturels.

3. La fortune et l'humeur (*gouvernent*) le monde.

4. La gloire et l'intérêt (*sont*) les deux grands ressorts qui (*font*) mouvoir les hommes.

5. La violence et la vertu ne (*peuvent*) rien l'une sur l'autre.

6. La colère et la précipitation (*sont*) deux choses fort opposées à la prudence.

7. La vertu et l'ambition (*sont*) incompatibles.

8. La muse et la bergère (*ont*) le même langage.

9. Le tonnerre et les vents (*déchirent*) les nuages.

10. L'or et l'argent s'(*épuisent*), mais la vertu, la constance et la pauvreté ne s'(*épuisent*) jamais.

11. La conscience, l'honneur, la chasteté, l'amour et l'estime des hommes (*sont*) à prix d'argent. Celui qui est riche et libéral possède tout.

Nos 346 à 350.

1. L'héroïsme espagnol est froid; la fierté, la hauteur, l'arrogance tranquille en (*sont*) le caractère.
2. Si notre être, si notre substance n'(*est*) rien, tout ce que nous bâtissons de plus que peut-il être?
3. La douceur, les bontés du grand Henri (*ont*) été célébrées de mille louanges.
4. Dans tous les âges de la vie, l'amour du travail, le goût de l'étude, (*est*) un bien.
5. Le Pérou, le Potose, Alzire (*est*) sa conquête.
6. Une chaumière, un champ ne (*fait*) pas le bonheur.
7. Le devoir, la raison, votre intérêt l'(*exigent*).
8. La terre est couverte de végétaux et d'animaux dont un savant, une académie, un peuple même, ne (*pourra*) jamais savoir la simple nomenclature.
9. Clorinde résolut, autant que le (*pourraient*) sa prière ou ses crimes, de le garantir de la mort.
10. L'enthousiasme ou la haine des sots
    (*Sont*) les deux malheurs du génie.
11. Une froideur ou une incivilité qui vient de ceux qui sont au-dessus de nous nous les (*font*) haïr; mais un salut ou un sourire nous les (*réconcilie*).
12. Nous sommes si peu faits pour être heureux ici-bas, qu'il faut nécessairement que l'âme ou le corps (*souffre*), quand ils ne souffrent pas tous deux.
13. Le soleil ni la mort ne se peuvent (*regarder*) fixement.
14. Ni le bonheur, ni le mérite seul, ne (*font*) l'élévation des hommes.
15. Ni lui ni son conseil n'y (*peuvent*) rien comprendre.
16. Je demanderai si vous voudriez que ni votre débiteur ni votre procureur, ni votre notaire ne (*crussent*) en Dieu.
17. Les reines, les princes et toute la cour (*fournirent*) deux millions numéraires de ce temps-là.
18. Le luxe, la magnificence, les arts, tout ce qui (*fait*) la splendeur d'un État, en (*fait*) la richesse.

19. Les devoirs de la société, les fonctions d'une charge, les bienséances d'une dignité, les soins domestiques, tout (*lasse*), tout (*devient*) insipide, hors la passion.

20. Toute compagnie, tout citoyen (*a*) droit de porter sa plainte au souverain.

21. Chaque âge, chaque état de la vie (*a*) sa perfection convenable.

22. Chaque état et chaque âge (*a*) ses devoirs.

23. Je sais que chaque science et chaque art (*a*) ses termes propres.

24. L'ignorance ou l'erreur (*peuvent*) quelquefois servir d'excuse aux méchants.

25. Ni Orphée, ni Hermès, ni Minos, ni Lycurgue, ni Numa, n'(*avaient*) besoin que Jupiter vînt au bruit du tonnerre annoncer des vérités gravées dans tous les cœurs.

Nos 351 à 355.

1. Ni l'un ni l'autre ne (*cherchent*) à exposer leur vie.

2. Plus d'un royaume (*a*) été bouleversé pour un malentendu.

3. Plus d'un brave guerrier, plus d'un vieux sénateur (*rappelaient*) vos beaux jours.

4. A Paris, on voit plus d'un fripon qui se (*dupent*) l'un l'autre.

5. Plus d'un pays (*serait*) peut-être devenu une solitude, si des vertus souvent ignorées ne (*combattaient*) sans cesse les crimes et les erreurs de la politique.

6. Vivre avec ses ennemis comme s'ils devaient être un jour nos amis, et vivre avec ses amis comme s'ils pouvaient devenir nos ennemis, n'(*est*) ni selon la nature de la haine, ni selon les règles de l'amitié.

7. Vivre et jouir (*sont*) pour lui la même chose.

8. Le fuir et le bannir (*est*) tout ce que je puis.

9. Vivre chez soi, ne régler que soi et sa famille, être simple, juste, modeste, (*sont*) des vertus pénibles parce qu'elles (*sont*) obscures.

10. Bien dire et bien penser ne (*sont*) rien sans bien faire.

11. La présence du prince, et encore plus son exemple,

(*animaient*) les troupes. — 12. C'est l'âme et non pas le corps qui (*rend*) le mariage indissoluble.

13. Il faut que ce soit la sagesse et la vertu, plutôt que la présence de Mentor, qui vous (*inspirent*) ce que vous devez faire.

14. C'est elle, et non pas moi, qui l'en (*a*) su chasser.

15. Un enfant, non plus qu'un homme, ne se (*voit*) pas en un moment.

16. C'est plus la politesse des mœurs que celle des manières qui (*doit*) nous distinguer des peuples barbares.

17. Ah! madame, ce ne seront pas mes souhaits, mais votre inclination qui (*décidera*) de la chose.

18. Non seulement le peuple romain, mais encore les peuples les plus éloignés, (*doivent*) être de rigides observateurs de cette loi.

19. Ce n'est pas ce que l'on appelle esprit, c'est le sublime et le simple qui (*font*) la vraie beauté.

20. C'est la loi et non pas l'homme qui (*doit*) régner.

21. L'un ou l'autre (*fit-il*) une tragique fin?

22. La mort est aussi naturelle que la vie, et l'une et l'autre nous (*arrivent*) sans que nous le sentions.

23. La vérité, comme la lumière, (*est*) inaltérable, immortelle.

24. La cérémonie du sacre, aussi bien que l'usage d'élever les rois francs, goths et lombards sur un bouclier, (*est venue*) de Constantinople.

25. La mort, comme la naissance, (*est*) un mystère de la nature.

26. Sophocle, ainsi qu'Euripide, ne (*devaient*) pas faire de Pylade un personnage muet.

27. Le petit peuple juif, ainsi que tant de grandes nations, (*avaient*) leurs dieux particuliers.

28. Le plus pressant intérêt du chef, de même que son devoir indispensable, (*est*) de veiller à l'observation des lois dont il est le ministre.

29. La santé, comme la fortune, (*retirent leurs*) faveurs à ceux qui en abusent.

30. L'âme, comme le corps, ne se (*développe*) que par l'exercice.

Nos 356, 357 et 358.

1. Le trop d'expédients *(peut)* gâter une affaire.
2. La moitié des enfants qui naissent *(périssent)* avant la huitième année.
3. La pluralité des maîtres n'*(est)* pas *(bonne)*.
4. La plupart des hommes *(échangent)* leur temps et leurs travaux contre la fortune.
5. Un nombre infini d'oiseaux *(faisaient)* résonner ces bocages de leurs doux chants.
6. Le commun des hommes *(aime)* les phrases.
7. Peu d'hommes, dans les conseils des rois, s'*(occupent)* du bonheur des hommes.
8. Quantité d'Italiens, d'Espagnols, d'Allemands, d'Anglais, se *(sont établis)* chez nous, et s'y *(établissent)* encore tous les jours.
9. La plupart du monde *(cherche son)* intérêt ou *(son)* divertissement dans le commerce qu'*(il a)* avec les autres.
10. Tous souhaitent la prospérité, peu *(savent)* en jouir.
11. Le bonheur!... tout le monde en parle, peu le *(connaissent)*.
12. Une nuée de critiques s'*(est élevée)* contre Lamotte.
13. Une multitude de passions *(divisent)* les hommes oisifs dans les villes.
14. Une troupe d'assassins *(entra)* dans la chambre de Coligny.
15. Un nombre infini de maîtres de langues, d'arts et de sciences, *(enseignent)* ce qu'ils ne savent pas.
16. Quelle foule de maux *(environnent)* notre être!
17. Quelle foule de victoires et de conquêtes se *(présente)* dans le troisième et dernier âge de la république romaine!
18. Toutes sortes de livres ne *(sont)* pas également *(bons)*.

Nos 359 et 360.

1. Il n'y a que les grandes passions qui (*fassent*) les grandes nations.
2. Heureux ceux qui (*aiment*) à lire!
3. Il y a une infinité d'erreurs politiques qui, une fois adoptées, (*deviennent*) des principes.
4. J'ai une femme et une fille qui (*gémissent*) de mon absence.
5. Percerai-je cet essaim d'hommes de tout âge, de tout rang, qui (*roule*) dans ce vaste salon?
6. On voit dans les cercles un petit nombre d'hommes et de femmes qui (*pensent*) pour tous les autres.
7. Le père de famille est en droit de punir chacun de ses enfants ou petits-enfants qui (*font*) une mauvaise action.
8. *Andromaque* est une des pièces les plus parfaites qui (*existent*) chez aucun peuple.
9. Le Tasse eut pour père un des écrivains qui (*contribuèrent*) le plus efficacement à mettre en honneur la poésie italienne.
10. Le vrai courage est une des qualités qui (*supposent*) le plus de grandeur d'âme.
11. Louis XII fut le premier des rois qui (*mit*) les laboureurs à couvert de la rapacité des soldats.
12. Sainte Thérèse fut du nombre des vierges prudentes qui (*savent*) obéir et commander.
13. L'homme est le seul des animaux qui (*exerce*) l'agriculture et les arts innombrables qui en (*dérivent*).
14. C'est une des principales raisons qui (*a*) fait révolter contre l'Église une grande partie de l'Europe.
15. Il y a un petit nombre de connaisseurs qui (*discerne*) et qui (*soit*) en droit de prononcer.
16. Ce n'est ni l'erreur ni la vanité qui (*ont*) inventé ces noms magnifiques.
17. Ce n'est pas tant la pompe et la majesté qui (*font*) les rois que la grande et la suprême vertu.
18. Ce ne sera ni la force de vos armées ni l'étendue de votre empire qui vous (*rendront*) cher à vos peuples: ce seront les vertus qui (*font*) les bons rois.

19. C'est Dieu, c'est Médicis, c'est le roi qui l'(*ordonne*).

20. J'ai peut-être la moitié de mes esclaves qui (*méritent*) la mort.

21. Presque tous les peuples, mais surtout ceux de l'Asie, comptent une suite de siècles qui vous (*effraie*).

22. Une des opérations de campagne qui (*fit*) le plus d'honneur au marquis de Louvois, dans la guerre de 1680, avait été le siége de Gand.

23. Je suis peut-être un de ceux qui (*cultivent*) les lettres en France avec moins de succès.

24. C'est la partialité ou l'impartialité de l'historien qui (*décide*) le jugement du public et de la postérité.

25. Il n'est qu'un petit nombre de justes qui (*opère*) à l'écart son salut.

26. Il était d'une assiduité, d'une attention, d'un zèle qui (*charmaient*) tout le monde.

Nos 364 à 371.

1. Si ce n'(*était*) le scandale et la honte,
Je vous mettrais dehors en cet état.

2. C'est le nombre du peuple et l'abondance des aliments qui (*font*) la vraie force et la vraie richesse d'un royaume.

3. Ce (*sont*) les mœurs qui (*font*) la bonne compagnie.

4. Ce (*furent*) les Phéniciens qui, les premiers, inventèrent l'écriture.

5. Les ariettes de Lulli furent très-faibles : c'(*étaient*) des barcarolles de Venise.

6. Ce ne (*fut*) que plaintes et que larmes. — Ce n'(*était*) plus que jeux et que festins.

7. Ce ne (*furent*) plus les soldats de la république, mais de Sylla, de Marius, de Pompée, de César.

8. La première nourriture des perdreaux, ce (*sont*) les œufs de fourmis, les petits insectes qu'ils trouvent sur la terre et les herbes.

9. Ce ne (*sont*) pas les religions qui (*ont*) produit les guerres : c'(*est*) l'esprit d'intolérance qui animait celle qui se croyait la dominante.

CORRIGÉ DES EXERCICES DE LA GRAMMAIRE.   235

10. Ce n'(*est*) plus la sagesse et l'intérêt public qui (*président*) aux conseils : c'(*est*) l'intérêt des passions.

11. Ce ne (*sont*) pas les pierres qui (*font*) le temple : c'(*est*) la pensée.

12. Quelque prétexte que nous donnions à nos afflictions, ce n'(*est*) souvent que l'intérêt et la vanité qui les (*causent*).

13. Ce que nous estimons, c'(*est*) la santé, la frugalité, la liberté, la vigueur de corps et d'esprit.

14. Se regarder scrupuleusement soi-même, ne regarder que légèrement les autres, c'(*est*) le moyen d'éviter la haine.

15. Ce n'(*est*) pas eux qu'il faut punir : ce (*sont*) les barbares.

16. C'(*est*) vous-même que tous les peuples accuseront avec raison de vouloir usurper la tyrannie universelle.

17. C'(*est*) des bibliothèques de nos épicuriens que s'élèvent les nuages qui (*ont*) obscurci les espérances et les vertus de l'Europe.

18. Eh ! qu'(*est*)-ce que les poëmes épiques ? — En vérité, me dit-il, je n'en sais rien.

19. Qu'(*est*)-ce que les conquêtes d'Alexandre, en comparaison de celles de Gengiskan ?

20. Ce n'(*est*) pas là une peinture imaginaire : ce (*sont*) les mœurs des cours.

21. Croyez-moi, adorez Dieu, soyez juste et bienfaisant : voilà tout l'homme. Ce (*sont*) là les maximes de Jésus.

22. Les mœurs (*sont*) l'ouvrage des lois, et le bonheur public l'ouvrage des mœurs.

23. Les observations fines (*sont*) la science des femmes.

24. Courtes lettres et longues amitiés (*sont*) ma devise.

25. Qu'(*importent*) nos joies ou nos douleurs dans la nature ?

26. (*Puisse*) tout l'appareil de ton infâme fête,
Tes couteaux, ton bûcher, retomber sur ta tête !

27. C'(*est*) la fermeté d'âme et la netteté de l'esprit qui nous (*empêchent*) de tomber dans les erreurs du vulgaire.

28. S'imaginer que les hommes sont des démons, s'acharner sur eux avec cruauté, c'(*est*) la vision d'un misanthrope farouche.

29. Se fier à tout le monde et ne se fier à personne (*sont*) deux excès.

30. Compatir aux erreurs des hommes, être indulgent pour

leurs faiblesses, ce (*sont*) là les devoirs de chacun de nous.

Nos 372 à 377.

1. Tu n'(*as*) pas un sentiment, mon bon ami, que mon cœur ne partage.

2. Nous (*sommes*) quelques jeunes gens qui (*partageons*) ainsi tout Paris, et l'(*intéressons*) à nos moindres démarches.

3. N'(*êtes-*)vous pas cet Ulysse qui (*a*) combattu tant d'années pour Hélène contre les Troyens?

4. Je (*suis*) tenté de croire que vous (*êtes*) Minerve, qui (*êtes*) venue, sous une figure d'homme, instruire sa ville.

5. Supposons qu'un ignorant tel que moi, qui (*va*) du simple au composé, redescende humblement du sommet de cet orgueilleux observatoire.

6. Si vous (*êtes*) de ces héros qui (*préfèrent*) les devoirs de l'amitié aux caprices de l'amour, vous viendrez me voir.

7. Je pense que vous et moi nous (*avons*) été les seuls qui (*aient*) prévu que la destruction des jésuites les rendrait trop puissants.

8. Je (*suis*) sûr que, de nous quatre, tu (*es*) le seul qui (*puisse*) lui supposer du goût pour moi.

9. Tu n'(*es*) ni David, qui (*tua*) le géant Goliath, ni Judith, qui (*immola*) Holopherne.

10. C'est moi seul qui (*suis*) coupable.

11. N'accuse point mon sort : c'est toi seul qui l'(*as*) fait.

12. C'est vous seule qui (*donnez*) à la terre des poëtes lascifs, des auteurs pernicieux, des écrivains profanes.

13. Il faut que toi et ceux qui sont ici (*fassiez*) les mêmes serments, ou je vous tuerai tous.

14. Athéniens, ne soyez pas surpris que Démosthène et moi ne (*soyons*) pas du même avis.

15. Il faut que cet homme ou moi (*abandonnions*) la ville.

16. Je vous assure que vous et moi (*sympathisons*).

17. Ni vous ni l'empereur ne (*voulez*) courir au Bosphore.

18. Pénélope, sa femme, et moi, qui (*suis*) son fils, nous (*avons*) perdu l'espérance de le revoir.

19. Le temps passe, disons-nous. Nous nous trompons, le temps reste : c'est nous qui (*passons*).

20. Il n'y a encore que vous qui me l'(*ayez*) dit.

21. Il n'y avait là que moi seul qui (*parlasse*) et se (*comportasse*) décemment.

22. C'est toi qui te (*veux*) ruiner par des emprunts si condamnables! c'est vous qui (*cherchez*) à vous enrichir par des usures si criminelles!

23. Nous (*devons*) bien prendre garde à nous autres hommes obscurs et ignorants qui (*cherchons*) la vérité pour le seul bonheur de la connaître.

24. Nous (*sommes*) ici plusieurs qui nous (*souvenons*) des grands succès que nous eûmes dans la dernière guerre.

25. Je (*suis*) Diomède, roi d'Italie, qui (*blessai*) Vénus au siége de Troie.

26. C'est là que vous me vîtes, ô grande déesse qui (*habitez*) cette île!

27. Je suis ce Tancrède qui (*a*) ceint l'épée pour Jésus-Christ.

28. Vous êtes venu en vrai philosophe, en homme qui (*a*) l'esprit éclairé et un cœur bienfaisant.

29. Mais Aceste, nous prenant pour des étrangers qui (*cachaient leur*) dessein, ordonna qu'on nous envoyât dans une forêt voisine.

30. Vous (*êtes*) des enfants qui, dans vos jeux, ne (*savez*) que faire du mal aux hommes.

31. Nous (*sommes*) deux religieux de Saint-Bernard qui (*voyageons*) pour nos affaires.

32. Je (*suis*) une bourgeoise qui (*sais*) me mesurer justement à ma toise.

33. Vous fûtes les premiers qui (*élevâtes*) de grands théâtres.

34. Vous (*êtes*) le seul qui vous (*plaigniez*) qu'on ne sait à quoi s'en tenir.

35. Souviens-toi que je (*suis*) le seul qui t'(*ai*) déplu.

36. Vous (*êtes*) le premier qui (*ait*) commandé (*son*) souper chez (*soi*).

37. Vous (*êtes*) un génie tutélaire qui (*est*) venu consolider la paix.

38. Je (*suis*) un homme qui (*m'*)occupe toutes les nuits à regarder, avec des lunettes de trente pieds, ces grands corps qui roulent sur nos têtes.

Nos 378 à 382.

1. Les mœurs, plus que les lois, (*font et caractérisent*) une nation.
2. La malédiction (*suit*) les enfants rebelles.
3. C'est dans la zône torride que (*se trouvent*) les fleurs les plus brillantes, les aromates les plus odorants et les fruits les plus savoureux.
4. Un cimetière doit être une école de morale. C'est là qu'à la vue des puissants, des riches et des méchants réduits en poudre, (*disparaissent*) toutes les passions humaines.
5. Quel plaisir (*ont*) les rois de pouvoir faire grâce!
6. L'amour a peu de part où l'honneur (*doit*) régner.
7. Ah! ah! d'où (*sort*) cette autre paysanne, Sganarelle?
8. Ma jeune amie, (*dit*) le frère d'Amélie, rassurez-vous.
9. C'en est fait, (*dit*) la princesse, je ne la reverrai de ma vie!
10. (*Fassent*) les dieux que vous en trouviez bientôt un autre digne de votre vertu.
11. (*Vivent*) les lettres! (*vivent*) les arts! (*vivent*) ceux qui ont un peu de goût pour eux et même un peu de passion!
12. Telle (*est*) l'injustice des hommes : la gloire la plus pure et la mieux acquise les blesse.
13. C'est ainsi que (*parlent*) ces hommes sages qui n'ont appris la sagesse qu'en étudiant la simple nature.

Nos 383 à 385.

1. Les honneurs (*rendent*) vains, le plaisir (*rend*) heureux.
2. Ta femme (*est*) belle, sage, et tes enfants nombreux.
3. La Suisse vend des soldats à tous les princes et défend

son pays contre eux. Le gouvernement y (*est*) pacifique et les peuples guerriers.

4. Les jurisconsultes étant devenus présidents, (*ils*) portèrent le manteau de cérémonie des chevaliers.

5. Les oiseaux de proie, étant moins puissants, moins forts et beaucoup moins nombreux que les quadrupèdes carnassiers, (*font*) aussi moins de dégât sur la terre.

6. Je le poussai avec tant de violence, que ses reins plièrent : il tomba sur l'arène, et m'entraîna avec lui.

7. L'esprit, ne pouvant saisir d'abord qu'une idée simple, comme l'œil qu'un seul point de l'espace, (*il*) décompose pour observer, (*il*) étudie individuellement les parties de l'ensemble, (*il*) examine leurs rapports, (*il*) les rapproche, (*il*) les enchaîne, et, les réunissant autour d'un principe commun, (*il*) reconstruit ce qu'il a divisé.

8. L'ambitieux ne jouit de rien : ni de sa gloire, (*il*) la trouve obscure; ni de ses places, (*il*) veut monter plus haut; ni de sa prospérité, (*il*) sèche et (*il*) dépérit au milieu de son abondance.

9. L'amour, essuyant ses larmes, fit un sourire moqueur et malin.

10. Hazaël, me regardant avec un visage doux et humain me tendit la main et me releva.

11. Vous (*pleurez*) dans les fers, moi dans la grandeur.

12. L'espérance (*anime*) le courage, la crainte (*anime*) l'activité.

13. L'hymen (*a*) des devoirs, le trône (*a*) des appas.

14. La route des préceptes (*est*) longue; celle des exemples (*est*) plus courte et plus sûre.

15. Pompée (*est*) téméraire, et ses rivaux prudents.

Nos 386 à 391.

1. Mes maîtres m'enseignent, entre autres choses, l'histoire, la géographie, la grammaire, les mathématiques et l'exercice du cheval.

2. Auguste, maître du monde, enseignait lui-même à ses petits-fils à écrire, à nager et à connaître tous les éléments des sciences.

3. Qui vit haï (*de*) tous ne saurait longtemps vivre.

4. Crispe, fils de Constantin, fut accusé (*par*) sa marâtre de l'avoir voulu corrompre.

5. La manière dont on élevait les enfants des Perses est admirée (*par*) Platon.

6. Il a été admiré non seulement (*de*) son peuple, mais (*de*) tous les peuples du monde.

7. Qu'un homme ait été offensé (*par*) un autre, souvent les regrets les plus sincères ne peuvent adoucir son cœur irrité.

8. Dans le monde, il se faut l'un l'autre secourir.

9. Dans le sein l'un (*de*) l'autre ils cherchent un passage.

10. Les aventures se succèdent les unes (*aux*) autres, et le poëte n'a d'autre art que celui de bien conter les détails.

11. Tout est perdu si nous n'avons pas les uns (*pour*) les autres un peu plus de fraternité.

12. Les besoins nous ont faits esclaves l'un (*de*) l'autre.

13. C'est une doctrine humiliante que celle qui confond l'homme avec la bête, qui borne sa destinée à un petit nombre de jours.

14. Il préfère sa propre gloire à l'amour et au salut de la patrie.

15. La religion veut que nous fassions du bien à ceux qui nous font du mal.

Nos 392 à 396.

1. Jamais rien de si grand n'(*a*) paru sur tes bords.

2. Tous les maux (*sont*) venus de la triste Pandore.

3. J'ai souhaité l'empire, et j'y (*suis*) parvenu.

4. Tout ce qui (*est*) arrivé a été de tout temps présent et préordonné en Dieu.

5. Les Tartares (*sont*) demeurés errants dans leurs vastes déserts.

6. Je (*suis*) descendu chez vous, croyant vous retrouver.

7. Le capitaine (*est*) accouru au bruit; il a frappé indifféremment sur les quatre combattants.

8. Nous (*sommes*) convenus d'acheter ce qui ne nous (*avait*) pas convenu d'abord.

9. Cette marchandise ne lui (*a*) pas convenu.

CORRIGÉ DES EXERCICES DE LA GRAMMAIRE.   241

10. Leurs vices obscurs, comme leur nombre, (*ont*) échappé à l'histoire.

11. Peut-être, si la voix ne m'eût été coupée,
    L'affreuse vérité me (*serait*) échappée.

12. Les patriarches lui dressèrent des autels en certains endroits où il leur (*avait*) apparu.

13. Les patriarches avaient sacrifié à Dieu sur les montagnes, et il leur (*était*) apparu.

14. Quand Mentor (*eut*) cessé de chanter, les Phéniciens se regardèrent.

15. Quand la contagion (*fut*) cessée, saint Charles Borromée fit rendre à Dieu de solennelles actions de grâces.

16. Le coup que je lui porte (*aurait*) tombé sur moi.

N° 397.

1. Soyez secrète, ou bien vous (*êtes*) morte.
2. Ah! monsieur, m'a-t-il dit, je vous (*attends*) demain.
3. Et bientôt dans ces murs vous (*êtes*) assiégés.
4. Milord Fabridge est-il à Londres? — Non, mais il (*revient*) bientôt.
5. Je (*suis*) de retour dans un moment.
6. Remplissez tous vos devoirs aujourd'hui : vous n'(*êtes*) pas sûr de vivre demain.
7. Hâtons-nous aujourd'hui de jouir de la vie :
   Qui sait si nous (*serons*) demain?
8. Les hommes ne savent rien de l'avenir, rien de ce qu'ils (*seront*) demain.
9. L'apparence nous fait prendre aujourd'hui des sentiments d'inclination pour des personnes qui (*seront*) demain l'objet de notre aversion.

N° 398.

1. Turenne (*meurt*), tout se (*confond*), la fortune (*chancelle*), la victoire se (*lasse*), la paix s'(*éloigne*), les bonnes intentions

des alliés se (*ralentissent*), le courage des troupes (*est*) abattu par la douleur. Tout le camp (*demeure*) immobile; les blessés (*pensent*) à la perte qu'ils ont faite, et non aux blessures qu'ils ont reçues.

2. Cette obscure clarté qui (*tombe*) des étoiles,
Enfin, avec le flux, nous (*fait*) y voir cent voiles;
L'onde s'(*enfle*) dessous, et, d'un commun effort,
Les Maures et la mer (*montent*) jusques au port.
Ils (*gagnent*) leurs vaisseaux, ils en (*coupent*) les câbles,
Nous (*laissent*) pour adieux des cris épouvantables,
(*Font*) retraite en tumulte et sans considérer
Si leurs rois avec eux (*peuvent*) se retirer.

3. Bientôt on (*entend*) le bruit sourd des assassins qui (*brisent*) les portes extérieures. Agrippine (*tressaille, s'assied*) sur son lit, (*prête*) l'oreille. Le bruit (*approche*), la troupe (*entre, entoure*) la couche; le centurion (*tire*) son épée et en (*frappe*) la reine aux tempes.

4. Les vents déchaînés (*mugissaient*) avec fureur dans les voiles; les ondes noires (*battaient*) les flancs du navire, qui (*gémissait*) sous leurs coups.

5. Le roi (*arriva*) jeudi au soir. La collation dans un lieu tapissé de jonquilles, tout cela (*fut*) à souhait. On (*soupa*). Il y (*eut*) quelques tables où le rôti (*manqua*). Cela (*saisit*) Vatel... Minuit vient; le feu d'artifice ne (*réussit*) pas; il (*fut*) couvert d'un nuage. A quatre heures du matin, Vatel s'en va partout: il trouve tout endormi.

N° 399.

1. Je le priai de me dire ce que c'(*est*) que le pouvoir prochain.
2. Personne ne savait ce que c'(*est*) que l'arc-en-ciel.
3. On croyait qu'on pouvait faire naître des animaux de la couleur qu'on (*voulait*).
4. Les anciens croyaient que la lune (*était*) le séjour des

songes, et que c'(*était*) là que les âmes des hommes (*allaient*) après leur mort.

5. Il tenait pour maxime qu'un habile capitaine (*pouvait*) bien être vaincu, mais qu'il ne lui (*est*) pas permis d'être surpris.

6. On a dit depuis longtemps que les extrêmes se (*touchaient*). C'est la vérité de cette pensée qui l'a rendue triviale.

7. Tous ceux qui ont médité sur l'art de gouverner les hommes ont reconnu que c'(*est*) de l'instruction de la jeunesse que (*dépend*) le sort des empires.

8. Il reconnaissait que la véritable grandeur n'(*est*) que la modération, la justice, la modestie et l'humanité.

9. Madame du Gué a mandé à M. de Coulanges que vous (*êtes*) belle comme un ange.

10. Qu'est-ce que vous me voulez, mon papa? ma belle maman m'a dit que vous me (*demandez*).

N° 400.

1. Si vous (*avez*) tant soit peu de cervelle, vous prendrez d'autres soins.

2. Si on (*déposait*) dans les sables brûlants et arides un corps ainsi embaumé, on aurait deux puissants moyens réunis pour sa conservation.

3. Si tous les hommes de probité et de talent se (*veulent*) enfin réunir dans un système monarchique, non seulement ils épargneront à la France de nouveaux malheurs, mais ils sauveront l'Europe que menace une grande révolution.

4. Si mon cœur (*était*) libre, il pourrait être à vous.

5. Si je ne l'(*aimais*) plus, t'en parlerais-je encore?

6. Vous causerez de terribles éclats
   Si vous ne (*mettez*) fin à tout cet embarras.

N° 401.

1. Ah! s'il n'(*était*) pas mort, c'était de l'or en barre
2. Si l'on m'(*avait*) cru, tout n'en irait que mieux.

3. Si les Titans (*avaient*) chassé du ciel Jupiter, les poëtes eussent chanté les Titans.

4. Si on (*avait*) pu rire dans une si triste occasion, quels portraits n'aurait-on pas faits de l'état où nous étions tous?

5. Il est vrai, s'il m'(*eût*) cru, qu'il n'(*eût*) point fait de vers.

6. Si j'(*eusse*) été surpris, quels traitements cruels n'(*eussè*)-je point essuyés?

7. Hélas! si je (*fusse*) mort enfant, j'aurais déjà joui de la vie, et n'en aurais pas connu les regrets.

8. Si c'(*eût*) été l'œil droit, je l'aurais guéri; mais les plaies de l'œil gauche sont incurables.

N° 402.

1. Bien des écrivains se sont récriés sur la cruauté des bêtes féroces, comme si nos villes (*étaient*) sujettes à être envahies par les loups, ou que les lions de l'Afrique (*fissent*) de temps en temps des incursions sur les colonies européennes.

N° 403.

1. Si j'avais dit un mot, on vous (*donnait*) la mort.

2. Il me jurait que jusques à la mort
   Son amour me (*laissait*) maîtresse de son sort.

3. Il y en a de tels que, s'ils eussent obtenu six mois de délai de leurs créanciers, ils (*étaient*) nobles.

4. Si le bonheur se trouvait dans les palais, j'(*avais*) trouvé le bonheur.

Nᵒˢ 404 à 407.

1. Je (*vis*) hier une chose assez singulière, quoiqu'elle se passe tous les jours à Paris.

2. Le roi m'(*a nommé*) aujourd'hui archevêque de Cambrai.

3. Ce matin, j'(*ai trouvé*) le pavé si glissant, que j'(*ai pensé*) que, si je venais à tomber sur le bras droit, je serais tout à fait désemparé.

4. Dieu nous (*a donné*) un principe de raison universel, comme il (*a donné*) les plumes aux oiseaux et la fourrure aux ours.

5. Les pays les plus peuplés (*furent*) sans doute les climats chauds, où l'homme (*trouva*) une nourriture facile et abondante.

6. Les poëtes (*ont créé*) les dieux.

7. Dieu (*créa*) deux grands luminaires : le soleil et la lune.

8. Je me (*trouvai*) l'autre jour dans une compagnie où je (*vis*) un homme bien content de lui.

9. Partagez le plaisir que j'éprouve de revoir le meilleur des pères, il (*arriva*) jeudi au soir.

10. Il (*est venu*) ce matin un monsieur bien riche m'offrir de l'argent; mais Dieu m'(*a fait*) la grâce de le refuser.

N°s 408 et 409.

1. (*Pourrai*)-je sans trembler lui dire : Je vous aime?
2. Où (*pourrai*)-je trouver ce prince trop fidèle?

3. (*Pourrais*)-je à ce penchant abandonner mon âme?
4. (*Pourrais*)-je à cette loi ne pas me conformer?

5. Quiconque leur promet qu'ils (*trouveront*) Jésus-Christ dans le désert ou dans le secret de leur palais est un faux prophète.

6. Il y a plaisir d'être dans un vaisseau battu de l'orage, lorsqu'on est assuré qu'il ne (*périra*) pas.

7. Je n'oserais me promettre que vous me (*ferez*) cet honneur.

8. Ceux qui se portent bien deviennent malades; il leur faut

des gens dont le métier soit de leur assurer qu'ils ne (*mourront*) point.

9. Vous m'avez dit que vous (*reviendriez*) le lendemain.
10. Vous avez bien prévu que cette lettre m'(*attendrirait*).
11. J'ai toujours différé à vous faire réponse jusqu'à présent, que j'ai appris que vous ne (*reviendriez*) point.
12. Il n'est pas dans la nature humaine, quelque abrutie qu'elle puisse être, de croire d'abord à un homme qui (*viendrait*) enseigner le crime.

N° 410.

1. (*Allons*), n'(*attendons*) pas, dans un lâche courroux,
   Qu'un si grand différend se termine sans nous.
2. Ah! c'en est trop... (*Voyons*) ce que le sort m'apprête.
3. (*Evitons*) de rien faire qui puisse nous attirer l'envie.
4. (*Dissimulons*) encor comme j'ai commencé.
5. (*Soyons*) en tout temps digne de notre naissance.

6. N'(*entretenez*) pas de votre bonheur un homme plus malheureux que vous.
7. (*Voulez*)-vous juger d'un homme? (*observez*) quels sont ses amis.
8. (*Conduisez*)-vous avec la fortune comme avec les mauvaises paies : ne (*dédaignez*) pas les plus faibles à-compte.

N° 411.

1. (*Penses*)-y mieux, mon aimable amie, toi dont la morale est aussi facile et douce qu'elle est honnête et pure.
2. Aime Cinna, ma fille, en cet illustre rang;
   (*Préfères*)-en la pompe à celle de mon sang.

3. Puisqu'on lui disait : (*Vas*)-y, pourquoi n'aurait-il pas dit : *Irai-je-t-y*? Remarquez, de plus, avec quelle adresse il évitait l'hiatus de *irai-je-y* ou *y-irai-je*?

4. Respecte ces tendres penchants, mon aimable ami; tu leur dois trop pour les haïr, mais (*souffres*)-en le cher et doux partage.

5. Cousine, (*songes*)-y bien : voilà le mari dont tu médites sans cesse de troubler indiscrètement le repos.

6. Les parents ayant approuvé le mariage, Chactas dit à René : Bâtis ta cabane, (*portes*)-y le collier pour charger les fardeaux et le bois pour allumer le feu.

7. Jéhovah a dit : Tes exemples et tes leçons suffiront; (*donnes*)-en longtemps, mon fils, et je ferai croître ces germes, qui produiront leur fruit en leur temps.

Nos 412 à 416.

1. Tenez votre âme en état de toujours désirer qu'il y (*ait*) un Dieu, et vous n'en douterez pas.

2. Et qui est ce sot-là qui ne veut pas que sa femme (*soit*) muette?

3. Il était convenable que la nouvelle lumière se (*répandît*) par tout l'univers.

4. Il était nécessaire à la gloire de la religion que toute la raison humaine se (*fût*) épuisée pour rendre les hommes vertueux.

5. Il est difficile, quand on aime la vérité, qu'on n'(*ait*) pas aussi du zèle pour la justice.

6. Souffrez que Bajazet (*voie*) enfin la lumière.

7. Puisque vous le voulez, j'accorde qu'il le (*fasse*).

8. Amilcar méritait qu'on lui (*confiât*) le commandement de l'armée qui devait agir en Espagne.

9. A Dieu ne plaise que je vous reproche votre précipitation. Il faudrait que je (*fusse*) bien injuste.

10. Est-il possible que vous (*vouliez*) être malade en dépit des gens et de la nature?

11. Il arrive bien difficilement qu'on (*soit*) malheureux pour ne pas savoir ce qui se passe dans le cœur des autres.

12. Les hommes ont la volonté de rendre service jusqu'à ce qu'ils en (*aient*) le pouvoir.

13. Dieu place les rois au-dessus des autres, afin qu'ils (*soient*) les pères des peuples.

14. Les puissances établies par le commerce s'élèvent peu à peu et sans que personne s'en (*aperçoive*).

15. Pourvu qu'on (*sache*) la passion dominante de quelqu'un, on est assuré de lui plaire.

16. Quoique le ciel (*soit*) juste, il permet bien souvent que l'iniquité règne et marche en triomphant.

17. L'amour-propre vit et règne absolument en nous, à moins que Dieu n'(*ait*) détruit son empire en versant un autre amour dans notre cœur.

18. Si les hommes étaient sages et qu'ils (*suivissent*) les lumières de la raison, ils s'épargneraient bien des chagrins.

19. De peur que ma présence (*soit*) encore criminelle, je te laisse.

20. Encore que les rois de Thèbes (*soient*) les plus puissants de tous les rois d'Égypte, jamais ils n'ont entrepris sur les dynasties voisines.

21. De cent coups de poignard que l'infidèle (*meure*).

N° 447.

1. Nous ne (*savons*) comment se forment les désirs de notre âme, ni comment elle peut se donner à elle-même ses idées et ses images.

2. Je ne (*sache*) pas qu'il y ait eu d'hommes blancs devenus noirs.

3. Je ne (*sache*) pas qu'on ait jamais vu d'enfant en liberté se tuer.

4. La cause la plus générale du strabisme, et dont personne, que je (*sache*), n'a fait mention, c'est l'inégalité de force dans les yeux.

5. Je ne (*sache*) que trois peuples qui aient autrefois pratiqué l'éducation publique.

6. Des enfants étourdis deviennent des hommes vulgaires. Je ne (*sache*) point d'observation plus générale et plus certaine que celle-là.

7. Je ne (*sache*) pas qu'il y ait de fleur tout à fait noire.

N° 418.

1. Je n'ai employé aucune fiction qui ne (*soit*) une image sensible de la vérité.
2. L'homme, pour qui tout renaît, sera-t-il le seul qui (*meure*) pour ne jamais revivre!
3. Je ne pense pas que les volcans se (*soient*) spontanément enflammés.
4. Il ne pense pas que personne (*veuille*) lui dresser des piéges.
5. Croyez-vous que cela (*soit*) d'une nécessité absolue?
6. Je relisais sans cesse cette lettre, et ne pouvais me persuader qu'elle (*fût*) de Philoclès.
7. Et sur quoi jugez-vous que j'en (*perds*) la mémoire?
8. Croirai-je qu'une nuit (*a*) pu vous ébranler?
9. Haïssez vos ennemis avec modération, car il se peut faire qu'ils (*seront*) vos amis dans la suite.
10. Il ne pouvait ignorer qu'il (*était*) le fils de David.
11. Vous ne devez pas dire que je vous (*ai*) battu, mais qu'il vous semble que je vous (*ai*) battu.
12. Pourquoi ne croyez-vous pas que Dieu (*ait*) fait servir une partie de ses créatures à sa gloire?
13. Aucun d'eux ne pensait que le roi (*osât*) prendre cela sur lui.
14. Pensez-vous que ces fluides ne (*soient*) jamais utiles sous l'équateur?
15. Connaissez-vous quelqu'un qui (*puisse*) commander avec modération?
16. Connaissez-vous quelqu'un qui (*peut*) vous réduire au silence?

N°s 419 à 427.

1. Doutez-vous, en effet, qu'Ariane ne l'(*aime*)?
2. Je ne doute point que la vraie dévotion ne (*soit*) la source du repos.

3. Je suppose toujours qu'un moine (*est*) charitable.

4. Elle se plaignait que nous (*dégradions*) Jésus-Christ de sa qualité de médiateur.

5. Phèdre se plaint que je (*suis*) outragé.

6. Il prétend que tout (*vienne*) et (*dépende*) de lui.

7. Publius Valérius ordonna qu'on (*séparât*) les haches des faisceaux que les licteurs portaient devant les consuls.

8. Il ordonna que les vétérans (*recevraient*) leurs récompenses en argent et non en terres.

9. N'attendez pas que je vous (*réponde*) là-dessus.

10. C'est là que nous attendons que notre espérance ne (*sera*) pas déçue.

11. De lui seul je prétends qu'on (*reçoive*) la loi.

12. On prétend que Thésée (*a*) paru dans l'Épire.

13. Je serai votre père jusqu'à ce que vous (*ayez*) retrouvé celui qui vous a donné la vie.

14. Depuis ce temps vous voyez la monarchie persane décliner sensiblement, jusqu'à ce qu'enfin la mollesse de la dynastie des sophis (*a*) causé sa ruine entière.

15. L'espérance, toute trompeuse qu'elle (*est*), sert au moins à nous mener à la fin de la vie par un chemin agréable.

16. L'athéisme est une opinion dénaturée et monstrueuse, difficile à établir dans l'esprit humain, tout insolent et déréglé qu'il (*puisse*) être.

17. J'ignore qui je (*suis*) et qui m'(*a*) mise au jour.

18. Si je puis vous servir, qu'importe qui je (*sois*)?

19. Si j'avais seulement une petite terre où je (*puisse*) me retirer, je serais sûr d'avoir de quoi vivre.

20. Il n'est point d'objet de législation qui ne (*puisse*) être un objet de dispute.

21. Il n'y a guère d'éloges dont on (*puisse*) deviner le héros si le nom n'était en tête.

22. La seule habitude qu'on (*doit*) laisser contracter à l'enfant est de n'en contracter aucune.

23. L'empereur Antonin est un des meilleurs princes qui (*aient*) régné.

24. Le pays de Caux est le plus fertile que je (*connaisse*) au monde.

25. Le seul bien auquel une république (*doit*) aspirer, c'est la perpétuité de son état.

26. L'exorde de l'oraison funèbre de Turenne est un des plus beaux morceaux qui (*soient*) sortis de la plume de Fléchier.

27. Néron est le premier empereur qui (*ait*) persécuté l'Église.

28. Les Cyriens furent les premiers qui (*domptèrent*) les flots.

29. Le premier de tous les peuples où l'on (*vit*) des bibliothèques est celui d'Égypte.

30. Ce n'est pas que les pays civilisés n'(*aient*) aussi leurs maux, souvent bien cruels.

31. On croirait que les idées (*sont*) comme toutes les choses dont nous faisons des provisions, et que la mémoire n'(*est*) qu'un vaste magasin.

32. Il semble qu'à force de livres on (*est*) devenu savant.

33. Il semble que le meilleur moyen (*était*) d'équiper des vaisseaux.

34. Il semble que les climats extrêmement chauds (*soient*) contraires aux chevaux.

35. Il semble qu'une passion vive et tendre (*soit*) silencieuse.

36. On pensait à Vitré que ce (*fussent*) des Bohèmes.

37. Tout infaillible qu'ils (*sont*), les géomètres eux-mêmes se trompent souvent.

38. La passion du devoir est la seule qui (*ait*) fait de grandes choses, des choses qui durent.

39. S'il est vrai qu'Homère (*ait*) fait Virgile, c'est son plus bel ouvrage.

40. On dirait que le livre des destins (*ait*) été ouvert à ce prophète.

N°s 428 à 430.

1. L'offre flattait trop un convalescent mal en espèces et accoutumé aux bons morceaux, pour (*être*) rejetée.

2. Il m'a fait trop de bien pour (*en dire*) du mal; il m'a fait trop de mal pour (*en dire*) du bien.

3. Vos raisons sont trop bonnes d'elles-mêmes sans (*être appuyées*) de ces secours étrangers.

4. Vous avez cru (*devoir*) en user autrement.

5. Qu'ai-je fait pour que vous (*veniez*) accabler en ces lieux Un héros sur qui seul j'ai pu tourner les yeux?

6. La vie de Pépin ne fut pas assez longue pour (*qu'il mît*) la dernière main à ses projets.

7. Il croit (*pouvoir*) encore cacher sa trahison.

8. Pour (*éviter*) les surprises, les affaires étaient traitées par écrit dans cette assemblée.

9. ..... Pour mieux (*cacher*) ton jeu, N'est-il pas à propos que je te rosse un peu?

10. Je croyais ne (*devoir*) prendre pour règle que l'Écriture et la tradition.

11. Ma tendre amitié ne vous est pas suspecte, et je n'ai que trop acquis de lumières pour (*faire*) écouter mes avis.

12. Les hommes croient (*être*) libres quand ils ne sont gouvernés que par les lois.

13. Tout ce qu'elle s'imaginait (*tenir*) lui échappait tout à coup.

14. Le blaireau a les jambes trop courtes pour (*pouvoir*) bien courir.

15. La chose est de trop de conséquence pour (*la traiter*) sérieusement.

EXERCICES GÉNÉRAUX SUR LES VERBES.

On fut obligé de combattre le féodalisme par le machiavélisme, (*celui-ci*) par le jacobinisme, auquel on opposa les deux premiers : ainsi (*se succèdent*) les maux et les remèdes. — Je me suis senti si indisposé ce matin, que peu s'en est fallu que je ne (*vinsse*) pas. — Pouvons-nous penser que tout (*soit*) corps et matière en nous? — Si j'étais roi, la philosophie et le sceptre n'empêcheraient pas que je ne (*fusse*) homme. — Lorsque le fanatisme, l'esprit de parti (*peuvent*) dresser les échafauds, ils fatiguent les bourreaux. — Le jugement de l'homme est presque toujours faussé (*par*) l'intérêt. — La faveur des grands, l'amour d'une femme et la rose, (*passent*) comme le beau temps. — Plaise à Dieu que vous (*veniez*) à bout de vos desseins, et que vous (*jouissiez*) de tout le bonheur que vous ambitionnez! — Dieu tout-puissant, rends-moi l'ignorance, l'innocence et la pauvreté, les seuls biens qui (*puissent*) faire mon bonheur, et qui me (*soient*) précieux ! — Je ne (*sache*) pas qu'il y (*ait*) des fleurs tout à fait noires. — Tout est de niveau dans le champ de l'éternité, (*si ce n'est*) le vice et la vertu. —Une grande fortune, un grand pouvoir (*sont*) de grands embarras. — Le vrai philosophe, l'homme par excellence, (*est*) éminemment religieux. — L'esprit n'est point ému (*de*) ce qu'il ne croit pas. — Vous (*avez, aurez*) un grand empire si vous (*commandez*) à (*vous-même*). — Celui qui désire fait des songes, encore qu'il ne (*dorme*) pas. — La certitude, l'espoir seul du pardon (*encourage*) le crime. — Quand j'étais au catéchisme, on m'interrogeait rarement, de crainte que je ne (*susse*) pas ma leçon. — Avant de commencer la guerre, nous pouvons nous y opposer ; mais dès qu'elle est déclarée, que nous la (*trouvions*) juste ou injuste, nous nous devons tout entiers à la patrie. — N'est-il pas louable, que je (*peigne*) avec les plus noires couleurs les détestables abus que je vois autour de moi ? — On puise dans la contemplation de la nature l'heureux secret de n'être ébloui (*par*) rien. — Un esprit lumineux et un cœur droit (*réunis*) (*écartent*) les passions et les erreurs ; (*séparés*), ils font, l'un des fripons, l'autre des dupes. — Le mérite d'une femme a besoin d'être éclairé (*par*) un rayon de beauté. — Celui qui ne (*sait*) ni lire ni écrire est aisément dupé (*par*) ceux qui le savent. — Tout l'art d'écrire consiste (*à*) bien sentir, bien penser et bien rendre. — L'imagination, l'esprit, le génie, le sentiment, (*font*) le bon auteur ; l'art de bien placer les mots (*fait*) le bon écrivain. — Les rois sont obligés (*d'*) être (*de*) bons écuyers, car, de tous ceux qui les servent, les chevaux (*seuls*) ne les (*ménagent*) pas. — Il y a peu d'écrivains qui ne (*voulussent*) effacer, à soixante ans, ce qu'ils (*écrivirent, ont écrit*) à vingt, même à trente. — C'est l'effet de l'amour-propre d'aimer (*à être*) aimé ; c'est l'effet d'un bon cœur d'aimer (*à aimer*). — La liberté (*n'effraie*) que les âmes faibles et corrompues. — S'il est doux de vivre avec des personnes que l'on aime et (*que l'on estime*), il est pénible de vivre avec (*ceux, celles*) que l'on aime sans pouvoir les estimer. — L'âme, comme le corps, (*a*) besoin d'exercice. — Ce fut moi qui lui (*annonçai*) une bonne nouvelle. — Ce n'est pas moi qui (*voudrais*) (*me*) ruiner par des emprunts condamnables ; ce n'est pas moi non plus qui (*voudrais*) (*m'*)enrichir par des usures criminelles. — Mon frère et moi (*sommes*) les seuls de la famille qui (*ayons*) du goût pour l'étude. — Mon cousin et moi (*avons*) toujours eû de l'amitié l'un pour l'autre — Le tailleur et vous (*n'avez*) pu tomber d'accord. — Le roi et moi (*sommes*) égaux, naturellement parlant. — C'est moi qui (*suis*) le cadet de la famille. — C'est nous qui (*prenons*) soin de notre honneur et de nos intérêts. — La bonté du cœur, jointe à la clairvoyance de l'esprit, (*donne*) une apparence de duplicité, parce que le cœur accueille; mais l'esprit juge. — La médisance et la calomnie, comme les bêtes féroces, (*préfèrent*) déchirer les vivants.— Alexandre était trop jeune, dit La Bruyère; César était trop vieux, dit Pascal, pour conquérir le monde : concluons-en qu'une folle entreprise (*messied*) à tout âge. — (*Qu'importent*) les mets que l'on trouve au banquet de la vie, s'ils satisfont l'appétit? — Si vous n'avez pas d'opinions à vous, vous (*contredisez*) celles des autres. — La plupart des hommes (*ne sont*) que de grands écoliers. — Le chant, les cérémonies et tout le culte extérieur, (*ne sont*) que l'écorce de la religion, dont le (*fond*) est la vertu. — Les parasites (*paient*) leur écot en (*flagorneries*) pour les présents, et en (*médisances*) pour les absents.— La superstition et le fanatisme (*sont*) la honte et l'effroi de l'humanité. — La santé des femmes est trop variable pour (*qu'elles puissent*) avoir l'humeur égale. — Les siècles (*de*) gloire (*de l'*)Eglise (*furent, ont été*) les siècles où ses ministres (*n'étaient, ne furent*) que la balayure du monde. — Tout homme, (*fût-il*) couvert de haillons, est juge pour son semblable, (*fût-il*) roi. — La médisance et la calomnie (*nuisent*) à ceux qui les (*écoutent*). — En quelque pays que vous (*fassiez*) la guerre, les gens (*d'*)église, les femmes, les enfants, les vieillards, le pauvre peuple, (*ne sont*) pas vos ennemis. — (*Je trouvai, j'ai trouvé*) une couronne dans un égoût; j'en (*ôtai, ai ôté*) les ordures, et me la (*mis, suis mise*) sur la tête. — Les premiers Egyptiens (*n'adoraient, n'adorèrent*) dans les animaux que l'emblème des objets célestes des éléments. — La dévotion, comme toutes les passions, s'(*élance*) en vain vers le bonheur : il n'y a que la piété qui l'(*atteigne*). — Les anciens Grecs ou Romains ne (*reconnaissaient, reconnurent*) pour hommes libres que ceux qui (*pouvaient, purent*) participer aux élections. — Il existe un magnétisme ou bien une électricité d'amour qui se (*communique*) par le seul contact du bout des doigts. — La tête tourne à une élévation (*à laquelle*) on n'a pas accoutumé ses yeux. — (*Quelque*) élevé que vous (*puissiez*) être, la loi est au-dessus de vous. — On finit par croire aux éloges que l'on (*achète*) ou qu'on se donne. — Si l'on (*connaissait*) tout le charme de la vertu, on ne s'en éloignerait que par démence. — Dieu (*disposa, a disposé*) tout en faveur de l'homme. — Si nous y (*étions*) moins accoutumés, l'univers nous paraîtrait une féerie dont l'Éternel est le magicien. — Sans la femme, l'aurore et le soir de la vie (*seraient*) sans secours, et son midi sans plaisir. — Turenne convenait qu'il (*n'avait jamais été, n'était jamais allé*) au feu sans émotion. — La bonne conscience est une fiche de consolation que le temps, tout habile joueur qu'il (*est*), ne peut jamais nous gagner. — Il ne faut jamais se fier à ceux qui manquent de probité, quels que (*soient*) leurs talents. — En l'an 79, la ville d'Herculanum (*a disparu*) ensevelie sous les laves du Vésuve. — Si j'avais un procès, je voudrais avoir affaire au plus honnête et au plus consciencieux avocat que je (*pusse*) connaître. — Faute d'aliment, l'esprit, ainsi que l'estomac, (*meurt*) d'inanition. — Dieu (*permit, a permis*) l'établissement des hérésies. — La tête des gens (*de haute*) stature (*ressemble*) à des maisons dont l'étage (*le plus haut*) est (*le*) plus mal (*meublé*). — La soif de dominer s'(*éteint*) la dernière dans le cœur de l'homme. — La (*crainte*) et l'(*espérance*) (*étendent*) les maux et les biens. — Le temps ne peut suffire à l'amour : il se (*réfugie*) dans l'éternité. — Si l'on (*rit*) de nous, on doit craindre qu'en revanche nous ne (*riions*) aussi des autres. — Les Égyptiens et les Grecs ne sont plus que l'ombre d'eux-mêmes : leur gloire (*est*) bien (*déchue*). — Si l'on nous montrait quelque représentation de plante ou d'animal que nous (*n'eussions*) jamais vue, nous pourrions juger, à l'harmonie de ses parties, si elle est faite d'après l'imagination ou d'après la nature. — L'éducation doit s'efforcer d'empêcher que l'affection naturelle à l'homme pour son semblable ne (*soit*) étouffée par son égoïsme. — On s'étouffe en entrant au spectacle du monde, et (*l'on bâille*) en sortant. — Les devoirs de la société exigent que nous (*ayons*) quelque ménagement pour l'amour-propre d'autrui. — Monarques de la terre, en rendant vos sujets heureux, montrez-vous dignes du trône où vous (*êtes*) (*montés*). — Les eaux de la Loire (*ayant*) (*monté*) rapidement, ont inondé les fertiles campagnes de la Touraine. — Si j'étais seigneur d'un endroit, il n'y a pas d'infortune que je ne (*voulusse*) soulager par des bienfaits. — Dans le voyage de la vie, nous rencontrons le plus souvent des visages épanouis (*par*) l'intérêt. — Le visage de l'homme plaît toujours lorsqu'il est épanoui (*par*) la bienveillance. — Il serait à souhaiter qu'après avoir entrepris une chose, nous en (*vinssions*) à bout à notre honneur. — Depuis la fondation de Constantinople, la gloire de l'empire romain (*a*) déchu de jour en jour. — A Dieu ne plaise que nous (*désirions*) la guerre ! il faudrait que nous (*fussions*) bien inhumains. — Il vaut mieux, pour le bonheur, étudier (*les hommes dans les livres que dans la nature et la société*). — On apprend plus (*à gouverner en étudiant les hommes qu'en étudiant les livres*). — Lorsqu'on nous invite à prendre quelque chose, on souhaite quelquefois que nous ne le (*prenions*) pas. — Que tous les cœurs se livrent à l'espérance : le règne de l'injustice (*est*) passé. — Il se répand autour des trônes de certaines terreurs qui empêchent que nous ne (*parlions*) aux rois avec liberté. — En matière d'étymologie, les mots sont comme les cloches, (*auxquelles*) on fait dire tout ce qu'on veut. — Lequel est le plus désirable, ou que je (*vive*) jusqu'à l'extrême vieillesse, ou que je (*sois*) promptement délivré des misères de cette vie? — Les Français (*ont*) toujours (*passé*) du côté du péril, parce qu'ils sont sûrs d'y trouver la gloire. — Il faut que vous (*craigniez*) Dieu, et qu'après lui vous (*craigniez*) encore celui qui ne le craint pas. — L'homme et l'animal (*accoutumés*) à la liberté ne (*font*) pas (*d'*)escapades, mais seulement ceux que l'on enchaîne. — C'est le malheur des hommes universels de n'(*exceller*) en rien pour avoir voulu (*exceller*) en tout. — Qu'il serait à désirer que de nouveaux apôtres (*vinssent*) prêcher la charité! — Il est plus facile (*de*) faire des lois (*que de*) les exécuter. — Tout prince sage doit souhaiter (*n'être*) que l'exécuteur des lois. — A peine (*serais-je*) monté sur le trône que j'aspirerais à en descendre. — On est riche de tout ce (*dont*) on n'a que faire. — Il faut à presque tous les esprits un être fantastique, objet de leur culte : ce (*sera*) la beauté, la gloire ou la fortune; la triste vérité les (*accablerait*). — Il faut que nous (*abstenions*) de nuire à qui que ce soit. — Quelque effort que nous (*fassions*), nous n'enfanterons jamais que des atômes. — La voûte des cieux est, pour le coupable, comme (*celle de la salle*) du festin de Damoclès, (*d'où*) pendait une épée sur sa tête. — (*Celui*) qui se sert de l'épée (*périra*) par l'épée. — Nous (*eûmes, avons eu*) longtemps une fabrique de lois assez active pour en fournir tout le globe. — La nature ne crée pas (*d'*)hommes égaux en (*facultés*), quoiqu'ils le (*soient*) en (*droits*). — Les gens faibles (*sont*) une peste publique : ils grossissent le parti des méchants et sont leurs agents. — Pour être heureux, il faudrait que je (*vécusse*) libre ou que je (*cessasse*) de vivre. — Si nous étions sages et que nous (*suivissions*) les lumières de la raison, nous nous épargnerions bien des peines. — Les évanouissements (*sont*) un apprentissage de la mort. — Dans la primitive Église, les évêques de Rome ne (*différaient, èrent*) des autres que par l'étendue de la juridiction. — L'homme doit (*un tribut à la nature*). — Pourvu que je (*sache*) la passion dominante de quelqu'un, je suis assuré de lui plaire. — Les républiques (*sont*) presque toutes (*tombées*) de la liberté dans l'esclavage. — Craignons la guerre avant qu'elle (*soit*) allumée; mais, dès qu'elle est allumée, ne sachons plus ce que c'est que de craindre. — Les dieux (*sont*) une bonne escorte pour ceux qui s'y (*confient*). — Le bon esprit (*concilie*) les hommes; le bel esprit les (*divise*). — Je serai mort avant que je (*me sois*) aperçu que je devais mourir. — Molière est le plus grand poëte comique qui (*ait*) paru en France. — Evite de rien faire qui (*puisse*) t'attirer l'envie. — La science (*revêt*) la nature d'un habit d'arlequin, tout couvert d'(*étiquettes*). — Le dernier service que l'homme (*puisse*) rendre est de donner l'exemple du courage en mourant. — Tout (*s'acquiert*) par l'exercice. — C'est moi qui (*me*) nomme un tel. — C'est à moi qu'il appartient de régler (*mes*) affaires. — (*T'ennuies-tu*) dans l'oisiveté? (*cherches-en*) le remède dans le travail. — C'est nous qui (*découpons*) la volaille et qui (*assaisonnons*) la salade. — Ne hante pas les méchants : ils (*te nuiraient*) à toi comme aux autres. — La fortune (*nous a persécutés*), lui et moi. — N'insulte jamais la vieillesse : ne (*te semble-t-elle pas*) respectable, à toi comme à tout le monde? — Si tu (*voyages*) de nuit, on peut t'arrêter sur les grands chemins et (*te détrousser*), toi et tes compagnons. — Il est bon que nous (*obéissions*) aux lois. — La gaieté, comme le sublime, (*demande*) une sorte de naïveté et de bonne foi. — Le danger, comme la mort, (*met*) tous les hommes de niveau. — Le marbre animé (*par*) l'art a de l'éloquence. — Le seul asile, l'unique Elysée sur la terre, (*est*) une bonne bibliothèque. — Le soleil, en se levant et se couchant, (*tire*) d'embarras les plus habiles. — L'encyclopédiste est un homme attaché à une secte de (*soi-disant*) philosophes qui se (*croient*) (*supérieurs*) à tous. — Il est une simplicité, une enfance qui (*sied*) à (*tout*) âge. — Les manières enfantines (*sont*) un des grands traits de la coquetterie des femmes. — La crainte que j'ai de faire des ingrats n'empêchera jamais que je (*ne fasse*) le bien. — Si votre esprit est toujours abaissé vers de petits objets, il n'est pas possible que vous (*produisiez*) quelque chose qui soit digne d'admiration. — Je n'ai jamais cru qu'un gouvernement (*eût*) le droit de tromper les hommes pour leur bien. — Il faut que la jeunesse (*achète*) son expérience.

— Ne (*serais-je*) pas bientôt convaincu d'être coupable, s'il suffisait pour cela que je (*fusse*) accusé? — (*Achète*) le superflu, tu (*seras*) bientôt obligé de vendre le nécessaire. — Ce sera moi qui (*chanterai*) le premier. — La faiblesse, ainsi que l'oisiveté, (*peut*) entraîner à tous les vices.— Les Muses sont des (*fainéantes*) aimant le repos et chantant sous l'ombrage : elles ne viennent sur le champ de bataille que longtemps après que le carnage (*a*) cessé. — Il n'y a guère que moi qui (*sois*) capable d'entreprendre des choses désespérées. — Quoi que vous (*écriviez*), évitez la bassesse. — Dans (*toute*) entreprise légitime, l'essentiel est de réussir (*par*) des moyens honnêtes.— La pensée, le sentiment, (*n'appartiennent*) pas essentiellement à la matière.— Quand nous sommes près de faire une grosse sottise, il faudrait que nous nous (*dissions*) à nous-mêmes : Tout le monde nous regarde. — Nous ne voulons pas que l'on nous trompe; il ne serait donc pas juste non plus que nous (*trompassions*) personne. — Nous ne (*sachions*) pas qu'il y (*ait*) d'hommes blancs devenus noirs. — Il y a (*d'*)étranges pères, dont toute la vie ne semble occupée qu'à préparer (*à leurs enfants des raisons de se consoler de leur mort*). — L'entrée de la vie est comme la vaste et (*riante*) embouchure d'un fleuve : à mesure qu'on le remonte, (*il s'étrécit, s'embarrasse, s'enlaidit et se termine, il s'étrécit, il s'embarrasse, il s'enlaidit et il se termine*) à une source inconnue. — Il serait triste que nous (*n'eussions*) la volonté de rendre service que jusqu'à ce que nous en (*eussions*) le pouvoir. — Il faudrait que je (*fusse*) bien fort ou bien fou pour être intolérant. — La cause la plus générale du strabisme, et dont personne, que je (*sache*), n'a encore fait mention, c'est l'inégalité de force dans les yeux. — L'esprit, comme le corps, (*a*) (*sa*) lassitude; il marchera mal si vous ne lui donnez du repos. — Ce (*ne sont*) pas les soldats qui m'ont manqué : c'est moi qui (*ai*) manqué à mes soldats. — L'Évangile ne dit pas : (*Gagne, tu gagneras*) le paradis en livrant ton prochain à l'enfer.— Il vaudrait mieux que (*j'étouffasse*) un bon mot qui est près de m'échapper que de chagriner qui que ce (*fût*). — Parmi les planètes connues aujourd'hui, il en est plusieurs qui (*ont échappé*) aux recherches des anciens astronomes. — Je ne (*sache*) pas qu'on ait jamais vu d'enfant en liberté se tuer. — Je vous demanderai si vous voudriez que ni votre débiteur, ni votre procureur, ni votre notaire, ni votre juge, ne (*crussent*) en Dieu? — Il vaudrait mieux que tu (*prévinsses*) le mal que d'être réduit à le réparer. — C'est par les Phéniciens (*que*) la mer (*est devenue*) le lien de la société entre tous les peuples de la terre. — Je ne (*sache*) que trois peuples qui (*aient*) pratiqué l'éducation publique. — O toi qui (*enseignes*) la vertu et qui (*domptes*) le vice, que deviendrait le genre humain sans ton secours? — Le mot qui (*t'échappe*) est ton maître, celui que tu (*retiens*) est ton esclave. — Un homme enivré (*d'éloges*) doit (*dire des sottises et en faire, dire et faire des sottises*). — Malgré qu'on en (*ait*), nous voulons être comptés dans l'univers et y être un objet important. — Il n'y a que les hommes qui (*ont*) (*passé*) par les épreuves de l'adversité qui puissent savoir ce que c'est que le bonheur. — D'habiles anatomistes ont analysé les organes de la vue et de l'ouïe, et aucun, que je (*sache*), n'a développé le mécanisme de l'odorat. — Ce n'est pas la mort que je crains : (*c'est le*) mourir. — (*Bien, un bien*) mourir vaut mieux que (*mal, un mal*) vivre. — La louange, comme le vin, (*augmente*) les forces quand elle n'enivre pas. — Le plaisir fatigue, le repos (*ennuie*), le travail occupe. — Ce qu'il y a de plus difficile peut-être, dans l'enseignement, (*c'est*) de (*connaître la portée des esprits et de s'y mettre*). — Le sommeil et la peur (*dorment*) rarement ensemble. — Il serait à désirer que tous les bons amis (*s'entendissent*) pour mourir ensemble le même jour. — L'enthousiasme, comme le vin, pris à forte dose, (*trouble*) la raison. — Quoi que nous (*fassions*), rien ne peut changer notre tempérament. — Les débordements du Nil fertilisent l'Égypte, surtout quand les eaux (*ont crû*) progressivement. — Il serait triste que nous (*vissions*) avec indifférence le crime triomphant et

la vertu souffrante. — La cupidité se nuit (*à elle-même*).
— Le méchant se nuit (*à lui-même*) avant de nuire aux autres. — Les ressorts multipliés se nuisent (*les uns aux*) autres. — La morale et les lumières, les lumières et la morale, (*s'entr'aident*) mutuellement. — C'est parce que la fortune est inconstante qu'il faut que nous (*ayons*) des sujets de crainte dans la prospérité et des motifs d'espérance dans l'adversité. — Lorsque Charlemagne (*eut*) expiré, la France vit décroître rapidement sa puissance. — Nous, pour qui tout renaît, serions-nous les seuls qui (*mourions*) pour ne jamais revivre? — On a presque toujours la vérité en prenant le contre-pied de ce que (*publient*) les partis. — (*Grâces*) à la (*vraie*) philosophie pratiquée (*par*) Louis XVI, les Français ne sont plus corvéables. — La peste, la famine, les incendies, aucun désastre (*n'accable*) un peuple d'autant de (*misères*) que l'esclavage. — La guerre a (*cela*) d'affreux, que la plupart de ceux qui (*s'entre-tuent*) (*s'entr'aimeraient*) s'ils (*pouvaient*) s'entre-connaître. — Il n'est pas de parole, (*quelle*) qu'elle (*soit*), que l'envie ne (*puisse*) envenimer. — L'envie (*est née, naquit*) du désir et de l'impuissance. — La charité défend que nous (*insultions*) au malheur et que nous lui (*refusions*) notre assistance. — Le mot qui (*t'a*) échappé est ton maître; celui que tu retiens est ton esclave. — Un homme qui ne viendrait pas à notre secours n'aurait pas le droit de se plaindre que nous ne (*vinssions*) pas au sien. — Lorsqu'une nation s'est saignée, amaigrie, épuisée pour acheter le calme d'une sage liberté, c'est un crime dangereux de (*la lui*) disputer. — L'affectation est une maladresse de l'art qui gâte la nature et se nuit (*à lui-même*). — Le temps est immobile comme le rivage; nous croyons qu'il fuit : c'est nous qui (*passons*). — Je te (*rends*) grâces, ô fortune! qui m'(*obliges*) à philosopher! — Il faut que nous (*regardions*) notre bien comme notre esclave; mais il ne faut pas que nous (*perdions*) notre esclave. — Le consul P. Cornélius Scipion (*fût*) tombé entre les mains des ennemis, si Publius Scipion, son fils, (*ne fût*) accouru à son secours. — De tous les animaux, nous sommes les seuls qui (*soyons*) obli-

gés de nous vêtir. — Le bonheur dont nous jouissons dans autrui est peut-être le seul qui ne (*puisse*) exciter l'envie. — (*Qu'est-ce qu'on ne croirait pas, que ne croirait-on pas*) quand on a bien envie de croire? — Les moralistes païens ont toujours envisagé la vertu comme l'unique moyen d'obtenir le seul bonheur (*dont*) l'homme (*puisse*) jouir ici-bas. — Une nature sauvage, l'onde qui murmure et les vibrations de la lyre éolienne, (*portent*) dans l'âme une émotion douce et poétique. — Encore que vous (*soyez*) jeune, ne laissez pas d'être sage. — Micipsa (*ne fut*) pas plutôt expiré, que Jugurtha fit voir que la politique ne compte pas la reconnaissance au nombre des vertus. — Nous sommes les seuls qui (*sachions*) que nous devons mourir. — Il y a cette différence entre l'épargne et la prodigalité, qu'il est toujours possible de disposer (*de ce que*) l'on a, et souvent impossible de savoir ce que l'on avait. — Laissez (*asseoir*) quelqu'un sur vos épaules : il (*s'assèiera, iéra, eoira*) bientôt sur votre tête. — Il est des temps (*où, que*) ce n'est plus la vie qui nous soutient : c'est nous qui la (*portons*) sur nos épaules. — Je ne saurais voir d'honnêtes pères chagrinés par leurs enfants que cela ne (*m'émeuve*). — Le sommeil est une trêve conclue avec la douleur : quand elle (*est expirée*), les chagrins reviennent nous livrer combat. — La meilleure satire que nous (*puissions*) faire des mauvais poëtes, c'est de faire (*d'*)excellents vers. — Pourvu que l'on (*ait*) l'épiderme des sciences, (*on se croit*) un grand docteur. — On ne peut nier que nous ne (*soyons*) très-fondés à nous ériger en aristarques et en juges souverains des ouvrages nouveaux. — Combien de nuances délicates (*ont échappé*) aux traducteurs d'Horace et de Virgile! — Les mouvements des planètes sont les plus réguliers que je (*connaisse*). — Nouveaux (*Encelades*), (*de*) savants matérialistes (*entassèrent, ont entassé*) (*volumes*) sur (*volumes*) pour escalader le ciel et détrôner le Très-Haut : ils n'ont pas même su sonder leur tombe. — Quand je ne sors pas, c'est la pluie qui empêche que je (*n'aille*) me promener. — Chaque jour, des crieurs publics annoncent en Égypte de combien le Nil (*a crû*). — L'ambition mourrait si tous les hommes (*étaient*) épris des beautés de la nature.— Pour bien corriger une épreuve, il faut s'obstiner (*à y*) trouver des fautes. — L'esprit, comme le corps, (*s'épuise*) à produire. — La même justesse d'esprit qui nous fait écrire de bonnes choses nous fait appréhender qu'elles ne le (*soient*) pas assez pour mériter d'être lues. — Plus nos devoirs seront étendus, plus il faudra que nous (*fassions*) d'efforts pour les remplir.— Quoique les Chinois se piquent d'être la nation (*la*) plus ancienne, ils sont loin d'être (*la*) plus éclairée : ils (*sont demeurés*) stationnaires dans la plupart des sciences. — (*On*) peut, dans le style épistolaire, employer (*tous*) les mots, (*toutes*) les expressions, (*toutes*) les locutions imaginables, pourvu que l'on se (*fasse*) entendre sans choquer l'oreille, le goût ni le bon sens. — Le siècle des faux philosophes et le règne de la philosophie (*sont*) deux époques bien différentes. — Il n'est pas douteux que vous ne (*deviez*) des témoignages de reconnaissance à ceux (*à qui*) vous êtes redevable de la vie. — Nous (*avons demeuré*) quelque temps en Suisse pour admirer les merveilles de la nature. — Il n'y a pas (*de*) gens dont la conversation (*soit*) si mauvaise que tu ne (*puisses*) en tirer quelque chose de bon.— Il faut que nous (*vivions*) comme nous pouvons, si nous ne pouvons vivre comme nous voulons. — Si tout le monde bâille à un discours, je ne tarde pas (*à*) bâiller aussi. — Ce que je veux, c'est un gouvernement dont les vues tendent (*à*) me rendre libre, et non (*à*) me faire esclave. — Il semble que nous (*augmentions*) notre être lorsque nous pouvons le porter dans la mémoire des autres. — L'or, comme les liqueurs fortes, (*augmente*) la soif. — Je souhaite (*vivre*) longtemps, parce que mes enfants ont besoin de moi. — Si j'étais avocat, je me chargerais volontiers (*de*) défendre la veuve et l'orphelin. — Si j'étais chargé (*de*) porter la parole à un roi, je ne voudrais lui dire que la vérité. — Citez-moi un maître (*dont*) les leçons (*soient*) aussi profitables que (*celles*) de l'expérience.— Sillacus disait que, pour réussir, il (*faut*) méditer à loisir et exécuter promptement les choses qu'on a projetées. — L'autorité d'un père est le type de la monarchie ; l'égalité des frères (*celui*) de la république.—Montezuma régnait sur les Mexicains lorsque Fernand Cortez (*attaqua le Mexique et en fit la conquête*), en l'an quinze cent dix-huit. — Quand nous serons morts, nous espérons (*revivre*) dans notre postérité. — Si j'avais le cœur dur, je serais insensible aux maux de mes semblables, et j'affecterais même (*de*) les ignorer.— Je suis sensiblement affligé (*de*) voir que mes épargnes diminuent tous les jours.—Il y a peu de mots qui, étant heureusement placés, ne (*puissent*) contribuer au sublime. — Caligula voulait que les Romains lui (*rendissent*) les honneurs divins. — Le vice empoisonne les plaisirs, la passion *les* frelate, la modération *les* aiguise, l'innocence *les* épure, la bienfaisance *les* multiplie, l'amitié *les* double. — Les hommes ne (*manquent*) pas de prétextes pour se nuire (*les uns aux autres*), quand ils n'en ont plus de cause. — Quand je pourrais me faire craindre, j'aimerais mieux encore (*me faire aimer*). — Quand j'aurai achevé (*de*) dîner, je sortirai.— Plus je serai petit, plus j'affecterai (*de*) paraître grand, et plus je serai grand, plus je m'éloignerai de l'affectation de le paraître.—La sagesse est la seule chose dont la possession (*soit*) certaine.—Tronchin disait que l'envie (*est*) comme un enfant méchant et opiniâtre qu'on ne peut apaiser qu'en ne faisant pas attention à ses cris. — Du fracas des fêtes il ne reste plus que la lassitude lorsqu'elles (*sont passées*). — Un homme simple et franc (*fait, fera*) plus d'affaires en un jour qu'un homme adroit en un an. — L'esprit, comme le corps, se (*fortifie*) par (*degrés*) ; il n'y a que l'oisiveté qui les (*affaiblisse*) : à force de repos, l'un et l'autre (*deviennent*) incapables de travail. — Toutes les fois que je vais dehors, je pense (*être*) tué. — Si j'étais roi, et que j'eusse à choisir (*d'*)être aimé ou craint, je préférerais l'amour à la crainte.—Ce que la loi me commande (*de*) faire, il faut que je le fasse. — Il semble que le temps (*soit*) un ennemi commun contre (*lequel*) tous les hommes sont conjurés. — Il me semble que rien (*n'est*) plus propre à élever l'âme que la contemplation des merveilles de la nature. — Les despotes fourmillent chez un peuple démoralisé (*par*) la superstition. — Saint Louis, ayant attaqué les ennemis avec trop d'impétuosité, (*fut*) un des premiers qui (*fut fait prisonnier*). — Je ne prétends pas (*être*) meilleur que les autres; mais, en revanche, je prétends (*n'être*) pas pire. — Quand je suis à table, je ne me contente pas (*de*) manger : il faut que je boive. — Je ne me contente pas (*de*) plaindre les pauvres : il faut encore que je les secoure. — Croyez-vous que le coupable (*dorme*) tranquille, et qu'il (*puisse*) étouffer les remords (*dont*) il est déchiré. — (*Ne fouillez pas, vous ne fouillerez pas*) trop avant dans le cœur même d'un ami. — La crainte, l'honneur ou le respect des lois (*mirent-ils*) jamais un frein à l'impatience de l'avare? — Nous ne serons jamais plus près d'être la dupe de quelqu'un que lorsque nous nous imaginerons (*être*) plus fins que lui. — Dès qu'un ami est dans l'embarras, et qu'il me conjure (*de*) lui rendre service, je le lui rends. — Si quelqu'un est mal portant, je lui conseille (*de*) garder la chambre et (*de*) se mettre à la diète. — Quel est l'homme qui (*n'ait*) pas une trop haute idée de lui, et une trop mince des autres? — Mentor, qui craignait les maux avant qu'ils (*arrivassent*), ne savait plus ce que (*c'était*) que de les craindre dès qu'ils étaient arrivés. — Ne me (*fié-je*) qu'à moi, je vois tout par mes yeux. — Le compilateur, comme les fossoyeurs et les bourreaux, (*pense avoir*) un droit incontestable à la dépouille des morts. — Le tigre est peut-être le seul animal (*dont*) on ne (*puisse*) fléchir le naturel. — Si je (*pouvais*) trouver quelque expédient pour me tirer de l'embarras où je suis, je croirais (*être*) le plus heureux des hommes. — C'est dans le creuset (*qu'*)on éprouve l'or; c'est dans l'adversité (*qu'*)on reconnaît l'ami véritable. — Il faudrait (*pouvoir*) répondre de sa fortune pour (*pouvoir*) répondre de ce que l'on fera. — L'abbé de Saint-Pierre croyait que la devise de l'homme vertueux (*est*) renfermée dans ces deux mots : *donner* et *pardonner*. — Nous égalons à nous ceux que nous daignons (*combattre*). — Quand j'eus achevé (*de*) raconter mes peines, la tristesse de mes amis acheva (*de*) me serrer le cœur. — Je trouve quantité de gens qui m'expliquent ce qu'ils ne savent pas mieux que moi, et c'est ce qui achève (*de*) me confondre. — Nous pardonnons souvent (*à ceux*) qui nous (*ennuient*); mais nous ne pardonnons pas (*à ceux que*) nous ennuyons. — On éprouve dans les grandes calamités combien (*est fortifiante*) la confiance en Dieu, la résignation à sa volonté. — Que ne (*peuvent*) le courage et la force, quand ils sont aidés (*par*) la sagesse? — Nous sommes moins offensés (*du*) mépris des sots que d'être médiocrement estimés (*des*) gens d'esprit. — Il faut que l'on m'encourage (*à*) travailler; autrement, je ne travaille pas. — Charlemagne aimait les lettres et (*la société de*) ceux qui les cultivaient. — (*Aie beau, tu auras beau*) avoir des forteresses, si le peuple te (*hait*), elles ne te serviront pas. — Le Tartare était la partie la plus profonde des enfers; c'est là (*qu'étaient*) les impies et les scélérats dont les crimes ne (*pouvaient*) s'expier. — On (*n'est*) presque jamais diffamé que (*par les*) gens qui ne vous valent pas. — Ce qui nous engage (*à*) supporter les torts des hommes, (*ce sont*) leurs faiblesses. — Un homme livré à l'ambition n'est jamais rebuté (*par les*) difficultés qu'il trouve sur son chemin. — La médisance et la calomnie (*sont*) le fort des traîtres. — Ni l'amour ni la haine ne nous (*suivent*) dans le tombeau. — Je ne doute pas que vous n'(*arriviez*) à l'accomplissement de vos desseins, pour peu que vous y (*persévériez*). — S'il ne tenait qu'à moi (*d'*)être libre, je le serais tout de suite. — Puisque je suis jeune, il faut que je travaille (*à*) purifier mon cœur et (*à*) polir mon esprit. — Le meilleur cortége qu'un prince (*puisse*) avoir, c'est le cœur de ses sujets. — La grammaire, la logique, la rhétorique, (*ont*) pour base la génération des idées. — Il faut que vous vous (*absteniez*) de nuire à qui que (*ce soit*). — Si je visais (*à*) plaire à tout le monde, je pourrais bien ne plaire à personne. — M'accorderais-je, avec quelques philosophes, (*à*) croire que tout soit matériel en moi? — Les grands ont peu d'amis qui (*soient*) plus attachés à leur personne qu'à leur fortune. — La pudeur et la modestie se (*gardent*) mutuellement. — Plaise à Dieu que vous (*veniez*) à bout de vos desseins et que vous (*jouissiez*) de tout le bonheur que vous ambitionnez! — Je ne songe nullement (*à*) tromper les autres, parce que je ne veux pas être trompé moi-même. — La raison suffit (*pour*) me conduire. — Je ne crois pas que le siècle de Louis XIV (*fût*) devenu si célèbre sans les grands écrivains qui en ont fait une des plus brillantes époques de notre littérature. — Les fous, les entêtés, les présomptueux (*aiment*) à gager. — La perte ou le gain d'une bataille ne (*dépend*) que d'une bagatelle. — (*Voulons-nous*) convaincre, il suffit que nous (*parlions*) à l'esprit ; (*si nous voulons*) persuader, il faut que nous (*allions*) jusqu'au cœur. — Si j'étais contraint (*d'*)aller à l'église, je n'en serais pas meilleur chrétien pour cela. — Si j'étais contraint (*de*) me suicider, j'aimerais mieux mourir par le fer ou par le poison que par la corde. — Quoique les douceurs de la vie (*soient*) souvent le fruit des arts, elles ne sont pas toujours le partage des artistes. — Le ver luisant des Indes donne assez de lumière pour (*qu'on écrive*) la nuit aussi facilement qu'avec une bougie. — Il n'y a rien de plus froid qu'un conseil (*dont*) il est impossible de profiter. — (*C'est*) le froid de l'imagination et du cœur, la sécheresse de l'esprit et la faiblesse du corps, qui (*font*) la vieillesse. — Le flatteur, de même que le trompeur, (*est*) également à craindre. — C'est dans l'avenir que je pense (*être*) heureux, et c'est dans le passé que je l'ai été réellement. — Je ne sais plus parler du moment qu'il s'agit (*de*) demander. — *Télémaque* est le plus bel ouvrage que la vertu (*ait*) inspiré au génie. — Les mouvements des passions ne se font sentir que pour (*que nous ayons*) plus de mérite à les réprimer. — La fortune est trop inconstante pour (*que nous puissions*) compter sur ses faveurs. — La critique fronde tout pour (*être crue*) supérieure à tout. — A l'exemple de don Quichotte, ne vous abusez point (*à*) prendre des moulins pour des hommes. — Comme tout mon bonheur est dans la liberté, il faut que je vive libre ou que je cesse (*de*) vivre. — Je ne cesserai (*d'*)être heureux que lorsque j'aurai cessé (*d'*)être libre. — L'ennui finira par vous gagner, à moins que vous ne (*variiez*) vos occupations et vos amusements. — Etudiez non pour (*savoir*) plus, mais pour (*savoir*) mieux que les autres.—Ne vous acharnez pas (*à*) travailler jour et nuit : vous deviendriez maigre comme un coucou. — Dès que je conviens (*de*) faire une chose, je la fais.—Si j'avais coutume (*de*) mentir, je mentirais sans m'en apercevoir.—Je ne prends jamais le masque, et je ne crains pas (*de*) me montrer sous ma propre figure.—On se réjouissait à ta naissance, et tu pleurais; vis de manière qu'au moment de ta mort tu (*puisses*) te réjouir et voir pleurer les autres.—Il n'y a rien qui (*soit*) plus opposé à nos coutumes que la manière (*dont*) les Banians trafiquent dans l'Indostan : les marchés les plus considérables se concluent (*sans qu'on parle*) et (*sans qu'on écrive*) : tout se fait par (*signes*). — Il faut quelquefois beaucoup de courage pour (*oser fuir*). — Quand je vois un homme souffrant, j'aide de mon mieux (*à*) le soulager.—Souviens-toi (*de*) montrer une âme égale dans le malheur, et (*de*) ne pas te livrer, quand la fortune te rira, à une joie excessive. — Je ne chercherai jamais l'instruction dans un livre où je craindrais (*de*) trouver l'ennui.—Est-il un homme qui (*n'ait*) jamais eu à se plaindre de ses semblables ? — Quelque puissante que (*fut*) Carthage, elle ne put résister à la valeur des Romains. — (*Ce sont*) toujours les imprudents qui sont les plus furieux de se voir trompés. — J'aime (*à me lever*) de grand matin et (*à aller*) dans la campagne respirer le frais. — Si l'on médit de moi, je tâche (*de*) me corriger; si l'on me calomnie, j'en ris. — Je rougis (*de*) commettre des fautes; mais je ne rougis pas (*de*) les avouer. — Si je n'étais plus jeune, il me siérait bien (*d'*)oublier que je l'ai été. — Préférez des expressions où l'analogie (*soit*) unie à la clarté. — Solon, en mourant, ordonna qu'on (*portât*) ses os à Salamine, qu'on les (*brûlât*) et qu'on en (*jetât*) la cendre par toute la campagne. — Quoique Scipion (*aimât*) la gloire, il la cherchait dans (*ses*) actions, et non dans le témoignage des hommes. — L'exagération des éloges nuit à celui qui les donne (*et à celui qui les reçoit*).—Si vous ne savez pas divertir, il faut du moins que vous (*n'ennuyiez*) pas. — Dès que (*j'aperçois*) des difficultés, je suis déterminé (à) les surmonter. — Il peut arriver que je plaise dès que je ne prétends nullement (à) plaire. — Si je provoquais quelqu'un (à) se battre en duel avec moi, ce serait de ma part une préméditation au meurtre.— Il semble que la nature (*ait*) pris plaisir, sous le règne de Louis XIV, (à) produire des grands hommes en tout genre. —Tout dans l'univers s'altère et périt : il n'y a que les écrits que le génie a dictés qui (*soient*) immortels. — Il ne serait pas bienséant que vous vous (*abaissassiez*) jusqu'à flatter ceux qui vous dénigrent.— Si je consens (à) aller avec lui, il faut qu'il consente (à) venir avec moi. — Si j'étais courtisan, il faudrait que je me pliasse (à) faire tout ce que voudrait le maître.—Il faut que je vive honnêtement, si je veux me préparer à bien mourir. — La religion chinoise est la seule de toutes les religions qui (*n'ait*) point enseigné l'immortalité. — L'honnête homme est estimé (*de*) ceux qui n'ont pas de probité.— Si j'avais une femme, je ne voudrais pas qu'elle s'(*imaginât*) que j'(*eusse*) d'autre objet que celui de lui plaire. — Si j'étais riche, je ne ferais pas consister mon bonheur (à) posséder, mais (à) faire un généreux emploi de mes richesses.—Quand je suis avec des loups, il faut que je hurle; et quand je suis avec des fous, je suis réduit (à) prendre le masque de la folie. — La raison, une fois sortie des limites qui lui sont assignées, ne trouve plus rien qui (*puisse*) l'arrêter.—Bias, l'un des sept sages de la Grèce, disait qu'il (*faut*) se comporter avec ses ennemis comme si l'on voulait qu'ils (*fussent*) un jour nos amis. — Ce n'est pas toujours sur le théâtre des farceurs (*que*) se (*jouent*) les meilleures farces.— Ce que je me complais le mieux (à) voir, (*ce sont*) les merveilles de la nature.—Dans tout ce que tu entreprends, ne manque pas (*d'*)invoquer le secours du ciel. — Il ne faut pas que je me hâte (*de*) m'enrichir, de peur que je ne devienne bientôt pauvre. — Je mets au-dessus d'un grand politique celui qui néglige de le devenir. — On craint que vous ne (*sacrifiiez*) les plus beaux jours de votre vie à un bonheur insensé et chimérique.—Un jour, une heure, un moment (*suffit*) pour décider du bonheur ou du malheur d'un homme. — Nous déplairions avec beaucoup d'esprit, si nous ne nous appliquions (*qu'à*) le faire briller aux dépens des autres.— Toutes les fois qu'il s'agira (*de*) faire une bonne action, je ne risquerai jamais rien (*de*) la tenter. — Je ne me croirais pas dispensé (*d'*)être un homme de bien par cela seul que je serais un homme agréable. — Au milieu du flux et du reflux de joies et de douleurs qui roulent sur la tête des mortels, en est-il un qui (*puisse*) se flatter de jouir d'une félicité constante? — En l'an trois cent cinquante-sept, Dion, avec trois (*mille*) soldats, (*assiégea Syracuse et s'en empara*). — Quand j'ai quelque chose sur le cœur, je ne balance pas (*à*) le dire. — Je n'appréhende pas (*de*) revoir ce que j'ai de plus cher au monde; j'en suis, au contraire, bien ravi.— Tout ce qui se passe autour de moi m'avertit (*de*) faire attention à mes moindres actions. — Quelques historiens ont blâmé Henri IV de l'extrême indulgence (*avec laquelle*) il a traité quelques-uns de ses ennemis. — En quoi que ce (*soit*), si nous avons du succès, il faut que nous nous (*attendions à*) exciter l'envie.—Je puis ne pas être loué (*de*) parler avec trop de franchise; mais je serais blâmable de dire ce que je ne pense pas. — Si j'étais grand capitaine, je briguerais l'honneur (*de*) défendre mon pays dans un péril extrême. — Quand j'étais jeune, je brûlais du désir (*de*) tout approfondir. — Les astronomes ont annoncé qu'il y (*aurait*) une éclipse annulaire cette année. — Quand tu (*voyages, attache-toi à*) observer les mœurs et les coutumes des pays où tu t'(*arrêtes*). — Je ne m'aviserais pas (*de*) louer morts des gens que je dénigrerais vivants. — Si j'étais à Saint-Pétersbourg, je ne m'aviserais pas (*de*) parler aussi librement que je le fais à Paris. — Malheur aux riches qui ont oublié qu'ils (*doivent*) aux pauvres une partie de leur fortune! — Quand je pourrais régner, je ne voudrais pas aliéner ma liberté et m'assujettir (*à*) gouverner une nation. — Les arts mécaniques (*firent, ont fait*) en France plus de progrès, depuis le commencement de ce siècle, qu'ils n'en avaient fait, dans certains pays, pendant le siècle précédent. — Si j'étais assigné (*à*) comparaître comme témoin dans une affaire capitale, je ne voudrais dire que la vérité. — Il ne m'appartient pas (*de*) dire tout ce que je veux; il ne m'appartient pas non plus (*d'*)écrire tout ce que je désire. — Si je combattais, je m'applaudirais (*de*) trouver des ennemis dignes de ma valeur. — Antisthène disait que le propre des dieux (*est*) de n'avoir besoin de rien, et que les gens qui (*ont*) le moins de (*besoins sont*) ceux qui (*approchent*) le plus de la divinité. — Que je me borne (*à*) amasser de quoi vivre, et je (*suis, serai*) le plus heureux des hommes. — Je hais les railleurs, et je leur défends (*de*) me parler. — Si je ne buvais que du cidre, j'aurais de la peine à me désaccoutumer (*d'*)en boire. — Dès que je me suis mêlé d'une chose, je ne désespère pas (*d'*)en venir à bout. — Tout ce qui (*contribue au bonheur ou passe pour l'assurer*) sera toujours chéri (*des*) hommes. — Qu'importe au sage que nous l'(*approuvions*) ou que nous le (*condamnions*). — Vous qui (*aimez*) la vie mondaine, pourrez-vous jamais vous condamner (*à*) vivre en (*anachorète*) ? — Plus je donnerai aux autres occasion (*de*) plaire, et plus je leur plairai. — Je puis me lasser de tout, mais je ne me (*rassasierai*) jamais (*de*) vivre. — Asclépiade et Ménédème (*étaient*) deux philosophes célèbres par leurs vertus et par l'amitié qui les (*unissait l'un à l'autre*). — Si nous voulions qu'on nous (*louât*), ne serait-il pas convenable que nous (*louassions*) aussi les autres ? — Il n'est pas un point de théologie sur lequel on (*ne soit*) prêt à disputer. — Quand je suis en société, je concours de mon mieux (*à*) l'égayer. — Il ne faut pas que je me permette (*de*) juger ce que je ne puis apprécier ni comprendre. — Si je me mets en tête (*d'*)avoir peur, une bagatelle m'inspirera de la frayeur. — Croyez (*que la vertu est*) préférable aux richesses, et que Dieu récompense ceux qui la (*pratiquent*). — Ne cherche nullement (*à*) devenir riche ; (*mets*) seulement toute ton ambition (*à*) ne pas devenir pauvre. — Si tu blâmes les malheureux, c'est en quelque sorte pour te dispenser (*de*) les secourir. — La crainte de faire des ingrats ne m'a jamais empêché (*de*) faire du bien. — Les larmes que je m'efforcerai (*de*) cacher seront les plus touchantes. — Sennamor, architecte arabe, (*florissait*) vers l'an quinze (*cent*) ; c'est à lui (*que*) les Arabes doivent deux palais qu'ils ont placés au rang des merveilles du monde. — Si tu ne veux pas être haï (*de*) tout le monde, ne sois pas haïssable. — Nous devons chérir extrêmement nos parents, puisque (*ce sont eux, c'est d'eux*) (*que, de qui*) nous tenons la vie, la fortune et la patrie. — Si je réfléchis à toutes les chances du hasard, (*oserai-je*) me fier à la fortune ? — (*Des*) sentiments (*profonds*), une imagination inflammatoire, (*n'ont*) jamais été l'étoffe de la médiocrité. — Souvent les fripons et les méchants s'étonnent les uns (*des*) autres. — Il faut que vous (*appréciiez*) les systèmes d'après leur influence sur les peuples. — Quand j'étais au collége, je me divertissais beaucoup (*à*) jouer à la balle. — Il faut que je renonce (*à*) vivre en société, si je ne veux voir que des gens exempts de défauts. — Si je n'avais pas horreur de la violence, je ne répugnerais pas tant (*à*) voir tous les jours sacrifier le faible et l'innocent. — Il nous semble qu'il n'y (*a*) pas de plus douce jouissance que de faire des heureux. — Il n'y a pas dans le cœur de l'homme un bon mouvement que Dieu ne (*produise*). — Dieu nous a donné la raison afin qu'elle (*dirigeât*) notre conduite. — A moins que nous ne (*soyons*) fous, il n'est pas possible que nous (*veuillons*) l'extermination du genre humain. — Nous ne pouvons aller bien loin en amitié, si nous ne sommes pas disposés (*à*) pardonner aux autres leurs défauts. — Le mal que tout le monde me fait, je me résigne aisément (*à*) le souffrir. — C'est parce que je ne puis éviter la mort, qu'il faut bien que je me (*résolve*) (*à*) mourir. — Parmi les différentes expressions qui (*puissent*) rendre une pensée, il n'y en a qu'une qui (*soit*) la bonne : on la rencontre rarement, quoiqu'elle (*soit*) toujours la plus simple et la plus naturelle. — Il serait bon que nous (*obéissions*) aux lois. — Est-il possible qu'on (*veuille*) être malade en dépit des gens et de la nature ? — Sois vertueux si tu veux que ton exemple serve (*à*) rendre les autres vertueux comme toi. — Le fameux colosse de Rhodes était une des sept merveilles du monde : c'était une statue du Soleil assez élevée pour que les vaisseaux (*passassent*) dessous ; elle avait cent pieds de hauteur ; il y avait peu d'hommes qui (*pussent*) en embrasser le pouce. — La bonté, la méchanceté, la petitesse ou la grandeur, la fermeté ou la mobilité de l'âme, sa droiture ou sa fausseté (*sont peintes*) sur la figure. — Quand nous voyons des actions d'éclat, cela nous anime (*à*) les imiter. — Si je me rebutais (*à*) voir prospérer les fripons, il faudrait que je fusse loin des hommes. — S'il m'était permis (*de*) refuser une âme à l'homme, je serais porté (*à*) croire que l'ingrat n'en a pas. — L'exemple d'une bonne vie est la meilleure leçon qu'on (*puisse*) donner au genre humain. — (*Ce sont*) les bonnes mœurs, et non les riches atours, qui (*parent*) les femmes. — Les mouvements des planètes sont les plus réguliers que nous (*connaissions*). — J'aurais peine (*à*) haïr ce que j'aurais bien aimé. — Il ne faut pas que je m'obstine (*à*) faire entendre raison aux esprits de travers. — Il n'y a que la vérité qui (*soit*) durable et même éternelle. — Nous n'avons pas le droit de nous faire un mérite de nos opinions, lorsqu'elles sont dictées (*par*) l'intérêt. — Si l'ennemi se présente aux portes de la ville, je m'engage par un serment solennel (*à*) l'aller combattre. — O mon cher Aristias! si tu (*aimes*) ta patrie, que les dieux te préservent de lui souhaiter des succès qui (*contribueraient à sa décadence et à sa ruine, et les accéléreraient*)! — Les larmes (*sont*) le fort des femmes. — La seule main qui (*soit*) digne, aujourd'hui, de ranger les peuples sous son sceptre, n'est pas celle qui tendra l'arc de Nemrod : c'est celle qui brisera le fer de la guillotine. — On (*n'est*) pas content de soi quand on ne fait rien qui (*vaille*). — Si tu ne sais pas supporter l'injustice, tu ne seras pas dédommagé (*par le*) succès. — Si nous aimions mieux (*nous faire*) craindre que (*de nous faire*) aimer, il faudrait que nous (*craignissions*) tous ceux qui ne nous aiment pas. — Si l'on te dit des injures, ne t'abaisse pas (*à*) en répondre. — Il faut que vous vous absteniez (*de*) nuire à qui que ce (*soit*). — On trouve la rime dès qu'on s'évertue (*à*) la chercher. — L'homme qui aime (*à faire le bien et à en être loué*) n'est pas vraiment vertueux. — Dieu, d'un regard, (*forma, a formé*) l'univers. — Le gueux qui nous (*admire*), le riche qui nous (*critique*), nous (*paraissent*) déplacés. — Ne (*serais-je*) pas bientôt convaincu d'être coupable, s'il suffisait pour cela que je (*fusse*) accusé? — Que j'aboutisse (*à*) me faire une position, et je serai le plus heureux des hommes.— Lorsque nous comptons (*nous amuser*) à un bal, nous comptons quelquefois sans notre hôte. — (*Faites-vous*) aimer et estimer (*de*) tout le monde. — En quoi que ce (*soit*), un premier succès nous enhardit (*à*) en tenter de nouveaux.—Ce qui lie les hommes (*les uns aux autres*), c'est un accord parfait dans leur manière de voir. — Un peuple est libre, (*quelle*) que (*soit*) la forme du gouvernement, lorsque, dans celui qui le gouverne, il ne voit pas l'homme, mais l'organe de la loi. — Si l'on ne contrariait pas tant les amants, la plupart se (*guériraient*) mutuellement. — La meilleure satire que vous (*puissiez*) faire des mauvais poëtes, c'est de faire d'excellentes poésies. — Dès que je veux quelque chose, je persiste (*à*) le vouloir jusqu'au bout.—Quand je suis à la campagne, je me plais (*à*) chasser et (*à*) pêcher. — Si j'aimais la société, je prendrais plaisir (*à*) vivre au milieu d'elle. — L'homme de bien ne craint pas (*la calomnie, ni l'atteinte qu'elle peut porter*) à sa réputation : le témoignage de sa conscience lui suffit. — Après (*avoir*) abattu la forêt des préjugés, c'est à la philosophie (*à*) cultiver le sol.—Napoléon fut le centre autour duquel (*gravitaient*) toutes les passions. — L'enfance et la vieillesse (*reposent*) sur l'oreiller de l'insouciance ; la jeunesse, (*sur*) les roses et les épines de l'amour, l'âge mûr (*sur*) le gril ardent de l'ambition. — (*A quoi, que*) nous sert d'amasser, à moins que nous ne (*jouissions*)?—Plus j'acquerrai de science, plus je serai amené (*à*) reconnaître que je ne sais rien. — Si je veux réussir dans le monde, il faut que je vise (*à*) me faire des patrons et des créatures. — Les rois (*mêmes*) sont (*soumis à Dieu et dépendent de lui*). — L'autorité est une force morale dont les véritables armes (*sont*) la justice et la clémence. — Rien de plus petit qu'un grand dominé (*par*) l'orgueil. — Il n'y a pas de gens dont la conversation (*soit*) si mauvaise que tu ne (*puisses*) en tirer quelque chose de bon.

— Il faut que je m'opiniâtre (*à*) faire ce qui est bien ; mais il ne faut pas que je m'obstine (*à*) faire ce qui est mal. — Dès que l'on soutient le pour, je m'offre (*à*) soutenir le contre. — C'est à Jenner (*qu'*)est (*due*) la vaccine, (*dont*) les premiers essais furent faits en Ecosse en l'an (*mil*) sept cent (*quatre-vingt*)-seize. — Il est essentiel de se faire un (*fonds*) d'idées saines qui (*règlent*) la conduite et les jugements.— Presque toutes les fautes grammaticales (*ne sont*) qu'un désordre, un trouble, une interruption dans la génération des idées.— Le chien est le plus cher et (*le plus*) précieux ami que nous (*ayons*) sur la terre. — Si j'étais roi, je ne voudrais pas enseigner (*à*) tromper les hommes, mais (*à*) les aimer. — Je ne m'entends pas du tout et je serais bien fâché de m'entendre (*à*) mener une intrigue. — Si j'étais femme, je m'apercevrais bien vite que tout ce qui m'entoure s'étudie (*à*) me tromper. — S'il excelle (*à*) tourner un couplet, moi j'excelle (*à*) découper une volaille.— Quand je vois une action d'éclat, cela m'excite (*à*) l'imiter. — Je n'ai pas besoin d'exhorter les hommes (*à*) se nuire : ils y sont portés naturellement.— Si j'abusais de tout, je m'exposerais bien vite (*à*) ne jouir de rien. — Si je savais ne pas pouvoir venir à bout d'une entreprise, je ne me fatiguerais pas (*à*) la poursuivre. — Si je m'habituais (*à*) souffrir, je pourrais dire alors que je sais vivre.— Si j'étais le conseiller d'un roi, je me hasarderais souvent (*à*) lui dire la vérité.— Je n'hésiterai jamais (*à*) secourir quelqu'un, dès que je le pourrai. — La religion exige que nous (*sacrifiions*) nos ressentiments.— L'esprit humain est continuellement agité (*par le flux et le reflux*) de l'erreur et de la vérité. — Le despotisme, en passant des mains des gouvernants dans celles des gouvernés, (*ne cesse*) pas d'être despotisme. — A peine serions-nous montés sur le trône que nous aspirerions à en descendre.— S'agit-il (*de*) se battre à la fourchette? je suis des premiers ; est-il question (*de*) se battre au pistolet ? je tire ma révérence. — Quoique les méchants prospèrent quelquefois, ne pensez pas qu'ils (*soient*) heureux. — La république (*fut, a été*) possible même parmi les flibustiers. — La fortune et l'humeur (*gouvernent*) le monde.—Il faut que nous (*vivions*) comme si nous nous apprêtions (*à*) mourir. — Si j'étais innocent d'un crime, je serais bien aise (*d'*)avoir des gens de bien pour défenseurs et pour juges. — Je n'ambitionne pas (*d'*)atteindre aux richesses et aux dignités ; ce que j'ambitionne seulement, c'est d'arriver à une douce quiétude. — Pensez-vous qu'en formant la république des abeilles, Dieu (*n'ait*) pas voulu instruire les rois à commander avec douceur, et les sujets (*à*) obéir avec amour ? — L'Italie, favorisée (*du*) ciel, est la seule contrée qui (*ait*) fleuri deux fois : sous Auguste et Léon X. — Le plus habile gouvernant est celui qui ménage les intérêts du plus grand nombre et (*concilie*) ceux de tous.—Sommes-nous maltraités (*par*) la nature, l'âge ou la fortune? nous chercherons à rabaisser les autres, ne pouvant nous élever (*nous-mêmes*).—L'histoire est un théâtre où la politique, de même que la morale, (*est mise*) en action : c'est là (*que*) les hommes n'ont plus de rang que par (*leurs vertus*). — L'intérieur de la terre étant rempli de feu, il fallait nécessairement qu'il y (*eût*) des volcans, parce qu'ils sont les (*soupiraux*) au moyen desquels l'action du redoutable élément est affaiblie et rompue.— L'amertume de la censure politique plaît à la vanité, quoiqu'elle (*aigrisse*) l'esprit et (*flétrisse*) le cœur. — Plus les prospérités s'entassent (*les unes sur les autres*), plus elles sont glissantes. — Une piqûre, un trait de la satire, (*fait*) tomber à plat les gens gonflés d'une vaniteuse nullité. — De tous les animaux, l'homme est le seul qui (*soit*) obligé de se vêtir. — Je fuis la peine et je cherche le plaisir ; mais je ne m'aperçois pas que j'ai de la peine (*à*) avoir du plaisir. — Je ne ferai jamais de mal tant que je ne pencherai (*qu'à*) faire le bien. — La Providence a permis que les Barbares (*détruisissent*) l'empire romain et (*vengeassent*) l'univers vaincu. — Il n'y a qu'un ange qui (*puisse*) interroger la pudeur sans (*la flétrir*).—La fortune des riches, la gloire des héros, la majesté des rois, tout (*finit*) par : *Ci-gît*... — Le meilleur usage qu'on (*puisse*) faire de son esprit, c'est de s'en défier.—Avant de sauver les autres, il faut que je pense (*à*) me sauver moi-même. — Il faut que je persévère (à) travailler, si je veux que mon travail me rapporte un jour honneur et profit. — Il serait à désirer que l'amour que nous devons avoir (*les uns pour les autres fût*) le principe de toutes nos actions, comme il est la base de toutes nos vertus.—Parfois les gouvernements (*laissèrent, ont laissé*) aller la barque de l'État au fil de l'eau pour dormir un jour à leur aise. — L'admiration, la servitude, l'audace, (*sont filles*) de l'ignorance. — Nul, sur la terre, ne sait (*quelle fin l'attend*). — Le ciel (*refusa, a refusé*) le génie aux femmes pour que toute la flamme (*puisse*) se porter au cœur.— L'intérêt, la vanité, la mode et la santé, (*sont*) les quatre vents des girouettes humaines. — On ne trouve pas aux connaissances humaines une origine qui (*réponde*) à l'idée qu'on aime à s'en former.—Si je pardonnais aisément, j'inviterais (*à*) m'offenser. — Quand je me mets (*à*) travailler, je travaille comme un diable. — Quelque difficile que soit une chose, dès qu'on me montre (*à*) la faire, je la fais. — Dès que j'ai pris la défense de quelqu'un, je m'obstine (*à*) le défendre. — La Fontaine est peut-être le seul des gens de lettres de son temps qui (*n'ait*) eu aucune part aux libéralités de Louis XIV. — Le mérite est repoussé (*par*) la faveur. — Il est indubitable qu'il faut que nous (*mourions*).— Si je veux réussir (*à*) me faire aimer, il faut que j'aime à mon tour. — Je risquerais beaucoup plus (*de*) ne rien tenter (*que de*) ne pas réussir. — Le siége d'Azoth dura vingt-neuf ans : c'est le plus long siége (*dont*) il (*soit*) question dans l'histoire ancienne. — Que de mérites, que de talents, que de vertus (*gisent*) à côté des vices, de la féroce brutalité, sur les champs de bataille!—Un conquérant a dévasté la terre pour la surcharger de (*ses arcs-de-triomphe*); il ne reste pas une seule pierre qui indique ceci : Ci-(*gît*)!—Il n'y a guère que moi qui (*sois*) capable d'entreprendre des choses désespérées.— La modération que j'affecte n'étouffe pas en moi les mouvements de la vanité : elle ne sert (*qu'à*) les cacher. — Que de jours se passent sans que nous (*essayions à*) devenir meilleurs! — L'orgueil a prétendu faire fléchir même le bras de Dieu vengeur, et soutenir qu'il (*n'oserait*) pas damner un gentilhomme. — Le mérite est toujours (*harcelé*) par les envieux. — Que (*gagnerais-je*) à médire? La haine et la défiance. — Mon frère et moi (*sommes*) les seuls de la famille qui (*ayons*) du goût pour l'étude. — Une action est bonne ou mauvaise, selon qu'elle est (*conforme aux lois ou qu'elle s'en écarte*). — Que (*deviendrais-je*) si, abandonné à moi-même, je n'avais pas de bons parents pour m'enseigner les leçons de l'expérience? — Télémaque et moi (*combattons*) pour la bonne cause. — Nous devons nous rendre service (*les uns aux autres*) : celui qui ne fait rien pour ses semblables ne doit en attendre que du mépris. — En vain (*cherché-je*) le bonheur, il me fuit. — (*Dussé-je*) ne tenir à nulle autre chose, je tiendrais au moins à la terre où je me serais fixé. — Sous le règne de Tarquin-le-Superbe, la totalité des sénateurs (*fut massacrée*) ou (*exilée*). — En vain lui (*parlé-je*), il ne me répond pas. — M'(*adressais-je*) à eux, ils me recevaient avec beaucoup de courtoisie. — (*Achetai-je*) à crédit, je payai tout plus cher. — (*Interrogé-je*) la nature, je vois que tout se montre sensible à l'harmonie. — Comment (*prétendrai-je*) qu'un autre garde mon secret, si je ne puis le garder moi-même? — Ne (*dépeuplerais-je*) pas le Parnasse si j'en chassais tous les imitateurs? — Hérophile, philosophe grec, ainsi que Descartes, (*plaçaient*) l'âme dans le centre du cerveau. — Quelles raisons (*aurais-je*) de croire en vous, plaisirs du monde, vous qui êtes faits pour tromper? — Quel que soit le génie d'Euripide et de Sophocle, ni l'un ni l'autre ne (*doivent*) être mis en parallèle avec Corneille et Racine. — (*Pourrais-je*) me faire craindre, j'aimerais mieux me faire aimer. — Si je réfléchis à toutes les chances du hasard, (*oserai-je*) me fier à la fortune? — Rien ne (*contribue au premier succès d'un livre ni ne l'assure*) comme le bruit qu'il fait. — (*T'ennuies-tu*) dans l'oisiveté? (*cherches-en*) le remède dans le travail. — Narbal et moi (*admirâmes*) la bonté des dieux. — Ne (*préféré-je*) pas une chaumière et du pain bis à tous les honneurs dont on décore la dépendance? — Du contraste des goûts et des caractères (*résulte l'harmonie sociale*). — Si tu veux t'asseoir là, (*asseois-t'y, assieds-*

t'y). — (*Prêté-je*) une légère somme, je fais un débiteur; si je prête une forte somme, je fais un ennemi. — L'homme est une machine à plusieurs mobiles : l'intérêt, la vanité, les besoins, la religion et la philosophie, (*peuvent seuls*) les harmonier. — Les Romains, se destinant à la guerre, et la regardant comme le seul art, (*mirent*) tout leur esprit et toutes leurs pensées à la perfectionner. — Dans le délicieux Eden, les zéphirs, les ondes, les feuillages, les oiseaux, les insectes, tous les êtres qui se (*meuvent*, *bruissaient*) harmonieusement. — Catilina, se voyant environné d'ennemis, et n'ayant ni retraite en Italie ni secours à espérer de Rome, (*fut*) réduit à tenter le sort d'une bataille. — La hausse et la baisse (*sont*) le thermomètre et l'organe de l'opinion publique, le frein du pouvoir. — Quand ne me (*mêlerai-je*) plus d'aucunes affaires, et me (*retirerai je*) à la campagne? — Nous louons hautement les qualités que nous croyons (*avoir*), et nous admirons en silence celles (*dont*) nous sommes privés. — Ne (*serais-je*) pas bientôt convaincu d'être coupable, s'il suffisait pour cela que je (*fusse*) accusé? — Ce (*ne sont*) pas les places qui honorent les hommes, mais les hommes qui honorent les places. — M'(*accorderai-je*), avec quelques philosophes, à croire que tout soit matériel en moi? — Les besoins du peuple (*sont*) l'horloge du souverain. — Moi qui aime la vie mondaine, (*pourrais-je*) jamais me condamner à vivre en anachorète? — Un malheur continuel pique et offense : on (*hait*) d'être houspillé (*par*) la fortune. — Moi, pour qui tout renaît, (*serais-je*) le seul qui (*meure*) pour ne jamais revivre? — A peine (*serais-je*) monté sur le trône que j'aspirerais à en descendre. — La folle ivresse (*jette*) de l'huile sur le feu. — On appelle un cours d'études des belles-lettres *humanités*, sans doute parce que, sans elles, on (*n'est*) homme qu'à demi. — (*Ce sont*) les Grecs et les Romains qui nous ont enseigné l'art de bâtir des palais, des maisons commodes. — (*C'est*) dans les affections du cœur que vous trouverez les plus vives et les plus pures jouissances. — Je ne parle jamais des autres, encore moins (*parlé-je*) de moi. — Le bonheur ou le malheur de l'homme ne (*dépend*) pas moins de son humeur que de la fortune. — Colbert eut à réparer les maux (*que le règne orageux et faible de Louis XIII avait causés, qu'avait causés le règne orageux et faible de Louis XIII*). — L'humiliation est un des chagrins qui nous (*affectent*) le plus, et (*dont*) nous nous consolons le moins. — Combien (*courent*) à leur ruine! — Très-peu (*réussissent*). — Que de maux (*l'amour et la colère ont causés, ont causés l'amour et la colère*)! — Si notre être, notre substance (*ne sont*) rien, tout ce que nous bâtissons dessus, que peut-il être? — (*Ce n'est*) plus la sagesse et l'intérêt public qui (*président*) aux conseils : c'est l'intérêt des passions. — Dans tous les âges de la vie, l'amour du travail, le goût de l'étude (*est, sont*) un bien. — (*C'est*) le nombre du peuple et l'abondance des aliments qui (*forment*) la vraie force et la vraie richesse des royaumes. — La douceur, la bonté du grand Henri, (*ont*) été (*célébrées*) de mille louanges. — (*C'est*) la dureté, la hauteur des rois et leur mollesse qui les (*rendent*) incapables de veiller sur tous les membres de l'État. — La trahison, le meurtre (*sont*) le sceau du mensonge. — (*C'est*) la force et la liberté qui (*font*) les excellents hommes. — Il ne faut aux princes et aux grands ni efforts ni étude pour se concilier les cœurs : une parole, un sourire gracieux, un seul regard (*suffit*). — Qu'est-ce que le fils de l'homme, (*si ce n'est*) du fumier et de la boue? — Qui m'aidera, (*si ce n'est*) mes amis? — La vanité est si ancrée dans le cœur de l'homme, qu'un goujat, un marmiton, un crocheteur se (*vante*) et (*veut*) avoir (*ses*) admirateurs. — Pierre et Céphas, (*c'est*) le même apôtre. — Chacun admire Démosthène et Cicéron, parce que (*ce sont*) les deux plus grands orateurs de l'antiquité. — Si la vie et la mort de Socrate (*sont*) d'un sage, la vie et la mort de Jésus (*sont*) d'un Dieu. — (*Qu'est-ce que*) les richesses publiques, sinon la somme des richesses privées? — (*Que sont*) ces petits boutons jaunes, comme des têtes d'épingle, qui sont au milieu de la marguerite? (*Ce sont*) des fleurons. — (*Qu'est-ce que*) nos principes naturels, sinon nos principes accoutumés? — La vertu et l'ambition (*sont*) incompatibles. — La morale et la philosophie triomphent de toutes les peines : (*ce sont*) de sûrs garants de la sagesse. — L'or et l'argent s'(*épuisent*), mais la vertu, la constance et la pauvreté ne s'(*épuisent*) jamais. — On ne se lasse pas de lire Boileau, Racine et Voltaire, parce que (*ce sont*) de grands poëtes. — Il n'y a qu'un géomètre et un sot qui (*puissent*) parler sans figures. — (*C'est*) des contraires que résulte l'harmonie du monde. — (*C'est*) des récoltes que dépend la subsistance de l'homme. — La colère et la précipitation (*sont*) deux choses (*opposées*) à la prudence. — Les chevaux de Hollande sont fort bons pour le carrosse, et (*ce sont*) ceux dont on se sert le plus communément en France. — L'hirondelle et le rossignol nous (*annoncent*) le retour des beaux jours. — Le temps passe, disons-nous ; nous nous trompons : le temps reste ; c'est nous qui (*passons*). — L'homme n'est qu'un roseau, le plus faible de la nature ; il ne faut pas que l'univers entier s'arme pour l'écraser : une vapeur, un grain de sable (*suffit*). — C'est nous, trop souvent, qui (*faisons*) nos malheurs. — C'est le bon ordre, et non certaines épargnes sordides, qui (*fait*) le profit. — Nous croyons que tout change, quand c'est nous qui (*changeons*). — (*C'est, ce sont*) moins les attraits que la vertu qui (*séduisent*) les cœurs. — Vieillir, être malade et mourir, (*ce sont*) là les plus grands maux de la vie. — C'est Dieu, et non les rois, qui (*dispose*) du sort des nations. — Faire du bien, entendre dire du mal de soi patiemment, (*ce sont*) là des vertus (*de*) roi. — C'est l'intrigue, et non le mérite, qui (*réussit*). — Écouter les cantiques, respirer l'encens, allumer les cierges, suivre les processions, c'(*était*) le seul plaisir et toute l'occupation de Moran Shilelah. — (*Ce sont*) les talents, et non l'intrigue, qui (*conduisent*) à la gloire. — Punir rarement et toujours à propos, récompenser quelquefois et caresser souvent, (*c'est*) un moyen sûr, pour les pères, de se faire aimer et respecter. — Bien écouter et bien répondre (*est*) une des plus grandes perfections que l'on (*puisse*) avoir dans la conversation. — Voir et écouter les méchants, (*c'est*) déjà un commencement de méchanceté. — Être juste ou être vertueux (*n'est*) qu'une même chose. — Vivre libre et peu tenir aux choses humaines, (*c'est*) le meilleur moyen d'apprendre à mourir. — Vivre chez soi, ne régler que soi et sa famille, être simple, juste et modeste, (*sont*) des vertus pénibles, parce qu'elles sont obscures.—(*C'est*) l'orgueil et la mollesse de certains hommes qui en mettent tant d'autres dans une affreuse pauvreté. — Voir les choses comme elles sont, et les estimer ce qu'elles valent, (*donnent*), sinon le bonheur, du moins le repos.—Prendre les choses comme elles sont, et les employer comme les circonstances le permettent, (*c'est*) la sagesse pratique de la vie. — Cracher ou se moucher dans l'église (*sont*) des actes d'irrévérence.—Dans cent ans, le monde subsistera encore : ce (*sera*) le même théâtre et les mêmes décorations. — J'en connais plus de vingt qui (*doivent*) leur titre à la finance. — Plus d'un pays (*serait*) peut-être devenu une solitude, si des vertus souvent ignorées ne combattaient sans cesse les crimes et les erreurs de la politique.—Ce ne fut pas une certaine invasion qui perdit l'empire : (*ce furent*) toutes les invasions. — L'aliment de l'âme, (*c'est*) la vérité et la justice. — Quand Louis XIV donnait des fêtes, (*c'étaient*) les Corneille, les Molière, les Quinault, les Lulli, les Le Brun, qui s'en mêlaient.—La totalité des enfants (*sacrifie*) l'avenir au présent. — (*Ce n'est*) pas tant les passions qui sont fortes que les hommes qui sont faibles.—(*Ce sont*) moins leurs ennemis que les animaux fuient que la présence de l'homme. — Si le nombre des cultivateurs propriétaires (*était doublé*) dans le royaume, les terres en (*rapporteraient*) davantage.— Il n'y aura que trop d'intérêts qui diviseront les hommes dans la même société, (*ne fût-ce*) que ceux de la fortune.—N'épargnez personne, (*fût-ce*) vos meilleurs amis. — Le nombre prodigieux de végétaux jetés comme au hasard dans les prairies et dans les forêts nous (*présentent*) un spectacle très-agréable. —Nos vrais biens sont ceux de la nature : c'est le ciel, c'est la terre, (*ce sont*) ces campagnes, ces plaines, ces forêts, dont elle nous offre la jouissance utile, inépuisable. — Tandis que la foule des hommes (*s'enrichit*) et (*s'illustre*) par l'agriculture, le commerce, la navigation et les arts, bien souvent ceux qui en ont frayé les routes ont vécu dans l'indigence et dans l'oubli de leurs contemporains. — La première nourriture des perdreaux, (*sont, ce sont*) les œufs de fourmis, les petits insectes qu'ils trouvent sur la terre et les herbes. — Pison rapporte qu'au Brésil, et même dans les terres humides du Pérou, la quantité de fourmis (*était*) si (*grande qu'elles détruisaient*) tous les biens que l'on confiait à la terre. — Les ariettes de Lulli furent très-faibles : (*c'étaient*) des barcarolles de Venise. — La multitude des bonnes choses qu'on trouve quelquefois dans un ouvrage, (*font*) perdre de vue la multiplicité des mauvaises. — (*Ce furent*) nos réfugiés français qui donnèrent une partie de notre industrie et de notre puissance à la Prusse et à la Hollande. — La moitié, tout au plus, des enfants qui naissent, (*parvient*) à l'adolescence. — (*Ce furent*) les Phéniciens qui, les premiers, inventèrent l'écriture. — Le parfait orateur doit s'appliquer aux sciences abstraites, que le commun des hommes ne (*méprise*) que parce (*qu'il*) les (*ignore*). — (*C'étaient*) les récompenses terrestres que cherchait le peuple de Dieu. — L'ambition et l'avarice des hommes (*sont*) les seules sources de leurs malheurs. — (*Ce sont*) les mœurs qui font la bonne compagnie. — Ce n'est pas ce qu'on (*appelle*) esprit, c'est le sublime et le simple qui (*font*) la vraie beauté. — Je suis peut-être un de ceux qui (*cultivent*) les lettres en France avec le moins de succès. — C'est la loi et non pas l'homme qui (*doit*) régner. — Le Tasse eut pour père un des écrivains qui (*contribuèrent*) le plus efficacement à mettre en honneur la poésie italienne. — C'était moins la naissance que les dignités curules qui (*décidaient*) à Rome de la noblesse. — Homère est un des plus grands génies qui (*aient*) jamais existé. — C'est la raison et non l'habit qui (*fait*) l'homme. — M. de Turenne a eu tout ce qu'il fallait pour faire un des plus grands capitaines qui (*fut*) jamais. — L'histoire, ainsi que la physique, (*n'a*) commencé à se débrouiller que sur la fin du XVIe siècle. — L'ouvrage de Saint-Lambert sera toujours, par la beauté du langage et la pureté du goût, un de ceux qui, depuis *la Henriade*, (*ont*) fait le plus d'honneur à notre langue. — Le jaguar, le couguar, (*habitent*) dans les contrées les plus chaudes de l'Amérique méridionale. — L'astronomie est une des sciences qui (*fait*) le plus d'honneur à l'esprit humain. — L'empereur Antonin est un des meilleurs princes qui (*aient*) régné. — Dans l'Égypte, dans l'Asie et dans la Grèce, Bacchus, ainsi qu'Hercule, (*étaient reconnus*) comme (*demi-dieux*). — La poésie française manque de fixité. Est-ce une des principales raisons qui (*empêche*) de faire des vers français sans rime? — Le passage du Rhin est une des plus merveilleuses actions qui (*aient*) jamais été (*faites*) dans la guerre. — La cupidité, ainsi que les autres passions, (*sont*) comme un chariot qui descend une montagne : si vous ne l'enrayez dès le départ, vous ne l'arrêterez pas dans le milieu de sa course. — Amontous fut l'un des physiciens qui (*ait*) le mieux connu l'art de mettre la nature en action par l'expérience. — Une chaumière, un champ ne (*fait, ont*) pas le bonheur. — Le nombre des professeurs (*s'accroît*) de jour en jour. — On peut mettre Molière en parallèle avec Racine : l'un et l'autre (*ont*) parfaitement connu le cœur de l'homme. — Un père de famille est en droit de punir chacun de ses enfants qui (*fait*) une mauvaise action. — *Andromaque* est une des pièces les plus parfaites qui (*existent*) chez aucun peuple. — Le physicien et le poëte sont dignes d'être comparés : l'un et l'autre (*remontent*) au delà de toutes les traditions. — Thalès a été le premier des Grecs qui se (*soit appliqué*) à la physique et à l'astronomie. — Le cerf est un de ces animaux innocents, doux et tranquilles, qui ne (*semblent*) être (*faits*) que pour embellir et animer la solitude des forêts. — Plus l'homme et la femme s'attacheront l'un à l'autre, plus l'un et l'autre (*seront*) heureux. — Le petit nombre de citoyens qui (*gouvernent cherchent*) à se maintenir contre le grand nombre des citoyens qui (*obéissent*). — On voit dans les cercles un petit nombre d'hommes et de femmes qui (*pensent*) pour tous les autres. — On instruit les enfants à craindre ou à obéir : l'avarice, ou l'orgueil, ou la timidité des pères, leur (*enseignent*) l'économie ou la soumission. — Les rois de la troisième race ont donné à la monarchie une consistance, un éclat, une force qui (*auraient*) dû la rendre indestructible. — Nos maux physiques se détruisent ou nous détruisent. Le temps ou la mort (*sont*) nos remèdes. — Une troupe d'assassins (*entra*) dans la chambre de Coligny. — Une troupe de Nymphes couronnées de fleurs (*nageaient*) en foule derrière le char. — La peur ou le besoin (*font*) tous les mouvements de la souris.—Un grand nombre d'hommes (*peut*) être (*nuisible*) à l'État. — Un nombre infini d'oiseaux (*font*) retentir les bocages de leurs amoureux concerts.—Tous les maux (*sont venus*) de la triste Pandore. — La foi du centenier, la foi du charbonnier (*sont passées*) en proverbe.—Les écrits impies des Leucippe et des Diagoras (*sont péris*) avec eux. — Dans la nature rien qui (*soit*) inaltérable. — Le bonheur ou la témérité (*ont*) pu faire des héros; mais la vertu (*toute*) seule peut former de grands hommes.—Quantité de gens (*redoutent*) le jugement public; mais très-peu se (*soucient*) des reproches de leur conscience.—Vous attaque-t-on sur le style? ne répondez jamais : c'est à votre ouvrage seul (*de*, *à*) répondre.— Tous les arts et toutes les sciences (*sont nés*) parmi des nations libres. — Les jeux que les enfants aiment (*le*) mieux sont ceux où le corps est en mouvement; ils sont contents pourvu qu'ils changent souvent de place : un volant ou une boule (*suffit*). — Quantité d'Italiens, d'Espagnols, d'Allemands, d'Anglais, (*se sont établis*) chez nous et s'y (*établissent*) encore tous les jours. — Saint Louis aimait (*à rendre la justice*) et à chanter les louanges du Seigneur.—Nous sommes si peu faits pour être heureux ici-bas, qu'il faut nécessairement que l'âme ou le corps (*souffre*) quand ils ne souffrent pas tous deux. — Force gens (*ont*) été l'instrument de leur mal.—Un grand nombre de vaisseaux (*entrent tous les mois dans les ports et en sortent*).—L'ignorance ou l'erreur (*peut*) quelquefois servir d'excuse aux méchants.—Une infinité de monde (*pense*) que la vie des courtisans est une comédie perpétuelle, qu'ils sont toujours sur le théâtre et ne quittent jamais le masque.— La conscience est la voix de l'homme, (*les passions*) la voix du corps. — Le temps ou un peu d'eau (*nettoie*) les taches du corps; le temps ni les eaux d'aucun fleuve ne (*peuvent*) enlever les taches de l'âme.—La moitié du monde (*a*) toujours mangé l'autre. —La constance vient de la stabilité du caractère, (*comme l'inconstance*) de la légèreté.—Ni le bonheur ni le mérite seul ne (*font*) l'élévation des hommes. — La plupart du monde ne se (*soucie*) pas de l'intention ni de la diligence des auteurs. — L'air méphitique des marais se trouve converti en air pur, comme (*l'ont*) prouvé des expériences utiles et curieuses. — Vive la liberté! (*périssent*) les tyrans! — On façonne les plantes par la culture, et (*les hommes*) par l'éducation. — Le soleil ni la mort ne se (*peuvent*) regarder fixement. — Trop de jeunesse et trop de vieillesse (*empêchent*) l'esprit; trop et trop peu de nourriture (*troublent*) ses actions; trop et trop peu d'instruction (*l'abêtissent*) — C'est moi qui (*suis*) berger de ce troupeau. — En France, vous êtes tous honnêtes gens, trente-trois millions d'honnêtes gens qui (*voulez*) gouverner le peuple par la morale et la religion. — Le tigre est peut-être le seul de tous les animaux dont on ne (*puisse*) fléchir le naturel : ni la force, ni la contrainte, ni la violence, ne (*peuvent*) le dompter. — Trop de longueur et trop de brièveté (*obscurcissent*) un discours. — Cette espèce de chiens qu'on (*appelle*) chiens de Laconie, ne (*vivent*) que dix ans. — Chaque science et chaque art (*a ses*) termes propres. — Une infinité d'hommes (*sont*) dans des états qu'ils ont raison de ne pas aimer. — La partie la plus piquante des contes (*sont*) les scènes dialoguées. — Tout rang, tout sexe, tout âge, (*aspire*) au bonheur. — Une infinité de familles, entre les deux tropiques, ne (*vivent*) que de bananes. — La nourriture ordinaire de l'écureuil (*sont*) des fruits, des amandes, des noisettes, de la farine et du gland. — Que la mort, l'exil, enfin tout ce qui (*effraie*) le plus les hommes, (*soient*) devant tes yeux; par ce moyen, tu n'auras aucune pensée basse et lâche. — Combien de gens (*s'imaginent*) avoir de l'expérience par cela seul qu'ils ont vieilli! — L'effet du commerce (*sont*) les richesses. — Savoir manier les chevaux et les armes (*sont*) des talents communs au chasseur, au guerrier. — Grands, riches, petits et pauvres, personne ne (*peut*) se soustraire à la mort. — Pour la santé, trop de précautions, trop de soins, trop d'attention, (*nuisent*) quelquefois à la vie. — Tout ce qu'il y a d'hommes (*sont*) presque toujours (*emportés*) à croire, non pas par la preuve, mais par l'agrément. — Après les bonnes leçons, ce qu'il y a de plus instructif (*sont*) les ridicules. — Voisins, amis, parents, chacun (*préfère*) son intérêt à celui de tout autre. — Beaucoup de maladies de nos villes (*sortent*) des voiries qui sont placées dans le voisinage des cimetières situés autour de nos églises et jusque dans le sanctuaire. — (*Vivent*) la Champagne et la Bourgogne pour les bons vins! — Les jours, les années, les siècles (*coulent*) insensiblement. — Peu d'hommes, dans les conseils des rois, (*s'occupent*) du bonheur des hommes. — (*Qu'importent*) les plaintes et les murmures des auteurs, si le public s'en moque? — On danse pour danser, pour obéir à l'activité naturelle où nous (*mettent*) la jeunesse, la santé, le repos, la joie, et que le son d'un instrument invite à se développer. — La plus grande partie des voyageurs (*s'accordent*) à dire que les habitants naturels de Java sont robustes, bien faits, nerveux. — Que vous (*importent*) l'éternité ou la création de la matière, pourvu que vous (*reconnaissiez*) un Dieu maître de la matière et de vous? — Un seul mot, un soupir, un coup d'œil, nous (*trahit*). — Par tous les pays, la plupart des fruits destinés à la nourriture de l'homme (*flattent*) sa vue et son odorat. — (*C'est*) la mollesse et l'oisiveté qui (*rendent*) les peuples insolents et rebelles. — Une petite monnaie, un morceau de pain (*vaut*) mieux qu'un : Dieu vous bénisse! — Le nombre des gens (*fai, fe, sant*) profession du célibat (*est*) prodigieux. — Ce ne (*sera*) ni la force de vos armées ni l'étendue de votre empire qui vous (*rendront*) cher à vos peuples : (*ce sont*) les vertus qui (*font*) les bons rois. — Dieu tout-puissant, rendez-nous l'ignorance, l'innocence et la pauvreté, les seuls biens qui (*puissent*) faire notre bonheur et qui nous (*soient*) précieux! — Si j'avais un procès, je voudrais avoir affaire au plus honnête et au plus consciencieux avocat que je (*pusse*) rencontrer. — Si j'étais seigneur d'un endroit, il n'y a pas d'infortune que je ne (*voulusse*) soulager. — Évite de rien faire qui (*puisse*) t'attirer l'envie. — Un homme qui ne viendrait pas à mon secours n'aurait pas le droit de se plaindre que je ne (*vinsse*) pas au sien. — La meilleure satire que je (*puisse*) faire des mauvais poëtes, c'est de faire (*d'*)excellents vers. — Si nous étions sages et que nous (*suivissions*) les lumières de la raison, nous nous épargnerions bien des chagrins. — Pour conserver un ami, il faudrait que je (*devinsse*) moi-même capable de l'être.—A moins que nous ne (*soyons*) fous, il n'est pas possible que nous (*veuillons*) l'extermination du genre humain. — Lorsque nous assistons à une pièce de théâtre, il faut que nous (*connaissions*) tout d'un coup les personnages qui se présentent.—Il ne serait pas bienséant que nous nous (*abaissassions*) jusqu'à flatter ceux qui nous (*dénigrent*). — Puisque la vie est un don de Dieu, n'est-ce pas un désir très-juste que nous (*veuillons*) conserver longtemps un tel bienfait?—Sous un pouvoir (*despotique*), qu'on ne s'étonne pas que nous (*feignions*) de tout approuver, quand, au fond du cœur, nous désapprouvons tout.—Si je voulais qu'on me (*louât*), ne serait-il pas convenable que je (*louasse*) aussi les autres? — Si je me mêlais d'écrire, je voudrais être un des plus grands barbouilleurs de papier qui se (*fussent*) jamais (*mêlés*) de raisonner.— Il n'est pas juste que (*j'aille*) sur les terres de mon voisin, et il ne serait pas juste non plus que mon voisin (*entrât*) sur les miennes. — Pour être heureux, il faudrait que je (*vécusse*) libre, ou que je (*cessasse*) de vivre. — Il est indubitable qu'il faut que je (*meure*).—Il n'y a guère que moi qui (*sois*) capable d'entreprendre des choses désespérées.—Il faut que je (*vive*) comme je (*peux*), si je ne (*puis*) vivre comme je veux. — Il faut que je (*m'abstienne*) de nuire à qui que ce (*soit*).— Quand j'étais au catéchisme, on m'interrogeait rarement, de crainte que je ne (*susse*) ma leçon.—Plût à Dieu que vous (*vinssiez*) à bout de vos desseins, et que vous (*jouissiez*) de tout le bonheur que vous ambitionnez. — Depuis six mois que je suis dans cette maudite ville, (*j'ai, je suis*) maigri à vue d'œil, et je ne me reconnais bientôt plus. — Les hommes se lassent promptement les uns (*des*) autres. — L'esprit, comme le corps, (*a*) (*sa*) lassitude.—Louis XIV, en brûlant la correspondance de Fénelon et du duc de Bourgogne, (*commit*) un crime de lèze-humanité. — Ce (*n'est*) ni la fortune ni la loi qui nous (*font*) libres : c'est la vertu. — Le limaçon, plastronné, rampant, tenace et couvrant de bave brillante le fruit qu'il ronge, (*est*) l'image des courtisans. — Lors d'une révolution, tout paraît changé ; mais (*ce sont*) les mêmes passions sous d'autres noms et d'autres hommes. — Tôt ou tard, le fardeau de la vie devient trop lourd pour (*être supporté*) sans le secours d'autrui. — La Providence (*pourvoira*) à ce que vous ne manquiez jamais de rien. — Lorsqu'on m'invite à prendre quelque chose, on souhaite quelquefois que je ne le (*prenne*) pas. — Pourvu que l'on (*sache*) la passion dominante de quelqu'un, on est assuré de lui plaire. — Il serait à souhaiter qu'après avoir entrepris une chose, j'en (*vinsse*) à bout à mon honneur. — Quand je ne sors pas, c'est la pluie qui empêche que je n'(*aille*) me promener. — Je ne sais à quoi il tient que je ne lui (*rompe*) en visière. — Plus nos devoirs sont étendus, plus il faut que nous (*fassions*) d'efforts pour les remplir. — Il n'est pas douteux que je ne (*doive*) des témoignages de reconnaissance à ceux à qui je suis redevable de la vie. — Je ne saurais voir d'honnêtes pères chagrinés par leurs enfants, que cela ne m'(*émeuve*). — Quoi que nous (*fassions*), rien ne peut changer notre tempérament. — Il vaudrait mieux que nous (*prévinssions*) le mal que d'être (*réduits*) à le réparer. — La chrétienne se rend au confessionnal pour être (*absoute*). — Biens mal (*acquis*) s'en vont de même. — Tout s'(*acquiert*) par l'exercice. — C'est en pratiquant la vertu que vous (*acquerrez*) la sagesse. — C'est dommage qu'il (*faille*) mourir ! — Quand je (*pourrais*) me faire craindre, j'aimerais mieux me faire aimer. — Vous (*faites*) d'un homme faible tout ce que vous voulez. — On voit une quantité de marchands vendre des marrons (*bouillis*). — Si vous êtes marchand, ne (*surfaites*) jamais. — Qui ne (*tressaillirait*) de peur, la nuit, dans un cimetière ? — L'hiver, il faut qu'on se (*vête*) bien chaudement. — Rois, ne dédaignez pas l'opinion publique, si vous ne voulez pas qu'elle s'(*asseoie, eie*) sur vos cercueils. — Les hommes, agités (*par les*) passions, se (*meuvent*) les uns les autres. — Il ne faut pas qu'on se (*prévale*) de sa naissance, pas plus que d'un billet de loterie. — Nierez-vous que le silence de l'envie (*équivaille*) à un éloge? — Le peuple est un souverain qui ne demande (*qu'à*) manger : sa majesté est tranquille quand elle digère. — Temples, cérémonies, costumes, idoles (*mêmes*), tout ce qui a rapport à Dieu, (*doit*) être (*respecté*) par celui qui se respecte lui-même. — L'amandier fleurit dès que les gelées (*sont passées*). — Les Européens (*sont devenus*) les plus hardis des navigateurs.

Pussè-je avoir une fortune indépendante, j'irais me fixer à la campagne. — Fasse le ciel que je n'aie jamais rien à me reprocher. — Dussè-je en tomber malade, il faut que je passe la nuit à travailler. — Parlassiez-vous des antipodes à l'égoïste, il vous ramènerait à son *moi*. — Si je ne tenais à nulle autre chose, je tiendrais au moins à la terre où je me serais fixé. — Eussè-je mille fois raison, on ne me comprendrait pas. — Plaise à Dieu que les hommes soient frères! — Fussions-nous les vainqueurs, il faut éviter la guerre. — Eût-il tort, il soutiendrait son opinion. — Eussions-nous le pouvoir, nous ne devons persécuter personne. — Puissè-je revoir les beaux temps de l'âge d'or! — A Dieu ne plaise que je souhaite la mort du prochain! — Plût à Dieu que je vinsse à bout de vous persuader! — Fussè-je aux colonnes d'Hercule, je me croirais encore trop près d'une femme acariâtre. — Eussions-nous tous les trésors de la terre, tous nos désirs ne seraient pas encore satisfaits. — Allât-il au diable, je ne m'en inquiéterais pas. — A Dieu ne plaise que je trahisse mon ami! Je ne suis pas assez perfide pour cela. — Plaise à Dieu que je vienne à bout de mes desseins, et que je jouisse de tout le bonheur que j'ambitionne! — A Dieu ne plaise que je désire la guerre : il faudrait que je fusse bien inhumain! — Pussè-je me faire craindre, j'aimerais mieux encore me faire aimer. — Me dît-on des injures, je ne m'abaisserais pas à en répondre. — Fussè-je riche, je ne ferais pas consister mon bonheur à posséder, mais à faire un généreux emploi de mes richesses. — Fussè-je riche, j'emploierais ma fortune à faire des heureux. — Fussè-je roi, je ne voudrais pas enseigner à tromper les hommes, mais à les aimer. — Fussions-nous contraints d'aller à l'église, nous n'en serions pas meilleurs chrétiens pour cela.

L'IMPÉRATIF POUR LE FUTUR.

(*Ne choisis*) pas trop, crainte de pire. — T'a-t-on fait une insulte? (*ne t'en venge*) pas. — (*Garde-toi*), tant que tu vivras, de juger les gens sur la mine. — (*N'approfondis*) jamais rien dans la vie, et (*glisse*) sur la superficie. — (*Ne faites*) pas aux autres ce que vous ne voudriez pas qu'ils vous (*fissent*). — (*Ne te reproche*) jamais l'assistance que tu auras donnée à un malheureux. — (*Appuie-toi*) sur le cœur du peuple, et non sur le bras du soldat. — (*Ne t'applique*) pas aux petites choses, si tu ne veux pas devenir incapable des grandes. — (*Méfie-toi*) d'une dévotion affichée. — (*Faites*) du bien aux hommes, et vous serez bénis.

LE FUTUR POUR L'IMPÉRATIF.

(*Tu feras*) à autrui ce que tu voudrais qu'il te (*fît*). — (*Tu ne médiras*) pas de ton espèce : ce serait médire de toi-même. — (*Tu ne te débarrasseras*) pas des pauvres, comme des chiens, en leur jetant ce que tu leur (*donnes*). — (*Tu te conduiras*) avec tes ennemis comme s'ils devaient redevenir un jour tes amis. — (*Tu ménageras*) les larmes de tes enfants, afin qu'ils (*puissent*) en répandre sur ta tombe. — (*Tu jouiras*) de peu, si tu veux jouir de quelque chose. — (*Tu ne feras*) pas ta joie du malheur d'autrui. — (*Tu ne lutteras*) pas contre l'opinion : tu combattrais des moulins à vent. — (*Tu ne vivras*) que de légumes et de boissons douces, et tu seras rarement féroce. — (*Tu mépriseras*) les calomniateurs et la calomnie. — (*Tu t'appliqueras*) à n'offenser personne. — (*Tu te conduiras*) avec la fortune comme avec les mauvaises paies : (*tu ne dédaigneras*) pas les plus faibles à-compte.

LE CONDITIONNEL POUR LE FUTUR.

Nous (*travaillerions*) sans succès au grand œuvre de la félicité publique, si nous ne (*prenions*) pour base l'amour de la patrie. — Si nous (*prenions*) des points vagues de comparaison, nous (*ferions*) des parallèles plus ingénieux que solides. — Si nous nous (*sacrifiions*) pour une cause, nous (*trouverions*) plus d'admirateurs que d'imitateurs. — Si je me (*trouvais*) à la tête d'un tribunal, je (*voudrais*) n'y voir régner que la justice. — Si nous (*allions*) à Madagascar, nous y (*verrions*) la pêche du corail. — Si nous (*parlions*) dans le monde le langage du cœur, nous ne (*serions*) ni écoutés ni compris. — Si vous (*n'aviez*) pas d'ordre, vous (*déjeûneriez*) dans l'abondance, vous (*dîneriez*) dans la pauvreté, vous (*souperiez*) dans la misère, et vous vous (*coucheriez*) dans les bras de la mort. — Si j'(*étais*) jaloux, j'(*aurais*) des yeux de lynx. — Nous ne (*ferions*) jamais de bien à Dieu en faisant du mal aux hommes. — (*Pourriez*)-vous être moral si vous (*étiez*) égoïste ? — Ne (*serais*)-je pas original si je (*prenais*) un ton doctoral ? — Si vous (*tombiez*) dans la moindre disgrâce, tout le monde vous (*jetterait*) la pierre, et vous (*verriez*) tous vos amis s'éclipser. — Si vous ne (*pouviez*) vous élever par les pensées, vous vous (*guinderiez*) par le style. — Si nous nous (*jetions*) dans la mêlée des partis avec le flambeau de la raison d'une main, et le miroir de la vérité de l'autre, nous (*serions*) maltraités par tous. — Si vous vous (*jetiez*) à la tête des hommes, vous (*seriez*) bientôt sous leurs pieds. — Si vous (*employiez*) votre vie utilement et sagement, vous (*auriez*) une vieillesse agréable et douce. — Si vous (*faisiez*) croître deux brins d'herbe où il n'en croissait qu'un, vous (*rendriez*) service à l'Etat. — Vous (*feriez*) toujours une sottise si vous (*rejetiez*) les moyens de conciliation. — Que de livres nous (*amincirions*) si nous en (*ôtions*) le remplissage ! — Si tu n'(*avais*) qu'une sorte d'esprit, tu ne (*plairais*) pas longtemps. — Si tu (*ouvrais*) ta bourse aux malheureux, tu y (*renfermerais*) d'agréables souvenirs. — Tu (*tomberais*) dans des abîmes de maux, si tu (*voulais*) atteindre les hauteurs inaccessibles de la perfection. — Si tu ne (*savais*) rien, tu ne (*serais*) pas curieux d'apprendre. — Si je (*tuais*) quelqu'un en duel, je ne (*prouverais*) autre chose, sinon que je suis plus heureux ou plus adroit que lui. — Si tu (*connaissais*) bien l'art de régner, tu ne (*jouerais*) ton crédit qu'à bonnes enseignes. — En (*dormirais*)-je plus tranquille si je (*dormais*) sur le mol édredon?

LE FUTUR AU LIEU DU CONDITIONNEL.

Si nous (*attachons*) notre bonheur au char de la Renommée, nous le (*mettrons*) dans le bruit d'une trompette. — Si je (*suis*) demandeur dans une affaire, je (*ferai*) en sorte d'avoir un meilleur avocat que celui du défendeur. — Si je (*hais*) les autres, je (*mériterai*) d'être haï à mon tour. — Si tu (*épuises*) le plaisir jusqu'à la lie, tu (*trouveras*) la peine au fond du vase. — Si je me (*mets*) entre les mains des médecins, ils (*m'enverront*) bientôt *ad patres*. — Si je (*tombe*) dans la moindre disgrâce, tout le monde me (*jettera*) la pierre, et je (*verrai*) tous mes amis s'éclipser. — Je (*travaillerai*) sans succès au (*grand*) œuvre de la félicité publique, si je ne (*prends*) pour base l'amour de la patrie. — Si (*j'ai*) toujours le nez sur mon assiette, on me (*traitera*) de gourmand. — Si je (*suis*) gobe-mouches, je (*croirai*) sans examen à tout ce qu'on me (*dira*). — Si vous (*parlez*) à tort et à travers, vous (*aurez*) l'air d'un extravagant. — Si je (*suis*) gouvernement, et que je (*veuille*) faire du bien aux hommes, je (*prendrai*) juste le contre-pied de ce que (*font*) tous les autres. — Si je (*fais*) une religion, je (*mettrai*) l'intolérance au rang des sept péchés mortels. — Si je (*rapporte*) tout à moi, je n'(*aurai*) pas beaucoup d'amis. — Si j'(*ai*) raison, je ne (*démordrai*) pas de mon opinion : si j'(*ai*) tort, je l'(*avouerai*) à l'instant même. — Si je (*veux*) critiquer tous les hommes, je me les (*attirerai*) tous sur les bras. — Si l'on me (*tend*) des embûches, je ne (*serai*) pas si stupide que de donner dans le panneau.

L'IMPARFAIT DU SUBJONCTIF POUR LE PLUS-QUE-PARFAIT ET LE CONDITIONNEL.

Si (*j'eusse eu*) un procès, (*j'eusse mieux aimé*) m'accommoder que de plaider. — Si (*j'eusse perdu*) l'estime et la confiance de ceux qui me connaissent, (*je n'eusse pu*) rien perdre de plus. — Si (*j'eusse eu*) un jardin, je n'y (*eusse cultivé*) que les fleurs qui (*m'eussent plu*) le mieux. — Si (*j'eusse eu*) besoin d'argent, et que (*j'eusse*) été obligé de passer par toutes les conditions d'un fesse-mathieu, (*j'eusse été*) bien malheureux. — Si (*j'eusse été*) majeur, (*j'eusse emprunté*) à droite et à gauche, et (*j'eusse fait*) ce que (*j'eusse voulu*). — Si vous (*eussiez voyagé*) dans les forêts du Nord, vous y (*eussiez trouvé*) des loups tout blancs et tout noirs. — Si (*j'eusse éprouvé*) ce que la prospérité a de plus grand et ce que l'adversité a de plus cruel, je ne me (*fusse laissé*) ni amollir par l'une ni ébranler par l'autre. — Si (*j'eusse été*) libre, (*j'eusse aimé*) à parcourir l'un et l'autre hémisphère. — Si (*j'eusse peint*) les hommes, je les (*eusse peints*) tels qu'ils sont. — Si vous vous (*fussiez fait*) brebis, le loup vous (*eût mangé*). — Si (*j'eusse cherché*) à plaire à tout le monde, (*je n'eusse plu*) à personne. — Vous (*eussiez eu*) le temps d'avoir les dents longues, si vous (*eussiez attendu*) le trépas de votre oncle. — Si vous (*eussiez porté*) les armes contre votre patrie, vous (*eussiez été*) un monstre qui (*eût battu*) sa mère et qui (*eût tué*) ses frères. — Nous (*eussions été*) coupables, si nous ne nous (*fussions pas meublé*) la tête de bons principes.

L'IMPARFAIT AU LIEU DU PASSÉ DÉFINI.

Les patriarches (*croyaient*) la divinité partout; toute la terre (*était*) leur temple; la voûte céleste en (*était*) le lambris. — Quand j'(*étais*) au collége, j'(*aimais*) beaucoup le hachis. — Jadis, avec de mauvais latin, on (*fesait*) de mauvais prêtres, de mauvais légistes et de mauvais médecins. — En France, le droit de chasse (*estimait*) plus la vie d'un lièvre que la liberté d'un homme. — L'âme, veuve de celui qu'elle (*chérissait*) vient gémir sur sa tombe et s'entretenir encore avec ses mânes. — Les Grecs (*pensaient*) que les dieux (*se manifestaient*) aux hommes. — Tout propriétaire qui (*possédait*) deux manoirs avait détruit une famille. — En vain lui (*disais-je*) de ne point tant parler, il (*allait*) toujours son train. — A peine (*étais-je*) échappé d'un péril que je (*retombais*) dans un autre. — Quand je (*m'adressais*) à eux, ils me (*recevaient*) avec beaucoup de courtoisie. — (*C'était*) moi qui lui (*annonçais*) une bonne nouvelle. — S'il (*jetait*) des pierres dans mon jardin, je (*n'étais*) pas moins adroit à en jeter dans le sien. — Lui (*demandais-je*) du vin? il me (*versait*) de l'eau; lui (*demandais-je*) de l'eau? il me (*versait*) du vin. — Si je lui (*parlais*) blanc, il me (*parlait*) noir. — Dès que j'(*étais*) éloigné de mon pays, je (*sentais*) aussitôt l'instinct qui m'y attachait. — A peine (*étais-je*) levé que je (*déjeunais*), et (*j'allais*) ensuite me promener. — Je la (*voyais*) environnée de son époux et de ses enfants, et ce cortége (*m'imposait*). — (*J'avais*) beau lui parler, il ne me (*répondait*) pas. — On me (*laissait*) manger autant de fruits que j'en (*voulais*). — Je (*mangeais*) tant de fruits que j'en (*tombais*) malade. — Les bras des athlètes (*étaient*) armés de cestes dans l'exercice du pugilat. — Catinat (*avait*) dans l'esprit une application et une agilité qui le (*rendaient*) capable de tout.

LE PASSÉ DÉFINI POUR LE PASSÉ INDÉFINI.

L'équité naturelle (*a été*) la première législatrice. — La mort d'un criminel est licite; la loi qui le punit (*a été*) faite en sa faveur. — Beaucoup d'enfants (*ont bravé*) la mort sur les champs de bataille; il est d'un homme de la braver sur son lit. — La religion n'(*a pu*) tuer l'astrologie ni la magie: l'honneur de leur mort est dû à la philosophie. — Après une révolution et deux invasions, on est étonné de la masse de maux que l'on (*a pu*) supporter. — Les heureux Indiens n'(*ont pas imaginé*) d'autre séjour que la terre pour l'homme et ses métamorphoses. — L'Europe, qui (*s'est soulevée*) tout entière pour briser, sur le continent, le joug du despotisme militaire, le supportera-t-elle encore sur les mers ? — Quelques animaux nous (*ont enseigné*) à bâtir des maisons. — Dieu (*a créé*) le genre humain, et en le créant il (*n'a pas dédaigné*) de lui enseigner le moyen de le servir et de lui plaire. — Les poëtes (*ont créé*) les dieux. — Les Égyptiens (*ont inventé*) l'agriculture. — Les Romains (*ont déféré*) les honneurs divins à la plupart de leurs empereurs. — Dieu (*a appris*) au soleil l'heure de son coucher. — La France (*a été*) longtemps tributaire de l'industrie hollandaise. — Les anges rebelles (*ont été précipités*) dans l'abîme.

LE PASSÉ DÉFINI POUR LE PASSÉ INDÉFINI.

Combien peu de dynasties (*furent*) légitimes dans leur principe ! — La politique transcendante de Henri IV (*apaisa*) la Ligue en appelant aux affaires de l'Etat les hommes de mérite de tous les partis. — Nos illuminations (*ne furent*) trop souvent qu'un pompeux luminaire de funérailles publiques. — Chaque parti (*eut*) ses mégères. — C'est Boileau qui, le premier, (*enseigna*) l'art de parler toujours convenablement. — Dieu (*créa*) deux grands luminaires : le soleil et la lune. — Tous les pères du concile d'Ephèse (*crièrent*) anathème à Nestorius. — La loi (*fut donnée*) à Moïse la même année que le peuple hébreu (*sortit*) de l'Egypte. — Solon (*ne survécut pas*) longtemps à l'asservissement de sa patrie. — Charles-Quint (*fit*) abdication de l'empire. — Henri IV, avec une partie de sa cour, (*faillit*) demeurer au fond de la Seine en passant le bac à Neuilly. — Adrien (*rebâtit*) Jérusalem, mais il en (*bannit*) les Juifs. — On (*ne commença*) à faire du verre à Rome que sous Tibère. — César (*réforma*) le calendrier pendant son pontificat. — Diderot (*fut enfermé*) au donjon de Vincennes — Charles IX (*tira*) sur les protestants, d'une des fenêtres du Louvre, avec une arquebuse. — Après l'abaissement des Carthaginois, Rome (*n'eut presque plus*) que de petites guerres et de grandes victoires. — Les Athéniens (*abolirent*) la royauté. — Quand les abominations de Sodome (*furent montées*) à leur comble, le feu vengeur (*la détruisit*). — Richelieu (*fut*) le fondateur de l'Académie française. — Colbert (*forma*) une académie d'architecture.

LE PRÉSENT POUR LE FUTUR.

Tenez toujours divisés les méchants ; semez entre eux la guerre, ou vous (*n'avez*) nulle paix avec eux. — Les hommes ne savent rien de l'avenir, rien de ce qu'ils (*sont*) demain. — Remplissez tous vos devoirs aujourd'hui : vous n'(*êtes*) pas sûrs de vivre demain. — L'apparence nous fait prendre aujourd'hui des sentiments d'inclination pour des personnes qui (*sont*) demain l'objet de notre aversion. — Nos années, nos dettes, nos ennemis (*sont*) toujours en plus grand nombre que nous ne croyons. — Je me (*lève*) demain matin de bonne heure, et (*je vais*) faire une course. — A la mort, tout (*s'évanouit*), excepté le souvenir du bien que l'on (*a*) fait. — Si nous nous représentons Jupiter armé du foudre, cette idée nous (*inspire*) la frayeur de la divinité. — Si nous avons affaire un jour à un enchanteur, il nous (*ensorcelle*). — Nous (*dépeuplons*) le Parnasse si nous en chassons les imitateurs. — Si je n'ai pas de pain à manger, personne ne m'en (*donne*). — Quand je suis malade, j'(*observe*) la diète, et je (*bois*) de la tisane. — Lorsque la civilisation (*a*) atteint sa perfection, je ne (*vois*) plus de bourreaux. — Dès que vous (*renoncez*) à une grande autorité, vous vous (*délivrez*) en un moment de bien des peines, de bien des veilles, et quelquefois de bien des crimes. — Plus tu vois de gouvernants, plus tu (*vois*) se commettre de sottises. — Quand tu (*meurs*), n'exige pas de tes amis une éternelle douleur. — Lève-toi de bon matin, et tu (*as*) la tête fraîche. — Occupez-vous plus du lecteur que de vous, et vous (*êtes*) sûr de lui plaire.

LE FUTUR POUR LE PRÉSENT.

Si j'ai le goût du solide, (*j'aurai*) aussi le goût des arts et des sciences. — Si vous renoncez aux plaisirs, (*ce sera*) folié; si vous les réglez, (*ce sera*) le grand art de la sagesse. — Quand nous (*aurons*) atteint le période de la jeunesse, nous (*entrerons*) dans l'âge mûr. — Quand je me (*serai*) amassé de quoi vivre, je me (*retirerai*) à la campagne pour jouir du fruit de mon travail. — Je ne (*goûterai*) la paix du cœur, dans la solitude de la campagne, que lorsque je (*pourrai*) l'explorer. — Quand une fois j'aurai pris mon parti, rien ne (*pourra*) ébranler la résolution que j'aurai prise. — Quand j'aurai atteint la cinquantaine, je me (*reposerai*) tout le reste de mes jours. — Quand vous serez malade, vous (*n'aurez*) guère besoin que de bon bouillon. — Quand nos bras nous manqueront, nous (*vivrons*) si l'on nous nourrit, nous (*mourrons*) si l'on nous abandonne. — Quand nous serons morts et enterrés, nous (*n'aurons*) plus à penser à rien. — Quand je n'aurai plus de meubles chez moi, j'en (*déménagerai*) plus aisément. — Quand je voyagerai, je (*m'attacherai*) à observer les mœurs et les coutumes des pays où je m'arrêterai.

LE PRÉSENT POUR LE PASSÉ.

Combat naval de Duguay-Trouin. — Duguay-Trouin (*s'avance*) : la victoire le (*suit*). La ruse et l'audace, l'impétuosité de l'attaque et l'habileté de la manœuvre, l'ont rendu maître du vaisseau commandant. Cependant l'on (*combat*) de tous côtés ; sur une vaste étendue de mer règne le carnage. On se (*mêle*) : les proues (*heurtent*) contre les proues ; les manœuvres (*sont*) entrelacées dans les manœuvres ; les foudres se (*choquent*) et (*retentissent*). Duguay-Trouin (*observe*) d'un œil tranquille la face du combat pour porter des secours, réparer des défaites ou achever des victoires. Il (*aperçoit*) un vaisseau, armé de cent canons, défendu par une armée entière. (*C'est*) là qu'il (*porte*) ses coups : il (*préfère*) à un triomphe facile l'honneur d'un combat dangereux. Deux fois il (*ose*) l'aborder, deux fois l'incendie qui (*s'allume*) dans le vaisseau ennemi (*l'oblige*) de s'écarter. Le *Devonshire*, semblable à un volcan allumé, tandis qu'il est consumé au dedans, (*vomit*) au dehors des feux encore plus terribles. Les Anglais, d'une main, (*lancent*) des flammes, de l'autre (*tâchent*) d'éteindre celles qui les (*environnent*). Duguay-Trouin n'eût désiré les vaincre que pour les sauver. Ce fut un horrible spectacle, pour un cœur tel que le sien, de voir ce vaisseau immense brûlé en pleine mer, la lueur de l'embrasement réfléchie au loin sur les flots, tant d'infortunés errants en furieux ou palpitants immobiles au milieu des flammes, s'embrassant les uns les autres, ou se déchirant eux-mêmes, levant vers le ciel des bras consumés ou précipitant leurs corps fumants dans la mer; d'entendre le bruit de l'incendie, les hurlements des mourants, les vœux de la religion mêlés aux cris du désespoir et aux imprécations de la rage, jusqu'au moment terrible où le vaisseau (*s'enfonce*)! L'abîme se (*referme*), et tout (*disparaît*). Puisse le génie de l'humanité mettre souvent de pareils tableaux devant les yeux des rois qui ordonnent les guerres! Cependant Duguay-Trouin (*poursuit*) la flotte épouvantée. Tout (*fuit*), tout se (*disperse*). La mer (*est*) couverte de débris, nos ports se (*remplissent*) de dépouilles; et tel fut l'événement de ce combat, qu'aucun des vaisseaux qui portaient du secours ne passa chez les ennemis. Les fruits de la bataille d'Almanza furent assurés; l'archiduc vit échouer ses espérances, et Philippe V put se flatter que son trône serait un jour affermi.

(THOMAS, *Éloge de Duguay-Trouin*.)

LE SUBJONCTIF AU LIEU DE L'INDICATIF.

Il faut que nous (*sachions*) quand et pourquoi les diverses formes de gouvernement se sont établies chez les peuples. — Quelque heureusement doués que nous (*soyons*), nous ne devons pas en tirer vanité. — Quelque malheureux que nous (*soyons*), nous pouvons trouver encore plus malheureux que nous. — Quelque raison que (*j'eusse*) de me plaindre d'un serviteur, il serait de mon devoir de le traiter avec bonté. — Pour peu que nous (*réussissions*) dans l'intrigue un certain temps, nous ne pourrions plus nous en passer, et toute autre vie pour nous serait languissante. — Par quelque côté que vous vous (*tourniez*), vous verrez que le monde est rempli d'anicroches. — A Dieu ne plaise que nous (*abusions*) des plaisirs! Nous les trouverions trop amers. — Il faudra que je (*lise*) constamment les écrivains, si je veux me perfectionner le goût. — Il aura fallu que (*j'aie*) perdu ma bourse, puisque je ne la trouve plus. — Encore que vous (*soyez*) fort jeune, ne laissez pas d'être fort sage. — Malgré qu'on en (*ait*), nous voulons être comptés dans l'univers et y être un objet important.

L'IMPARFAIT DU SUBJONCTIF AU LIEU DU PRÉSENT.

Il serait à souhaiter que vous ne (*lussiez*) que de bons ouvrages. — Plût à Dieu que nous (*eussions*) la fortune comme la santé! — Il fallait que je (*fusse*) bien simple pour m'être laissé attraper si grossièrement. — Il fallut que (*j'attendisse*) la sortie d'un jeune homme avec lequel j'avais quelque chose à démêler. — Il a fallu que vous (*fussiez*) bien maître de vous pour discuter sans disputer. — Il avait fallu que je (*fouillasse*) dans ma poche pour voir si je n'avais pas perdu ma bourse. — Il vaudrait mieux que nous (*étouffassions*) un bon mot qui est près de nous échapper que de chagriner qui que ce (*fût*). — Il serait injuste que l'on (*exigeât*) de nous que nous (*fissions*), par déférence pour des conseils, ce que nous ne voudrions pas faire pour nous-mêmes. — Quand j'avais tué quelque oiseau, il fallait que (*j'allasse*) moi-même le ramasser. — Le lis, emblème de la candeur, (*n'eût*) jamais dû être ensanglanté. — Il est impossible qu'en remettant toujours à la loterie ce que l'on a gagné, on ne finisse pas par le perdre, (*fût-ce*) même un empire! — Certaines gens (*eussent*) volontiers éteint le soleil pour vendre plus cher leurs luminaires. — On est épouvanté de tout le mal qu'un homme en place peut faire, ne (*fût-il*) que maire d'un hameau. — Peu (*eût*) importé à beaucoup de gens le renversement des trônes, s'ils (*n'eussent*) pas craint que leur marmite ne (*fût*) aussi renversée.

L'INFINITIF AU LIEU D'UN MODE PERSONNEL.

Jésus-Christ défend (*de mettre*) la lumière sous le boisseau. — Il n'est pas rare de voir des gens sans lumières (*prétendre*) éclairer les autres. — C'est toujours une extrémité fatale, pour un gouvernement, (*d'être obligé*) de faire répandre du sang pour (*se maintenir*). — Il est impossible (*de faire*) du mal aux autres sans (*se faire*) du mal à soi-même. — Rarement les peuples reçoivent le bonheur de la main de ceux qui ont la manie de gouverner sans (*y être condamnés*). — On ne suppose dans les princes rien de médiocre, et l'on ne parle jamais de leurs vertus ou de leur vices sans (*les exagérer*) à l'excès. — Il faut (*envoyer*) au diable les fâcheux et les importuns. — Il faut (*savoir*) nous accommoder de toutes gens. — Il faut (*prendre*) patience et (*ne pas jeter*) le manche après la cognée. — Il serait triste pour nous (*d'être*) seuls sur la terre, et (*de n'avoir*) plus de société que nous-mêmes. — Il faut (*compter*) sur l'ingratitude des hommes et (*ne laisser pas, ne pas laisser*) de leur faire du bien. — Il faut (*être*) en garde contre les écrivains même accrédités. — Il ne faut pas (*compter*), pour vivre, sur les souliers d'un mort. — Pour (*acquérir*) la perfection de l'éloquence, il faudrait que vous eussiez un fonds de bon sens et de bon esprit, une imagination vive et la mémoire fidèle.

L'INFINITIF POUR LE SUBSTANTIF.

(*Mentir*) est un vice. — (*Haïr*) est un tourment. — (*Aimer*) est un besoin de l'âme. — (*Mourir*) n'est rien. — (*Changer*) d'état est chose assez vulgaire. — (*Travailler*) est (*prier*). — (*Blâmer*) ce qu'on ignore est un trait de novice. — (*Dissimuler*) est un grand point. — (*Rencontrer*) un domestique fidèle est un des grands trésors qu'un homme puisse avoir. — (*Connaître*) sa faiblesse est une grande science. — (*Alléguer*) l'impossible aux rois (*est, c'est*) un abus. — Plutôt (*mourir*) que (*d'être infâme*). — Plutôt (*souffrir*) que (*mourir*) : c'est la devise des hommes. — (*Monter à cheval*) est bon pour la santé.—(*Travailler*) est le lot et l'honneur d'un mortel. — (*Conseiller*) n'est parfois qu'une manière de (*critiquer*).

VERBES QUI PRENNENT *être* OU *avoir*.

Le beau monde (*est*) accouru là où il y avait de l'argent à dépenser. — C'est une chose étrange que, votre haine contre vos adversaires (*étant allée*) jusqu'à souhaiter leur perte éternelle, votre aveuglement (*soit allé*) jusqu'à découvrir un souhait si abominable! — Il y a des villes où (*je suis*) passé où je ne pouvais faire un pas que je (*n'eusse*) aussitôt mille mendiants à mes trousses. — Il a tenu à peu que je (*ne sois*) tombé. — (*J'ai été, je suis allé*) prendre l'air, et (*je suis*) revenu tout de suite. — Il aurait fallu qu'il m'attendît jusqu'à ce que (*je fusse*) revenu. — J'ai beaucoup de grâces à rendre à Dieu de ce que, jusqu'à présent, il a permis qu'il ne (*me soit*) arrivé aucun accident. — Quand on (*a*) beaucoup marché, l'on est fatigué. — (*J'ai*) couru depuis le matin jusqu'au soir, et je suis tout harassé.—A peine (*suis-je*) échappé d'un péril que me voici retombé dans un autre. —Quand la garde (*est arrivée*), tout le monde fut surpris de le voir baisser pavillon et redevenir doux comme un mouton. — Si j'avais prévu qu'il fît beau, je me serais levé de bonne heure, et (*je serais*) parti pour Versailles.— Je ne sais sur quelle herbe (*j'ai*) marché aujourd'hui : je prends tout du mauvais côté. — Après (*être*) monté jusqu'à la terrasse de l'Arc - de - Triomphe, je me suis senti tout essoufflé. — A mon arrivée dans cette petite ville, (*je suis*) descendu chez les (*meilleures*) gens du monde, et je crois que je (*ne m'en serais pas allé*) si facilement sans la nécessité qui m'obligeait de continuer mon voyage. — Dès que (*je suis*) entré dans une église, c'est pour prier Dieu. — La pluie (*est tom-*

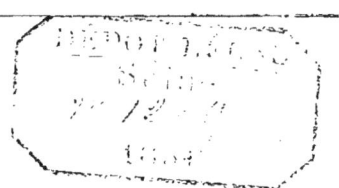

bée) toute la nuit. — Le tailleur et moi, nous (*sommes tombés*) d'accord, et (*sommes convenus*) d'un prix raisonnable. — Il (*m'est*) venu une fluxion à la joue, et je me suis mis des cataplasmes pour la faire passer. — (*J'ai*) voyagé dans les forêts du Nord, et j'y ai trouvé des loups tout blancs et tout noirs. — (*Je suis*) sorti, et (*je suis allé*) au théâtre. — Il était tard quand (*je suis*) rentré. — (*Je suis*) revenu par le même côté que (*je suis allé*). — La population (*s'est accrue*). — Les patriarches ont sacrifié à Dieu sur les montagnes où il leur (*avait, était*) apparu. — Réjouissez-vous du bonheur qui vous (*est*) arrivé. — Tout ce qui finit est court, et, quand le terme (*est*) passé, est comme nul et non avenu. — Tous ceux qui (*ont contrevenu*) à la loi doivent être punis. — Pardonnez à celui qui (*est*) convenu de ses torts. — Les deux diocèses (*sont convenus*) des limites de leur territoire. — La France (*est-elle, a-t-elle déchu, e*) de sa grandeur première? — On est triste (*d'être*) déchu de son poste. — Les jours (*ont, sont*) bien (*décru, s*). — Quand on (*a*) demeuré six mois dans une ville, on doit déjà en connaître la langue. — En février, la victoire (*est demeurée*) au peuple. — Tout ce qui a été de l'homme (*a*) dépéri avec l'homme. — Notre langue (*est devenue*) plus aimable à mesure qu'elle (*est devenue*) plus pure. — Lorsque j'ai vu la chose si évidente, je n'en (*ai*) plus disconvenu. — Dès que la défiance (*est arrivée*), l'amitié (*a disparu*). — Dès qu'un billet (*est échu*, il faut le payer. — L'ennui (*est*) entré dans le monde avec la paresse. — Les arbres des boulevards (*ont, sont*) bien (*grandi, s*) depuis un an. — La rivière (*a, est grossi, e*). — Dieu (*n'est*) jamais intervenu dans les sanglants débats des mortels. — A peine Napoléon (*était-il*) monté au degré de puissance où nous l'avons vu, qu'il (*en est*) bien vite descendu. — Il est plus aisé de faire fortune que d'en bien user lorsqu'on y (*est*) parvenu. — Quand les générations (*sont passées*), les lois restent. — Presque toutes les religions (*ont péri*) par leurs prêtres. — L'égoïste n'a pas de peine à rentrer en lui-même : il (*n'en est*) jamais sorti. — Attendrez-vous, pour combattre les sophismes, les déclamations, les maux qu'il en (*sera*) résulté? — La lecture (*est devenue*) un plaisir à bon marché. — Les républiques (*sont*) presque toutes (*tombées*) de la liberté dans la servitude.

CHAPITRE XIV.

EXERCICES SYNTAXIQUES SUR LE PARTICIPE PRÉSENT.

Nos 431 à 433.

1. Ils y trouvent une subsistance (*abondante*), une pâture toujours (*renaissante*).
2. Phèdre (*brûlant*) encore d'illégitimes feux.
3. Ainsi notre amitié (*triomphant*) à son tour,
   Vaincra la jalousie en cédant à l'amour.
4. Démocrite, Epicure et Lucrèce, avec leurs atomes (*déclinant*) dans le vide, étaient pour le moins aussi enfants que Descartes avec ses atomes (*tournoyant*) dans le plein.
5. Il y a donc des peuples chrétiens (*gémissant*) dans un triste esclavage.
6. Et la Crète (*fumant*) du sang du Minotaure.
7. Il m'offrait une main (*fumante*) de mon sang.
8. Les animaux, (*vivant*) d'une manière plus conforme à la nature, doivent être sujets à moins de maux que nous.
9. C'est ainsi que devraient naître ces âmes (*vivantes*) d'une vie brute et bestiale.
10. (*Pleurante*) après son char, veux-tu que l'on me voie?
11. Qui ne serait touché de voir une mère dans la situation de Mérope, (*aimant*) son fils et (*tremblant*) de le perdre?
12. La reine longtemps (*errante*) mourut à Cologne dans la pauvreté.
13. Des frontières du Milanais au fond du royaume de Na-

ples, des bandits (*courant*) sans cesse d'une province à une autre, achetaient la protection des petits princes.

14. Les femmes sont naturellement (*dépendantes*) de leurs maris.

15. Les nations du Nord parlaient probablement un dialecte tartare, une langue (*approchante*) de l'ancien slavon.

16. Personne assurément ne s'aviserait aujourd'hui de représenter dans un poëme une troupe d'anges et de saints (*buvant*) et (*riant*) à table.

17. Les peuples (*errants*) doivent être les derniers qui aient écrit.

18. Les eaux (*dormantes*) sont meilleures pour les chevaux que les eaux vives.

19. Les Indiens avaient représenté les anges comme des créatures immortelles (*participant*) de la divinité.

20. Une requête (*tendant*) à obtenir un privilége.

21. Les Maures (*descendant*) de leurs montagnes parcouraient et pillaient l'Afrique.

22. Payez-moi cent écus net et (*comptant*).

23. Nous y trouverons quelque imperfection (*résultante*) de la nature des corps.

24. Il y a des peuples qui vivent (*errants*) dans les déserts.

Nos 434 et 435.

1. Le vrai moyen d'éloigner la guerre, c'est de cultiver les armes, c'est d'honorer les hommes (*excellant*) dans cette profession.

2. Les peintres nous représentent les Muses (*président*) à la naissance d'Homère, de Virgile.

3. Les Turcs ont toujours des ministres étrangers (*résidant*) chez eux.

4. Cette dame est d'un (*excellent*) caractère.

5. L'archevêque de Narbonne était (*président*) né des États de Languedoc.

6. On est quelquefois aussi (*différent*) de soi-même que des autres.

7. Le physique de l'Inde (*différant*) en tant de choses du nôtre, il fallait bien que le moral différât aussi.

8. Les (*protestants*) commençaient alors à devenir nombreux, et s'aperçurent bientôt de leurs forces.

9. Sa mort donna un nouveau tour aux affaires (*protestantes*).

10. La vie ou longue ou courte est égale aux (*mourants*).

11. Jupiter (*présidant*) aux destinées des mortels.

12. Dieu et les rois sont mal loués et mal servis par les (*ignorants*).

Nos 436 à 441.

1. (*En parlant*) ainsi, de profonds soupirs interrompaient toutes mes paroles.

2. (*En faisant*) passer en revue devant un enfant les productions de la nature et de l'art, (*en excitant*) sa curiosité, (*en*) le (*suivant*) où elle le porte, on a l'avantage d'étudier ses goûts.

3. C'est ainsi qu'il apprend à sentir la pesanteur, la légèreté des corps, à juger de leur grandeur, etc., (*en regardant, palpant, écoutant*), surtout (*en comparant*) la vue au toucher.

4. (*En disant*) ces mots, les larmes lui vinrent aux yeux.

5. Ce n'est pas être malheureux que d'occuper votre pensée, soit (*en dormant*), soit (*en veillant*).

6. Flore même, (*en naissant*), le reçut dans ses bras.

7. Descartes, Montaigne, J.-J. Rousseau, etc., n'ont réussi qu'en s'écartant de la route de leurs modèles, et (*en en prenant*) souvent une opposée.

8. La poésie ne doit ses avantages sur la peinture qu'aux harmonies des objets, qu'elle rend plus sensibles en les isolant, et (*en en exprimant*) les modulations successives.

9. Elle court au travers du bois avec un dard en main, (*appelant*) toutes ses nymphes, et (*menaçant*) de percer toutes celles qui ne la suivront pas.

10. Les parents sacrifient tout pour leurs enfants, (*pensant en*) être un jour récompensés.

EXERCICES GÉNÉRAUX SUR LE PARTICIPE PRÉSENT.

Plus j'observe l'action et réaction des forces de la nature, (*agissant*) les unes sur les autres, plus je trouve que, d'effets en effets, il faut toujours remonter à quelque volonté pour première cause. — Spinosa ne peut s'empêcher d'admettre une intelligence (*agissante*) dans la matière, en faisant un tout avec elle. Il avouait une intelligence (*agissante*) dans le grand tout. — On ne comptait pas une grande ville (*commerçante*) dans les premiers temps du renouvellement de l'Empire. — Il est des personnes (*obligeant*) plutôt par vanité que par bienveillance. — Mithridate s'était montré pendant quarante ans si redoutable, que les Romains, (*triomphant*) de son ombre, firent éclater sans pudeur la joie la plus vive à la vue des restes de ce formidable ennemi. — Les papes, mal affermis dans Rome, n'ayant qu'une autorité (*chancelante*) en Italie, et à peine maîtres de quelques places dans le patrimoine de saint Pierre et dans l'Ombrie, donnaient toujours des royaumes et jugeaient les rois. — Toutes les planètes (*circulant*) autour du soleil paraissent avoir été mises en mouvement par une impulsion commune. — La France n'était environ que d'un sixième plus riche en espèces (*circulantes*) depuis la mort de Colbert. — Les peuples aimaient dans Philippe le choix qu'ils avaient fait, et dans sa femme, fille du duc de Savoie, le soin qu'elle prenait de leur plaire, une intrépidité au-dessus de son sexe et une constance (*agissante*) dans le malheur. — Les Chinois s'abstiennent de mets (*échauffants*) et de liqueurs (*enivrantes*). — Les mêmes juges qui veulent à l'audience des preuves indubitables, (*approchant*) de la démonstration, se contentent au sermon de preuves morales. — Dans la presqu'île en-deçà du Gange habitent des multitudes de Banians (*descendants*) des anciens brachmanes, attachés à la métempsycose. — Il est étrange que des hommes ne (*puissent*) s'accorder entre eux pendant la semaine, parce que le dimanche ils vont à des églises (*différentes*). — L'homme a trois sortes de voix, savoir : la voix (*parlante*) ou articulée, la voix (*chantante*) ou mélodieuse, et la voix pathétique ou accentuée.—Longtemps les Chaldéens gravèrent leurs observations et leurs lois sur la brique en hiéroglyphes, qui étaient des caractères (*parlants*).—Les délices de la création en (*tout, s genre, s*) sont les plus (*enivrantes*). — Certains (*considérants*) ont pallié bien des iniquités.—Nous sommes tous comme des Juifs (*errants*) dans la carrière de la vie.—Tous les jours (*marquants*) de la révolution et de ses suites furent des journées de dupes. — Des juges (*dépendants*) de l'influence royale doivent être nécessairement accessibles à l'intérêt. —Les torts d'un ami sont (*affligeants*), et pour nous et pour lui. — Le système des emprunts est moins avantageux aux nations agricoles qu'aux nations (*commerçantes*). — Les hommes sont plus sensibles à l'estime qu'à l'amitié : ils sont plus vains qu'ils ne sont (*aimants*).— Il y a des personnes (*dormant*) d'un sommeil si profond, que le bruit de la foudre ne les (*réveillerait*) pas. — Les peuples (*errants*) doivent être les derniers qui (*aient*) écrit.—D'où vient que tant de partisans de Rome, d'ennemis de Rome, ont été si sanguinaires, si barbares, si malheureux, (*persécutants*) et persécutés?—Les troubadours allaient (*chantant*) les amours et la gloire sous les fenêtres des châtelaines. — On voit errer des troupeaux qui mugissent, des brebis qui bêlent, avec leurs tendres agneaux (*bondissant*) sur l'herbe. — Il y a des peuples qui vivent (*errants*) dans les déserts.— Il n'y a pas deux milliards d'argent, quatre (*cent*) millions d'espèces (*circulantes*) en France. — Tous les anciens manuscrits de Longus ont des lacunes et des fautes considérables, et ce n'est que depuis peu (*qu'en en comparant*) plusieurs, on est parvenu à suppléer l'un par l'autre. — Le bœuf, (*en paissant*) l'herbe, acquiert autant de chair que l'homme ou que les animaux qui ne vivent que de chair et de sang. — Locke ne se doutait pas (*qu'en refusant*) à l'homme des idées innées, il fournissait des arguments à l'anarchie et au matérialisme.—La grâce, (*en s'exprimant*), vaut mieux que ce qu'on dit. — L'appétit vient (*en mangeant*).— Nous (*descendants*) des Celtes, qui venons de défricher les forêts de nos contrées sauvages, laissons les Chinois et les Indiens jouir en paix de leur climat et de leur antiquité. — L'argent profite mieux dans le coffre des (*habitants*) que dans ceux des rois. — Marie-Stuart, épouse de François II, roi de France, prit hautement le titre de reine d'Angleterre, comme (*descendante*) de Henri VII. — Toutes les planètes (*circulant*) autour du soleil paraissent avoir été mises en mouvement par une impulsion commune. — Plusieurs savants ont soupçonné que quelques races d'hommes ou d'animaux (*approchants*) de l'homme ont péri. — Les connaissances spéculatives ne conviennent guère aux enfants, même (*approchant*) de l'adolescence. — Les Juifs apprirent la langue chaldaïque, fort (*approchante*) de la leur. — Les Maures, (*descendant*) de leurs montagnes, parcouraient et pillaient l'Afrique. — Pise, qui n'est aujourd'hui qu'une ville dépeuplée (*dépendante*) de la Toscane, était aux treizième et quatorzième (*siècles*), une république célèbre. — Le comte de Charolais et le prince de Conti présentèrent une requête (*tendant, e*) à faire (*annuler*) les droits accordés aux princes légitimes. — Le vrai moyen d'éloigner la guerre, c'est de cultiver les armes, c'est d'honorer les hommes (*excellant*) dans cette profession. — Les peintres nous représentent les Muses (*présidant*) à la naissance d'Homère et de Virgile. — Les Turcs ont toujours des ministres étrangers (*résidant*) continuellement chez eux. — Les morts et les (*vivants*) se succèdent continuellement. — On dit que Thèbes pouvait faire sortir ensemble dix mille (*combattants*) par chacune de ses portes. — L'Eglise a institué des prières pour les (*mourants*) — Plusieurs princesses de la maison d'Autriche ont été (*gouvernantes*) des Pays-Bas. — En (*faisant, esant*) passer en revue, devant un enfant, les productions de la nature et de l'art, (*en excitant*) sa curiosité, (*en le suivant*) où elle le porte, on a l'avantage d'étudier ses goûts. — Le lait et les huiles douces sont les principaux (*adoucissants*). — L'atmosphère, (*en réfléchissant*) les rayons du soleil, illumine tout le globe. — Le homard est indigeste et l'huître peu (*nourrissante*). — Tout nous importe depuis que nous sommes (*dépendants*) de tout. — Le pinson remplit l'air de sa voix (*éclatante*). — Un fleuve d'une largeur immense, tels que l'Amazone, la Plata, l'Orénoque, (*roulant*) à grands flots leurs vagues (*écumantes*), et se (*débordant*) en toute liberté, semble menacer la terre d'un envahissement et faire effort pour l'occuper tout entière.— Une fable n'est (*attachante*) qu'autant qu'elle est un drame, et le drame un tableau. — A peine l'enfant est-il sorti du sein de la mère, on l'emmaillotte, on le couche la tête fixée et les jambes allongées, les bras (*pendants*) à côté du corps. — Les difformités les plus (*choquantes*) sont celles qui ravalent vers la brute. — L'idée de propriété, (*dépendant*) de beaucoup d'idées antérieures qui n'ont pu naître que successivement, ne se forme pas tout d'un coup dans l'esprit humain. — Une femme (*dépendante*) d'un mari ne peut contracter sans son autorisation.— Le bien, comme on l'a dit, ne vient pas (*en dormant*). — Plus d'une belle dame, à Paris, (*brillant*) dans une loge à l'Opéra, ignore qu'elle descend d'une famille de Bourgogne ou du Bourbonnais, et que cette famille est encore esclave main-mortable. — Denys fit appeler secrètement des Campaniens en garnison dans les places (*appartenant, es*) aux Carthaginois. — Des esprits bas et (*rampants*) ne s'élèvent jamais au sublime.—L'amiral Norris, ayant levé le masque, fit enfin une descente, conjointement avec les Suédois, dans une petite île de l'Estonie, nommée Nuguers, (*appartenant, e*) à la Russie. — Joseph et Mathan sont des personnages peu (*agissants*). — Fleury, incertain si le roi n'était pas du complot, prit incontinent le parti de se retirer au village d'Issy, entre Paris et Versailles, dans une petite maison de campagne (*appartenant, e*) à un séminaire. — Croira-t-on, de bonne foi, que Charlemagne eût parlé, dans son testament, de Rome et de Ravenne comme de villes à lui (*appartenant, es*), si le pape en avait été maître absolu? — Les Pays-Bas étaient un assemblage de plusieurs seigneuries (*appartenant, es*) à Philippe à des titres différents. — L'attraction, (*agissant*) selon les masses, n'a rien d'incompatible avec l'étendue et la divisibilité. — Dans les affaires (*pressantes*), les particuliers et les républiques vouaient à Vénus des courtisanes. — Il est très-ridicule de nous peindre des originaux peu (*intéressants*) qui n'existent plus. — Sous le tropique, des tourterelles et des perroquets ne voyagent que d'îles en îles, (*promenant*) à leur suite leurs petits, et (*ramassant*) dans les forêts les graines d'épiceries qu'ils font crouler de branches en branches. — L'ivresse des Français est gaie, (*scintillante*) et téméraire : c'est pour eux un avant-goût de la bataille et de la victoire. — Les Romains, d'abord assis sur des escabelles à leur banquet modeste, se couchèrent ensuite sur des lits somptueux, (*éclatants*) de pourpre, d'or et d'ivoire. — Il y a pour chaque homme une certaine somme de bonheur peu (*dépendante*) de la bonne ou de la mauvaise fortune. — Les plaisirs s'affadissent, et les douleurs sont plus (*cuisantes*) lorsqu'on ne peut les raconter. — Ne lit-on pas tous les jours, avec un nouveau péril, les mémoires scandaleux faits dans les siècles de nos pères, qui ont conservé jusqu'à nous les désordres des siècles (*précédents*) ? — Ramberg est une jolie ville de la Franconie, célèbre par son jardinage et son (*excellente*) réglisse. — Quel est le cœur dur qui ne sera pas déchiré, si le vieillard auguste et respectable est obligé de courber sa tête (*défaillante*) sous le poids de la misère ou sous celui de l'infortune ? — Si les enfants des rois, (*dégénérant*) de leur auguste naissance, n'avaient que des inclinations basses et vulgaires, quel opprobre pour leur nom et pour la nation qui attendrait de tels maîtres ! — L'Eternel résolut, dans la plénitude des temps, de former des êtres (*participant*) de son essence et de sa béatitude. — La richesse et la population, (*croissant*) dans le nord, rendront plus (*abondante*) la consommation des denrées du midi de l'Europe. — Qu'avec de la matière et du mouvement on fasse des organes (*sentants*) et des têtes (*pensantes*), cela est bien fort. — Soyez sûr que les ouvrages des êtres (*pensants*) du dix-huitième siècle sont fort au-dessus des apothéoses de la Grèce. — L'homme sauvage doit aimer à dormir, et avoir le sommeil léger comme les animaux, qui, (*pensant*) peu, dorment, pour ainsi dire, tout le temps qu'ils ne pensent point. — L'inégalité, (*croissant*) entre le peuple et ses chefs, se fait bientôt sentir parmi les particuliers. — La campagne de Rome est un pays inhabitable, infecté par des marais (*croupissants*) que les anciens Romains avaient desséchés. — Montrez à votre élève des nuages (*passant*) entre la lune et lui, il croira que c'est la lune qui passe en sens contraire, et que les nuages sont arrêtés. — Il ne nous est donné de connaître ni ce qui nous rend (*sentants*) et (*pensants*), ni ce qui nous fait agir, ni ce qui nous fait être. — L'univers s'est trompé en croyant la matière (*existante*) par elle-même. — Les vérités qui sont propres à rendre les hommes doux, humains, soumis aux lois, (*obéissants*) au prince, intéressent l'Etat, et viennent évidemment de Dieu. — Tous les globes, (*obéissant*) aux lois éternelles de la gravitation, roulent d'un cours régulier dans les vastes champs de l'air. — Le génie de Bossuet, de Corneille, de Molière et surtout de Fénelon, protégeait la gloire (*pâlissante*) du grand roi. — Il y a une satisfaction noble à regarder les portraits (*vivants*) de ces illustres personnages grecs, romains, italiens, anglais, tous habillés à la manière de leur pays. — Les animaux, (*vivant*) d'une manière plus conforme à la nature, doivent être sujets à moins de maux que nous. — La Russie est aujourd'hui la puissance (*dominante*) sur le continent, la puissance (*menaçante*) pour les autres. — Il est impossible de concevoir l'idée de la propriété (*naissant*) d'ailleurs que de la main-d'œuvre. — Les princes du sang avaient en France des apanages en pairies, mais (*ressortissant, s*) au parlement sédentaire. — Tout homme dont l'esprit se livre à la réflexion ne peut s'empêcher de connaître ses devoirs, de découvrir les rapports (*subsistants*) entre les hommes, de méditer sa propre nature, de démêler ses besoins, ses penchants, ses désirs, et de s'apercevoir de ce qu'il doit à des êtres nécessaires à son propre bonheur. — On n'imaginera pas que, dans l'espace de trois ou quatre ans, nous puissions donner à l'enfant le plus heureusement né une idée de tous les arts et de toutes les sciences naturelles (*suffisante*) pour les apprendre un jour de lui-même. — Partout on trouve l'Angleterre assise sur des rochers ou placée dans des îles inaccessibles, partout en sûreté pour elle et (*menaçante*) pour les autres. — En paix comme en guerre, l'épée est toujours présente, (*menaçant*) de faire comme celle de Brennus pesant les tributs de Rome. — L'âme de l'homme, selon plusieurs, était un feu céleste; selon d'autres, une harmonie (*résultant, e*) de ses organes. — Nous sommes tantôt des bœufs (*ruminants*) accablés sous le joug, tantôt des colombes dispersées qui fuyons en tremblant la griffe du vautour. — Le bœuf et les autres animaux (*rumi-*

nants), qui ont plusieurs estomacs, peuvent se remplir d'un grand volume d'herbe. — Dans le monde où nous sommes, nous voyons tous les êtres (*sentants*) souffrir et vivre au milieu des dangers. — C'est un instinct commun à tous les êtres sensibles et (*souffrants*) de se réfugier dans les lieux les plus sauvages et les plus déserts. — Tous les sages de l'antiquité, sans aucune exception, ont cru la matière éternelle et (*subsistante*) par elle-même. — Des frontières du Milanais au fond du royaume de Naples, des troupes de bandits, (*courant*) sans cesse d'une province à une autre, achetaient la protection des petits princes. — Le pape Léon III, encore sujet des empereurs (*résidant*) à Constantinople, n'osa pas sacrer un Allemand. — Les Turcs ont toujours des ministres étrangers (*résidants*). — Vous avez vu des évêques continuellement chez eux, tantôt (*résistant*) aux papes, tantôt (*s'unissant*) à eux contre les rois. — Hérodote ne doute pas que Sésostris n'ait laissé des colonies en Colchide, parce qu'il a vu à Colchos des hommes basanés, avec des cheveux crépus, (*ressemblant*) aux Egyptiens. — L'empire des Musulmans brillait dans sa jeunesse du plus grand éclat; sa force (*croissante*) menaçait de tout envahir. — Cinquante-neuf chevaliers furent brûlés vifs à Paris, à la porte Saint-Antoine, tous (*protestant*) de leur innocence. — Toutes les idées superstitieuses familiarisent les hommes avec les principes les plus absurdes non-seulement des superstitions (*régnantes*), mais même des superstitions qui n'existent plus. — La loi de la nécessité, toujours (*renaissante*), apprend de bonne heure à l'homme à faire ce qui ne lui plaît pas pour prévenir un mal qui lui déplairait davantage. — (*En boudant*), on veut aimer encore. — (*En voyageant, si vous voyagez*) en Asie, vous rencontrerez de distance en distance des caravansérails. — (*En parlant, si vous parlez*) dans le monde le langage du cœur, vous ne serez ni écouté ni compris. — (*En naissant, quand nous naissons*), la douleur est notre partage. — (*Si l'on vous prive*) des avantages de la société, vous ne devez pas non plus en avoir les charges. — L'enfant apprend à sentir la pesanteur, la légèreté des corps, à juger de leur grandeur, en regardant, (*palpant, en palpant, écoutant, en écoutant*), surtout, (*en comparant*) la vue au toucher. — (*En mourant, quand vous mourrez*), n'exigez pas de vos amis une éternelle douleur. — (*Si tu parles*) en bien des autres, on ne dira pas (*de*) mal de toi. — En faisant passer en revue, devant un enfant, les productions de la nature et de l'art, (*en excitant*) sa curiosité, (*en le suivant*) où elle le porte, on a l'avantage d'étudier ses goûts. — Il y a des gens d'un naturel très-doux, jamais ne (*grondant*), ne (*contredisant*), ne (*désobligeant*). — Il y a des personnes (*souffrantes*) et résignées. — On se rend maître d'une langue en lisant les auteurs, (*en étudiant*) et (*en travaillant*) bien. — (*En te conformant*), dans les disgrâces, à la volonté du ciel, tu ne t'apercevras quasi pas des rigueurs de la fortune. — Vous ne saurez jamais bien une chose (*en n'en voulant pas, en ne voulant pas en*) apprendre les principes. — N'achetez quoi que ce soit, (*ne pouvant pas en*) payer le prix. — Il y a des gens qui ne peuvent s'aborder qu'en jurant et (*blasphémant, en blasphémant*) le nom de Dieu. — (*Si tu ne heurtes*) les idées de personne, on ne heurtera pas non plus les tiennes. — (*Manquant même, quand même je manquerais*) de tout, je veux qu'on l'ignore. — (*Si tu ne trompes*) personne, on ne te trompera pas non plus. — Ne vous lancez dans aucune entreprise téméraire, (*pouvant en*) prévoir les conséquences. — On fait bientôt périr un arbrisseau en le heurtant et (*le pliant, en le pliant*) dans tous les sens. — Il y a parmi les représentants des orateurs très-(*influents*). — Dans toute assemblée délibérante, il y a des hommes (*influant*) les uns sur les autres. — Les dépenses (*excédant*) les recettes, l'équilibre est détruit. — Tout va bien quand il y a un (*excédant*) en caisse. — Tout ce qui est permis n'est pas toujours (*expédient*). — Les hommes de bureau (*expédiant*) leur monde trop brusquement s'en font détester. — On ne fait jamais (*de*) bien à Dieu (*en faisant*) du mal aux hommes. — Vous corrigerez les mœurs, (*si vous en extirpez, en en extirpant*) les mauvaises. — Les révolutions (*précédentes*) semblent n'avoir rien appris à certaines gens. — La volonté (*précédant*) la réflexion est bientôt suivie du repentir. — Il y a des maladies, en général, qui ne sont guéries que par de (*violentes*) crises. — En (*violant*) la loi, vous vous placez hors de l'ordre social. — Il y a de très-riches (*fabricants*). — N'allez pas (*fabriquant*) de fausses nouvelles. — Parmi les courtisans, je découvre beaucoup (*d'intrigants*) et peu d'amis. — Au bal de l'Opéra, c'est un curieux spectacle de voir tout le monde (*s'intriguant*). — L'intérêt est le (*président*) de presque tous les conseils. — Les passions, (*présidant*) dans les conseils, amènent toujours des résolutions funestes. — Dans les monarchies, la souveraineté, (*résidant*), en principe et en droit, dans le corps social, réside de fait dans la personne du prince. — Les sociétés savantes ont leurs (*résidents*) et leurs (*correspondants*). — Les mesures (*violentes*) sont des actes de faiblesse. — L'amour et l'ambition ne connaissent pas (*d'équivalents*). — Ne prenez pas un grand nom pour (*l'équivalent*) de tous les mérites. — Le silence de l'envie, (*équivalant*) à un éloge, est aussi flatteur. — C'est une vanité, chez certains hommes, que d'être (*négligents*) dans leurs vêtements. — (*Négligent*) dans les affaires privées, vous le serez également dans les affaires publiques. — Il y a des devoirs à remplir dans la société, et nous devons blâmer tout citoyen (*négligeant*) de les remplir. — Tous les hommes (*vivants*) sont ici-bas esclaves. — Il est impossible, dans notre malheureux globe, que les hommes (*vivant*) en société ne soient pas divisés en deux classes. — Que d'orateurs (*divaguant*) toujours à la tribune, ne devraient jamais y monter ! — D'où vient que nos siècles sont si (*différents*) de ceux de nos pères ? — Que d'étrangers (*affluant*) à Paris ! — Les fleuves sont grossis dans leur cours par leurs (*affluents*). — L'amitié n'a pas (*d'équivalent*). — On a trouvé quelquefois des enfants égarés dans les bois et (*vivant*) comme des brutes. — Les hommes (*n'excellant*) en rien veulent exceller en tout. — Il est affreux de survivre à tout avec une (*excellente*) mémoire, un cœur sensible : c'est recommencer une vie (*toute*) de regrets. — Haïr est (*fatigant*). — L'ambition, (*fatiguant*) les hommes, les prend pour instruments et pour victimes. — Il n'y a rien, à la longue, de plus (*fatigant*) que l'oisiveté. — Que (*d'adhérents*) aux erreurs du siècle ! — (*Adhérant*) à l'ordre épiscopal, vous aimez l'unité. — Quand la famille est (*vivante*) et animée, les soins domestiques font la plus chère occupation de la femme et le plus doux amusement du mari. — Il y a quelques bardes qui chantèrent les dieux ridicules et des guerriers très-grossiers, (*vivant*) de rapines. — Soyez par votre vertu une loi (*vivante*) : votre exemple aura plus de force que votre autorité. — La loi qui oblige l'homme à ne pas nuire aux autres, et à leur faire du bien, est fondée sur la nature des êtres sensibles (*vivant*) en société. — Croyons les événements attestés par les registres publics, par le consentement des auteurs contemporains (*vivant*) dans une capitale. — Ce n'est pas peu de chose que quarante mille hommes (*expirant*) dans des tourments recherchés! — Les hommes (*différant*) tous de sentiments, de pensées et d'intérêts, ne peuvent s'accorder entre eux. — Il y a eu longtemps des familles (*errantes*) dans les forêts, disputant leur nourriture aux autres animaux. — Pise, Gênes et Bazon, roi d'Arles, (*brûlant*) de venger l'Europe outragée et la religion (*souffrante*), firent une expédition sur les côtes de Syrie et de Phénicie. — Les vieillards ressemblent aux bouquins qui contiennent (*d'excellentes*) choses, quoique souvent vermoulus, poudreux et mal reliés. — Combien la rage de dire des choses nouvelles fait dire (*de*) choses (*extravagantes*)! — Comme nos intérêts, nos sentiments sont très-(*différents*), nous sommes quelquefois aussi (*différents*) de nous-mêmes que des autres. — On ne connaît bien un pays (*que si l'on en étudie, qu'en en étudiant*) les mœurs, les coutumes et les usages. — (*En voulant*) être ce qu'on n'est pas, on parvient à se croire autre chose qu'on n'est. — On ne sait bien une science (*qu'en en sachant, que si l'on en sait*) bien les principes. — On évite les fautes contre l'usage (*en prenant soin, si l'on prend soin*) de s'en corriger. — Il y a des gens (*agissants*) et pleins de zèle. — Nous montrerions moins (*de l'*)esprit que peu (*de*) jugement (*en voulant, si nous voulons*) disputer sur tout. — On pense analyser les fleurs (*en en détruisant d'abord l'éclat et le parfum*). — (*Lorsqu'on lit, en lisant*) l'histoire, on ne rencontre pas (*d'*)éloge ampoulé d'un prince ou d'un ministre qu'on ne s'attende à quelque disgrâce pour

CORRIGÉ DES EXERCICES DE LA GRAMMAIRE.   317

l'État. — On ne jouit pas de l'or (*en en amassant, quand on en amasse*).

CHAPITRE XV.

EXERCICES SYNTAXIQUES SUR LE PARTICIPE PASSÉ.

Nos 442 à 447.

1. J'ai (*vu*) la foi des contrats (*bannie*), les lois les plus saintes (*anéanties*), toutes les lois de la nature (*renversées*).

2. Vos enfants crient du mal que vous leur faites. Ainsi (*garrottés*), vous crieriez plus fort qu'eux.

3. Les organes des paysans sont-ils autrement (*construits*) que les autres? non, mais ils sont autrement (*exercés*).

4. Les jours (*donnés*) aux dieux ne sont jamais (*perdus*).

5. Pendant que les armées consternaient tout, le sénat tenait à terre ceux qu'il trouvait (*abattus*).

6. Nos têtes seraient mal de la façon de l'auteur de notre être, il nous les faut (*façonnées*) au dehors par les sages-femmes, et au dedans par les philosophes.

7. Quel droit nous a (*rendus*) maîtres de l'univers.

8. On a cru lui avoir (*rendu*) son embonpoint, et il l'a seulement (*rendue*) bouffie.

9. Je demandais à Narbas pourquoi les Phéniciens se sont (*rendus*) maîtres du commerce.

10. Combien de fois a-t-elle (*remercié*) Dieu de l'avoir (*faite*) chrétienne, de l'avoir (*faite*) reine malheureuse!

11. La jeunesse de Smyrne, qui l'a (*vue*) si fière et si insensible, trouve que les dieux l'ont trop (*punie*).

12. La langue qu'ont (*écrite*) Cicéron et Virgile était déjà (*changée*) du temps de Quintilien.

13. Je rapporte une chose triviale qu'a (*dite*) Agnès, comme la plus belle chose du monde.

14. Le roi n'a rien trouvé de plus ferme dans son service que ces catholiques si (*haïs*) que lui avait (*sauvés*) la reine, sa mère.

15. Cette foule de chefs, d'esclaves, de muets,
    M'ont (*vendu*) dès longtemps leur silence et leurs vies.

16. Jésus-Christ n'a (*fait*) acception des blancs, ni exception des noirs.

17. Pédro, qu'as-tu fait de nos montures? — Seigneur, je les ai (*attachées*) à la grille.

18. Les dieux ont (*attaché*) presque autant de malheurs à la liberté qu'à la servitude.

19. C'est la vérité elle-même qui lui a (*dicté*) ces belles paroles.

20. . . . Ah! quel spectacle est préférable
    Au spectacle touchant des heureux qu'on a (*faits*).

21. La médecine l'a (*échappé*) belle.

Nos 448 à 450.

1. Le long usage des plaisirs les leur a (*rendus*) inutiles.

2. Les plantes cosmopolites croissent en général le long des grands chemins. Ce sont des espèces d'hospices que la nature y a (*établis*) pour les animaux domestiques voyageurs.

3. Avant de parler des maux que les hommes se sont (*faits*) à eux-mêmes, voyons ceux que leur a (*faits*) la nature.

4. L'homme n'a guère de maux que ceux qu'il s'est (*donnés*).

5. Tous les peuples du monde, sans en excepter les Juifs, se sont (*fait*) des dieux corporels.

6. Ma patrie, ma famille se sont (*présentées*) à mon aspect, ma tendresse s'est (*réveillée*).

7. Louis XIV conserva dans le lit de la douleur cette majesté, cette sérénité qu'on lui avait (*vue*) autrefois.

8. Les victoires de Timothée, soixante-quinze villes qu'il avait (*réunies*) à la république, les honneurs qu'on lui avait autrefois (*déférés*), sa vieillesse, la bonté de sa cause, rien ne put le dérober à l'iniquité des juges.

9. Certains législateurs se sont (*crus*) ou se sont (*dits*) inspirés des dieux.

10. Combien d'hommes de génie se sont (*laissé*) séduire par ces puérilités qui dessèchent et qui énervent tout genre d'éloquence!

11. A quel tourment nouveau je me suis (*réservée*)!

12. Néanmoins il s'était (*conservé*) l'autorité principale.

13. La vie pastorale qui s'est (*conservée*) dans plus d'une contrée de l'Asie, n'est pas sans opulence.

14. Les Français s'étaient (*ouvert*) une retraite glorieuse par la bataille de Fornoue.

15. Ils se sont (*ouverts*) de leurs desseins à leurs ennemis les plus dangereux.

16. Un enfant devient plus précieux en avançant en âge; au prix de sa personne se joint celui des soins qu'il a (*coûtés*).

17. Ne goûtons-nous pas mille fois le jour le prix des combats que notre situation nous a (*coûtés*).

18. Vous vouliez envoyer un de mes enfants en Russie; que de pleurs son départ m'aurait (*coûtés*)!

19. Ils se sont (*donné*) l'un à l'autre une promesse de mariage.

20. Il n'y a rien en quoi les hommes se soient plus (*accordés*) que dans l'aveu de ce devoir.

N°s 451 et 452.

1. C'est à la même époque que la Clairon a (*débuté*).

2. Quelle mission y a-t-il (*eu*) qu'elle n'ait ou assistée de son crédit ou entretenue de son bienfait?

3. Le caractère des Indiens n'a rien de cette inquiétude, de cette pétulance qu'on a (*eu*) tant de peine à contenir chez les nations du Nord.

4. Si l'on remonte à la source des maux et des guerres que l'Angleterre a (*soufferts*), on verra, depuis deux siècles, qu'ils ne viennent que des injustices de quelques-uns de ces établissements.

5. Oui, c'est moi qui voudrais effacer de ma vie
Les jours que j'ai (*vécu*) sans vous avoir servie.

6. Je regrette les nombreuses années que j'ai (*vécu*) sans pouvoir m'instruire.

7. Les périls qu'a (*courus*) cette princesse.

8. Newton, ayant comparé une année commune des années qu'ont (*régné*) les rois des différents pays, réduit chaque règne à vingt-deux ans ou environ.

9. Que de temps, que de réflexions n'a-t-il pas (*fallu*) pour épier le caractère, les besoins, les écarts et les ressources de la nature!

10. Lorsque le gouvernement fut devenu monarchique, on laissa cet abus, à cause des inconvénients qu'il y aurait (*eu*) à le changer.

11. Les pluies qu'il a (*fait*) ont nui aux productions de la terre.

12. La disette qu'il y a (*eu*) cet hiver a causé bien des maladies.

13. Comment décrire tous les maux que cette guerre avait (*traînés*) après elle?

14. Le zèle d'une pieuse sévérité reprochait à La Fontaine une erreur qu'il a (*pleurée*) lui-même.

15. Elle n'oublie pas les dangers qu'elle avait (*courus*) entre Scylla et Charybde.

Nos 453 et 454.

1. Autant de lois ce monarque a (*faites*), autant de sources de prospérité et de bonheur il a (*ouvertes*).

2. La guerre contre les Saxons avait commencé par un tribut de trois cents chevaux et quelques vaches que Pépin avait (*exigé*) d'eux.

3. En voyant la quatrième partie de mes semblables (*changée*) en bêtes pour le service des autres, j'ai gémi d'être homme.

4. Cependant Nestor et Philoctète furent avertis qu'une partie du camp était déjà (*brûlée*).

5. Un des droits les plus sacrés que la constitution nous a (*garanti*), que la révolution même a (*consacré*), c'est la liberté de conscience.

6. Vous êtes un des plus absurdes barbouilleurs de papier qui (*se soient*) jamais (*mêlés*) de raisonner.

7. Un peu de graisse est (*jetée*) sur le sirop, pour l'empêcher de surmonter les bords du vase.

8. Il ne lui laissa pourtant pas, en lui donnant des marques de son affection, de lui reprocher le peu de confiance qu'il avait (*eu*) en lui.

9. Les Juifs ont une loi par laquelle il leur est expressément défendu d'épargner aucune chose, aucun homme (*dévoué*) au Seigneur.

10. Il y a eu peu de républiques plus également (*ordonnées*) que celle de Lacédémone.

11. Quant à Bayle, on sait que c'est un des plus grands hommes que la France ait (*produits*).

12. Si l'on montre à un habile naturaliste quelque représentation de plante ou d'animal qu'il n'ait jamais (*vue*), il pourra juger, à l'harmonie de ses parties, si elle est faite d'après l'imagination ou d'après la nature.

13. Heureux ceux qui aiment à lire, et qui ne sont point, comme moi, (*précés*) de la lecture.

14. On m'a parlé de deux domestiques, mais notamment d'Alexis, qu'on a (*vu*) dans l'appartement où le malheur est arrivé.

15. C'est sa gloire, plus que le bonheur de la nation, qu'il a (*ambitionnée*).

16. Un jeune paysan, avec un panier et une échelle, (*monté*) sur un arbre fruitier, vous présente l'image de Vertumne.

17. Je vis, dans l'allée de marronniers qui conduit au château de Madrid, un troupeau de vaches uniquement (*occupées*) à chercher des marrons d'Inde, qu'elles mangeaient d'un grand appétit.

18. C'était un de ces capitaines francs que Constantin avait (*condamnés*).

19. J'évitai par une prompte fuite, une grêle de coups qui (*seraient tombés*) sur moi.

20. Tous les hommes ont toujours quelque petit grain de folie (*mêlé*) à leur science.

21. Le plus grand nombre des insulaires (*fut égorgé, furent égorgés*).

22. Comment pourrai-je, madame, arrêter ce torrent de larmes que le temps n'a pas (*épuisé*), que tant de sujets de joie n'ont pas (*tari*)?

23. Tant de malheurs que vous avez (*soufferts*) ne vous ont point encore appris ce qu'il faut faire pour éviter la guerre.

24. Jamais tant de savants ne furent (*immolés*).

25. Voilà, parbleu! un des plus honnêtes et des plus consciencieux avocats que j'aie (*vus*) de ma vie.

Nos 455 et 456.

1. Tout le monde m'a offert des services, et personne ne m'en a (*rendu*).

2. Combien en a-t-on (*vus*) jusqu'au pied des autels,
Porter un cœur pétri de penchants criminels!

3. Combien Dieu en a-t-il (*exaucés*)!

4. Les papes s'en étaient (*rendus*) insensiblement les maîtres usufruitiers.

5. Cassius, naturellement fier et impérieux, ne cherchait dans la perte de César que la vengeance de quelques injures qu'il en avait (*reçues*).

6. Les Phéniciens, en découvrant l'Andalousie, et en y fondant des colonies, y avaient établi des Juifs, qui servirent de courtiers, comme ils en ont (*servi*) partout.

7. Il fait beaucoup de choses, il en a (*inventé*) quelques-unes.

8. Combien n'en a-t-on pas (*vus*) qui, après avoir été à la dernière extrémité, n'avaient aucun souvenir de tout ce qui s'était passé!

9. Quant aux sottes gens, plus j'en ai (*connus*), moins j'en ai (*estimés*).

10. Les brassards, les cuissards furent une partie de l'habillement; on prétend que Charlemagne en avait (*eu*).

11. La traduction que j'en ai (*faite*) est loin d'atteindre à la force et à la bonne plaisanterie de l'original.

12. Les publicistes ont fait de gros livres sur les droits au royaume de Jérusalem. Les Turcs n'en ont point (*fait*).

13. La dernière scène de *la Mort de César* est très-mal imprimée et toute tronquée dans la dernière édition qu'on en a (*faite*).

14. Louis XIV a fait plus d'exploits que d'autres n'en ont (*lus*).

15. Le poison subtil de la flatterie corrompt tôt ou tard les meilleurs princes et ruine les espérances qu'on en avait (*conçues*).

CORRIGÉ DES EXERCICES DE LA GRAMMAIRE. 323

16. L'usage des cloches est, chez les Chinois, de la plus haute antiquité; nous n'en avons (*eu*), en France, qu'au sixième siècle de notre ère.

17. Les maladies épidémiques de l'homme et les épizooties viennent des eaux corrompues; les médecins en ont (*recherché*) les causes.

18. Que de guerriers dont le courage s'écoule avec le sang! n'en a-t-on pas (*vu*) qui éprouvaient dans un lit toutes les affres de la mort?

19. La Renommée, que Virgile décrit d'une manière si brillante, est fort supérieure aux imitations qu'on en a (*faites*).

20. Son supplice fit plus de prosélytes en un jour que les livres et les prédications n'en avaient (*faits*) en plusieurs années.

21. Les sénateurs accumulèrent sur sa tête plus d'honneurs qu'aucun mortel n'en avait encore (*reçus*).

22. Il est probable que notre habitation a éprouvé autant de révolutions en physique que la rapacité et l'ambition en ont (*causées*) parmi les peuples.

Nos 457 à 462.

1. Le hasard les ayant (*fait*) naître dans le même mois, tous deux moururent presqu'au même âge.

2. La guerre a pour elle l'antiquité, elle a été dans tous les siècles; on l'a toujours (*vue*) remplir le monde de veuves et d'orphelins.

3. Nephté ne s'est point (*laissée*) aller, comme bien des rois, aux injustices.

4. Tous les soldats s'étaient (*laissé*) prendre en sa présence.

5. On le condamna, lui et deux dominicains, à mourir dans les flammes qu'ils s'étaient (*vantés*) d'affronter.

6. Le défrichement des forêts augmente la chaleur dans les pays chauds, comme je l'ai (*observé*) à l'Ile-de-France.

7. O Télémaque! craignez de tomber entre les mains de Pygmalion, notre roi; il les a (*trempées*), ces mains cruelles, dans le sang de Sichée, mari de Didon, sa sœur.

8. Et je l'ai (*vue*) aussi cette cour peu sincère,
   A ses maîtres toujours trop soigneuse de plaire.

9. S'il avait demandé M. Fontenelle pour examinateur, je lui aurais fait tous les vers qu'il aurait (*voulu*).

10. Je lui ai lu mon épître très-posément, jetant dans ma lecture toute la force et tout l'agrément que j'ai (*pu*).

11. Ils répétèrent cette ancienne fable que deux Juifs avaient (*prédit*) l'empire à Léon ; et qu'ils avaient exigé de lui qu'il abolît le culte des mages.

12. C'est la seule fois qu'on a vu trois enfants (*soulevés*) contre leur père.

13. Combien de fois lui a-t-il (*dit*) que la fin principale et la première loi du gouvernement était le bonheur des peuples !

14. Il a été libre de mettre à cet abandon la condition qu'il a (*voulu*).

15. Sa vertu était aussi pure qu'on l'avait (*cru*) jusqu'alors.

16. N'est-il pas louable d'avoir cherché les plus noires couleurs qu'il a (*pu*) pour donner de l'horreur d'un si détestable abus ?

17. Les mathématiques, que vous n'avez pas (*voulu*) que j'étudiasse, sont cependant fort utiles.

18. Je me laissai enlever de l'hôtellerie, au grand déplaisir de l'hôte, qui se voyait par là sevré de la dépense qu'il avait (*compté*) que je ferais chez lui.

19. Toute la cour a été pendant trois jours en combustion au sujet d'une mauvaise comédie que j'ai (*empêchée*) d'être représentée.

20. Partout les rayons perçants de la vérité vont venger la vérité qu'il a (*négligé*) de suivre.

21. Voilà, mon fils, le sujet des larmes que tu m'a (*vu*) verser.

22. Il fallait, comme moi, l'avoir (*entendue*) déclamer Mahomet.

23. C'est une question que je leur ai (*laissé*) démêler.

24. La France se montra dans l'attitude qu'on lui avait toujours (*vu*) garder.

25. Il est écrit que Dieu n'a pas révélé ses jugements aux Gentils, et qu'il les a (*laissés*) errer dans leurs voies.

26. Ils étaient punis pour les maux qu'ils avaient (*laissé*) faire.

EXERCICES GÉNÉRAUX SUR LE PARTICIPE PASSÉ.

Quels dangers n'a pas (*courus*) l'Autriche pendant la tempête de vingt ans qu'elle a (*essuyée*)! — Les jésuites se sont à la vérité (*servis*) de la religion pour ôter la liberté aux peuplades du Paraguay ; mais ils les ont (*policées*) et (*rendues*) industrieuses. — Le trop de partialité que vous aurez (*mis*) dans une affaire vous fera accuser de prévention. — Que de crimes, de guerres, de meurtres, de misères et d'horreurs n'eût point (*épargnés*) au genre humain celui qui aurait (*arraché*) les pieux ou (*comblé*) les fossés! — Henri de Navarre et Henri de Condé se sont (*faits*) catholiques.— Plus de défiance vous aurez (*eu*), moins de confiance vous vous serez (*attiré*).— Manlius se découvrit la poitrine, qu'il fit voir toute couverte des cicatrices que lui (*avaient laissées*) les blessures qu'il avait (*reçues*). — On (*n'est*) pas du tout disposé à travailler les jours qu'on a trop (*bu*) et trop (*mangé*). — Les Phéniciens, en découvrant l'Andalousie et en y fondant des colonies, y avaient établi des Juifs, qui servirent de courtiers comme ils en ont (*servi*) partout. — Si les (*Solons*) et les (*Lycurgues*) modernes se sont (*moqués*) de vous, les nouveaux (*Triptolèmes*) se sont encore plus (*moqués*) de moi.— J'ai vu mourir, et je ne puis dire quelle peine cela m'a (*faite*). —Isabelle et Ferdinand formèrent une puissance telle que l'Espagne n'en avait point encore (*vu*) depuis le rétablissement des chrétiens. — Les femmes ont (*coloré*) leur visage quand les roses de leur teint se sont (*flétries*).— Plusieurs des rois d'Egypte, qui avaient (*foulé leurs peuples*) pour élever des pyramides immenses, furent (*privés*) des tombeaux qu'ils s'étaient eux-mêmes (*construits*). — Les brassarts, les cuissarts furent une partie de l'habillement; on prétend que Charlemagne en avait (*eu*), mais que ce fut vers l'an 1000 que l'usage en fut commun.—Des savants se sont (*prévalus*) de ce qui est rapporté dans l'Evangile de l'enfance.— L'homme n'a guère de maux que ceux qu'il s'est (*donnés*). — Le fleuve de Gambie et la rivière de Bissao sont (*remplis*) d'huîtres, et plusieurs lacs en ont (*fourni*) autrefois et en ont encore.

— Les petites causes se sont (*subordonnées*) aux grandes. — Il en a été des sciences comme des empires du monde qu'une infinité de petits souverains se sont (*partagés*). — Quelle magnificence dans les cellules que les abeilles se sont (*creusées*) elles-mêmes ! — On fabriqua cinquante Evangiles, qui furent ensuite (*déclarés*) apocryphes ; saint Luc nous apprend lui-même que beaucoup de personnes en avaient (*composé*). — L'imagination s'est (*portée*) sur des objets qu'elle ne pouvait pénétrer. — On (*n'approuve*) pas la peine que quelques personnes se sont (*donnée*) de nous apprendre comment sont (*faits*) certains insectes. — Les lois de ne point ensanglanter la scène sont des lois qui pourraient avoir quelques exceptions chez nous, comme elles en ont (*eu*) chez les Grecs. — La langue latine et la langue grecque sont deux langues qui se sont longtemps (*parlées*) et qui ne se parlent plus. — Il faut, dans tous les arts, se donner bien de garde de ces définitions trompeuses par lesquelles nous osons exclure toutes les beautés qui nous sont inconnues ou que la coutume ne nous a point (*rendues*) familières. — On a vu des hommes qui ont eu la faiblesse de se croire supérieurs à leur profession ; ce qui est le plus sûr moyen d'être au-dessous, mais on n'en a point encore (*vu*) qui voulussent l'avilir. — Plusieurs religieux détestent, dans l'âge mûr, les chaînes dont ils se sont (*garottés*) dans un âge où l'on ne devrait pas disposer de soi-même. — Il a fallu mener les païens avec les brides qu'ils s'étaient (*faites*) eux-mêmes. — Des querelles qui auraient autrefois produit des excommunications, des interdits, n'en ont point (*causé*). — On veut à toute force que le cardinal de Richelieu ait fait un mauvais livre ; à la bonne heure : tant d'hommes d'Etat en ont (*fait*) ! — Les Perses, adorateurs du soleil, ne souffraient point les idoles ni les rois qu'on avait (*faits*) dieux. — Les chaleurs qu'il y a (*eu*) ont causé de violents orages. — Les Romains s'étaient (*faits*) à la discipline ; la sévérité de Manlius et l'exemple de Régulus y ont beaucoup (*contribué*). — Les grands terriens eurent toujours la même idée sans se l'être (*communiquée*). — Il y a des anthropophages : on en a (*trouvé*) en Amérique. — Tous les peuples du monde, sans en excepter les Juifs, se sont (*fait*) des dieux corporels. — C'est ordinairement la peine que s'est (*donnée*) un auteur à limer et à perfectionner ses écrits qui fait que le lecteur n'a point (*de*) peine en les lisant. — Il y a des hommes fort au-dessous de nous; nous en avons (*vu*) de fort supérieurs, mais on n'en a (*vu*) aucun qui n'eût plus de désirs que de vrais besoins, et plus de besoins que de satisfaction. — Il n'est pas un point de théologie sur lequel les hommes ne se soient (*divisés*). — Ceux qui ont affronté toutes les batailles, et qui n'ont été ni (*tués*) ni (*blessés*), l'ont (*échappé*) belle. — Les animaux que l'homme a (*le*) plus (*admirés*) sont ceux qui ont paru participer à sa nature, et il s'est émerveillé toutes les fois qu'il en a (*vu*) quelques-uns faire ou contrefaire des actions humaines. — Les hommes se sont (*divisés*) et ont été la proie des tyrans. — Charlemagne surpasse les actions de (*ses*) ancêtres, et donne à la couronne de France un éclat dont on ne l'aurait pas (*crue*) susceptible. — Ceux qui ont vu la mort de près l'ont (*échappé*) belle. — Le *Télémaque* a fait quelques imitateurs; les *Caractères* de La Bruyère en ont (*produit*) davantage. — La vie pastorale, qui s'est (*conservée*) dans plus d'une contrée de l'Asie, n'est pas sans opulence. — Au lieu de professer la religion telle que Dieu l'a (*donnée*), telle que Jésus-Christ l'a (*enseignée*), on en a (*altéré*) la pureté : on l'a (*rendue*) méconnaissable. — On en a beaucoup (*connus*) qui ont (*fait*) de leur fortune un noble usage. — La pauvre Fanchon s'est (*plainte*) de beaucoup de maux de tête. — Les Romains, pour maintenir et assurer la discipline militaire, qu'ils regardaient comme le principal appui de l'État, s'étaient (*crus*) obligés de répandre le sang de leurs propres enfants et des premiers officiers de l'armée. — J'en ai beaucoup (*vus*) qui philosophaient plus doctement que moi; mais leur philosophie leur était pour ainsi dire étrangère. — Didon, pleine du désir de la vengeance, s'est (*sauvée*) de Tyr avec plusieurs vaisseaux. — Dieu, en créant les individus de chaque espèce d'animal et de végétal, a non-seulement donné la forme à la poussière de la terre, mais il l'a (*rendue vivante*) et animée. — J'ai connu l'intérieur des familles : je n'en ai guère (*vues*) qui ne fussent (*plongées*) dans l'amertume. — La foule s'est (*amassée*) autour de nous. — Les Athéniens se sont (*trouvés*) asservis sans s'en apercevoir. — Le glaive a tué bien des hommes : la langue en a (*tué*) bien plus. —

Les jours passés dans l'oisiveté, autant de (*perdu*).—Les poissons mis dans la poêle, autant de (*frits*).— Les sottises de nos pères sont autant de (*perdu*) pour nous.— Les économies que vous aurez faites, autant de (*gagné*). — Les dimanches que vous aurez (*travaillé*), autant de (*gagné*).—Que de fois nous en avons (*vu*), pour l'exemple, se laisser entraîner.—Le trop d'expédients que vous avez (*apportés*) dans une affaire, l'a (*gâtée*) quelquefois. —(*Gonflés*) d'orgueil, la plupart n'ont de valeur que par leur entourage. — Les tailleurs ont toujours (*déguisé*) la nature. — Le grand nombre d'ennemis que Napoléon a (*eu*) à combattre ont (*fini*) par le vaincre. — Autant de fruits il est (*venu*) sur le marché, autant il en a été (*vendu*). — Autant de souricières on a (*tendues*), autant de souris on a (*prises*).—Que de maux ont (*produits*) l'ignorance! —Les menteurs et les calomniateurs sont (*punis*) par le peu de créance qu'on aura (*donné*) à leurs paroles. — C'est souvent le trop d'oisiveté que vous aurez (*eu*) qui causera votre ruine.—Peu savent arriver au but qu'il se sont (*proposé*). — Plus d'un a succombé qu'a (*noirci*) l'infâme calomnie. — Combien s'en est-il (*rencontré*) qui, de leur sort, se sont toujours (*contentés*)!— Les choses que vous aurez (*faites*) à contre-cœur, vous les avez (*faites*) de mauvaise grâce. — Dans les promenades, ce sont moins les hommes que les femmes qui sont (*observées*). — Ceux qui se sont (*fait*) craindre ne se sont jamais pu faire aimer.—Le trop d'attention que nous avons (*eu*) pour le danger fait le plus souvent que nous y sommes (*tombés*). — Combien ont (*dansé*) pour secouer leurs peines! — La discorde a toujours (*régné*) dans l'univers. — Il y a des femmes qui se sont toujours (*plues*) à contredire leurs maris. — Les païens se sont (*plus*) à persécuter les chrétiens. — Ceux-là qui ne se sont pas (*plu*) ne doivent pas être (*unis*). —Si vous vous êtes (*plu*), si vous vous êtes (*convenu*), mariez-vous. — Les évêques sont (*préposés*) à la conduite de l'Eglise de Dieu. — Les muses ont (*présidé*) à la naissance d'Homère, de Virgile. — La royauté a été (*profanée*).—Les arbres profitent extrêmement dans une terre nouvellement (*remuée*).—On ne peut prétendre cause d'ignorance d'une loi qui a été (*promulguée*). — Les patriarches ont (*prophétisé*) la venue de Jésus-Christ.— Plus de désirs vous aurez (*eus*), plus de chaînes vous vous serez (*forgées*).-Plus vous aurez travaillé, plus de science vous aurez (*acquis*). — L'occasion qu'on a (*laissée*) échapper ne se retrouve plus. — Ce n'est pas toujours l'intérêt ni la félicité du peuple qu'on a (*consultés*). — L'indépendance des rois est (*fondée*) sur la liberté des peuples. — On se plaint des ingrats qu'on n'a pas (*faits*), pour se défendre des ingrats que l'on ne veut pas faire. — Les idées du juste et de l'injuste, est-ce la matière ou Dieu qui vous les a (*données*)? — Toutes les injustices ont été (*mises*) en lois. — Les efforts que vous aurez (*faits*) pour imiter la nature seront (*couronnés*) de succès. — Les hommes de parti se sont toujours (*imaginé*) que gouverner une nation, c'est la soumettre à son opinion. — La patience est très-souvent (*figurée*) par l'indolence. — Nous sommes tous (*entourés, obsédés, influencés*) par les chimères, les fantômes que nous nous sommes (*formés*). — Les fleurs commencent à se faner dès qu'elles sont (*cueillies*). — Les sciences, les beaux-arts ont toujours (*fleuri*) sous les grands princes. — Dieu et la nature ont (*fait*) les hommes égaux, les ayant (*formés*) d'une même boue. — Les travaux des anciens nous ont (*frayé*) le chemin des plus grandes découvertes. — Quand les terres sont bien (*fumées*) elles en fructifient davantage. — Les paiements que fait un débiteur doivent être (*imputés*) sur les dettes qui lui sont le plus à charge. — Ceux qui n'étaient pas (*initiés*) aux mystères de Cérès, ne pouvaient assister à certains sacrifices. — Les Sarrasins ont (*inondé*) l'Espagne. — L'Asie fut (*inondée*) par les Tartares. — L'Angleterre se voit (*inondée*) par l'effroyable débordement de mille sectes bizarres. — Tout s'use, (*excepté*) Dieu et l'éternité. — La jalousie, l'envie, l'ambition sont (*entrées*) dans le cœur de l'homme, et lui ont (*inspiré*) toutes ses mauvaises pensées. — Les honneurs sont (*institués*) pour récompenser le mérite. — Tous les sujets sont (*intéressés*) à la conservation du prince, au bonheur, au repos de l'Etat. — Les vices se sont (*introduits*) avec le temps. — Je vous envoie (*ci-joint*) la déclaration du roi. — Vous trouverez (*ci-joint*) la déclaration du roi. — Que nous reste-t-il de ces grands noms qui ont autrefois (*joué*) un grand rôle dans l'univers? — Combien s'est-on plaint que la force des choses (*jugée*) n'était presque plus (*connue*). — La plupart de ceux que vous avez (*vus*) mourir vous ont (*laissés*) vous-mêmes (*étonnés*) de la promptitude de leur mort. — La foi nous a (*laissés*) insensibles, mais elle nous a (*rendus*) soumis. — La religion est nécessairement (*liée*) à l'ordre public. — Le regret qu'ont les hommes du mauvais emploi du temps qu'ils ont déjà (*vécu*), ne les conduit pas toujours à faire de celui qui leur reste à vivre un meilleur usage. — La puissance qu'on vous a (*confiée*), comment en avez-vous (*usé*)? — La force, l'autorité, la pudeur des lois se trouvent (*confiées*) à ceux qui ne connaissent d'autre loi que le mépris public de toute bienséance. — Dans le chaos, tous les éléments étaient (*confondus*). — Les Grecs ont (*confondu*) les seconds Assyriens avec les premiers. — Salomon et Job ont le mieux (*connu*) la misère de l'homme, l'un connaissant la vanité des plaisirs par expérience, l'autre la réalité des maux. — Les concussions et les violences ne furent (*connues*), parmi les Romains, que dans les derniers temps de la République. — Rome se vantait d'être une ville sainte par sa fondation (*consacrée*) dès son origine par des auspices divins. — Que de dons et de richesses (*consacrés*) à la majesté du culte! — La chair et le sang de Jésus-Christ sont (*contenus*) sous les espèces du pain et du vin. — Le peu d'habitude que nous aurons (*eu*) du monde, nous y fera paraître (*gênés*). — Nous nous trouvons (*corrompus*) avant d'avoir pu connaître ce que nous sommes. — On en a (*vu*) se coucher roturiers et se lever nobles. — Après avoir causé autant de maux qu'ils en ont (*soufferts*), les partis ne sont pas encore près de s'entendre. — Autant d'hommages vous aurez (*rendus*) à la vertu, autant d'offrandes vous aurez (*faites*) intérieurement à Dieu. — La tour de Babel ne s'éleva pas aussi haut que l'avait (*souhaité*) la vanité humaine. — Les hommes n'ayant pu guérir la mort, la misère, se sont (*avisés*), pour se rendre heureux, de n'y plus penser. — Le jeune Marius célébra les obsèques de son père par la mort de plusieurs sénateurs qui avaient (*échappé*) aux premières fureurs de la proscription. — Les Romains ont (*passé*) de la liberté à la licence, et de la licence à la servitude. — C'est par les Phéniciens que la mer est (*devenue*) le lien de la société de tous les peuples de la terre. — Suivez l'histoire des superstitions de chaque peuple et de chaque pays, elles ont (*duré*) un certain nombre d'années, et sont (*tombées*) ensuite avec la puissance de leurs sectateurs. — Tous les jours le navigateur passe avec sécurité et avec joie sur des lieux où des milliers d'hommes ont (*péri*). — Bénissez Dieu de la grâce qu'il vous a (*faite*). — Bénissons la main qui nous a (*créés*).—Quand vous aurez fait les choses que vous aurez (*pu*), vous aurez fait toutes les choses que vous aurez (*dû*).—Les révolutions qui se sont (*succédé*) depuis soixante ans, n'ont guère amélioré le bien-être du peuple. — Il est des terres inconnues où les hommes n'ont pas encore (*abordé*).—Il faut attendre pour faire les compliments d'entrée que les petits chiens aient (*aboyé*). — Les terres que la nation avait (*prétendues*) lui appartenir, la République les lui a (*adjugées*).— Nous ne sommes pas toujours autant (*estimés*) que nous nous estimons (*nous-mêmes*). — Les générations se sont (*succédé*), mais elles ne se sont jamais (*ressemblé*.) — A ceux-ci les soirées ont (*paru*) longues, à ceux-là elles ont (*semblé*) courtes.—Les autels des dieux se sont (*vus abandonnés*). — Jamais plante ne fut cultivée avec plus de soin ni ne se vit plutôt (*couronnée*) de fleurs et de fruits que la princesse Anne.— La Grèce vit (*couronner*) une infinité de martyrs.—Il y a des animaux qu'on n'a jamais (*vus manger*) dès qu'on les regarde.—Les huîtres qu'on a (*apportées*), nous les avons (*vues mangées*) en un instant. — Les cruautés que nous avons (*vues exercées*) par les communes de France et en Angleterre du temps de Charles VI et Henri V se sont (*renouvelées*) en Allemagne. — Quelques Hongrois, pour ne pas tomber dans les mains de leurs ennemis, se sont (*faits*) mahométans. — Si l'on ne périt pas sous la multiplicité des remèdes, ou l'aura, ma foi! (*échappé*) belle. — Dieu a admiré son œuvre dès qu'il l'a (*eue créée*).— Les services qu'on nous a (*offerts*), on nous les a (*rendus*) dès que nous les avons (*eus agréés*).— On a exploré l'Amérique dès qu'on l'a (*eue découverte*).—Que de paroles on aurait voulu avoir (*retenues*), dès qu'on les a (*eues dites*).— Les libertés que vous avez (*demandées*) on vous les a (*données*), et vous n'en avez pas encore été (*satisfaits*).—Plus vous aurez (*vécu*), plus d'expérience vous aurez (*acquis*). — Plus d'économies vous aurez (*faites*) dans votre jeunesse, plus d'aisance vous vous serez (*préparé*) dans l'âge mûr.—Moins vous aurez (*eu*) d'amis, moins vous vous serez (*fait*) d'ingrats. —C'est la vie, comme l'argent, que les hommes ont toujours beaucoup (*estimés*).—Les meilleures leçons, les plus sages conseils, on ne les a pas toujours (*suivis*). – Quand nous sommes (*placés haut*), c'est pour faire le bien. — Que de gens auraient (*voyagé*) si l'esprit s'acquérait en route. — Oh! (*bénie*) soit à jamais la zone torride dont la rapide végétation donne à l'âme une chaleur de bonté.—Il en est du véritable amour et du bonheur comme de l'apparition des esprits : tout le monde en parle, mais peu de gens en ont (*vu*). — Dans la cité les soldats ne devraient jamais se promener (*armés*). — Plus d'efforts on a (*faits*), plus de persistance il faut pour arriver au but.—Nous n'imputons nos malheurs à la fortune que pour nous éviter le blâme de nous les être (*attirés*). — Les Romains finirent comme ils avaient (*commencé*), par être des bandits. — La nature nous a (*fait*) un besoin de l'occupation. — La croyance d'un Dieu a (*retenu*) des hommes sur le bord du crime. — La nature nous a (*donné*) deux oreilles et une seule bouche pour nous apprendre qu'il faut plus écouter que parler. — L'amour est une goutte céleste que les dieux ont (*versée*) dans le calice de la vie pour en corriger l'amertume. — Il y a des objets dont la possession nous eût (*rendus*) fous à vingt ans, qui nous laissent calmes à quarante. — Il y a des gens dont la figure détruit d'un coup d'œil l'opinion que l'on avait (*conçue*) de leur capacité. — Pour connaître le caractère, la moralité d'une nation, lisez les lois qu'elle s'est (*dictées*), il en est qui vous feront horreur.—La religion juive est un vieux tronc qui a (*produit*) deux branches qui ont (*couvert*) toute la terre ; je veux dire le mahométisme et le christianisme, ou plutôt c'est une mère qui a (*engendré*) deux filles qui l'ont (*accablée*) de mille plaies ; mais quelques mauvais traitements qu'elle en ait (*reçus*), elle ne laisse pas de se glorifier de les avoir (*mises*) au monde. — Par un instinct merveilleux, le papillon pourvoit à la conservation de son espèce. Des œufs qu'il a (*pondus*) sortiront de nouvelles générations, mais où les a-t-il (*déposés*) quand s'est (*annoncée*) la saison rigoureuse? Comment les a-t-il (*garantis*) des pluies et des froids qui se sont (*succédé*)?—La divinité, qui a (*donné*) la sagesse à l'homme, s'est aussi (*plue*) à instruire les animaux. — Le papillon tire de son corps une matière gluante dont il enduit ses œufs sur des plantes qu'il a (*jugées*) lui-même convenables à leur entretien. — Jamais le nom de la Grèce ne serait arrivé jusqu'à nous, si l'Asie, venant fondre sur elle, n'eût (*forcé*) ses habitants à faire des prodiges de valeur, de patriotisme et de vertu qui l'ont (*rendue*) si célèbre. — Rome ne serait peut-être jamais (*parvenue*) à dominer le monde, si, (*atta-*

quée) dans son berceau par tous les peuples voisins, elle ne s'était pas (*vue contrainte*) à faire de son peuple un peuple de héros, toujours prêts à sacrifier leur sang, leurs fortunes et les liens même de la nature au salut et à la gloire de la patrie.—Il faut rendre autant de cadeaux qu'on en a (*reçus*). — On reproche en général aux savants d'être orgueilleux; il s'en est (*rencontré*) cependant beaucoup de modestes. — Il n'y a jamais eu autant de journaux qu'on en a (*publiés*) depuis quelque temps. — Combien nous en avons (*trouvés*) sur la reconnaissance desquels nous avions (*compté*), et qui non-seulement ne nous ont point (*aidés*), mais encore nous ont (*desservis*)! — Des chauve-souris, on en a (*vu*) de très-grasses en Amérique. — Paris abonde en gobe-mouches; combien n'en a-t-on pas (*vus*) passer des heures entières pour être témoins du plus simple événement? — Que d'éloges les chefs-d'œuvre ont (*valus*) à ceux qui en ont (*produit*).— Autant d'impôts le gouvernement a (*exigés*), autant les contribuables en ont (*payés*). — Y a-t-il rien de comparable à l'attachement du chien pour la personne de son maître? On en a (*vu*) mourir sur le tombeau qui le renfermait. — Les tyrans d'Athènes firent mourir en huit mois plus de citoyens que la guerre n'en avait (*moissonnés*). — L'expérience n'est pas tant le fruit d'un grand nombre d'années que l'on a (*vécu*) que d'un grand nombre de moments que l'on a (*observé*).— Aucun peuple n'a été plus fier que les Athéniens de produire des hommes de mérite et n'en a plus (*produit*).— Si la témérité a (*réussi*) à quelques-uns, elle en a beaucoup (*conduits*) à leur perte.—Une fois (*établie*), la renommée en mal ne peut être (*abolie*). — Trop souvent, hélas! les biens pour lesquels nous avons (*soupiré*) ont (*causé*) notre ruine. — Le peu de prudence que vous aurez (*mis*) dans une affaire vous la fera manquer. — Que de sagesse il a (*fallu*) pour ne pas tomber dans de nouvelles révolutions!— Que de folies les hommes n'ont-ils pas (*faites*)!—(*Bornée*) au personnel la satire est maussade. — Aujourd'hui (*favorisés*) du sort, demain nous tombons (*écrasés*). — On voit tous les jours avorter ses projets par le trop d'impatience qu'on a (*mis*).—Souvent les trompeurs sont (*trompés*).— Les faibles sont forts alors qu'ils sont (*unis*). — Nous aurons horreur des vices dès qu'on nous les aura (*peints*) comme ils sont. — Trop de précaution, trop de soins, trop d'attention pour notre santé quelquefois nous ont (*nui*). —

Pour vivre heureux, vivons (*cachés*). — Plus nous avons eu de liberté, moins nous en avons (*joui*). — Quelque reconnaissance qu'aient les enfants pour leurs parents, ils ne peuvent les payer des soins qu'ils en ont (*reçus*) dans leur jeunesse. — Il vient un âge où l'on commence à sentir le prix des talents qu'on s'est (*donnés*). — Les maux de l'homme ne sont pas toujours aussi grands que son imagination les lui a (*représentés*). — Pensez-vous que nous ignorions nos avantages et que nous ne nous les sommes pas souvent (*représentés*)? — Tous les mouvements qu'on s'est (*donnés*) pour s'enrichir ne produisent pas toujours d'heureux fruits. — Pouvons-nous dire les maux que les révolutions nous ont (*causés*)? — L'autorité que le peuple respectait, on la lui a (*rendue*) odieuse. — Les peuples ne veulent plus de rois dès qu'on les leur a (*représentés*) comme des tyrans. — Le peuple désire la liberté depuis qu'on la lui a (*peinte*) comme l'objet de sa félicité. — Nous avons à nous plaindre de la manière obscure que certains écrivains ont (*raisonné*) et (*écrit*). — Moins de richesses vous aurez (*possédées*), moins de peines vous aurez (*eues*). — Ceux qui font le bien mériteraient seuls d'être (*enviés*). — Ceux qui ont (*consacré*) leur vie à l'étude et qui en ont (*employé*) tous les instants à s'enrichir de nouvelles connaissances ne peuvent être (*accusés*) d'avoir (*abandonné*) l'utilité commune. La patrie leur doit au contraire de grands avantages : les lumières qu'ils ont (*communiquées*) ont (*éclairé*) leurs concitoyens, les ont (*rendus*) meilleurs et plus propres à servir l'État. — Rien de plus impérieux que la faiblesse qui se sent (*appuyée*) de la force. — Plus les femmes ont (*hasardé*), plus elles sont prêtes à sacrifier encore. — La finesse n'est ni une trop bonne ni une trop mauvaise qualité ; elle flotte entre le vice et la vertu. Il n'y a point de rencontre où elle ne puisse et peut-être où elle ne doive être (*suppléée*) par la prudence. — On voit des hommes tomber d'une haute fortune par les mêmes moyens qui les y avaient (*fait*) monter. — Les hommes d'une trempe assez forte pour résister aux revers de la fortune sont assez rares ; mais il en est bien moins encore que la fortune n'ait pas (*corrompus*). — Chacun est réduit à cultiver une petite partie du vaste champ que le siècle de Louis XIV a (*défriché*). — La gloire des grands hommes se doit toujours mesurer aux moyens dont ils se sont (*servis*) pour l'acquérir. — On doit remarquer que ce qui a le plus contribué à rendre les Romains les maîtres du monde, c'est qu'ayant (*combattu*) successivement contre tous les peuples, ils ont toujours (*renoncé*) à leurs usages, dès qu'ils en ont (*trouvé*) de meilleurs.— Quelle forêt de préjugés nous avons (*abattus*), disait un philosophe à une femme d'esprit : Voilà pourquoi l'on nous a (*débité*) tant de fagots, répondit-elle.— La démocratie, comme nous l'avons (*remarqué*), n'a pas pour les petits États les mêmes inconvénients que pour les grands.—Le petit nombre d'épigrammes qu'on a (*retenues*) de Martial est heureusement de celles qu'on peut citer.—Charlemagne a gouverné avec gloire une des plus vastes monarchies qu'il y ait (*eu*) depuis celle des Romains. — Marcus Manlius était un des plus braves guerriers que Rome eût jamais (*élevés*), mais son ambition et sa vanité étaient encore plus grandes que sa valeur. — La conduite des dix mille Grecs fut aussi savante que courageuse ; ils marchaient sur deux colonnes, plaçant dans l'intervalle le peu de bagages qu'ils avaient (*conservés*). — La nature s'est (*plue*) à doter la Grèce et l'Italie de dons à peu près semblables. — Le sage ne se conduit par les lumières d'autrui qu'autant qu'il se les est (*rendues*) familières. — Partout l'histoire s'est (*pliée*) aux mœurs et à l'esprit du temps. — Les honneurs deviennent une flétrissure, lorsqu'un indigne en est (*revêtu*).—La liberté politique bien (*analysée*), est une fable (*convenue*, *imaginée*) par les hommes qui gouvernent, pour endormir les (*gouvernés*). — Il n'est point de sentiment et de position, quelque (*purs*) et (*élevés*) qu'ils soient, où l'orgueil et la vanité ne puissent entrer : la religion, la vertu, le malheur, ont leur orgueil.—Les plus grands prodiges de vertu ont été (*produits*) par l'amour de la patrie.—Une belle pensée perd tout son prix, si elle est mal (*exprimée*) ; elle vous ennuie, si elle est (*répétée*). — Il y a une infinité d'erreurs politiques qui, une fois (*adoptées*), deviennent des principes. — Les préjugés doivent être (*discutés*) et (*traités*) avec circonspection. — Il y a des personnes à qui les défauts siéent bien, et d'autres qui sont (*disgraciées*) avec leurs bonnes qualités. — Celui qui a reçu des services peut s'en souvenir ; celui qui les a (*rendus*) doit les oublier. — Il n'est plus permis à l'homme de quitter la vie sans l'ordre de celui dont il l'a (*reçue*) : ce serait abandonner le poste qui lui a été assigné par Dieu même. — La vie n'est pas bonne à grand'chose ; nous ne la supportons que par la force d'un instinct presque invincible que la nature nous a (*donné*).—L'espoir de rejoindre les êtres (*chéris*) qu'on a (*perdus*) adoucit, pour la vieillesse, l'approche de la mort et la métamorphose presque en plaisir.—Par l'amour (*exaltés*), les plus lâches ont du cœur.—Les grands cœurs ne sont (*faits*) que pour aimer la gloire. — Le trop de confiance que nous aurons (*eu*) nous peut être fatal. —(*Instruits*) de nos dangers, il faut les prévenir. — Les dieux ne s'arment pas pour ceux qu'ils ont (*proscrits*). — Plus d'ennemis vous aurez (*eus*), plus belle sera la victoire. — Souvent à l'erreur nous serons (*exposés*), par le trop de promptitude que nous aurons (*mis*).—Les besoins nous ont (*faits*) esclaves les uns des autres. — Ce n'est qu'en réparant qu'on peut tirer parti des fautes qu'on a (*faites*).—Combien ont (*parlé*) raison et se sont (*conduits*) en fous!—L'imposture, plus que le droit, a (*gouverné*) le monde. — L'innocence, (*accusée*) est (*aisée*) à confondre.— La louange (*affectée*) est une raillerie.— La nature n'a (*créé*) ni tyrans ni esclaves. — Combien ont (*abjuré*) le nom de leur famille! — Le trop de fermeté que les gouvernements ont (*eu*) les ont souvent fait périr.—La peur du ridicule a produit chez nous plusieurs effets salutaires; elle a (*poli*) nos mœurs et notre langage; elle a (*donné*) de l'élégance à nos manières et à nos parures; elle nous a (*rendus*) moins grossiers dans nos passions, moins (*emportés*) dans la dispute : nous lui devons la réputation d'être le peuple le plus sociable. —Dans toute la Grèce, les lois ont (*mis*) des entraves au commerce; celles de Carthage en ont (*mis*) quelquefois à la propriété des colons.—Après s'être (*emparée*) d'une partie de la Sardaigne et l'avoir (*peuplée*) de nouveaux habitants, Carthage leur défendit d'ensemencer leurs terres, et leur ordonna d'échanger les fruits de leur industrie contre les denrées trop abondantes de la métropole. —Il ne faut pas juger de la puissance des Perses par les conquêtes qu'ils ont (*faites*). Ils ont (*vaincu*) les peuples (*amollis*), uniquement parce qu'ils n'étaient pas (*amollis*) eux-mêmes, et s'ils ont (*eu*) quelque supériorité dans la manière de faire la guerre, ils ne l'ont (*eue*) qu'avec des peuples chez qui l'art militaire n'avait fait aucun progrès, et qui, comme eux, n'avaient jamais (*combattu*) qu'avec de grandes armées. — Les lions ont dans tous les temps (*donné*) la préférence aux climats les plus chauds; ils se sont rarement (*habitués*) dans les pays (*tempérés*), et n'ont jamais (*habité*) dans les terres du nord. — Les anciens braines ont (*mené*) la vie la plus austère, et les faquirs, qui leur ont (*succédé*), ont, depuis deux mille ans, (*suivi*) le même exemple.—Des dons qu'ils vous ont (*faits*) remerciez les dieux. — Il faut profiter du peu de jours que la nature nous a (*donnés*) à vivre.—Les erreurs qu'on se serait (*imaginé*) de nous donner pour des vérités n'en imposeront à personne. — Les voyages qu'on s'est (*proposé*) de faire n'ont pas toujours lieu. — Les ennemis que l'empire s'était (*faits*) et qu'il s'était (*figuré*) de pouvoir écraser sont (*devenus*) plus nombreux et plus puissants.—Les malheurs que nous aurons (*contribué*) à accroître, nous ne pourrons les imputer qu'à nous-mêmes. — Ceux que vous avez (*entendus*) vous applaudir dans la prospérité vous jettent la pierre dans la disgrâce.— Il faut aimer, chérir et respecter celle qu'on s'est (*engagé*) à prendre pour femme. — Des légions romaines qu'on avait (*contraintes*) de se battre déposèrent les armes.— L'habitude qu'on s'est (*faite*) de médire ne se perd plus et vous rend odieux à tout le monde. — Les secours que des personnes courageuses se sont (*empressées*) de porter aux cholériques en ont beaucoup (*sauvés*).— Le public est saturé de feuilletons et de romans, tant il en a (*paru*). — Les champs sont inondés de pluie, tant il en est (*tombé*).— Paris n'a presque plus d'étrangers, tant il en est (*parti*). — Nous tremblons à l'idée d'une révolution, tant nous en avons (*vues*)!— Il n'y a presque plus de bêtes sauvages en France, tant il en a été (*détruit*)! — Nous n'avons presque plus de loups, tant nous en avons (*tués*)!—Nous avons très-peu de bois en France, tant on en a (*coupés*).— Ce n'est que très-difficilement que les rois ont accordé aux peuples une constitution, tant il leur en a (*coûté*).— Les rois se seraient-ils (*imaginés*) avoir été (*élevés*) sur le trône pour faire toutes les choses qu'il leur aurait (*plu*) ? — Les fausses nouvelles que des esprits mal intentionnés se sont (*étudiés*) à répandre ont (*fini*) par n'alarmer personne. — Dans les commencements, il n'y avait encore ni rois ni nations, il n'y avait que des familles dont le père était le chef. Si, dans la suite, plusieurs familles se sont (*réunies*), c'est que dans les commencements, elles se seront (*trouvées*) faibles contre les bêtes féroces ou contre d'autres familles ennemies. Le motif de cette réunion les aura donc (*forcées*) à marcher sous un chef; elles auront (*choisi*) celui qu'elles jugeaient le plus propre à les conduire.— Les pays qui ne produisaient pas de chevaux en ont (*donne*) et en ont (*fait*) usage. — Rome était (*faite*) pour s'agrandir et ses lois étaient admirables pour cela. Aussi dans quelque gouvernement qu'elle ait été, sous le pouvoir des rois, dans l'aristocratie, ou dans l'état populaire, elle n'a jamais (*cessé*) de faire des entreprises qui demandaient de la conduite, et elle y a (*réussi*). Elle ne s'est pas (*trouvée*) plus sage que tous les autres États de la terre en un jour, mais continuellement elle a (*soutenu*) une petite, une médiocre, une grande fortune avec la même supériorité, et n'a point (*eu*) de prospérité dont elle n'ait (*profité*) ni de malheurs dont elle ne se soit (*servie*).— La plupart des législateurs se sont (*amusés*) à faire des institutions puériles avec lesquelles ils se sont à la vérité (*conformés*) aux petits esprits, mais (*décrédités*) auprès des gens de bon sens. Ils se sont (*jetés*) dans des détails inutiles; ils ont (*donné*) dans les cas particuliers; ce qui marque un génie étroit, qui ne voit les choses que par parties et n'embrasse rien d'une vue générale. Quelques-uns ont (*affecté*) de se servir d'une autre langue que le vulgaire, chose absurde pour un faiseur de lois. Ils ont souvent (*aboli*) sans nécessité celles qu'ils ont (*trouvées établies*), c'est-à-dire qu'ils ont (*jeté*) les peuples dans les désordres inséparables des changements.—Jérusalem fut (*prise*) et (*brûlée*).—Les secrets de la nature sont (*cachés*). — Ce n'est pas la sagesse et l'intérêt public que nous avons (*vus*) présider aux conseils, c'est l'intérêt des passions. — La naissance du roi Hérode était (*célébrée*) par ses sectateurs avec la même solennité que le sabbat.— La femme de Loth fut (*changée*) en une statue de sel. — Si le nez de Cléopâtre eût été plus court, toute la face de la terre aurait (*changé*). — Une femme croit valoir beaucoup quand elle s'est (*chargée*) d'or, de pierreries et de mille autres vains ornements. — Qu'avons-nous gagné après tant de calamités que nous avons (*souffertes*) ? — Combien de favoris de la fortune, (*sortis*) tout à coup du néant, vont saisir les premiers postes? — Il y a des hommes qui ont (*commencé*) leur vie par les plaisirs. — Plusieurs savants hommes ont (*commenté*) Homère.—Le tribunal de l'Aréopage était si révéré dans toute la Grèce, qu'on disait que les dieux mêmes y avaient (*comparu*). — Il y a des endroits qui paraissent admirables à leurs auteurs et où ils se sont (*complus*) davantage. — La fraude, l'artifice, la perfidie, le parjure, ne sont (*comptés*) pour rien. — Nos jours sont (*comptés*). — Les princes seraient-ils fort (*touchés*) de leur grandeur et de leur puissance s'ils étaient (*condamnés*) à en jouir tout seuls. — Des missionnaires que l'on avait (*envoyés*) prêcher l'Évangile à la Chine en ont été (*chassés*). — Ceux qui sont (*parvenus*) aux honneurs et aux richesses n'y sont pas toujours (*arrivés*) par les seuls moyens que les honnêtes gens se seraient (*cru*) permis d'employer. — Ne faites rien qui ne soit digne des maximes de vertu qu'on a (*tâché*) de vous inspirer. — On n'accusera pas quelques auteurs de s'être (*occupés*) des critiques qu'on a (*trouvé*) bon de diriger contre leurs écrits. — Les entrepreneurs qui s'étaient (*engagés*) à fournir des vivres aux Moscovites, exécutèrent avec le grand visir le marché qu'ils avaient fait avec le czar. — La permission que le czar avait (*donnée*) de vendre du tabac dans son empire, malgré le clergé, fut un des plus grands motifs des séditieux. — Il se peut qu'une eau dormante, ou (*imprégnée*) de sels ou de matières compactes, étant alors plus pesante qu'un corps d'un pareil volume, comme celui d'une bête, d'un homme, les ait (*forcés*) de surnager. — Les élèves sont peu attentifs aux devoirs qu'on leur a (*dit*) qu'il fallait faire. — On a donné la croix à des gens qu'on a (*prétendus*) n'en être pas dignes. — Faites, pour la réussite d'une affaire, toutes les démarches que vous aurez (*cru*) devoir faire, et employez tous les moyens qui vous auront (*paru*) utiles. — Quels résultats avez-vous (*cru*) que nous retirerions de nos dissensions? quels avantages le peuple en a-t-il jamais (*obtenus*)? — On se laissera aller à des espérances qu'on aura (*crues*) devoir se réaliser. — La France est une nation que Napoléon a (*dite*) devoir être républicaine ou cosaque. — Ne convoitez pas des biens que la législation a (*déclarés*) ne pas vous appartenir. — On ne fréquente pas des gens qu'on a (*jugés*) n'être pas dignes de sa société. — Les peuples se sont (*établis*) dans les contrées qu'ils ont (*jugées*) leur convenir. — Mahomet n'a interdit aux Turcs que des choses qu'il a (*crues*) devoir leur nuire. — Qu'ont fait nos hommes d'État pour prévenir les malheurs qu'on avait (*prévus*) qui nous arriveraient? — Ne soyons pas en défaut pour parer aux inconvénients que nous aurons (*soupçonnés*) qui surviendront. — La morale et la religion sont les arcs-boutants de l'édifice social, et qu'on a toujours (*cru*) bon de maintenir. — Nous avons arraché plus de secrets à la nature dans l'espace de cent années, que le genre humain n'en avait (*découverts*) depuis le commencement des siècles.—Les défauts de Pierre-le-Grand ont (*terni*) ses grandes et admirables qualités. — La surface de la mer paraît, dans la succession des siècles, s'être (*abaissée*) en certains endroits, et (*élevée*) en d'autres; ce qui annonce que les eaux se sont (*déplacées*).—(*Bourrelés*) de remords, des coupables ont (*imaginé*) l'athéisme.— Les hommes s'ennuient enfin des choses qui les ont (*charmés*) dans le commencement. — Les plantes cosmopolites croissent, en général, le long des grands chemins. Ce sont des espèces d'hospices que la nature y a (*établis*) pour les animaux domestiques voyageurs. — Le pain des Lapons n'est que de la farine d'os de poisson (*broyée*) et (*mêlée*) avec de l'écorce tendre de pin ou de bouleau.—Les histoires qu'on a (*données*) à lire aux enfants sont peu fidèles. — Quelle notion tous les peuples auront-ils (*eue*) de l'âme? — Que de sottises n'avons-nous pas (*dites*) sur les Turcs? — Il semble que la plupart des anciennes nations aient été (*gouvernées*) par une espèce de théocratie. — Les Phéniciens se sont probablement (*rassemblés*) en corps de peuple aussi anciennement que les autres habitants de la Syrie. — Les religions mal (*comprises*) ont (*ensanglanté*) la terre, et l'ont (*souillée*) de crimes.—L'homme et l'animal (*accoutumés*) à la liberté ne font point (*d'escapades*), mais seulement ceux que l'on enchaîne. — Combien de gloires se sont à jamais (*évanouies*)! — Le scélérat et le fou (*exceptés*), chaque homme croit que la raison est ce qu'il pense, la vérité ce qu'il dit, la justice ce qu'il fait.—Les métaux et les pierres précieuses (*exceptés*), toutes les plus belles productions de la nature ne sont que (*futilités*) pour l'avarice. — Peu de métiers seraient (*méprisés*), si ceux qui les exercent ne les rendaient méprisables.—Que de choses, de livres, que d'événements il a toujours (*fallu*) pour assouvir la faim de cet ogre vorace que l'on appelle la curiosité publique! — Une fois (*lus*), la plupart des romans se relèguent à la cuisine. — C'est au fond de l'océan que se sont (*formés*) les pierres, les ardoises, les marbres, les gypses, les grès, les cailloux et les métaux même. — Les folies que nous nous sommes (*imaginées*) nous tourmentent. — Les enfants ne doivent pas oublier les soins qu'ils ont (*coûtés*) depuis leur enfance.—Les contraires sont (*guéris*) par les contraires. — Les choses que le mal a (*commencées*) se consolident mal. — Coriolan avait trouvé dans Antium plus d'honneurs et de biens qu'il n'en avait (*perdus*) à Rome par l'ingratitude de ses concitoyens.—C'est le peu d'instruction que vous aurez (*eu*) qui vous fera tomber dans mille erreurs. — Les accusateurs de Manlius lui (*reprochaient*) ses discours séditieux, et les changements qu'il s'était (*proposé*) de faire dans le gouvernement. — Les trois propriétés communes à l'or et à l'argent, qu'on a toujours (*regardés*) comme les seuls métaux parfaits, sont la ductibilité, la fixité au feu et l'inaltérabilité à l'air et dans l'eau. — Les glaneurs vont ramasser les épis qui sont (*restés*) sur le champ, après qu'on en a (*enlevé*) les gerbes. — La France a (*retenti*) longtemps du pompeux éloge du règne de Louis-le-Grand, et nous nous sommes pour ainsi dire (*rassasiés*) là-dessus de nos propres louanges.—Le premier degré de pardon, c'est de ne plus parler de l'injure qu'on a (*reçue*). — Tant d'ouvrages que l'on a (*vus applaudis*) au théâtre, et (*méprisés*) à la lecture doivent faire trembler un auteur! — (*Vu*) l'humaine faiblesse, plus il y a de gouvernants, plus il se fait (*de*) sottises.—La mer et les vents se sont (*tus*) à la voix de Jésus-Christ. — Les sciences nous ont été (*transmises*) par les Grecs et par les Romains. — Ce n'est pas le hasard, une cause aveugle qui nous a (*créés*); nous devons l'être à une puissance qui veille sur le genre humain.—Plus les Arabes conservent leur caractère flegmatique, plus ils sont redoutables dans la colère qui les a (*faits*) en sortir.— Les îles du nouveau monde ont (*vu*) leurs ondes (*rougies*) par les défaites les plus sanglantes. — Après s'être (*acquittée*) de tous ses devoirs à la cour, madame de Montansier a (*souffert*) comme on souffre dans les cloîtres, sans murmurer et sans se plaindre. — Autant de misères la reine a (*connues*), autant elle en a (*soulagées*).—Hercule épousa Hébé dans le ciel, pour récompense des peines qu'il avait (*eues*) sur la terre.—Les Turcs ont converti plus de peuples qu'ils n'en ont (*subjugués*).— L'écartèlement était l'une des peines les plus horribles que l'imagination la plus (*déréglée ait pu*) inventer. — C'est aux Babyloniens qu'est (*due*) l'invention du zodiaque.—Dans le midi, on voit des champs très-spacieux (*semés*) en oignon et en coriandre (*mêlés*). — Parmi cette foule de princes que l'abus du pouvoir a (*précipités*) du trône, plusieurs ont (*péri*) pour expier des injures personnelles dont ils s'étaient (*rendus*) coupables, ou qu'ils avaient (*autorisées*). — La bataille de Lépante se donna dans le bassin que forme la mer près du promontoire d'Actium, aux lieux où s'était (*disputée*) jadis la conquête de Rome et du monde. — Les enfants (*devenus*) hommes sont (*chargés*), à leur tour, de toutes les imperfections dont ils se sont (*moqués*). — La cour de Rome ne s'était pas (*attendue*) que ceux qu'elle traitait de barbares pourraient lui ravir la moitié de l'Europe. — Lorsque le gouvernement a une forme depuis longtemps (*établie*), et que les choses se sont (*mises*) dans une certaine situation, il est presque toujours de la prudence de les y laisser. — Les sables se sont (*agglomérés*) de manière à former des masses solides. — Les Barbares ont (*anéanti*) l'empire romain. — Les tiges de l'angélique (*confites*) dans le sucre font des conserves très-(*recherchées*). — Divers accidents peuvent tromper les espérances des entrepreneurs, et j'en ai (*vu*) plusieurs qui s'étaient (*ruinés*) faute de moyens et d'intelligence. — Que nous sommes loin de cette heureuse simplicité de nos pères, que la fraude, l'ambition, l'égoïsme ont (*commencé*) d'altérer! — La France eut dès l'année qui suivit la disgrâce de La Hogue, des flottes aussi nombreuses qu'elle en avait (*eues*) déjà. — Le premier degré du pardon est de ne plus parler de l'injure qu'on a (*reçue*). — Les plus brillantes réputations ne valent jamais les sacrifices qu'elles ont (*coûtés*). — (*Creusés*) par le fanatisme et l'ignorance sous l'édifice social, les abîmes ne furent (*comblés*) que par des ruines et des cadavres. — (*Traduite*) en prose, la poésie n'est plus qu'un canevas dont on ôte la broderie. — Le plus beau monument qu'on ait jamais élevé est l'Hôtel des Invalides, (*fondé*) par Louis XIV. — Qui peut compter les maux et les troubles que les malentendus ont (*faits*) dans l'univers? — Les enthousiastes d'un ordre de choses (*établi*) ont l'avantage de se croire dans le meilleur des mondes (*possible*). — Nous devrions être (*dégoûtés*) des révolutions, tant nous en avons (*eues*)! — Job est regardé comme un modèle de patience, tant il en a (*eu*)! — Il y a beaucoup plus de médailles (*frappées*) à la gloire des princes qui ont (*réparé*) les édifices publics qu'à l'honneur de ceux qui en ont (*fondé*) de nouveaux. — Minos condamnait aux peines du Tartare les rois qui s'étaient (*laissé*) gouverner par des hommes méchants et artificieux. — Les écrivains se sont (*plus*) à combler Louis XIV de louanges pompeuses ; mais Horace et Virgile en ont (*prodigué*) bien plus à Auguste, qui les (*avait*) peut-être moins (*méritées*) que Louis-le-Grand, si l'on songe aux proscriptions (*commandées*) par l'empereur romain. — Les motifs qui ne déshonorent que la personne ne doivent pas ternir des succès qui ont (*honoré*) la patrie. — Tant que l'intérêt ou la vanité ne sont point (*offensés*), les divisions peuvent se rajuster ; mais que le cas est rare ! — Les usages que nos ancêtres ont (*suivis*) sont respectables. — Une fille dans un couvent use tristement les jours que le ciel lui a (*comptés*). — Combien n'en a-t-on pas (*vus*) riches le matin, et le soir ruinés ! — Par son analyse, Descartes a fait faire plus de progrès à la géométrie qu'elle n'en avait (*fait*) depuis la création du monde. — (*Nées*) le plus souvent dans l'orgueil et dans l'amour de la gloire, les vertus humaines y trouvent un moment après leur tombeau ; (*formées*) par les regards publics, elles vont s'éteindre le lendemain dans les ténèbres ; (*appuyées*) sur les circonstances, sur les jugements des hommes, elles tombent sans cesse comme ces appuis fragiles. — La sagesse divine, qui s'est (*jouée*) dans la distribution des couleurs dont elle a (*orné*) les fleurs, a (*mis*) de nouveaux agréments dans la figure qu'elle a (*donnée*) à chacune d'elles. — Il s'est trouvé des hommes que la force de leur génie a (*rendus*) habiles dans des genres différents. — Tout est grand dans le temple de la faveur, (*excepté*) les portes qui sont si basses qu'il faut y entrer en rampant. — Si Dieu nous a (*distingués*) des autres animaux, c'est surtout par le don de la parole. — Les dieux ont (*attaché*) presque autant de malheurs à la liberté qu'à la servitude. — Les menuisiers et les ébénistes se servent de la gélatine ou de la colle-forte pour tenir (*rapprochées*) les pièces de bois. — Dans l'Egypte, dans l'Asie et dans la Grèce, Bacchus, ainsi qu'Hercule, (*étaient reconnus*) comme (*demi-dieux*). — Dans les guerres que l'on raconte des Hébreux, nous voyons qu'hommes, femmes, enfants, rien (*n'était épargné*). — C'est moins la naissance que les dignités qui (*étaient considérées*) chez les Romains. — Périclès ne tarda pas à éclipser la réputation qu'avaient (*usurpée*) de sots déclamateurs et d'ennuyeux sophistes. — Les plaisanteries ne sont bonnes que quand elles sont (*servies*) toutes chaudes. — Les pensées obsèdent jusqu'à ce qu'on les ait (*déposées*) sur le papier. — Les terreurs religieuses dorment (*ensevelies*) au fond de l'âme ; le bruit de la mort qui s'approche les (*réveille*). — C'étaient moins les Troyens qu'Hector qui (*était poursuivi*). — Les événements n'amènent pas toujours les résultats que vous auriez (*cru*). — Abimelech fit à Sara d'aussi beaux présents qu'elle en avait (*reçus*) du roi d'Egypte. — Les hommes passent comme les fleurs qui, (*épanouies*) le matin, le soir sont (*flétries*) et (*foulées*) aux pieds. — Une des qualités qui (*sont*) rarement (*réunies*) chez les hommes, c'est une ferme volonté d'exécuter les choses qu'ils ont (*conçues*), et de renverser tous les obstacles que la haine ou une autre cause (*a rassemblés*). — (*Passé*) la canicule, les chaleurs sont moins intenses. — Les meilleures harangues sont celles que le cœur a (*dictées*). — Stockholm se trouve (*située*) presque au milieu de la mer Baltique. — Ce n'est pas la naissance, mais la fortune, que l'on a toujours (*désirée*). — On n'obtient pas toujours dans le mariage la satisfaction qu'on aurait (*souhaité*). — L'imprimerie, que la ville de Mayence a (*vue*) naître, a (*contribué*) infiniment aux progrès qu'a (*faits*) la civilisation. — La censure doit être (*accompagnée*) de quelques louanges qui en corrigent l'amertume. — (*Excepté*) la cour qui s'élève quelquefois au-dessus du préjugé vulgaire, il n'y a point un Egyptien qui voulût manger dans un plat dont un étranger se serait servi. — La philosophie a fait tort à la littérature comme à la religion, elle l'a (*décharnée*). — Lorsqu'une révolution a (*renversé*) l'édifice social, on ne peut le rééditier, d'une manière stable, qu'en lui donnant pour base l'intérêt général. — Une Spartiate paraît en public à visage découvert jusqu'à ce qu'elle soit (*mariée*) : après son mariage, comme elle ne doit plaire qu'à son mari, elle sort (*voilée*). — Dans la poésie ancienne, les destinées de l'homme, ainsi que l'homme lui-même, se sont (*trouvées réglées*). — On n'acquiert pas toujours la fortune qu'on aurait (*voulu*). — Nous l'avons (*vue*), la fille du péché, l'affreuse et cruelle mort; nous l'avons (*vue*) venir dans nos cabanes, où le crime l'a (*conduite*). — L'expérience a (*prouvé*) que moins la multitude a (*de*) chefs, mieux elle est (*gouvernée*). — Le vrai, l'utile et l'agréable (*réunis*) ne se discernent pas du beau, c'est le beau lui-même. — Les vrais coupables des excès d'une révolution sont ceux qui l'ont (*nécessitée*) par les abus. — Il y a bien des gens que l'on croit fort (*occupés*) dans leur cabinet, où ils attrapent plus de mouches que de vérités.—Ce n'est pas la médecine, mais les médecins que Molière a (*joués*).— On ne fait pas toujours les affaires qu'on aurait (*pensé*). — Parmi ce nombre d'hommes qui s'est mêlé de gouverner ou de bouleverser le monde, on ne fait attention qu'à ceux qui se sont (*illustrés*) par de grandes actions, et qui se sont (*servis*) des événements, ou les ont (*fait*) naître, pour changer la face politique de l'univers. — Tous les êtres ont été (*combinés*) pour former un ensemble d'où naît la beauté de l'univers.—L'estime et l'amour (*perdus*) ne se rendent jamais entièrement. — C'est mal raisonner contre la religion, que de rassembler une longue énumération des maux qu'elle a (*produits*), si l'on ne fait de même des biens qu'elle a (*faits*). — Presque tous les égoïstes célibataires meurent (*abandonnés*) à d'avides mercenaires. — Dans un siècle de corruption, c'est plus l'intrigue que le mérite, qui est (*favorisée*). — Nous ne parcourons pas toujours la carrière que nous aurions (*souhaité*).—Une mère ne regrette point les soins ni les peines que son enfant lui a (*coûtés*). — Une chose est (*avilie*) auprès de bien des gens, dès qu'elle est facile à concevoir. — Pour opérer le bien public, il faut que la sagesse et la puissance soient (*réunies*).—L'ambition, l'ivresse et l'avarice ne peuvent se rassasier, quelle que soit l'abondance des sacrifices que l'on a (*faits*).— L'avenir découvrira sans doute des vérités dont l'éclat éclipsera les fausses lueurs dont nous nous croyons (*éclairés*). —Après une défaite, c'est moins l'armée que le général qui est (*blâmé*).—Le gouvernement a fait tous les efforts qu'il a (*pu*) pour maintenir la tranquillité. — Les sages de tout temps se sont (*servis*) des fous. — Selon la supputation que nous avons (*jugée*) la plus raisonnable, le temps du siége de Troie était le plus beau temps des Assyriens.—Beaucoup d'impies, faisant semblant d'aimer la religion, s'en sont (*servis*) comme d'un beau prétexte. — Saturne, issu du commerce du ciel et de la terre, eut trois fils qui se sont (*partagé*) le domaine de l'univers. — Lycurgue, qui a donné des lois à Lacédémone, est repris de les avoir (*faites*) toutes pour la guerre. — La gloire, du moins, d'après les idées que je m'en suis (*formées*), n'est pas la récompense du plus grand succès dans les sciences. Les eaux se sont (*pratiqué*) des cours souterrains, où (*coulent*) des ruisseaux pendant une partie de l'année. — Les Phéniciens se sont (*rendus*) maîtres du commerce de toutes les nations. — C'est au peu de livres qu'on a (*lus*) qu'il faut attribuer le peu de connaissances que l'on a (*acquises*). — Le peu de vivres que l'on a (*vus*) sur le marché, au moment des troubles, effrayait l'indigence et pesait même à la richesse. — Quelques-uns de nos auteurs se sont (*imaginé*) qu'ils surpassaient les anciens. — Les Turcs se sont (*montrés*) quelquefois supérieurs aux chrétiens dans la connaissance de l'art militaire. — Le peu de vaisseaux que le cardinal Mazarin avait (*laissés*) pourrir dans les ports, furent (*réparés*). — Une foule d'écrivains se sont (*plus*) à recueillir tout ce que les femmes ont (*fait*) d'éclatant. — La France et l'Angleterre, pour s'être (*fait*) la guerre, se sont (*trouvées endettées*) chacune de trois milliards de nos livres. — Le peu de science qui s'était (*conservé*) chez les hommes, était (*renfermé*) dans les cloîtres. — Les propriétaires des fiefs italiens se sont (*dits vassaux*) de l'empire et non de l'empereur. — La journée de Pruth, du 20 au 21 juillet, fut une des plus meurtrières qu'on ait (*vues*) depuis plusieurs siècles. — *Despote* veut dire à la lettre, maître de la maison, et il est étrange que l'on ait depuis affecté le mot de *despotisme* aux souverains qui se sont (*rendus*) absolus. — La scène de la conspiration est une des plus belles et des plus fortes qu'on ait encore (*vues*) sur le théâtre. — Tous ceux qui se sont (*rendus*) maîtres de la Perse ont aussi (*conquis*) ou (*désolé*) les Indes. — Duguay-Trouin est l'un des plus grands hommes de mer qu'ait (*eus*) la France. — Les électeurs qui déposèrent l'empereur Vinceslas ne se sont jamais (*crus*) supérieurs à un empereur régnant. — Bayle est un des plus grands hommes que la France ait (*produits*). — On (*n'aime*) point du tout Eryphile; Racine l'a (*rendue*) supportable jusqu'au quatrième acte. — Le marquis de Bedmar est l'un des plus puissants génies que l'Espagne ait jamais (*produits*). — Non seulement Lopez de Vega avait précédé Calderon dans toutes les extravagances d'un théâtre grossier et absurde; mais il les avait (*trouvées établies*). — On ne peut disconvenir que Fabius n'ait été un des plus grands personnages qu'ait (*portés*) la république romaine. — La science, la prescience et l'influence de l'Éternel s'étendent sur toutes choses, excepté sur l'action des êtres qu'il a (*créés*) libres.—L'ouvrage d'Aristote s'est (*présenté*) à mes yeux comme une table de matières qu'on aurait (*extraites*) de plusieurs milliers de volumes.—Très-peu de sociétés se sont (*rendues*) coupables de ces assassinats publics (*appelés*) proscriptions. — Quand les rois n'étaient pas encore (*parvenus*) au degré de puissance qu'ils ont (*eu*) depuis, la veuve de Louis-le-Gros ne fit aucune difficulté d'épouser Mathieu de Montmorency. — N'avons-nous pas (*vu*) une classe d'hommes ambitieux qui se sont (*emparés*) des emplois les plus importants? — Dieu a daigné mettre un rapport entre lui et les hommes qu'il a (*faits*) libres et capables du bien et du mal.—Les Grecs eurent dans leur langue un mélange harmonieux de consonnes douces et de voyelles qu'aucun peuple de l'Asie n'a jamais (*connues*).— Des querelles politiques, des guerres de religion nous ont (*rendus*) farouches et nous ôtent la douceur de la société au milieu même de la liberté. — Une foule d'écrivains (*se sont égarés*) dans un style recherché, violent, inintelligible, ou dans la négligence totale de la grammaire.—Les jours qu'on a (*souffert*) depuis la révolution ne pourront s'oublier. — Devons-nous admirer l'Hippolyte d'Euripide pour trente ou quarante vers qui se sont (*trouvés*) dignes d'être (*imités*) par le plus grand de nos poëtes? — On ne saurait s'imaginer comme le nombre des brigands (*s'est accru*). — Molière a joué l'amour ridicule d'un vieil avare; Racine a (*représenté*) les faiblesses d'un grand roi et les a (*rendues*) respectables. —On disait à la cour que le *Télémaque* était une satire et non un livre utile que Fénelon avait (*composée*). — Dans tous les âges, on ne peut, sans un danger imminent, s'écarter des préjugés que l'opinion a (*rendus*) sacrés.— C'est sa gloire, plutôt que le bonheur de la nation, que Louis XIV a (*ambitionnée*).—Flavius Josèphe cherche à justifier Moïse par l'exemple de Minos et des autres législateurs qui se sont (*crus*) ou qui se sont (*dits*) inspirés des dieux. — C'est moins la félicité du peuple que leur intérêt personnel que les rois ont (*consulté*). — (*Troublé-je*) l'ordre de la Providence lorsque je change les modifications de la matière, et que je rends (*carrée*) une boule que les premières lois du mouvement, c'est-à-dire les lois de la création et de la conservation avaient (*faite*) ronde. — Les pluies qu'il a (*fait*) ont nui aux productions de la terre. — Les cruautés que nous avons (*vues exercées*) par les communes de

France et en Angleterre du temps des rois Charles VI et Henri V, se renouvelèrent en Allemagne, et furent plus violentes par l'esprit de fanatisme. — Ne serait-il pas doux de retrouver dans l'effet de nos soins les plaisirs qu'ils nous ont (*coûtés*)? — Nous n'avons plus de patience, tant nous en avons (*eu*). — La prévoyance et la dignité ont (*tracé*) la route qu'a (*suivie*) l'Angleterre. — Il ne faut pas oublier les soins qu'on a (*coûtés*) dans son enfance. — Ce qui à l'examen paraîtra une vérité, c'est que la théologie aurait souvent (*jeté*) les esprits dans l'athéisme, et qu'enfin la philosophie les en a (*retirés*). — La France n'a plus en Italie les intérêts qu'elle dut y soigner pendant longtemps, et cela par suite de la métamorphose qu'a (*éprouvée*) ce pays. — Si l'on peut vivre mille ans en un quart d'heure, à quoi bon compter tristement les jours qu'on aura (*vécu*) ? — Combien de fois, Gênes, Florence et Pise ont-elles (*changé*) de maîtres? Si Venise n'en a jamais (*eu*), elle ne doit cet avantage qu'à (*ses*) profonds marais (*appelés*) lagunes. — Colbert eut à réparer les maux qu'avait (*causés*) le règne orageux et faible de Louis XIII. — Les riches se sont (*enfuis*) pendant les trois jours que la révolution a (*duré*). — Les dix-huit années que Louis-Philippe a (*régné*) ont corrompu les mœurs. — Les anthropophages sont beaucoup plus rares qu'on le dit, et, depuis cinquante ans, aucun de nos voyageurs n'en a (*vu*). — Salluste nierait-il que Marathon, les Thermopyles, Salamine, Platée, Mycale, la retraite des dix (*mille*), et tant d'autres exploits exécutés dans le sein même de la Grèce, pendant le cours des guerres domestiques, ne soient au-dessus des louanges que leur ont (*données*) les historiens? — Après trente jours que les troupes ont (*marché*), elles ont besoin de se reposer. — Les publicistes ont fait de gros livres sur les droits au royaume de Jérusalem. Les Turcs n'en ont point (*fait*). — Que d'autels on eût (*érigés*) dans l'antiquité à un Grec qui aurait (*découvert*) l'Amérique ! — L'italien est une langue que Catherine de Médicis avait (*rendue*) familière à la cour. — Plus de précautions vous aurez (*prises*), moins de dangers vous aurez (*courus*). — Que d'historiens parmi nous ont (*écrit*) en algériens! Que de miracles ils ont (*prodigués*), et contre les Turs et contre les hérétiques ! — Il y a grande apparence que les Lapons sont indigènes, comme leurs animaux sont une production de (*leur*) pays, et que la nature les a (*faits*) les uns pour les autres.

—Voltaire a eu une naissance assez heureuse, et il y a peu d'auteurs que le ciel ait (*regardés*) aussi favorablement que lui. — (*Quels*) éloges n'avons-nous pas (*prodigués*) aux (*Bacon*), aux (*Képler*), aux (*Copernic*), sans même y mêler d'abord aucune émulation ! — La Hongrie et la Bohême furent des royaumes longtemps électifs, que les princes autrichiens ont (*rendus*) héréditaires —Un des plus grands changements qui se soient (*faits*) dans nos mœurs, sous Louis XIV, c'est la persuasion dans laquelle les religieux commencent (*à*) être, qu'ils sont sujets du roi avant d'être serviteurs du pape. — Que de guerres aussi funestes qu'injustes de bons directeurs nous auraient (*épargnées*) ! que de cruautés ils auraient (*prévenues*) ! — Les auteurs des *Hommes obscurs* firent rire l'Allemagne aux dépens des Italiens qui jusque-là ne les avaient pas (*crus*) capables d'être de bons plaisants. — Un des meilleurs discours qu'on ait jamais (*prononcés*) à l'Académie, est celui dans lequel M. de Valincourt tâche de guérir l'ardeur de ce nombre infini de jeunes gens qui, prenant leur fureur d'écrire pour du talent, vont présenter de mauvais vers à des princes. — Que de disputes Voltaire a (*essuyées*) en Angleterre, pour notre versification ! — Les Juifs ne sont en Turquie ni (*brûlés*) ni bachas; mais ils se sont (*rendus*) maîtres de tout le commerce.—François Mansard est l'un des plus grands architectes qu'ait (*eus*) la France. — Les poëtes épiques se sont toujours (*plus*) à décrire les batailles.— Les Espagnols se sont (*rendus*) maîtres des Philippines, voisines du Japon. — Je ne vous parlerai pas du peu de capacité que j'ai (*acquis*) dans les armées. — Les grands génies se sont (*survécu*) à (*eux-mêmes*). — Pour nous consoler de nos innombrables misères, la nature nous a (*faits*) frivoles.— Je ne crois pas que j'eusse besoin de cet exemple d'Euripide pour justifier le peu de liberté que j'ai (*pris*).—Les dieux se sont toujours (*ris*) des vains projets des hommes. — Le génie de notre langue est la clarté. Les théologiens (*l'avaient rendue*) inintelligible par leurs absurdes publicités sur la grâce. — Les Américains sont des peuples nouveaux, et l'on n'en peut douter, au peu de progrès qu'ils ont (*faits*) dans les arts. — Les auteurs se sont (*plus*) de tout temps à tromper les autres.—Les seigneurs particuliers qui s'étaient (*rendus*) maîtres des provinces, introduisaient de nouvelles coutumes dans leurs nouveaux Etats. — Ceux des

Hongrois qui se sont (*échappés*) de mille périls, soupirent après (*leurs familles*) et (*leur patrie*). — La nature s'est (*plue*) à rassembler dans la tête de Shakespeare, ce qu'on peut imaginer de plus fort et de plus grand, avec ce que la grossièreté sans esprit peut avoir de plus bas et de plus détestable. — Tertullien est celui qui s'explique le plus fortement sur ces homicides légaux, que la nature semble avoir (*rendus*) nécessaires. — Le peu d'instruction que vous aurez (*eu*), vous fera tomber dans mille erreurs. — Dieu n'a donné aux hommes ni canons de vingt-quatre, ni baïonnettes; et ils se sont (*fait*) des canons et des baïonnettes pour se détruire. — Il y a des insectes invisibles que la main du créateur s'est (*plue*) à faire naître dans l'abîme de l'infiniment petit. — On a vu chez les nations modernes qui cultivent les lettres, des gens qui se sont (*établis*) critiques par profession. — Ne pas écrire correctement, c'est dévoiler le peu d'instruction qu'on a (*reçu*). — Le peu de sûreté que les proscrits ont (*vu*) pour leur vie, à retourner en Pologne, les y a (*fait*) renoncer pour toujours. — On ne sait si la matière raisonne ou ne raisonne pas, et quelle sorte de petite intelligence Pline a (*donnée*) aux bêtes ! — Ce qu'il y a d'étrange, c'est que des juges, qui ont (*rendu*) d'atroces sentences, se soient (*crus*) supérieurs aux Iroquois. — Les femmes vous savent bon gré du peu de defiance que vous aurez (*montre*) contre les artifices du sexe. — Les anciens se sont peu (*occupés*) de physique expérimentale ; cependant ils nous ont (*conservé*) un grand nombre de faits, qui ont (*contribué*) aux progrès que la science a (*faits*) dans les temps modernes. — La solide et durable réputation ne peut être (*fondée*) que par un consentement universel. — Il y a des gens qui aiment à faire toutes sortes de bonnes actions, (*excepté*) précisément celles auxquelles leur devoir les (*oblige*). — Il n'y a malheureusement que les fripons qui fassent des ligues; les honnêtes gens se tiennent (*isolés*). — L'âme, comme le corps, est (*développée*) par l'exercice. — Les étoiles sont des fleurs incorruptibles qu'a (*semées*) la main de Dieu dans les champs de l'immensité. — Corneille éclipsa tous les poètes tragiques qui l'avaient (*précédé*). — Madame de Sévigné s'est (*rendue*) célèbre par le naturel et les grâces qu'elle a (*répandus*) dans son style. — Alexandre, après avoir tué Clitus, ne voulait plus vivre ; sa grande âme était (*consternée*) d'un emportement aussi funeste. — Tous les biens sont périssables, (excepté) les grands talents et les vertus. — Les Grecs, encore ignorants, se sont (exagéré) le savoir des Egyptiens. — Que d'amis se sont (nui) en cherchant à s'obliger ! — Ce ne sont pas les louanges, mais la vérité que les écrivains ont toujours (recherchée). — La politesse est comme l'eau courante qui rend (unis) et (lisses) les plus durs cailloux. — J'ai vu, dit Confucius, des hommes qui étaient peu propres aux sciences ; mais je n'en ai point (vu) qui fussent incapables de vertus. — Alexandre, dans l'âge fougueux des plaisirs et dans l'ivresse des conquêtes, a bâti beaucoup plus de villes que tous les autres vainqueurs de l'Asie n'en ont (détruites). — Tant qu'ils ont (vécu), Racine et Boileau se sont (donné) des preuves de l'estime la plus sincère. — Une bonne action est (récompensée) par le plaisir qu'on a de l'avoir (faite). — Il y a peu de souverains qui n'eussent bien (régné), s'ils eussent (régné) seuls et par eux-mêmes. — A la chute de l'empire romain, les grands chemins disparurent dans les Gaules, (excepté) quelques chaussées que la malheureuse reine Brunehaut fit réparer. — Les générations se sont (succédé) parmi les peuples aussi bien que parmi les hommes. — On a été émerveillé des jolies femmes qu'il a (paru) au bal. — On a examiné une suite de trente-six éclipses du soleil (rapportées) dans les livres de Confucius ; on n'en a (trouvé) que deux fausses et deux douteuses. — Plusieurs académies se sont (formées) en Europe ; mais nous n'en avons (vu) nulle part qui se soient (occupées) de la morale. — Les vengeances particulières et la fureur de la déprédation firent périr beaucoup plus de citoyens que les triumvirs n'en avaient (condamnés). — C'est à l'ombre de la paix que les arts sont (nés), ont (prospéré) et se sont (perfectionnés). — D'où viennent les difficultés, si ce n'est souvent du peu d'attention qu'on y a (donné). — La condition du peuple a presque toujours (empiré) par les fréquentes mutations de gouvernements. — Le destin est une chose incalculable, (attendu) la quantité de données qui nous manquent. — Les Cimbres s'étaient (proposé) la conquête de l'Italie. — Que de malheureux il y a (eu) après la révolution ! — Les ministres qui ont (outré) la puissance des rois l'ont (affaiblie). — Elevez la voix contre les abus ; nous en avons (eu) d'horribles. — Baléazar est aimé des peuples ; en possédant les cœurs il possède plus de trésors que son père n'en avait (amassés) par son avarice cruelle.—Quelles leçons nous aurions (*perdues*), si Cicéron et Fénelon ne s'étaient pas (*livrés*) à l'étude de la sagesse! —Les Egyptiens ont (*attribué*) la découverte de la taille des pierres à Tosorthus, successeur de Menès, que toute l'antiquité s'est (*accordée*) à reconnaître pour le premier roi d'Egypte.— Aucune autorité n'a jamais (*résisté*) à l'attaque du ridicule.—Les hommes, en se réunissant, se sont (*prescrit*) des obligations mutuelles. — Que de flots de sang il a été (*répandu*) pour le triomphe de la liberté!—Les arts se sont bien (*perfectionnés*). — Un enfant mal conformé naît absolument (*imbécille*), n'a point d'idées, vit sans idées, et on en a (*vu*) de cette espèce.—Il serait assez difficile de deviner si la forme s'est (*rendue*) plus pernicieuse, lorsqu'elle est (*entrée*) dans la jurisprudence, que lorsqu'elle s'est (*logée*) dans la médecine; si elle a fait plus de ravages sous la robe d'un jurisconsulte que sous le large chapeau d'un médecin, et si dans l'une elle a plus (*ruiné*) de gens qu'elle n'en a (*tués*) dans l'autre. — Que de siècles se sont (*écoulés*), depuis la création du monde! — L'habitude qu'on a (*contractée*) de juger trop promptement, nous fait tomber souvent dans bien des erreurs.—Les plus anciens abus ont toujours (*semblé*) nouveaux à leurs victimes. — Les alliés se sont (*inoculé*) la révolution.—Que de livres il s'est (*fait*) depuis l'invention de l'imprimerie!—Les bons et les mauvais succès semblent s'être (*partagé*), la durée des ans et des siècles.—Un seul physicien m'a écrit qu'il a trouvé une écaille d'huître (*pétrifiée*) sur le mont Cenis. Je dois le croire, et je suis très-étonné qu'il n'y en ait pas (*vu*) des centaines. — Les agonies (*effraient*) plus les spectateurs qu'elles ne tourmentent le malade; car combien n'en a-t-on pas (*vus*) qui, après avoir été à la dernière extrémité, n'avaient aucun souvenir de tout ce qui s'était passé, non plus que de ce qu'ils avaient (*senti*). — Que de rois se sont (*succédé*) sur le trône de France! — Pygmalion ne mangeait que des fruits qu'il avait (*cueillis*) lui-même dans son jardin, ou des légumes qu'il avait (*semés*) et qu'il avait (*fait*) cuire.—Les princes (*enivrés*) de leur propre grandeur oublient souvent celui qui les a (*faits*) grands. — La raison qui a (*sommeillé*) dans le bien-être se réveille dans le malheur.—On voit dans l'histoire de la Chine qu'elle a vingt-deux dynasties qui se sont (*succédé*). — Que de fortunes il a été (*enfoui*) à la Bourse! — Combien d'hommes admirables sont (*morts*) sans qu'on en eût (*parlé*), combien vivent encore dont on ne parle point et dont on ne parlera jamais! — On a (*vu*) des femmes très-savantes comme il en fut de guerrières; mais il n'y en a jamais (*eu*) d'inventrices. — Combien Dieu en a-t-il (*exaucés*)! — Des temples furent (*élevés*), avec le temps, à tous ceux qu'on avait (*supposés*) être (*nés*) du commerce surnaturel de la divinité avec une mortelle. — Les vents que Dieu a (*créés*), les chaleurs qu'il y a (*eu*) sont des effets de sa bonté. — Quand Jugurtha eut enfermé une armée romaine, et qu'il l'eut (*laissée*) aller sous la foi d'un traité, on se servit contre lui des troupes mêmes qu'il avait (*laissées*). — La république a (*succédé*) à la monarchie. — Les hommes de parti se sont toujours (*imaginé*) que gouverner une nation c'est la soumettre à son opinion. — Que d'humiliations il a (*coûté*) aux Athéniens pour s'être (*laissé*) égarer par leurs orateurs! — Le tremblement de terre fit naître des îles en des lieux où il n'y en avait jamais (*eu*). — L'esprit dogmatique, qui divisait les écoles de l'antiquité païenne, sans causer le moindre trouble, en a (*produit*) d'horribles parmi nous. — Il n'est pas étonnant que des princes qui avaient détrôné leur père, se soient (*voulu*) exterminer l'un l'autre. — Les magnifiques monuments que l'antiquité a (*vu*) ériger, subsistent encore, pour la plupart. — Il n'est pas de genre dans lequel nos poëtes ne se soient (*essayés*). — Nous avons toujours assez (*vécu*) quand nous avons bien (*vécu*). — Le bon sens rit des efforts déraisonnables et impuissants de quelques personnes pour courber des chênes qui se sont (*redressés*) depuis vingt-cinq ans. — Les muses latines et françaises se sont (*disputé*) l'honneur de célébrer la peinture et d'en crayonner les préceptes. — Que de travaux il a (*fallu*) pour creuser des canaux et établir des chemins! — Une nation qui aime ses princes, par cela seul mérite d'en être (*aimée*). — Il y a eu de meilleurs poëtes que Voltaire; il n'y en a point (*eu*) de mieux (*récompensés*). — La terre que les hommes auraient (*dû*) fertiliser, a produit des poisons. — Néron, une fois maître du souverain pouvoir, a fait tous les maux qu'il a (*pu*), et a commis toutes les cruautés qu'il a (*voulu*). — Les hommes que l'on a (*vus*) abuser des plaisirs, sont ceux qui s'en sont (*lassés le*) plus facilement. — L'ambition et le repos n'ont jamais (*compati*) ensemble. — A mesure que les hommes se sont (*répandus*) sur la surface de la terre, il s'est formé des nations séparées qui, se conformant aux lieux qu'elles habitaient, se sont (*accoutumées*) à différentes manières de vivre. — Que de fautes il a été (*trouvé*) dans nos auteurs! — L'union (*forcée*) de la vieillesse décrépite à la fraîche jeunesse est le supplice de Mézence. — Les malheurs du premier âge préparent l'homme à entrer dans la vie, et Paul n'en avait jamais (*éprouvé*). — Pour être sûr de la vérité, il faut l'avoir (*entendu*) annoncer d'une manière claire et positive. — La calomnie s'est toujours (*plue*) à répandre son venin sur les vertus les plus pures. — Loin des bords qui nous ont (*vus*) naître, nous ne saurions jouir d'un bonheur parfait. — L'Italie, (*favorisée*) du ciel, est la seule contrée qui (*ait fleuri*) deux fois, sous Auguste et Léon X. — Les genres et les espèces d'animaux se sont moins (*multipliés*) en Europe que dans les autres parties du monde. — L'ignorance et l'aveuglement se sont prodigieusement (*accrus*) depuis le temps d'Abraham. — Que d'huîtres il a été (*mangé*) chez Véfour! — On apprend tout dans les livres, (*excepté*) la manière de s'en servir. — Que la crainte de faire des ingrats, ou le déplaisir d'en avoir (*trouvé*), ne vous (*empêchent*) pas de faire du bien. — Grégoire de Tours, cité devant un concile, proteste qu'il n'est pas l'auteur des propos contre la reine, mais qu'il les a (*entendu*) tenir à d'autres personnes. — L'éruption du Vésuve est un des spectacles que la nature s'est (*réservé*) de montrer seule à l'admiration de l'homme. — Lyon est une des villes les plus florissantes de la France; son commerce, ainsi que son industrie, l'a (*rendue*) la seconde ville du royaume. — Le nom de Bossuet rappelle un de ces hommes rares que le siècle de Louis XIV a (*réunis*) dans le vaste domaine de la gloire. — L'honneur et la justice sont entièrement (*bannis*) de ce monde. — Tant d'évènements inouïs se sont (*précipités*) dans le cours de quelques lustres, qu'il faut renoncer à rien présager et s'attendre à tout. — Si la guerre civile avait (*éclaté*), nous ne saurions croire les maux qu'il en serait (*résulté*). — Beauté, talent, esprit, tout (*s'use*) à la longue, (*excepté*) la sagesse et la vertu. — Le poëme de la Henriade est connu de (*toute*) l'Europe. Les éditions (*multipliées*) qui s'en sont (*faites*), l'ont répandu chez toutes les nations qui ont des livres, et qui sont assez (*policées*) pour avoir (*quelque* goût) pour les lettres. — Peut-être devons-nous regretter ces temps d'une heureuse ignorance, où nos aïeux vivaient pauvres et vertueux, et mouraient dans le champ qui les avait (*vus*) naître.—C'est l'affection, l'amour que Louis XII a (*montré*) pour son peuple qui lui a mérité le surnom de Père du peuple.—Villars disait souvent que les deux plaisirs les plus vifs qu'il eût (*ressentis*) dans sa vie avaient été le premier prix qu'il avait obtenu au collége et la première victoire qu'il avait (*remportée*) sur l'ennemi. — Si la vertu et la vérité étaient (*bannies*) de la terre, elles devraient toujours se trouver dans la bouche des rois. — De vieux parchemins sont une base bien mince dans les siècles où beaucoup d'hommes se sont (*élevés*) par leurs talents, sur les piédestaux de l'honneur et de la gloire. — Le tigre est insensible à la vue des animaux qu'il a (*déchirés*). — Les rois ont toujours fait de belles promesses aux peuples, et les serments qu'on (*leur*) a (*vu*) faire, on les leur a presque toujours (*vu*) violer.—Les questions qu'on a (*posées*) à certains jeunes gens, nous les leur avons (*vu*) résoudre.—Le secours d'une imagination riante est nécessaire et se présente assez naturellement à ceux que le ciel en a (*gratifiés*). — Plus l'Allemagne s'est (*perfectionnée*), et plus nous l'avons (*vue*) adopter nos spectacles. — Quand un historien parle froidement d'un fait d'armes ou d'une autre action qu'on a généralement (*admirée*), c'est une preuve qu'il ne l'admire point. — Ne faites rien qui ne soit digne des maximes de vertu qu'on a (*tâché*) de vous inspirer.—Il semble que la vie et la beauté ne nous (*aient*) été (*données*) que pour aimer. — Des ennemis qui se sont (*vaincus*) tour à tour s'estiment et se craignent. — L'homme ne peut avoir de notion juste des sensations qu'il n'a pas (*éprouvées*).— Bien des orateurs se sont (*trouvés embarrassés*) dans des questions que nous (*leur*) avons (*vu*) discuter.—La renommée que Virgile décrit d'une manière si brillante, est fort supérieure à toutes les imitations qu'on en a (*faites*). — La plupart de ceux qui ont (*voulu*) imiter Corneille et qui ont (*cru*) qu'une froide intrigue, soutenue de quelques maximes de méchanceté qu'on appelle politique, et d'insolence qu'on appelle grandeur, les ont (*vues*) tomber pour jamais. — Un discours, une parole que nous avons (*prononcée*) inconsidérément, suffit pour décider de notre malheur.—De tous les spectacles que l'industrie humaine a (*donnés*) au monde, il n'en est peut-être pas de plus admirable que la navigation. — L'or et le fer sont (*tirés*) des entrailles de la terre. — Que de maux la France eût (*évités*) si la physiognomonie avait (*eu*) plus de docteurs et de partisans ! — On ne doit pas se plaindre des maux qu'on s'est (*faits*) soi-même. — Plus on a servi de crême, plus on en a (*mangé*). — Dans la confection des lois, on n'a pas toujours apporté cette sagesse qu'on aurait (*dû*). — Il y a des enfants, et l'on en a (*trouvé*), dont les yeux étaient inégaux au point de ne pouvoir distinguer à quatre pieds avec l'œil faible. — Citoyens, c'est le champ qui vous a (*nourris*), c'est le toît qui vous a (*vus*) naître, c'est le tombeau de vos pères, le berceau de vos enfants, le lit de vos femmes que vous avez à défendre. — C'est la vertu de saint Vincent de Paul, ainsi que son dévouement, que nous avons (*loués*). — Timoléon ne se vit pas plus tôt maître de Syracuse, qu'il fit revenir les habitants que la cruauté du tyran avait (*forcés*) de s'exiler. — Les fleurs et les fruits sont (*multipliés*) à l'infini. — Que d'hôtels-Dieu la charité a (*fondés*) ! — Toute l'existence d'un homme dépend de la ligne de conduite qu'il s'est (*tracée*). — Plus de gâteaux on aurait (*donnés*) aux enfants, plus ils en auraient (*demandés*). — On a honte d'avouer qu'on a de la jalousie, et l'on se fait honneur d'en avoir (*eu*). — Les serpents paraissent (*privés*) de tout moyen de se mouvoir et uniquement (*destinés*) à vivre sur la place où le destin les a (*fait*) naître. — Les rois seront (*punis*) pour les maux qu'ils auront (*laissé*) faire sous leur autorité. — Le travail et le courage (*joints*) ensemble, et longtemps (*soutenus*), font surmonter tous les obstacles. — Les choses longtemps (*désirées*) sont presque toujours au-dessous de l'idée qu'on s'en était (*formée*). — L'équité et la droiture sont (*produites*) par l'amour de la justice et de la vérité. — La plus étrange souscription est celle qu'un chimiste avait (*ouverte*) de fourneaux pour vitrifier le corps de ses souscripteurs. — Ne regrette pas les biens que t'a (*ravis*) le sort, si l'honneur te reste. — Plus les peuples ont eu de liberté, plus ils en ont (*demandé*). — Admirez la patience du peuple. Combien n'en a-t-il pas (*montré*) jusqu'à présent ! — Souhaitons à nos neveux de meilleurs temps que nous n'en avons (*eus*). — La description qu'Homère a (*donnée*) d'Apollon surpasse les descriptions qu'en ont (*faites*), après lui, les autres poëtes. — Rappelez-vous, Athéniens, les humiliations qu'il vous en a (coûté) pour vous être (laissé) égarer par vos orateurs. — C'est de la Grèce (que) la poésie (a passé) en Italie. — Homère, le plus célèbre des poëtes que les Grecs aient (eus), naquit trois (cent) quarante ans après la prise de Troie. Sept villes se sont (disputé) la gloire de lui avoir (donné) naissance. Les savants se sont (accordés) à penser que c'est à Smyrne qu'il naquit. — Ne faites pas (d')amis légèrement, et conservez ceux que vous avez (faits). — Dès qu'un enfant a un penchant ou une répugnance bien (marquée), c'est la voix du destin, il faut lui obéir. — Quelles meilleures leçons que celles que la nature nous a (données)! — Qui peut ne pas être touché de la tendre amitié qu'on lui a (portée)? — Combien n'en a-t-on pas (vus) passer des heures entières pour être témoins des plus simples événements? — Cassius, naturellement fier et impérieux, ne cherchait dans la perte de César, que la vengeance des injures qu'il en avait (reçues). — Combien d'hommes de génie se sont (laissé) séduire par ces puérilités qui dessèchent et qui énervent tout genre d'éloquence! — Tel est l'attachement naturel des hommes pour le sol qui les a (vus) naître; tel est leur mépris pour les dangers auxquels ils sont (accoutumés), qu'on relève aujourd'hui les bâtiments que l'éruption du mont Etna a (fait) écrouler dans la Calabre, et qu'on reconstruit la ville de Catane sur les montagnes de lave qui l'ont (engloutie). — Les grandes entreprises faites à contretemps n'ont presque jamais (réussi), de même que les semences ne poussent point quand elles ont été (jetées) en terre hors de saison. — La liberté de publier ses pensées, ou la liberté de la presse, doit être (réglée) sur la liberté même d'agir. — Que de bonnes leçons les enfants nous ont quelquefois (données)! — Il sera difficile de réparer les maux que les révolutions nous ont (causés). — Louis XIV a fondé des abbayes; mais je ne pourrais dire combien il en a (fondées). — Manlius, pour répondre aux accusations de ses ennemis, fit le récit de ses services et des témoignages qu'il en avait (reçus) de ses généraux. — Brutus reprocha à Cassius les rapines qu'il avait (laissé) exercer par les siens en Asie. — Les mauvaises nouvelles se sont toujours (répandues) plus promptement que les bonnes. — Le café, originaire de l'Arabie, est une des plantes dont la culture est (le) plus (répandue) en Amérique. Quelques pieds de cet arbrisseau, ayant été (transportés) à Paris, y furent (cultivés) avec soin dans des serres, et c'est de cette ville que sont (*provenues*) toutes les plantations que l'on a (*faites*) dans le nouveau monde. — Saisissez l'occasion aux cheveux; a-t-elle (*échappé*), on ne la rattrape plus. — Que de choses secrètes l'indiscrétion nous a (*révélées*)! — Où sont les propriétés qu'on ne se soit (*appropriées*) que par les lois? — L'aisance dont beaucoup d'hommes jouissent, ils se la sont (*procurée*) par leur travail et leur économie. — Combien en a-t-on (*connus*) qui ont (*sacrifié*) à la passion des voyages leur fortune, leur religion, leurs familles mêmes? — Tout le monde m'a offert des services et personne ne m'en a (*rendus*). — Le peu de vaisseaux que le cardinal Mazarin avait (*laissés*) dans les ports furent (*réparés*). — Il en est de l'honneur comme de la neige, qui ne peut jamais reprendre son éclat ni sa pureté dès qu'elle les a (*perdus*). — Depuis la décadence de la famille de Charlemagne la France avait (*langui*) plus ou moins, parce qu'elle n'avait presque jamais (*joui*) d'un bon gouvernement. — Ceux qui ont (*joui*) des rayons du soleil ne lui préféreront jamais les ténèbres de la nuit. — Que de réponses ambiguës les oracles ont (*faites*)! — Le défrichement des forêts augmente la chaleur dans les pays chauds, comme je l'ai (*observé*) à l'île de France. — Je l'ai aussi (*sentie*) cette soif vague de quelque chose; elle m'a traîné dans les solitudes muettes de l'Amérique et dans les villes bruyantes de l'Europe. — Autant de services nous aurons (*reçus*), autant nous en aurons (*rendus*). — Les ministres sont en France sur un piédestal si mobile que le moindre choc les renverse; j'en ai (*vu*) plus de quatre-vingts en soixante ans. — On a servi plus de crème qu'on n'en a (*mangé*). — Les récompenses (*accordées*) au mérite ne doivent jamais être le prix de l'intrigue. — Le peuple, irrité plus que jamais contre les patriciens, nomma une commission (*chargée*) de faire des informations contre ceux qui s'étaient (*laissé*) corrompre par Jugurtha. — Les enfants qu'on a (*habitués*) à craindre les ténèbres se sont rarement (*guéris*) de la peur qu'on leur en a (*faite*). — Tout est pénible pour les hommes que la mollesse ou le luxe a (*nourris*). — Lorsque les racines du despotisme ont (*pénétré*) dans les fondations de l'édifice social, il en repousse toujours de nombreux scions. — Une Lacédémonienne se glorifiait des blessures que son fils avait (*reçues*). — Les prêtres n'ont (*cessé*) d'être (*aimés*) que lorsqu'ils voulurent échanger contre les biens de la terre ceux du ciel qu'ils avaient (*offerts*) à la vertu. — Quand la révolution a (*éclaté*), toutes les fortunes s'en sont (*ressenties*). — Le corps le plus subtil est comme un monde où des millions de parties se trouvent (*réunies*) et (*arrangées*) dans l'ordre le plus admissible. — Le ridicule des femmes savantes n'est pas tout à fait poussé à bout; il y a d'autres ridicules plus naturels dans les femmes que Molière a (*laissés*) échapper. — Les recherches les plus exactes sur l'origine de la peinture n'ont (*produit*) que des incertitudes. On ne sait ni les lieux où elle a (*pris*) naissance, ni les noms de ceux qui l'ont (*inventée*). Les uns disent qu'elle a (*commencé*) à Sycione, et d'autres à Corinthe. — Artémise n'a (*survécu*) que deux ans à Mausole, son époux. — On essaie vainement de rendre des prestiges à ce que la raison a (*désenchanté*). — La terre et le ciel, que le Seigneur a (*créés*), attestent sa puissance et sa gloire. — Le contrariant oppose les faits qu'il a (*niés*), les raisonnements qu'il a (*combattus*), pour attaquer ses propres assertions dans la bouche d'autrui. — Le budget est très-lourd en France, et les contribuables s'en sont toujours (*plaints*). — Le déluge de Deucalion figure la peine extrême qu'on a (*éprouvée*) dans tous les temps à dessécher les terres que la négligence des hommes a (*laissées*) longtemps (*inondées*). — Il n'y a point de ville (*pavée*) comme Paris, et Rome même n'est pas (*éclairée*). — Le même esprit qui a porté les nations à imiter les Français dans leurs ameublements, dans la distribution des appartements, dans les jardins, dans la danse, dans tout ce qui donne de la grâce, les a (*portés*) aussi à parler leur langue. — Philippe-Auguste, ou du moins le roi Jean et Charles-le-Sage, eurent plus de peine à arrêter la valeur des Bretons que leurs ancêtres n'en avaient (*mis*) à contenir la fureur des Normands. — Racine, Voltaire, Fénelon, Massillon, et ceux qui comme eux ont (*goûté*) cette mollesse heureuse des anciens, l'ont (*laissée*) entrer dans leurs compositions. — L'usage des cloches est, chez les Chinois, de la plus haute antiquité; nous n'en avons (*eu*) en France qu'au sixième siècle de notre ère. — Dans tous les lieux de la terre où les hommes ont (*fouillé*), depuis le sommet des montagnes jusqu'à de grandes profondeurs, ils ont (*découvert*) toutes sortes de productions marines, médailles incontestables et toujours (*subsistantes*) de la plus terrible révolution qu'ait (*essuyée*) la terre. — Ceux qui travaillent au progrès de la raison sont les (*élus*) de Dieu. — Les beaux vers que Racine nous a (*légués*) ont (*enrichi*) notre mémoire. — Il y a eu du mauvais temps tous les jours que les cheminées ont (*fumé*). — Les Anglais ont (*envahi*) la France dans tous les siècles, mais ils en ont été définitivement (*chassés*) sous Jeanne d'Arc. — La théologie scolastique, fille bâtarde de la philosophie d'Aristote, mal traduite et méconnue, fit plus de tort à la raison et aux bonnes études que n'en avaient (*fait*) les Huns et les Vandales. — L'empire que nous avons sur les femmes est une véritable tyrannie. Elles ne nous l'ont (*laissé*) prendre, que parce qu'elles ont plus de douceur que nous. — Le règne de Louis XIV est un des plus glorieux qu'il y ait (*eu*) en France. — Les grands hommes qui ont (*paru*) dans chaque âge, sont les seuls qui (*aient résisté*) au torrent des siècles. — Heureux les (*mariés*) qui voudraient se remarier s'ils ne l'étaient pas! — Didon a (*fondé*) sur la côte d'Afrique la superbe ville de Carthage. — Que de gens sont (*restés cachés*) les trois jours que la révolution a (*duré*)! — Je ne saurais vous dire combien de livres j'ai (*lus*) dans ma vie. — Un marchand vous dira exactement combien de toile il aura (*mesuré*) dans une année. — Les choses nous sont plus chères qui nous ont plus (*coûté*). — Les Russes ont fait en quatre-vingts ans, que les vues de Pierre ont été (*suivies*), plus de progrès que nous n'en avons (*fait*) en quatre siècles. — Les belles actions (*cachées*) sont les plus estimables. — Plus d'un siècle avant Homère la savante Daphné s'était (*fait*) admirer à Delphes par ses poésies, qu'on accuse Homère d'avoir (*supprimées*) après en avoir (*tiré*) le précis de l'Iliade et de l'Odyssée. — De tout temps la malignité s'est (*applaudie*) des maux qu'elle a (*causés*). — Si les (*députés*) d'une nation font des lois manifestement contraires à ses vœux, ils violent leur mandat et deviennent ses tyrans. — Ravaillac et Cartouche ont (*eu*) leurs imitateurs. — Exercez votre mémoire, elle vous fera revivre avec tous ceux que vous aurez (*perdus*). — La grande quantité de fausses nouvelles qu'il a été (*débité*) depuis quelque temps a ému les esprits. — Il faut qu'un marchand sache combien de recette il a (*fait*) chaque jour. — Un boulanger vous dira combien de fournées il aura (*faites*) aujourd'hui. — (*Affaiblis*) du passé, (*accablés*) du présent, nous sommes encore (*effrayés*) de l'avenir. — Alexandre fonda beaucoup plus de villes que les autres conquérants n'en ont (*détruites*). — Le dépôt de la tradition se compose de souvenirs que le temps a (*altérés*) et de fictions que l'imagination a (*créées*). — Le souvenir des soins (*rendus*) à ceux qu'on aime est la seule consolation qui reste quand on les a (*perdus*). — On explique le combat des opinions d'une nation en les divisant en (*payants*) et en (*payés*). — Si Dieu avait créé une race d'hommes (*destinée*) à commander aux autres, il lui aurait donné une supériorité marquée, comme à l'homme sur les animaux. — N'y a-t-il dans le vaste univers que la terre d'habitable, et ne peut-il s'y trouver un astre plus pur où nous vivrons éternellement heureux avec ceux que nous avons (*aimés*)? — Les malades auraient dû leur guérison au peu de soins qu'il leur aurait (*fallu*). — La cathédrale qu'on a (*commencé*) à bâtir à Cologne, ne sera pas (*achevée*) de longtemps. — L'Académie française s'est (*affilié*) quelques académies de province. — Les docteurs de l'Allemagne allumèrent plus de haines contre la nouvelle Rome que Varus n'en avait (*excitées*) contre l'ancienne dans les mêmes climats. — Superbes montagnes, qui vous a (*établies*) sur vos fondements? qui a (*élevé*) vos têtes jusqu'au-dessus de nous? qui vous a (*ornées*) de forêts verdoyantes, de ces arbres fruitiers, de ces plantes si utiles et si (*variées*), de tant de fleurs agréables? — L'habitude que nous avons (*prise*) de nous forger des fantômes de plaisir ou de douleur, s'est toujours (*opposée*) à notre félicité. — Les méchants ont bien de la peine à demeurer (*unis*). — L'isolement dans l'adversité ralluma chez Napoléon la sensibilité qu'avait (*éteinte*) sa prodigieuse prospérité. — Bien des heures que vous avez (*dormi*), je les ai (*passées*) à écrire. — C'est à la grande quantité de denrées qu'il y a (*eu*) l'année dernière, que nous devons le bon marché dont nous jouissons aujourd'hui. — Il faut vouloir fortement les choses qu'on a une fois (*voulues*). — Il y a des gens qui auraient été de toutes les opinions que vous auriez (*voulu*). — Le supplice de quelques chrétiens fit plus de prosélytes en un jour que les livres et les prédications n'en avaient (*faits*) en plusieurs années. — Les hommes qui ont (*le*) plus (*vécu*) ne sont pas ceux qui ont (*compté*) le plus d'années, mais ceux qui ont (*le*) mieux (*usé*) de celles que le ciel leur a (*départies*). — (*Appelés*) à rendre les peuples heureux, les monarques doivent être justes et bienfaisants comme l'être éternel qui les a (*faits*) rois. — (*Nourris*) à la campagne, dans toute la rusticité champêtre, vos enfants y prendront une voix sonore. — Quelle longue suite d'abus, de vexations, d'iniquités, a (*supportés*) un peuple avant de faire divorce avec une race de souverains qu'il aimait. — Newton, ayant comparé une année commune des années qu'ont (*régné*) les rois de différents pays, réduit chaque règne à vingt-deux ans ou environ. — Le peu de vivres qu'on a (*conservés*) est porté à un prix qui effraie la misère, et qui pèse même à la richesse. — Le peu de républiques qu'il y a (*eu*) dans les temps anciens suffit pour nous en donner quelque idée. — Pour peindre le vice, on a toujours cherché les plus noires couleurs qu'on a (*pu*). — Notre habitation a (*éprouvé*) autant de révolutions en physique que la rapacité et l'ambition en ont (*causées*) parmi les peuples. — Il y a dans Corneille bien plus de fautes que Voltaire n'en a (*observées*). — Plusieurs des altérations que notre globe a (*souffertes*) ont été (*produites*) par le mouvement des eaux. — La langue latine ne fut (*perfectionnée*) qu'à l'époque où (*florissaient*) Antoine, Crassus, Sulpitius, que nous avons (*vus*) jouer un grand rôle dans les Dialogues de Cicéron sur l'Orateur. — (*Répandues*) avec bienséance, les larmes ne déshonorent jamais. — Il ne faut pas toujours s'estimer en raison des applaudissements que l'on a (*reçus*). — Il faut regretter les nombreuses années que l'on a (*vécu*) sans pouvoir s'instruire. — Le trop de partialité que vous aurez (*mis*) dans une affaire vous fera accuser de prévention. — Le nombre de journaux qu'il s'est (*formé*) en France a éclairé le peuple. — Ne parlez pas du peu de capacité que vous aurez (*acquis*) en quoi que ce soit. — C'est au peu de livres que j'ai (*lus*) que je dois le peu de connaissances que j'ai (*acquises*).

CHAPITRE XVI.

EXERCICES SYNTAXIQUES SUR LES ADVERBES.

Nos 463 à 468.

1. Rien n'est (*tant*) à nous que notre volonté.

2. Un athée qui serait raisonneur et puissant, serait un fléau aussi funeste (qu')un superstitieux sanguinaire.

3. C'est un usage superstitieux (autant que) barbare que les empereurs de Maroc soient les premiers bourreaux de leur pays.

4. Mon supplice est injuste (autant qu')épouvantable.

5. Il y a dans l'hypocrisie autant de folie (que) de vice; il est aussi facile d'être honnête homme (que) de le paraître.

6. On n'est jamais (si) ridicule par les qualités que l'on a (que) par celles qu'on affecte d'avoir.

7. Il n'est rien de (si) beau (que) la sincérité.

8. Nous sommes (si) aveugles que nous ne savons quand nous devons nous affliger ou nous réjouir.

9. Un conquérant enivré de sa gloire, ruine presque autant sa nation victorieuse (que) les nations vaincues.

10. O heureuses les sociétés des hommes, si elles avaient autant de sagesse (que) celles des abeilles!

11. L'esprit contracte aussi facilement l'habitude de la paresse (que) le corps.

12. L'orgueil est un mendiant insatiable, qui crie aussi haut (que) le besoin, et qui est plus insatiable.

13. On n'est pas au comble du malheur, (tant) qu'il reste quelque lueur d'espérance.

14. Il faut aimer le don de Dieu autant (que) Dieu même.

15. Ce que le doigt de Dieu tout seul aura écrit, durera (autant) que lui-même.

16. Rien ne persuade (tant) les gens qui ont un peu de sens que ce qu'ils n'entendent pas.

17. Les jugements sur les apparences sont (si) souvent faux, qu'il est étonnant qu'on ne s'en désaccoutume pas.

18. On ne peut être touché de certaines beautés (si) parfaites, et d'un mérite (si) éclatant, qu'on se borne à les voir et à leur parler.

Nos 469 à 475.

1. Plus les désirs sont vifs, (*plus*) les passions sont violentes.

2. Plus on a étudié la nature, (*plus*) on a connu son auteur.

3. Le singe n'est pas plus de notre espèce que nous (*ne sommes*) de la sienne.

4. Il me semble que c'est (*plus*) par l'air que par les manières que les hommes sont gracieux.

5. Il est plus humiliant de perdre ses conquêtes qu'il (*n'était*) glorieux de les avoir faites.

6. Si le nombre des cultivateurs était seulement doublé dans le royaume, des terres en rapporteraient au moins une fois (*davantage*).

7. L'état de société qui nous rapproche (*davantage*) de la divinité est un état supérieur à celui de la nature.

8. Les naturalistes nous éloignent bien (*davantage*) de la nature, quand ils veulent nous expliquer par des lois informes le développement des plantes.

9. Il vaut mieux s'exposer à l'ingratitude (*que de*) manquer au malheur.

10. Il vaut mieux prévenir le mal (*que d'*)être réduit à le punir.

11. A la bataille de Régille, personne ne se distingua (*plus*) que ceux qui vinrent à l'appui de Marius.

12. La modération est comme la sobriété; on voudrait manger (*davantage*); mais on craint de se faire mal.

13. Cette guerre ne fut pas moins heureuse qu'elle (*était*) juste.

14. L'occasion de faire des heureux est plus rare qu'on (*ne pense*).

15. On ne peut être plus satisfait d'une ville que je (*le suis*) de celle-ci.

16. Spartacus ne fit pas moins de peine aux prêteurs que Mithridate (*en*) faisait à Lucullus.

17. Je souhaite que mon paquet parvienne en vos mains plus promptement que le vôtre (*ne me*) parviendra.

18. Les pauvres sont moins souvent malades faute de nour-

riture, que les riches (*le sont*) pour en prendre trop.

19. Plus les hommes sont médiocres, (*plus*) ils mettent de soin à s'assortir.

20. Plus les devoirs sont étendus, (*plus*) il faut d'efforts pour les remplir.

21. Je ne sais lequel de ces deux exemples nous devons admirer (*davantage*).

22. Après les yeux, les parties du visage qui contribuent (*le plus*) à marquer la physionomie, sont les sourcils.

Nos 476 et 477.

1. Qu'y a-t-il de meilleur que la langue? qu'y a-t-il de (*pire*)?

2. Je me porte le mieux du monde. Tant (*pis*), nourrice, tant (*pis*). Cette grande santé est à craindre.

3. On fait (*pis*) en voulant mieux faire.

4. Certes, il n'est vraiment (*pire*) eau que l'eau qui dort.

5. Louis XI était (*pire*) que Tibère.

6. Sachez que leur objet n'est pas de corrompre les mœurs, ce n'est pas leur dessein, mais ils n'ont pas (*non plus*) pour unique but de les réformer : ce serait une mauvaise politique.

7. De pareils sentiments n'entrent pas dans mon âme.
— Monsieur ne pense pas (*non plus*) ce qu'il vous dit.

8. Toutes les occupations des hommes sont à avoir du bien; et le titre par lequel ils le possèdent n'est, dans son origine, que la fantaisie de ceux qui ont fait les lois. Ils n'ont (*aussi*) aucune force pour le posséder sûrement.

9. Lorsque je veux vous faire ma prière, je ne sais en quelle langue je dois vous parler. Je ne sais pas (*non plus*) en quelle posture je dois me mettre.

10. L'athéisme ne tend à (*rien de moins*) qu'à l'anarchie universelle et au renversement de la société.

11. S'il se forme un parti dans la république qui ne tende à

(*rien moins*) qu'à sa ruine, il excite les conjurés à l'avancer.

12. On ne songeait à (*rien moins*) qu'à l'impression de mon livre.

N°s 478 à 492.

1. Évitez les petits bonneurs : on ne savait pas (*auparavant*) ce que vous méritiez.

2. Quelques-uns faisaient mourir l'âme avec le corps, d'autres la faisaient vivre (*avant*) le corps,

3. Cet homme a gagné mille écus (*tout d'un coup*).

4. La confiance et l'amitié naissent (*tout d'un coup*) entre les mœurs qui se ressemblent par la bonté.

5. (*Tout à coup*) le pilote remarquait que la terre paraissait encore éloignée.

6. (*Tout à coup*) une noire tempête enveloppa le ciel et irrita toutes les ondes de la mer.

7. Pygmalion ne coucha jamais deux nuits (*de suite*) dans la même chambre de peur d'être égorgé.

8. Nous étions si accablés de fatigue, que nous gagnâmes (*tout de suite*) une habitation commode qui nous avait été préparée.

9. L'amour est privé de son plus grand charme (*quand*) l'honnêteté l'abandonne.

10. (*Quant*) au besoin de vivre, un vignoble, un verger, une laiterie, un potager fourniront agréablement à nos plaisirs.

11. Cet homme a quelque chose d'extraordinaire dans sa mise et dans son maintien ; (*du reste*), il est aimable.

12. Toute l'étude de Paul et Virginie était de se complaire et de s'entr'aider. (*Au reste*), ils étaient ignorants comme des créoles et ne savaient ni lire ni écrire.

13. Bientôt on découvre deux hommes, ou (*plutôt*) deux spectres, l'un couché, l'autre debout.

14. Mila n'eut pas (*plus tôt*) appris cette nouvelle, qu'elle dit à Céluta : Il nous faut aller à cette chasse.

15. Vous voyez (*comme*) les empires se succèdent les uns aux autres.

16. Quand on se porte bien, on ne comprend pas (*comment*) on pourrait faire si on était malade.

17. Un cœur né pour servir sait mal (*comment*) on commande.

18. Pour monter (*sur*) un trône, il n'est rien qu'on ne quitte.

19. La vertu (*sous*) le chaume attire nos hommages.

20. Il y avait (*hors*) la cour une terrasse.

21. La main du Seigneur l'arrachera de (*dessus*) la terre.

22. On a tiré cela de (*dessous*) la table.

23. Pour combiner plus sûrement ma démarche, j'allai plusieurs fois (*de loin en loin*) examiner l'état des choses.

24. Nous avions toujours continué à nous écrire (*de loin en loin*).

25. Si l'on ne sait point divertir, il faut (*du moins*) ne point ennuyer.

26. Si celui qui vise à la singularité ne l'atteint pas toujours, il est (*au moins*) assuré d'attraper le ridicule.

Nos 493 à 506.

1. François Ier laissa plutôt persécuter les hérétiques (*qu'il ne les*) poursuivit.

2. Des raisonneurs ont prétendu qu'il n'est pas dans la nature de l'être des êtres que les choses soient autrement qu'elles (*sont*).

3. Il s'en faut bien que chaque genre de végétaux (*nous fournisse*), par toute la terre, une espèce en rapport immédiat avec nos besoins.

4. Il s'en faut bien que l'innocence (*trouve*) autant de protecteurs que le crime.

5. Il s'en fallut peu que le sang des seigneurs hongrois, répandu à Vienne par la main du bourreau, (*ne coûtât*) Vienne et l'Autriche à Léopold et à sa maison.

6. Beaucoup de fleurs ont un calice. C'est comme le bour-

relet que je mets autour de la tête de Paul, de peur qu'il (*ne se casse*) la tête en tombant.

7. Quoi! dans mon désespoir trouvez-vous tant de charmes ?
Craignez-vous que mes yeux (*versent*) trop peu de larmes ?

8. Ne craignez pas qu'en vous envoyant ma pièce je (*vous*) en fasse une longue apologie.

9. Il est dangereux que la vanité (*n'étouffe*) une partie de la reconnaissance.

10. Tremble que je (*ne dévoile*) ton âme aussi creuse que le rocher où se renferme l'ours du Labrador.

11. Je n'ai pas peur qu'il (*arrive*).

12. Ne craignez pas que (*je me*) livre à mes douleurs.

13. On appréhenda qu'elle (*n'eût*) le sort des choses avancées.

14. Les pères craignent que l'amour naturel des enfants (*ne s'efface*).

15. Je doute que le ris excessif (*convienne*) aux hommes qui sont mortels.

16. On ne doute pas aujourd'hui que les madrépores (*ne soient*) l'ouvrage d'une infinité de petits animaux.

17. Réduit à voir sa tête expier son offense,
Doutes-tu qu'il (*ne veuille*) implorer ma clémence ?

18. On ne désespérait pas que vous (*ne devinssiez*) riche.

19. Je ne saurais disconvenir que Sophocle ainsi qu'Euripide (*ne devaient pas*) faire de Pylade un personnage muet.

20. On ne peut nier que cette vie (*ne soit*) désirable.

21. On ne saurait contester que la diversité des mesures (*ne brouille*) les commençants pendant un temps infini.

22. Personne ne nie qu'il (*y ait*) un Dieu, si ce n'est celui à qui il importe qu'il n'y en ait point.

23. Je ne nie pas qu'il (*ait*) raison.

24. Vous devez prendre garde à (*jamais*) laisser le vin devenir trop commun dans votre royaume.

25. Il n'a tenu à rien que les trois royaumes de la Grande-Bretagne (*ne parlassent*) français.

26. Loin d'être attentif à éviter qu'Émile (*ne se blesse*), je serais fâché qu'il (*ne se blessât*) jamais.

27. Je défends qu'on (*prenne*) les armes.

28. Mon père défend que le roi (*se*) hasarde.

29. Mais il ne tient qu'à vous que son chagrin (*ne passe*).

30. Il ne tiendra pas à moi qu'on (*ne vous rende*) tout l'honneur qui vous est dû.

31. La philosophie ni le sceptre n'empêchent pas qu'on (*ne soit*) homme.

32. Gardons-nous bien de croire qu'Émilie, malgré son ingratitude, et Cinna, malgré sa perfidie, (*ne soient*) pas deux très-beaux rôles.

33. Peu s'en fallait que (*je ne me*) crusse parent du duc de Lerme.

34. Combien de siècles se sont écoulés avant que les hommes (*aient*) pu revenir au goût des anciens!

35. L'Écriture nous fait voir la terre revêtue d'herbes et de toutes sortes de plantes avant que le soleil (*ait*) été créé.

36. Raoul, comte d'Eu et de Guines, accusé d'intelligence avec les Anglais, est décapité sans qu'on (*observe*) les formes de procédure.

37. Clarice le pric de parler plus bas, de crainte que son père (*ne l'entende*).

38. Un homme en vaut un autre, à moins que par malheur
L'un d'eux (*n'ait*) corrompu son esprit et son cœur.

EXERCICES GÉNÉRAUX SUR LES ADVERBES.

Le même sentiment qui nous attache à nos amis nous fait appréhender qu'ils (*ne cessent*) un jour de nous aimer. — On ne doute pas aujourd'hui que les madrépores (*ne soient*) l'ouvrage d'une infinité de petits animaux. — Il vaut mieux se taire que (*de parler*) mal à propos. — Craindre la mort est (*pire*) que mourir. — Si l'on rit de nous, on doit craindre qu'en revanche (*nous ne riions*) aussi des autres. — Celui qui se fie (*plus*) à ses lumières qu'à celles de l'expérience est exposé à commettre (*beaucoup de, bien des*) fautes. — Je ne doute pas que la vraie dévotion (*ne soit*) la source du repos. — Plus les devoirs sont étendus (*plus*) il faut faire (*d'efforts*) pour les remplir. — Tant (*pis*) si vous êtes triste; tant mieux si vous êtes gai. — Je serai mort avant que (*je me sois*) aperçu que je devrais mourir. — Il est des cœurs endurcis, devenus par là incapables de (*toute*) instruction, qu'aucun motif (*ne saurait*) émouvoir, qu'aucune vérité (*ne peut*) réveiller de leur assoupissement. — On ne peut douter que les pôles (*ne soient*) couverts d'une coupole de glaces. — Plus les hommes sont médiocres, (*plus*) ils mettent de soin à s'associer. — La Phèdre de Racine, qu'on dénigrait tant, n'était (*rien de moins*) qu'un chef-d'œuvre. — Les hommes ne sont (*rien moins*) que sages. — Mes parents ne désespèrent que je (*ne devienne*) fort riche un jour. — La beauté bien souvent plaît moins que les manières (*ne nous charment*). — On ne peut douter que les Grecs (*ne connussent*) eux mêmes l'agriculture, et qu'ils (*n'eussent*) été dans la nécessité de la cultiver. — Plus les causes physiques portent les hommes au repos, (*plus*) les causes morales les en doivent éloigner. — Après les yeux, les parties du visage qui contribuent (*le plus*) à marquer la physionomie, sont les sourcils. — Un adulateur ingénieux ne manquera pas de vous louer par le titre qui vous chatouille (*le plus*). — On ne saurait nier qu'on (*n'apprenne*) bien des choses quand on voyage. — L'homme vain méprise les talents qu'il n'a pas; et s'il (*n'en a*) aucun, il les méprise tous. — Il serait difficile désormais qu'il s'élève des génies nouveaux, à moins que d'autres mœurs, une autre sorte de gouvernement (*ne donnent*) un tour nouveau aux esprits. — Louis XI était (*pire*) que Tibère. — Je marche, je dors, je mange et bois comme les autres, mais cela n'empêche pas que je (*ne sois*) fort malade. — En s'approchant des plus grands hommes, on s'étonne de les trouver (*si*) petits. — Sois (*meilleur*), et tu seras plus heureux. — Rendons grâces à celui qui nous nuit de ce qu'il ne fait pas (*pis*), s'il le peut. — Les enfants sont bien plus pénétrants qu'on (*ne le*) pense. — L'imagination nous trompe toujours, en nous montrant tout (*meilleur*) ou (*pire*) que ce n'est. — Le goût est (*plutôt*) un don de la nature qu'une acquisition de l'art. — La modestie suppose le mérite, et le fait (*plus tôt*) remarquer. — Il y a autant de faiblesse à fuir la mode (*qu'à*) l'affecter. — Je ne doute pas que le successeur qui m'est destiné (*n'ait*) plus de talent et de capacité que moi. — Il est (*aussi*) impossible à l'homme de comprendre (*comment*) deux corps agissent l'un par l'autre, (*que*) de concevoir (*comment*) le corps agit (*sur*) l'âme, et l'âme (*sur*) le corps. — Peut-on nier que les bonnes mœurs (*ne soient*) essentielles à la durée des empires, et que le luxe (*ne soit*) diamétralement opposé aux bonnes mœurs? — La plupart des lecteurs aiment mieux s'amuser que (*s'instruire, de s'instruire*). — Il vaut mieux risquer de perdre sa fortune que (*de perdre*) sa réputation. — Les glaces qui descendent du nord sont déjà (*plus d'à demi, plus d'à moitié, plus qu'à demi, plus qu'à moitié*) fondues lorsqu'elles arrivent sur le banc de Terre-Neuve; car, en effet, elles ne vont pas plus loin. — Hâtez-vous de jouir du monde avant qu'il (*vous, ne vous*) échappe, et tandis qu'il en est temps encore. — Heureux les princes et les peuples dont les lois sont assez sages pour (*ne laisser*) aux méchants ni excuse, ni prétexte. — Vous devez prendre garde (*à jamais ne laisser*) le vin trop commun dans votre royaume. — La poésie est plus naturelle à l'homme qu'on (*ne le pense*). — Il y a des villes où l'on ne peut faire un pas qu'on (*n'ait*) aussitôt mille mendiants à ses trousses. — Les planètes sont des corps opaques qui tournent (*autour*) du soleil, (*d'où*) elles tirent la lumière et la chaleur. — L'on ne peut guère douter que les animaux actuellement domestiques (*n'aient*) été sauvages (*auparavant*). — Il vaut mieux s'accommoder que (*de plaider*). — La charité défend que nous (*insultions*) au malheur et que nous (*lui*) refusions notre assistance. — Combien (*d'hommes*) n'a-t-on pas (*vus*) faire échouer des entreprises glorieuses à la patrie, de peur que la gloire (*n'en*) rejaillît sur leurs rivaux ! — Prenons garde si nos bienfaits (*ne nuisent*) point aux autres, et (*ne tournent*) pas contre ceux mêmes qui en sont l'objet. — La bêche des esclaves a fait plus de bien que l'épée des conquérants (*n'a fait*) de mal. — On ne peut nier que nous (*ne soyons*) très-fondés à nous ériger en aristarques et en juges souverains des ouvrages nouveaux. — Chaque homme n'est pas plus différent des autres hommes qu'il (*l'est*) souvent de lui-même. — Toutes les pratiques anciennes et modernes n'empêcheront pas que l'on (*ne viole*) les lois de la nature, et que l'on (*ne soit*) rebelle à Dieu en coupant volontairement la trame de ses jours. — La plus heureuse vie a plus de peines qu'elle (*n'a*) de plaisirs. — Il n'est pas douteux que nous (*ne devions*) des témoignages de reconnaissance à ceux à qui nous sommes redevables de la vie. — On (*n'est*) jamais (*aussi*) aisément trompé (*que*) lorsqu'on songe à tromper les autres. — Les premiers hommes, avant qu'un culte impie (*se fût, ne se fût*) taillé des divinités de bois et de pierre, adorèrent le même Dieu que nous adorons. — Il est plus humiliant de perdre ses conquêtes qu'il (*n'était*) glorieux de les avoir faites. — Quelque prompt que soit un mouvement, on peut en concevoir un qui le soit (*davantage*). — Il vaut mieux étouffer un bon mot qui est près de vous échapper que (*de chagriner*) qui que ce soit. — L'œil appartient à l'âme (*plutôt*) que tout autre organe; il en exprime les émotions (*les*) plus vives, comme les mouvements (*les*) plus doux. — Tout le monde dit d'un fat qu'il est un fat, et personne (*n'ose*) le lui dire à lui-même; il meurt sans le savoir et sans que personne (*se soit*) vengé. — La langue paraît s'altérer tous les jours; mais le style se corrompt bien (*davantage*). — Périssons (*plutôt*) que la mollesse et la volupté (*ne s'emparent*) de notre cœur. — Il vaut mieux prévenir le mal (*que d'être*) réduit à le réparer. — Les naturalistes ne doutent pas que les poissons (*n'entendent*), quoiqu'ils (*n'aient*) remarqué chez ces animaux aucun organe propre à recevoir le son. — Combien de siècles se sont (*écoulés*) avant que les hommes (*aient, n'aient*) pu revenir au goût des anciens! — Il me semble que c'est (*plus*) par l'air que par les manières que les hommes sont gracieux. — A moins qu'on (*ne soit*) fou, il n'est pas possible qu'on veuille l'extermination du genre humain. — Lorsque nous assistons à une pièce de théâtre, il faut que nous connaissions (*tout d'un coup*) les personnages qui se présentent. — Nous remettons presque toujours au lendemain ce que nous devrions faire (*tout de suite*), et la mort nous surprend sans que nous (*ayons*) pu effectuer notre promesse.— L'Ecriture nous fait voir la terre revêtue d'herbes et de toutes sortes de plantes avant que le soleil (*ait, n'ait*) été créé. — L'existence de Scipion ne sera pas plus douteuse dans dix siècles qu'elle (*ne l'est*) aujourd'hui. — Il ne faut pas (*non plus*) qu'on se laisse mener comme un oison.— Est-il rien qui aveugle autant l'homme (*que*) la vanité? — Un discours que rien ne lie et n'embarrasse marche et coule de soi-même, et il s'en faut peu qu'il (*n'aille*) quelquefois plus vite que la pensée même de l'orateur.—Le singe n'est pas plus de notre espèce que nous (*ne sommes*) de la sienne. — Si l'on nous empêche de parler et d'écrire librement, il est à craindre que nous (*ne fassions*) usage du fer et du feu.—Il faut laisser entrevoir quelquefois ce que l'on (*n'ose, n'ose pas*) dire.— L'ambitieux est moins flatté de laisser tant d'hommes derrière lui qu'il (*n'est*) fâché d'en voir qui le précèdent. — Il s'en faut peu que le crime heureux (*ne soit*) loué comme la vertu même. — Les lions sont maintenant beaucoup moins communs qu'ils (*ne l'étaient*) anciennement. — Je n'entends jamais parler de guerre que (*je ne pense*) aux horribles suites qu'elle entraîne.—L'honnête homme est celui qui fait tout le bien qu'il peut et (*ne fait de mal*) à personne.— Je ne saurais voir d'honnêtes pères chagrinés par leurs enfants, que cela (*ne m'émeuve*).—C'est un homme rare que celui qui ne peut faire (*pis*) que (*de se tromper*).— On ne fait rien de (*mieux*) que le bien. — A quoi tient-il que nous (*soyons*) véritablement libres? — Il semble qu'il suffise de pouvoir tout pour (*n'être touché*) de rien. — Quiconque est vivement ému voit les choses d'un autre œil que les autres hommes. Tout est pour lui objet de comparaison rapide et de métaphore, sans qu'il (*y, n'y prenne*) garde. — Le remède parfois est (*pire*) que le mal.—Que sert d'amasser, à moins que l'on (*ne jouisse*)? —La fortune est si légère qu'elle abandonne quelquefois (*tout d'un coup ceux mêmes*) qu'elle a (*le*) plus (*favorisés*).—Toutes les créatures paraîtront devant Dieu comme le néant, sans qu'il (*y ait*) entre elles de prérogatives que celles que la vertu y aura (*mises*). — Les hommes seraient peut-être (*pires*) s'ils venaient à manquer de censeurs. — Je ne doute pas que vous (*n'arriviez*) à l'accomplissement de vos desseins, pour peu que vous y persévériez.—Pour être philosophe, il ne suffit pas d'en usurper le nom ; il faut le justifier par les vertus autant (*que*) par les lumières.—Quoique, chez les anciens, les manuscrits (*fussent*) fort rares et fort chers, cela n'empêchait pas qu'il (*n'y eût*) des bibliothèques immenses. — Raoul, comte d'Eu et de Guignes, accusé d'intelligence avec les Anglais, est décapité, sans qu'on (*observe*) les formes de la procédure.—La condition des hommes serait (*pire*) que celle des bêtes, si la solide philosophie et la religion ne les soutenaient.—Comme je l'avais offensé, il ne voulut pas me pardonner, à moins que je (*ne lui fisse*) une rétractation. — Chacun dit du bien de son cœur, et personne (*n'ose*) en dire de son esprit. — Nul ne peut être heureux, s'il (*ne jouit*) de sa propre estime.—Le politique rempli de vues et de réflexions (*ne sait, ne sait pas*) se gouverner. — (*Pas, point*) de vraies tragédies sans grandes passions. — Il est dangereux que la vanité (*n'étouffe*) une partie de la reconnaissance.—Plus on a étudié la nature, (*plus*) on a connu son auteur. — Quand j'étais au catéchisme, on m'interrogeait rarement, de crainte que je (*ne susse*) pas ma leçon. — Les préjugés naissent, croissent insensiblement, et s'établissent, sans qu'on (*en ait*) aperçu les progrès. — Un amant toujours rebuté par sa maîtresse l'est toujours aussi par le spectateur, à moins qu'il (*ne respire*) la fureur de la vengeance. — Qu'y a-t-il de (*meilleur*) que la langue? Qu'y a-t-il de (*pire*)? — La crainte de faire des ingrats ne doit pas empêcher que vous (*ne fassiez*) le bien.—Un juge partial est (*pire*) qu'un bourreau. — On montre moins de l'esprit que peu de jugement, en voulant disputer (*sur tout*).—Le trop grand désir de se justifier nuit souvent plus qu'il (*ne sert*).—Il n'est rien que l'homme donne aussi libéralement (*que*) les conseils.—L'âne est de son naturel aussi humble, aussi patient, aussi tranquille (*que*) le cheval est fier, ardent, impétueux. — Tu ne feras jamais rien de (*mieux*) que le bien. — Il n'y a pas (*d'*)homme qui n'ait une (*si*) bonne et (*si*) mauvaise qualité qu'on ne puisse l'estimer ou le mépriser si (*l'on*) ne considère que l'une d'elles. — Ne faites point attendre le bienfait : c'est donner deux fois que de donner (*tout de suite*). — Les chevaux turcs ne sont jamais

si) bien proportionnés (*que*) les barbes. — L'âme de Mazarin, qui n'avait pas la barbarie de celle de Cromwell, n'en avait pas (*non plus*) la grandeur. — Notre félicité dépend (*plus*) de nos principes et de leur application, que de (*toute autre*) cause. — C'est une injustice de reprocher à un homme des principes qu'il désavoue formellement, à moins que sa conduite (*ne démente*) ouvertement son désaveu. — Les agneaux de la première portée ne sont jamais (*si*) bons (*que*) ceux des portées suivantes. — Ne choisis pas trop, crainte de (*pire*). — Si nous promettons plus que nous (*ne pouvons*) tenir, nous obtiendrons moins que nous (*ne demandons*). — Nos désirs se procréent successivement toujours plus (*forts*) et plus (*vifs*), allaités par la jouissance. — La vanité est, après la faim, ce qui anime (*le plus*) les hommes. — Je fuis les oisifs des villes, gens (*aussi ennuyés, ennuyés autant*) qu'ennuyeux. — Nous dompterons la panthère plutôt que nous (*ne l'apprivoiserons*). — Nous nous voyons d'un autre œil que nous (*ne voyons*) notre prochain. — Il vaut mieux dissimuler (*quelques défauts*), (*que de rendre*) la correction trop fréquente. — La satire aigrit plus (*qu'elle ne*) corrige. — L'impassible vérité prononce (*de loin à loin, de loin en loin*) quelques oracles; l'active erreur proclame sans cesse et partout ses absurdités. — Il faut user de tout avec modération, de peur que la privation (*n'en*) soit trop sensible. — La tyrannie est (*pire*) que l'anarchie : ou (*plutôt*) elle est une véritable anarchie. — L'Allemagne est aussi peuplée (*que*) la France. — Nous nous faisons plus de maux à nous-mêmes que (*ne nous*) en fait la nature. — La noblesse est la vertu ; elle se perd (*par tout*) ce qui n'est pas vertueux ; et, si elle n'est pas vertu, c'est bien peu de (*chose*). — Il semble que ce soit une chose permise que de se défier du cœur de ceux que les beaux-arts, et (*surtout*) la musique, ne peuvent émouvoir. — Il se répand autour du trône un certain nuage de grandeur qui empêche souvent que la vérité (*ne parvienne*) jusqu'aux princes. — Les plaisirs honteux coûtent toujours plus (*cher*) que les amusements des honnêtes gens. — Les athées sont de très-mauvais raisonneurs, et leur malheureuse philosophie est (*aussi dangereuse*) qu'absurde.

Nous nous trompons sur le compte des autres, parce que notre imagination nous les peint tout autres qu'ils (*ne sont*). — Il est difficile d'amonceler les tempêtes (*sur*) le ciel de sa patrie et de n'en être pas frappé. — De la philosophie à l'impiété, il y a aussi loin (*que*) de la religion au fanatisme. — A moins que les choses (*ne soient*) évidemment mal, il faut les laisser telles qu'elles sont. — La joie de faire du bien est tout autrement douce que (*ne l'est*) celle de le recevoir. — ((*Ne*) *faites*) violence à personne pour l'amener à la foi. — Lorsqu'on a sujet de se plaindre d'un ami, il faut s'en détacher peu à peu, et dénouer (*plutôt*) que rompre les liens de l'amitié. — Le vrai brave conserve son jugement au milieu du péril avec autant de présence d'esprit (*que*) s'il n'y était pas. — Les talents tiennent plus aux circonstances qu'on (*ne le croit*), parce qu'elles en déterminent l'essor. — L'ambition de dominer (*sur*) les esprits est une des plus fortes passions. — La vérité ne fait pas autant de bien dans le monde (*que*) ses apparences y font de mal. — Il faut souvent moins de courage pour se corriger de ses défauts qu'il (*n'en faut*) pour les avouer. — On dompte la panthère plutôt qu'on (*ne l'apprivoise*). — L'esclave n'a qu'un maître ; l'ambitieux en a autant (*qu'il*) y a (*de*) gens utiles à sa fortune. — Le flatteur qui ne cherche qu'à nous plaire n'est pas moins dangereux que (*l'est*) l'ennemi qui veut nous perdre. — Nous avons en France des tragédies estimées qui sont (*plutôt*) des conversations qu'elles (*ne sont*) la représentation d'un événement. — Quand on a prétendu que rien n'était (*si*) rare que le génie, on avait oublié la perfection. — Les physiciens ne nient point que la mer (*n'ait*) couvert une grande partie de la terre habitée. — Ne jetez pas, dit Jésus, les perles devant les pourceaux, de peur qu'ils (*ne les foulent*) aux pieds, et que, se tournant contre vous, ils (*ne vous déchirent*). — Souvent notre repentir n'est pas (*tant*) un regret du mal que nous avons fait qu'une crainte de celui qui peut nous en arriver. — Dire que la religion n'est pas un motif réprimant parce qu'elle ne réprime pas toujours, c'est dire que les lois n'en sont pas un (*non plus*). — Combien (*de*) siècles se sont (*écoulés*) avant que le monde (*possédât*) des (*Homères*) et des (*Virgiles*). — Rien ne doit être (*si*) sacré aux hommes (*que*) les lois destinées à les rendre bons, sages et heureux. — Il y a des âmes fortes (*aussi modestes que, modestes autant que*) sages, qui mettent leurs talents sous le nom d'autrui. — Les soucis importunent, voltigent comme des (*hiboux*) dans la nuit, (*autour*) des lambris dorés. — L'activité est aussi nécessaire au bonheur (*que*) l'agitation lui est contraire. — Admirons les coups de la fortune, qui relève (*tout à coup*) ceux qu'elle a (*le*) plus (*abaissés*). — La sagesse inutile au monde est (*pire*) que certaines folies qui servent (*du moins*) à l'amuser. — L'amour-propre fait peut-être autant de tyrans (*que*) l'amour. — Quoique vous ne connaissiez pas toutes les langues, cela n'empêche pas que vous (*ne connaissiez*) la bonne littérature et que vous (*n'en parliez*) fort bien. — Faites (*tout de suite*) ce que vous pouvez faire, le temps ne s'arrête pas pour vous attendre. — Les Brachmanes font (*plutôt*) une secte qu'un peuple ; et leur religion, quoique très-ancienne, ne s'est guère étendue au delà de leurs écoles. — Les soldats doivent (*plutôt*) périr que (*se rendre, de se rendre*). — Les excès abrègent la vie et font mourir (*plus tôt*). — La pauvreté est le plus grand des maux qui soient sortis de la boîte de Pandore, et l'on hait autant l'haleine d'un homme qui n'a rien, (*que*) celle d'un pestiféré. — Quand on ne sort pas, c'est la pluie qui empêche qu'on (*n'aille*) se promener. — Le capitaine n'est pas accompli, à moins qu'il (*ne renferme*) en (*lui*) l'homme de bien et l'homme sage. — Un étourneau peut apprendre à parler indifféremment français, allemand, latin, grec, etc., et à prononcer (*de suite*) des phrases un peu longues. — La confiance et l'amitié naissent (*tout d'un coup*) entre les mœurs qui se ressemblent par la bonté. — Il n'y a point d'homme (*si*) vicieux, qu'il ne possède quelque bonne qualité. — Rien ne persuade (*tant*) les gens (*que*) ce qu'ils n'entendent pas. — Je ne sais à quoi il tenait qu'on (*ne lui rompît*) en visière. — Il semble qu'il y (*ait*) en nous plusieurs hommes, puisque souvent chacun de nous pense et agit aujourd'hui tout autrement qu'il (*ne faisait*) hier. — Si l'on n'est pas maître de ses sentiments, (*du moins, au moins*) on l'est de sa conduite. — Cornelius Nepos, auteur (*aussi judicieux, judicieux autant*) qu'élégant, ne veut pas que l'on doute de la date du décret d'Artaxerce après l'autorité de Thucydide. —

Quand nous sommes bien portants nous ne craignons pas que les excès (*nous*) incommodent. — Les conquêtes font (*plus*) d'ennemis, qu'elles (*ne donnent*) de sujets. — Si l'on ne sait point divertir, il faut (*du moins, au moins*) ne point ennuyer. — La même justesse d'esprit qui nous fait écrire de bonnes choses nous fait appréhender qu'elles (*ne le soient*) pas assez pour mériter d'être lues. — Il ne faut pas moins de grandeur d'âme pour ne pas se laisser corrompre par la bonne fortune, qu'il (*n'en faut*) pour supporter la mauvaise. — Peu de livres donnent (*plus*) à méditer (*sur*) la mobilité des choses humaines (*que*) les almanachs de cour. — Plus un homme a l'âme bonne, (*moins*) il soupçonne les autres de méchanceté. — J'ai tant de goût pour la musique, que peu s'en faut que je (*ne passe*) les jours et les nuits à chanter. — Ne pourra-t-on pas se moquer des (*Tartuffes*), des (*Escobars*), sans qu'on (*soit*) accusé pour cela de rire de la religion ? — Rien n'approche (*plus*) un mortel de la divinité que la bienfaisance. — Il faut que tous ceux qui assistent à une pièce de théâtre connaissent (*tout d'un coup*) les personnages qui se présentent. — Rien n'empêche tant d'être naturel (*que*) l'envie de le paraître. — Je me suis senti si indisposé, que peu s'en est fallu que je (*ne vinsse*) pas, et il ne s'en serait pas fallu de beaucoup que je (*ne restasse*) couché. — Toute nation est faible, à moins qu'elle (*ne soit*) unie. — Le véritable courage est (*bien, très, fort*) opposé à la témérité qui n'examine rien. — Quand la vérité n'offense personne, elle devrait sortir de notre bouche aussi naturellement (*que*) l'air que nous respirons. — Il ne tient pas à nous que nous (*ne soyons*) heureux ou malheureux. — Il se répand autour des trônes de certaines terreurs qui empêchent qu'on (*ne parle*) aux rois avec liberté. — Le monde est plus séduisant par les charmes qu'il promet, qu'il (*ne l'est*) par les faveurs qu'il accorde. — (*Bien des gens, beaucoup de gens*) ont prétendu que la quantité des eaux souterraines surpassait celle de toutes les eaux qui sont à la surface de la terre. — La probité est aussi rarement d'accord avec l'intérêt (*que*) la raison avec la passion. — Il vaut mieux exceller dans le médiocre que (*de vouloir*) atteindre au grand, au sublime. — Il est (*aussi*) facile d'être honnête homme (*que*) de le paraître. — Les hommes de jugement ont souvent (*beaucoup d'esprit, bien de l'esprit*). — Un athée qui serait raisonneur et puissant, serait un fléau aussi funeste (*qu'*) un superstitieux sanguinaire. — Craignons la guerre avant qu'elle (*soit*) allumée, mais dès qu'elle est allumée, ne sachons plus ce que c'est que de craindre. — Ceux qui nuisent à la réputation des autres (*plutôt*), que de perdre un bon mot, méritent une peine infamante. — Lorsque je veux faire ma prière, je ne sais en quelle langue je dois parler. Je ne sais pas (*non plus*) en quelle posture je dois me mettre. — (*Quand*) on se porte bien, on ne comprend pas (*comment*) on pourrait faire si on était malade. — Voyez (*comme*) les empires se succèdent les uns (*aux autres*)! — Les voyages (*sur*) mer sont remplis d'aventures. — Il faut autant de discrétion pour donner des conseils (*que*) de docilité pour les recevoir. — Je ne prétends pas être meilleur que les autres; mais, en revanche, je prétends n'être pas (*pire*). — Il a été donné aux Chinois de commencer en tout (*plus tôt*) que les autres peuples, pour ne faire ensuite (*aucun*) progrès. — Les grands génies sont comme ces météores qui apparaissent (*de loin à loin, de loin en loin*). — Les lois sont faites pour secourir les citoyens, autant (*que*) pour les intimider. — La philosophie et le sceptre ne doivent pas empêcher qu'on (*ne soit*) homme. — Trop souvent nous fermons les yeux aux beautés que la nature répand (*autour*) de nous. — Tout le monde voudrait faire fortune (*tout d'un coup*). — Avec du jus de grenade (*je vais, je m'en vais*) vous faire des sorbets excellents comme ceux de Naples. — Ce qui est poussière (*s'en est*) retourné en poussière. — Ce qui est venu de la flûte (*s'en est*) allé par le tambour. — Il n'est (*point*) de noblesse où manque la vertu. — Plus on a lu, (*plus*) on est instruit; plus on a médité, (*plus*) on est en état d'affirmer que l'on ne sait rien. — Les pluies presque continuelles empêchent qu'on (*ne se promène*). — La religion défend que vous (*insultiez*) au malheureux, et que vous (*lui refusiez*) votre assistance. — Une femme doit (*plutôt*) juger sainement les livres qu'en parler savamment. — Nous avons (*bien, très, fort*) exactement les histoires des peuples qui se détruisent. Ce qui nous manque est celle des peuples qui se multiplient. — Le peuple a différé (*jusqu'aujourd'hui, jusqu'à aujourd'hui*) à s'instruire sérieusement. — La terre est emportée avec une rapidité inconcevable (*autour*) du soleil. — Aussi intrépide (*que*) son maître, le cheval voit le péril et l'affronte. — Vous paraîtriez (*pire*) que vous (*n'êtes*), si vous vous identifiiez avec des gens qui ne vous valent pas.

CHAPITRE XVII.

EXERCICES SYNTAXIQUES SUR LA PRÉPOSITION.

Nos 507 à 527.

1. (*Dans*) toute l'Afrique, dans tout le continent oriental, les bœufs sont bossus, parce qu'ils ont porté de tout temps des fardeaux sur leurs épaules.

2. Les jeunes veaux sauvages, que l'on enlève à leur mère, aux Indes et (*en*) Afrique, deviennent en très-peu de temps aussi doux que ceux qui sont issus de races domestiques.

3. Nous avons beau enfler nos conceptions, nous n'enfantons que des atomes (*au prix*) de la réalité des choses.

4. Tous les ouvrages de l'homme sont vils et grossiers (*auprès*) des moindres ouvrages de la nature, (*auprès*) d'un brin d'herbe, de l'œil d'une mouche.

5. La femme est l'amie naturelle de l'homme, et toute autre amitié est faible ou suspecte (*auprès*) de celle-là.

6. Que sont les peines du corps (*auprès*) des tourments de l'âme! Quel feu peut être comparé au feu des remords!

7. On a pris aux Allemands sept (à) huit cents hommes.

8. Je suis étonné de voir jusques à sept (ou) huit personnes se rassembler sous un même toit.

9. Les deux jeunes bergères voyaient à dix pas d'elles cinq (ou) six chèvres.

10. Les chevaux de Perse sont si bons marcheurs qu'ils font très-aisément sept (à) huit lieues de chemin sans s'arrêter.

11. Il y eut un grand nombre d'Eques et de Volsques (*taillés*) en pièces.

12. Il y eut trois cents sénateurs (*de proscrits*), deux mille chevaliers, plus de cent négociants, tous pères de famille.

13. Les chevaux danois sont de si belle taille et si étoffés, qu'on les préfère à tous les autres pour en faire des attelages : il y en a (*de parfaitement*) moulés, mais en petit nombre.

14. On dit que Camille ne mena jamais d'armée (*en campagne*) sans la ramener comblée de gloire et chargée de butin.

15. Sauvons-nous (*à la campagne*), allons-y chercher un repos et un contentement que nous n'avons pu trouver au milieu des assemblées et des divertissements.

16. Mon cher Usbeck, je crois que tu veux passer ta vie (*à la campagne*).

17. Les fortunes promptes en tout genre sont les moins solides, (*parce qu'*)il est rare qu'elles soient l'ouvrage du mérite.

18. Vois (*par ce que*) je suis ce qu'autrefois je fus.

19. (*Voici*) le code de l'égoïste : tout pour lui, rien pour les autres.

20. Hélas ! de l'avenir vains juges que nous sommes,
Ignorer et souffrir, (*voilà*) le sort des hommes.

21. L'abstinence du mal (*envers*) les bêtes est le premier exercice du bien (*envers*) les hommes.

22. Je m'assis sur un petit banc de gazon et de trèfle, à l'ombre d'un pommier en fleurs, (*vis-à-vis*) une ruche dont les abeilles voltigeaient en bourdonnant de tous côtés.

23. Des preuves administrées de cette manière, par des

gens si passionnés, perdent toute autorité dans mon esprit (*vis-à-vis*) vos observations.

24. Nous passâmes (*au travers*) des écueils, et nous vîmes de près toutes les horreurs de la mort.

25. Un roi ne voit le peuple qu'(*à travers*) le prisme brillant de la cour ; comment devinerait-il la misère sous les riches couleurs qu'il y réfléchit?

26. Le jour naissant (*à peine*) a blanchi les coteaux.

27. On résiste (*avec peine*) à l'accent des remords.

28. En courant (*après*) le plaisir, on attrape la douleur.

29. L'homme n'a rien imaginé de lui-même, et il n'a développé son intelligence que (*d'après*) celle de la nature.

30. . . . . Ainsi donc, ce malheureux enfant,
Retombe (*entre*) ses mains, et meurt presque en naissant.

31. Il faut (*parmi*) le monde une vertu traitable ;
A force de sagesse on peut être blâmable.

32. Tout semblait, je l'avoue, esclave (*auprès*) de lui.

33. Seigneur, Cicéron vient (*près*) de ce lieu fatal.

34. Jour et nuit un homme de mer est le jouet des éléments ; le feu est toujours (*près de*) consumer son vaisseau, l'air (*de le*) renverser, l'eau (*de le*) submerger, et la terre (*de le*) briser.

35. On ne connaît l'importance d'une action que quand on est (*près de*) l'exécuter.

36. La mort ne surprend pas le sage ;
Il est toujours (*prêt à*) partir.

37. . . . Certains préjugés, sucés avec le lait,
Deviennent nos tyrans (*jusque*) dans la vieillesse.

38. Cette nouvelle n'était pas encore venue (*jusques*) à nous.

39. Les hommes ont la volonté de rendre service (*jusqu'*)à ce qu'ils en aient le pouvoir.

40. Les noirs, avec une pièce d'étoffe autour des reins, une lance à la main et un cimeterre au côté, sont (*prêts à*) tout, en paix comme en guerre.

N°s 528 à 530.

1. (*En*) Irlande, (*en*) Angleterre, (*en*) Hollande, (*en*) Suisse, on sale et on fume la chair du bœuf en grande quantité.

2. Le grand danois transporté (*en*) Irlande, (*en*) Ukraine, (*en*) Tartarie, (*en*) Epire, (*en*) Albanie, est devenu chien d'Irlande, et c'est le plus grand de tous les chiens.

3. Le roi marche incertain (*sans*) escorte et (*sans*) guide.

4. Nul n'aura de l'esprit (*hors*) nous et nos amis.

5. La vérité, (*nonobstant*) le préjugé, l'erreur et le mensonge, se fait jour et perce à la fin.

6. Dieu ne déclare pas tous les jours sa volonté par ses prophètes (*touchant*) les rois et les monarchies qu'il élève ou qu'il détruit.

7. Aurez-vous le cœur assez dur pour être inexorable (*à*) votre roi et (*à*) tous vos plus tendres amis?

8. Voyez de quel guerrier il vous plaît de descendre;
Choisissez (*de*) César, (*d'*)Achille ou (*d'*)Alexandre.

9. . . . . La postérité (*d'*)Alfane et (*de*) Bayard,
Quand ce n'est qu'une rosse est vendue au hasard.

10. On passe pour un monstre quand on manque de reconnaissance (*pour*) son père ou (*pour*) un ami de qui on a reçu quelques secours.

11. Tous les ouvrages de l'homme sont vils et grossiers (*auprès*) des moindres ouvrages de la nature, (*auprès*) d'un brin d'herbe, de l'œil d'une mouche.

12. L'éloquence est un art très-sérieux, destiné (*à*) instruire, (*à*) réprimer les passions, (*à*) corriger les mœurs, (*à*) soutenir les lois, (*à*) diriger les délibérations publiques, (*à*) rendre les hommes bons et heureux.

13. Le marché, lorsque nos gens le visitèrent, leur sembla bien approvisionné (*en*) taureaux, vaches, moutons, chèvres et volailles.

14. Catilina l'emporte, et sa tranquille rage
(*Sans*) crainte et (*sans*) danger médite le carnage.

EXERCICES GÉNÉRAUX SUR LES PRÉPOSITIONS.

La conversation d'aujourd'hui est (*toute*) en saillies, (*en équivoques, en calembourgs et en jolis riens*). — On dresse des autels aux dieux, aux puissances, à la liberté, pour monter (*dessus*) et dominer. — Est-il possible qu'un homme ait de la morgue (*envers*) un autre homme? — (*Parmi*) les hommes qui n'aiment point qu'on les opprime, il s'en trouve beaucoup qui aiment à opprimer. — La comédie est l'art d'enseigner la vertu et les bienséances en actions et (*en dialogues*). — Le souverain n'a qu'un seul devoir à remplir (*envers, vis-à-vis de*) l'Etat, c'est de faire observer la loi. — Juger les autres avec la dernière rigueur, se pardonner tout à soi-même, (*voilà*) deux maladies mortelles qui affligent le genre humain. — Les héros, comme les produits des arts, paraissent plus grands (*à travers l'*) espace des siècles : Napoléon sera colosse, demi-dieu. — De tous les plaisirs des sens, il n'y en a pas qui ne soient parfois trop chers, (*au prix*) même d'un simple désir. — Combien de gens (*près de*) la mort, qui ne sont pas (*prêts à*) mourir. — Trop souvent on est (*près d'*) agir sans y être prêt. — Les hommes passent leur vie (*entre*) le tort et le repentir. — Il n'y a point à choisir (*entre*) l'existence et la vertu. — Un seul mensonge mêlé (*parmi*) les vérités les fait suspecter toutes. — Il y a plus de blessés (*parmi*) les fuyards que (*parmi*) les braves. — Les devoirs du souverain (*envers le*) sujet sont encore plus étendus que ceux du sujet (*envers le*) souverain. — Il est rare de raisonner justement quand on raisonne (*d'après*) son intérêt. — (*Parmi*) les hommes, les uns passent leur vie dans l'oisiveté et (*la*) paresse, inutiles à la patrie et (*à eux-mêmes*); les autres, dans le tumulte et (*l'agitation*) des occupations humaines. — Quiconque s'accoutume à être dur et féroce (*envers*) soi-même, le devient (*envers les*) autres. — Le vrai dévôt est un parfait honnête homme (*vis-à-vis de*) Dieu, des hommes et de lui-même. — Il faudrait avoir tout vu, tout lu, pour décider (*sur tout*) — La raison, la logique, en résultat (*surtout*), doivent être le guide et le but constant de tout ici-bas.—C'est (*surtout*) en fait de gouvernements, que l'homme doit disparaître tout entier, pour ne laisser voir que la loi.— (*A peine*) sortis du maillot, nous nous croyons des hommes. — Les hommes (*de*) secte et (*de parti*) se maintiennent en se tenant tous par la main. — Heureuse l'âme qui, remontant à son origine, passe (*à travers les*) choses (*créées*) sans s'y arrêter. — (*Au travers des*) périls un grand cœur se fait jour. — L'aveugle rage avec laquelle les hommes se mutilent serait (*à peine*) concevable, s'ils pouvaient se remettre des membres à volonté. — L'observation et l'expérience pour amasser des matériaux, l'induction et la déduction pour les élaborer : (*voilà*) les seules bonnes machines intellectuelles. — Le souverain n'a qu'un seul devoir à remplir (*envers*) l'État, c'est de faire observer la loi. — Saint Louis portait ses armes redoutées (*à travers les*) espaces immenses de la mer et de la terre. — (*Voilà*) un fâcheux accident pour mes créanciers, disait un officier gascon qui venait de recevoir une balle (*au travers du*) corps. — Tout change (*sur*) la terre, (*parce*) que tout suit la mutabilité de son origine. — On obtient la bienveillance par la politesse et (*par la*) douceur. — Ce n'est qu'(*à travers*) un océan de sang qu'on parvient à la victoire. — Le paradis sur la terre est dans un bon livre et (*une*) bonne conscience. — (*Voici*) trois choses qu'on peut regarder comme le mobile des actions des hommes : l'intérêt, le plaisir et la gloire. — Il semblait que la nature (*se fût plue*) à réunir dans Alcibiade tout ce qu'elle peut produire de plus fort en vices et (*en vertus*). — Dieu, l'homme, la nature, (*voilà*) les trois grands objets de l'étude de la philosophie. — La nature a distribué des parcelles de bonheur sur les trônes, dans les palais, (*les*) cabanes et (*les*) cachots. — La ville de Carthage, située (*proche, près*) de la ville de Tunis, a été détruite par les Romains, l'an cent quarante-six (*avant*) Jésus-Christ. — L'empereur Marc-Aurèle fut le dernier de cette secte stoïque qui élevait l'homme au dessus de lui-même, en le rendant dur pour lui seulement, et compatissant (*à l'égard, vis-à-vis*) des autres.—Nous sommes à la place de ceux qui nous ont précédés, qui nous succéderont ; comment vouloir se fixer (*entre*) deux néants ?

— (*Jetez*) les yeux (*sur*) toutes les nations du monde : (*parmi*) tant de peuples différents, pour les mœurs (*et le, et pour le*) caractère, vous trouverez partout les mêmes notions du bien et du mal. — Cette immortalité si vantée et qu'un grand nombre d'hommes (*recherchent*) avec tant d'avidité, sera ensevelie dans les ruines et (*les*) débris de l'univers. — Le vrai bonheur est pour nous une chose négative ; il consiste (*surtout*) dans l'absence du mal. — C'est par un effet de sa sagesse (*que*) Dieu a semé des amertumes (*au milieu de*) la félicité trompeuse de ce monde. — La patrie a des droits sur vos talents, (*vos*) vertus et (*toutes*) vos actions. — (*D'après*) le newtonianisme, les astres devraient se conglomérer en une seule masse, ou s'éparpiller dans l'immensité, si l'œil de Dieu ne les retenait dans leurs orbites. — Etre bien mis, bien logé, bien nourri, bien amusé, (*voilà*), pour l'égoïste, le *nec plus ultra* de la perfectibilité sociale. — Naître, croître, stationner, déchoir et mourir, (*voilà*) la vie. — Rien ne contribue (*plus*) au bonheur des hommes que le soin (*qu'on, que l'on*) prend d'orner et (*de fortifier*) l'esprit et le cœur des jeunes gens par de sages maximes et (*de bons*) exemples. — Un garde national rétablira mieux l'ordre qu'un piquet de gendarmes, (*parce*) qu'il est investi de la confiance publique. — La pensée, l'intelligence est-elle (*dehors ou dedans*) la matière ? — Nous devons apprendre à subjuguer nos passions, (*à vaincre*) nos désirs, et (*à supporter*) avec courage les plus cruelles disgrâces. — On montre moins de l'esprit que peu de jugement, en voulant disputer (*sur tout*). — Nous avons beau enfler nos conceptions, nous n'enfantons que des atomes (*auprès*) de la réalité des choses. — Tous les ouvrages de l'homme sont vils et grossiers (*auprès*) des moindres ouvrages de la nature, (*auprès*) d'un brin d'herbe, de l'œil d'une mouche. — Tous les arts et toutes les sciences sont nés (*parmi*) les nations libres. — Comment ne pas se rappeler avec attention les années qu'on a (*passées*) (*auprès d'*) une mère adorée ? — Le génie et la vertu marchent (*à travers les*) obstacles. — Le bonheur idéal réside à la cime d'une haute montagne ; lorsqu'on arrive, (*après*) de longs efforts, on (*n'y*) trouve rien que le vague des cieux ou les tempêtes. — Dieu est le suprême ordonnateur des rapports (*entre*) tous les êtres. — Les courtisans consommés méprisent l'idole qu'ils semblent adorer, et sont toujours (*prêts à*) la briser. — Soyez prodigue (*envers*) les malheureux, économe chez vous, et fidèle (*à l'égard*) de vos amis. — (*Voici*) trois choses que nous devons consulter dans toutes nos actions, le juste, l'honnête et l'utile. — Heureux le mortel qui peut découvrir la vérité (*à travers les*) voiles du mensonge dont la cupidité humaine la couvre! — Ne va pas (*en Afrique, dans l'Afrique*) pour voir des monstres; voyage chez un peuple en révolution. — La cataracte du Niagara se trouve (*près des*) limites des Etats-Unis et du Canada. — Sabacon se distingue (*entre*) tous les rois d'Egypte par sa piété, et (*par la*) douceur de son règne. — Les hommes, (*surtout*) dans la jeunesse, se modifient par la fréquentation. — Les lois doivent être faites pour les mœurs, (*parce*) que les mœurs ne se font pas par les lois. — Huit (*à, ou*) dix mille hommes sont au souverain comme une monnaie (*dont*) il (*achète*) une place-forte, une victoire. — La véritable élévation (*de l'esprit*) et (*du cœur*) consiste à maîtriser sa passion, (*à n'être*) pas esclave de celles des autres, et (*à se mettre*) au-dessus des disgrâces. — Il y a des modernes que leurs grandes qualités et leurs vertus rangent (*parmi*) les anciens. — Cet art que Corneille avait établi sur l'admiration, et (*sur une*) nature quelquefois trop idéale, Racine le fonda sur une nature vraie, et (*sur la*) connaissance du cœur humain. — On ne doit pas juger d'un homme par ses grandes qualités, mais (*par l'usage*) qu'il en sait faire. — Le malheur est que, dans le choix d'un état, les parents ont peu d'égards pour l'inclination, (*le génie, la capacité*) de leurs enfants. — Tout homme maltraité par la nature, (*l'âge*) ou (*la fortune*), cherche à rabaisser les autres, ne pouvant s'élever lui-même. — C'est une manie commune aux philosophes de tous les âges (*de*) nier ce qui est, et (*d'expliquer*) ce qui n'est pas. — On vous juge (*d'après*) vos manières. — Tout ce qui est (*d'après*) la fantaisie du peintre, et non (*d'après*) la nature, est maniéré. — Prends (*envers, vis-à-vis de*) ton injuste patrie, comme avec une marâtre, le parti du silence.

— L'agiotage tue le commerce, et (*surtout*) le commerce maritime. — Notre place dans l'ordre social est marquée par la nature et (*l'éducation*). — (*Après*) une révolution et une invasion, on est étonné de la masse de maux que l'on a pu supporter. — Les femmes se méprennent souvent, (*parce*) qu'elles mettent l'imagination et le sentiment à la place de l'examen et du jugement.

CHAPITRE XVIII.

EXERCICES SYNTAXIQUES SUR LA CONJONCTION.

Nos 531 à 545.

1. Le maréchal avait représenté au roi qu'il fallait aller aux ennemis, (*en cas*) qu'ils parussent pour secourir Turin.
2. Il faudra prévenir M. du Peyron de votre voyage (*au cas*) qu'il ait quelque chose à m'envoyer.
3. Ceux qui ont leur fétiche avec eux, soit qu'ils le portent aux jambes (*ou*) aux bras, l'arrosent d'un peu de vin.
4. Avant de commencer la guerre, les sages peuvent s'y opposer; mais dès qu'elle est déclarée, soit qu'on la trouve juste (*ou*) injuste, il ne doit plus exister qu'une volonté, chaque citoyen se doit tout entier à sa patrie.
5. La fortune (*soit*) bonne, (*soit*) mauvaise, (*soit*) passagère, (*soit*) constante, ne peut rien sur l'âme du sage.
6. Les richesses engendrent le faste et la mollesse, qui ne sont point des enfants bâtards, (*mais*) leurs vraies et légitimes productions.
7. On trouve des moyens pour guérir de la folie; (*mais on n'en trouve pas*) pour redresser un esprit de travers.

8. Le flambeau de la critique ne doit pas brûler, (*mais*) éclairer.

9. Ce n'est pas le mot d'inquisition qui nous fait peur, (*mais*) la chose même.

10. Le premier de nos devoirs est d'être homme, (*mais*) le second d'être citoyen.

11. Quel était le vrai roi (*ou de celui*) qui n'en avait que le droit et le nom, (*ou de celui*) qui en avait l'autorité et le mérite.

12. L'on ne savait lequel des deux était le plus habile (*ou de Mazarin, ou de don Louis de Haro*).

13. (*Ou*) lui (*ou*) moi nous irons à Ispahan.

14. Celui-là se présente à vous par coutume (*ou*) par bienséance.

15. C'est un plus dangereux fléau que la peste (*et*) la guerre.

16. Le roi, l'âne (*ou*) moi nous mourrons.

17. C'est parce que les animaux ne peuvent joindre ensemble aucune idée, qu'ils ne pensent (*ni ne*) parlent; c'est par la même raison qu'ils n'inventent (*ni ne*) perfectionnent rien.

18. Les pythagoriciens étaient si rigoureux, qu'ils ne parlaient (*et ne*) témoignaient par aucun signe leurs sentiments intérieurs.

19. Tarquin prit la couronne, sans être élu par le sénat (*ni*) par le peuple.

20. Sans les lois (*et sans*) les magistrats qui les font exécuter, que deviendrait le genre humain?

21. Dans les rêves, les sensations se succèdent sans que l'âme les compare, (*ni*) les réunisse.

22. On n'est jamais si heureux (*ni*) si malheureux qu'on se l'imagine.

23. On ne trouve point dans les humains ni les vertus (*ni*) les talents qu'on y cherche.

24. Ils n'étaient point touchés (*ni*) de la vertu (*ni*) de la beauté.

25. D'erreurs (*ni*) d'intérêts ne sont-ils susceptibles.

26. Nous n'avons point de cœur pour aimer (*ni*) haïr.

27. Ces heureux pasteurs ne connaissent ni la richesse ni ses dons pernicieux.

28. Une femme, (*et*) tendre, (*et*) belle, (*et*) sage,
De la nature est le plus bel ouvrage.

29. L'intérêt met en œuvre toutes sortes de vertus (*et*) de vices.

30. On peut assurer que Mazarin était sage, souple (*et*) avide de biens.

EXERCICES GÉNÉRAUX SUR LES CONJONCTIONS.

(*Quant*) à la cour de Louis XIV et à son royaume, les esprits fins y apercevaient déjà un changement que les esprits grossiers ne voient que (*quand*) la décadence est arrivée. — Quand on ne cherche qu'à faire du bien aux hommes, et (*qu'*)on n'offense point le ciel, on ne redoute rien, (*ni*) pendant la vie, (*ni*) à la mort. — Un souverain doit veiller soigneusement à ce que le partage des richesses ne soit pas trop inégal, car alors il n'a (*ni*) pauvres à contenir, ni riches à défendre. — La simplicité plaît sans étude (*et sans*) art. — (*A quoi, que*) vous servira d'avoir de l'esprit, si vous ne l'employez pas, et (*que vous ne vous l'appliquiez pas*)? — Un homme sage (*ne se laisse pas*) gouverner, (*et ne cherche pas*) à gouverner les autres; il veut que la raison gouverne seule et toujours. — (*Parmi*) les ennemis des Romains, il n'en fut point de plus terrible (*ni*) de plus implacable qu'Annibal. — Les hommes ne sont inconséquents dans leurs actions que (*parce*) qu'ils sont inconstants dans (*leurs principes*). — L'envie sent le prix du mérite, (*quoiqu'elle*) s'efforce de l'avilir. — (*Quoiqu'il*) n'y ait rien de si naturel à l'homme que d'aimer et de connaître la vérité, il n'est rien qu'il aime (*ni*) qu'il cherche moins à connaître. — Si les hommes étaient sages et (*qu'ils suivissent*) les lumières de la raison, ils s'épargneraient (*bien des, beaucoup de*) chagrins. — La présomption ne doit jamais nous porter à la négligence dans ce qui nous paraît aisé, (*ni*) la défiance nous faire perdre le courage dans ce qui est difficile. — On peut dire généralement que plus les hommes sont sages, (*plus*) ils sont estimés; et que plus ils sont vertueux, (*plus*) ils sont indulgents pour les défauts d'autrui. — (*Lequel*) est préférable (*d'une*) monarchie avec le principe de l'honneur, ou (*d'une*) république avec le principe de la vertu. — Moins les hommes sont civilisés, (*plus*) il est aisé de les tromper. — Rien ne peut enfler (*ni*) éblouir les grandes âmes (*parce*) que rien n'est plus haut qu'elles. — (*Lequel*) vaut mieux, ou (*une, d'une*) ville superbe en or et en argent, avec une campagne négligée ou inculte, ou (*une, d'une*) campagne cultivée et fertile, avec une ville médiocre et modeste dans ses mœurs. — (*Pendant*) qu'on est dans la prospérité, il faut se préparer à l'adversité. — Je demande qui a le plus de religion, ou (*le, du*) calomniateur qui persécute, ou (*le, du*) calomnié qui pardonne. — (*Pendant*) que l'innocence veille et dort en paix, le crime ne veille et ne dort que dans le tourment. — (*Bien que, encore que, quoique*) les rois de Thèbes (*fussent*) les plus puissants de tous les rois d'Egypte, jamais ils n'ont entrepris sur les dynasties voisines. — (*Par ce*) qu'il a fait pour la prospérité et le bonheur de son royaume, on jugera toujours que Henri IV a été le père de ses sujets. — Jamais un lourdaud, (*quoi qu'il*) fasse, ne pourra passer pour un galant. — (*Comme que, de quelque manière que*) tout aille, peu importe au prétendu sage, pourvu qu'il reste en repos dans son cabinet. — Il n'est rien que les hommes aiment mieux conserver. (*ni*) qu'ils ménagent moins que leur propre vie. — (*Quand*) d'honnêtes gens sont dans le besoin, c'est le moment de faire provision d'amis. — (*Quoique*) l'Evangile propose à tous la même doctrine, il ne propose pas à tous les mêmes règles. — Les romans historiques ont le double défaut de n'avoir (*ni*) le mérite de l'histoire, (*ni*) l'intérêt du roman ; et de plus ils tendent un piége à l'ignorance. — Il nous est difficile de nous connaître, (*parce*) que nous ne sommes presque jamais semblables à nous mêmes. — Si j'avais besoin d'argent, et (*que je fusse*) obligé de passer par toutes les conditions d'un fesse-mathieu, je serais bien malheureux. — Le sage ne brave (*ni*) ne redoute le ridicule. — (*Quoique*) très-malheureux, il est rare (*qu'on*) le soit assez pour ne pouvoir pas faire (*des heureux*). — Choisis pour ton ami l'homme que tu connais pour le plus vertueux ; ne résiste pas à la douceur de ses conseils (*ni*) à la force de ses exemples. — Si Voltaire (*avait*) également soigné toutes les parties de son style, et (*qu'il eût*) plus tendu à la perfection qu'à la fécondité, il serait incontestablement le premier de nos poëtes. — Heureuse la famille qui n'a pas trop de richesses, (*ni*) qui ne souffre pas la pauvreté. — Les peines réelles que la sensibilité cause quelquefois, sont généralement balancées par des sensations agréables, qui ne sont pas moins douces (*ni*) moins consolantes, quoiqu'elles ne causent pas les transports d'une folle joie. — La religion n'a pu tuer l'astrologie (*ni*) la magie; l'honneur de leur mort est (*dû*) à la philosophie. — (*Quoique*) en ait dit Locke, comment concevoir que la métaphysique entre dans notre esprit par nos sens? — L'homme (*ni*) la montre ne renferment l'intelligence qui les créa. — La tempête révolutionnaire nous a tellement (*accoutumés*) à l'agitation, que nous désirons toujours du nouveau, (*quoiqu'*)il soit souvent du pire. — La volupté (*ni*) la mollesse ne peuvent contenter nos cœurs. — Un peuple que protégent de bonnes lois n'est pas inquiet, ne s'agite (*ni*) ne se soulève comme celui qui souffre (*de*) ses lois et de ses magistrats. — Sans expérience (*et sans, ni*) réflexion, on reste dans une enfance perpétuelle. — Plus l'orgueil est excessif, (*plus*) l'humiliation est amère. — Les animaux n'inventent (*ni*) ne perfectionnent rien. — Nos langues n'ont (*ni l'harmonie, ni la précision*) des langues anciennes. — Le sénat (*et*) le peuple romain n'oublient (*ni les services ni les injures*). — Ce (*ne sont*) point les statues (*ni*) les inscriptions qui immortalisent : elles deviennent le triste jouet des vicissitudes humaines. — Il ne faut pas juger d'un homme (*par ce*) qu'il ignore, mais (*par ce*) qu'il sait. — A la table de Cléomène, il n'y avait (*ni musique ni concert*). — Au commencement du règne de Philippe-Auguste, on ne connaissait pas l'usage du deuil en France, (*ni*) dans les royaumes voisins. — On (*n'est*) jamais si heureux (*ni*) si malheureux qu'on se l'imagine. — Les grands (*et*) les rois ne peuvent se perdre (*ni*) se sauver tout seuls. — Les sciences et les arts ont éclairé et consolé la terre (*pendant que*) les guerres la désolaient. — Dans les rêves, les sensations se succèdent sans que l'âme les compare (*ni*) les réunisse. — Les plus charmantes retraites ne plaisent guère sans Bacchus (*ni*) Cérès. — Plus l'offense est grande, (*plus*) le pardon couvre de gloire. — On parle peu (*quand*) la vanité ne fait pas parler. — C'est l'orgueil qui empêche que nous (*n'ai-*

CORRIGÉ DES EXERCICES DE LA GRAMMAIRE. 393

mions) (*et que nous ne, ni que*) nous soyons aimés. — Tarquin prit la couronne sans être élu par le sénat (*ni*) par le peuple. — Nous ne savons comment se forment les désirs de notre âme, (*ni*) comment elle peut se donner à elle-même ses idées et ses images. — Un homme bienfaisant ressemble au soleil, qui ne trafique point de sa lumière; mais qui l'épanche sans ambition (*ni*) avarice, et qui n'a jamais rien exigé des astres (*ni*) de la terre, depuis qu'il la leur donne. — Il ne faut pas qu'il y ait trop d'imagination dans nos conversations (*ni*) dans nos écrits. — Moins on a de désirs, (*moins*) on porte de chaînes. — Qui est le plus coupable, ou (*celui, de celui*) qui prêche toujours la vérité, ou (*celui, de celui*) qui résiste toujours à la vérité?

CHAPITRE XIX.

EXERCICES SYNTAXIQUES SUR LES INTERJECTIONS.

Nos 546 à 561.

1. (*Ouais!*) vous êtes bien obstinée, ma femme.

2. J'irais trouver mon juge et lui dirais : — Oui — (*voi!*) Et lui dirais : Monsieur. — Oui, monsieur, liez-moi.

3. L'Intimé interrompu, et voulant continuer de parler, s'écrie : (*Hé!*) laissez-nous... (*euh! euh!*)

4. C'est une comédie nouvelle, — quelque drame encore ; quelque sottise d'un nouveau genre. — Je n'en sais rien. — (*Heu! heu!*) les journaux et l'autorité nous en feront raison.

5. (*Ah!*) si les hommes se donnaient des maîtres, ce ne serait ni les plus nobles, ni les plus vaillants qu'ils choisiraient, ce serait les plus humains.

6. (*Ha! ha!*) c'est toi, Colette?

7. (*Ah! ah!*) c'est toi, Frosine! que viens-tu faire ici?

8. (*O ciel!*) qui vit jamais une pareille rage?

9. (*O!*) perfidie! (*ô!*) crime! (*ô!*) douleur éternelle!

10. (*Oh!*) ce n'est pas à vous que je fais des remontrances.

11. (*Ho! ho!*) que fais-tu là?

12. (*Ah!*) Angélique, (*eh bien!*) comment suis-je avec elle?

13. (*Eh bien!*) me faudra-t-il attendre encor longtemps?
— (*Hé!*) la voilà, monsieur.

14. (*Ha!*) l'homme savant, on vous y prend aussi.

15. (*Eh!*) qui n'a pleuré quelque perte cruelle?

16. (*Hé bien!*) madame, (*hé bien!*) ils seront satisfaits.

17. (*Hé! hé!*) d'où vient donc ce plaisant mouvement?

18. (*O!*) si la sagesse était visible, de quel amour les hommes s'enflammeraient pour elle!

19. (*Oh!*) qu'il est cruel de n'espérer plus!

20. (*Oh!*) dit-il, qu'est ceci? ma femme est-elle veuve?

21. J'ai poussé jusqu'au bout un projet si hardi.
— (*Ho! ho!*) les grands talents que votre esprit possède!

22. (*Holà!*) monsieur Bobinet, monsieur Bobinet, approchez-vous du monde.

23. (*Holà!*) ne pressez pas tant la cadence, je ne fais que sortir de maladie.

24. (*Hélas!*) on voit que de tout temps
Les petits ont pâti des sottises des grands.

25. (*Hé, là!*) tout doucement, mon petit.

26. Juste ciel! qu'entends-je? (*heim!*) que dites-vous?

27. (*Hein! hein!*) quand il y aura des accompagnements là-dessus, nous verrons encore, messieurs de la cabale, si je ne sais ce que je dis.

28. (*Holà!*) mes gens, qu'on m'avertisse.
29. (*Holà! paix!*) monsieur le grand-prêtre.
30. (*Aye! aye!*) voici monsieur votre père.
31. Comment nous y prendrons-nous? — (*Hum!*) Attendez.

EXERCICES GÉNÉRAUX SUR LES INTERJECTIONS.

(*Ah!*) que ceux qui désirent vivre longtemps se font une grande illusion! — (*O!*) amour, (*ô!*) amitié, (*ô!*) bienfaisance, sources intarissables de biens et de douceurs, les hommes ne sont malheureux que parce qu'ils refusent d'entendre votre voix. — (*Ah!*) si le bonheur n'est que la santé de l'âme, ne doit-on pas le trouver dans les lieux où règne une juste proportion entre les besoins et les désirs, où le mouvement est toujours suivi du repos, et l'intérêt toujours accompagné du calme. — (*Oh!*) que n'ai-je traversé déjà tes sombres souterrains, tombe affreuse! — (*Oh!*) l'étrange chose que d'avoir affaire à des bêtes! — (*Ah!*) si les plus coupables étaient les plus pauvres et les plus malheureux ici-bas, votre destinée aurait-elle quelque chose au-dessus de la mienne? — La retraite est essentielle au travail. (*Eh!*) quel homme de talent n'en a pas fait l'expérience? — (*Oh!*) que les rois doivent bien prendre garde aux guerres qu'ils entreprennent! — (*O!*) mes concitoyens! ne vous opposez point à votre gloire en vous opposant à celle de Racine. — (*Ah!*) dieux, que prépare-t-on? quel crime nouveau, quel forfait horrible on médite en ce palais? — (*Eh bien!*) laissons tes Lacédémoniens, puisque tu le veux. — Celui qui a perdu une jambe est à plaindre, en ce qu'il ne s'est point ôté lui-même ce membre; mais celui qui a perdu la raison, la perd par sa faute. (*Eh!*) c'est en quoi il est plus à plaindre. — (*Oh!*) que le ciel sait bien punir! — (*Oh!*) sainte mère de Dieu, qui avez compassion des malheureux et des opprimés, pourquoi Ceuell Bovadilla ne m'a-t-il pas tué, lorsqu'il nous dépouilla, mon frère et moi, de l'or qui nous avait coûté si cher, et nous envoya chargés de chaînes en Espagne, sans jugement, sans délit, sans l'ombre même d'un crime? — (*O!*) toi qui (*enseignes*) la vertu, et qui (*domptes*) le vice, que deviendrait le genre humain sans ton secours? — (*Oh!*)

que le sort de notre race est cruel! — (*O!*) mon ami, le véritable bonheur consiste dans la modération. — (*Oh!*) que la nature est belle au printemps! — (*Ah!*) mon cœur n'est donc pas fait comme celui des autres hommes. — (*Hé!*) monsieur, de quoi parlez-vous là, et à quoi vous résolvez-vous? — (*Oh!*) soyons bons premièrement, et puis nous serons heureux. — Si la conscience parle à tous les cœurs, pourquoi donc y en a-t-il si peu qui l'entendent? — (*Eh!*) c'est qu'elle nous parle la langue de la nature que tout nous a fait oublier. — (*Ah!*) auprès du foyer domestique, dans l'épanchement d'une conversation libre et franche, le voyageur oublie les peines du voyage. — (*Oh!*) que nous ne sommes rien! — (*Eh!*) peut-on vous aimer qu'on ne vous aime toute la vie? — (*Ah!*) changez donc le sort des hommes et donnez-leur à tous quelque part aux délices de la terre. — (*O!*) jours brillants, (*ó!*) nuits délicieuses! quelle émotion excitait dans mon âme cette suite de tableaux que vous offriez à tous mes sens! — (*O!*) dieu des plaisirs, (*ó!*) printemps! je vous ai vu cette année dans toute votre gloire. — (*Oh!*) que les rois sont à plaindre! (*oh!*) que ceux qui les servent sont dignes de compassion! S'ils sont méchants, combien font-ils souffrir les hommes! — Mercure, qui le reconnut dans ce nouvel état, lui dit en riant : (*Oh! oh!*) je te reconnais; tu n'es qu'un composé du singe et du perroquet que j'ai vus autrefois. — (*O!*) mon protecteur! m'écriai-je tout à coup, voici des êtres dont la taille et l'air sinistre inspirent la terreur; ils viennent à nous.

✻

L'ORTHOGRAPHE D'USAGE

ENSEIGNÉE EN 60 LEÇONS.

Ire LEÇON

SUR LES RÈGLES N°s 1, 2, 44, 45, 63 ET 64

(*Voir la Grammaire*).

EXPLICATION.

Mots commençant par *ab* et par *ac*, n. 1 et 2.
C et F au milieu des mots, n. 44 et 45.
Mots terminés par *a* ou par *as*, n. 63 et 64.

L'(*acacia*) craint des grands froids. — Les graines de (*dahlia*) ont rarement le temps de mûrir sous le climat de Paris. — Les plaisirs (*abrègent*) les jours. — La pie n'(*abandonne*) jamais la tige des arbres. — L'industrie s'(*accroît*) de jour en jour. — L'(*acier*) est un fer très-dur et très-cassant. — Il est absolument indifférent pour le (*succès*) de la (*vaccination*) que le virus (*vaccinal*) ou (*vaccin*) soit puisé à sa source primitive ou sur les boutons humains. — Les (*successeurs abolissent*) souvent les actes de leurs prédécesseurs. — Les grands noms (*abaissent*) ceux qui ne savent pas des porter. — L'huître s'(*accroche*) aux rochers ou aux racines des arbres sur le bord de la mer. — Des soldats effrénés, des vainqueurs féroces, des barbares (*saccagent*) une ville prise d'assaut. — Les races mongoles ont les jambes (*raccourcies*). — Le (*buffle*) est un animal très-sale et d'un naturel violent. — L'if s'épanouit au (*souffle*) de Borée. — De toutes les découvertes faites par la médecine, on peut dire que celle du (*quinquina*) est une des plus importantes. — Les fleurs de l'(*hortensia*) conservent longtemps leur éclat et leur fraîcheur. — La longue servitude (*abâtardit*) le courage. — Les caves fraîches (*abonnissent*) le vin. — La capacité de l'esprit s'étend ou se resserre par l'(*accoutumance*). — Les chiens prennent en moins d'un an leur (*accroissement*) en longueur. — Nos peines s'(*accumulent*) sans cesse. — Il y a des plaies qu'on guérit par la (*succion*). — Il y a des gens qui, lorsqu'on les presse, se (*raccrochent*) à mille prétextes. — Tel vaincrait les tentations qui (*succombe*) au mauvais exemple. — Les cordonniers sont les plus mal chaussés et les perruquiers les plus mal (*coiffés*). — La (*bouffissure*) est la vraie fièvre de la médiocrité. — On met des (*bouffettes*) aux harnais des chevaux. — Le charançon dévore un vaste (*amas*) de grains. — L'(*ananas*) est un fruit très-estimé par sa saveur. — Le (*lilas*) fleurit un des premiers au printemps. — Une (*abbaye*) est un monastère gouverné par un (*abbé*) ou une (*abbesse*). — L'éléphant ne fait jamais (*abus*) de sa force. — Il est des (*accidents*) qu'il est impossible de prévoir. — Il faut du temps pour (*acclimater*) une plante étrangère. — Le (*succès*) encourage. — En Russie, il y avait encore des (*bouffons*) de cour sous Pierre Ier. — La monarchie française (*commença*) sous Pharamond en l'an 420. — C'est une folie de la part d'un père de se mettre, par l'(*abandon*) de ses biens, à la merci de ses enfants. — Les mariages entre proches parents (*abâtardissent*) les enfants. — L'homme (*abattu*) par le malheur n'est plus un homme. — La paresse d'esprit (*abêtit*). — On aime un bon plaisant, on (*abhorre*) un caustique. — Les lois absurdes s'(*abolissent*) d'elles-mêmes. — Des ennemis mortels ne s'(*abordent*) qu'en tremblant. — Dix personnes qui (*parlent*) font plus de bruit que dix mille personnes qui se taisent : voilà le secret des (*aboyeurs*) de tribune. — Il n'y a pas de temps plus purement perdu que celui que l'on perd à lire des (*abrégés*). — On pousse les hommes faibles où l'on veut, en leur montrant de l'autre côté un (*abîme*). — Le peuple qu'on (*accable*) d'impôts finit par n'en plus payer. — Il est sage de vivre avec des infirmités que l'on ne pourrait détruire sans (*accélérer*) sa propre destruction. — Il y a souvent dans les soupirs des mourants des (*accents*) de vérité dont les survivants, s'ils sont justes, doivent faire leur profit. — Ce n'est pas dans un (*accès*) de raison qu'on se tue. — Des juges dépendant de l'influence royale doivent être nécessairement (*accessibles*) à l'intérêt. — Les plus (*accommodants*), ce sont les plus habiles. — Le bonheur consiste principalement à s'(*accommoder*) à son sort, à vouloir être ce qu'on est. — Les (*saccageurs*) de province ne sont pas des héros. — (*Saccager*) n'est pas conquérir. — Qu'a produit le sang de tant de millions d'hommes et le (*saccagement*) de tant de villes? rien de grand. — N'(*abusez*) point de la victoire, le sort du parti qui triomphe est de (*succomber*) à son tour. — Le (*succès*) légitime est une grande jouissance. — Les critiques et les (*chiffonniers*) cherchent leur vie dans les ordures. — L'éducation doit s'efforcer d'empêcher que l'affection naturelle à l'homme pour son semblable ne soit (*étouffée*) par son égoïsme. — La vie s'éteint par nuances (*successives*). — L'argent profite mieux dans le (*coffre*) des habitants que dans ceux des rois. — Pour être inviolable, il faut être (*impeccable*). — Nos âmes sont des (*souffles*) animés de Dieu, dont elles sont l'image, pour animer nos corps. — La (*souffrance*) est l'état habituel de l'humanité. — Qui ne sait pas (*souffrir*) ne sait pas vivre. — Ce qu'il y a de plus exécrable au monde, ce sont les (*bouffonneries*) d'un tyran. — Les passeports doivent être revêtus du (*visa*) de la préfecture de police. — Quel que soit le mode de gouvernement chez une nation corrompue, elle sera toujours le jouet d'un (*tas*) d'intrigants ambitieux qui la duperont avec de grands mots. — Il n'y a rien de si pestilentiel pour le jugement que le (*fatras*) des connaissances pédantesques. — La poésie brillante en prose n'est plus qu'un (*canevas*) dont on ôte la broderie. — Dieu n'a pas donné deux (*bras*) à l'homme pour rester oisif. — Les savants s'enterrent les uns les autres sous les (*fatras*) éphémères de leurs barbares nomenclatures. — La guerre a ses (*appas*) et la paix ses douceurs. — Il n'y a point de petits (*pas*) dans les grandes affaires.

IIe LEÇON

SUR LES RÈGLES N°s 3, 4, 46, 47, 65 ET 66

(*Voir la Grammaire*).

EXPLICATION.

Mots commençant par *ad* et par *af*, n. 3 et 4.
Emploi du *g* et du *j*, n. 46.
Emploi de l'*m* médial, n. 47.
Mots terminés par *at*, n. 65.
Mots terminés par *ac* ou par *aque*, n. 66.

Les feuilles de la bétoine peuvent remplacer le (*tabac*). — La terre est (*opaque*). — On a cru longtemps que la (*thériaque*) était propre à guérir la morsure des animaux venimeux. — Le (*chat*) est un domestique infidèle. — Le mercure est dans un (*état*) de liquidité (*continuelle*). — Chaque (*climat*) a ses oiseaux bienfaiteurs. — Les méchants sont (*adroits*) à (*dissimuler*). — Le temps apporte de l'(*adoucissement*) aux plus grandes douleurs. — Tout homme qui craint Dieu et (*s'adonne*) à la justice, lui est agréable, de quelque nation qu'il soit. — L'habitude de priser (*affaiblit*) l'odorat d'une manière notable. — L'(*Africain*) qui travaille n'est jamais gras. — Il faut être (*affable*) sans familiarité. — Tout devient (*affreux*) dans la pauvreté. — L'esprit s'(*affine*) par la conversation et la société. — L'oiseau-mouche est le (*bi-*

jou) de la nature. — On (*badigeonne*) les maisons que le temps a (*noircies*). — La pâte de (*jujube*) est pectorale. — La chèvre aime à gravir au (*sommet*) des montagnes. — La (*renommée*) est le prix des talents supérieurs. — Dans le Nord il se fait d'immenses (*consommations*) de viandes, de légumes, de boissons fermentées. — L'éléphant n'obéit qu'à son (*cornac*). — Les livres qui se vendent le plus sont les (*almanachs*). — Le chien, le poisson, la balance, le taureau sont des signes du (*zodiaque*). — L'(*odorat*) du corbeau est extrêmement fin. — Le bras des athlètes était armé de cestes dans l'exercice du (*pugilat*). — Tout le monde déteste un (*ingrat*). — L'(*adoration*) n'est due qu'à Dieu seul. — Le lait et les huiles douces sont les principaux (*adoucissants*). — Ventre (*affamé*) n'a pas d'oreilles. — Il n'y a pas de moyen plus sûr de gagner l'(*affection*) des autres que de leur donner la sienne. — Le (*jars*) est le mâle de l'oie. — Tout (*bourgeois*) veut avoir des (*pages*). — Les trop longs jeûnes (*affaiblissent*) l'(*estomac*). — Le cerf écoute avec plaisir le son du (*flageolet*). — Le lait caillé est le mets (*commun*) des Tartares. — La cuisine française est (*renommée*) partout. — C'est en France que l'on a porté au plus haut degré la variété dans l'art d'(*accommoder*) la nourriture. — Le loup sait se tenir (*prudemment*) embusqué. — Un mauvais (*estomac*) prive de la moitié de la vie. — Faute d'aliments, l'esprit, ainsi que l'(*estomac*), meurt d'inanition. — Peu de livres donnent plus à méditer sur la mobilité des choses humaines que les (*almanachs*) de cour. — Si tous ceux qui sont plus malheureux que vous faisaient autant de vacarme, on ne s'entendrait pas dans le monde ; ce serait un (*sabbat*) interminable. — Chacun de vous a dans son (*sac*) le bâton de maréchal de France. — Le (*tabac*) d'Espagne éclaircit la vue, fortifie le cerveau et réjouit le cœur. — L'(*attaque*) nécessite la défense. — L'(*athéisme*) arrête l'âme dans son élan vers les cieux et la (*jette*) dans le (*cloaque*) de la matière. — L'esprit des sots et des incrédules est un corps (*opaque*) que la lumière ne peut jamais pénétrer. — Le bois de (*gaïac*) est un bois sudorifique. — Les soldats construisent des (*baraques*) pour se mettre à couvert. — La (*sanda-*

raque) empêche le papier de boire.— Il faut être égoïste ou (*misanthrope*) pour aimer le (*célibat*). — Le législateur doit être l'(*echo*) de la raison, et le (*magistrat*) l'écho de la loi. — Le (*plagiat*) doit être pardonné lorsqu'il est utile. — La mémoire fait faire des (*plagiats*) involontaires. — La mort du maréchal Ney fut un (*assassinat*) juridique. — Sans les veilles des gens de lettres un empire perdrait au moins de son (*éclat*). — La (*vengeance*) augmente la haine et la nourrit. — N'appelez pas le (*changement*); il amène souvent le regret avec lui. — Il en est du gouvernement comme du temps; il est rare qu'on n'en désire pas le (*changement*). — Il faut (*jouer*) sans doute, mais il faut aussi (*travailler*). — La mort met les empereurs et les (*goujats*) au même rang. — La mer ne se glace (*jamais*) dans toute son étendue. — Les (*épigrammes*) irritent et ne corrigent point.— Celui qui désire (*ardemment*) une couronne ne sait ce qu'il souhaite. — La meilleure de toutes les (*grammaires*) est une bonne habitude. — La vie est un (*sommeil*) et la mort un réveil. — On parle (*éloquemment*) en parlant à propos. — Sans la (*femme*), l'aurore et le jour seraient sans secours, et le midi sans plaisir. — Toute autre science est (*dommageable*) à celui qui n'a pas la science de bonté.— Socrate disait (*adieu*) tous les jours à ses amis, ne sachant pas si la mort le lui permettrait le lendemain. — Il est impossible de faire entendre raison à ceux qui ont (*adopté*) une façon de penser conforme à leur intérêt. — Il n'y a rien de si fâcheux que l'étude n'(*adoucisse*). — Le plus (*adroit*) l'emporte toujours sur le plus fort. — Les lois inutiles (*affaiblissent*) les lois nécessaires.— Il ne faut ni préjugés ni passions dans les (*affaires*), la seule permise est celle du bien (*public*). — On ne peut rien fonder sur des cadavres; ils s'(*affaissent*) et l'édifice croule. — Le peuple (*affamé*) ne sait pas craindre. — Toute (*affectation*) est ridicule, même celle par laquelle on prétend s'éloigner de l'(*affectation*). — Ce n'est pas une bonne qualité dans une femme d'être savante, et ç'en est une très-mauvaise d'(*affecter*) de paraître tel. — Avoir des sujets (*affectionnés*) vaut mieux que d'avoir de vaillants soldats. — L'égoïste qui n'éprouve aucun sentiment (*af-*

CORRIGÉ DES EXERCICES DE LA GRAMMAIRE. 403

fectueux) n'en inspire aucun. — Le penchant qui nous porte à bien présumer d'autrui est la meilleure (*affiche*) de la probité. — Il est des esprits qui ne peuvent rien attraper qu'à la volée, d'autres à la piste, d'autres à l'(*affût*). — L'esclavage (*affine*) les langues et stimule l'allégorie. — La jeunesse s'(*affole*) de maximes singulières.

IIIᵉ LEÇON

SUR LES RÈGLES Nᵒˢ 5, 6, 48, 49, 67 ET 68

(Voir la Grammaire).

EXPLICATION.

Mots commençant par *ag* et *al*, n. 5 et 6.
N au milieu des mots, n. 48.
Emploi de l'*r* médial, n. 49.
Mots terminés par *acer, asser*, n. 67.
Mots terminés par *af, affe, aphe*, n. 68.

L'(*âge*) de l'homme ne passe pas communément quatre-vingts ans. — La lecture (*agrandit*) l'âme. — Les chameaux et les éléphants s'(*agenouillent*). — Les circonstances (*aggravent*) le crime. — L'argent et le cuivre servent d'(*alliage*) à l'or. — Nous avons besoin, l'été, d'une (*alimentation*) moins forte qu'en hiver. — C'est la parfaite (*alliance*) de la nature et de l'art qui fait la souveraine perfection. — Le malheur (*allonge*) la vie, le bonheur l'(*abrège*). — On raconte de quelques peuples sauvages que, pour se guérir des maux de tête, ils se font (*donner*) de violents coups de bâton sur la partie malade. — La permission de porter à la (*boutonnière*) un petit ruban fait bien des heureux et ne coûte rien aux princes. — La (*cannelle*) de Ceylan est la plus estimée. — Nous attirons par notre industrie les substances (*nourricières*) les plus délicates de toutes les parties du monde. — Les demeures (*souterraines*) sont d'un usage général en hiver, dans le nord de la Sibérie et en Laponie. — Chez les Arabes nomades, la famille de celui qui a été tué est en droit de tuer le meurtrier, si celui-ci ne s'(*arrange*) avec elle. — La (*girafe*) est d'un naturel fort doux. — Il est honteux de ne pas savoir l'(*orthographe*). — Il n'y a plus d'(*historiographe*) de France. — Le (*lexicographe*) doit avoir une grande rectitude d'esprit et beaucoup de connaissances. — Les grenouilles (*coassent*) et les corbeaux (*croassent*). — Le soir on entend (*coasser*) les grenouilles. — Il y a des personnes qui ne sauraient s'empêcher de (*grimacer*). — L'œil peut (*embrasser*) les petits objets, tandis que les grands confondent la vue. — Les enfants aiment à (*casser*) et à briser tout ce qu'ils peuvent atteindre. — Il faut arracher les navets avant les gelées et les (*entasser*) en lieu couvert. — Un savant qui a vu les cèdres antiques du mont Liban assure que dix hommes n'en pourraient (*embrasser*) un seul. — L'(*agriculture*) est le premier des arts. — La peur (*aggrave*) le mal sans y remédier. — Les sables se sont (*agglomérés*) de manière à former des masses solides. — Dieu (*agrée*) nos offrandes, nos prières. — Le vice ne saurait s'(*allier*) avec la vertu. — L'Être-Suprême (*alluma*) le soleil et le lança avec les autres planètes dans la vaste solitude des airs. — L'argent et le cuivre servent d'(*alliage*) à l'or. — Les (*colonnades*) supposent un haut degré de perfection dans les arts et dans le goût. — Les (*Kalmouks*) tiennent beaucoup aux cérémonies. — Le froid peut (*glacer*) les rivières. — Il ne faut pas (*agacer*) un homme de mauvaise humeur. — La grande sécheresse fait (*crevasser*) la terre. — Les sauvages de l'Afrique méridionale se font des chaussures de peau de (*girafe*). — La loi (*agraire*) serait un larcin. — Les véritables amis d'un roi ne font jamais de mal en son nom, pour ne pas lui (*aliéner*) les cœurs. — Le verjus (*agace*) les dents. — On peut juger du caractère des nations par les (*aliments*) dont elles font le plus d'usage. — Il faut (*allier*), par un sage tempérament, une force qui retienne les enfants sans les rebuter, et une douceur qui les gagne sans les (*amollir*). — Les Suédois sont bien faits, robustes, (*agiles*). — La vue continuelle du sang, même en peinture, peut en (*allumer*) la soif. — On reconnaît l'(*hypocrite*) à ses allures. — Tout le mal qu'on ne peut éviter est (*allégé*) par la patience. — Il semble à l'avare qu'il (*allonge*) sa vie en grossissant son trésor. — L'homme a le sentiment inné du mal et du bien : il peut les confondre; mais (*alors*) même il peut les voir où ils ne sont pas. — Les titres de beaucoup de livres sont comme le miroir du chasseur aux (*alouettes*). — C'est un fonds de jalousie vaniteuse qui fait que la critique (*allèche*) notre esprit. — Heureux celui dont la vigoureuse espérance peut, dans les temps d'inquiétude, de détresse, lutter contre les (*alarmistes*)! — Chez les nations corrompues, le despotisme trouve des milliers d'(*agents*). — Sans la philosophie divine, la vieillesse est un (*aggravement*) successif de maux, une mort partielle de chaque jour. — L'ambitieux est trop habile pour ne pas (*agir*) en honnête homme lorsque son intérêt l'exige. — L'(*agitation*) convient aux amis de la liberté : le sommeil est le (*paradis*) de l'esclave. — La lecture (*agrandit*) l'âme. — Aucune (*aggrégation*) d'hommes ne peut subsister en paix, si elle n'est cimentée avec l'idée d'un Dieu vengeur et rémunérateur. — Le système des emprunts est moins avantageux aux nations (*agricoles*) qu'aux nations (*commerçantes*). — Catinat avait dans l'esprit une application et une (*agilité*) qui le rendaient capable de tout. — Les hommes droits et simples (*agissent*) sans déguisement. — Les Athéniens étaient naturellement doux et (*agréables*). — Notre propre intérêt est un merveilleux instrument pour nous crever (*agréablement*) les yeux. — Les Égyptiens ont inventé l'(*agriculture*). — Rome, encore pauvre, était (*attachée*) à l'(*agriculture*). — Les Macédoniens étaient des soldats (*aguerris*). — Les Moscovites s'(*aguerris-*

saient) tous les jours contre les troupes que Charles XII avait laissées en Pologne. — Chaque instant nous donne de nouvelles (*alarmes*). — Plus on tient à la vie, plus tout ce qui la menace nous (*alarme*). — La religion mahométane a pour fondement l'(*Alcoran*) de Mahomet. — Peut-on laisser (*aliéner*) des cœurs qu'on peut gagner à si bas prix? — L'homme a besoin d'(*aliments*) pour le nourrir. — Il y a des gens nés pour les (*allées*) et venues. — Les mystères des Grecs et des Égyptiens étaient remplis d'(*allégories*). — Saint Paul et les autres apôtres ne cessent d'(*alléguer*) ce que Moïse a dit et écrit. — Rien ne s'(*allie*) mieux avec la vanité que la (*bassesse*).

IVᵉ LEÇON

SUR LES RÈGLES Nᵒˢ 7, 8, 50, 51, 69 ET 70

(Voir la Grammaire).

EXPLICATION.

Mots commençant par *am* et *an*, n. 7 et 8.
Emploi de *sc* et du *t*, n. 50 et 51.
Mots terminés par *ail*, *eil*, *euil*, *eul*, pour le masculin; et
   aille, *eille*, *euille*, *eule*, pour le féminin, n. 69.
Mots terminés par *aire*, *ère*, n. 70.

L'(*amitié*) est le charme de la vie. — L'(*amandier*) fleurit dès que les gelées sont passées. — La justice est l'(*âme*) des lois. — Les gens de la campagne préparent une sorte d'(*amadou*) en faisant brûler du vieux linge, et en l'étouffant avant qu'il soit entièrement consumé. — L'(*anémone an-*

nonce) le printemps. — L'(âne) souffre la faim; un chardon le contente. — L'(année) est composée de trois cent soixante-cinq jours. — Le consulat à Rome était (annuel). — Le prince peut vous (anoblir), votre mérite seul vous (ennoblira). — L'(ananas) est, sans contredit, le plus délicieux de tous les fruits. — De quelque côté qu'on se tourne, le monde est rempli d'(anicroches). — Dieu donne et ôte le (sceptre) aux rois comme il lui plaît. — Le vrai repos dépend d'une (conscience) pure. — On sait combien l'intérêt particulier (fascine) les yeux et restreint l'esprit. — Dans chaque village de l'Inde, le blanchisseur (nettoie) le linge de tous les villageois. — Les anciens Scandinaves abandonnaient les enfants que la stérilité de leur sol ne leur (permettait) pas de nourrir. — C'est Dieu qui a lancé le (soleil) dans l'espace. — Le camphrier a le port du (tilleul). — L'oie a le (sommeil) très-léger. — La lime mord l'acier et l'(oreille) en frémit. — Le latanier donne chaque mois une (feuille) nouvelle. — Le (cerfeuil) est une plante que les bestiaux et les lapins mangent avec avidité. — Le (travail) entretient la santé. — L'air se purifie dans les (entrailles) de la terre. — Le (corail) sert à la parure des négresses, aux yeux desquelles il est d'un grand prix. — Les oiseaux sont très-friands de la graine d'(oseille). — L'aérostat est un (appareil) à l'aide duquel on peut s'élever dans l'air. — Les (amandes) (amères) sont un poison pour les volailles. — Le serpent a ses mœurs, ses combats, ses (amours). — L'(amaranthe) est le symbole de l'immortalité. — Les Arabes et les Turcs ont beaucoup de foi aux (amulettes). — Le vent (amoncèle) les sables. — La cire s'(amollit) par la chaleur. — Les trois quarts de l'Afrique n'eurent jamais d'(annales). — L'origine de l'(anatomie) se perd dans la nuit des temps. — Saint Paul de Thèbes est regardé comme le premier (anachorète). — L'(analyse) remonte des conséquences aux principes. — Les anciens (Scythes) mettaient leur chair crue sous la selle de leurs chevaux et la mangeaient ensuite. — Dans tout l'Orient, un médecin est accueilli partout, et on le consulte avant d'avoir même la moindre preuve de sa (*science*). — On fabrique du papier avec la pulpe de (*betterave*). — La nouvelle lune était jadis (*annoncée*) par le bruit de la (*trompette*). — La crainte prend l'homme au berceau et l'accompagne jusqu'au (*cercueil*). — La fleur du (*chèvrefeuille*) embaume les jardins. — L'(*écureuil*) est le plus agréable des quadrupèdes. — Tous les enfants qui naquirent le même jour que Sésostris furent (*amenés*) par ordre du roi. — Pierre reparut en Russie, (*amenant*) avec lui les arts de l'Europe. — Plus l'orgueil est excessif, plus l'humiliation est (*amère*). — Les plaisirs du moment sont toujours mêlés d'(*amertumes*). — Il faut du temps pour (*ameuter*) des chiens qui n'ont pas accoutumé de chasser ensemble. — Il n'est que la charité qui puisse former des (*amis*) solides et véritables. — Il n'y a guère de véritable (*amitié*) qu'entre égaux. — La retraite fortifie la vertu, la vie dissipée l'(*amollit*). — Toute volupté (*amollit*) le corps et l'esprit. — La gloire a de puissantes (*amorces*) pour les grandes âmes. — N'estimez dans les hommes que l'(*amour*) du devoir. — La nature de l'(*amour-propre*) est de n'aimer que soi, de ne considérer que soi. — Du côté de l'Asie était Vénus, c'est-à-dire les folles (*amours*) et la mollesse; du côté de la Grèce était Junon, c'est-à-dire la gravité avec l'(*amour*) conjugal. — Les plaisirs sont des (*amusements*) qui ne laissent qu'un long et funeste repentir. — Une fausse Ithaque se présentait toujours au pilote pour l'(*amuser*), tandis qu'il s'éloignait de la véritable. — Il est indigne que des hommes destinés à une vie sérieuse et noble s'(*amusent*) à inventer des parures affectées. — La démocratie pure dégénère facilement en (*anarchie*). — Le concile de Chalcédoine (*anathématisa*) divers patriarches d'Alexandrie. — Tous les pères du concile d'Éphèse crièrent (*anathème*) à Nestorius. — L'(*âne*) est le jouet de tous les animaux. — Dieu n'a qu'à retirer sa main pour (*anéantir*) toutes les créatures. — Platon disait que l'homme était un (*animal*) à deux jambes sans plumes. — Il y a dans les corps vivants un principe qui les (*anime*). — Les (*animosités*) se perpétuent dans les familles. — Prenez vos plumes sacrées, vous qui composez les (*ana-*

les) de l'Église. — La loi fut donnée à Moïse la même (année) que le peuple hébreu sortit de l'Égypte. — Les cieux (annoncent) la gloire de Dieu. — La vie nous paraît courte et les heures longues; nous voudrions (allonger) la chaîne et rétrécir les (anneaux). — La liberté (anoblit) tous les hommes. — La férocité n'a peut-être pour cause qu'une trop violente tension des nerfs. — On pourrait (anéantir) presque tous les abus. — Il faut un grand (attirail) pour le service de l'artillerie. — Les Espagnols mangent beaucoup d'(ail). — Nul de nous n'a de (bail) avec la mort. — Il faut prendre les hommes par les (détails) pour les bien étudier. — L'amour du (travail) est la vertu de l'homme en société. — Celui qui joint l'habitude du (travail) à celle des bonnes mœurs est un être respectable. — La (colère) est un délire. — La peur ignorante nous rend (tributaires) des charlatans de toute espèce. — Les temps (prospères) sont passés ou futurs.

Ve LEÇON

SUR LES RÈGLES N°s 9, 10, 52, 53, 71 ET 72

(Voir la Grammaire).

EXPLICATION.

Mots commençant par *ap* et *ar*, n. 9 et 10.
Ban et *ben* au milieu des mots, n. 52.
Ga et *gan*   id.   id.   n. 53.
Mots terminés par *ale*, *alle*, n. 71.
    Id.   par *an*, *anc*, *ang*, *aon*, n. 72.

Le nez est le trait le plus (*apparent*) du visage. — La beauté est l'(*apanage*) des peuples policés. — L'(*appétit*) se satisfait moins vite que la faim. — La viande est peu en usage en (*Arabie*). — Les métaux sont (*arrachés*) des entrailles de la terre. — Les rivières serpentent dans les campagnes pour les mieux (*arroser*). — Les bienfaits sont des (*arrhes*) pour le ciel. — Il faut (*épargner*) quelque chose pour l'(*arrière*)-saison. — Les (*araignées*) aiment la musique. — Quand on songe à la destinée qui attend l'homme sur la terre, il faudrait (*arroser*) de pleurs son berceau. — En Suisse, on s'attend à un rude hiver quand on voit (*arriver*) beaucoup de cygnes sur les lacs. — L'ambitieux ne s'(*arrête*) jamais. — Nos cuisiniers (*aromatisent*) quelquefois leurs lapins domestiques avec du mélilot, pour en déguiser l'origine. — Nous sommes entre les mains de Dieu comme des (*balles*) entre les joueurs de paume. — Le monde convertit les temples de l'Eternel en (*salles*) de théâtre ou de luxe, où les passions jouent leur rôle. — La justice s'égare dans le (*dédale*) des lois. — Toute personne qui pense et parle fortement, est de droit le (*scandale*) des petits esprits. — Le grand monde est un (*bal*) masqué. — Les grands enfants jouent au (*cérémonial*), et les petits à la chapelle. — Les peuples nomades n'ont pas d'(*annales*). — Les louanges de la (*cabale*) ne seront de rien pour la postérité. — Vous devez plaindre les hommes d'un (*rang*) inférieur au lieu de les mépriser. — Il est étrange que le (*sang*) qui, chez tous les hommes, a la même origine, prétende à tant de distinctions. — Les esclaves font les (*tyrans*). — Partout où se trouvent d'habiles (*charlatans*), les dupes fourmillent. — Les disputes sont des (*ouragans*) ; on se trouve au sein de la tempête sans savoir d'où le vent est venu. — On peut être (*partisan*) de la République, comme du bonheur, sans y croire. — Un (*courtisan*) doit, pour réussir, n'avoir ni honneur, ni humeur. — La Chine est excessivement peuplée, et on assure que l'usage d'y (*abandonner*) les enfants sur la voie publique n'est malheureusement que trop commun. — Le ver, ce destructeur-né de nos garde-robes, est tué par l'odeur seule de la (*térébenthine*). — Les Chrétiens n'oseraient porter le (*turban*) blanc dans les États du Grand-Seigneur. — Autrefois on condamnait les (*contrebandiers*) aux galères. — La (*contrebande*) tend à ruiner les fabriques nationales en inondant nos marchés de produits étrangers. —

C'est surtout dans le bouleversement des États que les (*intrigants*) s'agitent. — La (*cigale*) cesse de vivre dès qu'elle a passé le temps où elle chante. — La fumée du (*cigare*) est comme l'opium en Orient. — Le temps marche toujours d'un pas (*égal*), uniforme et réglé. — Le cidre, quoi qu'en disent les Normands, n'(*approche*) pas du vin. — L'œil, en parcourant une prairie, n'(*aperçoit*) pas la fleur modeste qui se cache sous l'herbe. — Saint Pierre et saint Paul sont nommés les princes des (*apôtres*). — La perfection n'(*appartient*) qu'à Dieu seul. — La guerre (*appauvrit*) les provinces qui en sont le théâtre. — Le beau temps nous (*appelle*) à la promenade. — Le vent (*arrache*) les arbres. — Tous les grains de blé que vous mangez ont été (*arrosés*) de la sueur du laboureur. — L'(*Arabe*) du désert reconnaît les traces de Dieu dans l'univers, comme celles de l'homme et du chameau sur le sable. — L'ancien gouvernement de Venise était une (*aristocratie*). — La cruauté qu'on exerce envers les animaux n'en est que l'(*apprentissage*) envers les hommes. — La beauté est l'(*apanage*) des peuples policés. — Où l'un voit des chardons, l'autre (*aperçoit*) des roses. — L'homme gâte son esprit en voulant l'(*appliquer*) à trop d'objets. — La fureur des flots s'(*apaise*) après une violente tempête. — Les parvenus et les sots mettent ordinairement beaucoup d'(*apparat*) dans leurs actions. — Il est aussi facile de se tromper soi-même sans s'en (*apercevoir*), qu'il est difficile de tromper les autres sans qu'ils s'en (*aperçoivent*). — Les talents (*applicables*) à tout sont les plus utiles. — L'œil de l'homme grossit les torts qu'il a reçus; il (*apetisse*) ceux qu'il a faits. — Les arrogants sont comme les ballons : une piqûre de la satire ou de la douleur les (*applatit*). — La vieillesse (*apporte*) les infirmités. — On étudie pour (*apprendre*), et l'on (*apprend*) à force d'étudier. — N'attends aucune pitié de celui qui ne s'(*apitoie*) pas sur lui-même. — Vivez comme si vous vous (*apprêtiez*) à mourir. — Selon les temps et les opinions, une même action est attribuée au zèle, au fanatisme; honorée de l'(*apothéose*) ou punie sur l'échafaud. — La bienveillance (*apprivoise*) même les tigres.— Les lois sont comme des toiles d'(*araignée*); les petits insectes s'y prennent, les gros passent à travers. — Les ouvrages des athées sont (*arides*) et secs; ils étonnent quelquefois; jamais ils ne touchent. — L'(*aristocratie*) des grandes propriétés n'était bonne que dans le système féodal. — L'(*aristocratie*) et la démocratie sont deux sœurs qui diffèrent par l'éducation, la fortune et les manières. — La religion est l'(*aromate*) qui empêche la science de se corrompre. — Quiconque jouit de la santé, et ne manque pas du nécessaire, s'il (*arrache*) de son cœur les biens de l'opinion, est assez riche. — Une femme serait au désespoir si la nature l'avait faite telle que la mode l'(*arrange*). — L'intérêt ou la malignité suggère presque toutes les (*arrière*)-pensées. — Ferdinand II fut près de changer l'(*aristocratie*) allemande en une monarchie absolue. — Le milieu du cirque était une (*arène*) préparée pour les combattants.

VIᵉ LEÇON

SUR LES RÈGLES Nᵒˢ 11, 10, 54, 55, 73 ET 74

(Voir la Grammaire).

EXPLICATION.

Mots commençant par *as* et *at*, n. 11 et 12.
Isse et *ice* au milieu des mots.
I et *é* représentés par *ai*, *ei*, n. 55.
Mots terminés par *ance*, *ence*, *anse*, *ense*, n. 73.
  Id. par *ane*, *anne*, n. 74.

Le feu de la cheminée (*assainit*) très-bien

les appartements. — Tout d'un Dieu créateur (*atteste*) le génie. — L'eau qui, par le (*refroidissement*), a passé à l'état solide, s'appelle glace. — L'(*aimant*) a la propriété d'attirer le fer. — La (*maigreur*) ride la peau. — Les Indiens entendent le bruit que fait en marchant une armée ennemie à plusieurs lieues de (*distance*). — L'arc-en-ciel est un signe de la (*clémence*) de Dieu. — La (*cane*) pond quelquefois jusqu'à soixante œufs. — Ce fut vers le temps de la prise de Rome par les Gaulois qu'on apporta le (*platane*) en Italie. — L'habitude d'entendre le canon (*assure*) les soldats. — L'(*assoupissement*) est le commencement du sommeil. — Nous naissons dépourvus de tout, nous avons besoin d'(*assistance*). — Le sel est le plus général et le plus utile des (*assaisonnements*). — Il n'y a d'incontestable que ce qui est sanctionné par l'(*assentiment*) universel. — Celui qui aime le travail a (*assez*) de soi-même. — Nous nous (*assimilons*) volontiers aux hommes supérieurs à nous. — Il n'y a jamais de sûreté à s'(*associer*) avec quelqu'un de plus puissant que soi. — Il faut accoutumer les enfants à s'amuser sans (*assourdir*) les grandes personnes. — La colère est ridicule lorsqu'elle s'allume contre les objets insensibles et qu'elle s'(*assouvit*) sur eux. — Nos passions, nos devoirs, nos besoins nous (*asservissent*). — Solon ne survécut pas longtemps à l'(*asservissement*) de sa patrie. — A force d'(*assiduité*) et de patience, on vient à bout de tout. — Il ne faut s'(*associer*) qu'avec les gens que l'on connaît bien. — Un grand parleur (*assomme*) par son bavardage. — Le bruit du canon (*assourdit*). — On vient à bout d'apprivoiser le zèbre et d'(*assouplir*) sa nature sauvage et récalcitrante. — La colombe (*attendrit*) les échos des forêts. — Pline (*attribue*) l'invention du verre aux Phéniciens. — Ne dites rien qui puisse (*attrister*) ceux qui vous écoutent. — Souvenez-vous que de tous les (*attributs*) de Dieu, bien qu'ils soient égaux, sa miséricorde l'emporte. — La satiété (*atteint*) ceux qui ont usé de tout. — La misère (*attend*) le dissipateur. — Le soleil (*attire*) les vapeurs. — Tous les sentiments de l'âme peuvent être exprimés par les (*attitudes*) du corps. — Jésus-

Christ guérissait les malades par le simple (*attouchement*). — La nature nous conduit à ses fins par l'(*attirail*) du plaisir. — Plusieurs villes d'Allemagne s'(*attribuent*) exclusivement l'invention de l'imprimerie. — Les vents agitent l'air d'heureux (*frémissements*). — Lalande mangeait avec plaisir des (*araignées*). — On fait un grand usage de l'alun dans la (*teinture*). — Chez les Esquimaux, les cellules sont faites en (*neige*) durcie, et il n'y pénètre pas le moindre jour. — Les Samoïèdes et les Esquimaux avalent, comme un délice, l'huile de (*baleine*). — L'univers décèle une intelligence (*pleine*) de sagesse. — Les brises s'élèvent de la mer et répandent la vie et la (*fraîcheur*). — La lune semble partager avec le soleil le soin de nous (*éclairer*). — La (*neige*) et la rosée engraissent les campagnes. — Les douces rosées (*rafraîchissent*) les airs. — Le (*laiton*) s'obtient en combinant le cuivre rouge avec le zinc. — Les têtes de la (*bardane*) s'(*attachent*) aux vêtements et aux jambes des passants. — La (*banane*) se mange crue, cuite, séchée ou réduite en farine. — La (*présence*) de l'homme fait le charme de la nature. — La (*confiance*) est un moyen de plaire. — L'(*indulgence*) encourage à la (*désobéissance*). — La (*prudence*) vaut mieux que la valeur. — Les talents donnent l'(*indépendance*). — L'(*adolescence*) méprise les jouets du passé. — L'époque de l'agriculture est celle de la (*naissance*) des sociétés. — L'(*indigence*) avilit l'âme. — L'(*aisance*) étouffe l'industrie. — Les bonnes actions portent leur (*récompense*). — Le sentiment de sa (*dépendance*) d'un Être suprême est instinctif dans l'homme. — On fait souvent de fausses (*confidences*) pour en obtenir de véritables. — La (*confiance*) naît du succès. — L'(*absence*) des désirs vaut mieux que la (*jouissance*) de tous les biens. — Il faut que la jeunesse achète son (*expérience*). — La (*constance*) ne consiste pas toujours à faire les mêmes choses, mais celles qui tendent à la même fin. — Les faux dévots caressent le péché avant d'embrasser la (*pénitence*). — La pensée est une (*puissance*). — Les obstacles naturels révoltent moins un despote que la plus faible (*résistance*). — Les (*paysannes*) mangent moins de viande que les femmes de la ville. — La (*canne*) est un appui dans la promenade ou dans le voyage. — Un cœur droit est le premier (*organe*) de la vérité. — Dieu fit tomber la (*manne*) du ciel pour nourrir son peuple. — On oublie trop, en beaucoup de circonstances, le précepte d'Horace, qui défend de mêler les choses sacrées aux (*profanes*). — Les maux de tête se guérissent avec de la (*tisane*) de tilleul. — La colombe (*attendrit*) les échos des forêts. — On peut (*attendrir*) le fer en le mettant au feu. — La mer, (*attentive*) à payer le tribut qu'elle doit à ses maîtres, enrichit nos tables de poissons délicats. — En se mêlant dans une rixe, on peut (*attraper*) quelque coup. — La vertu (*attractive*) de l'aimant se communique au fer, en faisant toucher le fer à l'aimant. — T'(*attendre*) aux yeux d'autrui, quand tu dors, c'est erreur. — Les (*bains*) étaient fort en usage chez les anciens. — Les (*mains*) élevées à Dieu en forment plus de bataillons que celles qui frappent. — Les injures s'écrivent sur l'(*airain*), et les bienfaits sur le sable. — Il y a dans la ville la grande et la petite robe, et la première se venge sur l'autre des (*dédains*) de la cour et des petites humiliations qu'elle y essuie.

❊

VIIᵉ LEÇON

sur les règles nᵒˢ 13, 14, 56, 57, 75 et 76

(Voir la Grammaire).

EXPLICATION.

Mots commençant par *bab, bac, bad, baf, bag*, n. 13.
    Id.   *bail, bal*, n, 14.
C représenté par *q*, n. 56.
K   id.   *ch* n. 57.
Mots terminés par *ate, atte*, n. 75.
    Id.   *ation, assion*, n. 76.

Le (*baccalauréat*) est le premier degré que l'on prend dans une Faculté pour parvenir au doctorat. — Les (*bacchanales*) portèrent le trouble en Egypte et dans la Grèce. — On ne va pas à la postérité avec un gros (*bagage*). — La nature (*balance*) sans cesse le mal par le bien. — La (*balle*) cherche le bon joueur. — Les (*ballets*) sont la partie la plus brillante de l'Opéra de Paris. — C'est dans les mers du Nord que se trouvent en général les (*baleines*). — Les feuilles ainsi que les fleurs de la (*balsamine*) peuvent servir à teindre la laine en jaune.— La (*quadrature*) du cercle est regardée comme un problème insoluble.—Rome et Londres n'ont pas de (*quais*). — Les (*quolibets*) ne sont que de misérables pointes qui ne tombent sur rien. — Le (*quadrupède*) en tondant les prés les empêche de germer.— Les (*lichens*) sont les premières plantes qui végètent sur les rochers.—Le (*coke*) est du charbon de terre desséché.— Les (*Kalmouks*), comme les

Arabes, n'ont point de demeure fixe ni d'ameublement. — Les (*Kamtchadales*) entassent leurs poissons, les laissent pourrir, et les mangent avec avidité. — La jolie couleur du fruit de la (*tomate*) produit un effet agréable dans les jardins. — La couleur (*écarlate*) fait fuir certains animaux. — Les (*aromates*) sont surtout usités par les habitants des pays méridionaux. — Les meilleures (*dattes*) sont celles qui nous viennent de Tunis. — La révolution de Février est un événement de fraîche (*date*). — Les (*pirates*) vont sur mer attaquer les vaisseaux marchands pour les piller et les voler. — Il n'y a que les grandes (*passions*) qui fassent les grandes nations. — Les hommes sont plus faibles que méchants, plus dignes de (*compassion*) que de haine. — Les plantes, les arbres, la (*végétation*) purifient l'atmosphère. — Le lait d'ânesse n'est en (*réputation*) en France que depuis François 1er. — L'(*éducation*) est la culture de l'âme. — Quelque génie qu'on ait, on ne peut sans (*application*) exceller en quoi que ce soit. — La (*fabrication*) de la tôle est aujourd'hui en grande activité. — Charles-Quint fit (*abdication*) de l'empire. — L'(*éducation*) publique préserve la jeunesse du poison de l'(*adulation*) dont l'enivre l'(*éducation*) domestique. — Une révolution reporte les hommes à la tour de (*Babel*); on ne s'y entend plus, chacun parle la langue de son intérêt. — On croit voir les germes du génie dans le (*babil*) d'un enfant. — A (*quarante*) ans un homme sensé ne doit plus (*badiner*) avec la vie. — De petites (*bagatelles*) tolérées dans un enfant peuvent le faire aller à l'échafaud pour de plus grandes. — C'est aux (*Babyloniens*) qu'est due l'(*invention*) du zodiaque. — Henri IV, avec une partie de sa cour, faillit demeurer au fond de la Seine en passant le bac à Neuilly. — Le (*bâillement*) est pénible pour celui qui parle. — Pour bien juger un homme, il faut mettre dans la (*balance*) ses vertus et ses vices. — La douleur, le plaisir, l'ennui font également (*bâiller*). — L'amour-propre est un (*ballon*) gonflé de vent, dont il sort des tempêtes quand on y fait une piqûre. — La fortune est un enfant peu difficile en jouets, elle (*ballote*) aussi bien un pauvre hère qu'un potentat. — Les (*balisiers*) figurent très-bien dans les plates-bandes, mais ils craignent le froid. — La première et la plus importante (*qualité*) d'une femme est la douceur. — Une femme est toujours assez belle (*quand*) elle est bonne. — Discutons; (*quant*) à nous battre, jamais. — Point de (*quartier*) aux méchants et aux corrupteurs. — On reconnaît l'(*agate*) orientale à la netteté, à la transparence, à la beauté du poli. — Certaines gens (*démocrates*) à la cour, deviennent (*aristocrates*) à la ville. — On peut se méfier des lois faites par (*acclamation*). — L'orgueil n'aime pas la (*démonstration*). — La (*civilisation*) place les talents, l'instruction en première ligne. — On n'a pas de (*bail*) avec la mort. — C'est une illusion de vouloir maintenir l'équilibre quand on n'a pas le bras assez fort pour tenir la (*balance*). — L'opinion est le (*balancier*) d'un gouvernement libre, et doit régler son mouvement. — Il est permis de (*balloter*) un intrigant solliciteur. — Les voleurs mettent des (*bâillons*) à ceux qu'ils veulent empêcher de crier. — Dans quelques marnes on trouve beaucoup de (*coquilles*). — (*Quiconque*) est soupçonneux invite à le trahir. — Les journaux, depuis six lustres, sont le pain (*quotidien*) des esprits. — Le rétablissement de la monarchie avec tous ses priviléges serait aujourd'hui un (*anachronisme*). — Le (*choléra-morbus*) vient de faire invasion en Angleterre. — Le (*chrétien*) vertueux et de bonne foi est certainement heureux. — Les gens d'esprit ne doivent pas être les (*échos*) des sots. — Le (*Christ*) est mort sur la croix. — La couleur (*écarlate*) fait fuir certains animaux. — Une (*frégate*) est un vaisseau de guerre qui n'a ordinairement que deux ponts. — Les anciens donnaient le nom d'(*acrobates*) à certains danseurs de corde. — On va à la cour en (*cravate*) blanche et en frac. — Le sang est le (*stigmate*) du meurtrier. — Les (*pirates*) sont des écumeurs de mer. — Ceux qui n'ont pas de (*rate*) sont les meilleurs coureurs. — Le Français passe pour le plus (*babillard*) de tous les peuples. — (*Babiller*), c'est parler beaucoup sans rien dire. — Le (*babeurre*) est le nom que l'on donne à la liqueur qui reste après que le lait a été battu et converti en beurre. — C'est à tribord, et non pas à (*babord*) que le commandant se promène quand le vaisseau est au mouillage. — Chaque (*passion*) parle un différent langage. — Ayons (*compassion*) de la misère d'autrui. — Les choses de ce monde sont sujettes à de grandes (*révolutions*).

VIIIe LEÇON

SUR LES RÈGLES N°s 15, 16, 58, 59, 77 ET 78

(Voir la Grammaire).

EXPLICATION.

Mots commençant par *ban, bar, bas, bat*, n. 15.
      Id.   *bour*, n. 16.
N changé en *m*, n. 58.
F représenté par *ph*, n. 59.
Mots terminés par *tier, scier, ciabe, tiable*, n. 77.
      Id.   *eau, au*, n. 78.

(*C'est*) une croyance populaire chez les Grecs de nos jours que si quelqu'un s'avise d'enlever des (*bananes*) avant l'époque où elles doivent être cueillies, le (*bananier*) abaisse la tête et frappe le ravisseur. — Les (*barons*) ont été, dans l'origine, les seigneurs les plus puissants de la monarchie. — Adrien rebâtit Jérusalem, mais il en (*bannit*) les Juifs. — L'éloquence et la science des lois brillent dans le (*barreau*). — Les Alpes sont les (*barrières*) naturelles entre la France et l'Italie. — L'Espagne a de grandes (*barrières*) qui la séparent de ses voisins, la mer et les monts Pyrénées. — Nous avons autant de maîtres et de (*bourreaux*) que nous avons de désirs violents. — Le méchant porte son (*bourreau*) dans son cœur. — On met des fleurs de (*bourrache*) sur les salades. — Le (*bou-

racan) est une espèce d'étoffe qui sert principalement à faire des manteaux pour se préserver de la pluie en voyage. — Dans quelques pays, on cultive la (*bourrache*) comme plante potagère, et l'on mange ses feuilles comme les épinards. — La (*bourrasque*) n'est pas seulement un vice d'éducation ; dans bien des cas elle décèle une insolence qui ne veut pas s'imposer de bornes. — Le (*bourrelier*) est le tailleur des chevaux. — Les seigneurs contraignaient leurs sujets, sous des peines assez sévères, à se rendre au moulin (*banal*). — La condamnation au (*bannissement*) n'entraîne pas la mort civile. — Les lois de toutes les nations commerçantes sont également sévères contre toutes les matières de (*baraterie*). — Le mot (*baraque*) a été apporté dans l'armée française par les troupes gasconnes, quand elles commencèrent à servir les rois de France. — Le (*baraquement*) est presque toujours un camp de passage. — Le (*barigel*) est à Rome l'officier ou chef des archers dont le soin est de veiller à la sûreté publique. — A Paris, la (*barrique*) contient 210 pintes, et en Angleterre 252. — Les agriculteurs peuvent consulter avec fruit le (*baromètre*), puisque ses mouvements indiquent souvent d'avance la pluie, l'orage, le vent. — Le (*basilic*) est un reptile fort innocent, du moins pour l'homme. — Un général (*battu*) a toujours tort. — Chaque soldat a dans son havresac le (*bâton*) de maréchal de France. — Celui qui a la manie de (*bâtir*) n'a pas besoin d'autre ennemi pour sa ruine. — La phalange macédonienne n'était qu'un gros (*bataillon*) carré, fort épais de toutes parts. — Salomon (*bâtit*) le temple sur le modèle du tabernacle. — Le consul Duilius, qui donna la première (*bataille*) navale, la gagna. — Les Romains perdirent la fameuse (*bataille*) d'Allia. — La terre est un vaste champ de (*bataille*). — Ne soyez pas (*battant*) de peur d'être (*battu*). — Quoi que vous écriviez, évitez la (*bassesse*). — C'est du luxe que l'architecture a reçu ses (*embellissements*). — Le (*temps*) passe et coule avec rapidité. — Une année se (*compose*) de douze mois. — L'(*atmosphère*), en réfléchissant les rayons du soleil, illumine tout le globe. — Le globe terrestre est (*sphérique*). — Le plus beau (*por-*

phyre) est rouge. — Le (*naphte*) est très-transparent et d'une grande fluidité. — L'odeur de l'(*asphalte*) n'est sensible que par le frottement. — L'(*ophrys*) bourdon et l'(*ophrys*) mouche ressemblent si parfaitement à l'insecte dont ils portent le nom, qu'on y est toujours trompé lorsqu'on ne les connaît pas. — Les fleurs du (*nymphea*) s'épanouissent et se ferment à heures fixes. — Pour (*tromper*) le chemin on converse en voyage. — L'Autriche est un (*empire*). — Le forgeron (*dompte*) les métaux enflammés. — Un (*simple*) trafic ou échange a dû être le commencement du commerce. — Dans l'Inde, il y a plusieurs tribus qui font toutes un commerce (*ambulant*). — Un vase (*impur*) aigrit la plus pure liqueur. — Le bouilli est une nourriture qui apaise (*promptement*) la faim. — Tous les (*champignons*) ne sont pas comestibles. — La timide infortune aime à gémir dans l'(*ombre*). — L'adversité (*retrempe*) les âmes. — Les revers n'éteignent pas l'(*ambition*). — Les (*bambous*) du Gange s'élèvent à plus de cent pieds de hauteur. — Les volcans (*embrasent*) les montagnes. — L'air est le (*champ*) des (*tempêtes*). — La (*trombe*) s'élève majestueusement du sein des eaux. — Les bois (*imprégnés*) d'alun sont presque (*incombustibles*). — On fait avec la peau des bergamotes des (*bonbonnières*) qui exhalent une odeur suave. — La fraise vermeille (*embaume*) les gazons. — La tête s'(*emboîte*) dans les (*vertèbres*) du cou. — La loi (*impérieuse*) de la nécessité força les premiers hommes de cultiver la terre. — Le droit de (*gracier*) un coupable n'appartient qu'au roi. — On doit chercher ses intérêts sans (*préjudicier*) à ceux des autres. — Il faut (*apprécier*) les choses à leur juste valeur. — Un (*officier*), pour être plus ancien, n'est pas toujours meilleur. — Le (*licenciement*) de la garde nationale amena la révolution de juillet. — Il y a des gens (*insociables*). — Quand quelqu'un vous a rendu service, c'est bien le moins que vous l'en (*remerciiez*). — Dans les temps de crise financière, il est difficile de (*négocier*) une lettre de change. — L'homme d'Etat doit avoir des talents et des vertus (*inappréciables*). — Le voleur est (*justiciable*) des tribunaux correctionnels, et l'assassin des cours d'assises. — Sur le front des mortels Dieu mit son (*sceau*) divin. — La nature offre un spectacle toujours (*nouveau*). — Le sable est impénétrable à l'(*eau*). — La minéralogie remonte au (*berceau*) des sociétés humaines. — Le (*maquereau*) se sale comme le hareng. — Les impurs (*blasphèment*) la religion chrétienne parce qu'ils la connaissent mal.

IXᵉ LEÇON

SUR LES RÈGLES Nᵒˢ 17, 18, 60, 61, 79 ET 80

(*Voir la Grammaire*).

EXPLICATION.

Mots commençant par *com* et *con*, n. 17 et 18.
T représenté par *th*, n. 60.
Mots avec un *h* muet et avec un *h* aspiré, n. 61.
Mots terminés par *eindre, indre, aindre*, n. 79.
Id.   *andre, endre*, n. 10.

On doit savoir se (*contraindre*) quand l'occasion l'exige. — Un enfant veut déranger tout ce qu'il voit : il casse, il brise tout ce qu'il peut (*atteindre*). — Avant de se jeter dans le péril, il faut le prévoir et le (*craindre*). — Prévenir tous ses désirs n'est pas l'art de les contenter, mais de les (*éteindre*). — Il n'est pas permis à l'homme d'(*enfreindre*) les lois de la nature. — Il faut savoir se (*restreindre*) selon les circonstances. — Il faut (*peindre*) les choses dans toute leur vérité. — Nous aimons mieux tout risquer que de nous (*contrain-*

dre). — Deux épouvantables naufrages (*contraignirent*) les Romains d'abandonner l'empire de la mer aux Carthaginois. — Il faut (*craindre*) moins la justice des hommes que la justice de Dieu. — L'ennemi qui veut nous perdre est encore moins à (*craindre*) que l'adulateur qui ne cherche qu'à nous plaire. — Le passé nous tourmente, et nous (*craignons*) l'avenir. — Que notre sort est à (*plaindre*)! — Ceux qui emploient mal leur temps sont les premiers à se (*plaindre*) de sa brièveté. — La veuve et l'orphelin se (*plaignent*) de leur abandon. — Bien des gens voudraient (*apprendre*) sans étudier. — On est protégé par les autres ; on peut se (*défendre*) et se soutenir par soi-même. — Il est toujours bien d'(*entendre*) les deux parties. — On ne doit rien (*entreprendre*) au-dessus de ses forces. — Il faut bien se garder de (*condescendre*) toujours aux goûts des enfants. — Les méchants ne peuvent (*comprendre*) la pure vertu. — Plus on est élevé en dignité, plus il faut (*craindre*) de (*descendre*). — Le (*théâtre*) du monde abonde en phénomènes. — L'(*améthyste*) est le signe caractéristique de la dignité des évêques de l'Église chrétienne. — Les soudes de (*Carthagène*) et de Malaga sont les plus estimées. — Énée aima Didon, reine de (*Carthage*). — L'(*acanthe*) porte un feuillage d'un vert admirable. — Prise en infusion comme le thé, la (*mélisse*) est très-agréable et bonne pour les nerfs. — Les géraniums du Cap, qui font l'ornement des jardins, ont dix étamines, dont cinq seulement portent des (*antennes*). — L'(*arithmétique*) décimale et les caractères numéraux dont nous nous servons ont été, dit-on, inventés par les Arabes. — La sandaraque est produite par une espèce de (*tuya*). — L'(*hydrogène*) s'enflamme dans les airs. — Les (*houx*) servent à faire des (*haies*). — La (*houille*) sert au chauffage. — L'agaric arrête les (*hémorragies*). — Les (*habitants*) des Moluques font usage du bétel. — Les (*harengs*) sont phosphoriques. — L'(*hippopotame*) est le patriarche des fleuves. — Les (*hérons*) se nourrissent de reptiles. — La (*huppe*) ne garnit jamais son nid de mousse. — L'(*hirondelle*) nous annonce le retour des beaux jours. — Le coq matinal éveille les (*hameaux*). — Les (*herbes*) poussent plus vite que les arbres. — Pendant l'(*hiver*) les plantes sont engourdies. — On ne peut courir vite et longtemps, lorsque l'(*haleine*) est courte. — En France, les (*habitants*) des montagnes sont plus petits que ceux des plaines. — La race caucasienne est le type de la race (*humaine*). — La plupart des peuples d'Afrique ont le poisson en (*horreur*). — Les mêmes actes plusieurs fois répétés forment l'(*habitude*). — Les eaux tombent des (*hautes*) montagnes où leur réservoir est placé. — Les (*haricots*) entrent, comme aliments, en harmonie avec les blés chez tous les peuples. — L'(*hospitalité*) est en (*honneur*) chez tous les peuples de l'Orient. — Les Européens sont devenus les plus (*hardis*) des navigateurs. — Le mensonge est un vice dont on ne saurait avoir trop d'(*horreur*). — La belette et l'(*hermine*) ne veulent pas manger quand on les regarde. — Le (*homard*) est indigeste et l'(*huître*) peu nourrissante. — Le globe est (*hérissé*) de montagnes. — Ce sont les Grecs et les Romains qui nous ont enseigné l'art de bâtir des palais, des temples, des maisons (*commodes*). — On ne (*commença*) à faire du verre à Rome que sous Tibère. — La crainte du Seigneur est le (*commencement*) de la sagesse. — Tous les champignons ne sont pas (*comestibles*). — Le besoin invite les (*hommes*) au (*commerce*) pour se donner mutuellement ce qui leur manque. — La beauté passe (*comme*) la fleur. — Le lait caillé est le mets (*commun*) des Tartares. — Le système des emprunts est moins avantageux aux nations agricoles qu'aux nations (*commerçantes*). — L'Evangile (*commande*) d'aimer son prochain. — Le (*commencement*) de toutes choses vient de Dieu. — (*Commencez*) par vous faire aimer, afin que chacun cherche à vous complaire. — Les (*commencements*) sont toujours difficiles. — Les forces navales servent à protéger le (*commerce*). — Un (*commissionnaire*) n'est que le dépositaire d'une chose qui n'est pas à lui. — Un verre de montre est (*concave*) en dedans et (*convexe*) en dehors. — La surface extérieure d'une bouteille est (*convexe*) et la surface intérieure est (*concave*). — Les anciens ne *connaissaient*) pas l'harmonie et n'avaient, par conséquent, pas de (*concerts*). — Dans les relations privées, il faut se faire des (*concessions*) mutuelles, sans quoi la vie commune deviendrait insupportable. — Dans le Midi et dans le Nord, il se fait une immense (*consommation*) de tous les (*concombres*) indistinctement, pour être employés crus en salade. — Des (*complices*) sont toujours de (*connivence*). — Mille (*connaissances*) ne valent pas un ami. — Plus on (*connaît*) l'art, plus on en sent les épines. — On n'est jamais parfait (*connaisseur*) en peinture sans être peintre. — Ce n'est pas un acte de religion que de (*contraindre*) à la religion. — Se (*restreindre*), c'est économiser le plaisir.

Xe LEÇON.

SUR LES RÈGLES N°s 19, 20, 62, 63, 83 ET 84.

(*Voir la Grammaire*).

EXPLICATION.

Mots commençant par *cor*, n. 19.
    Id.   *def, dif*, n. 20.
Mots où se trouve la lettre *y*, n. 62.
Mots terminés par *a*, n. 63.
    Id.   *eu, euc, eux*, n. 83.
    Id.   *eur, eure, eurre*, n. 84.

Les femmes de l'Orient surtout savent apprécier le (*corail*). — Le (*Coran*) est le recueil du dogme et des préceptes de la religion musulmane. — Les (*cor-*

beaux) sentent les cadavres d'une lieue. — Le pont *Louis-Philippe*, à Paris, est suspendu sur des cordes de fer composées de fils disposés comme ceux d'un (*écheveau*). — Dans le Midi, on voit des champs très-spacieux semés en oignon et en (*coriandre*) mêlés. — Au moyen de (*correctifs*), on tempère l'activité de certains remèdes, on (*corrige*) l'odeur et le goût de quelques autres. — Un enfant, un esclave, un mauvais sujet a besoin de (*correction*) lorsqu'il a fait une faute contre l'éducation, le travail ou la morale. — Le père a le pouvoir (*correctionnel*) sur ses enfants. — En Espagne, le (*corrégidor*) est le magistrat chargé de punir les vagabonds, en ordonnant leur (*correction*). — La (*correspondance*) par écrit ou par lettre a pour origine le besoin de se (*communiquer*) des vues réciproques d'intérêts ou de sentiments d'affection. — Les habitants de la (*Corrèze*) montrent une (*antipathie*) invincible pour le service militaire. — L'éducation seule peut (*corriger*) le naturel. — Les défauts les moins (*corrigibles*) sont ceux dont on se fait gloire. — Le (*hérisson*) sait se (*défendre*) sans combattre. — Ayez une (*déférence*) respectueuse pour les vieillards. — Qui promet trop inspire la (*défiance*). — Le silence est le parti le plus sûr pour celui qui se (*défie*) de soi-même. — Dieu est au-dessus de toutes les (*définitions*). — Un bon roi ne (*diffère*) pas d'un bon père. — La (*diffamation*), comme la calomnie, comme la médisance, agit presque toujours dans l'(*ombre*). — Ne tardez pas à cueillir le fruit s'il est mûr ; s'il n'est pas mûr, (*différez*). — Toutes les sciences, tous les arts ont leurs (*difficultés*). — Les (*difformités*) les plus choquantes sont celles qui ravalent vers la brute. — Il est toujours facile de combattre une (*difformité*) commençante. — L'amitié rend (*diffus*) l'ami qui parle ; elle rend toujours patient l'ami qui écoute. — Les (*défauts*) détruisent la physionomie et rendent désagréables ou (*difformes*) les plus beaux visages. — Il est (*difficile*) de se (*défaire*) de marchandises (*défectueuses*). — Les Romains ont (*déféré*) les honneurs divins à la plupart de leurs empereurs. — Les chevaux qui ont mauvais pied ou qui *forgent* se (*défèrent*) souvent. — Le vent (*défeuille*) les arbres. — Un embonpoint excessif (*défigure*) tous les traits. — Le Canada abonde en blé depuis le (*défrichement*) des terres. — Le plus parfait est celui qui a le moins de (*défauts*). — Fénelon ne fut jamais en disgrâce auprès de Louis XIV, mais toujours en (*défaveur*). — On considère avec raison les odeurs nauséabondes, les sucs vénéneux, les poils rudes, les aiguillons et les épines, comme des armes (*défensives*) des végétaux. — Un homme bien élevé est toujours plein de (*déférence*) pour les femmes et les vieillards. — Un (*déficit*) est un malheur toutes les fois qu'il résulte de dépenses improductives. — Un (*défilé*) est un passage étroit dans une gorge de montagnes. — Aujourd'hui les (*défrichements*) sont beaucoup plus fréquents en France qu'autrefois. — De (*bruyantes*) cataractes se précipitent du sommet des montagnes. — Les armes des (*Egyptiens*) étaient de de bronze. — Les cercueils des momies d'(*Egypte*) sont de (*cyprès*) ou de cèdre. — L'(*osyris*) croît dans les provinces méridionales de la France. — Les fleurs du (*nimphœa*) se ferment et se plongent dans l'eau au coucher du soleil. — Les anciens (*Scythes*) et les (*Huns*) mettaient de la chair crue sous les selles de leurs chevaux, et la mangeaient ensuite. — Les tribus arabes, en (*Syrie*), ramassent les sauterelles, qui tombent quelquefois par nuées, et les mangent en bouillie. — Autrefois les Italiens tiraient de la (*belladonna*) une espèce de fard. — L'(*assa-fœtida*) est une espèce de résine d'une odeur désagréable. — La (*chaleur*) n'est que le toucher de la lumière. — Dieu est le (*créateur*) de toutes choses. — Dieu a appris au soleil l'(*heure*) de son coucher. — L'éclat continuel de la (*neige*) éblouit la vue. — Les (*champs*) de l'air s'(*épurent*) par l'(*orage*). — La puissance et la (*grandeur*) de Dieu éclatent dans ses ouvrages. — L'art du (*labourage*) a nécessité l'emploi des métaux. — Les oiseaux nous charment toujours par leur touchant (*ramage*). — Les brises s'élèvent de la mer et répandent la vie et la (*fraîcheur*). — La (*vapeur*) des brouillards obscurcit les (*cieux*). — L'(*honneur*) est l'instinct de la vertu. — Georges Agricola est regardé comme le (*fondateur*) de la (*métallurgie*), dans les temps modernes. — L'(*odeur*) de l'asphalte n'est sensible que par le frottement. — Les lèvres embellissent le (visage). — La beauté est l'(apanage) des peuples (policés). — La génisse se plaît dans un gras (pâturage). — Jamais on n'a vu le (singe), habitant des forêts, s'armer pour combattre ses ennemis. — L'(orge) croît jusqu'auprès de la zône glaciale. — Les oignons de l'Egypte sont remarquables par leur (grosseur). — La (conscience) est le (meilleur) livre de morale. — L'insecte dépose un ver (rongeur) dans le sein de la (fleur). — La (chaleur) augmente en raison de la (profondeur) des couches de la terre. — Socrate disait (adieu) à tous ses amis, ne sachant pas si la mort le lui permettrait le lendemain. — Il y a quatre (lieues) de Paris à Versailles. — Les petits rentiers demeurent à la (banlieue). — En temps de révolution tout le monde tire le diable par la (queue). — Vivre au (milieu) d'un peuple qui n'a pas de sentiments (religieux), c'est vivre au (milieu) de bêtes féroces.

XIᵉ LEÇON.

SUR LES RÈGLES Nᵒˢ 21, 22, 64, 65, 86 ET 87.

(*Voir la Grammaire*).

EXPLICATION.

Mots commençant par *des, dis*, n. 21 et 22.
Mots terminés par *as, at*, n. 64 et 65.
    Id.   *jon, geon, jonc, geons*, n. 86.
    Id.   *ic, ique, ict*, n. 87.

Ne (*jugeons*) jamais sur l'(*apparence*). — Les chenilles dévorent les feuilles et les (*bourgeons*). — L'(*escourgeon*) est d'une couleur plus jaune que l'orge commune.

— C'est à l'époque qui précède l'épanouissement de la fleur qu'il faut faucher l'(*ajonc*). — Les rameaux du (*jonc*) marin, nombreux et garnis d'épines, le rendent propre à former des haies. — Le (*pigeon*) vit sept à neuf ans. — Dès que le (*bourgeon*) commence à prendre de la consistance, il demande à être palissé. — L'(*arsenic*) est un poison dont on ne saurait trop se défier. — Le (*caoutchouc*) a beaucoup d'analogie avec la gomme (*élastique*). — L'(*agaric*) arrête les hémorragies. — Les tiges de l'(*angélique*) confites dans le sucre font des conserves très-recherchées. — Les araignées aiment la (*musique*). — Saint Bernard ne fut pas de ceux qui regardèrent la science comme un (*trafic*) honteux. — Le caille-lait a une odeur (*aromatique*); c'est une plante que son utilité recommande à l'économie rurale et (*domestique*). — La (*mécanique*) a multiplié les forces. — Les cardinaux occupent en France le premier rang (*ecclésiastique*). — L'(*aérostatique*) est la science de la navigation aérienne. — Les (*politiques*) se trompent souvent dans leurs (*pronostics*). — La (*basilique*) de Saint-Pierre, à Rome, est un chef-d'œuvre d'architecture. — Les grands ne craignent pas un (*public*) qui les craint et qui les respecte. — L'éducation (*publique*) est nécessaire à ceux qui doivent être des hommes (*publics*). — Le (*rire*) sur les mots est plus facile et moins gai que le (*rire*) sur les choses : celui-ci constitue le vrai (*comique*). — Les auteurs (*satiriques*) sont les gens du monde contre lesquels il faut qu'un lecteur soit le plus en garde. — Celui qui ne comptera jamais sur rien ne sera jamais (*désappointé*). — Nous (*désapprouvons*) dans un temps ce que nous approuvons dans un autre. — Les calculs (*dessèchent*) l'esprit. — On se (*dessert*) en servant les méchants. — Le fer-blanc se (*dessoude*) facilement au feu. — Le (*dessin*) est la base d'un grand nombre d'arts. — Le prince Eugène arrangeait lui-même ses (*desseins*) et ne les confiait à ceux qui devaient le seconder qu'au point de l'exécution. — La charpie sèche ou trempée dans quelque liqueur spiritueuse est un bon (*dessiccatif*). — Le (*desséchement*) des côtes de la Guyane exigerait des travaux longs et difficiles. — Les (*déserts*) peuvent être regardés comme des océans de sable. — Les marais (*desséchés*) deviennent fertiles. — L'eau (*désaltère*) les campagnes arides. — La gloire de nos aïeux est un patrimoine national que nous devons remettre intact à nos (*descendants*). — Il y a longtemps que les hommes sont à la recherche de la (*dessalation*) de l'eau de mer. — On trouve en Hollande de beaux et grands (*modèles*) de (*desséchement*). — Les vieillards forment peu de (*desseins*). — On trouve dans les historiens des (*descriptions*) de (*desserts*) d'une magnificence inouïe. — La (*dessiccation*) est un des principaux moyens que nous ayons pour conserver les plantes et les animaux. — Il est impossible de dire à quelle époque l'homme a commencé à (*dessiner*); mais il est probable qu'il a exercé cet art dès qu'il s'est trouvé en société. — En (*disséquant*) on (*acquiert*) cette dextérité si nécessaire pour les opérations de chirurgie. — La (*dissertation*) est verbeuse de sa nature. — On fuit le (*dissipateur*) ruiné. — La (*dissipation*) est insouciante. — L'eau et l'alcool sont les (*dissolvants*) les plus usuels. — Il y a des animaux capables de (*discipline*). — L'auteur de la nature a (*disséminé*) la lumière dans l'espace, le feu dans les corps. — On peut être bon (*disséqueur*) sans être bon anatomiste. — La prudence veut qu'on (*dissimule*) quelquefois. — Le soleil (*dissipe*) les nuages, les brouillards, les ténèbres. — Le sucre se (*dissout*) dans l'eau. — L'éléphant est de tous les animaux le plus (*disciplinable*). — La nature s'endort quand le soleil (*disparaît*). — Le faisan le (*dispute*) au paon pour la beauté. — Les rayons du soleil (*dissipent*) les nuages. — Le jeu a de grands (*appas*) pour les enfants. — La guerre a ses (*appas*) et la paix ses douceurs. — Les services du méchant ou de l'avare sont des (*appâts*) dangereux. — Rien ne cause plus d'(*embarras*) que les bagages dans une marche. — Le tendre œillet est faible et (*délicat*). — L'(*orgeat*) est une boisson agréable destinée plutôt à flatter le goût qu'à être (*salutaire*). — Les Arabes ne font qu'un (*repas*) par jour. — Les bêtes fauves font bien du (*dégât*) dans les terres. — Les sommets des montagnes sont couverts de (*frimas*) éternels. — Le (*chasselas*) forme un objet de commerce avantageux pour les jardiniers de Fontainebleau. — Le pauvre loge dans une mansarde et repose sur un (*grabat*). — César réforma le calendrier pendant son (*pontificat*). — Il y a des (*compas*) à trois et à quatre pointes. — Les troubles, les (*attentats*) naissent bientôt de l'indépendance. — Le (*lilas*) fleurit un des premiers au printemps. — Il est une vie au-delà du (*trépas*). — On ne verra donc plus que trahisons, (*assassinats*). — Rien ne doit nous donner plus de (*méfiance*) de notre jugement que les (*débats*) d'une assemblée délibérante. — On retire du palmier un sucre couleur de (*chocolat*). — Si nous (*voyageons*), (*ménageons*) notre monture. — Diderot fut enfermé au (*donjon*) de Vincennes. — Nous (*jugeons*) mal nos contemporains. — (*Interrogeons*) l'histoire, et surtout profitons-en. — Le (*chat*) est hypocrite. — Lorsque les grands ont beaucoup de (*plats*) d'or et d'argent, le peuple n'en a pas même de terre. — D'Alembert ne se croyait pas malheureux d'avoir fait cent (*ingrats*) pour acquérir un ami.

XIIe LEÇON.

SUR LES RÈGLES N°s 23, 24, 66, 67, 88 ET 89.

(*Voir la Grammaire*).

EXPLICATION.

Mots commençant par *ec*, *ef*, n. 23 et 24.
Mots terminés par *ac* ou *aque*, n. 66.
    Id.   *acer*, *asser*, n. 67.
    Id.   *if*, *ife*, *iffe*, *iphe*, *yphe*, n. 88.
            il, *ile*, *ille*, n. 89.

L'épine voit (*éclore*) et s'(*éclipser*) la rose. — La foudre étincelante (*éclate*) dans les nues. — L' (*écureuil*) est le plus agréable des quadrupèdes. — Sur des ailes de feu l'(*éclair*) brille et serpente. — Le (*pinson*) remplit l'air de sa voix (*éclatante*). — La colombe attendrit les (*échos*) des forêts. — L'(*écrevisse*) ne convient pas à tous les estomacs. — Le travail (*écarte*) l'ennui, le vice et la misère. — La bonne (*économie*) tient le milieu entre l'avarice et la (*prodigalité*). — On gagne toujours à (*écouter*) un sage. — Celui qui ne sait ni lire ni (*écrire*) est aisément dupé par ceux qui le savent. — Les chevaux mal dressés renversent les (*écuyers*) brutaux ou trop confiants. — La tige des arbres se revêt d'une dure (*écorce*) qui met le bois tendre à l'abri des injures de l'air. — Les abréviations sont presque aussi anciennes que l'(*écriture*). — Les cardinaux occupent en France le premier rang (*ecclésiastique*). — L'(*écriture*) est la gardienne de l'histoire. — L'(*écarlate*) des Gobelins a joui pendant longtemps d'une grande réputation. — Les (*équarrisseurs*) sont chargés de débarrasser la voie publique des animaux morts ou abandonnés. — L'(*écarté*) ne fut d'abord en usage que chez les laquais. — L'(*écartèlement*) était l'une des peines les plus horribles que l'imagination la plus déréglée ait pu inventer. — On voit des (*ecchimoses*) se former autour des piqûres de sangsues et des ouvertures de veines qu'on pratique avec la lancette. — Salomon passe pour être l'auteur de l'(*Ecclésiaste*). — La lune (*éclipse*) le soleil. — La saine physique a (*accéléré*) les arts nécessaires. — Le soc de la charrue s'(*éclaircit*) en labourant la terre. — La nature ne s'(*écarte*) jamais des lois qui lui sont prescrites. — Les générations des hommes s'(*écoulent*) comme les ondes d'un fleuve rapide. — Les pipes d'(*écume*) de mer sont un objet de luxe chez les Orientaux. — Les larmes qu'on s'(*efforce*) de cacher sont les plus touchantes. — L'(*effaçure*) n'empêche pas qu'on ne lise encore quelque chose de ce qui était écrit. — Un air (*effaré*) bien souvent nous fait rire. — Toutes les passions sensibles logent dans des corps (*efféminés*). — Le fer se dissout dans l'eau-forte avec (*effervescence*). — Autrefois on pendait en (*effigie*). — On (*efflanque*) un cheval à force de le faire travailler. — Il ne faut pas labourer à fond, il suffit d'(*effleurer*) la terre. — Depuis que le goût des bâtiments s'est introduit, les arts font tous les jours des (*efforts*) pour le favoriser ou l'étendre. — On mène un coursier ombrageux à l'objet qui l'(*effraie*), afin qu'il n'en soit plus (*effrayé*). — Les païens faisaient (*différentes*) (*effusions*) dans leurs sacrifices. — Le mineur attentif suit le (*filon*) errant. — L'(*if*) s'épanouit au souffle de Borée. — Le bœuf au pas (*tardif*) a la force en partage. — Le fer est de tous les métaux le plus (*utile*) à l'homme. — Le taureau est un animal (*indocile*) et fier. — Le développement du corps ne doit pas être trop (*hâtif*). — Le sauvage, sur un frêle (*esquif*), ose braver la fureur des flots. — Les enfants jettent un regard (*furtif*) sur tous les objets de leur convoitise. — Un froid (*excessif*) engourdit la main et suspend la sensation du toucher. — Le travail rend tout (*facile*). — L'âge (*viril*), plus mûr, inspire un air plus sage. — Le chêne est (*immobile*) aux coups de la tempête. — La terre sableuse est (*infertile*). — Le puissant foule aux pieds le faible qui menace, et rit, en l'écrasant, de sa (*débile*) audace. — La paresse rend tout (*difficile*). — L'hypocrite est (*fertile*) en fraudes. — L'arbre à (*suif*) est une espèce d'arbre de la Chine, dont le fruit a quelques-unes des qualités du (*suif*) et sert à faire des (*chandelles*). — Un (*rescif*) offre en quelques lieux un bon mouillage, un port où les vaisseaux peuvent stationner en sûreté. — Les Italiens font un grand usage du (*récitatif*) dans leurs opéras bouffes. — La mort se déclare; on ne tente plus de remèdes contre ses funestes (*attaques*). — On va à la cour avec un (*frac*). — Tout écrivain, pour écrire nettement, doit se mettre à la (*place*) de son lecteur. — Le cœur est (*placé*) un peu plus du côté gauche que du côté droit. — La renommée de beaucoup de gens s'(*efface*) avant leur épitaphe. — Il y a peu d'écrivains qui ne voulussent (*effacer*) à soixante ans ce qu'ils écrivirent à trente. — Quand une maison (*menace*) ruine, il faut la démolir. — La plupart des hommes entrent étourdiment dans la carrière du monde sans se (*tracer*) auparavant une ligne de conduite, et presque tous s'y égarent. — Quand on ne finit pas de désirer de l'or, on ne finit pas d'en (*amasser*), et l'on n'en jouit jamais. — Les citadins sont tous (*cassés*) à soixante ans. — Le changement de travaux (*délasse*). — On ne sent sa faiblesse que quand on veut (*dépasser*) ses forces. — L'abondance de biens ne nuit pas, mais elle (*embarrasse*). — Le sage n'(*embrasse*) d'autre parti que celui de la raison. — La vanité (*glace*) le cœur. — La gloire du monde (*passe*) comme un (*éclair*). — La lune (*éclipse*) le soleil. — La chaleur fait (*éclore*) les vers à soie. — Saint Thomas-d'Aquin est appelé l'Ange de l'(*école*). — Le dérangement des humeurs trouble toute l'(*économie*) du corps humain. — La filasse est l'(*écorce*) du chanvre et du lin. — On (*écorce*) le bois en mai, parce que la sève qui est alors abondante, facilite la séparation de l'(*écorce*). — Le monde est plein d'(*écueils*) — Le luxe (*efférmine*) une nation. — L'eau forte fait (*effervescence*). — Les roses épanouies s'(*effeuillent*) du matin au soir. — Après la mort des rois et des grands princes, on expose leur (*effigie*) en (*public*). — Il faut être (*civil*) à l'égard de tout le monde. — Le tigre, le singe, le chat sont des animaux très-(*agiles*). — Saint Paul est appelé l'apôtre des (*Gentils*). — Il n'y a rien de si (*difficile*) que d'élever un jeune prince pour la royauté.

XIIIe LEÇON.

SUR LES RÈGLES N°s 25, 26, 68, 69, 90 ET 91.

(*Voir la Grammaire*).

EXPLICATION.

Mots commençant par *el*, n. 25.
    Id.   *em*, n. 26.
Mots terminés par *af*, *affe*, *aphe*, n. 68.
    Id.   *ail*, *eil*, *euil*, *eul*, pour le masculin ; et *aille*, *eille*, *euille*, *eule*, pour le féminin, n. 69.
    Id.   *illant*, *iliant*, *illard*, *illiard*, n. 90 et 91.

Dès le matin, (*élevez*) votre cœur à Dieu. — La

flamme en jets brillants s'(élance) dans les airs. — La véritable (éloquence) est celle du bon sens. — Le travail calme les passions, il occupe l'esprit, il (éloigne) l'ennui. — L'(électricité) est le soleil des pôles. — La trombe s'(élève) majestueusement du sein des eaux. — Le latanier a une forme (élégante) et (pittoresque). — Les Romains (élevaient) beaucoup de bestiaux. — L'(acier) est élastique. — La plupart des corps sont (électrisables). — Un corps (électrisé) perd toute sa vertu quand il est touché par un corps qui ne l'est pas. — Le génie de notre langue est la clarté et l'(élégance). — L'(éloge) de l'agriculture est dans la récompense de nos travaux, dans la satisfaction de nos besoins. — On découvre dans l'(éloignement) les points d'un édifice. — Un prince doit (éloigner) de soi les traîtres. — La voix de la raison est au-dessus d'une (éloquence) étendue. — Le feu est une (émanation) du soleil. — Au printemps tout renaît, tout s'anime, tout s'(embellit). — Les volcans (embrasent) les montagnes. — Le loup sait se tenir prudemment (embusqué). — Les pucerons (empruntent) la couleur de la plante sur laquelle ils se tiennent. — L'(embonpoint) arrive ordinairement vers l'âge de trente-cinq ans. — Les pays où l'on (emmaillotte) les enfants sont ceux qui (fourmillent) de gens contrefaits de toute espèce. — L'(émeri) est d'un grand usage dans les arts mécaniques pour polir les cristaux, les métaux. — Les (émerillons) sont les plus familiers et les plus dociles des oiseaux de chasse. — L'(émétique) est le vomitif par excellence. — Les (émeutes) sont souvent des tentatives de sédition, de révolte et même de révolution. — L'odeur est l'impression que fait sur nous l'(émission) de corpuscules (émanés) de certains corps. — Beaucoup de particuliers donnent à louer des magasins pour les objets à (emmagasiner) : on leur paie un droit d'(emmagasinage). — Depuis 1814, on a fait dans les (emménagements) des bâtiments de guerre, quelques modifications qui en rendent le séjour plus supportable. — L'oignon du narcisse, végète et fleurit lorsqu'on le place au-dessus d'une (caraffe) remplie d'eau. — On ajoute souvent à sa signature un (parafe). — On met aux petits enfants des souliers à (agrafes) pour leur maintenir le pied. — Bien des personnes mettent non pas des parafes mais des (patarafes) à leur signature. — On juge d'un auteur par son (épigraphe). — La dernière des vanités de l'homme, c'est l'(épitaphe). — L'adoption des nouvelles (orthographes) est un à-compte donné à la future barbarie. — On construit maintenant des (télégraphes) atmosphériques. — Le (travail) entretient la santé. — Le (camail) est un vêtement nécessaire pour se garantir de la piqûre des (abeilles). — Le (cerfeuil) est une plante que les bestiaux et les lapins mangent avec avidité. — Les habitants du Midi aiment l'(ail) avec passion. — Alexandre était ami du jus de la (treille), puisqu'il noyait souvent dans le vin sa raison et son génie. — Le latanier donne chaque mois une (feuille) nouvelle. — Ce n'est jamais la croyance qui produit le meurtre, mais l'(orgueil) des opinions. — Ne nuis pas à autrui ou attends-toi à la (pareille). — Il n'y a qu'un seul service que nous aimions à rendre aux autres sans leur demander le (pareil), c'est de les avertir de leurs torts et de leurs défauts. — Les jeunes villageois ont le teint (vermeil). — La liqueur (vermeille) a bien des attraits pour l'ivrogne. — Le mois d'avril est le temps des (semailles). — Dire que les nations sont faites pour les rois, c'est dire que les vaisseaux sont faits pour le (gouvernail). — Achille déplairait moins (bouillant) et moins prompt. — Le (babillard) s'ennuie s'il n'a rien à dire. — Le (brouillard) blanchit les monts de son voile léger. — Les discoureurs croient qu'en (chatouillant) l'oreille ils satisfont l'esprit. — Un témoin (vacillant) dans sa déposition doit être suspect. — Le (corbillard) du pauvre n'est souvent suivi que de son chien. — Il a été exposé au Louvre un (billard) qui jouait un air quand la bille tombait dans la blouse. — Quel intérêt ne doit pas nous inspirer un auguste (vieillard)! — Il y a beaucoup d'ouvrages où l'on ne trouve rien de (saillant). — Il ne faut pas ajouter foi aux propos d'un homme (malveillant). — Tout en (raillant) on peut dire des choses vraies. — Le (défaillant) s'expose à se faire condamner. — Les ouvrages en miniature se font en (pointillant). — La vérité est pour le plus grand nombre comme un flambeau dans les (brouillards); il luit sans les dissiper. — La nature laisse aux (vieillards) un amour bien facile à satisfaire, celui du repos. — Quel charme de reconnaître dans les ouvrages de la nature, l'intention (*bienveillante*) du Créateur ! — L'archevêque de Cologne est un archevêque (*électif*). — L'(*électorat*) dans l'empire est la plus grande dignité, après celle de l'empereur et du roi des Romains. — Ovide et Properce sont les plus connus des poëtes (*élégiaques*). — L'(*élégie*) française est ordinairement en vers alexandrins. — Les cartésiens n'admettent que trois (*éléments*). — L'(*éléphant*) approche de l'homme par l'intelligence, autant du moins que la matière peut approcher de l'esprit. — On met une apostrophe dans l'écriture à la place de la voyelle qu'on (*élide*). — Il y a beaucoup d'appelés, mais peu d'(*élus*). — Il n'y a rien qui (*éloigne*) plus les cœurs, les esprits, les affections, que le mépris, les mauvais traitements. — La véritable (*éloquence*) consiste encore plus dans les choses que dans les paroles. — Il y a des gens qui sont naturellement (*éloquents*).

XIVe LEÇON.

SUR LES RÈGLES Nos 27, 28, 70, 71, 92 ET 93.

(*Voir la Grammaire*).

EXPLICATION.

Mots commençant par *en*, *es*, n. 27 et 28.
Mots terminés par *aire*, *ère*, n. 70.
   Id.   *ale*, *alle*, n. 71.
   Id.   en *iller*, *allier*, *iller*, n. 92.
   Id.   en *illeux*, *ilieux*, n. 93.

Les péchés des grands ont deux caractères d'(*énormité*) qui les rendent infiniment plus punissables. — Les navires américains sont d'une grandeur (*énorme*). —

Cessez de vous (*enorgueillir*) de vos lauriers imaginaires. — Il y a trois opérations de l'entendement, la simple perception, l'(*énonciation*) et le raisonnement. — Ce n'est pas tout que de bien penser, il faut savoir bien (*énoncer*) ce que l'on pense. — La plupart des discours de tribune sont longs et (*ennuyeux*). — (*Ennuyés*) bientôt de tout, tout nous est à charge. — Avec tous ses amusements, le monde, depuis qu'il est monde, se plaint qu'il s'(*ennuie*). — L'(*ennui*) est plus difficile à supporter que la douleur. — Les sciences, les beaux-arts (*ennoblissent*) une langue. — Il faut chercher des tours qui (*ennoblissent*) nos idées; la pièce élève l'esprit et (*ennoblit*) le cœur. — L'hydrogène s'(*enflamme*) dans les airs. — La nature s'(*endort*) quand le soleil disparaît. — La neige et la rosée (*engraissent*) les campagnes. — Le requin est le plus grand (*ennemi*) du thon. — Les Chinois s'abstiennent de mets échauffants et de liqueurs (*enivrantes*). — Les Indiens (*entendent*) le bruit que fait, en marchant, une armée (*ennemie*). — Le froid (*engourdit*) toutes les sensations. — L'absolution prodiguée (*enhardit*) au péché. — Une île est plus chaude que la mer qui l'(*environne*). — Le sel était connu dans l'(*enfance*) du monde. — La mort est préférable à l'(*esclavage*). — Dieu veille sur les mondes qui peuplent l'(*espace*). — Les (*escargots*) réparent leurs coquilles lorsqu'elles viennent à se briser. — L'(*esturgeon*) est d'un aspect effrayant. — Le caractère est une chose si belle qu'on l'(*estime*) jusque dans les personnes qu'on estime le moins. — La race caucasienne est le type de l'(*espèce*) humaine. — Les aéronautes, pour s'assurer si le temps, si le vent sont favorables, avant d'entreprendre une ascension, lancent ce qu'ils appellent un ballon d'(*essai*). — Quand l'(*essoufflement*) est le résultat d'une marche ou d'une course rapide, surtout en montant, il n'offre rien d'alarmant. — Un esprit médiocre ne doit pas prendre un trop grand (*essor*). — On (*essaie*) de secouer le joug de la foi. — L'(*essence*) de l'homme est d'être un animal raisonnable. — La raison est (*essentielle*) à l'homme. — Vous nous avez affligés, grand Dieu, (*essuyez*) enfin nos larmes. — Le vent, le soleil (*essuient*) les chemins qui ont été trempés par les pluies. — L'abricotier est (*originaire*) d'Arménie. — La complaisance est (*nécessaire*) dans la société. — Les cailles s'enlèvent brusquement et dans une direction (*perpendiculaire*). — L'orge est pour les volailles et pour les bestiaux un aliment (*salutaire*) et qui les engraisse facilement. — La France a été longtemps (*tributaire*) de l'industrie hollandaise. — Faut-il que sur le front d'un profane (*adultère*), (*brille*) de la vertu le sacré caractère? — Dans les Alpes, les ébéniers aux fleurs jaunes forment des berceaux ravissants autour des sapins (*conifères*). — L'art de (*tailler*) les cristaux nous vient de Bohême. — Il importe de (*surveiller*) la cane lorsque l'on voit approcher le moment où elle doit commencer sa ponte. — C'est un jour perdu qu'un jour passé sans (*travailler*). — Il ne faut pas (*réveiller*) le chat qui dort. — Que de gens ne savent que (*gaspiller*) leur bien! — Dès que les vendangeurs ont achevé, il est permis d'aller (*grapiller*). — Bien souvent on voit l'ardeur du soleil (*griller*) les plantes. — On a tort de trop faire (*babiller*) les enfants. — La plante des pieds est un endroit (*chatouilleux*). — Dieu se plaît à abaisser l'(*orgueilleux*). — La lune fait briller son disque radieux au travers des chênes (*sourcilleux*). — On appelle saut (*périlleux*) un certain saut difficile et dangereux que font les danseurs de corde. — L'ouvrage le plus (*vétilleux*) n'est pas toujours le mieux payé. — Il n'y a rien de plus ennuyeux qu'un homme (*pointilleux*). — La mortification est un (*essai*), un apprentissage de la mort. — Les (*essaims*) vont déposer sur des branches d'arbres. — Dieu est (*essentiellement*) bon. — Les roues tournent sur leur (*essieu*). — Il est défendu d'(*étaler*) les jours de fête. — Un hydropique ne peut (*étancher*) la soif? — Rien n'était si formidable que de voir l'Allemagne déployer tous ses (*étendards*) et marcher vers nos frontières. — Jésus-Christ a été (*étendu*) sur l'arbre de la croix pour nos péchés. — L'(*étendue*) appartient au corps et la pensée à l'esprit. — Dieu engendre son verbe (*éternellement*). — La chicane (*éternise*) les procès. — Dieu est de toute (*éternité*). — Les étoiles sont (*étincelantes*). — Il y a des (*étoiles*) qui étincellent les unes plus que les autres. — Les vrais escarboucles (*étincellent*) dans les ténèbres. Une

petite (*étincelle*) peut causer un grand embrasement.
— Quand on bat les cailloux avec un fusil, il en sort
des (*étincelles*). — On ne peut aller contre son (*étoile*).
— Il est (*étonnant*) combien la même vérité, montrée aux
hommes, fait en eux d'impressions différentes. — La
mort se déclare; on ne tente plus rien contre sa funeste
(*attaque*). — L'athéisme arrête l'âme dans son élan vers les
cieux, et la jette dans le (*cloaque*) de la matière. —
Le matelot s'endort paisiblement sur son (*hamac*). —
Longtemps une immense capitale fut exposée au (*sac*),
à l'embrasement : un mot pouvait causer l'explosion de
l'incendie. — Faut-il que sur le front d'un profane (*adultère*) brille de la vertu le sacré (*caractère*)! — Les (*adversaires*) de l'Église nient les miracles. — Les cloîtres
ont une vie (*austère*). — Les enfants doivent à leurs
parents sans ressources une pension (*alimentaire*). —
Le soleil ne doit jamais se coucher sur notre (*colère*). —
Plus l'orgueil est excessif, plus l'humiliation est (*amère*). —
Il faut préférer le (*nécessaire*) à l'agréable.

XVe LEÇON.

SUR LES RÈGLES N°s 29, 30, 72, 73, 94 ET 95.

(*Voir la Grammaire*).

EXPLICATION.

Mots commençant par *et*, n. 29.
Id. *four*, n. 30.
Mots terminés par *an, anc, ang, aon*, n. 72.
Id. *ance, ense, anse, ense*, n. 73.
Id. *ine, ir* et *ire*, n. 94 et 95.

L'(*Éternel*) a créé la lumière du jour. — L'(*étoile*)
du matin annonce le retour du soleil. — La foudre (*étin-*

celante) éclate dans les nues. — La mer ne se glace jamais dans toute son (*étendue*). — Les sommets des montagnes sont couverts de frimas (*éternels*). — Le colibri doré (*étincelle*) sur les fleurs. — Le héron vit principalement parmi les (*étangs*) et les marais. — Le lis à nos regards (*étale*) sa blancheur. — La rose de la Chine (*étonne*) nos jardins. — A certaines hauteurs règnent des neiges (*éternelles*). — Les plantes ne sont guère mieux connues que les (*étoiles*). — L'opération de l'(*étamage*) ordinaire est si facile que le premier marmiton venu pourrait l'exécuter. — Les (*étendards*) français ont été de toutes les couleurs. — L'(*étiquette*) sert à maintenir l'ordre dans les palais. — La plus parfaite (*étude*) est celle de la nature. — La (*fourmi*) est laborieuse. — Les poissons des eaux douces (*fournissent*) une nourriture aussi délicate qu'abondante. — Le blé (*fournit*) les moyens de satisfaire par toute la terre aux principaux besoins de la vie. — Les hommes ne sont point faits pour être entassés en (*fourmilière*). — La (*fourmi*) monte au sommet des plus hauts cyprès pour en manger les graines. — Les fenils sont des granges destinées à recevoir les (*fourrages*). — L'âme s'épure dans l'adversité, comme le métal dans la (*fournaise*). — La bourre du cotonier nous fournit des (*étoffes*) légères. — Les chasseurs et les guerriers ont pris de tout temps des (*fourrures*) de bêtes pour marques de leur valeur, autant que pour se couvrir. — Le régime le plus propre à maintenir les animaux en bonne santé et à les engraisser, résulte d'une combinaison intelligente des différentes espèces de (*fourrages*). — La forme et la grandeur des (*fourneaux*) varient suivant leur destination. — Les Indiens entendent le bruit que fait, en marchant, une armée ennemie à plusieurs lieues de (*distance*). — On a vu dans le Malabar des arbres qui avaient cinquante pieds de (*circonférence*). — La (*confiance*) est un moyen de plaire. — Lorsque les blés sont en fleur, c'est alors qu'ils sont revêtus de toute leur (*magnificence*). — La (*bienfaisance*) est un besoin de l'âme. — L'(*indulgence*) encourage à la (*désobéissance*). — Le palmier est, par (*excellence*), le végétal du soleil. — La (*reconnaissance*) est la mémoire du cœur. — L'époque de l'agriculture est celle de la (*naissance*) des sociétés. — L'(*adolescence*) méprise les jouets du passé. — L'(*aisance*) étouffe l'industrie. — La (*prudence*) vaut mieux que la valeur. — La (*patience*) est le courage de tous les jours. — Il faut se faire une loi de la (*bienséance*). — Les bonnes actions portent leur (*récompense*). — Les talents donnent l'(*indépendance*). — Le bonheur n'est pas dans l'(*opulence*). — L'(*alumine*) est employée à faire toutes les poteries. — Il est encore aujourd'hui d'usage, chez plusieurs peuples sauvages, d'(*enduire*) le corps d'une couche de couleur. — L'(*épine*) voit éclore et s'éclipser la rose. — Le blé prend (*racine*) partout où il tombe. — La (*capucine*) est à la fois réclamée par le potager et le parterre. — La providence a renfermé la (*farine*) dans les épis des graminées. — La (*fouine*) ne se contente pas d'assouvir sa faim, elle semble tuer par instinct et sans besoin. — L'(*aubépine*) répand le premier parfum qui embaume les campagnes après la saison des frimas. — On doit s'abstenir de tout ce qui peut (*nuire*) à la santé. — Le célèbre naturaliste romain Pline admirait de son temps ces grands arbres de l'écorce desquels on pouvait (*construire*) des barques capables de (*contenir*) trente personnes. — L'(*aubergine*) est originaire de l'Inde et de l'Ethiopie. — Partout où l'on trouvera un cheval, un homme, une vache et une laiterie, on trouvera la (*vaccine*). — Les feuilles de la (*balsamine*) des bois, froissées entre les doigts, répandent une odeur nauséabonde et passent pour vénéneuses. — L'(*argentine*) croît dans les lieux humides. — On s'égare facilement dans le (*dédale*) des rues de Paris. — Malheur à ceux par qui le (*scandale*) arrive! — Au milieu des ruines de Palmyre on entendait par (*intervalle*) le cri de quelques (*chacals*). — Les enfants se plaisent infiniment au jeu de (*balle*). — Le monde est un (*bal*) masqué. — Les grands sont comme le (*canal*) de communication et le lien des peuples avec le souverain. — On transporte les noyés à la Morgue et on les étend tout nus sur la (*dalle*). — Il faut avoir de l'esprit pour être homme de (*cabale*). — Un homme bien élevé ne peut entendre le langage des (*halles*). — Le (*cérémonial*) de Rome est fort rigoureux et fort rigoureusement observé. — Dès qu'on renvoie un domestique, il faut qu'il fasse aussitôt sa (*malle*). — La peur du (*mal*) vous fait tomber dans un pire. — Ne transformez pas les églises en véritables (*salles*) de spectacle. — La (*cigale*) chante tout l'été. — Après une revue, les troupes défilent au son des (*cymbales*) et des tambours. — Platon disait que l'homme était un (*animal*) à deux jambes sans plumes. — Tout le monde doit savoir (*écrire*) et compter. — Il y a certaines choses qu'on ne définit pas exactement, on se contente de les (*décrire*). — On ne peut pas (*suffire*) à tout. — Le peuple français est difficile à (*conduire*). — Tout le monde cherche à s'(*instruire*). — Le mensonge et la duplicité entrent difficilement dans un cœur à qui la vérité ne saurait (*nuire*). — Il ne suffit pas de (*lire*), il faut (*retenir*). — Les hommes ont enchéri de siècle en siècle sur la manière de se (*détruire*) réciproquement. — Il ne faut (*médire*) de personne.

XVIᵉ LEÇON.

SUR LES RÈGLES Nᵒˢ 31, 32, 74, 75, 96 ET 97.

(*Voir la Grammaire*).

EXPLICATION.

Mots commençant par *hip* ou *hyp*, n. 31.
    Id.   *il*, n. 32.
Mots terminés par *ane, anne*, n. 74.
    Id.   *ate, atte*, n. 75.
    Id.   *ir, ire*, n. 96.
    Id.   *iscer, icer, isser*, n. 97.

Les hommes qui composent la race (*hyperboréenne*) sont remarquables par l'exiguité de leur taille. — L'imagination se nourrit d'(*hyperboles*). — L'(*hippopotame*) est le patriarche des fleuves. — L'(*hyperbole*) est comme le télescope et le microscope, à égale distance de la vérité. — L'abbé Mongault était (*hypocondre*). — La vie des courtisans est une (*hypocrisie*) continuelle. — Les livres toujours composés sont encore plus (*hypocrites*) que les hommes. — L'espérance vit d'(*hypothèses*). — Notre bonheur est en (*hypothèse*) et notre malheur en réalité. — La théorie de la médecine est physiquement positive et moralement (*hypothétique*). — L'(*hippocentaure*) est un animal fabuleux qu'on suppose être moitié homme et moitié cheval. — L'(*hypocras*) est une espèce de liqueur faite avec du vin, du sucre et de la cannelle. — Il suffisait d'avoir bu de l'eau de l'(*hypocrène*) pour faire d'excellents vers. — L'(*hippodrome*) était un lieu destiné chez les Grecs aux courses de chevaux. — L'(*hippogriffe*) est un animal fabuleux qu'on suppose être un cheval ailé. — L'(*hypocrite*) joue la dévotion afin de cacher ses vices. — L'(*Iliade*) offre ce que l'imagination peut concevoir de plus grand : le concours des hommes et des dieux. — L'atmosphère, en réfléchissant les rayons du soleil, (*illumine*) tout le globe. — La foi est un don et une (*illumination*) de l'Esprit saint. — La lune est (*illuminée*) par le soleil. — Les verres de l'optique nous font (*illusion*) de cent manières différentes, en altérant la grandeur, la forme, la couleur et la distance. — Chacun a ses (*illusions*). — On peut naître d'une maison (*illustre*) et n'être qu'un homme ordinaire. — Nous étions des (*ilotes*) avant d'être des citoyens. — Une noblesse qui a du mérite et des vertus (*illustre*) une nation. — Les rois sont les (*illustres*) esclaves de leurs peuples. — Le mot de patrie est à peu près (*illusoire*) dans un pays comme l'Europe, où il est égal au bonheur d'appartenir à un maître ou à un autre. — Nos sages aïeux ont brûlé religieusement des gens dont le crime était d'avoir eu des (*illusions*) et de le dire. — De brillantes (*illuminations*) ont souvent éclairé les malheurs et l'abaissement d'un peuple. — La liberté (*illimitée*) n'est plus que licence. — Une action défendue par la loi civile peut être juste lorsqu'elle est conforme à la loi naturelle, mais elle est (*illicite*). — On trouve des idées libérales chez les écrivains les plus (*illibéraux*), lorsque leur intérêt ne les aveugle pas ou ne les éclaire pas. — Le pouvoir (*illégitime*) est nécessairement despotique. — Il y aura toujours une grande inégalité entre un homme lettré et un homme (*illettré*). — Il ne faut (*maudire*) personne. — La glace ose (*saisir*) le vin du sacrifice. — Le charbon sec s'emploie pour (*assainir*) les appartements humides. — Sur les rives du Gange on voit (*fleurir*) l'ébène. — La vieillesse est un mal dont on ne peut (*guérir*). — Le sauvage ne songe pas à se (*vêtir*), à moins que la rigueur du climat ne l'y contraigne. — Après avoir cueilli les nèfles, on les laisse (*mûrir*) sur la paille jusqu'à ce qu'elles deviennent molles. — Les abeilles vont (*recueillir*) avec soin le suc des fleurs odoriférantes pour en composer leur miel. — La culture a pour effet général d'(*adoucir*) les climats extrêmes. — Le bananier seul donne à l'homme de quoi le (*nourrir*), le loger, le meubler, l'habiller et l'(*ensevelir*). — L'épine et le buis ne sauraient (*parvenir*) à une hauteur considérable. — Parmi les cocotiers, il s'en trouve dont les feuilles peuvent (*couvrir*) vingt personnes. — Une loi d'Athènes voulait que lorsque la ville était (*assiégée*), on fît mourir tous les gens inutiles. — Plus on s'éloigne, plus on voit les objets s'(*apetisser*). — Au milieu de la foule, nous ne sentons pas la main du voleur se (*glisser*) dans notre poche pour nous dérober notre mouchoir ou notre bourse. — Au printemps on voit la terre se (*tapisser*) de fleurs. — La cuisine italienne est très (*épicée*). — Tout privilège, dans un État (*policé*), est un coup porté aux lois générales. — Un prêtre ne doit jamais s'(*immiscer*) dans les affaires publiques. — La révolution a blanchi beaucoup de têtes sans les (*mûrir*). — C'est l'ingratitude la plus noire que de (*ternir*) la réputation d'une femme qui a osé l'exposer pour notre bonheur. — C'est un enfer que de vivre avec des femmes désespérées de (*vieillir*) et d'(*enlaidir*). — C'est principalement faute de s'(*éclaircir*) qu'il y a tant de querelles. — L'histoire n'a encore été (*esquissée*) qu'à grands traits. — Dans tous les temps, chez tous les peuples, le plus grand crime fut de (*trahir*) sa patrie, même en prétendant la (*servir*). — La rose n'a d'épines que pour celui qui veut la (*cueillir*). — Le plus dangereux de nos ennemis est celui qui feint de nous (*servir*). — L'habitude d'(*obtenir*) tout ce que l'on demande fait désirer l'impossible : un enfant veut la lune; un conquérant, la terre. — Les hommes se ruinent les uns et les autres par la (*chicane*). — Les naturalistes ont découvert que la (*manne*) est un suc qui sort de certains arbres. — Le chancelier est l'(*organe*)

446   COURS COMPLET DE LANGUE FRANÇAISE.

du prince. — Les marchands mettent des (bannes) devant leurs boutiques pour abriter du soleil les objets en étalage. — Les chevaliers ne peuvent parvenir aux commanderies qu'ils n'aient fait leurs (caravanes). — La (canne) sert d'appui dans les promenades. — Dans les affaires pressantes, les particuliers et les républiques vouaient à Vénus des (courtisanes). — Les circonstances du temps assurent la (date) d'Eusèbe. — La Grèce fournit beaucoup de (dattes). — Les femmes se coiffent avec des (nattes). — Le vin s'empile sur des (lattes). — La (chatte) fait plusieurs petits.

XVIIe LEÇON.

SUR LES RÈGLES Nos 33, 34, 76, 77, 98 ET 100.

(Voir la Grammaire).

EXPLICATION.

Mots commençant par *im*, et *in*, n. 33 et 34.
Mots terminés par *ation*, *assion*, n. 76.
Id.   *tier*, *scier*, *ciable*, *tiable*, n. 77.
Id.   *ite*, *itte*, *iter*, *itter*, n. 98.
Id.   *oin*, *ouin*, n. 100.

L'(immunité) est la dispense d'une charge onéreuse. — L'âme de l'homme est (immortelle). — Les belles actions sont (immortalisées). — Le pourceau est pour les Juifs un animal (immonde). — Jésus-Christ est l'hostie qui a été (immolée) pour le salut des hommes. — Dans les premiers temps du Christianisme on baptisait par (immersion). — Les perroquets (imitent) de préférence la voix des enfants. — Tête belle n'est souvent qu'une belle (image). — L'(imagination) d'autrui nous trompe aussi souvent que la nôtre fleur printannière. — Tous les jours marquants de la révolution et de ses suites furent des (*journées*) de dupes. — La (*fierté*) de l'âme fait les vrais républicains. — Paris possède de riches (*musées*). — Tous les devoirs de l'homme social envers ses concitoyens sont fondés sur le fait et le principe de l'(*égalité*). — Beaucoup de personnes sont la (*risée*) du public et croient en être l'admiration. — Souvent, à mesure que la (*vivacité*) de l'esprit augmente, le jugement diminue. — Un bon livre est la (*panacée*) universelle. — Dans les temps de (*calamités*) publiques, la (*surdité*) devient un bienfait du ciel. — Nul n'est à l'abri de l'orage, dans la (*traversée*) de la vie. — L'(*oisiveté*) est la mère de tous les vices. — Celui qui porte les (*livrées*) d'un parti ne peut être libre. — Toute (*propriété*) civile est le résultat d'une convention sociale qui la soumet à la (*volonté*) publique. — Un homme ne peut être la (*propriété*) d'un autre homme. — Si l'ambitieux pouvait connaître le terme de sa carrière, il s'arrêterait dès l'(*entrée*). — On s'autorise de petites économies pour s'abandonner à de grandes (*prodigalités*). — La voûte des cieux est pour le coupable comme celle du festin de Damoclès d'où pendait une (*épée*) sur sa tête. — La (*propreté*) sur soi est comme une seconde pudeur. — Nos (*années*), nos dettes, nos ennemis sont toujours en plus grand nombre que nous ne croyons. — Celui qui n'aime pas à pleurer de (*gaieté*) de cœur ne se soucie pas de tragédies. — Prenez soin des sous et les (*guinées*) prendront soin d'elles-mêmes. — Le travail manuel a pour cortége l'appétit, la (*santé*), le calme et le sommeil. — La réputation est une (*fumée*). — La véritable et seule richesse des peuples est la (*sobriété*), comme le luxe est la (*pauvreté*) des grands. — Les (*pygmées*) attaquant Hercule sont le véritable emblème des (*athées*). — Le fleuve du temps engloutit une foule de (*renommées*). — Les lois les plus conformes à l'(*équité*) sont les meilleures. — Nul (*procédé*) chimique ne peut donner à l'art la (*faculté*) de guérir la douleur. — La mesure du bonheur ou du malheur de l'homme, c'est l'(*idée*) qu'il en a. — L'esprit humain conçoit bien plus de (*degrés*) de perfection entre Dieu et l'homme, qu'entre l'homme et l'insecte. — Il est rare qu'une grande (*assemblée*) raisonne ; tout y est l'effet du choc des plus violentes passions.

XXXIVe LEÇON.

SUR LES RÈGLES N°s 63, 64, 65, 66, 67 ET 68.

(*Voir la Grammaire*).

EXPLICATION.

Mots terminés par *a*, *as*, *at*, n. 63, 64 et 65.
    Id.   *ac* ou *aque*, *acer* ou *asser*, n. 66 et 67.
    Id.   *af*, *affe*, *aphe*, n. 68.

Bossuet et Voltaire ont écrit l'histoire comme on fait un (*opéra*); tout y est ordonné pour un point de vue. — La justice gémit sous un (*amas*) de luxe et de formalités. — Les bêtes font bien du (*dégât*) dans les terres. — Le (*cochléaria*) est bon pour les dents. — Il est une vie au delà du (*trépas*). — Le (*climat*) influe sur la disposition habituelle du corps, et, par conséquent, sur le caractère. — Du haut de la butte Montmartre, Paris offre un magnifique (*panorama*). — Il n'y a rien de si pestilentiel pour le jugement que le (*fatras*) des connaissances pédantesques. — Les troubles, les (*attentats*) naissent bientôt de l'indépendance. — Le (*choléra*) a fait invasion en France en 1832. — Une grande fortune, un grand pouvoir sont de grands (*embarras*). — La gloire est l'(*appât*) de la sottise, et la noblesse en est le masque. — La guerre a ses (*appâts*) et la paix ses douceurs. — Il y a de l'abus à multiplier les (*alinéas*). — L'abbé Cahusac mettait le Cantique des Cantiques au rang des meilleurs (*opéras*) de l'antiquité. — Un (*magistrat*) doit être incorruptible. — (*Agacer*) est un jeu de la coquetterie dont la vertu fait souvent les frais. — On n'(*amasse*) la richesse qu'avec peine;

on la possède avec ingratitude et on ne la quitte qu'à regret. — Les femmes peuvent se (lacer) elles-mêmes. — Il ne faut se (lasser) que quand les hommes se (lasseront) de mal faire. — L'homme (place) toujours son bonheur dans ce qu'il ne peut atteindre. — Les corbeaux (croassent) et les grenouilles (coassent). — Les larmes peuvent (effacer) le crime, jamais la honte. — La lecture (délasse). — Les lignes d'un livre sont plus ou moins (espacées). — Les hommes (entassés) se corrompent. — Le philosophisme enfle l'esprit, fausse le jugement et (glace) le cœur. — On vante les temps (passés) parce que l'imagination se nourrit de regrets comme d'espérances. — Avec de l'argent, on peut acheter la (grimace) de l'affection. — Les gens de province viennent se (décrasser) à Paris. — Celui qui fait tort à quelqu'un est (menacé) par plusieurs. — Le sage n'(embrasse) d'autre parti que celui de la raison. — On (efface) souvent ce qui est (tracé) dans l'esprit, jamais ce qui est gravé dans le cœur. — Les bagages sont (embarrassants) dans une marche. — Le grand nombre de voitures (embarrassent) les rues. — Chaque instant nous dérobe une portion de notre vie et nous (avance) vers le tombeau. — Il ne faut pas (outrepasser) ses devoirs. — Il n'y a plus de (girafe) au Jardin des Plantes. — Les nouvelles se communiquent rapidement à l'aide du (télégraphe). — Les robes de femme sont fermées avec des (agrafes). — Un (cénotaphe) est un tombeau dressé à la mémoire d'un mort. — Il y a de belles (carafes) en cristal. — C'est folie ou présomption pour un auteur de négliger l'élégance (typographique). — Napoléon a prédit que la France serait républicaine ou (cosaque). — A Saint-Ouen, il y a un (bac). — La (caque) sent toujours le hareng. — Nos troupes connaissent le (bivouac). — Il y a dans chaque théâtre un chef de (claque). — (Cognac) est renommé pour ses eaux-de-vie. — L'entrée de Paris, en différents endroits, ne présente que des (baraques). — L'Allemagne est le pays où l'on fume le plus de (tabac). — La (thériaque) est un bon cordial. — L'Église doit être dans l'(État), et non l'(État) dans l'Église. — Un seul faux (pas) détruit entièrement la réputation d'une femme. — L'(orgeat) rafraîchit. — Celui qui fait peu de (cas) de sa vie est maître de celle des autres. — Dans un jour de (*combat*), ceux qui craignent le moins les hommes sont ceux qui craignent le plus les dieux. — Le (*tabac*) est une plante originaire de l'Amérique.— Les (*soldats*) construisent des (*baraques*) pour se mettre à couvert. — La terre est (*opaque*). — Le (*sumac*) au vernis sert, chez les Japonais, à vernir les ustensiles de bois. — L'éléphant n'obéit qu'à son (*cornac*). — Un (*lac*) est une grande étendue d'eau environnée par les terres.— Les feuilles de la bétoine peuvent remplacer le (*tabac*). — Tout le monde déteste un (*ingrat*). — Le tendre œillet est faible et (*délicat*).— Le (*grenat*) exposé à la flamme du chalumeau se fond très-facilement en un émail noirâtre. — L'(*orgeat*) est une boisson agréable destinée plutôt à flatter le goût qu'à être salutaire. — On retire du (*palmier*) sagou un sucre couleur de (*chocolat*). — Le mercure est dans un (*état*) de liquidité continuelle. — De la grenade l'anémone imite l'(*incarnat*). — L'(*odorat*) des corbeaux est extraordinairement fin. — Le (*chat*) est un domestique infidèle. — Le charançon dévore un vaste (*amas*) de graines. — L'(*ananas*) est une plante originaire des Indes et dont le fruit est très-estimé pour sa saveur. — Le jeu a de grands (*appas*) pour les enfants. — Le (*choucas*) est une espèce de petite corneille ou de corbeau. — Rien ne cause plus d'(*embarras*) que les bagages dans une marche. — Le (*frimas*) s'attache aux cheveux, aux crins des chevaux. — Le (*lilas*) fleurit un des premiers au printemps. — Il y a des (*compas*) à trois et à quatre pointes. — Le (*cannelas*) est bon après le (*repas*). — Le (*chasselas*) forme un objet de commerce fort avantageux. — La bibliothèque royale est riche d'(*autographes*). — A l'anniversaire de la révolution de février, on éleva dans l'église de la Madeleine un grand (*cénotaphe*) à la mémoire des combattants. — On juge d'un auteur par son (*épigraphe*). — Les faiseurs de dictionnaires sont des (*lexicographes*). — La seule (*épitaphe*) indestructible est un bon livre.— L'attention donnée à l'(*orthographe*) est perdue pour la pensée. — L'(*orthographe*) étymologique est la véritable raison des mots. — Les (*typographes*), les (*géographes*) et les (*cosmographes*) ne manquent pas.

XXXVᵉ LEÇON.

SUR LES RÈGLES Nᵒˢ 19, 20, 21, 22, 23 ET 24.

(*Voir la Grammaire*).

EXPLICATION.

Mots commençant par *cor*, n. 19.
    Id.   *def, dif*, n. 20.
    Id.   *des, dis*, n. 21 et 22.
    Id.   *ec, ef*, n. 23 et 24.

Quand on parle en public, il faut que le langage soit (*correct*). — La grammaire est l'art d'écrire et de parler (*correctement*). — Le sucre est le (*correctif*) du citron. — Il y a des choses qui demandent (*correction*).—L'éclat de la beauté est relevé par une bouche de (*corail*). — La sécheresse rend tout (*coriace*). — L'ordre (*corinthien*) est le plus riche des ordres d'architecture. — Il faut que les enfants (*correspondent*) aux bonnes intentions de leurs parents. — La Russie, la Prusse et l'Autriche entretiennent une (*correspondance*) hostile à la liberté des peuples. — Les révolutions détruisent toutes les (*correspondances*) commerciales. — Il faut instruire et (*corriger*) les hommes. — Les modernes ont (*corrigé*) les anciens en plusieurs choses. — L'acide du citron se (*corrige*) par le sucre. — La grande chaleur (*corrompt*) la viande. — La fièvre (*corrompt*) la masse du sang. — La douceur de vaincre et de dominer (*corrompit*) bientôt dans les Romains ce que l'équité naturelle leur avait donné de droiture. — Nulle hérésie ne (*corrompt*) le christianisme.—La lecture des mauvais auteurs (*corrompt*) le style.

— La crainte (*corrompt*) le plaisir. — Les mœurs se (*corrompent*) aisément par la fréquentation des mauvaises compagnies. — L'italien, l'espagnol et le français sont du latin (*corrompu*). — La (*corrosion*) de l'estomac est un indice de poison. — L'arsénic est (*corrosif*). — Les (*corrupteurs*) des témoins sont encore plus coupables que les faux témoins mêmes. — Les brigues et la (*corruption*) pouvaient tout dans Rome. — Plus on est né avec de grandes qualités, plus la (*corruption*) est profonde et désespérée. — Nous ne sentons plus rien que notre (*défaillance*) et notre extinction prochaine. — Alexandre ne pouvant (*défaire*) le nœud gordien, le coupa. — Les marchands cherchent à se (*défaire*) de leurs marchandises. — Les hommes n'avouent d'eux-mêmes que de petits (*défauts*). — Le (*défaut*) d'expérience est inséparable de notre entrée dans le monde. — Au (*défaut*) de la fortune, les qualités de l'esprit pourront vous distinguer du reste des hommes. — Chaque peuple fut jaloux d'avoir ses dieux; au (*défaut*) de l'homme, il offrit de l'encens à la bête. — Les fautes des sots sont quelquefois si (*difficiles*) à prévenir qu'elles mettent les sages en (*défaut*). — On doit être (*effrayé*) de la (*défection*) presque générale de ses sujets. — Les méchants se tiennent, se (*défendent*); les bons s'isolent, s'abandonnent. — Les éléphants atteignent aisément l'homme le plus léger à la course; ils le percent de leurs (*défenses*). — Presque toujours c'est la vanité qui donne des (*défenseurs*) à la vérité. — Ayez une (*déférence*) respectueuse pour les vieillards, les femmes vertueuses, les hommes qui ont du mérite ou de la puissance. — Le peuple romain (*déféra*) le consulat à Scipion, et l'honneur du triomphe à Pompée, avant l'âge. — Qui promet trop inspire la (*défiance*). — (*Défiants*) et timides, la plupart des princes sont ravis de faire périr les hommes éminents en naissance, en mérite, en vertus. — Le (*déficit*) est le prologue des révolutions. — Le silence est le plus sûr pour celui qui se (*défie*) de soi-même. — Autrefois, un prince qui déclarait la guerre à un autre prince l'envoyait (*défier*) par un (*hérault*). — L'esprit fécond en déguisements s'étudie à (*défigurer*), selon ses besoins ou ses intérêts, tantôt les vices, tantôt les vertus. — L'esprit d'un auteur consiste à bien (*définir*) et à bien peindre. — Dieu est au-dessus de toutes les (*définitions*). — Une lieue carrée (*défrichée*) vaut mieux qu'une plaine jonchée de morts. — C'est se (*diffamer*) soi-même que d'écrire pour (*diffamer*) les autres. — Entre le bon sens et le bon goût, il y a la (*différence*) de la cause à son effet. — D'où vient que nos siècles sont si (*différents*) de ceux de nos pères ? — Un bon roi ne (*diffère*) pas d'un bon père. — On distingue (*difficilement*) la vérité au milieu des cris et de la fureur des partis. — Les sots, les ignorants, les avides sont les plus (*difficultueux*) des hommes. — Un pays libre à côté d'un pays esclave sert à celui-ci de miroir pour voir ses (*difformités*). — Si quelquefois l'amitié rend (*diffus*) celui qui parle, elle rend patient l'ami qui l'écoute. — Les Turcs ont fait de vastes (*déserts*) des plus belles provinces de l'Asie. — Le cœur se (*dessèche*) toujours en se corrompant. — Les campagnes sont (*désertes*) pendant la guerre. — Celui qui meurt pour son pays le sert plus en un jour qu'il n'a pu le (*desservir*) pendant toute sa vie. — Le crime de (*désertion*) est puni par les ordonnances militaires. — Il faut s'accoutumer à voir sans étonnement et sans envie ce qui est au-(*dessus*) de nous, et sans mépris ce qui est au-(*dessous*). — La religion ne veut pas qu'on (*désespère*). — On voit des femmes infortunées porter avec ostentation sur leur front leur (*déshonneur*) et leur ignominie. — Les hommes sont souvent bien (*dissemblables*) à eux-mêmes. — L'orateur, dans le genre délibératif, a deux principaux objets, la persuasion et la (*dissuasion*). — Le sucre se (*dissout*) dans l'eau. — La corruption du corps se fait par la (*dissolution*) des parties. — Les bienfaits sont bientôt (*effacés*) de la mémoire des ingrats. — Nos bons aïeux avaient une si haute opinion de l'espèce humaine qu'ils attribuaient ses (*écarts*) à l'impression des éléments. — Le vice semble chercher (*effrontément*) le grand jour. — L'autorité (*ecclésiastique*) ne peut s'étendre sur ceux qui ne sont pas du corps de l'Église. — Ne quittez point le banquet de la vie sans avoir payé votre (*écot*). — Le pédantisme (*effarouche*) les esprits et les éloigne de l'étude.

XXXVIe LEÇON.

SUR LES RÈGLES Nos 68, 69, 70, 71, 72, 73, 74 ET 75.

(*Voir la Grammaire*).

EXPLICATION.

Mots terminés par *afe, affe, aphe*, n. 68.
Id. *ail, eil, euil, eul*, n. 69.
Id. *aille, eille, euille, eule*, n. 69.
Id. *aire, ère*, n. 70.
Id. *ale, alle*, n. 71.
Id. *an, anc, ang, aon*, n. 72.
Id. *ance, ence, ense, anse*, n. 73.
Id. *ane, anne*, n. 74.
Id. *ate, atte*, n. 75.

La (*girafe*) est d'un naturel fort doux. — Un (*cénotaphe*) était un monument commémoratif d'un mort, élevé par sa famille. — Il est honteux de ne pas savoir l'(*orthographe*). — Le (*lexicographe*) doit avoir une grande rectitude d'esprit et beaucoup de connaissances. — On trouve le premier essai du (*télégraphe*) dans la marche des Hébreux à travers le désert : une colonne de feu les guidait dans ce long trajet. — Il n'y a plus d'(*historiographe*) de France, d'(*historiographe*) du roi. — Dans l'Afrique méridionale, les sauvages se font des chaussures de peau de (*girafe*). — C'est Dieu qui a lancé le (*soleil*) dans l'espace. — C'est Dieu qui a dit à la mer : Ici se brisera l'(*orgueil*) de tes flots. — Le camphrier a le port élégant du (*tilleul*). — La crainte prend l'homme au berceau et l'accompagne jusqu'au (*cercueil*). — L'(*écureuil*) est le plus agréable des quadrupèdes. — L'(*aïeul*) rit à son fils, dans ses bras le balance. — Les habitants du Midi aiment l'(*ail*) avec passion. — Le (*travail*) entretient la santé. — Le (*camail*) est un vêtement nécessaire pour se garantir de la piqûre des (*abeilles*). — Le (*cerfeuil*) est une plante que les bestiaux et les lapins mangent avec avidité. — Les (*feuilles*) du (*glaïeul*) ressemblent à un glaive. — Le (*corail*) sert à la parure des négresses, aux yeux desquelles il est d'un grand prix. — Le premier (*orteil*) ou le pouce est le plus gros et le plus long; les autres vont ensuite en décroissant. — L'oie a le (*sommeil*) très-léger; elle sert de garde dans la basse-cour. — Les (*feuilles*) du navet de Suède sont avidement recherchées par le (*bétail*). — La lime mord l'acier et l'(*oreille*) en frémit. — La (*volaille*) est un aliment léger, savoureux. — La (*caille*) est ce qu'il y a de plus mignon et de plus aimable. — La piqûre de l'(*abeille*) lui est presque toujours fatale : elle meurt un instant après. — L'air se purifie dans les (*entrailles*) de la terre. — Il importe de supprimer à la première (*taille*) les bourgeons inutiles. — La (*groseille*) à maquereau s'appelle ainsi, parce qu'on se sert de son suc, comme du verjus, pour préparer ce poisson. — Les oiseaux sont très-friands de la graine d'(*oseille*). — Les animaux préfèrent la (*paille*) de l'orge à celle du blé, qui est moins tendre. — Alexandre était ami du jus de la (*treille*), puisqu'il noyait souvent dans le vin sa raison et son génie. — L'abricotier est (*originaire*) d'Arménie. — La complaisance est (*nécessaire*) dans la société. — Les cailles s'enlèvent brusquement et dans une direction (*perpendiculaire*). — L'orge est pour les (*volailles*) et pour les bestiaux un aliment (*salutaire*), et qui les engraisse facilement. — La France a été longtemps (*tributaire*) de l'industrie hollandaise. — L'année (*solaire*) est composée de 365 jours, 5 heures et 49 minutes. — L'année (*lunaire*) n'est composée que de 350 jours. — Les nèfles sont d'une saveur acerbe et (*austère*) avant leur maturité; mais elles prennent ensuite une saveur douce. — La loi (*agraire*) serait un larcin. — La routine rend la science (*stationnaire*). — Les Kalmouks sont cités pour la finesse (*extraordinaire*) de l'odorat, de la vue et de l'ouïe. — Les Indiens entendent le bruit que fait en marchant une armée ennemie à plusieurs lieues de (*distance*). — L'arc-en-ciel est un signe de la (*clémence*) de Dieu. — La (*présence*) de l'homme fait le charme de la nature. —

La (*confiance*) est un moyen de plaire. — La (*bienfaisance*) est un besoin de l'âme. — L'(*indulgence*) encourage à la (*désobéissance*). — La (*reconnaissance*) est la mémoire du cœur. — Il faut se faire une loi de la (*bienséance*). — Les talents donnent l'(*indépendance*). — La (*prudence*) vaut souvent mieux que la valeur. — La (*patience*) est le courage de tous les jours. — Les bonnes actions portent leur (*récompense*). — Le bonheur n'est pas dans l'(*opulence*). — L'(*aisance*) étouffe l'industrie. — L'(*indigence*) avilit l'âme. — L'(*adolescence*) méprise les jouets du passé. — L'époque de l'agriculture est celle de la (*naissance*) des sociétés. — Le palmier est par (*excellence*) le végétal du soleil. — Lorsque les blés sont en fleur, c'est alors qu'ils sont revêtus de toute leur (*magnificence*). — La (*cane*) pond quelquefois de suite jusqu'à soixante œufs. — Les têtes de la (*bardane*) s'attachent aux vêtements et aux jambes des passants. — Ce fut vers le temps de la prise de Rome par les Gaulois qu'on apporta le (*platane*) en Italie. — Les Chinois mâchent les capsules de la (*badiane*), comme un puissant stomachique, et en aromatisent souvent leur thé. — La jolie couleur des fruits de la (*tomate*) produit un effet agréable dans les jardins. — La couleur (*écarlate*) fait fuir certains animaux. — Les (*aromates*) sont surtout usités par les habitants des pays méridionaux. — On reconnaît l'(*agate*) orientale à la netteté, à la transparence, à la beauté du poli. — Les meilleures (*dattes*) nous viennent de Tunis. — Les (*pirates*) vont sur mer attaquer les vaisseaux marchands pour les piller et les voler. — Une (*frégate*) est un vaisseau de guerre qui n'a ordinairement que deux ponts. — La (*fabrication*) de la tôle est aujourd'hui en grande activité. — Les plantes, les arbres, la (*végétation*) purifient l'atmosphère. — Le lait d'ânesse n'est en (*réputation*) en France que depuis François 1er.

XXXVIIe LEÇON.

SUR LES RÈGLES Nos 56, 57, 58, 59, 60, 61 ET 62.

(*Voir la Grammaire*).

EXPLICATION.

C représenté par *q*, n. 56.
K   *ch*, n. 57.
C   *k*, id.
N changé en *m*, n. 58.
F représenté par *ph*, n. 59.
T   *th*, n. 60.
Mots avec un *h* muet, n. 61.
Id.   *h* aspiré, id.
Mots où se trouve la lettre *y*, n. 62.

Le dimanche de la (*quadragésime*) est le premier dimanche de carême. — La (*quadrature*) du cercle est regardée comme un problème insoluble. — Plusieurs grandes villes, telles que Rome et Londres, n'ont pas de (*quais*). — Les (*quolibets*) ne sont que de misérables pointes qui ne tombent sur rien. — Dans quelques marnes on trouve beaucoup de (*coquilles*). — Le (*quadrupède*) en tondant les prés les empêche de germer. — Les (*Kalmouks*), comme les Arabes, les (*Kirghiz*), les (*Yakoutes*) n'ont point de demeure fixe ni d'ameublement. — Des peuplades ont reçu dans l'antiquité le nom d'(*ichthyophages*) parce qu'elles ne se nourrissaient que de poissons. — Les (*Kamtchadales*) entassent leurs poissons, les laissent pourrir et les mangent ensuite avec avidité. — La cassure du quartz est (*conchoïdale*). — Le (*coke*) est du charbon de terre desséché. — Bois du grain (*moka*) l'odorante ambroisie. — Les fleurs de la (*chondrille*) sont formées de la réunion d'un grand nombre de fleurettes dans un calice commun. — Les feuilles du (*kleinhovia*) ont l'odeur de la violette. — C'est du luxe que l'architecture a reçu ses (*embellissements*). — Le (*temps*) passe et coule avec rapidité. — Une année se (*compose*) de douze mois. — Pour (*tromper*) le chemin on converse en voyage. — L'Autriche est un (*empire*). — Le forgeron (*dompte*) les métaux enflammés. — Un (*simple trafic*) ou échange a dû être le commencement du commerce. — Dans l'Inde, il y a plusieurs tribus qui font toutes un commerce (*ambulant*). — Un vase (*impur*) aigrit la plus pure liqueur. — Le bouilli est une nourriture qui apaise (*promptement*) la faim. — Tous les (*champignons*) ne sont pas comestibles. — La timide infortune aime à gémir dans l'(*ombre*). — L'adversité (*retrempe*) les âmes. — Les revers n'éteignent pas l'(*ambition*). — Les (*bambous*) du Gange s'élèvent à plus de cent pieds de hauteur. — Les volcans (*embrasent*) les montagnes. — L'air est le (*champ*) des (*tempêtes*). — La (*trombe*) s'élève majestueusement du sein des eaux. — Les bois (*imprégnés*) d'alun sont presque (*incombustibles*). — On fait avec la peau des bergamottes des (*bonbonnières*) qui exhalent une odeur suave. — La fraise vermeille (*embaume*) les gazons. — La tête s'(*emboîte*) dans les vertèbres du cou. — L'(*atmosphère*), en réfléchissant les rayons du soleil, illumine tout le globe. — Le globe terrestre est (*sphérique*). — Le plus beau (*porphyre*) est rouge. — Le (*naphte*) est très-transparent et d'une grande fluidité. — L'odeur de l'(*asphalte*) n'est sensible que par le frottement. — L'(*ophrys*) bourdon et l'(*ophrys*) mouche ressemblent si parfaitement à l'insecte dont ils portent le nom, qu'on y est toujours trompé lorsqu'on ne les connaît pas. — Le (*théâtre*) du monde abonde en phénomènes. — L'(*améthiste*) est le signe caractéristique de la dignité des évêques de l'Église chrétienne. — Les soudes d'(*Alicanthe*), de (*Carthagène*) et de Malaga sont les plus estimées. — Le Nil du vert (*acanthe*) admire le feuillage. — Prise en infusion comme le (*thé*), la mélasse est très-agréable et bonne pour les nerfs. — Les géraniums du Cap qui font l'ornement des jardins ont dix étamines, dont cinq seulement portent des (*anthères*). — L'(*arithmétique*) décimale et les caractères numéraux dont nous nous servons ont été, dit-on, inventés par les Arabes. — L'(*hydrogène*) s'enflamme dans les airs. — Les (*houx*) servent à faire des (*haies*). — La (*houille*) sert au chauffage. — L'(*agaric*) arrête les (*hémorrahagies*). — Les (*habitants*) des Moluques font usage du bétel. — Les (*harengs*) sont phosphoriques. — L'(*hippopotame*) est le patriarche des fleuves. — Les (*hérons*) se nourrissent de reptiles. — La (*huppe*) ne garnit jamais son nid de mousse. — L'(*hirondelle*) nous annonce le retour des beaux jours. — Le coq matinal éveille les (*hameaux*). — Les (*herbes*) poussent plus vite que les arbres. — Pendant l'(*hiver*) les plantes sont engourdies. — On ne peut courir vite et longtemps lorsque l'(*haleine*) est courte. — En France, les (*habitants*) des montagnes sont plus petits que ceux des plaines. — La race caucasienne est le type de la race (*humaine*). — La plupart des peuples d'Afrique ont le poisson en (*horreur*). — Les mêmes actes plusieurs fois répétés forment l'(*habitude*). — Les eaux tombent des (*hautes*) montagnes où leur réservoir est placé. — Les (*haricots*) entrent comme aliments en (*harmonie*) avec les blés chez tous les peuples. — L'(*hospitalité*) est en (*honneur*) chez tous les peuples de l'Orient. — Les Européens sont devenus les plus (*hardis*) des navigateurs. — Le mensonge est un vice dont on ne saurait avoir trop d'(*horreur*). — La belette et l'(*hermine*) ne veulent pas manger quand on les regarde. — De (*bruyantes*) cataractes se précipitent du sommet des montagnes. — Les armes des (*Egyptiens*) étaient de bronze. — Les cercueils des momies d'(*Egypte*) sont de (*cyprès*) ou de cèdre. — L'(*osyris*) croît dans les provinces méridionales de la France. — Les fleurs du (*nymphæa*) se ferment et se plongent dans l'eau au coucher du soleil. — Les anciens (*Scythes*) et les (*Huns*) mettaient de la chair crue sous les selles de leurs chevaux et la mangeaient ensuite.

XXXVIIIe LEÇON.

SUR LES RÈGLES N°s 51, 52, 53, 54 ET 55.

(Voir la Grammaire).

EXPLICATION.

Emploi du *t* au milieu des mots, n. 51.
Ban et *ben*, n. 52.
Ga, *gan*, n. 53.
Iss, *ice*, n. 54.
I, *é* représentés par *ai*, *ei*, n. 55.

Il vaut mieux exceller dans le médiocre, que de s'égarer en voulant (*atteindre*) au sublime. — Il serait à désirer que les bons amis s'(*attendissent*) pour mourir ensemble le même jour. — Ce ne sont pas les prières vocales qui font le mérite de l'(*oraison*). — Il ne peut y avoir de (*liaisons*) solides qu'entre les gens raisonnables. — Le temps de l'adversité est la (*saison*) de la vertu. — La jeunesse est la (*saison*) de l'imagination. — Épargner des (*traîtres*), c'est s'exposer à la trahison. — Un cœur (*traître*) est nécessairement cruel. — Il faut avoir l'âme bien vigoureuse ou bien (*affaiblie*) pour se maintenir dans la solitude. — Dans les grandes (*affaires*), on doit moins s'appliquer à (*faire naître*) des occasions qu'à profiter de celles qui se présentent. — On ne peut rien fonder sur des cadavres : ils s'(*affaissent*) et l'édifice croule. — Il n'y a rien qui (*rafraîchisse*) le sang comme une bonne œuvre. — Le flambeau de la vérité brûle souvent la (*main*) qui le porte. — La religion et l'honneur prêtent (main) forte à la justice. — L'ordre social d'une nation repose sur le choix des hommes destinés à le (maintenir). — Je n'ai jamais vu d'homme ayant de la fierté dans l'âme en avoir dans le (maintien). — Il vaut mieux (maigrir) dans l'honneur que d'(engraisser) dans l'infamie. — Je n'ai pas lu que les apôtres aient fait (comparaître) devant leur tribunal. — Qu'est-ce qu'Alexandre, César, Pompée, en (comparaison) de Socrate ? — Il n'est pas dans l'homme d'(aimer) ce qui ne lui (paraît) pas (aimable). — La première qualité pour être (aimé), c'est d'être (aimant). — On n'est pas plus (maître) de toujours (aimer) qu'on ne l'a été de ne pas (aimer). — La république est la mère (nourrice) de l'éloquence, et la servitude son ennemi mortel. — La démocratie est la (nourrice) de l'ambition. — Sans l'amour de la patrie, la science et la philosophie ne (garantissent) pas une nation de l'(asservissement). — (L'obéissance) aux volontés d'un chef absolu (assimile) l'homme à la brute. — Dieu a permis l'(établissement) des hérésies. — Des saignées trop abondantes produisent l'(appauvrissement) du sang. — Les (jouissances) deviennent rares, difficiles et (précaires) chez un peuple qui ne cherche qu'à jouir. — Les études de la jeunesse font les (jouissances) de la vieillesse. — La belle Hélène appelait le temps son dernier (ravisseur). — Le temps apporte de l'(adoucissement) aux plus grandes douleurs. — Des feux d'artifice sont de pauvres (réjouissances) publiques chez un peuple civilisé. — C'est une preuve de peu d'amitié de ne pas nous apercevoir du (refroidissement) de celle de nos amis. — Le salut de tous est dans l'harmonie sociale et dans l'(anéantissement) de l'esprit de parti. — La longue (possession) du pouvoir en produit l'(affermissement). — Les âmes communes pardonnent difficilement les (services) et la renommée des grands hommes. — L'(égalité) est le beau idéal du corps social. — L'(inégalité) de droits augmente le désordre ; celle de fait entretient l'harmonie sociale. — Consultez les vieillards ; ils ont appris à leurs dépens la route de la vie et ils vous empêcheront de vous (égarer). — La science des (égards) est celle de la politesse. — Parmi les courtisans, je découvre beaucoup d'(intrigants) et peu d'amis. — L'(*arrogance*) est le déguisement de la bassesse. — Il n'y a personne de plus (*arrogant*) qu'un parvenu. — Il n'y a rien, à la longue, de plus (*fatigant*) que l'oisiveté. — Des yeux (*fatigués*) par les larmes cherchent naturellement à se fermer. — En tout, la (*prodigalité*) nuit. — La (*prodigalité*) est criminelle, parce qu'elle appauvrit la (*bienfaisance*). — La Providence travaille (*infatigablement*) à prouver qu'elle sait punir. — Il faut (*nettoyer infatigablement*) le miroir de la vérité. — Combien la rage de dire des choses nouvelles a fait dire de choses (*extravagantes*)! — L'(*abandon*) dans la vieillesse est le sort de l'égoïste. — Trop souvent la couronne d'un roi n'est qu'un (*bandeau*) sous ses yeux. — Le suicide, se (*dérobant*) aux coups du sort, ne peut se dérober à ceux de l'éternelle justice. — Le (*turban*) est la coiffure des Orientaux. — Les contrefacteurs sont les (*forbans*) de la librairie. — Il est un courage (*littéraire*) qui exige plus de force d'âme que le courage militaire : il expose à plus de dangers et obtient moins de récompenses. — Les traductions trop (*littérales*) sont comme des pâtés d'imprimerie ou des mosaïques brouillées. — Le goût de la (*littérature*) est un mets de tous les temps. — Je trouve plus de bon sens dans mes cultivateurs, et surtout plus de bonne foi, que dans les (*regrattiers*) de la (*littérature*). — Parmi toutes les choses que nous (*regrettons*), il n'y a réellement de (*regrettable*) que le temps mal employé. — Il est de la destinée des peuples en révolution de (*regretter*) amèrement ce qu'ils avaient violemment rejeté. — Les combats de sectes, des partis, ne sont que des (*luttes*) de dénomination. — Il y a du bon sens à se (*mettre*) quelquefois au-dessus des coutumes. — Un des (*attributs*) de la (*sottise*) est de passer le but en toutes choses. — On ne s'(*acquitte*) pas envers les malheureux par une vaine exclamation de pitié.

XXXIXe LEÇON.

SUR LES RÈGLES N°s 25, 26, 27, 28, 29 ET 30.

(*Voir la Grammaire*).

EXPLICATION.

Mots commençant par *el*, n. 25.
Id.   *em*, n. 26.
Id.   *en*, n. 27.
Id.   *es*, n. 28.
Id.   *et*, n. 29.
Id.   *four*, n. 30.

Au printemps on (*élague*) les arbres.—Les astres ne quittent pas leur séjour pour aller éclairer une autre terre; la terre ne s'(*élance*) pas en haut pour aller prendre leur place. — L'archevêque de Cologne est un archevêque (*électif*). — L'(*électorat*) dans l'empire est la plus grande dignité après celle de l'empereur et du roi des Romains. — Nous savons nous plaindre (*élégamment*). — Tibulle, Ovide et Properce sont les plus connus des poètes (*élégiaques*). — L'(*élégie*) française est ordinairement en vers alexandrins.— Les cartésiens n'admettent que trois (*éléments*).—On se servait autrefois des (*éléphants*) à la guerre, et on s'en sert encore dans les Indes-Orientales au même usage.— On met une (*apostrophe*) dans l'écriture à la place de la voyelle qu'on (*élide*).—Ceux que Dieu a (*élus*), il les a prédestinés.— Il y a beaucoup d'appelés, mais peu d'(*élus*). — La providence de Dieu veille sur ses (*élus*). — Le Seigneur a ses (*élus*) partout. — L'(*élite*) de la noblesse française a été précipitée dans le tombeau. — Le plus grand (*éloge*) d'un prince, c'est d'être bon. — L'amour des peuples est l'(*éloge*) le moins suspect du souverain. — Synésius a fait (l'*éloge*) de la pauvreté, Favarin de la laideur, Erasme de la folie. — L'(*éloignement*) du temps est cause de l'obscurité qu'il y a dans certaines histoires. — Tel prend le parti des armes, et suit une route d'où mille raisons de tempérament, de goût, de conscience, d'intérêt même l'(*éloignent*). — Quiconque s'(*éloigne*) de la règle et de la sagesse, s'(*éloigne*) du seul bonheur où l'homme puisse aspirer sur la terre. — La véritable (*éloquence*) consiste encore plus dans les choses que dans les paroles. — Il y a des gens qui sont naturellement (*éloquents*). — Démosthène et Cicéron sont les plus (*éloquents*) orateurs de l'(*antiquité*). — La nature a (*émaillé*) les prairies d'une variété admirable de fleurs. — Les odeurs sont des (*émanations*) des corps odorants. — Le Saint-Esprit (*émane*) du Père et du Fils. — On polit l'(*émeraude*), on taille le rubis. — Une foule de cultivateurs (*émigrent*) d'Europe en Amérique. — L'effet est contenu (*éminemment*) dans la cause. — Les (*émirs*) descendent de Mahomet par les femmes. — On a cinq jours pour réclamer, à compter du jour de l'(*émission*) des vœux. — L'acier de Damas coupe le fer sans s'(*émousser*). — Le vin blanc (*émeut*). — Il y a dans les prophéties des expressions d'une grande (*énergie*). — Le trop grand usage du vin est capable d'(*énerver*) un homme. — C'est l'orgueil des rois tout seul qui autorise et (*enhardit*) les adulations et les mauvais conseils. — La nature est une grande (*énigme*) proposée à l'intelligence du sage. — La bière (*enivre*) aussi bien que le vin. — Les premières fureurs du vin (*enivrent*) la raison et ne lui laissent pas le loisir de sentir sa misère. — Ne vous (*enivrez*) pas des éloges flatteurs. — Les sciences, les beaux-arts (*ennoblissent*) une langue. — L'(*ennui*) est plus difficile à supporter que la douleur. — Les conversations nous (*ennuient*) par les oppositions d'humeur et la contrariété des sentiments. — Quand on n'a rien à faire, on passe la journée (*ennuyeusement*). — Les sciences nous enflent, les œuvres saintes nous (*enorgueillissent*). — L'(*é-*

numération) des parties est un des lieux communs de la rhétorique. — Les géants voulurent (escalader) le ciel. — Vivre sous un despote, c'est être un (esclave). — Les emplois éclatants ne sont qu'un (esclavage) illustre. — Parmi les Romains, le maître avait puissance de vie et de mort sur ses (esclaves). — L'(espèce) la plus parfaite des animaux, c'est l'homme. — Le doute si nous parviendrons à la vieillesse, qui devrait, ce semble, borner en-deçà nos (espérances), fait que nous les étendons même au-delà de cet âge. — Les plaisirs ont arrêté bien des (espérances) de fortune. — On perd (espoir) alors que l'on (espère) toujours. — Les plus difficiles victoires ne sont que les coups d'(essai) de ceux que Dieu même instruit pour la guerre. — Il est sorti du Nord plusieurs (essaims) de barbares. — La partie la plus (essentielle) à la royauté, c'est la justice. — La vérité et la fidélité sont des vertus (essentielles) des princes. — L'homme est (essentiellement) raisonnable. — On fait des (essieux) de bois et de fer. — Sortez de vous-même et prenez un si noble (essor) que vous ne trouviez de repos que dans l'(essence) éternelle du Père, du Fils et du Saint-Esprit. — Ne montez pas trop vite de peur de vous (essouffler). — Si vous ne retenez votre cheval, vous l'(essoufflerez). — Le plus grand capitaine peut (essuyer) des revers. — Il y a une pureté de mœurs plus (estimable) que celle du sang. — On (estime) les coursiers de Naples par dessus tous les autres chevaux. — Les draps d'Espagne sont plus (estimés) que ceux de France. — Le chaos se débrouilla, la nature (étala) toutes ses beautés. — Le tabac (étanche) le sang. — L'âge (éteint) le feu des passions. — La jouissance (éteint) les désirs. — La vieillesse (éteint) le feu de l'imagination. — Les vains préceptes de la philosophie nous prêchaient une insensibilité ridicule, comme s'ils avaient pu (éteindre) les sentiments naturels sans (éteindre) la nature elle-même. — La vie de l'homme ne s'(étend) guère au delà de cent ans. — Les peines des damnés dureront (éternellement).

XLᵉ LEÇON.

SUR LES RÈGLES Nᵒˢ 2, 17, 18, 41, 42, 91, 92 ET 93

(*Voir la Grammaire*).

EXPLICATION.

Mots commençant par *ac*, n. 2.
    Id.   *com* et *con*, n. 17 et 18.
    Id.   *ref*, n. 41.
    Id.   *suf* et *sup*, n. 42.
Mots terminés par *illard*, *illiard*, n. 91.
    Id.   *eiller*, *aillier*, *iller*, n. 92.
    Id.   *illeux*, *illieux*, n. 93.

L'huître s'(*accroche*) aux rochers ou aux racines des arbres sur le bord de la mer. — L'usage des (*accents*) remonte à la haute antiquité. — La végétation des plantes s'(*accroît*) par leurs reflets. — L'immortalité est (*accordée*) au génie. — En Angleterre, les viandes (*accommodées*) d'une manière (*suculente*), composent le fond des repas. — Il ne faut pas se laisser (*accabler*) par le chagrin. — Tout corps pesant poussé de haut en bas, ou qui tombe librement (*accélère*) son mouvement. — La justice ne fait (*acception*) de personne. — Qui a beaucoup de connaissances peut avoir (*accès*) en beaucoup d'endroits. — Le Nil du vert (*acanthe*) admire le feuillage. — Le miel qui provient des fleurs de l'(*aconit*) est vénéneux. — Cela ne vaut rien, dit tout homme qui (*achète*); mais, rentré chez lui, il se vante de son marché. — Il y a des esprits peu justes qui prennent l'(*accessoire*) pour le principal. — La blancheur est (*accidentelle*) à la cire. — Il est des (*accidents*) qu'il est impossible de prévenir. — La plupart des grandes découvertes ont été faites (*accidentellement*). — Certains magistrats d'Athènes étaient élus par (*acclamation*). — Il faut du temps pour (*acclimater*) une plante étrangère. — Il y a des plantes, telles que la vigne, le houblon, le liseron, qui s'(*accollent*) d'elles-mêmes. — Un mauvais (*accommodement*) vaut mieux que le meilleur procès. — Le sage sait s'(*accommoder*) à tout. — Tous nos plaisirs doivent toujours être (*accompagnés*) d'une certaine décence. — Ce sont les Grecs et les Romains qui nous ont enseigné l'art de bâtir des palais, des temples, des maisons (*commodes*). — On ne (*commença*) à faire du verre à Rome que sous Tibère. — La crainte du Seigneur est le (*commencement*) de la sagesse. — Tous les champignons ne sont pas (*comestibles*). — Les Bedjouanas vivent (*communément*) de lait caillé. — Le besoin invite les hommes au (*commerce*) pour se donner mutuellement ce qui leur manque. — La beauté passe (*comme*) la fleur. — Le lait caillé est le mets (*commun*) des Tartares. — Le système des emprunts est moins avantageux aux nations agricoles qu'aux nations (*commerçantes*). — L'Évangile (*commande*) d'aimer son prochain. — Le (*commencement*) de toutes choses vient de Dieu. — (*Commencez*) par vous faire aimer, afin que chacun cherche à vous complaire. — Les (*commencements*) sont toujours difficiles. — Les forces navales servent à protéger le (*commerce*). — Un (*verre*) de montre est (*concave*) en dedans et (*convexe*) en dehors. — La surface extérieure d'une bouteille est (*convexe*) et la surface intérieure est (*concave*). — Les anciens ne (*connaissaient*) pas l'harmonie et n'avaient par (*conséquent*) pas de (*concert*). — Le violon avait seul jadis le privilège du (*concerto*). — Dans les relations privées, il faut se faire des (*concessions*) mutuelles, sans quoi la vie commune deviendrait insupportable. — Le (*concerto*) en France est tout ce qui ressemble au clinquant du bel esprit. — Dans le Midi et dans le Nord, il se fait une immense (*consommation*) de tous les (*concombres*) indistinctement, pour être employés crus en salade. — Des complices sont toujours de (*conni-*

vence). — Mille (*connaissances*) ne valent pas un ami. — Plus on (*connaît*) l'art, plus on en sent les épines. — Les (*reflets*) de la terre augmentent la chaleur du soleil. — On met des chevaux au vert pour les (*refaire*). — Combien d'hommes passent leur vie à faire, défaire et (*refaire*) ! — On doit toujours s'en (*référer*) à l'avis d'un homme sage. — Les miroirs (*réfléchissent*) la lumière. — Les orangers, après avoir porté des fleurs au printemps, (*refleurissent*) ordinairement en automne. — Quand la mer monte, elle fait (*refluer*) les rivières. — Le mouvement du (*flux*) et du (*reflux*) est un balancement égal des eaux. — L'univers est présidé par l'Être-(*Suprême*). — La force décidait jadis de la (*supériorité*) parmi les hommes. — Les nègres (*supportent*) des fatigues auxquelles succomberaient les Européens. — L'ignorance est un état d'enfance perpétuelle; elle (*suppose*) l'oisiveté qui engendre tous les vices. — En Arabie et en Perse, les habitants n'ont souvent l'usage d'autre boisson que de l'eau : un peu de riz ou de dattes (*suffit*), au besoin, pour les nourrir. — La (*suffisance*) est insupportable dans la société dont elle blesse les égards par son ton décidé. — Les altérations de la nature ne sont que (*superficielles*). — L'homme trouve son (*supplice*) dans ses espérances. — (*Supportons*) mutuellement nos défauts. — Le (*babillard*) s'ennuie s'il n'a rien à dire. — Le (*brouillard*) blanchit les monts de son voile léger. — Le (*corbillard*) du pauvre n'est souvent suivi que de son chien. — Il a été exposé au Louvre un (*billard*) qui jouait un air quand la bille tombait dans la blouse. — L'art de (*tailler*) les cristaux nous vient de Bohême. — Il importe de (*surveiller*) la cane lorsque l'on voit approcher le moment où elle doit commencer sa ponte. — C'est un jour perdu qu'un jour passé sans (*travailler*). — Il ne faut pas (*réveiller*) le chat qui dort. — La plante des pieds est un endroit (*chatouilleux*). — Dieu se plaît à abaisser l'(*orgueilleux*). — La lune fait briller son disque radieux au travers des chênes (*sourcilleux*). — Le bonheur n'est pas dans un poste (*périlleux*). — Rien de plus ridicule et de plus insupportable qu'un homme (*vétilleux*). — Il ne faut pas que la discussion nous rende (*pointilleux*). — Tout paraît (*merveilleux*) au jeune homme qui entre dans le monde; tout paraît insipide au (*vieillard*) qui en sort. — Il faut des vers pour les choses (*merveilleuses*) ; la prose n'y (*suffit*) pas.

XLIᵉ LEÇON.

SUR LES RÈGLES Nᵒˢ 96, 97, 98, 100, 101, 23, 24, 25 ET 48.

(Voir la Grammaire).

EXPLICATION.

Mots terminés en *ir, ire*, n. 96.
    Id.   *iscer, icer, isser*, n. 97.
    Id.   *ite, itte, iter, itter*, n. 98.
    Id.   *oin, ouin*, n. 100.
    Id.   *oir, oire*, n. 101.
Mots commençant par *ec, ef, el*, n. 23, 24 et 25.
N au milieu des mots, n. 48.

La glace ose (*saisir*) le vin du sacrifice. — Le charbon sec s'emploie pour (*assainir*) les appartements humides. — Sur les rives du Gange on voit (*fleurir*) l'ébène. — Le long âge est un mal dont on ne peut (*guérir*). — Le sauvage ne songe pas à se (*vêtir*), à moins que la rigueur du climat ne l'y contraigne. — Après avoir cueilli les nèfles, on les laisse (*mûrir*) sur la paille, jusqu'à ce qu'elles deviennent molles. — Les abeilles vont (*recueillir*) avec soin le suc des fleurs odoriférantes pour en composer leur miel. — La culture a pour effet général d'(*adoucir*) les climats extrêmes. — Le bananier seul donne à l'homme de quoi le (*nourrir*), le loger, le meubler, l'habiller et l'(*ensevelir*). — Plus on s'éloigne, plus on voit les objets s'(*appetisser*). — Au milieu de la foule nous ne sentons pas la main du voleur se (*glisser*) dans notre poche pour nous dérober notre mouchoir ou notre bourse. — Au printemps on voit la terre se (*tapisser*) de fleurs. — Les herbes poussent plus (*vite*) que les arbres. — Le blé est (*cosmopolite*) comme l'homme. — Les hirondelles voyagent (*plus tôt*) pour chercher leur nourriture que pour (*éviter*) le froid. — Le (*crocodille*) avale, dit-on, des pierres pour (*faciliter*) sa digestion. — Le vrai (*mérite*) est modeste. — La lune semble partager avec le soleil le (*soin*) de nous éclairer. — Ce globe immense n'est qu'un (*point*) perdu au milieu des soleils. — L'acier coupe le bois que déchirait le (*coin*). — Un épervier voit d'en haut, et de vingt fois plus loin, une alouette sur une motte de terre, qu'un homme ou un chien ne peuvent l'(*apercevoir*). — Chacun a sa manière de (*voir*). — C'est Dieu qui nous donne le (*vouloir*) et le faire. — Il ne faut (*recevoir*) que de ceux qu'on estime. — L'épine voit (*éclore*) et s'(*éclipser*) la rose. — La foudre étincelante (*éclate*) dans les nues. — L'(*écureuil*) est le plus agréable des quadrupèdes. — Sur les ailes du feu l'(*éclair*) brille et serpente. — Le pinson remplit l'air de sa voix (*éclatante*). — La colombe attendrit les (*échos*) des forêts. — L'(*écrevisse*) ne convient pas à tous les estomacs. — Le travail (*écarte*) l'ennui, le (*vice*) et la misère. — Méfiez-vous de l'(*écho*)! — La bonne (*économie*) tient le milieu entre l'(*avarice*) et la (*prodigalité*). — On gagne toujours à (*écouter*) un sage. — Celui qui ne sait ni lire ni (*écrire*) est aisément dupé par ceux qui le savent. — Les chevaux mal dressés renversent les (*écuyers*) brutaux ou trop confiants. — Les raisins sont tardifs ou se pressent d'(*éclore*). — La tige des arbres se revêt d'une dure (*écorce*) qui met le bois tendre à l'abri des injures de l'air. — Les abréviations sont presque aussi anciennes que l'(*écriture*). — Les cardinaux occupent en France le premier rang (*ecclésiastique*). — L'(*écriture*) est la gardienne de l'histoire. — La tortue caret est celle dont on tire la plus belle (*écaille*) employée dans les arts. — L'(*écarlate*) des Gobelins a joui pendant longtemps d'une grande réputation. — Les (*équarisseurs*) sont chargés de débarrasser la voie publique des animaux morts ou abandonnés. — L'(*écarté*) ne fut d'abord en usage que chez les laquais. — L'(*écartèlement*) était l'une des peines les plus horribles que l'imagination la plus déréglée ait pu inventer. — On voit des (*ecchymoses*) se former autour des piqûres de sangsues et des ouvertures de veines qu'on pratique avec la lancette. — Salomon passa pour être l'auteur de l'(*Ecclésiaste*). — Les larmes qu'on s'(*efforce*) de cacher sont les plus touchantes. — L'aréométrie est la science qui détermine la pesanteur et les (*effets*) de l'air. — L'(*effaçure*) n'empêche pas qu'on ne lise encore quelque chose de ce qui était écrit. — Chez nous les couleurs de la honte s'(*effacent*) bientôt. — Dans certaines contrées on (*effane*) la vigne, lorsque le raisin est presque mûr. — (*Un*) air (*effaré*) bien souvent nous fait rire. — Toutes les passions sensibles logent dans des corps (*efféminés*). — Le fer se dissout dans l'eau-forte avec (*effervescence*). — Qu'est-ce qu'un phénomène dans la nature, sinon un (*effet*) plus rare que les autres ? — Le soleil est la cause (*efficiente*) de la chaleur. — Autrefois on pendait en (*effigie*). — Les perruquiers disent (*effiler*) les cheveux, pour dire les dégarnir en les coupant en pointe. — On (*efflanque*) un cheval à force de le faire travailler. — Dès le matin, (*élevez*) votre cœur à Dieu. — La flamme en jets brillants s'(*élance*) dans les airs. — La véritable (*éloquence*) est celle du bon sens. — Le travail calme les passions, il occupe l'esprit, il (*éloigne*) l'ennui. — L'(*électricité*) est le soleil des pôles. — La trombe s'(*élève*) majestueusement du sein des eaux. — Le latanier a une forme (*élégante*) et pittoresque. — Les Romains (*élevaient*) beaucoup de bestiaux. — Les (*colonnades*) supposent un haut degré de perfection dans les arts et dans le goût. — Dans tout l'Orient, un médecin est un (*personnage*) respecté. — On raconte de quelques peuples sauvages que, pour se guérir des maux de tête, ils se font (*donner*) de violents coups de bâton sur la partie malade. — La permission de porter à la (*boutonnière*) un petit ruban, signe d'un ordre de chevalerie, fait bien des heureux et ne coûte rien aux princes. — Dans le nord de l'Europe, les vieillards étaient (*anciennement*) les gardiens des lois et coutumes (*judiciaires*). — Pour se bien porter, il faut (*boire*) et manger sobrement. — Il y a des choses qu'il faut (*voir*) pour les (*croire*), et d'autres qu'il faut (*croire*) pour les (*voir*). — On se trompe soi-même, lorsqu'on s'en fait (*accroire*). — On meurt sans s'en (*apercevoir*). — Le mauvais, en aucun

23

genre, ne doit se (*recevoir*). — Ne rien (*pouvoir*), c'est vivre mort. — Il faut se (*pourvoir*) longtemps contre la vieillesse et la mort.

XLIIᵉ LEÇON.

SUR LES RÈGLES Nᵒˢ 77, 78, 31, 32, 33, 34, 102 ET 103.

(*Voir la Grammaire*).

EXPLICATION.

Mots terminés par *tier, cier, ciable, tiable*, n. 77.
Id.   *eau, au*, n. 78.
Mots commençant par *hip* ou *hyp*, n. 31.
Id.   *il*, n. 32.
Id.   *im* et *in*, n. 33 et 34.
Mots terminés par *oir* et *oire*, n. 102 et 103.

Les hommes qui composent la race (*hyperboréenne*) sont remarquables par l'exiguité de leur taille. — L'(*hippopotame*) est le patriarche des fleuves. — L'(*hippocentaure*) est un animal fabuleux qu'on suppose être moitié homme et moitié cheval. — L'(*hippocras*) est une espèce de liqueur faite avec du vin, du sucre et de la (*cannelle*). — Il suffit d'avoir bu de l'eau de l'(*Hippocrène*) pour faire d'excellents vers. — L'(*Hippodrome*) était un lieu destiné, chez les Grecs, aux courses de chevaux. — L'(*hippogriffe*) est un animal fabuleux qu'on suppose être un cheval ailé. — L'(*hypocrite*) joue la dévotion afin de cacher ses vices. — L'(*atmosphère*), en réfléchissant les rayons du soleil, (*illumine*) tout le globe. — La foi est un don et une (*illumination*) de l'Esprit-Saint. — Les (*verres*) de l'optique nous font (*illusion*) de cent manières différentes, en altérant la grandeur, la forme, la couleur et la distance.— Chacun a ses (*illusions*). — On peut naître d'une maison (*illustre*) et n'être qu'un homme ordinaire. — L'(*immunité*) est la dispense d'une charge onéreuse. — L'âme de l'homme est (*immortelle*). — Les belles actions sont (*immortalisées*). — Le pourceau est pour les Juifs un animal (*immonde*). — Jésus-Christ est l'hostie qui a été (*immolée*) pour le salut des hommes. — Dans les premiers temps du Christianisme, on baptisait par (*immersion*). — Les perroquets (*imitent*) de préférence la voix des enfants. — Belle tête souvent n'est qu'une belle (*image*). — L'(*imagination*) d'autrui nous trompe aussi souvent que la nôtre. — De temps (*immémorial*), on gravait, on moulait, on sculptait le bois et la pierre. — L'aigle (*impérieux*) plane au haut du ciel. — L'amarante est le symbole de l'(*immortalité*). — Une grange est un bâtiment nécessaire dans tous les pays où l'on ne bat pas le blé (*immédiatement*) après la moisson. — L'(*inaction*), la contrainte où l'on retient les membres d'un enfant ne peuvent que gêner la circulation du sang. — L'(*inadvertance*) est un des défauts de l'enfance. — Il n'y a rien dans la nature qui soit (*inaltérable*). — L'(*inaptitude*) exclut tout talent. — Tout ce qui est nouveau et (*inattendu*) saisit toujours. — L'univers (*décèle*) une (*intelligence*) pleine de sagesse. — A celui qui te donne sur-le-champ une goutte d'eau, tu lui donneras une fontaine (*intarissable*). — L'(*inondation*) est nuisible aux champs. — Le buffle est (*indomptable*); il habite les bois. — La scolopendre est après le scorpion l'(*insecte*) le plus formidable en apparence. — De la grenade l'anémone imite l'(*incarnat*). — L'(*institutrice*) doit se considérer comme la mère des enfants. — La prière de l'(*innocence*) est agréable à Dieu. — L'(*instinct*) est une de nos facultés les plus admirables. — La perte du temps est la chose la plus (*insupportable*) pour celui qui aime à employer son temps. — Les sauvages (*indigènes*) de Formose (*prennent*) le gibier vivant à la course. — La force (*matérielle*) est rarement compagne d'une haute capacité (*intellectuelle*).— Les hommes (*investis*) de la puissance en abusent toujours. — L'(*insecte*) dépose un ver rongeur dans le sein de la fleur. — Toute la nature montre l'art (*infini*) de son auteur. — C'est du sein (*inépuisable*) de la terre que sort tout ce qu'il y a de plus précieux. — Il n'y a presque point de terre entièrement (*ingrate*). — La parole est l'(*interprète*) de l'âme. — Le droit de (*gracier*) un coupable n'appartient qu'au roi. — On doit chercher ses intérêts sans (*préjudicier*) à ceux des autres. — Il faut (*apprécier*) les choses à leur juste valeur. — Un (*officier*), pour être plus ancien, n'est pas toujours meilleur. — Sur le front des mortels, Dieu mit son (*sceau*) divin. — La nature offre un spectacle toujours (*nouveau*). — Le sable est impénétrable à l'(*eau*). — La minéralogie remonte au (*berceau*) des sociétés humaines. — On fait avec la (*peau*) des bergamottes des bonbonnières qui exhalent une odeur suave. — Le (*maquereau*) se sale comme le hareng. — Le (*chameau*) voyageur traverse l'Arabie. — La (*campanule*) se sème sur la fin de mai, dans une terre très-légère, recouverte d'une petite quantité de (*terreau*) fin. — Le tollipot, qui par sa hauteur ressemble à un mât de (*vaisseau*) est célèbre au Ceylan par ses feuilles : une seule suffit pour mettre quinze ou vingt personnes à couvert de la pluie. — Une fois que le premier œuf a été déposé dans un (*pondoir*) quelconque, la (*cane*) ne manque pas d'y venir pondre les autres. — Il n'y a point de (*terroir*) si ingrat qui n'ait quelque propriété. — Les eaux tombent des hautes montagnes où leur (*réservoir*) est placé. — Ce n'est point dans l'(*abreuvoir*) ni dans le vivier qu'on doit rouir le chanvre, le lin. — Un (*arrosoir*) en fer-blanc se corrode par la rouille. — L'(*échenilloir*) sert aussi à couper les petites branches qui sont à une certaine hauteur. — Le (*ratissoir*) sert à couper et à détruire les mauvaises herbes dans les allées. — Naturellement un peu froide, la (*poire*) se digère mieux lorsqu'on boit en la mangeant un verre de vin. — L'(*histoire*) célèbre les grands hommes de guerre. — Rome encore pauvre ne respirait que la (*gloire*). — Les Romains sacrifiaient à la (*Victoire*). — C'est un acte très-(*méritoire*) aux Indes, de prier Dieu dans l'eau courante. — Les enfants attrapent les (*oiseaux*) avec des (*gluaux*). — La (*tisane*) de (*gruau*) est rafraîchissante. — Aucun prétexte ne peut excuser celui qui se trouve, dans sa patrie, sous les (*drapeaux*) des ennemis de sa patrie. — Il faut avoir de bonnes dents pour casser des (*noyaux*) de pêche. — Les enfants s'amusent à faire des (*bulles*) de savon avec des (*tuyaux*) de paille.

XLIIIe LEÇON.

SUR LES RÈGLES N°s 79, 80, 49, 50, 51, 52, 53, 87 ET 88.

(Voir la Grammaire).

EXPLICATION.

Mots terminés par *eindre, indre, aindre*, n. 79.
    Id.   *andre* et *endre*, n. 80.
Emploi de l'*r* médial, n. 49.
    Id. de *c*, n. 50.
    Id. du *t* au milieu des mots, n. 51.
Ban et *ben* au milieu des mots, n. 52.
Ga et *gau*   id.   n. 53.
Mots terminés par *ic, ique, ict*, n. 87.
    Id.   *if, ife, iffe, iphe, yphe*, n. 88.

    Les demeures (*souterraines*) sont d'un usage général en hiver, dans le nord de la Sibérie et en Laponie. — Autrefois, après avoir (*arraché*) à des innocents par des tourments (*horribles*) des aveux forcés, on les punissait sur ces mêmes aveux. — Chez les Arabes nomades, la famille de celui qui a été tué est en droit de tuer le meurtrier, si celui-ci ne s'(*arrange*) avec elle. — En Orient, on couvre la maison de (*terrasses*) qui sont, le soir surtout, le séjour des maîtres du logis. — Nous attirons par notre industrie les substances (*nourricières*) les plus délicates de toutes, les parties du monde. — Dans l'Amérique méridionale, le manioc et le maïs font la base de la (*nourriture*). — L'agaric arrête les (*hémorrhagies*). — On sait combien l'intérêt particulier (*fascine*) les yeux et rétrécit l'esprit. — Dieu donne et ôte le (*sceptre*) aux rois, comme il lui plaît. — Les anciens (*Scythes*), et les Huns mettaient de la chair crue sous les selles de leurs chevaux, et la mangeaient ensuite. — Dans tout l'Orient, un médecin est accueilli partout et on le consulte avant d'avoir même la moindre preuve de sa (*science*) — Le vrai repos dépend d'une (*conscience*) pure. — Chassées de Cappadoce par Thésée, les Amazones s'établirent en (*Scythie*), au delà du Tanaïs. — Dans chaque village de l'Inde, le blanchisseur (*nettoie*) le linge de tous les villageois. — Les anciens Scandinaves abandonnaient les enfants que la stérilité de leur sol ne leur (*permettait*) pas de nourrir. — On fabrique du papier avec la pulpe de la (*betterave*). — La nouvelle lune était jadis annoncée par le bruit des (*trompettes*). — Dans la Chine, excessivement peuplée, on assure que l'usage d'(*abandonner*) les enfants sur la voie publique n'est malheureusement que trop commun. — Le ver, ce destructeur-né de nos garde-robes, est tué par l'odeur seule de la (*térébenthine*). — Les chrétiens n'oseraient porter le (*turban*) blanc dans les États du Grand-Seigneur. — Autrefois on condamnait les (*contrebandiers*) aux galères. — La (*contrebande*) tend à ruiner les fabriques nationales en inondant nos marchés de produits étrangers. — C'est surtout dans le bouleversement des États que les (*intrigants*) s'agitent. — La (*cigale*) cesse de vivre dès qu'elle a passé le temps où elle chante. — La fumée du (*cigare*) est comme l'opium en Orient. — Le temps marche toujours d'un pas (*égal*), uniforme et réglé. — On doit savoir se (*contraindre*) quand l'occasion l'exige. — Un enfant veut déranger tout ce qu'il voit; il casse, il brise tout ce qu'il peut (*atteindre*). — Avant de se jeter dans le péril, il faut le prévoir et le (*craindre*). — Prévenir tous les désirs, n'est pas l'art de les contenter, mais de les (*éteindre*). — Il n'est pas permis à l'homme d'(*enfreindre*) les lois de la nature — Il faut savoir se (*restreindre*) selon les circonstances. — Il faut (*peindre*) les choses dans toute leur vérité. — Bien des gens voudraient (*apprendre*) sans étudier. — On est protégé par les autres; on peut se (*défendre*) et se soutenir par soi-même. — Il est toujours bon d'(entendre) les deux parties. — On ne doit rien (entreprendre) au-dessus de ses forces. — Il faut bien se garder de (condescendre) toujours aux goûts des enfants. — Les méchants ne peuvent (comprendre) la pure vertu. — Plus on est élevé en dignité, plus il faut craindre de (descendre). — L'(arsenic) est un poison dont on ne saurait trop se défier. — Le caoutchouc) a beaucoup d'analogie avec la gomme (élastique). — L'(agaric) arrête les hémorragies. — Les tiges de l'(angélique) confite dans le sucre font des conserves très-recherchées. — Les araignées aiment la musique). — Le caillé-lait a une odeur (aromatique); c'est une plante que son utilité recommande à l'économie rurale et (domestique). — La (mécanique) a multiplié les forces. — La chaleur est (organique). — L'(aérostatique) est la science de la navigation aérienne. — Les cardinaux occupent en France le premier rang (ecclésiastique). — Le mineur (attentif) suit le filon errant. — L'(if) s'épanouit au souffle de Borée. — Le bœuf au pas (tardif) a la force en partage. — Le développement du corps ne doit pas être trop (hâtif). — Le sauvage, sur un frêle (esquif), ose braver la fureur des flots. — Les enfants jettent un regard (furtif) sur tous les objets de leur convoitise. — Un froid (excessif) engourdit la main et suspend la sensation du toucher. — L'arbre à (suif) est une espèce d'arbre de la Chine, dont le fruit a quelques-unes des qualités du (suif) et sert à faire des (chandelles). — Un récif) offre en quelques lieux un bon mouillage, un port où les vaisseaux peuvent stationner en sûreté. — Les Italiens font un grand usage du (récitatif) dans leurs opéras bouffes. — Dans un livre de pensées, il y a toujours la part de la (réminiscence). — La vanité est le (sceau) de la médiocrité. — Un paysan est plus grand dans sa chaumière qu'un (scélérat) sur le trône. — Le sourire du méchant couvre aux yeux de l'homme bon tout ce qu'il renferme de (scélératesse). — Les jeunes gens se précipitent en foule sur la (scène) du monde; mais s'ils n'ont des talents ou des vertus, ils disparaissent dans les coulisses, ou tombent bientôt dans le trou du souffleur. — Le (sceptique) conséquent devrait pousser son système jusqu'à douter de lui, de sa propre raison. — Un (sceptre) de fer est fragile. — La vraie philosophie ne connaît pas de (schismes). — Moïse dut aux Égyptiens ses premières idées (*scientifiques*). — Il y a des étoiles plus (*scintillantes*) les unes que les autres. — Le (*scepticisme*) est un fort élevé par l'orgueil sur les frontières de la (*science*) et de l'ignorance.

XLIVe LEÇON,

SUR LES RÈGLES Nos 35, 36, 37, 38, 80, 83, 84 ET 85.

(Voir la Grammaire).

EXPLICATION.

Mots commençant par *ir*, n. 35.
    Id.   *oc, of, op*, n. 36, 37 et 38.
Mots terminés par *andre, endre*, n. 80.
    Id.   *eu, eue, eux*, n. 83.
    Id.   *eur, eure, eurre*, n. 84.
    Id.   *ge, je*, n. 85.

La danse est pour la plupart des nègres une passion (*irrésistible*). — L'(*iris*) est le cercle coloré qui entoure la (*prunelle*) de l'œil.—Les (*iris*) sont des plantes vivaces et herbacées.— Les (*Iroquois*) ne sont déjà plus étrangers à toute civilisation. — Dans l'(*Océanie*) le riz remplace le blé.— Dans l'(*océan*) des airs l'affreux orage gronde.— Les déserts peuvent être regardés comme des (*océans*) de sable.— Les cardinaux (*occupent*) en France le premier rang ecclésiastique. — Les choses abandonnées sont au premier (*occupant*). — Les (*occupations*) champêtres tiennent lieu d'amusement. — En général, les montagnes (*occupent*) le milieu des continents. — S'il est prudent, il n'est pas toujours honnête de changer de conduite suivant les (*occurrences*). — Il faut se gouverner selon les cas (*occurrents*). — Il faut saisir l'(*occasion*) aux cheveux. — L'(*office*) d'un médecin s'étend également à purifier l'âme et le corps. — Les licteurs étaient des (*officiers*) publics qui marchaient devant les premiers magistrats. — Que peut-on attendre d'un homme qu'on (*offense*) en l'obligeant? — La nature (*offre*) un spectacle toujours nouveau. — Les oies jettent de grands cris lorsqu'on leur présente de la nourriture au lieu qu'on rend le chien muet en lui (*offrant*) cet appât. — Les (*offrandes*) des fruits de la terre sont celles que nous trouvons le plus anciennement établies chez tous les peuples. — Que Dieu nous pardonne nos (*offenses*) comme nous pardonnons à ceux qui nous ont (*offensés*). — Autrefois, l'(*offertoire*) consistait en un psaume avec son antienne. — Les chartreux disaient l'(*office*) des morts tous les jours, hors les fêtes. — Dans les églises cathédrales, il y a des jours solennels et marqués auxquels l'évêque lui-même doit (*officier*) à l'autel et au chœur. — Un chef de bureau qui craint la destitution d'un employé à qui il s'intéresse, le fait prévenir (*officieusement*), et non (*officiellement*), qu'il ait à se mieux conduire. — Les (*officiers*) supérieurs commandent tout ou partie d'un corps de troupes. — La préparation, la conservation et la mixtion des substances (*officinales*) constituent tout l'art du pharmacien. — Les commis-voyageurs de commerce vous obsèdent de leurs (*offres*) de services. — L'abus des boissons alcooliques s'(*oppose*) au développement de la taille. — Trop souvent on croit voir l'(*opinion*) publique dans la sienne. — L'(*opale*) noble, pour son éclat chatoyant, est aussi estimée que l'(*opale*) de feu pour ses couleurs : on en fait des bagues et des boucles d'oreilles. — L'eau la plus limpide devient (*opaque*) lorsque son volume a une très-grande profondeur. — Les (*opérations*) de médecine sont excessivement difficiles et compliquées. — On finit par s'accoutumer à l'action de l'(*opium*). — Toute la nature parle de (*Dieu*). — Ce globe immense n'est qu'un point perdu au (*milieu*) des soleils. — Le (*feu*) remplit toute la nature. — Dans l'océan des airs, l'(*affreux*) orage gronde. — L'autruche en courroux a le maintien (*impérieux*) et fier. — Aux (*gueux*) la besace. — Le miel qui provient des fleurs de l'aconit est (*vénéneux*). — Le blé offre des asiles assurés au lièvre (*peureux*), qui y fait son gîte. — L'ananas est sans contredit le plus (*délicieux*) de tous les fruits. — Naturellement grossier et poltron, le loup devient (*ingénieux*) par besoin et hardi par nécessité. — La (*chaleur*) n'est que le toucher de la lumière. — Dieu est le (*créateur*) de toutes choses. — Dieu a appris au soleil l'(*heure*) de son coucher. — La puissance et la (*grandeur*) de Dieu éclatent dans ses ouvrages. — Les brises s'élèvent de la mer et répandent la vie et la (*fraîcheur*). — Le vent fracasse un chêne ou caresse une (*fleur*). — La (*vapeur*) des brouillards obscurcit les cieux.— L'(*honneur*) est l'instinct de la vertu. — Georges Agricola est regardé comme le (*fondateur*) de la (*métallurgie*), dans les temps modernes. — L'(*odeur*) de l'asphalte n'est sensible que par le frottement. — Le lis à nos regards étale sa (*blancheur*). — Les oignons d'Egypte sont remarquables par leur (*grosseur*).—La conscience est le (*meilleur*) livre de morale.—Dans la vertu seule est notre vrai (*bonheur*). — Le (*malheur*) est le père des mauvaises pensées. — L'insecte dépose un ver (*rongeur*) dans le sein de la (*fleur*). — La (*chaleur*) augmente en raison de la (*profondeur*) des couches de terre. — L'affût est l'endroit où se cache le (*chasseur*) pour attendre le gibier au passage. — Les papillons provenus des chenilles qui donnent la soie choisissent le mûrier pour (*demeure*).— L'éclat continuel de la (*neige*) éblouit la vue. — Les champs de l'air s'épurent par l'(*orage*). — L'art du (*labourage*) a nécessité l'emploi des métaux. — Le Nil du vert acanthe admire le (*feuillage*). — Des oiseaux nous charment toujours par leur touchant (*ramage*). — Belle tête souvent n'est qu'une belle (*image*). — Les lèvres embellissent tout le (*visage*). — La beauté est l'(*apanage*) des peuples policés. — La (*génisse*) se plaît dans un gras (*pâturage*). — Ne (*jugeons*) jamais sur l'apparence. — Les chenilles dévorent les feuilles et les (*bourgeons*). — L'(*escourgeon*) est d'une couleur plus jaune que l'(*orge*) commune. — C'est à l'époque qui précède l'épanouissement de la fleur qu'il faut faucher l'(*ajonc*). — Un beau visage (*répand*) ses charmes sur toute la personne. — Il faut voyager par mer pour (*apprendre*) à prier. — Nous trouvons aisées les choses dans lesquelles les autres réussissent, et que nous ne devons pas (*entreprendre.*)

XLVᵉ LEÇON.

SUR LES RÈGLES Nᵒˢ 104, 105, 106, 107, 108, 109, 110, 112 ET 113.

(Voir la Grammaire).

EXPLICATION.

Mots terminés par *oupe, ouper, ouppe, oupper*, n. 104.
    Id.   *se, ze*, n. 105.
    Id.   *son, zon*, n. 106.
    Id.   *xion, cion, sion, tion*, n. 107.
    Id.   *tiel, ciel, cieux*, n. 108.
    Id.   *é* ou *ée*, n. 109.
    Id.   *ul, ule, ulle*, n. 110.
    Id.   *ur, ure*, n. 112.
Règles sur les Homonymes, n. 113.

Mettre le feu aux (*étoupes*). — L'œil de la vanité est une (*loupe*) qui grossit tous les petits objets. — Avoir le vent en (*poupe*). — Une (*troupe*) d'enfants. — (*Couper*) du bois. — (*Attrouper*) les passants. — (*Découper*) une image. — Une petite (*chaloupe*). — Une bonne (*soupe*). — Les armes des Egyptiens étaient de (*bronze*). — La (*rose*) est la reine des fleurs. — Les rivières serpentent dans les vastes campagnes pour les mieux (*arroser*). — Le nègre trouve ce qu'il lui faut dans sa petite (*case*) qu'une journée de travail suffit pour construire. — Dans la Norwège on mange le poisson sec en (*guise*) de pain. — Dans l'Amérique méridionale le manioc et le maïs sont la (*base*) de la nourriture. — Le lait caillé est le mets commun des Tartares, ainsi que des habitants du (*Caucase*) qui y trempent leur viande. — On retire de la (*merise*) une eau-de-vie que les Allemands ont nommée kirchwaser, c'est-à-dire eau de (*cerise*). — La pêche est un (*poison*) mortel dans la Perse. — La marmotte reste toute une (*saison*) sans prendre d'aliments. — Les nuées volent d'un bout de l'(*horizon*) à l'autre sur les ailes des vents. — En Suisse, le paysan construit sa (*maison*) en planches de sapin. — L'air sert à la (*respiration*). — L'(*inondation*) est nuisible aux champs.— Le feu est une (*émanation*) du soleil. — L'(*exploitation*) des mines était autrefois abandonnée aux esclaves et aux condamnés. — A l'(*apparition*) de la cardamine des prés, les saumons remontent les rivières. — Une (*affliction*) arrive rarement seule. — La (*modération*) des désirs enrichit. — La (*distraction*) est nuisible à l'étude. — A l'(*ambition*) tout semble être possible. — On sale les choux pour en faciliter la (*fermentation*). — Le régime est d'une grande importance pour la (*conservation*) de la santé. — Sarcler, biner et arroser légèrement, sont tous les soins qu'exigent les calycanthes après leur (*plantation*). — On place le canard loin des viviers et des étangs où l'on élève du poisson : sans cette (*précaution*), il les dévasterait en peu de temps. — La belle architecture fut d'abord employée à la (*construction*) des temples. — L'(*instruction*) est l'ornement du riche et la richesse du pauvre. — Le travail élève et fortifie l'âme ; l'esprit s'accroît par la (*méditation*) et par la pensée. — La caméline réussit dans les terres légères, mais elle produit davantage sur un sol (*substantiel*). — Un motif (*essentiel*). — Une fleur (*artificielle*). — Un examen (*superficiel*). — Un homme *officieux*). — Un enfant (*audacieux*). — Un fruit (*délicieux*). — Un (*gracieux*) sourire. — Un enfant (*capricieux*). — Un travail (*consciencieux*). — La (*bonté*) du cœur est la plus précieuse des qualités. — L'(*équité*) finit où le courroux commence.— La (*libéralité*) est une branche de la (*générosité*). — La véritable (*charité*) est sans ostentation. — L'(*humanité*) est la première des vertus.— La bonne foi est le lien et l'âme de la (*société*).— La (*sincérité*) est la mère de la (*vérité*).— La (*naïveté*) sera toujours la fleur de la jeunesse. — L'innocence est le premier charme de la (*beauté*). — La (*simplicité*) est la compagne de la (*beauté*). — L'(*affabilité*) est l'ornement de la grandeur. — L'économie est fille de l'ordre et de l'(*assiduité*). — L'(*oisiveté*) est la mère de tous les vices. — La (*fierté*) dans les manières est le vice des sots. — L'(*adversité*) est l'épreuve de la vertu. — Sans religion, point de (*société*). — L'(*hospitalité*) est en honneur chez tous les peuples de l'Orient. — Tout bâtiment doit réunir la (*solidité*) et la (*commodité*). — Les pèlerins portent la (*haire*). — Il y a dans ce monde de pauvres (*hères*). — Sénèque se fit ouvrir les (*veines*). — Jésus-Christ donna-t-il une (*vaine*) leçon, lorsqu'il prit naissance dans une famille, non de prêtres, de rois, de nobles, mais du peuple? — Saint Etienne est le premier (*martyr*). — Au sortir du baptême on courait au (*martyre*). — L'oisiveté est la (*mère*) du vice. — Les (*maires*) sont électifs. — Pour aller à Londres, il faut passer la (*mer*). — L'(*or*) fait souvent le mérite. — La chambre des Pairs d'Angleterre se compose de (*lords*). — (*Lors*) d'une révolution, tout paraît changer; mais ce sont les mêmes passions, sous d'autres noms et d'autres hommes. — Il n'y a (*guère*) de gens désintéressés. — Dans une (*guerre*) civile, la victoire même est une défaite. — Virgile est appelé le (*cygne*) de Mantoue. — Les menaces sont le (*signe*) de la faiblesse. — Rome fut fondée sept cents ans avant l'(*ère*) chrétienne. — Quand on ne sait où l'on va, on (*erre*) à l'aventure. — Les cordonniers se servent d'(*alêne*). — L'(*haleine*) de l'homme est mortelle à ses semblables. — Les cendres de Napoléon sont déposées à l'(*hôtel*) des Invalides. — Partout où vous verrez un (*autel*), là se trouve la civilisation. — (*Après*) l'hiver vient le printemps. — Ne faites points d'(*apprêts*) pour le plaisir. — La guerre a ses (*appâts*) et la paix ses douceurs. — Les services du méchant et de l'avare sont des (*appâts*) dangereux. — Pendant le carnaval on donne des (*bals*) masqués. — Ne différez en rien et sachez prendre la (*balle*) au bond. — Paris est bâti dans un (*fond*). — Vendre son (*fonds*), c'est acheter d'ordinaire le regret et l'ennui. — L'or (*fond*) dans la main du prodigue. — Les vrais (*héros*) sont plus rares que les grands guerriers. — Les Romains faisaient déclarer la guerre par des (*hérauts*). — Il y a des maisons bâties en (*plein*) champ. — La statue de Henri IV est élevée sur un terre-(*plein*). — Les jeunes gens sont (*pleins*) de présomption. — Dieu regarde les mains pures et non les (*pleines*). — Si nous voyageons, les belles et fertiles (*plaines*) nous ennuient.

XLVIe LEÇON.

SUR LA RÈGLE N° 113.

(Voir la Grammaire).

EXPLICATION.

Mots terminés par *el, elle, èle,* n. 113.

J'ai toujours regardé comme un acte (*criminel*) l'(*appel*) des étrangers. — Le sang (*appelle*) le sang. — La justice humaine est impuissante pour punir les illustres scélérats ; elle en (*appelle*) à l'(*éternelle*) justice. — N'(*appelez*) pas grand celui qui n'est pas maître de lui-même. — Partout où vous verrez un (*autel*), là se trouve la civilisation. — La fortune fait passer les crimes des gens heureux pour des (*bagatelles*) et les (*bagatelles*) des malheureux pour des crimes. — Ne gardez point de haines (*immortelles*). — L'homme est (*mortel*) par ses craintes, (*immortel*) par ses désirs. — Il faut bien distinguer le (*sel*) d'avec le (*fiel*) dans la conversation. — Les (*querelles*) s'évitent plus aisément qu'elles ne s'étouffent. — Fuyez ceux avec lesquels il faut toujours se (*quereller*), si l'on ne veut toujours céder ou se taire. — On emploie avec (*zèle*) le fer et le feu pour la cause du (*ciel*), lorsqu'on y trouve un grand avantage sur la terre. — Il est impossible qu'une belle (*coquette*) allume tant de feux, sans qu'il en tombe quelque (*étincelle*) dans son cœur.—On perd tout le mérite des bienfaits quand ils ne sont pas (*renouvelés*). — L'uniformité abrège la vie; les changements la (*renouvellent*). — La mode et le commerce du luxe s'alimentent du nouveau et du (*renouvelé*). — Les dominateurs des mers (*renouvellent*) leur marine en (*renouvelant*) périodiquement la guerre. — Le vrai régime (*constitutionnel*) d'un peuple doit être l'expression de ses institutions anciennes, modifiées selon ses besoins nouveaux. — Le peuple ne tient qu'au (*matériel*) de la religion. — La matière ne peut avoir que des qualités (*matérielles*). — Les (*arcs*)-en-ciel n'ont lieu que lorsque le soleil est peu élevé sur l'(*horizon*). — Tout artiste est jaloux d'une gloire (*immortelle*). — Une mémoire active et (*fidèle*) double la vie. — Chassez le (*naturel*), il revient au galop. — Ceux qui s'aiment s'exposent à mourir deux fois, de la mort (*naturelle*) et de l'absence. — Le (*miel*) des éloges est enivrant. — La raison ne cherche qu'à goûter le (*miel*) sans endommager la fleur. — Il faut que l'homme qui veut en forcer un autre à se brûler la (*cervelle*) prouve qu'il en a. — Les (*cervelles*) humaines sont des verres de couleur qui ne reçoivent et ne transmettent que tel ou tel rayon de lumière. — Un roman obscène est un (*libelle*) contre la morale.—La voix de la vérité ne prend pas le ton du (*libelle*). — Dans une société bien réglée, les bons doivent servir de (*modèle*) et les méchants d'exemple. — Si l'on avait l'histoire du (*zèle*), depuis Caïn jusqu'à nous, on n'y trouverait que meurtres et massacres. — Les membres d'une société qui refusent d'obéir à l'autorité qu'elle approuve sont des (*rebelles*). — Tout (*parallèle*) offense l'homme, parce qu'il se croit unique dans son espèce.—Il est difficile d'(*amonceler*) les tempêtes sur le (*ciel*) de sa patrie et de n'en être pas frappé. — Le bonheur (*chancelle*) lorsqu'il s'appuie sur la fortune. — Il y a des étoiles qui (*étincellent*) plus que d'autres. — La conscience (*bourrèle*) le méchant. — Le vent (*amoncèle*) les sables. — Une âme corrompue se (*décèle*) par ses actions. — Les feuilles du lierre terrestre sont (*crénelées*). — Les lapins durant la neige (*pèlent*) les jeunes arbres. — Le retour du printemps (*renouvelle*) toutes choses. — Il suffit d'être juste pour être vrai (*fidèle*), et d'être généreux pour être saint. — Les usages sont plus (*fidèlement*) observés chez une nation simple, que les lois les plus sévères chez une nation policée. — Par esprit de contradiction, on chérit souvent un (*infidèle*). — Une femme ne doit pas échanger la vertu, son plus (*bel*) ornement, contre des parures (*artificielles*). — Ne serait-ce pas offenser l'(*Eternel*), que de lui donner les faiblesses, les passions de l'humanité ? — Un cœur profondément affligé n'a nul besoin de s'environner des souvenirs de l'objet regretté pour que sa douleur soit (*éternelle*). — La pensée (*continuelle*) de la mort en ôte l'horreur. — Les morts et les vivants se succèdent et se remplacent (*continuellement*). — Les rédacteurs de la procédure (*criminelle*) ancienne ont plus songé à trouver des coupables que des innocents. — Nous sommes ici comme des (*criminels*) dans leur prison, incertains de leur supplice. — La justice est coupable alors qu'elle est (*cruelle*). — Valérien ne fut (*cruel*) qu'aux chrétiens. — Le tigre est une bête (*cruelle*). — Les Romains étaient (*cruels*) à ceux qui leur résistaient. — Dans toute entreprise légitime, l'(*essentiel*) est de réussir par des moyens honnêtes. — La vérité et la fidélité sont les vertus (*essentielles*) des princes. — On (*préfère*) les égards, monnaie de l'amitié, à un dévouement (*éventuel*) qui l'acquitterait en entier. — La loi est (*universelle*), qui commande de naître, de souffrir et de mourir. — L'homme réellement (*universel*) est celui qui se rend utile à tous les hommes. — Il y a entre les hommes une inégalité (*originelle*), à laquelle rien ne peut remédier. — Chaque homme naît avec le péché (*originel*). — Un ancien peuple demandait du pain et des spectacles ; un peuple moderne demande du pain et des (*nouvelles*). — La vertu semble plus (*belle*) dans un beau corps. — La clémence est le plus (*bel*) usage de l'autorité. — Les (*constitutionnels*) sont des gobe-mouches ; on a rayé tous les pactes en France : les chartes furent des feuilles de papier. — Une femme sans pudeur est un mets sans (*sel*). — Les insouciants se soumettent à tous les régimes comme les chevaux usés à toutes les (*selles*). — La fortune suscite des obstacles au prince qu'elle veut agrandir, et, par cette (*échelle*), le fait monter au plus haut degré de puissance.

XLVIIᵉ LEÇON.

SUR LES RÈGLES Nᵒˢ 59, 60, 61 ET 62.

(*Voir la Grammaire*).

EXPLICATION.

F représenté par *ph*, n. 59.
T id. *th*, n. 60.
Mots avec un *h* muet et avec un *h* aspiré, n. 61.
Mots où se trouve la lettre *y*, n. 62.

L'(*alphabet*) français comprend vingt-cinq lettres. — La grenouille est un animal (*amphibie*). — L'(*éléphant*) est le plus grand, le plus gros et le plus intelligent des quadrupèdes. — Le style (*emphatique*) et précieux nous choque, parce qu'il semble exiger notre admiration. — L'expérience prouve assez qu'il ne faut jamais annoncer (*emphatiquement*) l'avenir que nos espérances nous promettent. — Les (*éphémérides*) contiennent, jour par jour, le récit d'une série de faits. — A la lecture de certains (*pamphlets*), on s'étonne que leur auteur ait pu se compromettre pour eux. — Le (*pamphlétaire*) est presque toujours un lâche méchant. — Un bon (*philosophe*) est nécessairement un bon citoyen. — Les peuples seront heureux quand les vrais (*philosophes*) seront rois, ou quand les rois seront vraiment (*philosophes*). — L'ordre et l'économie trouvent la pierre (*philosophale*). — Les Chinois inventèrent longtemps avant nous l'imprimerie, la poudre à canon, les feux d'artifice, les (*ballons*), les (*fantasmagories*). — La défiance est le (*phare*) du sage ; mais il peut s'y briser. — Une collection de maximes doit être une (*pharmacie*) morale où l'on trouve des remèdes pour tous les maux. — C'est un (*phénomène*) que de rencontrer une femme qui fasse le bonheur de son mari. — La vraie (*philanthropie*) consiste à faire du bien aux hommes sans en espérer aucune récompense. — Un grain de philosophie dispose à l'(*athéisme*); beaucoup de (*philosophie*) ramène à la religion. — Les (*phoques*) sont des animaux (*amphibies*). — On n'est sûr de bien parler une langue qu'autant que l'on emploie des (*phrases*) entières de bons écrivains. — On nie la (*physiognomonie*), et cependant chacun croit qu'il y a une expression significative dans un visage. — Que de maux la France eût évités, si la (*physiognomonie*) avait eu plus de docteurs et de partisans ! telle tête n'aurait jamais dominé. — Ce ne sont pas les (*physionomies*) qui sont trompeuses, mais les manières et surtout les discours. — Le (*physionomiste*) Lavater prédit à l'Europe ses destinées en voyant celui qui les eut à son caprice. — Sous un gouvernement de fait, il n'y a que les forces (*physiques*) qui soient effectives. — Notre globe eut certainement un commencement, puisqu'il est (*physiquement*) impossible qu'il n'ait pas une fin. — Utile dans les sciences, l'(*analyse*) partout ailleurs tue l'imagination. — Ceux qui veulent toujours (*analyser*) ressemblent au chimiste qui, pour connaître les fleurs, en détruit l'éclat et le parfum. — Virgile est appelé le (*cygne*) de Mantoue. — Les (*cyniques*) faisaient redevenir brute l'homme civilisé. — Le (*cynisme*) des mœurs est la perte du corps politique. — Les nouvelles (*dynasties*) ne peuvent se soutenir que par la popularité. — En matière d'(*étymologie*), les mots sont comme les cloches auxquelles on fait dire tout ce qu'on veut. — Le législateur doit être un (*hercule*) pour combattre l'(*hydre*) de l'égoïsme. — Plus on a d'expérience, plus on se détrompe de cette idée que le peuple est une (*hydre*) redoutable qu'il faut enchaîner. — L'amour entre les rois ne fait pas l'(*hyménée*). — L'imagination se nourrit (d'(*hyperboles*). — L'(*hyperbole*) exprime au delà de la vérité pour ramener l'esprit à la mieux connaître. — La vie des courtisans est une (*hypocrisie*) continuelle. — Notre bonheur est en (*hypothèse*) et notre malheur en réalité. — C'est être médiocrement (*habile*) que de faire des dupes. — Il y a bien de la différence entre l'(*habileté*) et la finesse. — La Vérité, que les peintres et les poëtes représentent toute nue, est toujours (*habillée*) de mille façons devant les rois. — L'(*habit*) fait l'(*homme*). — N'y a-t-il donc dans le vaste univers que la terre d'(*habitable*), et ne peut-il s'y trouver un astre plus pur où nous vivrons éternellement (*heureux*) avec ceux que nous avons aimés? — Si Dieu l'eût voulu, tous les (*habitants*) de la terre auraient suivi sa loi. — Le malheur est au lieu qu'on (*habite*), et le bonheur où l'on n'est pas. — L'(*habitude*) de se soumettre à la règle ne saurait se prendre trop tôt. — Je n'aime pas l'orgueil de l'or, mais j'aime encore moins l'orgueil des (*haillons*). — L'innocent accusé voit pendant une lente procédure la (*hache*) suspendue sur sa tête, et la société ne l'indemnise pas. — Les sots font la (*haie*), et les sages passent leur chemin en souriant. — On pardonne à la (*haine*) et jamais au mépris. — Les révolutions avortées amenèrent toujours des gouvernements (*haineux*) et vindicatifs. — Les grands (*haïssent*) la vérité parce qu'elle les rend (*haïssables*). — L'(*haleine*) de l'homme est mortelle à ses semblables. — Dis-moi qui tu (*hantes*), je te dirai qui tu es. — Législateurs, laissez au peuple la liberté du (*hanneton*) retenu par un fil. — La plus belle (*harangue*) est celle que le cœur a dictée. — Le mérite est toujours (*harcelé*) par les envieux. — On est bien (*hardi*) quand on demande pour un ami. — Le (*hareng*) est un poisson très-commun. — Les personnes (*hargneuses*) sont comme des buissons épineux. — Les (*haricots*) d'Espagne sont très-gros. — Utile dans les sciences, l'(*analyse*) partout ailleurs tue l'imagination. — Ceux qui veulent toujours (*analyser*) ressemblent au chimiste qui, pour connaître les fleurs, en détruit l'éclat et le parfum. — Les nouvelles (*dynasties*) ne peuvent se soutenir que par la popularité. — Le législateur doit être un (*hercule*) pour combattre l'(*hydre*) de l'égoïsme.

FIN DU CORRIGÉ DES EXERCICES DE LA GRAMMAIRE.

TABLE DES MATIÈRES

                                                              Pages.

Préface.   5

Partie élémentaire.

Chap. 1er. Exercices sur le substantif.   1
— II. Exercices sur l'article.   8
— III. Exercices sur les adjectifs. 14
— IV. Exercices sur les pronoms. 28
— V. Exercices sur les verbes. 30
— VI. Exercices sur les participes. 46
— VII. Exercices sur les adverbes. 52

Partie syntaxique.

Chap. 1er. Exercices sur le substantif. 57
— II. Exercices sur l'article. 78
— III. Exercices sur les adjectifs qualificatifs. . . 91
— IV. Exercices sur les adjectifs numéraux. . . . 111
— V. Exercices sur les adjectifs possessifs. 121
— VI. Exercices sur les adjectifs démonstratifs. . 130
— VII. Exercices sur les adjectifs indéfinis. 134
— VIII. Exercices sur les pronoms personnels. . . 156
— IX. Exercices sur les pronoms démonstratifs. . 182

540 TABLE DES MATIÈRES.

Pages.

CHAP. X. Exercices sur les pronoms possessifs. . . . 197
— XI. Exercices sur les pronoms relatifs. 200
— XII. Exercices sur les pronoms indéfinis. 216
— XIII. Exercices sur le verbe. 227
— XIV. Exercices sur le participe présent. 304
— XV. Exercices sur le participe passé. 317
— XVI. Exercices sur les adverbes. 362
— XVII. Exercices sur la préposition. 380
— XVIII. Exercices sur la conjonction. 388
— XIX. Exercices sur les interjections. 393

Orthographe d'usage.

Première leçon, sur les n. 1, 2, 44, 45, 63 et 64. . . . 397

EXPLICATION.

Mots commençant par *ab* et par *ac*, n. 1 et 2.
C et *F* au milieu des mots, n. 44 et 45.
Mots terminés par *a* ou par *as*, n. 63 et 64.

Deuxième leçon, sur les n. 3, 4, 46, 47, 65 et 66. . . 400

EXPLICATION.

Mots commençant par *ad* et par *af*, n. 3 et 4.
Emploi du *g* et du *j*, n. 46.
Emploi de l'*m* médial, n. 47.
Mots terminés par *at*, n. 65.

Troisième leçon, sur les n. 5, 6, 48, 49, 67 et 68. . . 403

EXPLICATION.

Mots commençant par *ag* et *al*, n. 5 et 6.
N au milieu des mots, n. 48.
Emploi de l'*r* médial, n. 49.
Mots terminés par *acer*, *asser*, n. 67.
Mots terminés par *af*, *affe*, *aphe*, n. 68.

TABLE DES MATIÈRES. 541
Pages.

Quatrième leçon, sur les n. 7, 8, 50, 51, 69 et 70. . . 406

EXPLICATION.

Mots commençant par *am* et *an*, n. 7 et 8.
Emploi de *sc* et du *t*, n. 50 et 51.
Mots terminés par *ail, eil, euil, eul,* pour le masculin ; et
aille, eille, euille, eule, pour le féminin, n. 69.
Mots terminés par *aire, ère*, n. 70.

Cinquième leçon, sur les n. 9, 10, 52, 53, 71 et 72. . 409

EXPLICATION.

Mots commençant par *ap* et *ar*, n. 9 et 10.
Ban et *ben* au milieu des mots, n. 52.
Ga et *gan*   id.   id.   n. 53.
Mots terminés par *ale, alle*, n. 71.
   Id.   par *an, anc, ang, aon*, n. 72.

Sixième leçon, sur les n. 11, 12, 54, 55, 73 et 74. . . 412

EXPLICATION.

Mots commençant par *as* et *at*, n. 11 et 12.
Isse et *ice* au milieu des mots.
I et *é* représentés par *ai, ei*, n. 55.
Mots terminés par *ance, ence, anse, ense*, n. 73.
   Id.   par *ane, anne*, n. 74.

Septième leçon, sur les n. 13, 14, 56, 57, 75 et 76. . 416

EXPLICATION.

Mots commençant par *bab, bac, bad, baf, bag,* n. 13.
   Id.   *bail, bal,* n. 14.
C représenté par *q*, n. 56.
K   id.   *ch* n. 57.
Mots terminés par *ate, atte*, n. 75.
   Id.   *ation, assion,* n. 76.

Huitième leçon, sur les n. 15, 16, 58, 59, 77 et 78. . 419

EXPLICATION.

Mots commençant par *ban, bar, bas, bat,* n. 15.
   Id.   *bour,* n. 16.
N changé en *m*, n. 58.

TABLE DES MATIÈRES.

Pages.

F représenté par *ph*, n. 59.
Mots terminés par *tier, scier, ciabe, tiable*, n. 77.
   Id.   *cau, au*, n. 78.

Neuvième leçon, sur les n. 17, 18, 60, 61, 79 et 80... 422

EXPLICATION.

Mots commençant par *com* et *con*, n. 17 et 18.
T représenté par *th*, n. 60.
Mots avec un *h* muet et avec un *h* aspiré, n. 61.
Mots terminés par *eindre, indre, aindre*, n. 79.
   Id.   *andre, endre*, n. 10.

Dixième leçon, sur les n. 19, 20, 62, 63, 83 et 84... 425

EXPLICATION.

Mots commençant par *cor*, n. 19.
   Id.   *def, dif*, n. 20.
Mots où se trouve la lettre *y*, n. 62.
Mots terminés par *a*, n. 63.
   Id.   *eu, eue, eux*, n. 83.
   Id.   *eur, eure, eurre*, n. 84.

Onzième leçon, sur les n. 21, 22, 64, 65, 86 et 87... 428

EXPLICATION.

Mots commençant par *des, dis*, n. 21 et 22.
Mots terminés par *as, at*, n. 64 et 65.
   Id.   *jon, geon, jonc, geons*, n. 86.
   Id.   *ic, ique, ict*, n. 87.

Douzième leçon, sur les n. 23, 24, 66, 67, 88 et 89... 431

EXPLICATION.

Mots commençant par *ec, ef*, n. 23 et 24.
Mots terminés par *ac* ou *aque*, n. 66.
   Id.   *acer, asser*, n. 67.
   Id.   *if, ife, iffe, iphe, yphe*, n. 88.
              il, ile, ille, n. 89.

Treizième leçon, sur les n. 25, 26, 68, 69, 90 et 91... 434

EXPLICATION.

Mots commençant par *el*, n. 25.
   Id.   *em*, n. 26.

TABLE DES MATIÈRES. 543
Pages.

Mots terminés par *af, affe, aphe,* n. 68.
   Id.   *ail, eil, euil, eul,* pour le masculin ; et *aille, eille, euille, eule,* pour le féminin, n. 69.
   Id.   *illant, iliant, illard, illiard,* n. 90 et 91.

Quatorzième leçon, sur les n. 27, 28, 70, 71, 92 et 93.   437

EXPLICATION.

Mots commençant par *en, es,* n. 27 et 28.
Mots terminés par *aire, ère,* n. 70.
   Id.   *ale, alle,* n. 71.
   Id.   en *iller, allier, iller,* n. 92.
   Id.   en *illeux, ilieux,* n. 93.

Quinzième leçon, sur les n. 29, 30, 72, 73, 94 et 95.   440

EXPLICATION.

Mots commençant par *et,* n. 29.
   Id.   *four,* n. 30.
Mots terminés par *an, anc, ang, aon,* n. 72.
   Id.   *ance, ense, anse, ense,* n. 73.
   Id.   *ine, ir* et *ire,* n. 94 et 95.

Seizième leçon, sur les n. 31, 32, 74, 75, 96 et 97. .   443

EXPLICATION.

Mots commençant par *hip* ou *hyp,* n. 31.
   Id.   *il,* n. 32.
Mots terminés par *ane, anne,* n. 74.
   Id.   *ate, atte,* n. 75.
   Id.   *ir, ire,* n. 96.
   Id.   *iscer, icer, isser,* n. 97.

Dix-septième leçon, sur les n. 33, 34, 76, 77, 98 et 100.   446

EXPLICATION.

Mots commençant par *im,* et *in,* n. 33 et 34.
Mots terminés par *ation, assion,* n. 76.
   Id.   *tier, scier, ciable, tiable,* n. 77.
   Id.   *ite, itte, iter, itter,* n. 98.
   Id.   *oin, ouin,* n. 100.

TABLE DES MATIÈRES.

Pages.

Dix-huitième leçon, sur les n. 35, 36, 78, 79, 101 et 102. 449

EXPLICATION.

Mots commençant par *ir*, n. 35.
Id. *oc*, n. 36.
Mots terminés par *eau, au*, n. 78.
Id. *eindre, indre, aindre*, n. 79.
Id. *oir* et *oire*, n. 101 et 102.

Dix-neuvième leçon, sur les n. 37, 38, 81, 82, 103 et 104. 452

EXPLICATION.

Mots commençant par *op* et *of*, n. 37 et 38.
Mots terminés par *eu, eue, eux*, n. 83.
Id. *eur, eure, eurre*, n. 84.
Id. *oire*, n. 103.
Id. *oupe, ouper, ouppe, oupper*, n. 104.

Vingtième leçon, sur les n. 39, 40, 82, 83, 105 et 106. 455

EXPLICATION.

Mots commençant par *or*, n. 39.
Id. *rap* et *rep*, n. 40.
Mots terminés par *eur, eure, eurre*, n. 84.
Id. *ge, je*, n. 85.
Id. *se, ze*, n. 105.
Id. *son, zon*, n. 106.

Vingt-unième leçon, sur les n. 41, 42, 84, 85, 107 et 108. 458

EXPLICATION.

Mots commençant par *ref*, n. 41.
Id. *suf* et *sup*, n. 42.
Mots terminés par *jon, geon, jonc, geons*, n. 86.
Id. *ic, ique, ict*, n. 87.
Id. *xion, cion, sion, tion*, n. 107.
Id. *tiel, ciel, cieux*, n. 108.

TABLE DES MATIÈRES.

Pages.

Vingt-deuxième leçon, sur les n. 43, 44, 86, 87, 109 et 110. 461

EXPLICATION.

Mots commençant par *ter* et *tor*, n. 43.
C au milieu des mots, n. 44.
Mots terminés par *if, ife, iffe, iphe, yphe*, n. 88.
Id.   *il, ile, ille*, n. 89.
Id.   *é*, et *ée*, n. 109.
Id.   *ul, ule, ulle*, n. 110.

Vingt-troisième leçon, sur les n. 1, 2, 107, 112 et 113. 464

EXPLICATION.

Mots commençant par *ab* et *ac*, n. 1 et 2.
Mots terminés par *ul, ule, ulle*, n. 107.
Id.   *ur, ure*, n. 112.
Homonymes, n. 113.

Vingt-quatrième leçon, sur les homonymes, n. 113. 467
Vingt-cinquième leçon, sur les homonymes, n. 113. 470
Vingt-sixième leçon, sur les homonymes, n. 113. . . 473
Vingt-septième leçon, sur les homonymes, n. 113. . 475
Vingt-huitième leçon, sur les n. 2, 3, 4 et 5. 478

EXPLICATION.

Mots commençant par *ac, ad, af, ag*, n. 2, 3, 4 et 5.

Vingt-neuvième leçon, sur les n. 6, 7, 8 et 9. 481

EXPLICATION.

Mots commençant par *al, am, an, ap*, n. 6, 7, 8 et 9.

Trentième leçon, sur les n. 10 et 11. 484

EXPLICATION.

Mots commençant par *ar, as*, n. 10 et 11.

Trente-unième leçon, sur les n. 44, 45, 46, 47, 48, 49 et 50. 487

EXPLICATION.

C et *f*, au milieu des mots, n. 44 et 45.
Emploi du *g* et du *j*, n. 46.

TABLE DES MATIÈRES.

Pages.

N au milieu des mots, n. 48.
Emploi de l'*r* médial, n. 49.
Id. de *sc*, n. 50.

Trente-deuxième leçon, sur les n. 13, 14, 15, 16, 17 et 18. 490

EXPLICATION.

Mots commençant par *bab, bac, bad, baf, bag*, n. 13.
Id. *bail, bal*, n. 14.
Id. *ban, bar, bas, bai*, n. 15.
Id. *bour*, n. 16.
Id. *com* et *con*, n. 17 et 18.

Trente-troisième leçon, sur le n. 109. 493

EXPLICATION.

Mots terminés par *é* ou *éa*, n. 109.

Trente-quatrième leçon, sur les n. 63, 64, 65, 66, 67 et 68. 496

EXPLICATION.

Mots terminés par *a, as, at*, n. 63, 64 et 65.
Id. *ac* ou *aque, acer* ou *asser*, n. 66 et 67.
Id. *af, affe, aphe*, n. 68.

Trente-cinquième leçon, sur les n. 19, 20, 21, 22, 23 et 24. 499

EXPLICATION.

Mots commençant par *cor*, n. 19.
Id. *def, dif*, n. 20.
Id. *des, dis*, n. 21 et 22.
Id. *ec, ef*, n. 23 et 24.

Trente-sixième leçon, sur les n. 68, 69, 70, 71, 72, 73, 74 et 75. 502

EXPLICATION.

Mots terminés par *afe, affe, aphe*, n. 68.
Id. *ail, eil, euil, eul*, pour le masculin ; et *aille, eille, euill, eule*, pour le féminin, n. 69.

TABLE DES MATIÈRES.   547
                                              Pages.

Mots terminés par *aire, ère*, n. 70.
    Id.   *ale, alle*, n. 71.
    Id.   *an, anc, ang, aon*, n. 72.
    Id.   *ance, ense, anse, ense*, n. 73.
    Id.   *ane, anne, ate, atte*, n. 74 et 75.

Trente-septième leçon, sur les n. 56, 57, 58, 59, 60, 61 et 62. . . . . ; 505

EXPLICATION.

C représenté par *q*, n. 56.
K   id.   *ch*, et *c* par *k*, n. 57.
N changé en *m*, n. 58.
F représenté par *ph*, et *t* par *th*, n. 59 et 60.
Mots avec un *h* muet et avec un *h* aspiré, n. 61.
Mots où se trouve la lettre *y*, n. 62.

Trente-huitième leçon, sur les n. 51, 52, 53, 54 et 55.   508

EXPLICATION.

Emploi du *t* au milieu des mots, n. 51.
Ban et *bn*, et *ga* et *gan* au milieu des mots, n. 52 et 53.
Isse, ice au milieu des mots, n. 54.
I, è représentés par *ai, i*, n. 55.

Trente-neuvième leçon, sur les n. 25, 26, 27, 28, 29 et 30. 511

EXPLICATION.

Mots commençant par *el, em, en, es, et*, n. 25, 26, 27, 28, 29.
    Id.   *four*, n. 30.

Quarantième leçon, sur les n. 2, 17, 18, 41, 42, 91, 92 et 93. 514

EXPLICATION.

Mots commençant par *ac*, n. 2.
    Id.   *com* et *con*, n. 17 et 18.
    Id.   *ref*, n. 41.
    Id.   *suf* et *sup*, n. 42.
Mots terminés par *illard, illiard*, n. 91.
    Id.   *eiller, aillier, iller*, n. 92.
    Id.   *illeux, ilieux*, n. 93.

TABLE DES MATIÈRES.

Pages.

Quarante-unième leçon, sur les n. 94, 95, 96, 97, 98, 23, 24, 25 et 48. 517

EXPLICATION.

Mots terminés en *ir, ire*, n. 96.
Id. *icer, icer, isser*, n. 97.
Id. *ite, itte, iter, itter*, n. 98.
Id. *oin, ouin*, n. 100.
Id. *oir, oire*, n. 101.
Mots commençant par *ec, ef, el*, n. 23, 24 et 25.
N au milieu des mots, n. 48.

Quarante-deuxième leçon, sur les n. 77, 78, 31, 32, 33, 34, 102 et 103. 520

EXPLICATION.

Mots terminés par *tier, cier, ciable, tiable*, n. 77.
Id. *eau, aus* n. 78.
Mots commençant par *hip* ou *hyp*, n. 31.
Id. *il*, n. 32.
Id. *im* et *in*, n. 33 et 34.
Mots terminés par *oir* et *oire*, n. 99 et 100.

Quarante-troisième leçon, sur les n. 79, 80, 49, 50, 51, 52, 53, 87 et 88. 523

EXPLICATION.

Mots terminés par *eindre, indre, aindre*, n. 79.
Id. *andre* et *endre*, n. 80.
Emploi de l'*r* médial, n. 49.
Id. de *sc*, n. 50.
Id. du *t* au milieu des mots, n. 51.
Ban et *ben* au milieu des mots, n. 52.
Ga et *gan* id. n. 53.
Mots terminés par *ic, ique, ict*, n. 87.
Id. *if, ife, iffe, yphe*, n. 88.

Quarante-quatrième leçon, sur les n. 35, 36, 37, 38, 80, 83, 84 et 85. 526

EXPLICATION.

Mots commençant par *ir*, n. 35.
Id. *oc, of, op*, n. 36, 37 et 38.

TABLE DES MATIÈRES. 549
Pages.

Mots terminés par *andre, endre,* n. 80.
  Id. *eu, eue, eux,* n. 83.
  Id. *eur, eure, eurre,* n. 84.
  Id. *ge, je,* n. 85.

Quarante-cinquième leçon, sur les n. 104, 105, 106, 107, 108, 109, 110, 112 et 113. 529

EXPLICATION.

Mots terminés par *xion, cion, sion, tion,* n. 104.
  Id. *tiel, ciel, cieux,* n. 105.
  Id. *é* et *ée,* n. 106.
  Id. *ul, ule, ulle,* n. 107.
  Id. *ur, ure,* n. 108.
Règles sur les Homonymes, n. 109.

Quarante-sixième leçon, sur les règles, n. 113. . . . 532

EXPLICATION.

Mots terminés par *il, ile, ille,* n. 113.

Quarante-septième leçon, sur les règles, n. 59, 60, 61 et 62. 535

EXPLICATION.

F représenté par *ph,* n. 59.
T id. *th,* n. 60.
Mots avec un *h* muet et avec un *h* aspiré, n. 61.
Mots où se trouve la lettre *y,* n. 62.

FIN DE LA TABLE DES MATIÈRES.

Paris. — E. DE SOYE et Cⁱᵉ, imprimeurs, rue de Seine, 36.

www.ingramcontent.com/pod-product-compliance
Lightning Source LLC
Chambersburg PA
CBHW051134230426
43670CB00007B/798